IMPOSTOS FEDERAIS, ESTADUAIS E MUNICIPAIS

Grupo Editorial Nacional

O GEN | Grupo Editorial Nacional – maior plataforma editorial brasileira no segmento científico, técnico e profissional – publica conteúdos nas áreas de concursos, ciências jurídicas, humanas, exatas, da saúde e sociais aplicadas, além de prover serviços direcionados à educação continuada.

As editoras que integram o GEN, das mais respeitadas no mercado editorial, construíram catálogos inigualáveis, com obras decisivas para a formação acadêmica e o aperfeiçoamento de várias gerações de profissionais e estudantes, tendo se tornado sinônimo de qualidade e seriedade.

A missão do GEN e dos núcleos de conteúdo que o compõem é prover a melhor informação científica e distribuí-la de maneira flexível e conveniente, a preços justos, gerando benefícios e servindo a autores, docentes, livreiros, funcionários, colaboradores e acionistas.

Nosso comportamento ético incondicional e nossa responsabilidade social e ambiental são reforçados pela natureza educacional de nossa atividade e dão sustentabilidade ao crescimento contínuo e à rentabilidade do grupo.

Leandro Paulsen
José Eduardo Soares de Melo

IMPOSTOS FEDERAIS, ESTADUAIS E MUNICIPAIS

13ª edição

gen | saraiva jur

■ Data do fechamento do livro: 09/04/2025

Saraiva Jur, um selo da SRV Editora Ltda.
Uma editora integrante do GEN | Grupo Editorial Nacional
Travessa do Ouvidor, 11
Rio de Janeiro – RJ – 20040-040

■ **Atendimento ao cliente: https://www.editoradodireito.com.br/contato**

■ Capa: Tiago Dela Rosa

■ **DADOS INTERNACIONAIS DE CATALOGAÇÃO NA PUBLICAÇÃO (CIP)**
VAGNER RODOLFO DA SILVA - CRB-8/9410

P332i Paulsen, Leandro
Impostos Federais, Estaduais e Municipais / Leandro Paulsen, José Eduardo Soares de Melo. – 13. ed. – Rio de Janeiro : Saraiva Jur, 2025.

624 p.
ISBN 978-85-5362-555-0 (Impresso)

1. Direito. 2. Direito tributário. 3. Impostos Federais, Estaduais e Municipais. I. Melo, José Eduardo Soares de. II. Título.

CDD 341.39
2025-1078 CDU 34:336.2

Índices para catálogo sistemático:
1. Direito tributário 341.39
2. Direito tributário 34:336.2

Sumário

Parte 4

IMPOSTO ESTADUAL MUNICIPAL – *José Eduardo Soares de Melo*

Parte 5

IMUNIDADES – *José Eduardo Soares de Melo*

Nota dos autores à 13ª edição

Apresentamos ao leitor uma nova edição da obra IMPOSTOS FEDERAIS, ESTADUAIS E MUNICIPAIS, de acordo com a reforma tributária decorrente da EC 132/2023 e já com a regulamentação decorrente da LC 214/2025. Esta edição, portanto, incorporou novos itens, um sobre o Imposto sobre Bens e Serviços (IBS), da competência compartilhada dos Estados e dos Municípios, e outro sobre o Imposto Seletivo (IS), da competência da União.

O trabalho aqui realizado tem como escopo facilitar a identificação, o manuseio e a aplicação de toda essa legislação. É uma grande satisfação ter a oportunidade de prosseguir contribuindo para a compreensão dos impostos que integram o nosso agora novo Sistema Tributário Nacional.

Que a leitura e a consulta sejam, mais uma vez, proveitosas.

Os autores

Parte 1

IMPOSTOS FEDERAIS

Leandro Paulsen

Capítulo 1

Imposto sobre a Importação (II)

1.1. LEGISLAÇÃO

A competência para a instituição do Imposto sobre a Importação consta do art. 153, I, da Constituição da República Federativa do Brasil (CF). A CF refere-se expressamente a tal imposto, ainda, no art. 153, § 1º, para atenuar a legalidade, e no art. 150, § 1º, para excepcionar a observância das anterioridades de exercício e nonagesimal mínima. Os arts. 19 a 22 do CTN estabelecem as normas gerais atinentes ao Imposto sobre a Importação, definindo os arquétipos para o fato gerador, base de cálculo e contribuintes. O diploma instituidor do Imposto sobre a Importação é o DL n. 37/66, ainda em vigor, com diversas alterações em seu texto, principalmente as decorrentes do DL n. 2.472/88, da Lei n. 10.833/2003 e da Lei n. 12.350/2010. O Decreto n. 6.759/2009 regulamenta a administração das atividades aduaneiras e a fiscalização, o controle e a tributação das operações de comércio exterior, sendo o atual Regulamento Aduaneiro. Há, ainda, numerosa legislação esparsa, valendo referir, exemplificativamente, o Decreto n. 92.930/86, que promulga o Acordo sobre a Implementação do artigo VII do GATT[1] – sobre valoração aduaneira –; a IN RFB 2.090/2022, que dispõe sobre a declaração e o controle do valor aduaneiro de mercadorias importadas; e o Decreto n. 660/92, que criou o SISCOMEX – Sistema de Comércio Exterior –, sistema informatizado de controle das importações e exportações. Há, ainda, a Resolução GECEX (Comitê-Executivo de Gestão da Câmara de Comércio Exterior) 272/2021, que altera a Nomenclatura Comum do Mercosul – NCM e a Tarifa Externa Comum – TEC para adaptação às modificações do Sistema Harmonizado (SH-2022) e que já conta com diversas alterações, inclusive pela Resolução GECEX 685/2024.

---

1 *General Agreement on Tariffs and Trade* (Acordo Geral de Tarifas Aduaneiras e Comércio).

O Portal Único de Comércio Exterior do SISCOMEX oferece serviço digital de informações que contém manuais de procedimentos para importação, exportação e trânsito aduaneiro, abrangendo as etapas de tratamento administrativo e despacho aduaneiro, horário de atendimento ao público dos órgãos e entidades da Administração Pública nos diferentes locais onde atuem, bem como as informações de contato, formulários e documentos exigidos, inclusive em meio digital, e acesso a sistemas de governo necessários ao processamento de operações de importação, exportação e trânsito aduaneiro, tributos incidentes sobre comércio exterior, e medidas de defesa comercial em vigor aplicadas sobre ou em conexão com importações, exportações e trânsito, regras para a classificação ou a valoração de bens para fins aduaneiros, leis, regulamentos e decisões administrativas de aplicação geral relativos a regras de origem, restrições ou proibições à importação, à exportação e ao trânsito aduaneiro, disposições sobre penalidades em caso de descumprimento de formalidades nas etapas de tratamento administrativo e despacho aduaneiro, procedimentos de recurso ou de revisão de decisões administrativas, procedimentos para a correção de erros nas etapas de etapas de tratamento administrativo e despacho aduaneiro, acordos ou partes de acordos internacionais em matéria de importação, exportação ou trânsito aduaneiro, procedimentos relativos à administração de quotas tarifárias e procedimentos simplificados de importação, exportação e trânsito aduaneiro, conforme a Resolução GECEX 378/2022.

Quanto à bibliografia específica sobre o Imposto de Importação e o comércio exterior, sugerimos os trabalhos de MELO[2], SOLON SEHN[3], MEIRA[4], ANDRADE[5] e PEIXOTO[6], além dos clássicos LACOMBE[7] e SOUZA[8].

1.2. BASE ECONÔMICA

O art. 153, I, da CF, outorga competência à União para instituir imposto sobre "importação de produtos estrangeiros"[9]. Ou seja, concede à União a possibilidade de

2 MELO, José Eduardo Soares de. *Importação e Exportação no Direito Tributário*: Impostos, Taxas e Contribuições. 4. ed. São Paulo: Aduaneiras, 2019.

3 SEHN, Solon. *Curso de Direito Aduaneiro*. 2. ed. GEN/Forense, 2022. E, também, SEHN, Solon. *Imposto de Importação*. São Paulo: Noeses, 2016.

4 MEIRA, Liziane Angelotti. *Tributos sobre o Comércio Exterior*. São Paulo: Saraiva, 2012.

5 ANDRADE, Thális. *Curso de Direito Aduaneiro*: jurisdição e tributos em espécie. São Paulo: Dialética, 2021.

6 PEIXOTO, Marcelo Magalhães. *Direito Aduaneiro e Tributação do Comércio Exterior*. São Paulo: MP Editora, 2023.

7 LACOMBE, Américo Masset. *Imposto de Importação*. São Paulo: Revista dos Tribunais, 1979.

8 SOUZA, Hamilton Dias de. *Estrutura do Imposto de Importação no Código Tributário Nacional*. Resenha Tributária, 1980.

9 "Art. 153. Compete à União instituir impostos sobre: I – importação de produtos estrangeiros."

instituir imposto sobre a entrada no território nacional, para incorporação à economia interna, de bem destinado ou não ao comércio, produzido, pela natureza ou pela ação humana, fora do território nacional. É o que se extrai do detalhamento dos termos desta base econômica.

"Importação" é o ato de trazer para o território nacional ou, como diz AURÉLIO, "fazer vir de outro país (...)"[10]. Mas, em seu sentido jurídico, não basta o simples ingresso físico. É imprescindível a entrada para integração do produto à economia nacional[11]. De fato, conforme adverte MISABEL DERZI, "somente se deve considerar entrada e importada aquela mercadoria estrangeira que ingressa no território nacional para uso comercial ou industrial e consumo, não aquela em trânsito, destinada a outro país"[12]. Também ALBERTO XAVIER ressalta que a importação "exprime o fenômeno pelo qual um produto estrangeiro entra no território nacional, sendo aí destinado a consumo. (...) O processo de importação inicia-se com o embarque da mercadoria no exterior, a que se sucede a entrada no território nacional e a destinação a consumo interno"[13]. O fato de a entrada ocorrer por força de um contrato de arrendamento mercantil – *leasing* – não afasta a ocorrência de importação[14].

Ou seja, faz-se necessário que o ingresso físico do produto estrangeiro se faça para sua incorporação à economia nacional. Do contrário, não teremos propriamente uma importação.

Daí por que a simples entrada do automóvel de um turista no território nacional, de um quadro para exposição temporária num museu ou de uma máquina para exposição em feira, destinados a retornar ao país de origem, não configuram importação, assim como não a configura o ingresso de produto estrangeiro por porto ou aeroporto brasileiro para simples trânsito no território nacional, com destino a outro país. Tais hipóteses, aliás, são consideradas como de "admissão temporária", com suspensão do pagamento do imposto, que não pode mesmo ser exigido nesses casos, pois não configura importação em sentido jurídico. Esse instituto jurídico da "admissão temporária", portanto, não configura nenhum favor fiscal, mas simples mecanismo para conformação da tributação à amplitude da base econômica, de modo a não a extrapolar.

10 FERREIRA, Aurélio Buarque de Holanda. *Novo Dicionário Aurélio da Língua Portuguesa*. 4. ed. Curitiba: Positivo, 2009, p. 1079. No mesmo sentido: *Dicionário Houaiss da Língua Portuguesa*. Rio de Janeiro: Objetiva, 2009, p. 939.

11 SOUZA, Fátima Fernandes Rodrigues. In: MARTINS, Ives Gandra da Silva (coord.). *Comentários ao Código Tributário Nacional*. Vol. I. 6. ed. São Paulo: Saraiva, 2011, p. 233.

12 BALEEIRO, Aliomar. *Direito Tributário Brasileiro*. 11. ed. Rio de Janeiro: Forense, 1999, p. 215. Nota de atualização de Misabel Derzi.

13 XAVIER, Alberto. *Autorização para Importação de Regime de Entreposto Aduaneiro*, Aduaneiro (legislação), São Paulo: Resenha Tributária Editora, 1978, p. 352.

14 STF, RE 429.306, 2011.

"Produto" é termo amplo que abrange tanto mercadorias (que têm finalidade comercial) como outros bens (destinados ao uso ou consumo pelo importador). AMÉRICO MASSET LACOMBE, no seu *Imposto de Importação*, em 1979, à luz da EC n. 1/69, já diferenciava os termos "produto" e "mercadoria". Dizia: "(...), no sentido comum de ambos os vocábulos, verificamos que produto tem uma significação mais ampla que mercadoria, cujo sentido é envolvido pelo significado da palavra produto. Toda mercadoria é um produto, no sentido de que ou é produzido pela natureza ou pela atividade humana, ou pela combinação de ambas. Mas nem todo produto é mercadoria, uma vez que, para tanto, necessita ser objeto de mercancia. Produto é toda coisa móvel corpórea. Ou será um produto da natureza ou da atividade humana. Entretanto, para se definir mercadoria, não será suficiente dizer tratar-se de coisa móvel e corpórea, sendo necessário acrescentar que é toda coisa suscetível de circulação mercantil" (p. 14). E transcreve texto de parecer proferido por ALIOMAR BALEEIRO, com o seguinte teor: "Mercadoria, em Direito, em Economia e na linguagem vulgar é o bem econômico que alguém, com o propósito deliberado de lucro, produz para vender ou compra para revender. O fito de lucrar, mediante venda posterior do que se produziu ou se adquiriu, é inseparável do conceito econômico, jurídico e léxico do vocábulo 'mercadoria'. Economicamente, como acreditamos ter demonstrado no desfile de velhos e novos economistas, as mercadorias constituem os capitais circulantes, que fazem o trajeto do estabelecimento produtor até as mãos do consumidor final ou do usuário final. Atingida esta etapa última, já não é mais mercadoria, porque cessou de ser objeto de circulação econômica e de lucro. Paralisou-se no estágio derradeiro do consumo ou do uso próprio" (p. 16). Pode-se argumentar, porém, que configura mercadoria o bem que é objeto do comércio, seja pelo vendedor, seja pelo comprador. Do contrário, aliás, chegaríamos à conclusão paradoxal de que no comércio varejista interno, por exemplo, não teríamos operações com mercadorias, mas com bens destinados ao uso. O fato de se definir como contribuinte o vendedor ou o comprador não altera a natureza da operação. Seja como for, a competência para a instituição do imposto sobre a importação abrange qualquer produto.

"Estrangeiro", por sua vez, designa o produto que tem origem em outro país, nele tendo sido produzido pela natureza ou pela ação humana. Tal qualidade também delimita a base econômica do Imposto sobre a Importação, não sendo admissível, no exercício da competência do art. 153, I, da CF, a instituição de Imposto sobre a Importação de produto nacional, que não pode ser equiparado, para tal fim, ao produto estrangeiro, sob pena de inconstitucionalidade. A exigência de Imposto sobre a Importação de produto nacional exportado anteriormente e que retornou ao país só poderia se dar como um novo imposto instituído com base na competência residual da União e observados os requisitos do art. 154, I, da CF, jamais como exercício da competência do art. 153, I, da CF. Note-se que a CF refere, simplesmente, "produtos estrangeiros", nenhuma abertura concedendo à extensão de tal conceito, diferentemente do que fez ao conceder a competência para a instituição de imposto sobre a exportação, em que refere a exportação de produtos "nacionais ou nacionalizados".

Aliás, o DL n. 37/66, na redação originária do seu art. 93, dispunha indevidamente no sentido de que seria considerada estrangeira, para o efeito de incidência do imposto, a mercadoria nacional ou nacionalizada reimportada quando houvesse sido exportada sem observância da condição de reimportação no prazo máximo de um ano, no mesmo estado ou submetida a processo de conserto, reparo ou restauração, conforme se depreende da combinação com a redação original do art. 92. O STF declarou a inconstitucionalidade de tal dispositivo, ao que sucedeu a Resolução do Senado n. 436/87 suspendendo a sua eficácia. Veja-se a ementa do RE 104.306-7/SP:

> IMPOSTO DE IMPORTAÇÃO. Ao considerar estrangeira, para efeito de incidência do tributo, a mercadoria nacional reimportada, o art. 93 do Decreto-Lei n. 37-66 criou ficção incompatível com a Constituição de 1946 (Emenda n. 18, art. 7º, I), no dispositivo correspondente ao art. 21, I, da Carta em vigor. Recurso extraordinário provido, para concessão da segurança e para a declaração de inconstitucionalidade do citado art. 93 do Decreto-Lei n. 37-66. (STF, Plenário, unânime, RE 104.306/SP, rel. Min. Octávio Gallotti, mar./86).

O DL n. 2.472/88, por sua vez, ao acrescentar o § 1º ao art. 1º do DL n. 37/66, também incorreu em inconstitucionalidade ao determinar que se considere estrangeira a mercadoria nacional ou nacionalizada exportada que retornar ao País, o que é analisado adiante, quando do enfrentamento do aspecto material do imposto[15].

1.3. CRITÉRIOS CONSTITUCIONAIS PARA A INSTITUIÇÃO DO IMPOSTO SOBRE A IMPORTAÇÃO

1.3.1. Atenuação à legalidade

A CF, através do § 1º do art. 153, atenua a legalidade tributária estrita relativamente ao Imposto sobre a Importação, dentre outros impostos, ao facultar ao Poder Executivo a alteração das alíquotas, atendidas as condições e os limites estabelecidos em lei, conforme se vê adiante no tratamento do aspecto quantitativo.

1.3.2. Exceção às anterioridades

A par disso, a instituição ou majoração, bem como a revogação de benefícios como isenção, relativamente ao Imposto sobre a Importação, não estão submetidas à obser-

15 "§ 1º – Para fins de incidência do imposto, considerar-se-á também estrangeira a mercadoria nacional ou nacionalizada exportada, que retornar ao País, salvo se: (Parágrafo acrescido pelo Decreto-Lei n. 2.472, de 1º-9-1988) a) enviada em consignação e não vendida no prazo autorizado; b) devolvida por motivo de defeito técnico, para reparo ou substituição; c) por motivo de modificações na sistemática de importação por parte do país importador; d) por motivo de guerra ou calamidade pública; e) por outros fatores alheios à vontade do exportador." § 1º ao art. 1º do DL n. 37/66, acrescido pelo DL n. 2.472/88.

vância das anterioridades de exercício e nonagesimal mínima previstas no art. 150, III, *b* e *c*, da CF. Isso porque o § 1º do mesmo artigo expressamente o excepciona.

1.4. ASPECTO MATERIAL

A noção de importação, conforme já destacado quando da análise da base econômica, tem como núcleo a incorporação à economia nacional. Não basta o mero ingresso físico, de modo que a impropriamente chamada "importação temporária", ou seja, a entrada de produto no território nacional em trânsito para outro País ou para simples participação em feira e posterior retorno à origem, não pode ser posta por lei como configuradora do fato gerador do Imposto sobre a Importação[16].

Com tal advertência é que se deve analisar o art. 19 do CTN, que dispõe:

> Art. 19. O imposto, de competência da União, sobre a importação de produtos estrangeiros tem como fato gerador a entrada destes no território nacional.

O aspecto material da hipótese de incidência do Imposto sobre a Importação é a entrada do produto estrangeiro, ou seja, de qualquer bem produzido no exterior, pela natureza ou pelo homem.

Não se restringe à entrada de produtos destinados ao comércio (mercadorias), de produtos industrializados e de produtos corpóreos. Alcança também produtos para a incorporação no ativo fixo das empresas ou mesmo para consumo pelo importador, produtos naturais e eventuais produtos intangíveis[17].

---

16 Hamilton Dias de Souza, aliás, destaca: "(...) não é fato gerador qualquer entrada de mercadoria estrangeira no Brasil. A entrada há de ser referida a mercadoria que se destine a uso ou consumo internos, mesmo porque, se assim não fosse, o simples trânsito de bens destinados a outro país poderia ser o pressuposto de fato da obrigação tributária. Embora a redação do artigo 31 do Anteprojeto de Código Tributário nacional seja criticável, por excesso, torna ela bem explícita a hipótese de incidência do Imposto de Importação, como se verifica de seu texto, que reza: 'Art. 31 – Compete privativamente à União instituir Imposto de Importação, tendo como fato gerador da respectiva obrigação tributária principal a entrada, no território nacional, de mercadoria indicada na lei tributária, de procedência estrangeira, para fins de consumo no referido território, qualquer que seja o título jurídico a que se fizer a importação e independentemente de se verificar transmissão da propriedade da mercadoria do exportador para o importador ou consignatário' (...)" (SOUZA, Hamilton Dias de. *Estrutura do Imposto de Importação no Código Tributário Nacional*, Resenha Tributária, 1980, p. 20).

17 "Penso que o 'produto' pode resultar de uma determinada atividade (física, mecânica, digital etc.), compreendendo as elaborações artesanais, naturais, intelectuais, artísticas, de natureza corpórea; e também intangível, como é o caso de um *software* – (abrangendo instruções em linguagem natural ou codificada, apresentadas de forma digitalizada), bem como a energia elétrica". (MELO, José Eduardo Soares de. *Importação e Exportação no Direito Tributário: Impostos, Taxas e Contribuições*. 2. ed. São Paulo: Revista dos Tribunais, 2012, p. 61.)

O território nacional, referido no art. 19, é o território geográfico, excluídas, portanto, as representações diplomáticas no exterior, as aeronaves e as embarcações brasileiras[18].

Assim, é fato gerador a entrada de produto estrangeiro por nossas fronteiras para sua incorporação à economia interna, ou seja, para industrialização, comércio, uso ou consumo.

A importação de energia elétrica também está abrangida, o que, por sinal, decorre expressamente do art. 155, § 3º, da CF, que dispõe no sentido de que, salvos o ICMS, o Imposto sobre a Importação (II) e o Imposto sobre a Exportação (IE), nenhum outro poderá incidir "sobre operações relativas a energia elétrica, serviços de telecomunicações, derivados de petróleo, combustíveis e minerais do País".

Note-se, neste ponto, que tanto o dispositivo que outorga competência para a instituição do Imposto sobre a Importação – art. 153, I, da CF – como a norma geral – art. 19 do CTN – referem-se a "produto", de modo que o CTN enseja a instituição do Imposto de Importação em toda a amplitude da sua base econômica.

Ocorre que a Constituição simplesmente outorga competências, enquanto o CTN dispõe sobre fato gerador, base de cálculo e contribuintes dos impostos a título de normas gerais, mas não os institui, o que cabe à lei ordinária. O ente político, através do seu legislador ordinário, é que estabelece todos os aspectos da norma tributária impositiva, instituindo, assim, o imposto. A lei define o aspecto material da hipótese de incidência, observado o arquétipo desenhado nas possibilidades colocadas pelo CTN.

Vejamos o art. 1º do DL n. 37/66, que institui o Imposto de Importação:

> Art. 1º O Imposto sobre a Importação incide sobre mercadoria estrangeira e tem como fato gerador sua entrada no Território Nacional. (*Caput* com redação dada pelo Decreto-Lei n. 2.472, de 1º -9-88) § 1º (...).

Vê-se que o DL n. 37/66, que institui o Imposto sobre a Importação, refere-se à "mercadoria", e não ao amplo conceito de "produto". Poder-se-ia entender, por isso, que apenas na entrada de bem objeto do comércio do exportador ou destinado ao comércio pelo importador, é que a cobrança seria válida. Ou, num sentido ainda mais restrito, que apenas na entrada de bem destinado ao comércio pelo importador é que a cobrança seria válida, e não na importação de bens realizada para outros fins que não a comercialização, como no caso dos produtos trazidos para uso próprio do importador.

---

18 "(...) o Regulamento Aduaneiro adota um conceito administrativo, considerando território aduaneiro aquele sobre o qual a Aduana tem jurisdição. Esse conceito abrange, apenas, o território geográfico, excluído o que, por extraterritorialidade, é considerado território pátrio". (SOUZA, Fátima Fernandes Rodrigues. In: MARTINS, Ives Gandra da Silva [coord.]. *Comentários ao Código Tributário Nacional*. Vol. I. 6. ed. São Paulo: Saraiva, 2011, p. 233.)

A leitura do DL n. 37/66, aliás, até reforça esse entendimento[19], além do que há relevante doutrina nesse sentido, do que são exemplo os ensinamentos de JOSÉ EDUARDO SOARES DE MELO[20] e de AMÉRICO LACOMBE[21].

---

19 Uma análise detida do DL n. 37/66, aliás, reforça a opção do legislador. Tanto na redação original, como na dada pelo DL n. 2.472/88, refere-se à incidência sobre mercadoria estrangeira. Nos arts. 31 e 32, que tratam dos contribuintes e responsáveis, o DL n. 37/66 mantém a terminologia, referindo-se, invariavelmente, ao importador que promova a entrada de "mercadoria", ao adquirente de "mercadoria" entrepostada, ao transportador de "mercadoria" procedente do exterior, ao depositário incumbido da custódia de "mercadoria" sob controle aduaneiro e ao adquirente ou cessionário de "mercadoria" beneficiada com isenção ou redução do imposto. De outro lado, o DL n. 37/66 utiliza-se do termo "produto" ao referir-se ao Imposto sobre Produtos Industrializados, conforme se vê do seu art. 10, que diz que a isenção do Imposto sobre a Importação prevista neste capítulo implica a isenção do Imposto sobre Produtos Industrializados, e do art. 155, em que se refere à cobrança dos Impostos sobre a Exportação, Importação e sobre Produtos Industrializados. E, por vezes, num mesmo artigo, utiliza-se do termo "mercadoria" ao se referir ao Imposto sobre a Importação e do termo "produto" ao se referir ao Imposto sobre a Exportação e ao Imposto sobre Produtos Industrializados. É o que se vê dos seus arts. 78 e 89.

20 "A União não exerceu sua ampla competência (instituição do imposto sobre negócio jurídico atinente a *produto* importado), limitando-se a estabelecer a tributação sobre uma determinada categoria de produtos, ou seja, *mercadorias*, inseridas num ciclo mercantil, tratando de nítida distinção que o operador do direito encontra-se compelido a observar. ... Não se pode desprezar a marcante distinção conceitual. Em decorrência, a legislação ordinária apenas permitiria a exigibilidade do Imposto de Importação relativamente às importações de mercadorias, isto é, os bens que sejam objeto de atividade mercantil. Em consequência, os bens (produtos) que tenham destinação diversa (imobilização, uso e consumo) não poderiam ser objeto de exigência tributária." (MELO, José Eduardo Soares de. *Importação e Exportação no Direito Tributário*. 2. ed. São Paulo: Revista dos Tribunais, 2012, p. 63.)

21 "A Constituição, quando confere à União competência para instituir o imposto de importação (art. 21, item I), refere-se à importação de produtos estrangeiros. Da mesma forma o Código Tributário Nacional, no seu art. 19, utiliza-se da expressão 'importação de produtos estrangeiros'. Já o Decreto-lei n. 37, de 18-11-1966, que continua sendo a lei básica do Imposto de Importação, afirma que a incidência do tributo é sobre mercadoria estrangeira. O problema então a ser resolvido é averiguar se o núcleo do antecedente normativo do Imposto de Importação consiste em importar produtos estrangeiros ou importar mercadorias estrangeiras. (...) Cabendo à lei ordinária instituir o tributo poderá ela restringir o núcleo do antecedente normativo fixado constitucionalmente. O núcleo da hipótese de incidência do Imposto de Importação é, por conseguinte, importar mercadoria estrangeira. (...) Na estrutura normativa do Imposto de Importação, temos como núcleo da hipótese de incidência importar mercadoria estrangeira. Não se alegue que todos os produtos estão incluídos no núcleo, em razão das diversas isenções concedidas a bagagens, bens de uso pessoal, bens de capital de interesse para o desenvolvimento econômico etc. Poder-se-ia dizer que, tendo a lei isentado, pressupõe-se a tributação. Isentou exatamente porque se assim não fizesse, haveria tributação. Se examinarmos, no entanto, o Decreto-lei 37, veremos que tal afirmação é totalmente improcedente. O art. 15, por exemplo, concede isenção à União, aos Estados, ao Distrito Federal e aos Municípios, isentando pessoas que gozam de imunidade. Ora, tal regra isentiva é inócua, não tendo o seu ingresso no sistema jurídico provocado qualquer abalo, ou modificação neste. Não sendo inconstitucional permanece válida, mas só terá efeito no mundo jurídico na eventualidade de uma emenda constitucional que não consagre ou revogue o princípio da imunidade tributária recíproca. Assim, se podemos verificar uma isenção atuando sobre a imu-

Mas o imposto é exigido na entrada de qualquer produto. Para o STJ, "as expressões mercadoria e produto, do contexto do Decreto-Lei n. 37/66, foram utilizadas com o mesmo sentido", de modo que "a importação de produtos em geral, ainda que destinados ao ativo fixo e não ao comércio, sujeita-se ao imposto de importação"[22]. HAMILTON DIAS DE SOUZA, há muito, já manifestava esse entendimento:

> (...) não há diferença entre bens e mercadorias para efeito do tributo aduaneiro, embora a Constituição Federal e o Código Tributário Nacional se refiram a 'produtos' e o artigo 1º do Decreto-Lei n. 37 de 1966 a "mercadorias". Pretendeu-se que a legislação de nível ordinário teria utilizado parte de sua competência, de sorte a que o imposto incidisse apenas sobre uma espécie de bens: as mercadorias. Tal distinção é todavia, improcedente, dada a subjetividade do conceito de mercadorias, cuja caracterização depende do destino que o comerciante pretenda dar ao bem, que não se coaduna com o sistema aduaneiro, que normalmente considera os produtos independentemente da finalidade que lhes irá dar o importador, bem como por serem considerados como tributáveis inúmeros bens que certamente não são mercadorias, como roupas e objetos pessoais de passageiros e bens de capital para uso de quem realiza a importação. A solução, de resto, é a mesma que se verifica na Argentina, salientando FONROUGE que "'*la expresión mercaderias, mencionadas en este capítulo y en otros aspectos aduaneros, incluye las mercancias, bienes, artículos, productos, materias primas, frutos, animales, o efectos similares de cualquier género, espécie, matéria o calidad*', *según el texto del* art. 137 de *la ley de aduana*"[23].

Importante ter em conta, ainda, que a caracterização de determinado produto como mercadoria deveria ser feita sob a perspectiva do vendedor, e não do comprador.

Há, ainda, outro ponto relevante a ser considerado por ocasião da análise do aspecto material do Imposto de Importação. O DL n. 37/66, no § 1º do art. 1º, com a redação determinada pelo DL n. 2.472/88, estende o aspecto material da hipótese de incidência para além do previsto no CTN e da própria base econômica dada à tributação pela Constituição, ensejando a cobrança de Imposto sobre a Importação não apenas de mercadoria estrangeira, mas também de **mercadoria nacional ou nacionalizada** que retorne ao país:

> § 1º Para fins de incidência do imposto, considerar-se-á também estrangeira a mercadoria nacional ou nacionalizada exportada, que retornar ao País, salvo se: *(Parágrafo acrescido pelo*

---

nidade, podemos constatar a isenção atuando sobre a não incidência. Se a isenção é uma não incidência legalmente qualificada, podemos admitir que a lei qualifique, de forma expressa, uma não incidência implícita, por não estar tal fato descrito na hipótese legal. Assim, a eventual isenção dada às bagagens, bens de capital etc., atua sobre uma não incidência, por não estarem tais bens descritos no núcleo do antecedente normativo do imposto de importação". (LACOMBE, Américo Masset. *Imposto de Importação*. RT, 1979, p. 13, 21 e 22/23.)

22 STJ, REsp 392, 1994.

23 SOUZA, Hamilton Dias de. *Estrutura do Imposto de Importação no Código Tributário Nacional*. São Paulo: Resenha Tributária, 1980, p. 29/30.

Decreto-Lei n. 2.472, de 1º-9-1988) a) enviada em consignação e não vendida no prazo autorizado; b) devolvida por motivo de defeito técnico, para reparo ou substituição; c) por motivo de modificações na sistemática de importação por parte do país importador; d) por motivo de guerra ou calamidade pública; e) por outros fatores alheios à vontade do exportador. (...)

Ao estabelecer ficção legal que extrapola o conceito de produto estrangeiro – aquele produzido fora do território nacional –, o DL n. 2.472/88 incorre no mesmo vício que acometia o art. 93 do DL n. 37/66[24], declarado **inconstitucional** pelo Supremo Tribunal Federal quando do julgamento do RE 104.306-7/SP, já transcrito quando da análise da base econômica. Também entende assim MISABEL DERZI, que, após apontar o vício que acometia o art. 93 do DL n.37/66, já referido, assevera: "O § 1º do art. 1º do Decreto-Lei n. 37/66, introduzido pelo Decreto-Lei n. 2.472/88, utiliza-se de ficção similar, que agride a Constituição e a natureza própria do imposto, considerando estrangeira a mercadoria nacional ou nacionalizada exportada, que retornar ao país (...)"[25]. A inconstitucionalidade de tais dispositivos está no fato de imporem tributação sobre fato que não se enquadra na base econômica dada à tributação e que, portanto, só poderia ser onerado por imposto novo, instituído com suporte na competência residual de que trata o art. 154, I, da CF, observada a necessidade de lei complementar, o que já foi reconhecido por Tribunais Regionais Federais[26].

Por fim, o DL n. 37/66, nos §§ 2º e 3º do art. 1º, dispõe sobre a entrada presumida da mercadoria estrangeira:

> Art. 1º (...) § 2º Para efeito de ocorrência do fato gerador, considerar-se-á entrada no Território Nacional a mercadoria que constar como tendo sido importada e cuja falta venha a ser apurada pela autoridade aduaneira. (Parágrafo único renumerado para § 2º pelo Decreto-Lei n. 2.472, de 1º-9-1988) § 3º – Para fins de aplicação do disposto no § 2º deste artigo, o regulamento poderá estabelecer percentuais de tolerância para a falta apurada na importação de granéis que, por sua natureza ou condições de manuseio na descarga, estejam sujeitos à quebra ou decréscimo de quantidade ou peso. (Parágrafo acrescido pelo Decreto-Lei n. 2.472, de 1º-9-1988.)

Note-se que a simples **falta ou ausência do produto importado** constitui situação distinta das perdas normais de manuseio e transporte de mercadoria a granel, tolerada pelo legislador. Na hipótese de falta de mercadoria, em qualquer percentual, é devido

---

24 Art. 92. Poderá ser autorizada, nos termos do regulamento, a exportação temporária de mercadoria sob a condição de ser reimportada no prazo máximo de 1 (um) ano, no mesmo estado ou submetida a processo de conserto, reparo ou restauração. Parágrafo único. A reimportação de mercadoria exportada na forma deste artigo não constitui fato gerador do imposto. Art. 93. Considerar-se-á estrangeira, para efeito de incidência do imposto, a mercadoria nacional ou nacionalizada reimportada, quando houver sido exportada sem observância das condições deste artigo.

25 BALEEIRO, Aliomar. *Direito Tributário Brasileiro*. 11. ed. Rio de Janeiro: Forense, 1999, p. 215. Nota de atualização de Misabel Derzi.

26 TRF1, AC 00223976120054013800, 2013; TRF2, AMS 2002.02.01.0005539, 2002; TRF3, AC 00219650420074036100, 2012.

o respectivo imposto, incidindo, ainda, multa de 50% sobre o imposto devido, nos termos do art. 106, II, *d*, do DL n. 37/66. Já na importação de mercadoria a granel, a diferença inferior a 5% é desconsiderada, nos termos do art. 1º, § 3º, do DL n. 37/66. Já na importação de granéis, há uma pequena tolerância em razão das possíveis perdas decorrentes da "sua natureza ou condições de manuseio na descarga". A Lei 10.833/2003, ao dispor sobre a legislação aduaneira, estabelece: "Art. 66. As diferenças percentuais de mercadoria a granel, apuradas em conferência física nos despachos aduaneiros, não serão consideradas para efeito de exigência dos impostos incidentes, até o limite de 1% (um por cento), conforme dispuser o Poder Executivo"[27]. O Regulamento Aduaneiro (Decreto n. 6.759/2009), atualmente, reproduz o limite de 1% estabelecido pelo art. 66 da Lei n. 10.833/2003, tanto ao cuidar do II como do IPI e da PIS/COFINS-Importação, conforme seus arts. 72, § 3º, 238, § 3º, e 251, § 2º, II.

Cabe destacar que, **quando o produto é submetido à pena de perdimento**, inviabiliza-se a sua incorporação à economia nacional, de modo que **a importação não chega a ser concluída**, não configurando fato gerador do Imposto de Importação. Descabida, nestes casos, a cobrança do Imposto de Importação que, já tendo sido recolhido ou depositado, deve ser restituído ou liberado. O art. 1º, § 4º, III, do Decreto-Lei n. 37/66, com a redação da Lei n. 10.833/2003, determina que "o imposto não incide sobre mercadoria estrangeira... que tenha sido objeto de pena de perdimento, exceto na hipótese em que não seja localizada, tenha sido consumida ou revendida"[28].

O art. 1º do DL n. 37/66, em seu § 4º, ainda deixa claro que **não incide o Imposto de Importação sobre mercadoria estrangeira "destruída** sob controle aduaneiro, sem ônus para a Fazenda Nacional, antes de desembaraçada" e "em trânsito aduaneiro de passagem, acidentalmente destruída", tudo nos termos dos seus incisos I e II, com a redação que lhes foi dada pelas Leis n. 12.350/2010 e n. 10.833/2003.

A entrada de nova mercadoria em substituição à mercadoria devolvida em razão de defeito (que já se sujeitara, na operação original, ao pagamento do imposto), não configura fato gerador do Imposto de Importação[29].

1.5. ASPECTO TEMPORAL

Consoante dispõe o art. 23 do Decreto-Lei n. 37/66, o fato gerador do Imposto sobre a Importação considera-se ocorrido, como regra, na data do registro da declaração de importação:

27 Em face do limite de 1% estabelecido pelo art. 66 da Lei n. 10.833/2003, o Executivo já não tem ampla margem para regular a matéria. A redação do art. 1º, do § 3º, do DL n. 37/66 era mais ampla, remetendo ao regulamento "estabelecer percentuais de tolerância para a falta apurada na importação de granéis que, por sua natureza ou condições de manuseio na descarga, estejam sujeitos à quebra ou decréscimo de quantidade ou peso".

28 STJ, REsp 984.607, 2008.

29 STJ, REsp 953.655, 2010.

Art. 23. Quando se tratar de mercadoria despachada para consumo, considera-se ocorrido o fato gerador na data do registro, na repartição aduaneira, da declaração a que se refere o artigo 44. Parágrafo único. No caso do parágrafo único do artigo 1º, a mercadoria ficará sujeita aos tributos vigorantes na data em que autoridade aduaneira apurar a falta ou dela tiver conhecimento.

Considera-se como "despachada para consumo" a mercadoria submetida ao despacho aduaneiro[30] com vista à incorporação à economia nacional em face de admissão aduaneira definitiva[31], de modo que o artigo regula o aspecto temporal para as importações que seguem o procedimento normal.

Não se consideram despachados para consumo bens objeto de admissão temporária, que, via de regra, sequer configuram importação propriamente[32]; bens em trânsito aduaneiro, que também não configura importação[33]; e aqueles relativamente aos quais nem mesmo ocorre o despacho aduaneiro, como no caso do abandono da mercadoria ou mesmo de apreensão de mercadoria objeto de contrabando ou descaminho.

Ressalto que há modalidade de admissão temporária de bens para utilização econômica, de que trata o art. 79 da Lei n. 9.430/96, em que, como regra, ocorre o "pagamento dos impostos incidentes na importação proporcionalmente ao tempo de sua permanência em território nacional". O fato gerador considera-se ocorrido, nesse caso, "na data do registro da declaração de admissão temporária para utilização econômica", conforme se vê do art. 73, IV, do Regulamento Aduaneiro (Decreto n. 6.759/2009).

---

30 DL n. 37/66: "Art. 44. Toda mercadoria procedente do exterior por qualquer via, destinada a consumo ou a outro regime, sujeita ou não ao pagamento do imposto, deverá ser submetida a despacho aduaneiro, que será processado com base em declaração apresentada à repartição aduaneira no prazo e na forma prescritos em regulamento" (Redação dada pelo Decreto-Lei n. 2.472, de 1º-9-1988).

31 STJ, EDecREsp 313.117, 2004.

32 Na admissão temporária, um bem ingressa com prazo determinado para retorno à origem. Vem cumprir uma finalidade específica, sem intenção de incorporação definitiva à economia nacional, como é o caso dos bens trazidos para demonstração em feiras e dos automóveis de turistas que ingressam no território nacional apenas para o período de férias.

33 No regime de trânsito aduaneiro, admite-se que a mercadoria ingresse no território nacional de passagem, apenas com vista ao seu transporte para outro país. É o que ocorre quando mercadoria seja importada através de um porto brasileiro, por uma empresa de outro país que faça fronteira com o Brasil, quando terá de transitar do porto até a fronteira para seguir ao seu destino. Nesse caso, não há importação e não será devido o tributo, salvo se ocorrer desvio de rota ou sumiço da mercadoria. Vale destacar acórdão do STJ que afasta a responsabilidade do transportador no caso de roubo da mercadoria, afirmando que o roubo "é motivo de força maior a ensejar a exclusão da responsabilidade do transportador que não contribuiu para o evento danoso, cuja situação é também prevista pela legislação aduaneira", de modo que "a responsabilidade, mesmo que tributária, deve ser afastada no caso em que demonstrada a configuração da força maior dosada com a inexistência de ato culposo por parte do transportador ou seu preposto. 3. Embargos de divergência conhecidos e providos." (STJ, Corte EREsp 1172027, dez./2013.)

Também não se consideram despachadas para consumo mercadorias objeto de "regimes aduaneiros especiais, como o Recof, em que a mercadoria entra no País, com suspensão do pagamento dos tributos, e é utilizada na industrialização de produtos (incorporada à economia, portanto) que depois serão, em grande parte, exportados, mas não há o registro de uma DI de consumo"[34].

O art. 23 do DL n. 37/66 complementa a norma tributária impositiva do Imposto de Importação. Enquanto o art. 1º cuida do aspecto material da norma, na linha do previsto no art. 19 do CTN, o art. 23 cuida do aspecto temporal. Veio explicitar em que momento se deve considerar a mercadoria como internalizada no território nacional para consumo. Aliás, o extinto Tribunal Federal de Recursos, ainda em 1978, consolidou seu entendimento neste sentido editando a Súmula 4:

> É compatível com o art. 19 do Código Tributário Nacional a disposição do artigo 23 do Decreto-lei n. 37, de 18-11-1966.

O STF é fiel a tal orientação[35]. Também o STJ tem jurisprudência firme pela validade e aplicação do art. 23 do DL n. 37/66[36] e vem reiterando esse entendimento, por vezes referindo genericamente que "deve ser observada a alíquota do Imposto de Importação vigente à época do desembaraço aduaneiro da mercadoria importada"[37].

O aspecto temporal do Imposto sobre a Importação, portanto, é, nos casos de mercadoria que se submete ao despacho aduaneiro para consumo, o registro da declaração de importação para fins de desembaraço, e não qualquer outro momento, sendo irrelevante, por exemplo, a data da expedição da licença de importação[38]. Irrelevante também a data da assinatura do Termo de Responsabilidade nos casos de trânsito aduaneiro em que, ingressada a mercadoria com suspensão, acabe sendo devida por não restar comprovada a chegada ao destino[39].

Ou seja, é por ocasião do registro da declaração de importação, realizado eletronicamente através do SISCOMEX[40], que se considera ocorrido o fato gerador do Impos-

34 Comentário de Arnaldo Diefenthaeler Dornelles, Auditor Fiscal da Receita Federal do Brasil.

35 STF, RE 225.602-8, 1998.

36 STJ, REsp 1220979, 2011.

37 STJ, AgIntREsp 1502556, 2021.

38 STJ, REsp 174.444, 2001.

39 STJ, AgRgREsp 742.847, 2008.

40 O SISCOMEX é o Sistema Integrado de Comércio Exterior, criado pelo Decreto 660/92, atualmente com a redação que lhe foi atribuída pelo Decreto n. 8.229/2014, pelo Decreto 10.010/2019 e pelo Decreto 11577/2023. Através desse sistema, faz-se o registro, o acompanhamento e o controle de todas as etapas das operações de comércio exterior "mediante fluxo único, computadorizado, de informações". O acesso ao SISCOMEX para a operacionalização de uma importação ou exportação pode dar-se na própria empresa, desde que previamente cadastrada e equipada para

to sobre a Importação, de modo que dá ensejo à incidência da legislação vigente naquele momento, já que este imposto não se submete às anterioridades de exercício (art. 150, III, *b*, da CF) e nonagesimal mínima (art. 150, III, *c*, da CF).

No caso de, na data do protocolo da declaração de importação, haver prévia solicitação dos benefícios do regime ex-tarifário, o STJ entende que é razoável e proporcional que o seu deferimento aproveite ao contribuinte[41].

A princípio, o roubo[42] ou a avaria[43] ocorrido posteriormente, por ocasião do seu transporte interno, não tornaria indevido o tributo.

O recolhimento do Imposto sobre a Importação, através do SISCOMEX, constitui ato contínuo ao registro da declaração de importação, ocorrendo eletronicamente, *on-line*, mediante débito na conta do importador. Isso porque o Regulamento Aduaneiro (Decreto 6.759/2009), em seu art. 107, determina que o imposto será pago na data do registro da declaração de importação[44]. Aliás, o pagamento do Imposto sobre a Importação, assim como o do Imposto sobre Produtos Industrializados e do ICMS, é condição para o desembaraço aduaneiro do produto, sem que, com isso, haja qualquer ofensa à Súmula 323 do STF. De fato, sendo tais tributos devidos por força da própria operação de importação, a exigência do seu pagamento para a liberação do produto não é descabida nem configura meio impróprio para a satisfação do crédito tributário. Portanto, não se cuida de constrangimento passível de ser encarado como "sanção política"[45].

---

tanto, através do Banco do Brasil ou, ainda, de um despachante aduaneiro. O REI é o Registro de Exportadores e Importadores da Secretaria de Comércio Exterior, sendo que a inscrição dá-se automaticamente quando da realização da primeira operação internacional da empresa. A comissão gestora do SISCOMEX é formada pelo Secretário-Executivo do Ministério da Fazenda, pelo Secretário-Executivo do Ministério do Desenvolvimento, Indústria e Comércio Exterior, pelo Secretário da Receita Federal do Brasil, do Ministério da Fazenda e pelo Secretário de Comércio Exterior, do Ministério Desenvolvimento, Indústria e Comércio Exterior. O SISCOMEX integra as atividades afins de diversos órgãos, atinentes às diversas etapas das operações: licenciamento, desembaraço, operações de câmbio etc. A Secretaria de Comércio Exterior – SECEX – é órgão do Ministério do Planejamento, Indústria e Comércio Exterior, estando na sua competência propor alíquotas para o Imposto de Importação e suas alterações. Na SECEX, é ao Departamento de Operações de Comércio Exterior que cabe autorizar operações de importação e exportação e regulamentar os procedimentos operacionais das atividades relativas ao comércio exterior. Também atuam por meio do SISCOMEX os chamados órgãos anuentes, que realizam a análise das operações sujeitas à autorização prévia nas suas respectivas áreas de atuação, como a Agência Nacional de Vigilância Sanitária, o Comando do Exército, a Polícia Federal, o IBAMA etc.

41 STJ, REsp 1.664.778, 2017.

42 STJ, REsp 1.172.027, 2010.

43 TRF4, AMS 2000.70.03.003696-5, 2003.

44 Decreto n. 6.759/2009: "Art. 107. O imposto será pago na data do registro da declaração de importação (Decreto-Lei n. 37, de 1966, art. 27). Parágrafo único. O Ministro de Estado da Fazenda poderá fixar, em casos especiais, outros momentos para o pagamento do imposto".

45 STF, AGRAG 186.759, 1997; STJ, REsp 500.286, REsp 68.247 e REsp 180.131; TRF4, AMS 1998.04.01.031880-2, 1999.

Outro é o aspecto temporal para o caso de entrada presumida no território nacional, de que nos dá conta o § 2º do art. 1º do DL n. 37/88. Para essa situação, o elemento temporal é estabelecido no parágrafo único do art. 23 mesmo diploma, com a redação da Lei n. 12.350/2010: "A mercadoria ficará sujeita aos tributos vigorantes na data em que a autoridade aduaneira efetuar o correspondente lançamento de ofício no caso de: I – falta, na hipótese a que se refere o § 2º do art. 1º; e II – introdução no País sem o registro de declaração de importação, a que se refere o inciso III do § 4º do art. 1º".

1.6. ASPECTO ESPACIAL

Relativamente ao Imposto sobre a Importação, o aspecto espacial é inerente à descrição do próprio aspecto material. Conforme já ressaltado, o fato gerador ocorre por ocasião da entrada do produto estrangeiro "no território nacional", assim considerado o território geográfico, excluídas as representações diplomáticas no exterior, as aeronaves e as embarcações brasileiras.

1.7. ASPECTO PESSOAL

O sujeito ativo do Imposto sobre a Importação, ou seja, o seu credor, titular das prerrogativas atinentes a regulamentação, fiscalização, lançamento e execução é a própria União[46].

Quanto aos sujeitos passivos, os contribuintes possíveis estão previstos no CTN:

> Art. 22. Contribuinte do imposto é:
>
> I – o importador ou quem a lei a ele equiparar.

O importador, ou pessoa a ele equiparada, é o contribuinte do Imposto de Importação. E isso inclusive quando, embora não submetida ao despacho de importação, reste comprovada a entrada da entrada em território nacional, hipótese em que será cobrado o tributo e aplicada multa[47].

---

46 *Vide* arts. 7º e 119 do CTN.

47 "... o importador é o contribuinte em qualquer hipótese, não só quando a importação seja regular. Imagine uma introdução clandestina de mercadoria (não tem DI e muito menos desembaraço) em que a fiscalização comprova a entrada em território nacional, mas não consegue alcançar a mercadoria para aplicação da pena de perdimento. Nesses casos aplica-se uma multa equivalente ao valor da mercadoria, em substituição à pena de perdimento, conforme disciplina o art. 23, § 3º, do Decreto-lei n. 1.455, de 1976, que diz: "§ 3º As infrações previstas no *caput* serão punidas com multa equivalente ao valor aduaneiro da mercadoria, na importação, ou ao preço constante da respectiva nota fiscal ou documento equivalente, na exportação, quando a mercadoria não for localizada, ou tiver sido consumida ou revendida, observados o rito e as competências estabelecidos no Decreto n. 70.235, de 6 de março de 1972 (Redação dada pela Lei n. 12.350, de 2010)". Mas cobram-se também os tributos, que não estão excluídos da hipótese de incidência (é por isso que

O art. 22 ainda prevê, em seu inciso II, como possível contribuinte, "o arrematante de produtos apreendidos ou abandonados". Mas o legislador ordinário não exerceu a prerrogativa de obrigar o arrematante como contribuinte. Isso poderia ser dar no caso de, ao bem importado irregularmente, ser aplicada pena de perdimento em razão de contrabando ou de descaminho ou, ainda, de simples abandono do produto cujo desembaraço não foi providenciado no prazo legal, e restar arrematado em leilão[48].

O DL n. 37/66, por sua vez, instituindo o imposto, dispõe, já com a redação dada pelo DL n. 2.472/88:

> Art. 31. É contribuinte do imposto:
>
> I – o importador, assim considerada qualquer pessoa que promova a entrada de mercadoria estrangeira no Território Nacional;
>
> II – o destinatário de remessa postal internacional indicado pelo respectivo remetente;
>
> III – o adquirente de mercadoria entrepostada.

A referência ao importador como sendo "qualquer pessoa que promova a entrada da mercadoria" (mais uma vez, aqui, a referência à mercadoria, e não ao produto) de-

---

o inciso III do § 4º do art. 1º do DL n. 37, de 1966, foi modificado pela Lei n. 10.833, de 2003, para esse texto: "§ 4º O imposto não incide sobre mercadoria estrangeira: (Incluído pela Lei n. 10.833, de 29-12-2003) III – que tenha sido objeto de pena de perdimento, exceto na hipótese em que não seja localizada, tenha sido consumida ou revendida. (Incluído pela Lei n. 10.833, de 29-12-2003)". (Comentário de Arnaldo Diefenthaeler Dornelles, Auditor Fiscal da Receita Federal do Brasil.)

48 Dec. n. 6.759/2009: DO ABANDONO DE MERCADORIA OU DE VEÍCULO Art. 642. Considera-se abandonada a mercadoria que permanecer em recinto alfandegado sem que o seu despacho de importação seja iniciado no decurso dos seguintes prazos (Decreto-Lei n. 1.455, de 1976, art. 23, II e III): I – noventa dias: a) da sua descarga; e b) do recebimento do aviso de chegada da remessa postal internacional sujeita ao regime de importação comum; II – quarenta e cinco dias: a) após esgotar-se o prazo de sua permanência em regime de entreposto aduaneiro; b) após esgotar-se o prazo de sua permanência em recinto alfandegado de zona secundária; e c) da sua chegada ao País, trazida do exterior como bagagem, acompanhada ou desacompanhada; e III – sessenta dias da notificação a que se refere o art. 640. § 1º Considera-se também abandonada a mercadoria que permaneça em recinto alfandegado, e cujo despacho de importação: I – não seja iniciado ou retomado no prazo de trinta dias da ciência (Decreto-Lei n. 1.455, de 1976, art. 23, II; e Lei n. 9.779, de 1999, art. 18, *caput*): a) da relevação da pena de perdimento aplicada; ou b) do reconhecimento do direito de iniciar ou de retomar o despacho; ou II – tenha seu curso interrompido durante sessenta dias, por ação ou por omissão do importador (Decreto-Lei n. 1.455, de 1976, art. 23, II, *b*). § 2º O prazo a que se refere a alínea *b* do inciso II do *caput* é de setenta e cinco dias, contados da data de entrada da mercadoria no recinto. § 3º Na hipótese em que a mercadoria a que se refere a alínea *c* do inciso II do *caput* que não se enquadre no conceito de bagagem, aplicam-se os prazos referidos na alínea *a* do inciso I do *caput* ou na alínea *b* do inciso II do *caput*, conforme o caso. § 4º No caso de bagagem de viajante saindo da Zona Franca de Manaus para qualquer outro ponto do território aduaneiro, o prazo estabelecido na alínea *c* do inciso II do *caput* será contado da data de embarque do viajante. § 5º (revogado pelo Dec. n. 7.213/2010).

monstra que o legislador não distingue o importador como categoria profissional[49], mas em sentido amplo, abrangendo todo aquele, pessoa física ou jurídica, sociedade empresária ou sociedade simples[50], que realize ou em nome de quem seja realizado o ingresso da mercadoria estrangeira no território nacional.

FÁTIMA FERNANDES RODRIGUES DE SOUZA identifica os outros dois contribuintes indicados – o destinatário de remessa postal e o adquirente de mercadoria entrepostada – como equiparados ao importador:

> É também considerado contribuinte (do Imposto de Importação) o destinatário da remessa postal internacional indicado pelo respectivo remetente, sempre que a encomenda revele destinação comercial ou exceda o mínimo para efeito de desoneração fiscal, bem como o adquirente de mercadoria entrepostada. Tais pessoas, inegavelmente, mantêm, como exige o art. 121, I, do CTN, relação direta com a situação que constitui o fato gerador do imposto, que, no caso, é a entrada que represente importação, razão pela qual são equiparadas ao importador, revestindo a condição de contribuintes[51].

O inciso III cuida do adquirente de mercadoria entrepostada, porque, no regime de entreposto aduaneiro – em que a mercadoria estrangeira fica em recinto alfandegado com suspensão do pagamento do imposto – é admitida a nacionalização da mercadoria[52].

---

49 SOUZA, Fátima Fernandes Rodrigues. In: MARTINS, Ives Gandra da Silva (coord.). *Comentários ao Código Tributário Nacional*. Vol. I. 6. ed. São Paulo: Saraiva, 2011, p. 245.

50 Código Civil (Lei n. 10.406/2002): Art. 982. Salvo as exceções expressas, considera-se empresária a sociedade que tem por objeto o exercício de atividade própria de empresário sujeito a registro (art. 967); e, simples, as demais. Parágrafo único. Independentemente de seu objeto, considera-se empresária a sociedade por ações; e, simples, a cooperativa.

51 SOUZA, Fátima Fernandes Rodrigues. In: MARTINS, Ives Gandra da Silva (coord.). *Comentários ao Código Tributário Nacional*. Vol. I. 6. ed. São Paulo: Saraiva, 2011, p. 245.

52 Decreto n. 6.759/2009: "DO ENTREPOSTO ADUANEIRO... Art. 404. O regime especial de entreposto aduaneiro na importação é o que permite a armazenagem de mercadoria estrangeira em recinto alfandegado de uso público, com suspensão do pagamento dos impostos federais, da contribuição para o PIS/PASEP-Importação e da COFINS-Importação incidentes na importação (Decreto-Lei n. 1.455, de 1976, art. 9º, com a redação dada pela Medida Provisória n. 2.158-35, de 2001, art. 69; e Lei n. 10.865, de 2004, art. 14). Art. 405. O regime permite, ainda, a permanência de mercadoria estrangeira em: I – feira, congresso, mostra ou evento semelhante, realizado em recinto de uso privativo, previamente alfandegado para esse fim (Decreto-Lei n. 1.455, de 1976, art. 16, com a redação dada pela Medida Provisória n. 2.158-35, de 2001, art. 69); II – instalações portuárias de uso privativo misto, previstas na alínea *b* do inciso II do § 2º do art. 4º da Lei n. 8.630, de 1993 (Lei n. 10.833, de 2003, art. 62, I); III – plataformas destinadas à pesquisa e lavra de jazidas de petróleo e gás natural em construção ou conversão no País, contratadas por empresas sediadas no exterior (Lei n. 10.833, de 2003, art. 62, II); e IV – estaleiros navais ou em outras instalações industriais localizadas à beira-mar, destinadas à construção de estruturas marítimas, plataformas de petróleo e módulos para plataformas (Lei n. 10.833, de 2003, art. 62, parágrafo único). § 1º Na hipótese do inciso I, o alfandegamento do recinto será declarado por período que alcance não mais que os trinta dias anteriores e os trinta dias posteriores aos fixados para início e término do evento. § 2º Dentro do período a que se refere o § 1º, a mercadoria poderá

Na sua redação original, o art. 31 do DL n. 37/66 estabelecia como contribuinte, também, na linha da previsão constante do CTN, o arrematante de mercadoria apreendida ou abandonada[53], o que, como visto, não consta da redação atual.

Como sujeitos passivos na qualidade de responsáveis tributários, o DL n. 37/66, com a redação dada pelo DL n. 2.472/88, pela MP 2.158-35/2001 e pela Lei n. 11.281/2006, indica:

> Art. 32. É responsável pelo imposto:
>
> I – o transportador, quando transportar mercadoria procedente do exterior ou sob controle aduaneiro, inclusive em percurso interno;
>
> II – o depositário, assim considerada qualquer pessoa incumbida da custódia de mercadoria sob controle aduaneiro.
>
> Parágrafo único. É responsável solidário:
>
> a) o adquirente ou cessionário de mercadoria beneficiada com isenção ou redução do imposto;
>
> b) o representante, no País, do transportador estrangeiro;
>
> c) o adquirente de mercadoria de procedência estrangeira, no caso de importação realizada por sua conta e ordem, por intermédio de pessoa jurídica importadora;
>
> d) o encomendante predeterminado que adquire mercadoria de procedência estrangeira de pessoa jurídica importadora.

A responsabilidade do transportador alcança, inclusive, o fato gerador presumido, qual seja, a hipótese de falta da mercadoria, de que trata o art. 1º, § 2º, do DL n. 37/66, destacado na análise do aspecto material. Vale destacar precedente do STJ que afasta a responsabilidade quando não reste demonstrado sequer descuido por parte do transportador:

> "IMPOSTOS DE IMPORTAÇÃO. TRANSPORTE DE CARGA. ROUBO. FORÇA MAIOR. SITUAÇÃO PREVISÍVEL, PORÉM, INEVITÁVEL. AUSÊNCIA DE COMPROVAÇÃO DO DESCUIDO POR PARTE DO TRANSPORTADOR. CAUSA DE EXCLUSÃO DA RESPONSABILIDADE. 1. O roubo, na linha do que vem professando a jurisprudência desta Corte, é motivo de força maior a ensejar a exclusão da responsabilidade do transportador que não contribuiu para o evento danoso, cuja situação é também prevista pela legislação aduaneira. 2. Assim, a responsabilidade, mesmo que tributária, deve ser afastada no caso em que demonstrada a configuração da força maior dosada com a ine-

---

ser admitida no regime de entreposto aduaneiro em recinto alfandegado de uso público, sem reinício da contagem do prazo. § 3º Na hipótese dos incisos II a IV, a operação no regime depende de autorização da Secretaria da Receita Federal do Brasil (Lei n. 10.833, de 2003, art. 62, *caput*).

53 DL 37/66, na sua redação original: "Art. 31. É contribuinte do imposto: I – O importador, assim considerada qualquer pessoa que promova a entrada de mercadoria estrangeira no território nacional. II – O arrematante de mercadoria apreendida ou abandonada".

xistência de ato culposo por parte do transportador ou seu preposto. 3. Embargos de divergência conhecidos e providos." (STJ, Corte Especial, EREsp 1172027/RJ, rel. Min. MARIA THEREZA DE ASSIS MOURA, dez./2013.)[54].

Não se dará a responsabilidade, por certo, também, no caso de extravio de mercadoria isenta[55].

Também não haverá responsabilidade quanto à mercadoria a granel até o percentual de quebra tolerado. Dispõe o DL n. 2472/88, em seu art. 10: "O regulamento fixará percentuais de tolerância para exclusão da responsabilidade tributária em casos de perda inevitável de mercadoria em operação, sob controle aduaneiro, de transporte, carga e descarga, armazenagem, industrialização ou qualquer manipulação". O Regulamento Aduaneiro, por sua vez, assim dispõe em seu art. 702, § 4º: "§ 4º Para efeito da aplicação do disposto na alínea *c* do inciso III, fica fixado o limite de tolerância de cinco por cento para exclusão da responsabilidade tributária em casos de perda inevitável de mercadoria em operação, sob controle aduaneiro, de transporte, carga, descarga ou armazenagem". Importa considerar, todavia, que o percentual de tolerância foi reduzido para 1% pelo art. 66 da Lei n. 10.833/2003, conforme já referido quando da análise do aspecto material do imposto. Quando a quebra está dentro dos limites, não pode ser considerada como violadora de qualquer dever de colaboração do transportador, mas como inerente à sua operação. Daí porque não gera responsabilidade[56].

---

54 Extrai-se do voto condutor: "Importante ressaltar o nexo causal como ponto principal da imputação danosa e suas consequências de reparação, na medida em que ninguém pode ser punido por fato que não deu causa. Naturalmente, se comprovada a cumplicidade ou mesmo a atuação ainda que culposa do transportador na causação do resultado, os efeitos de exclusão não podem ser operados para eximi-lo da responsabilidade. [...] No caso concreto, portanto, não consta que o transportador deixou de despender o cuidado necessário a ponto de facilitar a ação de terceiro no evento danoso, circunstância que retira, no meu entender, sua responsabilidade em virtude da ausência do nexo causal, mesmo considerando a hipótese de a atividade de transporte envolver a perda da carga em virtude da prática do crime de roubo. Por isso que, com a devida vênia do entendimento contrário, a responsabilidade do transportador, mesmo que tributária, deve ser afastada no caso em que demonstrada a configuração da força maior dosada com a inexistência de ato culposo por parte do transportador ou seu preposto".

55 STJ, AgRg no REsp 1090518, 2011.

56 IMPOSTO DE IMPORTAÇÃO – MERCADORIA TRANSPORTADA A GRANEL – QUEBRA INFERIOR A 5% – RESPONSABILIDADE TRIBUTÁRIA – AGENTE MARÍTIMO – NÃO OCORRÊNCIA... 2. Não é atribuída ao transportador, nos casos de mercadorias importadas – a granel, com perda inferior a 5% (cinco por cento), a responsabilidade pelo recolhimento da multa a que alude o parágrafo único do artigo 60 do Decreto-Lei n. 37/66, nem o pagamento do imposto. (STJ, EDcl nos EDcl no AgRg no Ag 857.563, 2008); TRIBUTÁRIO. IMPOSTO DE IMPORTAÇÃO. TRANSPORTE MARÍTIMO DE PRODUTO A GRANEL. QUEBRA. RESPONSABILIDADE TRIBUTÁRIA. DECRETO-LEI N. 37/66, ART. 48, 60, PARÁGRAFO ÚNICO, E 169. LEI N. 6.562/78, ART. 2º. INSTRUÇÃO NORMATIVA 12/76... 1. À palma de transporte de produtos a granel, mantendo-se a quebra dentro do limite admitido como natural pelas autoridades fiscais, presumida a ausência de culpa do transportador, inocorre a responsabilidade para o

Cabe destacar, por fim, que o agente marítimo não é indicado como responsável tributário pelo DL n. 37/66, não se equiparando ao transportador, conforme já assentado na Súmula 192 do extinto TFR e reafirmado pelo STJ:

Súmula n. 192 – O agente marítimo, quando no exercício exclusivo das atribuições próprias, não é considerado responsável tributário, nem se equipara ao transportador para efeitos do Decreto-lei n. 37, de 1966. (*DJ* – 27-11-85) RTFR n. 132.

TRIBUTÁRIO – IMPOSTO DE IMPORTAÇÃO – RESPONSABILIDADE DO TRANSPORTADOR – AGENTES MARÍTIMOS – ASSINATURA DE TERMO DE RESPONSABILIDADE – INEXISTÊNCIA DE PREVISÃO LEGAL. 1. A controvérsia essencial dos autos restringe-se à responsabilidade tributária dos agentes marítimos representantes de transportadora, no que tange ao Imposto de Importação. 2. Em que pese a assinatura do Termo de Responsabilidade, o agente marítimo não é responsável tributário no caso do Imposto de Importação, porquanto inexiste previsão legal para tanto. 3. O enunciado 192 da Súmula do extinto Tribunal Federal de Recursos explicita: o agente marítimo, quando no exercício exclusivo das atribuições próprias, não é considerado transportador para efeitos do Dec.-Lei n. 37/66, ato normativo que trata do Imposto de Importação. Recurso especial improvido. (STJ, REsp 361.324, 2007.)

1.8. ASPECTO QUANTITATIVO

O art. 20 do CTN dispõe sobre a base de cálculo do Imposto sobre a Importação:

Art. 20. A base de cálculo do imposto é:

I – quando a alíquota seja específica, a unidade de medida adotada pela lei tributária;

II – quando a alíquota seja *ad valorem*, o preço normal que o produto, ou seu similar, alcançaria, ao tempo da importação, em uma venda em condições de livre concorrência, para entrega no porto ou lugar de entrada do produto no País[57].

Estabelecido, pela legislação, como devido a título de Imposto sobre a Importação, determinado montante em dinheiro por unidade de medida do produto (quantidade, peso ou volume), bastará verificar a medida e multiplicar pela quantia indicada.

---

recolhimento do tributo na importação. 2. No caso, não superando a quebra os 5% previstos como naturais, de logo, descabendo o pagamento da indenização cogitada no Parágrafo único, art. 60, Dec.-Lei n. 37/66, as mesmas razões que justificam o reconhecimento da dispensa da multa, conduzem à conclusão lógica de que, também, não se tenha como exigível o pagamento do tributo. Na falta superior ao percentual aludido, somente o excesso poderá ser tributado. (STJ, 1ª T., REsp 171.472, 2001.)

57 Há, ainda, o inciso III: "Quando se trate de produto apreendido ou abandonado, levado a leilão, o preço da arrematação". Mas não foi instituído o imposto em tal hipótese, de modo que o dispositivo fica sem aplicação, não encontrando correspondência na legislação ordinária e em regulamento.

A hipótese mais comum, porém, é a da instituição do Imposto sobre a Importação mediante a imposição de alíquota *ad valorem*, ou seja, mediante a previsão de um percentual a incidir sobre o valor aduaneiro. Aliás, toda mercadoria submetida a despacho de importação está sujeita ao controle do correspondente valor aduaneiro, que é a base de cálculo do Imposto sobre a Importação. Esse valor aduaneiro (a referência de preço para cada mercadoria para fins de incidência do Imposto sobre a Importação) é estabelecido observando-se o artigo VII, 2, do GATT, nos termos do Decreto n. 92.930/86, que promulgou o Acordo sobre a Implementação do Código de Valoração Aduaneira do GATT, e da IN RFB 2.090/2022.

Normalmente, a base de cálculo é o valor da transação, forte no Princípio da Primazia do Valor de Transação, que inspira o Acordo de Valoração Aduaneira. Mas nem sempre a base de cálculo será exatamente o valor pelo qual o produto foi importado. Quando o valor da operação estiver abaixo do valor normal, poderá não servir de base de cálculo. Efetivamente, é possível que se tenha de aferi-la por outros métodos, valendo-se de arbitramento como modo de evitar a sonegação. O referido Acordo estabelece seis métodos: o valor da transação, o valor de mercadorias idênticas, o valor de mercadorias similares, o valor dedutivo, o valor computado e, por fim, o valor com base em critérios razoáveis[58]. O STJ reconhece a validade dessa aferição:

58 "O AVA-Gatt estabeleceu seis métodos para a apuração do valor aduaneiro dos produtos importados, que são os seguintes: (i) o primeiro método é o do valor da transação; (ii) o segundo método é o do valor de mercadorias idênticas; (iii) o terceiro método é o do valor de mercadorias similares; (iv) o quarto método é o do valor dedutivo; (v) o quinto método é o do valor computado; e, por fim (vi) o sexto método é o do valor com base em critérios razoáveis. [...] ... as disposições do AVA-Gatt foram criadas para valorar as mercadorias objetos de operações de compra e venda, não existindo regras claras para os casos de importações temporárias, em que não ocorre transferência de propriedade do bem. [...] ... a Receita Federal em lavrando autos de infração contra os importadores questionando o método de valoração aduaneira declarado... [...]. Ressalte-se que esses autos de infração lavrados pela Receita Federal não chegam a questionar a valoração aduaneira (valor do bem declarado) propriamente dita, mas apenas o método utilizado. Isso quer dizer que a Receita Federal concorda, muitas vezes expressamente, com a valoração aduaneira realizada pelo contribuinte, mas discorda do método de valoração aduaneira que o contribuinte utilizou. Utilizando-se o primeiro método (utilizado pelos contribuintes) ou o sexto método (indicado pela Receita Federal) o valor final do bem importado seria o mesmo. O que se questiona é exclusivamente o método utilizado. A Receita Federal vem enquadrando o suposto incorreto uso de método de valoração aduaneira como hipótese que acarreta a multa prevista no inciso III do artigo 711 do Regulamento Aduaneiro, equivalente a 1% (um por cento) sobre o valor aduaneiro da mercadoria. O fundamento da penalidade seria o contribuinte 'omitir ou prestar de forma inexata ou incompleta informação de natureza administrativo-tributária, cambial ou comercial necessária à determinação do procedimento de controle aduaneiro apropriado'. Esses autos de infração lavrados pela Receita Federal têm causado grande desconforto nos contribuintes, pois, hoje, na prática, o primeiro método vem sendo utilizado para apurar o valor aduaneiro na maior parte das importações. O desconforto dos contribuintes torna-se ainda mais relevante quando se considera, como mencionado anteriormente, que inexistem manifestações expressas da Receita Federal no sentido de proibir o uso do primeiro método ou de determinar a aplicação de outro método qualquer. Não

IMPOSTO DE IMPORTAÇÃO. VALORAÇÃO ADUANEIRA. MÉTODO DE AFERIÇÃO... 2. A valoração aduaneira foi uma das formas revestidas de caráter legal, aplicável aos países que transacionam entre si, com a intenção de protegê-los quanto à remessa ao exterior de divisas indevidas, descaminho, contrabando, e corrigir a sonegação de impostos a serem recolhidos aos erários públicos respectivos, como já esclarecido, este sistema foi ratificado pelo Brasil em Tratado Internacional do GATT, e deve ser observado pela lei que lhes sobrevenha. Estas normas foram implementadas e sua aplicação normatizada pelo Decreto n. 1.355, de 30 de dezembro de 1994, Decreto n. 2.498, de 13 de fevereiro de 1998, Portaria n. 28 de 16 de fevereiro de 1998, Instruções Normativas n. 16, 17 e 18, todas de 16 de fevereiro de 1998. 3. Em consequência, cabível o Fisco recusar fé aos documentos apresentados pelo importador e efetuar arbitramento dos valores das mercadorias, respeitado o art. 148, do CTN, não ofendendo o ordenamento a exigência de garantia para imediato desembaraço aduaneiro (IN-SRF 16/98, art. 21) das mercadorias sujeitas à determinação de valor tributável pelo Fisco. Caso em que deverá o douto juízo monocrático formalizar a caução oferecida". [...] (STJ, REsp 727.825, 2006.)

O art. 2º do DL n. 37/66, com a redação determinada pelo DL n. 2.472/88, refere expressamente a cláusula VII do GATT:

Art. 2º A base de cálculo do imposto é:

I – quando a alíquota for específica, a quantidade de mercadoria, expressa na unidade de medida indicada na tarifa;

II – quando a alíquota for *ad valorem*, o valor aduaneiro apurado segundo as normas do art. 7º do Acordo Geral sobre Tarifas Aduaneiras e Comércio – GATT.

Vejam-se as claras disposições do Regulamento Aduaneiro (Decreto n. 6.759/2009):

Art. 76. Toda mercadoria submetida a despacho de importação está sujeita ao controle do correspondente valor aduaneiro. Parágrafo único. O controle a que se refere o *caput* consiste na verificação da conformidade do valor aduaneiro declarado pelo importador com as regras estabelecidas no Acordo de Valoração Aduaneira.

Art. 77. Integram o valor aduaneiro, independentemente do método de valoração utilizado (...): I – o custo de transporte da mercadoria importada até o porto ou o aeroporto alfandegado de descarga ou o ponto de fronteira alfandegado onde devam ser cumpridas as formalidades de entrada no território aduaneiro; II – os gastos relativos à carga, à descarga e ao manuseio, associados ao transporte da mercadoria importada, até a chegada aos locais refe-

---

há qualquer ato normativo da Receita Federal que, com clareza, procure estabelecer qual seria o método correto. Ainda que se entenda que o primeiro método efetivamente não é aplicável aos casos de regimes aduaneiros especiais, o procedimento utilizado pela Receita Federal não foi o mais condizente com o princípio da boa-fé na relação entre Administração Tributária e contribuintes administrados." (TERCIOTTI, Maurício; PIRES, Jeniffer Adelaide Marques; ALMEIDA, Juliana Velasco Gomes de. *Valoração aduaneira em regimes aduaneiros especiais e recentes autos de infração da Receita Federal*. *RDDT* 221/78, fev./2014.)

ridos no inciso I; e III – o custo do seguro da mercadoria durante as operações referidas nos incisos I e II.

A referência, no art. 20, II, do CTN, ao preço para entrega no porto ou lugar de entrada do produto no País já indicava para uma base de cálculo que extrapola o preço do produto para alcançar os custos de transporte e de seguro, remetendo ao chamado preço CIF (*Cost, Insurance and Freight*). Essa sigla representa cláusula comercial que obriga o vendedor tanto pela contratação e pelo pagamento do frete como do seguro marítimo por danos durante o transporte. A adoção do preço CIF resta desdobrada na legislação aduaneira, conforme se vê do Decreto n. 2.498/98, o que resta autorizado pelo art. 8º do Acordo de valoração Aduaneira.

No julgamento do Tema Repetitivo 1014[59], o STJ firmou a tese de que "os serviços de capatazia estão incluídos na composição do valor aduaneiro e integram a base de cálculo do imposto de importação". Considerou que o valor aduaneiro inclui os "gastos relativos a carga, descarga e manuseio, associados ao transporte das mercadorias importadas até o porto ou local de importação", ou seja, "a atividade de capatazia, conforme a previsão da Lei n. 12.815/2013, que, em seu art. 40, definiu essa atividade como de movimentação de mercadorias nas instalações dentro do porto, compreendendo o recebimento, conferência, transporte interno, abertura de volumes para a conferência aduaneira, manipulação, arrumação e entrega, bem como o carregamento e descarga de embarcações, quando efetuados por aparelho portuário". Deu por válidos, assim, a IN SRF 327/2003, hoje revogada e substituída pela IN RFB 2.090/2022, e o Decreto 6.759/2009. Esse entendimento implicou revisão da jurisprudência anterior em sentido contrário[60].

Quando há pagamento de royalties e direitos de licença vinculados à operação de importação, também compõem o valor aduaneiro[61].

59 STJ, REsp 1.799.306, 2020; AgIntEDclREsp 1.784.985, 2021.

60 STJ, AgIntREsp 1.585.443, 2017; AgIntAREsp 1.066.048, 2017.

61 "... autoridades fiscais, mediante inadequada interpretação extensiva das normas vigentes, têm exigido dos contribuintes importadores a adição, ao valor aduaneiro das mercadorias importadas, dos valores de royalties e de direitos de licença pagos ao exterior, mesmo naqueles casos em que tal pagamento não tem qualquer relação com a operação de importação. São exemplos desta inapropriada prática os royalties e os direitos de licença pagos com base em valores fixos, dos contribuintes que pagam royalties e direitos com base na receita líquida de venda de mercadorias no mercado interno e daquelas situações em que a remessa dos royalties e a operação de importação são feitas por pessoas jurídicas distintas. ... as normas vigentes não exigem a adição... Pelo contrário, o AVA estabelece duas condições cumulativas para a sua adição ao valor aduaneiro, a saber, (i) que os royalties e os direitos de licença sejam relacionados com as mercadorias importadas, objeto da valoração aduaneira, ou seja, com a própria operação de importação; e (ii) que o pagamento desses valores, realizado direta ou indiretamente ao exportador, seja uma condição de venda destas mercadorias. ... o valor aduaneiro de mercadorias importadas, para fins fiscais, deve ser composto basicamente pelo valor da transação, sendo possível apenas a adição dos royalties e dos

No caso de apreensão ou abandono, a base de cálculo será o preço da arrematação.

As **alíquotas** do Imposto sobre a Importação, ademais, sempre foram **estabelecidas de forma seletiva**, conforme os interesses comerciais brasileiros. Bens de capital, de informática e outros que possam contribuir para o aumento da produção da indústria nacional são taxados de forma leve ou até com alíquota zero, assim como equipamentos médicos, enquanto itens de consumo sofisticados podem ser taxados com alíquotas elevadas, na medida em que seu ingresso no País, com a correspondente saída de dólares, é menos interessante para os interesses nacionais, com o que se inibe que pesem negativamente nas metas de superávit da balança comercial. Assim, têm-se tabelas extensas com detalhada identificação e codificação dos diversos produtos e atribuição, a cada um deles, de alíquota própria. Por vezes, as autoridades aduaneiras reclassificam os produtos de modo a submeter a operação à alíquota correta, o que pode ser discutido em juízo nas instâncias ordinárias, descabendo Recurso Especial a respeito, porquanto envolveria exame do "conjunto fático-probatório"[62].

Até dezembro de 1994, as alíquotas do Imposto sobre a Importação compunham a chamada TAB, Tarifa Aduaneira Brasileira. Por força do Tratado de Assunção, que criou o MERCOSUL, passou-se a rumar para uma política comercial comum dos países do bloco relativamente a terceiros Estados ou agrupamentos de Estados, o que envolveu a adoção de uma **Nomenclatura Comum do Mercosul (NCM)**, para padronização da identificação dos produtos, e da denominada **Tarifa Externa Comum (TEC)**. A contar de janeiro de 1995, passou a vigorar a TEC, em substituição à TAB. Conforme decisões do Conselho do Mercado Comum, cada Estado pôde estabelecer uma **Lista de Exceções à TEC**, o que se mantém até hoje, conforme se vê da Resolução n. 27 da CAMEX (Câmara de Comércio Exterior), de 16 de agosto de 2001, *DOU* de 21-8-2001, que altera a Lista Definitiva de Exceções à TEC. Entre os países integrantes do MERCOSUL, as importações estão desoneradas, provando-se a procedência dos bens mediante Certificado de Origem do Mercosul. MIGUEL HILÚ NETO destaca, ainda, "que a aplicação da TEC, com a consequente regra geral da desoneração dos produtos importados intrabloco e a uniforme aplicação de alíquotas àqueles advindos de terceiros países ou blocos de países, será excepcionada caso haja ameaça de grave dano à econômica nacional, mediante cláusula de salvaguarda" prevista pelo artigo 2 do anexo IV do Tratado de Assunção, *in verbis*: "Se as importações de determinado produto causarem dano ou ameaça de dano grave a seu mercado, como consequência de um sensível aumento, em

---

direitos de licença se o seu pagamento configurar condição para a realização da operação de importação e, cumulativamente, quando constituir grandeza diretamente relacionada à própria operação de importação." (FARINA FILHO, Sérgio; SIMONE, Diego Caldas R. de; TARANDACH, Fabio. Os limites para a inclusão dos *royalties* no valor aduaneiro de mercadorias importadas. RDDT, n. 220/125, jan./2014.)

62 STJ, REsp 1.686.219, 2017.

um curto período, das importações desse produto provenientes dos outros Estados Partes, o país importador solicitará ao Grupo Mercado Comum a realização de consultas com vistas a eliminar essa situação"[63].

A certificação de origem é relevante, também, para a aplicação do Regime Geral de Origem para a Associação Latino-Americana de Integração (ALADI), que não admite triangulação comercial, conforme decidido pelo STJ em 2024. Explicou que, "Conforme dispõe o art. 4º da Resolução n. 78, de 1987, que aprovou o Regime Geral de Origem para a ALADI, as mercadorias originárias, para serem beneficiadas pelo tratamento tributário preferencial, devem ter sido expedidas diretamente do país exportador para o país importador. Dessa forma, as mercadorias transportadas não podem passar pelo território de países não signatários dos acordos firmados no âmbito da ALADI e, quando em trânsito por um ou mais países não participantes, o trânsito deverá ser justificado por motivos geográficos ou por considerações referentes a requerimentos do transporte; não estejam destinadas ao comércio, uso ou emprego no país de trânsito; e não sofram, durante o transporte e depósito, qualquer operação diferente da carga e descarga ou manuseio para manter as mercadorias em boas condições". Destacou, ainda, que "O Acordo 91 do Comitê de Representantes da ALADI, que disciplina a certificação da origem, no art. 1º, preconiza a coincidência entre a descrição dos produtos em declaração de importação, o produto negociado e a descrição constante em fatura comercial que acompanha os documentos em despacho aduaneiro" Seguiu frisando que, "Conquanto a triangulação seja prática comum no comércio exterior, não se vislumbra o cumprimento dos requisitos para a concessão do favor fiscal em específico, em virtude da divergência entre a certificação de origem e a fatura comercial, decorrente da exportação dos produtos de origem venezuelana por terceiro país não signatário dos acordos firmados na ALADI". E concluiu: "A certificação da origem deve atestar a procedência real da mercadoria, de tal modo não ser possível a expedição direta do país exportador para o país importador ser flexibilizada em função de uma conveniência comercial destinada à redução de custos de maneira fictícia, especialmente quando não for expressamente mencionada no texto normativo"[64].

Alguns produtos são objeto de **exceções tarifárias**, sendo beneficiados pela redução do Imposto de Importação na condição de "**Ex-tarifários**", assim considerados quando demonstrado que o produto não tem similar nacional e que é importante para a inovação tecnológica das empresas brasileiras. Com efeito, conforme o sítio eletrônico do Ministério do Desenvolvimento, Indústria, Comércio e Serviços, a importância do Ex-Tarifário consiste em viabilizar o aumento de investimentos em bens de capital e de informática e telecomunicação que não tenham produção equivalente no Brasil, o aumento da

63 HILÚ NETO, Miguel. *Imposto sobre Importações e Imposto sobre Exportações*. São Paulo: Quartier Latin, 2003, p. 240-241.

64 STJ, AREsp 2.009.461, 2024.

inovação por parte de empresas de diferentes segmentos da economia, com a incorporação de novas tecnologias inexistentes no Brasil, gerando reflexos na produtividade e na competitividade do setor produtivo[65]. Há interessante acórdão do STJ reconhecendo que "A concessão do 'ex-tarifário' equivale a uma espécie de isenção parcial" e que, "Em consequência, sobressai o caráter declaratório do pronunciamento da Administração". Desse modo, "se o produto importado não contava com similar nacional desde a época do requerimento do contribuinte, que cumpriu os requisitos legais para a concessão do benefício fiscal, conforme preconiza o art. 179, *caput*, do CTN, deve lhe ser assegurada a redução do Imposto de Importação, mormente quando a internação do produto estrangeiro ocorre antes da superveniência do ato formal de reconhecimento por demora decorrente de questões meramente burocráticas"[66].

O Portal do Ex-Tarifário, acessível pela internet, permite consultar os ex-tarifários vigentes, encaminhar pleitos e acompanhar os respectivos processos[67]. A Resolução GECEX 322/2022 consolidou os atos normativos que reduzem temporariamente a zero por cento as alíquotas do Imposto sobre a Importação, para vigência até 31 de dezembro de 2025, incidentes sobre determinados bens de capital na condição de ex-tarifários, tendo recebido alterações, como a da Resolução GECEX 679/2024, que incluiu nesse regime, por exemplo, o NCM 8419.34.00, n. Ex 019, descrito como "Máquinas automáticas para secagem de sementes após tratamento químico por meio de movimento do ar quente através de mesa inclinada e vibratória controlados por PLC, com capacidade de desumidificação de até 650 kg/min".

Decidiu o STJ que "A injustificada demora da Administração na análise do pedido de concessão de 'ex-tarifário', somente concluída mediante expedição da portaria correspondente logo após a internação do bem, não pode prejudicar o contribuinte que atuou com prudente antecedência, devendo ser assegurada, em consequência, a redução de alíquota do Imposto de Importação". Asseverou, ainda, que "sobressai o caráter declaratório do pronunciamento da Administração", devendo ser "assegurada a redução do Imposto de Importação, mormente quando a internação do produto estrangeiro ocorre antes da superveniência do ato formal de reconhecimento por demora decorrente de questões meramente burocráticas"[68].

---

65 Ministério do Desenvolvimento, Indústria, Comércio e Serviços. Portal do Ex-Tarifário. Disponível em: https://www.gov.br/mdic/pt-br/assuntos/competitividade-industrial/ex-tarifario. Acesso em: 10 jan. 2025.

66 STJ, REsp 1.174.811, 2014.

67 Ministério do Desenvolvimento, Indústria, Comércio e Serviços. Portal do Ex-Tarifário. Disponível em: https://www.gov.br/mdic/pt-br/assuntos/competitividade-industrial/ex-tarifario. Acesso em: 10 jan. 2025.

68 STJ, REsp 1.174.811, 2014.

No que diz respeito ao enquadramento dos produtos na tabela de alíquotas, eventuais ferramentas componentes de uma máquina não podem ser consideradas em separado para efeitos fiscais. Se a máquina é isenta, tal benefício alcança a totalidade dos acessórios indispensáveis ao seu funcionamento[69].

Cabe ressaltar, forte na autorização constante do art. 153, § 1º, da CF, e do art. 21 do CTN, que **o Poder Executivo**, observadas as condições e os limites estabelecidos em lei, **pode alterar as alíquotas do Imposto sobre a Importação**, "a fim de ajustá-lo aos objetivos da política cambial e do comércio exterior"[70].

A Lei 3.244, de 1957, em seu art. 3º, estabelece as condições e os limites para alteração das alíquotas do Imposto sobre a Importação[71], tendo sido alterada pelo art. 1º do DL n. 2.162, de 1984:

> Lei n. 3.244/57: Art. 3º Poderá ser alterada dentro dos limites máximos e mínimo do respectivo capítulo, a alíquota relativa a produto: a) cujo nível tarifário venha a se revelar insuficiente ou excessivo ao adequado cumprimento dos objetivos da Tarifa; b) cuja produção interna for de interesse fundamental estimular; c) que haja obtido registro de similar; d) de país que dificultar a exportação brasileira para seu mercado, ouvido previamente o Ministério das Relações Exteriores; e) de país que desvalorizar sua moeda ou conceder subsídio à exportação de forma a frustrar os objetivos da Tarifa. § 1º Nas hipóteses dos itens "a", "b" e "c" a alteração da alíquota, em cada caso, não poderá ultrapassar, para mais ou para menos, a 30% (trinta por cento) *ad valorem*. § 2º Na ocorrência de *dumping*, a alíquota poderá ser elevada até o limite capaz de neutralizá-lo.
>
> DL n. 2.162/84: Art. 1º Fica alterado para 60% (sessenta por cento) *ad valorem* o limite para mais estabelecido pelo § 1º do artigo 3º da Lei n. 3.244, de 14 de agosto de 1957, dispensada a observância do limite máximo do respectivo capítulo a que se refere o *caput* do mesmo artigo.

O STJ entende que "a Lei n. 3.244/1957 não exige que a motivação conste expressamente do ato que majora a alíquota..., bastando que a justificativa do poder Executivo figure no procedimento administrativo de sua formação", tendo considerado suficiente, inclusive, publicização dos motivos realizada no sítio eletrônico do Ministério[72].

---

69 STJ, REsp 841.330, 2011.

70 CTN: "Art. 21. O Poder Executivo pode, nas condições e nos limites estabelecidos em lei, alterar as alíquotas ou as bases de cálculo do imposto, a fim de ajustá-lo aos objetivos da política cambial e do comércio exterior".

71 Quando do julgamento, pelo Plenário do STF, em novembro de 1998, do RE 225.602-8/CE, ficou claro que aquela Corte reconhece a Lei n. 3.244/57 como cumpridora desse papel, conforme expressa referência feita pelos Ministros Carlos Velloso, Maurício Corrêa e Marco Aurélio. O STJ, por sua vez, em fevereiro de 2005, por ocasião do julgamento do REsp 174.836/CE, disse da validade de aumento de alíquota do II determinado pelo Decreto n. 1.427/95 por ter respeitado o limite estabelecido no art. 3º da Lei n. 3.244/57.

72 STJ, AgIntREsp 1502556, 2021.

A Lei n. 8.085/90, com a redação dada pelo art. 52 da MP 2.158-35, de 24 de agosto de 2001, tornada permanente pela EC n. 32/2001, após reiterar a necessidade de observância das condições e dos limites[73] estabelecidos na Lei n. 3.244, de 14 de agosto de 1957, modificada pelos Decretos-Leis n. 63, de 21 de novembro de 1966, e 2.162, de 19 de setembro de 1984, estabelece que o "Presidente da República poderá outorgar competência à CAMEX para a prática dos atos previstos neste artigo"[74].

Há, também, autorizações legais expressas para que o Poder Executivo reduza a zero a alíquota do Imposto de Importação em certos casos, do que é exemplo o art. 3º, § 5º, da Lei n. 11.484/2007, relativo ao Programa de Apoio ao Desenvolvimento Tecnológico da Indústria de Semicondutores (PADIS).

Quando, o legislador proceder à redução de alíquota especificamente para determinados setores, sujeita a condições cujo cumprimento e controle dependam de regulamentação pelo Executivo, já decidiu o STJ que não se pode considerar a norma autoaplicável[75].

1.9. RECOLHIMENTO E ISENÇÕES

O recolhimento do Imposto sobre a Importação, através do SISCOMEX, constitui ato contínuo ao registro da declaração de importação, ocorrendo eletronicamente, *on-line*, mediante débito na conta do importador. Isso porque o Regulamento Aduaneiro (Decreto n. 6.759/2009), em seu art. 107, determina que o imposto será pago na data do registro da declaração de importação. Aliás, o pagamento do Imposto sobre a Importação – assim como dos demais tributos incidentes na importação (IPI-Importação, ICMS-Importação, PIS/COFINS-Importação, AFRMM e, se for o caso, CIDE-combustíveis etc.) e ainda de outros encargos (*e.g.* direitos antidumping, direitos compensatórios e medidas de salvaguarda) – é condição para o desembaraço aduaneiro do produto, sem que, com isso, haja qualquer ofensa à Súmula 323 do STF.

De fato, sendo tais tributos devidos por força da própria operação de importação, a exigência do seu pagamento para a liberação do produto não é descabida nem configura meio impróprio para a satisfação do crédito tributário. Não se cuida, portanto, de constrangimento passível de ser encarado como "sanção política"[76].

---

73 Sobre a possibilidade de controle judicial dos atos do executivo que alteram as alíquotas, bem como sobre a motivação de tais atos, *vide* nota aos arts. 153, § 1º, da CF, e 21 do CTN em: PAULSEN, Leandro. *Constituição e Código Tributário Comentados à Luz da Doutrina e da Jurisprudência*. 19. ed. São Paulo: Saraiva, 2018.

74 Sobre a competência para alteração das alíquotas, *vide*: SARAIVA FILHO, Oswaldo Othon de Pontes. Impostos aduaneiros: competência para alterar alíquotas. *Repertório IOB de Jurisprudência* 1/01, 1/16521.

75 STJ, REsp 1.449.110, 2014.

76 STF, AGRAG 186.759, 1997; STJ, REsp 500.286, REsp 68.247 e REsp 180.131.

Realizado procedimento especial de fiscalização, a mercadoria é retida até o seu término, admitida a prestação de garantia para a sua liberação[77]. Já decidiu o STJ, porém, que, havendo divergência na classificação tarifária, a mercadoria não deve ser retida, tampouco ter a sua liberação condicionada à prestação de garantia, sendo o caso de lavratura de auto de infração[78].

O Decreto-Lei n. 37/66 traz capítulo sobre as Isenções e Reduções. Conforme o STJ, o art. 11, do Decreto-Lei n. 37/66, trata da isenção vinculada à qualidade do importador e o art. 12, do mesmo decreto, trata da isenção vinculada à destinação dos bens, em que "um regime não se confunde com o outro, são excludentes", daí decorrendo que "uma vez escolhido um regime, não há como se pretender utilizar as benesses do outro"[79]. O art. 11 estabelece: "quando a isenção ou redução for vinculada à qualidade do importador, a transferência de propriedade ou uso, a qualquer título, dos bens obriga, na forma do regulamento, ao prévio recolhimento dos tributos e gravames cambiais, inclusive quando tenham sido dispensados apenas estes gravames". Essa exigência se estende pelo prazo de cinco anos da data da outorga da isenção ou redução. O art. 12, por sua vez, assenta que "a isenção ou redução, quando vinculada à destinação dos bens, ficará condicionada ao cumprimento das exigências regulamentares, e, quando for o caso, à comprovação posterior do seu efetivo emprego nas finalidades que motivarem a concessão".

1.10. REGIMES DE TRIBUTAÇÃO

O despacho aduaneiro de importação comporta diversos regimes de tributação, além do Regime de Tributação Comum.

1.10.1. Regime de Tributação Simplificada das Remessas Postais Internacionais

A matéria é disciplinada pelo DL n. 1.804/80, que dispõe sobre a tributação simplificada das remessas postais internacionais, e que ainda vige com diversas modificações, inclusive com as da Lei 15.071/2024. O Regulamento Aduaneiro (Decreto 6.759/2009) cuida da matéria em seu art. 154. A Portaria MF n. 156/99 estabelece requisitos e condições para a aplicação desse regime, contando com diversas alterações, como as da

77 BREDA, Felippe Alexandre Ramos. Considerações sobre os procedimentos especiais de fiscalização aduaneiros. *RDDT* 220/7, 2014.

78 STJ, AgRg no REsp 1227611, 2013; STJ, AgRgREsp 1263028, 2012.

79 STJ, REsp 1.633.389, 2021.

Portaria MF 1.086/2024. Por sua vez, a IN RFB 1.737/2017 dispõe sobre o tratamento tributário e os procedimentos de controle aduaneiro aplicáveis às remessas internacionais.

Consideram-se sem valor comercial os bens contidos em remessas postais internacionais que não se prestem à utilização com fins lucrativos e cujo valor FOB não exceda US$ 10,00, conforme o art. 157, II, do Regulamento Aduaneiro.

Os bens objeto de remessa postal ou de encomenda aérea internacional, destinadas a pessoa física, sujeitam-se, quando de valor até US$ 3.000,00, ao Regime de Tributação Simplificada – RTS.

Toma-se como base de cálculo o valor aduaneiro da totalidade dos bens que integrem a remessa ou encomenda, assim considerado o valor de aquisição, representado pela fatura comercial. Caso o custo de transporte e respectivo seguro não estejam incluídos no preço de aquisição, não tendo sido suportados pelo remetente, serão acrescidos ao preço de aquisição para definição do valor aduaneiro. Se não houver fatura ou não se mostrar idônea, a autoridade arbitrará o valor aduaneiro tendo por base o preço de bens idênticos ou similares.

O Regime de Tributação Simplificada implica a cobrança exclusiva do Imposto de Importação, pela alíquota de 60%, deduzindo-se US$ 20,00 do imposto, independentemente da classificação tarifária dos bens, à exceção dos medicamentos destinados a pessoa física, sujeitos à alíquota de zero por cento.

Já não são mais isentas do Imposto de Importação as remessas ou encomendas de até US$ 50,00 que tenham como remetente e como destinatário pessoas físicas. Isso porque o art. 1º, § 2º, da Portaria MF n. 156/99[80] restou revogado pela Portaria MF 1086/2024. Submetem-se, atualmente, à alíquota de 20%.

O STJ entendia que o condicionamento da isenção aos US$ 50,00 e à condição de pessoa física do destinatário era válido, amparando-se na autorização contida nos arts. 1º, § 4º, e 2º, II, do Decreto-lei 1.804/80[81].

No RTS, embora a alíquota do II seja elevada (60%), há isenção quanto aos demais tributos federais normalmente incidentes nas importações, quais sejam, o IPI-Importação e o PIS/COFINS-Importação. É cobrado ICMS-Importação.

O Imposto de Importação e o ICMS-Importação são pagos perante a própria agência de correio, como condição para a retirada dos bens.

Bens sujeitos a restrições de quantidade, valor ou tipo que estejam fora dos limites de aplicação do RTS serão liberados mediante o regime comum de importação. Bebidas alcoólicas, fumo e produtos de tabacaria, *e.g.*, não se submetem a tal regime.

80 À "encomenda expressa transportada por empresa de transporte expresso internacional" já não se aplicava o disposto no § 2º do art. 1º, por força da Portaria MF n. 454/2015.

81 STJ, AgIntREsp 1.680.882, 2020.

1.10.2. Regimes de Tributação Especial para Bagagens e para aquisições em lojas francas

O Regime Aduaneiro de Bagagem no Mercosul foi internalizado pelo Decreto 6.870/2009. Os arts. 155 a 168 do Regulamento Aduaneiro também tratam do regime da bagagem. O art. 169 cuida dos bens adquiridos em loja franca. A Portaria MF 440/2010 dispõe sobre o tratamento tributário relativo a bens de viajante. A IN RFB 1.059/2010 dispõe sobre os procedimentos de controle e o tratamento tributário aplicável aos bens de viajante. A Portaria MF 307/2014 dispõe sobre o regime aduaneiro especial de loja franca em fronteira terrestre.

Os bens que o viajante porta no mesmo meio de transporte em que viaja, que não tenham finalidade comercial ou industrial, são designados como bagagem acompanhada[82] e se submetem a regras próprias de tributação.

Há isenção para roupas e outros objetos de uso ou consumo pessoal, bem como para livros e periódicos.

Ademais, há uma quota de isenção para bagagem e outra quota de isenção adicional para compra em loja franca.

A isenção para bens trazidos por via aérea ou marítima é de até U$ 1.000,00, ou por via terrestre no limite global de US$ 500,00.

Também estão isentas as aquisições em lojas francas de aeroportos e de portos de chegada no Brasil até US$ 1.000,00 e de até US$ 500,00 em lojas francas de fronteira terrestre. Mas há limites quantitativos. Para bebidas alcoólicas, por exemplo, o limite é de 24 unidades de bebidas alcoólicas, observado quantitativo máximo de 12 unidades por tipo de bebida, em porto ou aeroporto, e de 12 litros de bebidas alcoólicas em fronteira terrestre. Esses novos patamares foram estabelecidos pela Portaria ME 15.224/2021, que alterou, no ponto, a Portaria MF 440/2010 e a Portaria MF n. 307/2014, que também foi alterada pela Portaria MF 668/2023 quanto ao marco inicial do prazo de permanência no regime e prazo total máximo de prorrogação.

O valor do bem deve ser comprovado pelo viajante mediante apresentação da fatura comercial. Na sua ausência ou no caso de se mostrar inidônea, será arbitrado pela autoridade aduaneira.

Para a bagagem acompanhada que ultrapassar as cotas de isenção, bem como para as roupas e objetos de uso pessoal novos integrantes de bagagem desacompanhada, que chegarem ao País dentro do prazo de três meses anteriores ou até seis meses posteriores à chegada do viajante e que forem provenientes dos países de sua estada ou proce-

82 Note-se, todavia, que certos bens, mesmo quando portados pelo viajante, não são considerados bagagens, como veículos automotores em geral, motocicletas, bicicletas com motor, embarcações e aeronaves etc., nos termos do art. 2º, § 3º, da IN RFB n. 1.059/2010.

dência, aplica-se o Regime de Tributação Especial para Bagagens, que implica pagamento do Imposto de Importação de 50% do valor excedente da cota, exclusivamente, não sendo cobrados outros tributos.

O viajante que trouxer bagagem acompanhada sujeita a tributação deve se informar em Declaração Eletrônica de Bens de Viajante (e-DBV), disponível no endereço eletrônico da Receita Federal (www.receita.fazenda.gov.br) e também acessível pelos terminais de autoatendimento, ou a Declaração de Bens de Viajante (DBV-formulário).

A matéria é regulada pelos arts. 87, 101, 102, 155 a 168, 689, 702 e 713 do Regulamento Aduaneiro (Decreto n. 6.759/2009), pela Portaria MF n. 440/2010 e pelas Instruções Normativas 1.059/2010 e 1.385/2013.

1.10.3. Regime de Tributação Unificada

A importação por microempresa optante pelo SIMPLES NACIONAL, por via terrestre, de mercadorias procedentes do Paraguai, submete-se ao Regime de Tributação Unificada – RTU, nos termos da Lei n. 11.898/2009, regulamentada pelo Decreto n. 6.956/2009, objeto de alterações como a do Decreto 9.525/2018.

A alíquota única máxima é de 42,25% sobre o preço de aquisição das mercadorias importadas, correspondendo 18% ao II, 15% ao IPI, 7,60% à COFINS-Importação e 1,65% ao PIS-Pasep-Importação, mas pode ser reduzida ou restabelecida pelo Poder Executivo. Atualmente está em 25% destinados à União. Mas há a incidência, também, de 7% destinada ao Estado onde o importador mantiver inscrição estadual. Assim, o montante total devido é de 32%.

1.10.4. Regime de *Drawback*

A matéria tem sua matriz no art. 78 do DL 37/66, mas é disciplinada também pelo art. 5º da Lei 8.032/90, pelo art. 17 da Lei 11.774/2008, pelos arts. 31 e 32 da Lei 12.350/2010 e pelos arts. 12 a 14 da Lei 11.945/2009, com a redação das Leis 12.058/2009 e 14.440/2022[83]. O Regulamento Aduaneiro trata do tema em seus arts. 383 a 403, sobretudo com as alterações impostas pelo Decreto 8.010/2013.

O art. 78 do DL n. 37/66 cuida do regime de importações vinculadas a exportações que se convencionou denominar *drawback*. As importações realizadas nesse regime são desoneradas, inclusive, do Imposto de Importação. Dispõe:

83 Há, ainda, o regime de *drawback* de serviços, mas que diz respeito a outros tributos. Com efeito, o art. 12-A, incluído pela Lei 14.440/2022, trata da aquisição no mercado interno ou da importação, de forma combinada ou não, de serviço direta e exclusivamente vinculado à exportação ou entrega no exterior de produto resultante da utilização do regime do seu art. 12, dispondo que poderão ser realizadas com suspensão da Contribuição para o PIS/Pasep, da COFINS, da Contribuição para o PIS/Pasep-Importação e da COFINS-Importação.

"Art. 78 – Poderá ser concedida, nos termos e condições estabelecidas no regulamento: I – restituição, total ou parcial, dos tributos que hajam incidido sobre a importação de mercadoria exportada após beneficiamento, ou utilizada na fabricação, complementação ou acondicionamento de outra exportada; II – suspensão do pagamento dos tributos sobre a importação de mercadoria a ser exportada após beneficiamento, ou destinada à fabricação, complementação ou acondicionamento de outra a ser exportada; III – isenção dos tributos que incidirem sobre importação de mercadoria, em quantidade e qualidade equivalentes à utilizada no beneficiamento, fabricação, complementação ou acondicionamento de produto exportado. [...]"

Por sua vez, a Lei 12.350/2010 assim dispõe em seu art. 31:

DO *DRAWBACK*

Art. 31. A aquisição no mercado interno ou a importação, de forma combinada ou não, de mercadoria equivalente à empregada ou consumida na industrialização de produto exportado poderá ser realizada com isenção do Imposto de Importação e com redução a zero do IPI, da Contribuição para o PIS/Pasep e da COFINS, da Contribuição para o PIS/Pasep-Importação e da COFINS-Importação.

§ 1º O disposto no *caput* aplica-se também à aquisição no mercado interno ou à importação de mercadoria equivalente:

I – à empregada em reparo, criação, cultivo ou atividade extrativista de produto já exportado; e

II – para industrialização de produto intermediário fornecido diretamente a empresa industrial-exportadora e empregado ou consumido na industrialização de produto final já exportado.

§ 2º O disposto no *caput* não alcança as hipóteses previstas nos incisos IV a IX do art. 3º da Lei n. 10.637, de 30 de dezembro de 2002, nos incisos III a IX do art. 3º da Lei n. 10.833, de 29 de dezembro de 2003, e nos incisos III a V do art. 15 da Lei n. 10.865, de 30 de abril de 2004.

§ 3º O beneficiário poderá optar pela importação ou pela aquisição no mercado interno da mercadoria equivalente, de forma combinada ou não, considerada a quantidade total adquirida ou importada com pagamento de tributos.

§ 4º Para os efeitos deste artigo, considera-se mercadoria equivalente a mercadoria nacional ou estrangeira da mesma espécie, qualidade e quantidade, adquirida no mercado interno ou importada sem fruição dos benefícios referidos no *caput*, nos termos, limites e condições estabelecidos pelo Poder Executivo.

A Lei 11.774/2008, com a redação que lhe é atribuída também pela Lei 12.350/2010, estabelece:

Art. 17. Para efeitos de adimplemento do compromisso de exportação nos regimes aduaneiros suspensivos, destinados à industrialização para exportação, os produtos importados ou adquiridos no mercado interno com suspensão do pagamento dos tributos incidentes podem ser substituídos por outros produtos, nacionais ou importados, da mesma espécie, qualidade e quantidade, importados ou adquiridos no mercado interno sem suspensão do pagamento dos tributos incidentes, nos termos, limites e condições estabelecidos pelo Poder Executivo.

§ 1 º O disposto no *caput* aplica-se também ao regime aduaneiro de isenção e alíquota zero, nos termos, limites e condições estabelecidos pelo Poder Executivo.

§ 2º A Secretaria da Receita Federal do Brasil e a Secretaria de Comércio Exterior disciplinarão em ato conjunto o disposto neste artigo.

Finalmente, a Lei 11.945/2009, com as alterações da Lei 12.058/20009, estabelece:

Art. 12. A aquisição no mercado interno ou a importação, de forma combinada ou não, de mercadoria para emprego ou consumo na industrialização de produto a ser exportado poderá ser realizada com suspensão do Imposto de Importação, do Imposto sobre Produtos Industrializados – IPI, da Contribuição para o PIS/Pasep e da COFINS, da Contribuição para o PIS/Pasep-Importação e da COFINS-Importação.

§ 1º As suspensões de que trata o *caput* deste artigo:

I – aplicam-se também à aquisição no mercado interno ou à importação de mercadorias para emprego em reparo, criação, cultivo ou atividade extrativista de produto a ser exportado;

II – não alcançam as hipóteses previstas nos incisos IV a IX do art. 3º da Lei n. 10.637, de 30 de dezembro de 2002, e nos incisos III a IX do art. 3º da Lei n. 10.833, de 29 de dezembro de 2003, e nos incisos III a V do art. 15 da Lei n. 10.865, de 30 de abril de 2004;

III – aplicam-se também às aquisições no mercado interno ou importações de empresas denominadas fabricantes-intermediários, para industrialização de produto intermediário a ser diretamente fornecido a empresas industriais-exportadoras, para emprego ou consumo na industrialização de produto final destinado à exportação.

§ 2º Apenas a pessoa jurídica habilitada pela Secretaria de Comércio Exterior poderá efetuar aquisições ou importações com suspensão na forma deste artigo.

§ 3º A Secretaria da Receita Federal do Brasil e a Secretaria de Comércio Exterior disciplinarão em ato conjunto o disposto neste artigo.

Art. 13. Os atos concessórios de drawback cujos prazos máximos, nos termos do art. 4º do Decreto-Lei n. 1.722, de 3 de dezembro de 1979, tenham vencimento entre 1º de outubro de 2008 e 31 de dezembro de 2009 poderão ser prorrogados, em caráter excepcional, por 1 (um) ano, contado do respectivo vencimento.

Art. 14. Os atos concessórios de drawback, incluído o regime de que trata o art. 12 desta Lei, poderão ser deferidos, a critério da Secretaria de Comércio Exterior, levando-se em conta a agregação de valor e o resultado da operação.

§ 1º A comprovação do regime poderá ser realizada com base no fluxo físico, por meio de comparação entre os volumes de importação e de aquisição no mercado interno em relação ao volume exportado, considerada, ainda, a variação cambial das moedas de negociação.

§ 2º A Secretaria da Receita Federal do Brasil e a Secretaria de Comércio Exterior disciplinarão em ato conjunto o disposto neste artigo.

Conforme nos ensinam COÊLHO, MOREIRA e GAIA, "O *drawback* é um regime aduaneiro especial que elimina a incidência de tributos na importação de insumos aplicados na fabricação, beneficiamento ou acondicionamento de produtos destinados à exportação". Destacam, ainda, que a sua "finalidade é propiciar a redução dos custos tributários na industrialização de produtos que serão exportados, de forma a possibilitar ao empresário brasileiro competir, no mercado internacional, em igualdade de condições com seus concorrentes de outros países"[84].

Durante muito tempo, exigiu-se identidade entre o produto importado e o produto exportado para que se reconhecesse como cumprido o regime de *drawback*. Desse modo, o insumo ou produto intermediário importado deveria estar, ele próprio, incorporado ao produto exportado. Por meio da Lei n. 12.350/2010, porém, passou-se a admitir a equivalência ou fungibilidade, legitimando-se o que já vinha sendo reconhecido pela jurisprudência em diversos casos. Desse modo, a exportação de mercadoria produzida com insumos ou produtos intermediários nacionais equivalentes aos importados atende às exigências e aos fins desse regime de incentivo às exportações[85].

O STJ manteve acórdão que entendeu caber à Secretaria de Comércio Exterior (SECEX) verificar o cumprimento dos requisitos e condições necessários à concessão do *drawback*, no qual a Secretaria da Receita Federal do Brasil (SRFB) não pode rever tais decisões. Concedido o regime de *drawback* pela SECEX, a SRFB não poderia lavrar auto de infração tendo como pressuposto o seu descumprimento[86].

---

84 COÊLHO, Sacha Calmon Navarro; MOREIRA, André Mendes; GAIA, Patrícia Dantas. *Drawback-suspensão*: a dispensável vinculação física entre os insumos importados com o benefício e os produtos finais posteriormente exportados. *RDDT*, n. 221/139, 2014.

85 "Frente aos constantes apelos do setor industrial, o legislador federal mitigou expressamente o princípio da vinculação física, em favor da fungibilidade, por meio da Lei n. 12.350/2010, que alterou o art. 17 da Lei n. 11.774/2008... O dispositivo legal, que pende de regulamentação para produzir efeitos, foi introjetado no Regulamento Aduaneiro pelo Decreto n. 8.010/2013: ..." (COÊLHO, Sacha Calmon Navarro; MOREIRA, André Mendes; GAIA, Patrícia Dantas. *Drawback-suspensão*: a dispensável vinculação física entre os insumos importados com o benefício e os produtos finais posteriormente exportados. *RDDT*, n. 221/139, fev./2014.) *Vide* também: PARISI, Fernanda Drummond. Regime aduaneiro de *drawback* suspensão e o princípio da fungibilidade na importação de produtos *in natura*. *RDDT*, n. 235/74, 2015.

86 STJ, AgIntREsp 1842145, 2021.

Capítulo 2

Imposto sobre a Exportação (IE)

2.1. LEGISLAÇÃO

A competência para a instituição do Imposto sobre a Exportação consta do art. 153, II, da CF. A CF refere-se expressamente a tal imposto, ainda, no art. 153, § 1º, para atenuar a legalidade, e no art. 150, § 1º, para excepcionar a observância das anterioridades de exercício e nonagesimal mínima.

Os arts. 23 a 28 do CTN estabelecem as normas gerais atinentes ao Imposto sobre a Exportação, definindo o arquétipo para fato gerador, base de cálculo e contribuintes.

O diploma básico do Imposto sobre a Exportação é o Decreto-Lei n. 1.578/77, que instituiu o imposto, dispondo sobre todos os elementos da sua hipótese de incidência. Tal Decreto-Lei, recepcionado pela Constituição de 1988, tem sofrido inúmeras alterações, como as determinadas pela Lei n. 9.716/98 e pela MP 2.158-35/2001. Deve-se considerar, ainda, o disposto no art. 8º do DL 1.578/77: "Art. 8º – No que couber, aplicar-se-á, subsidiariamente, ao imposto sobre a exportação a legislação relativa ao imposto de importação". O art. 10 do DL n. 1.578/77, por sua vez, com a redação dada pela MP 2.158-35, de 24 de agosto de 2001, tornada permanente porque em vigor quando da publicação da EC 32/2001, prevê: "Art. 10. A CAMEX expedirá normas complementares a este Decreto-Lei, respeitado o disposto no § 2º do art. 1º, *caput* e § 2º do art. 2º, e arts. 3º e 9º". A regulamentação do IE dá-se pelo Decreto n. 6.759/2009 (Regulamento Aduaneiro), que regulamenta a administração das atividades aduaneiras e a fiscalização, o controle e a tributação das operações de comércio exterior. A IN RFB 1.702/2017, alterada inclusive pela IN RFB 2.104/2022, disciplina o despacho aduaneiro de exportação processado por meio de Declaração Única de Exportação (DU-E).

2.2. BASE ECONÔMICA

O art. 153, II, da CF outorga competência à União para a instituição de imposto sobre "exportação, para o exterior, de produtos nacionais ou nacionalizados"[1].

Exportar, conforme Aurélio, é "Mandar transportar para fora de um país, estado ou município (artigos nele produzidos)". "Exportação" é o ato de exportar. Mas, assim como na importação, não basta a transposição da fronteira, o simples ingresso físico, na exportação, para a sua configuração, não basta a saída física do produto do território nacional, exigindo-se a sua saída para fins de incorporação à economia interna de outro país[2]. Assim, as saídas de produtos que tenham ingressado em regime de admissão temporária ou de produtos que devam retornar ao país não configuram propriamente uma exportação, não havendo competência para a sua tributação a título de Imposto sobre a Exportação.

A expressão "para o exterior" deixa claro que só é admissível a tributação da saída de produtos do país para outro, jamais de um Estado-Membro para outro, como se dava sob a égide da Constituição de 1891[3], ou mesmo de um Município para outro. A Constituição atual veda expressamente tal prática no art. 150, V, ao impedir que quaisquer dos entes políticos estabeleçam limitações ao tráfego de pessoas ou bens por meio de tributos interestaduais ou intermunicipais. Os impostos de importação e de exportação são instrumentos do comércio internacional, tendo, atualmente, função predominantemente extrafiscal de controle do comércio exterior e de instrumento de política cambial, não se podendo cogitá-los no âmbito interno.

A legislação, contudo, ainda se vale do termo "exportação" no âmbito interno. É interessante atentar para os termos em que o Decreto-Lei n. 288/67, que regula a Zona Franca de Manaus, faz referência à "exportação" para a Zona Franca de Manaus, equiparando-a a uma exportação do Brasil para o estrangeiro: "Art. 4º A exportação de mercadorias de origem nacional para consumo ou industrialização na Zona Franca de Manaus, ou reexportação para o estrangeiro, será para todos os efeitos fiscais, constantes da legislação em vigor, equivalente a uma exportação brasileira para o estrangeiro".

O termo "produtos" abrange tanto a mercadoria (com destinação comercial) como outros bens (para consumo, incorporação ao ativo fixo etc.), além do que abrange tan-

---

1 "Art. 153. Compete à União instituir impostos sobre: (...) II – exportação, para o exterior, de produtos nacionais ou nacionalizados."

2 "(...) interessa é que esteja saindo em virtude de exportação, isto é, para o fim de integrar-se à economia interna de outro país." (SOUZA, Fátima Fernandes Rodrigues. In: MARTINS, Ives Gandra da Silva (coord.). *Comentários ao Código Tributário Nacional*. Vol. I. 6. ed. São Paulo: Saraiva, 2011, p. 249).

3 Ricardo Lobo Torres, em seu *Curso de Direito Financeiro e Tributário*, 16. ed., Renovar, 2009, p. 375, esclarece que, sob a égide da Constituição de 1891, os Estados-Membros procuraram tributar a chamada "exportação interestadual".

to os produtos da ação humana (produtos manufaturados, industrializados etc.) como os da própria natureza (produtos primários).

Por fim, "nacionais" são os produtos produzidos no território nacional, enquanto "nacionalizados" são os produtos que tenham sido importados[4] para o território nacional, os quais, uma vez desembaraçados, se consideram nacionalizados.

2.3. CRITÉRIOS CONSTITUCIONAIS PARA INSTITUIÇÃO DO IMPOSTO SOBRE A EXPORTAÇÃO

2.3.1. Atenuação da legalidade

A CF, através do § 1º do art. 153, atenua a legalidade tributária estrita relativamente ao Imposto sobre a Exportação, dentre outros impostos, ao facultar ao Poder Executivo a alteração das alíquotas, atendidas as condições e os limites estabelecidos em lei, conforme se vê adiante no tratamento do aspecto quantitativo. O exercício dessa prerrogativa será feito pelo órgão do executivo a que a legislação outorgar tal atribuição. O STF, aliás, já decidiu que não se trata de competência privativa do Presidente da República, podendo ser atribuído à CAMEX a alteração das alíquotas[5].

2.3.2. Exceção às anterioridades

A par disso, a instituição ou majoração, bem como a cassação de benefícios como isenção, relativamente ao Imposto sobre a Exportação, não estão submetidas à observância das anterioridades de exercício e nonagesimal mínima previstas no art. 150, III, *b* e *c*, da CF. Isso porque o § 1º do mesmo artigo expressamente o excepciona.

2.4. ASPECTO MATERIAL

O art. 23 do CTN estabelece o arquétipo potencial do aspecto material da hipótese de incidência do Imposto sobre a Exportação:

---

4 Importados em caráter definitivo, ou seja, ingressados para fins de incorporação à economia nacional.

5 "IMPOSTO DE EXPORTAÇÃO. ALTERAÇÃO DE ALÍQUOTA. ART. 153, § 1º, DA CONSTITUIÇÃO FEDERAL. COMPETÊNCIA PRIVATIVA DO PRESIDENTE DA REPÚBLICA NÃO CONFIGURADA. ATRIBUIÇÃO DEFERIDA À CAMEX. CONSTITUCIONALIDADE. FACULDADE DISCRICIONÁRIA CUJOS LIMITES ENCONTRAM-SE ESTABELECIDOS EM LEI. RECURSO EXTRAORDINÁRIO DESPROVIDO. I – É compatível com a Carta Magna a norma infraconstitucional que atribui a órgão integrante do Poder Executivo da União a faculdade de estabelecer as alíquotas do Imposto de Exportação. II – Competência que não é privativa do Presidente da República. III – Inocorrência de ofensa aos arts. 84, *caput*, IV e parágrafo único, e 153, § 1º, da Constituição Federal ou ao princípio de reserva legal. Precedentes. IV – Faculdade discricionária atribuída à Câmara de Comércio Exterior – CAMEX, que se circunscreve ao disposto no Decreto-Lei n. 1.578/1977 e às demais normas regulamentares." (STF, RE 570680, out./2009). No mesmo sentido: STF, RE 606368 AgR, 2016, e STF, RE 628848 ED, 2014.

Art. 23. O imposto, de competência da União, sobre a exportação, para o estrangeiro, de produtos nacionais ou nacionalizados tem como fato gerador a saída destes do território nacional.

RICARDO LÔBO TORRES esclarece:

O imposto incide, obviamente, sobre a exportação para o exterior. A CF 67/69 falava em exportação para o estrangeiro. O pleonasmo é reminiscência do regime de 1891, em que os Estados-Membros, titulares de competência impositiva, procuraram, infrutiferamente, tributar o que cognominavam de "exportação interestadual"[6].

Vale lembrar que o art. 150, V, da CF, proíbe aos entes federados que estabeleçam limitações ao tráfego de pessoas ou bens por meio de tributos interestaduais ou intermunicipais.

O aspecto material do Imposto sobre a Exportação há de ser a exportação para o exterior, assim considerada a saída do produto nacional ou nacionalizado para fins de incorporação à economia interna de outro país, conforme afirmado quando da análise da norma de competência.

A exportação temporária, em regime de suspensão de impostos, em que não se tem a incorporação à economia de outro país, sequer constitui propriamente uma exportação, não se sujeitando à incidência do imposto.

Cabe reafirmar, conforme também já o fizemos quando da análise da base econômica, que os produtos "nacionais" são os produzidos no território nacional, e que os "nacionalizados" são os produtos estrangeiros que tenham ingressado regularmente para incorporação à economia nacional (na linguagem do Regulamento Aduaneiro, os produtos importados em caráter definitivo), submetendo-se ao despacho para consumo.

Eis a definição constante do Regulamento Aduaneiro (Dec. n. 6.759/2009):

Art. 212 (...) § 1º Considera-se nacionalizada a mercadoria estrangeira importada a título definitivo.

Destacando a importância da tributação dos produtos nacionalizados, veja-se o seguinte acórdão do STJ:

DRAWBACK. ÁLCOOL BENEFICIADO. PRODUTO NACIONALIZADO. IMPOSTO DE EXPORTAÇÃO. INCIDÊNCIA. (...) 14. Sendo produto industrializado no Brasil, é certo que se trata de bem nacionalizado e, portanto, sujeito ao imposto de exportação. 15. A definitividade a que se refere o art. 221, § 1º, do Decreto n. 91.030/85 visa a afastar do imposto de exportação apenas as mercadorias em trânsito pelo território nacional, jamais aquelas regularmente desembaraçadas que tenham sofrido efetiva industrialização. 16. Entender de maneira diversa, como já dito, seria colocar o produto totalmente industrializado no País em enorme desvantagem, uma vez que submetido inquestionavelmente ao imposto

6 TORRES, Ricardo Lôbo. *Curso de Direito Financeiro e Tributário*, 19. ed. São Paulo: Renovar, 2013, p. 379.

de exportação, enquanto o produto estrangeiro importado e posteriormente exportado ficaria ao largo da tributação[7].

Impende esclarecer, ainda, que "território", da mesma forma como se põe em face do Imposto sobre a Importação, é o geográfico, excluídos aqueles decorrentes de ficção legal, como as representações diplomáticas no exterior, as aeronaves e as embarcações brasileiras. O Regulamento Aduaneiro refere-se ao território nacional, nessa acepção, como "território aduaneiro"[8].

O DL n. 1.578/77, que institui o Imposto sobre a Exportação, repete o CTN, dispondo em seu art. 1º, com as alterações das Leis n. 9.019/95 e n. 9.716/98:

> Art. 1º O Imposto sobre a Exportação, para o estrangeiro, de produto nacional ou nacionalizado tem como fato gerador a saída deste do território nacional.
>
> (...)
>
> § 3º O Poder Executivo relacionará os produtos sujeitos ao imposto. (Parágrafo incluído pela Lei n. 9.716, de 26.11.1998).

Em não constando determinado produto das tabelas de alíquotas do IE e não sendo possível enquadrá-lo sequer pelo gênero, a norma tributária estará incompleta, impe-

---

7 STJ, REsp 1255823, 2012.

8 Decreto n. 6.759/2009: "DO TERRITÓRIO ADUANEIRO Art. 2º O território aduaneiro compreende todo o território nacional. Art. 3º A jurisdição dos serviços aduaneiros estende-se por todo o território aduaneiro e abrange (Decreto-Lei n. 37, de 18 de novembro de 1966, art. 33, *caput*): I – a zona primária, constituída pelas seguintes áreas demarcadas pela autoridade aduaneira local: a) a área terrestre ou aquática, contínua ou descontínua, nos portos alfandegados; b) a área terrestre, nos aeroportos alfandegados; e c) a área terrestre, que compreende os pontos de fronteira alfandegados; e II – a zona secundária, que compreende a parte restante do território aduaneiro, nela incluídas as águas territoriais e o espaço aéreo. § 1º Para efeito de controle aduaneiro, as zonas de processamento de exportação, referidas no art. 534, constituem zona primária (Lei n. 11.508, de 20 de julho de 2007, art. 1º, parágrafo único). § 2º Para a demarcação da zona primária, deverá ser ouvido o órgão ou empresa a que esteja afeta a administração do local a ser alfandegado. § 3º A autoridade aduaneira poderá exigir que a zona primária, ou parte dela, seja protegida por obstáculos que impeçam o acesso indiscriminado de veículos, pessoas ou animais. § 4º A autoridade aduaneira poderá estabelecer, em locais e recintos alfandegados, restrições à entrada de pessoas que ali não exerçam atividades profissionais, e a veículos não utilizados em serviço. § 5º A jurisdição dos serviços aduaneiros estende-se ainda às Áreas de Controle Integrado criadas em regiões limítrofes dos países integrantes do Mercosul com o Brasil (Acordo de Alcance Parcial para a Facilitação do Comércio n. 5 – Acordo de Recife, aprovado pelo Decreto Legislativo n. 66, de 16 de novembro de 1981, e promulgado pelo Decreto n. 1.280, de 14 de outubro de 1994; e Segundo Protocolo Adicional ao Acordo de Recife, Anexo – Acordo de Alcance Parcial de Promoção do Comércio n. 5 para a Facilitação do Comércio, art. 3º, *a*, internalizado pelo Decreto n. 3.761, de 5 de março de 2001). [...] DO FATO GERADOR Art. 213. O imposto de exportação tem como fato gerador a saída da mercadoria do território aduaneiro (Decreto-Lei n. 1.578, de 1977, art. 1º, *caput*). Parágrafo único. Para efeito de cálculo do imposto, considera-se ocorrido o fato gerador na data de registro do registro de exportação no Sistema Integrado de Comércio Exterior (SISCOMEX) (Decreto-Lei n. 1.578, de 1977, art. 1º, § 1º)".

dindo o surgimento da obrigação tributária, ainda que se possa entender ocorrido o fato gerador. De fato, se, em face da ausência de alíquota, não se puder apurar o conteúdo da obrigação, esta não surge.

2.5. ASPECTO TEMPORAL

Considera-se ocorrido o fato gerador no ato da expedição da guia de exportação ou documento equivalente, nos termos do art. 1º, § 1º, do DL n. 1.578/77:

> § 1º Considera-se ocorrido o fato gerador no momento da expedição da Guia de Exportação ou documento equivalente.

Em face da implantação do SISCOMEX (Sistema Integrado de Comércio Exterior) e do consequente processamento eletrônico dos diversos atos inerentes ao comércio exterior, não há mais guias de exportação, sendo seu equivalente o "registro da exportação" junto ao SISCOMEX.

O Regulamento Aduaneiro (Dec. n. 6.759/2009) é inequívoco:

> Art. 213. O imposto de exportação tem como fato gerador a saída da mercadoria do território aduaneiro (Decreto-lei n. 1.578, de 1977, art. 1º, *caput*).
>
> Parágrafo único. Para efeito de cálculo do imposto, considera-se ocorrido o fato gerador na data do registro de exportação no Sistema Integrado de Comércio Exterior (SISCOMEX) (Decreto-lei n. 1.578, de 1977, art. 1º, § 1º).

O STF tem ressaltado que o "registro da exportação" não pode ser confundido com o "registro da venda", este irrelevante para a incidência do imposto. Veja-se, ainda, o precedente do STF:

> IMPOSTO DE EXPORTAÇÃO. FATO GERADOR: REGISTRO NO SISTEMA INTEGRADO DE COMÉRCIO EXTERIOR – SISCOMEX... 2. Não é qualquer registro no SISCOMEX que corresponde à expedição do documento equivalente à guia de exportação prevista no § 1º, *in fine*, do art. 1º do Decreto-lei n. 1.578/77, como determinante da ocorrência do fato gerador do tributo. Somente o Registro de Exportação corresponde e se equipara à Guia de Exportação. 3. Editada a Resolução n. 2.112/94 do Banco Central do Brasil depois dos registros de venda, mas antes dos registros de exportação, submetem-se as operações respectivas às alíquotas nelas fixadas, visto que tal fixação se dera antes da ocorrência do fato gerador. (STF, 2ª T., AI 578372 AgR, rel. Min. ELLEN GRACIE, fev./2010.)

Nesse julgado, a relatora foi clara ao esclarecer as questões relativas à documentação constante do SISCOMEX:

> A criação do SISCOMEX (Decreto n. 660/92) objetivou agilizar as transações internacionais. Num sistema informatizado alimentado pelos próprios interessados, foram substituídos diversos documentos, entre os quais as guias de Importação e de Exportação por informações

processadas eletronicamente. Os registros de exportação e de importação equiparam-se às guias de exportação e de importação. O que se verifica e dá margem a controvérsias, como a dos autos, é a existência de mais de um tipo de registro no SISCOMEX. Precedem o Registro de Exportação – embora não necessariamente em todas as operações – o Registro de Venda (RV) e o Registro de Crédito (RC). Após a efetivação do Registro de Exportação e finalizada a operação de exportação, a documentação é complementada, ainda por um comprovante de Exportação (CE) que relaciona todos os registros de exportação, objeto de um mesmo despacho aduaneiro. 3. Na hipótese, a parte agravante, tendo já realizado Registros de Venda antes da edição da Resolução n. 2.112/94 entendeu que tal providência o colocava ao abrigo das alíquotas introduzidas pelas referida Resolução. Não é, todavia, qualquer registro no SISCOMEX que corresponde à expedição do documento equivalente à guia de exportação previsto no § 1º, *in fine* do art. 1º do DL n. 1.578/77, como determinante da ocorrência do fato gerador do tributo. Os Registros de Venda invocados pela exportadora não tem essa estatura. Somente o Registro de Exportação corresponde e se equipara à Guia de Exportação. Logo, editada a Resolução n. 2.112/94 depois dos registros de venda, mas antes dos registros de exportação, submetem-se as operações respectivas às alíquotas nela fixadas, visto que tal fixação se dera antes da ocorrência do fato gerador.

Portanto, o Registro de Exportação é que tem relevância para definição do momento de incidência do Imposto sobre a Exportação.

2.6. ASPECTO ESPACIAL

O aspecto espacial, no Imposto sobre a Exportação, é inerente à descrição do próprio aspecto material: saída do produto nacional ou nacionalizado do "território nacional", assim considerado o território geográfico, excluídas as representações diplomáticas no exterior, as aeronaves e as embarcações brasileiras.

2.7. ASPECTO PESSOAL

O sujeito ativo do Imposto sobre a Exportação, ou seja, o seu credor, titular das prerrogativas atinentes à regulamentação, fiscalização, lançamento e execução, é a própria União[9].

---

9 "PROCESSUAL CIVIL E TRIBUTÁRIO. REPETIÇÃO DE INDÉBITO. IMPOSTO DE EXPORTAÇÃO. ILEGITIMIDADE PASSIVA DO BANCO CENTRAL. 1. O art. 9º do Decreto-Lei n. 1.578/1977 determinava: 'O produto da arrecadação do imposto de exportação constituirá reserva monetária, a crédito do Banco Central do Brasil, a qual só poderá ser aplicada na forma estabelecida pelo Conselho Monetário Nacional'. 2. O fato de 'o produto da arrecadação' ser destinado ao Banco Central do Brasil não tem o condão de fazer da autarquia sujeito ativo do imposto. A União – ente que detém a competência tributária, na forma do art. 23 do CTN – possui também a qualidade de sujeito ativo do Imposto de Exportação. Cabe a ela o dever de restituir o tributo indevidamente pago. Precedentes do Tribunal Federal de Recursos. 3. No caso dos autos, a União figurou no polo passivo, tendo sido condenada à repetição do indébito. Desse modo, a

O contribuinte é definido pelo CTN:

> Art. 27. Contribuinte do imposto é o exportador ou quem a lei a ele equiparar.

O DL n. 1.578/77, em seu art. 5º, ao instituir o Imposto sobre a Exportação, define como contribuinte o exportador, assim considerada qualquer pessoa que promova a saída do produto do território nacional:

> Art. 5º O contribuinte do imposto é o exportador, assim considerado qualquer pessoa que promova a saída do produto do território nacional.

Conforme FÁTIMA FERNANDES RODRIGUES DE SOUZA, exportador:

> (...) é a pessoa que expede a mercadoria ou a leva consigo para fora do País. (...) o termo não está a indicar uma categoria profissional. Pode tratar-se de comerciante ou não; pessoa física ou jurídica; praticar com habitualidade ou esporadicamente o ato de exportar[10].

2.8. ASPECTO QUANTITATIVO

Dispõe o art. 24 do CTN:

> Art. 24. A base de cálculo do imposto é:
>
> I – quando a alíquota seja específica, a unidade de medida adotada pela lei tributária;
>
> II – quando a alíquota seja *ad valorem*, o preço normal que o produto, ou seu similar, alcançaria, ao tempo da exportação, em uma venda em condições de livre concorrência.
>
> Parágrafo único. Para os efeitos do inciso II, considera-se a entrega como efetuada no porto ou lugar da saída do produto, deduzidos os tributos diretamente incidentes sobre a operação de exportação e, nas vendas efetuadas a prazo superior aos correntes no mercado internacional, o custo do financiamento.

Conforme já esclarecido quando da abordagem do Imposto sobre a Importação, a alíquota específica é o montante considerado devido por unidade de medida do produto (quantidade, peso ou volume), bastando, em tal caso, verificar a medida e multiplicar pela quantia indicada de modo a obter o montante a ser recolhido.

Normalmente, contudo, tem-se a hipótese do inc. II do art. 24, qual seja, a da instituição do Imposto sobre a Exportação mediante a imposição de alíquota *ad valorem*, a incidir sobre o valor da exportação.

Neste caso, por força do dispositivo legal, ter-se-á como base de cálculo, ou seja, como valor da exportação, não necessariamente aquele pelo qual foi realizado o eventual

exclusão do Bacen da lide não inviabiliza a restituição das quantias indevidamente pagas pela empresa recorrida." (STJ, REsp 742.481, 2009.)

10 SOUZA, Fátima Fernandes Rodrigues. In: MARTINS, Ives Gandra da Silva (coord.). *Comentários ao Código Tributário Nacional*. Vol. I. 6. ed. São Paulo: Saraiva, 2011, p. 252.

negócio jurídico, mas o "preço normal que o produto, ou seu similar, alcançaria, ao tempo da exportação, em uma venda em condições de livre concorrência", considerada "a entrega como efetuada no porto ou lugar da saída do produto, deduzidos os tributos diretamente incidentes sobre a operação de exportação e, nas vendas efetuadas a prazo superior aos correntes no mercado internacional, o custo do financiamento".

O art. 2º do DL n. 1.578/77, que institui o tributo, com a redação da MP 2.158-35/2001, tornada permanente por força da EC 32/2001, faz referência expressa ao preço FOB do produto:

> Art. 2º A base de cálculo do imposto é o preço normal que o produto, ou seu similar, alcançaria, ao tempo da exportação, em uma venda em condições de livre concorrência no mercado internacional, observadas as normas expedidas pelo Poder Executivo, mediante ato do Conselho Monetário Nacional. (Redação determinada pela Medida Provisória n. 2.158-35, de 24-8-2001.)
>
> § 1º O preço à vista do produto, FOB ou posto na fronteira, é indicativo do preço normal.
>
> § 2º Quando o preço do produto for de difícil apuração ou for susceptível de oscilações bruscas no mercado internacional, o Poder Executivo, mediante ato do Conselho Monetário Nacional, fixará critérios específicos ou estabelecerá pauta de valor mínimo, para apuração de base de cálculo. (Redação determinada pela Medida Provisória n. 2.158-35, de 24-8-2001.)
>
> § 3º Para efeito de determinação da base de cálculo do imposto, o preço de venda das mercadorias exportadas não poderá ser inferior ao seu custo de aquisição ou produção, acrescido dos impostos e das contribuições incidentes e de margem de lucro de quinze por cento sobre a soma dos custos, mais impostos e contribuições. (Parágrafo incluído pela Lei n. 9.716, de 26-11-1998.)

A base de cálculo do Imposto sobre a Exportação, portanto, é o preço FOB da mercadoria. FOB é um INCOTERM (*international commercial term*)[11], sigla que designa a cláusula-padrão no comércio internacional em que as obrigações do vendedor se encerram quando a mercadoria está a bordo da embarcação, ficando, daí em diante, por conta e sob a responsabilidade do comprador, não obrigando o vendedor pela contratação e pelo pagamento de frete e de seguro, de modo que indica o preço da mercadoria sem tais custos. Por isso, FOB (*free on board*).

A alíquota do Imposto sobre a Exportação é fixada, em caráter geral, pelo art. 3º do DL n. 1.578/77, com a redação determinada pela Lei n. 9.716/98. O *caput* e o pará-

11 INCOTERMs são os termos que designam, em inglês, de forma sumária, cláusulas usuais no comércio internacional atinentes a direitos e obrigações do vendedor e do comprador quanto a fretes, seguros e outros encargos próprios do comércio internacional. A ICC (*International Chamber of Commerce*), desde 1936, regulamenta os INCOTERMs, sendo que a padronização do seu uso facilita e confere segurança às contratações. Periodicamente, a ICC publica Brochura com a atualização dos INCOTERMs. Mas não constitui a única fonte. Os Estados Unidos possuem regulamentação própria sobre INCOTERMs.

grafo único do referido art. 3º estabelecem, ainda, as condições e os limites para que o Executivo, forte na autorização constante do art. 153, § 1º, da CF e do art. 26 do CTN[12], altere as alíquotas:

> Art. 3º A alíquota do imposto é de 30% (trinta por cento), facultado ao Poder Executivo reduzi-la ou aumentá-la, para atender aos objetivos da política cambial e do comércio exterior. Parágrafo único. Em caso de elevação, a alíquota do imposto não poderá ser superior a 5 (cinco) vezes o percentual fixado neste artigo.

Poucos foram os casos de controle judicial das alterações de alíquotas[13], até porque o STJ entende que ao Judiciário cabe um juízo quanto à existência de motivação e não quanto ao seu mérito. Em caso no qual o Executivo majorou para 150% a alíquota do IE sobre armas e munições para as Américas do Sul e Central, o STJ considerou suficiente a justificativa de que havia a "necessidade de combate ao contrabando consistente no retorno ilegal ao Brasil de armamento aqui mesmo fabricado, fato de grande e notório impacto na Segurança Pública". E afirmou: "Cabe ao Judiciário aferir se o Executivo motivou adequadamente a alteração de alíquota do Imposto de Exportação e observou o limite legal, e não valorar essa motivação ou determinar qual seria a forma adequada de atender às políticas cambial e de comércio exterior". Desse modo, inexistindo teratologia que evidenciasse a nulidade do ato, proveu o recurso especial da Fazenda Nacional[14].

Eventual intervenção judicial sobre as alterações de alíquota, portanto, será excepcional.

2.9. DESPACHO DE EXPORTAÇÃO

Toda mercadoria destinada ao exterior está sujeita, como regra, ao despacho de exportação, procedimento mediante o qual é verificada a exatidão dos dados declarados pelo exportador em relação à mercadoria, aos documentos apresentados e à legislação, com vistas ao desembaraço aduaneiro e à saída da mercadoria para o exterior, conforme os arts. 3º e 4º da IN RFB 1.702/2017. São reguladas três formas de exportação: própria, por meio de operador de remessa expressa ou postal e por conta e ordem de terceiro.

A Declaração Única de Exportação (DU-E) é o documento eletrônico, formulado no Portal Siscomex, que dá suporte ao despacho aduaneiro de exportação, por conter informações aduaneiras, administrativas, comerciais, financeiras, tributárias, fiscais e

12 CTN: "Art. 26. O Poder Executivo pode, nas condições e nos limites estabelecidos em lei, alterar as alíquotas ou as bases de cálculo do imposto, a fim de ajustá-lo aos objetivos da política cambial e do comércio exterior".

13 *E.g.*: TRF4, AMSS 2001.71.00.031631-0, 2003.

14 STJ, REsp 614.890, 2009.

logísticas que caracterizam a operação de exportação e definem o seu enquadramento. O registro da DU-E caracteriza o início do despacho aduaneiro de exportação e vincula os bens nela indicados a uma Referência Única de Carga (RUC). A custódia e a movimentação de cargas para exportação são controladas por meio de módulo Controle de Carga e Trânsito (CCT). Apresentada a carga para despacho, a DU-E é submetida à análise de risco aduaneiro, podendo ser parametrizada para canais verde (desembaraço automático), laranja (sujeita a análise documental) ou vermelho (sujeita a análise documental e a verificação da mercadoria). Nesses últimos dois casos, estará sujeita à conferência aduaneira. Selecionada a mercadoria para o canal verde ou não sendo constatadas irregularidades na conferência aduaneira, ocorrem o desembaraço aduaneiro e a autorização para embarque ou transposição de fronteira dos bens exportados.

Existe, ainda, o despacho aduaneiro de exportação sem exigência de saída do produto do território nacional, em situações específicas de exportação decorrente de venda como a realizada a órgão ou entidade de governo estrangeiro ou organismo internacional de que o Brasil seja membro, para ser entregue, no País, à ordem do comprador, ou a venda realizada a empresa sediada no exterior para ser incorporada, no território nacional, a produto final exportado para o Brasil, ou para ser entregue, em consignação, a empresa nacional autorizada a operar o regime aduaneiro especial de loja franca, dentre outras hipóteses.

Capítulo 3

Imposto sobre a Renda e Proventos de Qualquer Natureza (IR)

3.1. LEGISLAÇÃO

A competência para a instituição do Imposto sobre a Renda e Proventos de Qualquer Natureza (IR) consta do art. 153, III, da CF, além do que, no § 2º do mesmo artigo, a CF estabelece os critérios a serem observados na sua instituição: generalidade, universalidade e progressividade. Os arts. 43 a 45 do CTN estabelecem as normas gerais atinentes ao imposto sobre a renda e os proventos, definindo os arquétipos para o fato gerador, base de cálculo e contribuintes. O Imposto sobre a Renda da Pessoa Física (IRPF) tem suporte, no âmbito da legislação ordinária, nas Leis n. 7.713/88 e 9.250/95, dentre outras, sendo que a IN RFB 1.500/2014 "Dispõe sobre normas gerais de tributação relativas ao Imposto sobre a Renda das Pessoas Físicas", já tendo recebido atualizações, inclusive pela IN RFB 2.191/2024. O Imposto sobre a Renda da Pessoa Jurídica (IRPJ), por sua vez, tem suporte nas Leis 8.981/95 e 9.430/96, dentre outras, e a IN RFB 1.700/2017 detalha o seu regime, que já recebeu inúmeras alterações, dentre as quais as impostas pela IN RFB 2.235/2024. A Lei 14.754/2023 dispõe sobre a tributação de aplicações em fundos de investimento no País e da renda auferida por pessoas físicas residentes no País em aplicações financeiras, entidades controladas e *trusts* no exterior. O Decreto 9.580/2018, que regulamenta a tributação, a fiscalização, a arrecadação e a administração tanto do IRPF como do IRPJ, também recebeu modificações, inclusive pelo Decreto 10.854/2021.

Como fontes doutrinárias principais para o estudo da matéria, considere-se OLIVEIRA[1]. Consultem-se, ainda, CARRAZZA[2], ANDRADE FILHO[3] e PAULSEN[4].

3.2. BASE ECONÔMICA

O art. 153, III, da CF, outorga competência à União para a instituição de imposto sobre "renda e proventos de qualquer natureza"[5].

A extensão dos termos "renda" e "proventos de qualquer natureza" dá o contorno do que pode ser tributado e do que não pode ser tributado a tal título.

De fato, na instituição do imposto de renda e proventos de qualquer natureza, o legislador ordinário não pode extrapolar a amplitude de tais conceitos, sob pena de inconstitucionalidade.

A renda é o acréscimo patrimonial produto do capital ou do trabalho. Proventos são os acréscimos patrimoniais decorrentes de uma atividade que já cessou.

"Acréscimo patrimonial", portanto, é o elemento comum e nuclear dos conceitos de renda e de proventos[6], ressaltado pelo próprio art. 43 do CTN na definição do fato gerador de tal imposto, conforme se verá adiante.

JOSÉ ARTUR LIMA GONÇALVES entende que "o conceito de renda é gênero que encampa a espécie 'proventos de qualquer natureza'" e esclarece que a ideia de acréscimo pressupõe comparação, relação, de modo que a noção de período é indispensável. À "estática peculiar à ideia de patrimônio", contrapõe-se a "dinâmica ínsita à ideia de renda"[7].

Vejamos com mais detalhamento cada conceito.

---

1 OLIVEIRA, Ricardo Mariz de. *Fundamentos do Imposto de Renda (2020)*. 2. ed. São Paulo: IBDT, 2020.

2 CARRAZZA, Roque Antonio. *Imposto sobre a Renda*. 3. ed. São Paulo: Malheiros, 2009.

3 ANDRADE FILHO, Edmar Oliveira; PEIXOTO, Marcelo Magalhães. *Imposto de Renda das Empresas: Tributação Lucro Presumido (IRPJ e CSL)*. 2. ed. São Paulo: MP Editora, 2023; ANDRADE FILHO, Edmar Oliveira. *Imposto de Renda das Empresas*. 18. ed. Gen/Atlas, 2018.

4 PAULSEN, Amalia da Silveira. *Tributação da Família no Imposto de Renda*. São Paulo: Noeses, 2022.

5 "Art. 153. Compete à União instituir impostos sobre: (...) III – renda e proventos de qualquer natureza."

6 "(...) a expressão renda e proventos de qualquer natureza só abrange os fatos que possam ser considerados como acréscimo patrimonial; e o legislador ordinário não pode definir como acréscimo patrimonial aquilo que evidentemente não o seja, na linguagem comum (...)" (Hugo de Brito Machado, *Temas de Direito Tributário II*. São Paulo: RT, 1994, p. 86-87.)

7 GONÇALVES, José Artur Lima. *Imposto sobre a Renda, Pressupostos Constitucionais*. 1. ed., 2ª tiragem. São Paulo: Malheiros, 2002, p. 174, 183 e 180.

MARÇAL JUSTEN FILHO esclarece:

(...) a renda consiste numa diferença que tem em mente a riqueza pré-existente, as despesas efetivadas para aquisição de riqueza nova e o ingresso que possa ser obtido a partir de então. Existem diversas teorias, até mesmo em nível de Direito Positivo, mas em todas elas prevalece esse conceito, prevalece a ideia de que há necessidade, para definir renda, de distinguir o conjunto das despesas, o conjunto dos investimentos, o conjunto dos desembolsos efetivados relativamente ao conjunto das receitas que são produzidas a partir desse desembolso; ou, eventualmente, até independentemente desse desembolso. Se nós considerarmos que renda é um conceito aberto, que renda é um conceito que tem a sua definição linear indeterminada, ainda assim não temos esse núcleo perfeito e inquestionável, sob pena de, não sendo assim, nós tributarmos ou o patrimônio ou o faturamento[8].

ROQUE ANTONIO CARRAZZA também é preciso:

(...) renda é disponibilidade de riqueza nova, havida em dois momentos distintos. (...) é o acréscimo patrimonial experimentado pelo contribuinte, ao longo de um determinado período de tempo. Ou, ainda, é o resultado positivo de uma subtração que tem, por minuendo, os rendimentos brutos auferidos pelo contribuinte, entre dois marcos temporais, e, por subtraendo, o total das deduções e abatimentos, que a Constituição e as leis que com ela se afinam permitem fazer. (...) tanto a renda quanto os proventos de qualquer natureza pressupõem ações que revelem mais-valias, isto é, incrementos na capacidade contributiva. Só diante de realidades econômicas novas, que se incorporam ao patrimônio da pessoa..., é que podemos juridicamente falar em renda ou proventos de qualquer natureza[9].

JOÃO DÁCIO ROLIM detalha:

1ª O conceito jurídico mais adequado de renda é o de acréscimo patrimonial, englobando os ganhos de capital, exceto as transferências de renda, tais como doações e heranças, segundo o ordenamento jurídico constitucional de 1988. 2ª O conceito legalista (fiscalista) de renda, no sentido de ser considerado renda aquilo que a lei ordinária do imposto estabelecer que é, está ultrapassado e superado pela jurisprudência do STF, como nos *leading cases* de desapropriação (não incidência do imposto), da não tributação das variações monetárias (ganho nominal e não real) e da não tributação adicional pelo Imposto de Renda com relação aos lucros distribuídos (art. 38 da Lei n. 4.506/64). (...) 7ª Quaisquer limitações temporais ou quantitativas com relação às despesas e provisões devem guardar estrita compatibilidade com a teoria do acréscimo patrimonial e com a atividade do contribuinte, sob pena de serem inconstitucionais, por violarem o conceito jurídico de renda, por implicarem tributação direta ou indireta do capital e não do seu efetivo acréscimo e por afrontarem a capacidade

8 JUSTEN FILHO, Marçal. Periodicidade do Imposto de Renda I, Mesa de Debates. *Revista de Direito Tributário*, n. 63. São Paulo: Malheiros, p. 17.

9 CARRAZZA, Roque Antonio. A natureza meramente interpretativa do art. 129 da Lei n. 11.196/2005, o imposto de renda, a contribuição previdenciária e as sociedades de serviços profissionais. *RDDT*, n. 154, jul./2008, p. 109.

contributiva do sujeito passivo da obrigação tributária, além de mitigarem ou anularem a rígida discriminação da competência tributária entre União, Estados e Municípios[10].

O conceito de proventos, por sua vez, nos é traçado com precisão por MISABEL DERZI, forte na lição de MODESTO CARVALHOSA:

> (...) provento é forma específica de rendimento tributável, tecnicamente compreendida como o que é "fruto não da realização imediata e simultânea de um patrimônio, mas sim do acréscimo patrimonial resultante de uma atividade que já cessou, mas que ainda produz rendimentos", como os benefícios de origem previdenciária, pensões e aposentadoria. Já os proventos em acepção ampla, como acréscimos patrimoniais não resultantes do capital ou do trabalho, são todos aqueles de "origem ilícita e bem aqueles cuja origem não seja identificável ou comprovável" (cf. MODESTO CARVALHOSA ...)[11].

OSCAR VALENTE CARDOSO também destaca o alcance dos proventos:

> Nos proventos de qualquer natureza (conceito de cunho residual que abrange os demais acréscimos patrimoniais não derivados do capital ou do trabalho) estão incluídos os recebimentos de doações ou de herança, aposentadorias, pensões por morte ou alimentícias etc.[12].

Não se pode admitir, a título de tributação da renda ou de proventos de qualquer natureza, a tributação do próprio capital ou mesmo do faturamento. Eis, mais uma vez, a lição de MISABEL DERZI:

> Finalmente, não se suponha que a União possa fundir ou confundir a ideia de renda com a de capital, criando imposto (...) Por meio de lei ordinária e a título de imposto de renda, somente se legitimará a tributação da renda e dos proventos de qualquer natureza, assim entendido o acréscimo de riqueza, o ganho ou o aumento advindo do trabalho e do capital (ou patrimônio) em certo período de tempo. Será inconstitucional, então, a lei federal que tribute a receita representativa de mera reposição de bens patrimoniais (por terem sido objeto de aplicação de capital da pessoa), como pagamento de capital ou reembolso das despesas feitas para produção da receita. Nem se pode tributar o preço de alienação do bem, que é mera reposição do capital investido, se não há ganho real[13].

A renda e os proventos sujeitos à tributação são o que é acrescido ao patrimônio, o que entra de novo, sem correspondência no passivo, o lucro ou resultado gerado pelo

---

10 ROLIM, João Dácio. O conceito jurídico de renda e proventos de qualquer natureza/alguns casos concretos adições e exclusões ao lucro real. *Revista de Direito Tributário*, n. 67. São Paulo: Malheiros, p. 223/224.

11 DERZI, Misabel Abreu Machado. *Os Conceitos de Renda e de Patrimônio*. Belo Horizonte: Del Rey, 1992, p. 23/24.

12 CARDOSO, Oscar Valente. A controversa incidência do imposto de renda sobre juros de mora decorrentes de condenação judicial. *RDDT*, n. 153, jun./2008, p. 55.

13 DERZI, Misabel Abreu Machado. *Os Conceitos de Renda e de Patrimônio*. Belo Horizonte: Del Rey, 1992, p. 20.

capital, pelo trabalho ou proveniente de outra fonte. Não se trata de uma grandeza bruta, mas líquida, que pressupõe, quando for o caso, seja previamente deduzido o que tenha sido necessário à sua obtenção. Isso resta refletido na apuração da base de cálculo do imposto de renda, *e.g.* nas normas que permitem a dedução das despesas operacionais na apuração do lucro real pelas pessoas jurídicas, nas que permitem a dedução das despesas para manutenção do escritório ou consultório pelos profissionais liberais e nas que permitem que investimentos em reformas ou acréscimos sejam acrescidos ao custo de aquisição para fins de apuração do ganho de capital na alienação de imóvel.

Está bastante sedimentada, ainda, a jurisprudência no sentido de que as verbas que, por serem indenizatórias, apenas reparam uma perda, constituindo mera recomposição do patrimônio, não ensejam a incidência de imposto de renda. Isso porque não constituem riqueza nova, capaz de ensejar acréscimo patrimonial. E o legislador ordinário não pode, discricionariamente, definir como remuneratória verba que não o seja, sob pena de inconstitucionalidade[14]. Mas, quando não apontada expressamente pelo legislador a natureza das diversas rubricas, a análise específica de cada qual, com vista a verificar se é remuneratória ou indenizatória, não é matéria constitucional, porquanto a violação à constituição, se existente, seria indireta, sendo que o STF negou repercussão geral a questões como essa[15].

Em recurso representativo de controvérsia, o STJ definiu que "A verba percebida a título de dano moral tem a natureza jurídica de indenização, cujo objetivo precípuo é a reparação do sofrimento e da dor da vítima ou de seus parentes, causados pela lesão de direito, razão pela qual torna-se infensa à incidência do imposto de renda, porquanto inexistente qualquer acréscimo patrimonial". Frisou que "... se a reposição patrimonial goza dessa não incidência fiscal, *a fortiori*, a indenização com o escopo de reparação imaterial deve subsumir-se ao mesmo regime, porquanto *ubi eadem ratio, ibi eadem legis dispositio*" (STJ, Primeira Seção, REsp 1152764, 2010)[16]. O entendimento do STJ está consolidado no enunciado da sua **Súmula 498**: "Não incide imposto de renda sobre a indenização por danos morais", editada em agosto de 2012.

Deve-se ter em conta, porém, que nem tudo o que se costuma denominar de indenização, mesmo material, efetivamente corresponde a simples recomposição de perdas. Não é o nome atribuído à verba que definirá a incidência ou não do imposto[17]. MARCEL

14 IMPOSTO DE RENDA (...) Saber se indenização é, ou não, renda, para o efeito do artigo 153, III, da Constituição, é questão constitucional, como entendeu o acórdão recorrido, até porque não pode a Lei infraconstitucional definir como renda o que insitamente não o seja. (...) (STF, RE 188.684-6, 2002.)

15 STF, AI 705941 RG, 2009.

16 Havia doutrina consistente em sentido contrário: PHILIPPSEN, Eduardo Gomes. A Incidência do Imposto de Renda sobre Indenizações. *Revista da AJUFERGS*, n. 2. *Vide*, também, o REsp 748868.

17 "IMPOSTO DE RENDA... 2. Não é o *nomen juris*, mas a natureza jurídica da verba que definirá a incidência tributária ou não. O fato gerador de incidência tributária sobre renda e proventos,

e MELHEM MICHEL GULIN também advertem: "... deve-se sempre investigar a origem das chamadas indenizações, para detectar se realmente estão reconstituindo uma perda patrimonial ou dano emergente. Se isso ocorrer, não devem ser submetidas à tributação pelo IRPJ, CSLL, contribuição ao PIS e à COFINS ao ICMS e ao ISS. Caso sejam relativas a lucros cessantes ou acréscimos patrimoniais, devem ser submetidas à tributação"[18].

Não há dúvida de que a indenização que configure reposição do patrimônio fica ao largo da incidência do IR. O mesmo não ocorre, porém, com a "indenização" para reposição de lucros cessantes[19-20]. As supostas indenizações pagas por liberalidade do empregador quando da rescisão do contrato de trabalho são tributadas[21]. O STJ tem precedentes, ainda, no sentido de que incide na complementação de aposentadoria recebida por ocasião da aposentadoria incentivada, para assegurar paridade com o salário da ativa[22], assim como a prevista em dissídio coletivo[23].

Quanto à previdência privada, há diversos temas repetitivos com tese firmada pelo STJ e também súmulas desse tribunal. A tese fixada no Tema 62 foi a seguinte: "Por força da isenção concedida pelo art. 6º, VII, *b*, da Lei 7.713/88, na redação anterior à que lhe foi dada pela Lei 9.250/95, é indevida a cobrança de imposto de renda sobre o valor da complementação de aposentadoria e o do resgate de contribuições correspondentes a recolhimentos para entidade de previdência privada ocorridos no período de 1º.01.1989 a 31.12.1995". Já no Tema 90, o STJ adotou a seguinte orientação: "Por força da isenção concedida pelo art. 6º, VII, *b*, da Lei 7.713/88, na redação anterior à que lhe foi dada pela Lei 9.250/95, é indevida a cobrança de imposto de renda sobre o valor da complementação de aposentadoria e o do resgate de contribuições correspon-

---

conforme dispõe o art. 43 do CTN, é tudo que tipificar acréscimo ao patrimônio material do contribuinte." (STJ, EREsp 976.082, 2008.)

18 MELHEM, Marcel Gulin; MELHEM, Michel Gulin. Tributação de Indenizações – IRPJ, CSLL, PIS, COFINS, ISS, ICMS. *RET*, n. 85/118-127, maio-jun./2012.

19 PHILIPPSEN, Eduardo Gomes. A Incidência do Imposto de Renda sobre Indenizações. *Revista da AJUFERGS*, n. 2. Porto Alegre: 2006, p. 137.

20 *"Se entiende que no hay riqueza nueva si el beneficio económico, que alguien obtiene en determinadas circunstancias, representa tan sólo el reintegro de una pérdida sufrida o de un daño experimentado. En aplicación de esta idea se ha considerado que tienen el caracter de renta los intereses de mora correspondientes a los frutos del capital indebidamente retenido por el deudor, y o los intereses compensatorios, en cuanto sirven o concurren para reintegrar una disminución patrimonial; que la pena convenida por incumplimiento de una obligación no es susceptible de imposición en la parte que compensa el daño emergente, y sí en el exceso que compense el lucro cesante; que constituye renta la suma pagada a título de gratificación al empleado que cesa en el servicio, y no la cantidad satisfecha a título de resarcimiento en caso de despido injustificado."* (GIANNINI, Achille Donato. *Istituzioni di Diritto Tributario*. Madrid: Editorial de Derecho Financiero, 1957).

21 STJ, REsp 1.241.470, 2011; REsp 1.112.745, REsp 1.102.575 e EREsp 923.775 AgRg.

22 STJ, AgRgREsp 672.103.

23 STJ, REsp 879.442.

dentes a recolhimentos para entidade de previdência privada ocorridos no período de 1º.01.1989 a 31.12.1995. A quantia que couber por rateio a cada participante, superior ao valor das respectivas contribuições, constitui acréscimo patrimonial (CTN, art. 43) e, como tal, atrai a incidência de imposto de renda". Ao Tema 158 corresponde a seguinte tese firmada: "Também com relação ao recebimento antecipado de 10% (dez por cento) da reserva matemática do Fundo de Previdência Privada como incentivo para a migração para novo plano de benefícios, deve-se afastar a incidência do imposto de renda sobre a parcela recebida a partir de janeiro de 1996, na proporção do que já foi anteriormente recolhido pelo contribuinte, a título de imposto de renda, sobre as contribuições vertidas ao fundo durante o período de vigência da Lei 7.713/88". O Tema 366 deu origem à tese que versa: "A complementação da pensão recebida de entidades de previdência privada, em decorrência da morte do participante ou contribuinte do fundo de assistência, quer a título de benefício quer de seguro, não sofre a incidência do Imposto de Renda apenas sob a égide da Lei 7.713/88, art. 6º, VII, 'a', que restou revogado pela Lei 9.250/95, a qual, retornando ao regime anterior, previu a incidência do imposto de renda no momento da percepção do benefício". Por sua vez, a Súmula 556 do STJ estabelece: "É indevida a incidência de imposto de renda sobre o valor da complementação de aposentadoria pago por entidade de previdência privada e em relação ao resgate de contribuições recolhidas para referidas entidades patrocinadoras no período de 1º/1/1989 a 31/12/1995, em razão da isenção concedida pelo art. 6º, VII, *b*, da Lei n. 7.713/1988, na redação anterior à que lhe foi dada pela Lei n. 9.250/1995". A Súmula 590, por fim, enuncia: "Constitui acréscimo patrimonial a atrair a incidência do imposto de renda, em caso de liquidação de entidade de previdência privada, a quantia que couber a cada participante, por rateio do patrimônio, superior ao valor das respectivas contribuições à entidade em liquidação, devidamente atualizadas e corrigidas".

Por constituírem indenização, é que não incide imposto de renda sobre a conversão em dinheiro de férias vencidas e não gozadas[24], sobre o pagamento de férias proporcionais e sobre o acréscimo de 1/3[25] e de licenças-prêmio[26] não gozadas. Consideram-se também indenizatórios os pagamentos a título de auxílio-creche[27], auxílio-alimentação e auxílio-transporte[28], e as

24 Súmula 125 do STJ: "O pagamento de férias não gozadas por necessidade do serviço não está sujeito à incidência do Imposto de Renda".

25 Súmula 386: "São isentas de imposto de renda as indenizações de férias proporcionais e o respectivo adicional".

26 Súmula 136 do STJ: "O pagamento de licença-prêmio não gozada por necessidade do serviço não está sujeito ao imposto de renda". *Vide* também: STJ, AgRg no AREsp 156.858, 2015.

27 STJ, REsp 625.506.

28 "IMPOSTO DE RENDA. NÃO INCIDÊNCIA SOBRE AUXÍLIO-ALIMENTAÇÃO, AUXÍLIO-TRANSPORTE... 2. Esta Corte já se pronunciou no sentido de que não incide imposto de renda sobre os auxílios alimentação e transporte, por possuírem natureza indenizatória." (STJ, REsp 1278076, 2011.)

ajudas de custo pela utilização de veículo próprio[29]. A indenização por acidente do trabalho, ainda quando "paga sob a forma de pensionamento", também não se sujeita ao imposto de renda[30].

As verbas pagas por incentivo a demissão ou aposentadoria por pessoas jurídicas de direito privado também têm sido submetidas à tributação[31]. Mas valores pagos por ocasião da adesão a planos incentivados de demissão de servidores públicos (PDV)[32] e de aposentadoria de servidores públicos (PAI) foram considerados indenizatórios[33].

Quanto aos juros legais moratórios, há enorme controvérsia. Isso porque podem ser considerados como tendo, sempre, caráter indenizatório, independentemente da natureza da verba principal. Note-se que a falta da disponibilidade dos recursos no momento oportuno implica diversos transtornos para o titular do direito, que pode ser levado a atrasar compromissos, assumindo encargos de multa ou de juros perante seus credores, ou até mesmo a buscar recursos no mercado financeiro, o que implica suportar juros remuneratórios e custos tributários (imposto sobre operações de crédito). Daí porque é bastante consistente a compreensão de que os juros legais, de caráter moratório, constituem uma prefixação legal da indenização devida ao credor de modo a compensar as presumidas perdas decorrentes do atraso no pagamento. Note-se, por derradeiro, que algumas taxas legais de juros, como a SELIC, são aplicadas com exclusividade, cumprindo, a um só tempo, o papel de atualizar monetariamente os valores originais e de compensar o atraso no pagamento, de modo que sua natureza é híbrida. Mas a jurisprudência sobre o tema já teve idas e vindas, revestindo-se de certa complexidade e mesmo de inconsistência, como veremos.

O STF, inicialmente, resolveu não apreciar a questão porque entendia que tinha cunho infraconstitucional, conforme decidido no RE 611.512 RG em setembro de 2010. Destacamos, em edições anteriores, a importância de que reconsiderasse essa posição para definir a orientação geral sobre estarem ou não, os juros legais, sujeitos à incidência do imposto sobre a renda e os proventos de qualquer natureza sob a perspectiva constitucional do conceito de renda. Em 2021, no **Tema 808** de repercussão geral (RE 855091), o STF fixou a tese de que "não incide imposto de renda sobre os juros de mora devidos pelo atraso no pagamento de remuneração por exercício de emprego, cargo ou função". Considerou que "os juros de mora devidos em razão do atraso no pagamento de remuneração por exercício de emprego, cargo ou função visam, precipuamente, a

29 STJ, REsp 1.082.942.

30 STJ, REsp 1.106.854, 2011.

31 STJ, REsp 940.759.

32 Súmula 215 do STJ: "A indenização recebida pela adesão a programa e incentivo à demissão voluntária não está sujeita à incidência do imposto de renda".

33 STJ, REsp 448.843.

recompor efetivas perdas (danos emergentes)", porquanto "esse atraso faz com que o credor busque meios alternativos ou mesmo heterodoxos, que atraem juros, multas e outros passivos ou outras despesas ou mesmo preços mais elevados, para atender as suas necessidades básicas e às de sua família". Em face da fixação do Tema 808 do STF, o STJ, invocando o dever de manter sua jurisprudência íntegra, estável e coerente (art. 926, do CPC/2015), afirmou a vigência das seguintes teses:

> "3.1.) Regra geral, os juros de mora possuem natureza de lucros cessantes, o que permite a incidência do Imposto de Renda – Precedentes: REsp n. 1.227.133 – RS, REsp n. 1.089.720 – RS e REsp. n. 1.138.695 – SC;
>
> 3.2.) Os juros de mora decorrentes do pagamento em atraso de verbas alimentares a pessoas físicas escapam à regra geral da incidência do Imposto de Renda, posto que, excepcionalmente, configuram indenização por danos emergentes – Precedente: RE n. 855.091 – RS;
>
> 3.3.) Escapam à regra geral de incidência do Imposto de Renda sobre juros de mora aqueles cuja verba principal seja isenta ou fora do campo de incidência do IR – Precedente: REsp. n. 1.089.720 – RS"[34].

Os juros pagos na desapropriação não se sujeitam ao imposto, justamente em razão do seu caráter indenizatório[35].

Ainda quanto aos juros, ao apreciar o **Tema 962** de repercussão geral, o STF firmou a tese de que "é inconstitucional a incidência do IRPJ e da CSLL sobre os valores atinentes à taxa Selic recebidos em razão de repetição de indébito tributário". O STJ seguiu essa linha ao alterar a tese do **Tema 505** de recursos repetitivos, em 2023, fixando-a assim: "Os juros SELIC incidentes na repetição do indébito tributário se encontram fora da base de cálculo do IR e da CSLL, havendo que ser observada a modulação prevista no Tema 962 da Repercussão Geral do STF – Precedentes: RE n. 1.063.187/SC e Edcl no RE n. 1.063.187/SC". Mas, no nosso sistema de precedentes, infelizmente, pouco se respeita a *ratio decidendi*, sendo que, em situação semelhante, sobre os juros dos depósitos judiciais, entendimento oposto é mantido, conforme se vê da tese fixada pelo STJ no **Tema 504** de recursos repetitivos: "Os juros incidentes na devolução dos depósitos judiciais possuem natureza remuneratória e não escapam à tributação pelo IRPJ e pela CSLL".

3.3. CRITÉRIOS CONSTITUCIONAIS PARA INSTITUIÇÃO DO IMPOSTO SOBRE A RENDA E PROVENTOS

O § 1º, do art. 150, da CF, estabelece exceção à anterioridade nonagesimal mínima, e o § 2º, do art. 153, da CF, estabelece outros critérios específicos para a instituição do Imposto sobre a Renda e Proventos:

34 STJ, REsp 1470443, 2021.

35 STJ, ROMS 11.392.

§ 2º O imposto previsto no inciso III: (Imposto sobre a Renda e Proventos)

I – será informado pelos critérios da generalidade, da universalidade e da progressividade, na forma da lei.

O inciso II do transcrito § 2º, que estabelecia a imunidade dos rendimentos provenientes de aposentadoria e pensão, pagos pela previdência social da União, dos Estados, do Distrito Federal e dos Municípios, à pessoa com idade superior a sessenta e cinco anos, cuja renda total seja constituída, exclusivamente, de rendimentos do trabalho, foi revogado pela EC 20/98[36] antes que tenham sido estabelecidas, por lei complementar[37], as condições para o seu gozo, sendo que o STF chegou a se pronunciar no sentido da sua não autoaplicabilidade[38]. Não há que se apontar a revogação como inconstitucional, pois não violou nenhuma cláusula pétrea[39].

É imperativa ("será informado") a observância dos critérios da generalidade, da universalidade e da progressividade.

3.3.1. Exceção à anterioridade nonagesimal mínima

Embora sujeito à anterioridade de exercício estabelecida pelo art. 150, III, *b*, da CF, o Imposto de Renda foi excepcionado da necessidade de observância da anterioridade nonagesimal mínima de que cuida a alínea *c* do mesmo inciso, conforme se vê do § 1º do art. 150, de modo que a majoração ocorrida ao fim de determinado ano poderá produzir efeitos relativamente ao período a se iniciar em 1º de janeiro seguinte independentemente da haver ou não o interstício de noventa dias entre a publicação da lei e a virada do exercício.

36 Inciso II, revogado pela EC n. 20/98, do § 2º do art. 153 da CF: "II – não incidirá, nos termos e limites fixados em lei, sobre rendimentos provenientes de aposentadoria e pensão, pagos pela previdência social da União, dos Estados, do Distrito Federal e dos Municípios, à pessoa com idade superior a sessenta e cinco anos, cuja renda total seja constituída, exclusivamente, de rendimentos do trabalho".

37 "(...) não há dúvida de que a imunidade é uma limitação ao poder de tributar. Pode-se dizer, aliás, que nesse ponto há uma unanimidade na doutrina. (...) E, sendo assim, é evidente que somente uma lei complementar pode cuidar dos termos e limites da imunidade tributária outorgada pelo art. 153, § 2º, II, da Constituição. (...) Não há dúvida, portanto, de que a lei mencionada no art. 153, § 2º, II, é complementar." (Hugo de Brito Machado, Imunidade tributária dos proventos de maiores de 65 anos, *Repertório IOB* 1998, verbete 1/12218.)

38 "IMPOSTO DE RENDA NA FONTE. PROVENTOS. BENEFICIÁRIOS COM IDADE SUPERIOR A SESSENTA E CINCO ANOS. ART. 153, § 2º, II, DA CONSTITUIÇÃO FEDERAL. LEI N. 7.713/88. O Supremo Tribunal Federal, no julgamento do Mandado de Segurança 22.584 (Sessão do dia 17-4-1997), proclamou entendimento no sentido de que o art. 153, § 2º, II, da Constituição Federal, ao estabelecer (...), não é autoaplicável, estando a depender de lei que fixará os termos e os limites dessa não incidência. E, até que advenha a lei regulamentando o exercício desse direito, continuam válidos os limites e restrições fixados na Lei n. 7.713/88 com suas posteriores alterações. Recurso extraordinário conhecido, mas improvido." (STF, RE 225.082.)

39 TRF4, AC 2001.71.00.003867-0, 2003.

3.3.2. Generalidade

A generalidade é critério que diz respeito ao campo subjetivo, mais especificamente à sujeição passiva ao tributo, conforme observações de DIFINI e RENCK:

> Generalidade significa que o tributo deve abranger todos os contribuintes que pratiquem o ato ou estejam em igual relação com o fato descrito na hipótese de incidência[40].
>
> A generalidade abrange todos os contribuintes não se admitindo qualquer tributação especial. (...) A generalidade, a nosso ver compreende com mais evidência os contribuintes, critério pessoal, que são os sujeitos passivos da relação tributária. Assim, todos os contribuintes devem ser tratados de uma só forma, o que aliás já decorre do próprio princípio da igualdade. Com este fundamento pode-se afirmar que a renda deve ser reconhecida com a observância do critério da generalidade, em que não se admitem classes de contribuintes. Todos, indistintamente, são contribuintes, potenciais, ou de fato, do imposto. Por isso igualmente não se pode admitir classe de patrimônio, nem espécies de renda: todos os ganhos – todo acréscimo novo decorrente do ato de produção de renda – deve ser objeto de tributação respeitado o critério da progressividade[41].

3.3.3. Universalidade

A universalidade é critério que diz respeito à extensão da base de cálculo, que deve abranger quaisquer rendas e proventos auferidos pelo contribuinte. É este, também, o entendimento de DIFINI:

> (...) universalidade significa incidir o tributo sobre todos os fatos descritos na hipótese de incidência (no caso do imposto de renda, incidir indistintamente sobre diversas espécies de rendimentos). Tais princípios não impedem, todavia, a concessão de isenções objetivas ou subjetivas. Impedem é a exclusão apriorística de determinada categoria de pessoas ou rendimentos do rol dos sujeitos passivos ou dos fatos tributáveis[42].

Em face do critério constitucional da universalidade, ter-se-ia de considerar a totalidade das rendas do contribuinte como uma unidade, sem estabelecer distinções entre tipos de rendas para efeito de tributação diferenciada, o que resta bem destacado por RENCK:

> A base calculada, além de ser informada pela generalidade, terá de ter natureza universal. Ser universal é ser total. Logo, de nada adianta apurar a base impositiva dividindo-a em espécies de renda quando, no final, se deve apurar o valor informado pela universalidade. Desta forma, para que a renda seja informada pelo critério da universalidade, os elementos

---

40 DIFINI, Luiz Felipe Silveira. *Manual de Direito Tributário*. São Paulo: Saraiva, 2003, p. 77.

41 RENCK, Renato Romeu. *Imposto de Renda da Pessoa Jurídica – Critérios constitucionais de apuração da base de cálculo*. Porto Alegre: Livraria do Advogado, 2001, p. 160.

42 DIFINI, Luiz Felipe Silveira. Op. cit., p. 77.

integrados no processo de sua produção devem estar dispostos de forma tal que atendam a este critério. Ou seja, todos devem ser submetidos à tributação de forma absolutamente igual. Não há receita diferente de outra, como não há despesa diferente de outra[43].

3.3.4. Progressividade

Como imposto de natureza pessoal, o IR deve, necessariamente, ser graduado segundo a capacidade econômica do contribuinte, por força do art. 145, § 1º, da CF, seguindo o critério da progressividade, determinado pelo art. 153, § 2º, I. A progressividade, diga-se, é instrumento para a tributação da renda conforme a capacidade contributiva.

A progressividade exige variação positiva da alíquota na medida em que há aumento da base de cálculo. De fato, tem-se progressividade quando há diversas alíquotas graduadas progressivamente em função do aumento da base de cálculo: maior a base, maior a alíquota.

Não se deve confundir a progressividade com a seletividade. HUGO DE BRITO MACHADO bem as distingue:

> É progressivo o imposto cuja alíquota é maior na medida em que aumenta a base tributável. Como a base imponível é sempre uma expressão da riqueza de cada um, a progressividade faz com que o imposto onere mais quem tem riqueza maior. Personaliza o imposto. (...) É seletivo o imposto cujas alíquotas são diferentes, para objetos diferentes, como acontece com o IPI, que tem alíquotas elevadas para certos produtos, e muito baixa, mesmo zero, para outros produtos. Na seletividade, não importa o sujeito. Importa exclusivamente o objeto da tributação. Por isso se pode dizer que ela é adequada para os impostos reais, como o IPTU[44].

Aliás, conforme já ressaltado, o critério da universalidade impede a tributação diferenciada de determinadas rendas, ou seja, impede a aplicação da seletividade no imposto de renda. A legislação que estabelece tributação diferenciada para determinados tipos de renda é viciada de inconstitucionalidade.

A tributação das aposentadorias e pensões enviadas ao exterior à alíquota fixa de 25%, em lugar da aplicação da tabela que estabelece alíquotas graduais de 0% a 27,5% conforme a faixa de renda, foi considerada inconstitucional pelo STF, em 2024, no julgamento do Tema 1174 de repercussão geral, cuja tese foi assim fixada: "É inconstitucional a sujeição, na forma do art. 7º da Lei n. 9.779/99, com a redação conferida pela

43 RENCK, Renato Romeu. *Imposto de Renda da Pessoa Jurídica – Critérios constitucionais de apuração da base de cálculo*. Porto Alegre: Livraria do Advogado, 2001, p. 161.

44 MACHADO, Hugo de Brito. Progressividade e Socialismo. Artigo publicado no jornal *Zero Hora* do dia 18 de agosto de 1998, p. 15.

Lei n. 13.315/16, dos rendimentos de aposentadoria e de pensão pagos, creditados, entregues, empregados ou remetidos a residentes ou domiciliados no exterior à incidência do imposto de renda na fonte à alíquota de 25% (vinte e cinco por cento)". Considerou-se violado o princípio da capacidade contributiva.

3.3.5. Crítica à inadequação da legislação aos critérios constitucionais

Os critérios da generalidade, da universalidade e da progressividade, se aplicados adequadamente, fariam com que todos pagassem imposto de renda sobre a totalidade dos rendimentos auferidos com carga progressiva, conforme a capacidade contributiva de cada qual. Porém, o legislador segmenta o imposto de renda, criando tributações distintas para determinadas classes de rendimentos ou contribuintes, por exemplo, a tributação exclusiva na fonte dos rendimentos de aplicações financeiras (de 15% a 22,5%, variando conforme o tempo de aplicação, sendo que os rendimentos de caderneta de poupança são isentos), a tributação definitiva dos ganhos de capital (15%) e a tributação das aposentadorias remetidas a residentes ou domiciliados no exterior (25% fixos), sujeitas, cada qual, como se vê, a alíquotas distintas daquelas aplicáveis aos rendimentos em geral, como os provenientes do trabalho (tabela progressiva, com alíquotas progressivas graduais de 0%, 7,5%, 15%, 22,5% e 27,5%). Conforme já referimos ao analisarmos a progressividade, a referida alíquota fixa de 25% foi afastada pelo STF, em prol da aplicação da tabela progressiva, conforme o Tema 1174 de repercussão geral.

Ademais, o legislador exclui da base de cálculo do imposto de renda, por exemplo, os lucros e dividendos recebidos por sócios, acionistas ou titulares de empresa individual, com o que não são gravados pelo imposto de renda, questão que é objeto de diversos projetos de lei que visam à retomada da tributação, do que são exemplo o PL 2.015/2019 e o PL 2.337/2021, que pretendem retomar a sua tributação com alíquota de 15%, bem como o PL 4.921/2023, este restrito aos ganhos de pessoas domiciliadas no exterior.

De qualquer modo, não resta impedida a concessão de isenções objetivas ou subjetivas fundadas na ausência de capacidade contributiva ou em finalidades extrafiscais. O que os critérios de tributação constitucionalmente estabelecidos impedem é a exclusão apriorística de determinada categoria de pessoas ou rendimentos do rol dos sujeitos passivos ou dos fatos tributáveis[45].

3.4. ASPECTO MATERIAL

O CTN dispõe sobre o aspecto material (fato gerador) do imposto sobre a renda e os proventos de qualquer natureza da seguinte forma:

45 DIFINI, Luiz Felipe Silveira. *Manual de Direito Tributário*. São Paulo: Saraiva, 2003, p. 77.

Art. 43. O imposto, de competência da União, sobre a renda e proventos de qualquer natureza tem como fato gerador a aquisição da disponibilidade econômica ou jurídica:

I – de renda, assim entendido o produto do capital, do trabalho ou da combinação de ambos;

II – de proventos de qualquer natureza, assim entendidos os acréscimos patrimoniais não compreendidos no inciso anterior.

§ 1º A incidência do imposto independe da denominação da receita ou do rendimento, da localização, condição jurídica ou nacionalidade da fonte, da origem e da forma de percepção. *(Parágrafo incluído pela LC n. 104, de 10-1-2001.)*

§ 2º Na hipótese de receita ou de rendimento oriundos do exterior, a lei estabelecerá as condições e o momento em que se dará sua disponibilidade, para fins de incidência do imposto referido neste artigo. *(Parágrafo incluído pela LC n. 104, de 10-1-2001.)*

"Aquisição" é o ato de adquirir, ou seja, de obter, conseguir, passar a ter. "Disponibilidade" é a qualidade ou estado do que é disponível, do que se pode usar livremente, é a "qualidade dos valores e títulos integrantes do ativo dum comerciante, que podem ser prontamente convertidos em numerário"[46], de que "pode dispor imediatamente ou converter em numerário"[47].

Já decidiu, o STJ, em precedente muito citado:

"não se deve confundir disponibilidade econômica com disponibilidade financeira. Enquanto esta última (disponibilidade financeira) se refere à imediata 'utilidade' da renda, a segunda (disponibilidade econômica) está atrelada ao simples acréscimo patrimonial, independentemente da existência de recursos financeiros"[48].

OSCAR VALENTE CARDOSO também conceitua as disponibilidades econômica e jurídica:

A disponibilidade econômica ocorre com o recebimento da renda, a sua incorporação ao patrimônio, a possibilidade de utilizar, gozar ou dispor dela. Por sua vez, a disponibilidade jurídica dá-se com a aquisição de um direito não sujeito a condição suspensiva, ou seja, o acréscimo ao patrimônio ainda não está economicamente disponível, mas já existe um título para o seu recebimento, como, por exemplo, os direitos de crédito (cheque, nota promissória etc.)[49].

RICARDO MARIZ DE OLIVEIRA destaca que o Código se refere à disponibilidade econômica ou jurídica como "disponibilidades alternativas, de maneira a que uma ou outra possa gerar a incidência do imposto de renda"[50].

---

46 FERREIRA, Aurélio Buarque de Holanda. *Novo Dicionário...*, 2009, p. 688.

47 *Dicionário Houaiss*, 2009, p. 696.

48 STJ, REsp 983.134, 2008.

49 CARDOSO, Oscar Valente. A controversa incidência do imposto de renda sobre juros de mora decorrentes de condenação judicial. RDDT, n. 153, jun./2008, p. 55.

50 OLIVEIRA, Ricardo Mariz de. *Fundamentos do Imposto de Renda*. São Paulo: Quartier Latin, 2008, p. 289.

Para que haja disponibilidade econômica, é desnecessário que haja a concomitante disponibilidade financeira[51]. A disponibilidade jurídica resta caracterizada para o locador de imóvel, *e.g.*, quando do recebimento, pela imobiliária, do aluguel pago pelo locatário, independentemente da prestação de contas[52].

Mas a "mera expectativa de ganho futuro ou em potencial", por sua vez, não configura fato gerador do imposto de renda[53-54]. Tampouco configura aquisição da disponibilidade econômica ou jurídica de renda ou proventos a simples a posse de numerário alheio[55].

---

51 "DISPONIBILIDADE ECONÔMICA E JURÍDICA DA RENDA... 4. Não se deve confundir disponibilidade econômica com disponibilidade financeira da renda ou dos proventos de qualquer natureza. Enquanto esta última se refere à imediata 'utilidade' da renda, a segunda está atrelada ao simples acréscimo patrimonial, independentemente da existência de recursos financeiros. 5. Não é necessário que a renda se torne efetivamente disponível (disponibilidade financeira) para que se considere ocorrido o fato gerador do imposto de renda, limitando-se a lei a exigir a verificação do acréscimo patrimonial (disponibilidade econômica)." (STJ, REsp 983.134, 2008.)

52 IN SRF n. 25/96, art. 16, § 2º: § 2º Quando o aluguel for recebido por meio de imobiliárias, procurador ou por qualquer outra pessoa designada pelo locador, será considerada como data de recebimento aquela em que o locatário efetuou o pagamento, independentemente de quando ele for repassado para o beneficiário.

53 Voto do Min. José Delgado em acórdão assim ementado: "IMPOSTO DE RENDA – VARIAÇÕES CAMBIAIS CONSIDERADAS COMO RENDA ANTES DO PAGAMENTO DA OBRIGAÇÃO – MOMENTO DA DISPONIBILIDADE ECONÔMICA – INCIDÊNCIA DO TRIBUTO. O Imposto de Renda só incide sobre os ganhos decorrentes de variações cambiais quando realizado o pagamento das obrigações financeiras relativas àquelas variações, porque é a partir daí que serão incluídos na receita e na apuração do lucro real obtido. Recurso improvido." (STJ, REsp 320.455, 2001.)

54 "TRIBUTÁRIO. IMPOSTO DE RENDA. RETENÇÃO NA FONTE. LUCRO LÍQUIDO APURADO. ACIONISTA, SÓCIO-QUOTISTA E TITULAR DE EMPRESA INDIVIDUAL. ARTIGO 35 DA LEI N. 7.713/88. O Supremo Tribunal, examinando o artigo 35 da Lei n. 7.713/88, julgou inconstitucional a expressão 'o acionista', por entender que no regime das sociedades anônimas a destinação do lucro depende de deliberação da assembleia geral. Considerou, entretanto, legítima a incidência tributária, quanto ao titular de empresa individual, porque nela o destino do lucro líquido depende tão-só da vontade de seu titular, circunstância que demonstra total disponibilidade do lucro apurado. Já com relação ao sócio quotista, decidiu que a norma 'mostra-se harmônica com a Constituição Federal quando o contrato social prevê a disponibilidade econômica ou jurídica imediata, pelos sócios, do lucro líquido apurado, na data do encerramento do período-base'." (STF, REx 193.380-1, 1996.)

55 Primeiro Conselho de Contribuintes, Segunda Câmara, Acórdão n. 102-44.977, voto condutor do Conselheiro Luiz Fernando Oliveira de Moraes: "O conceito de disponibilidade remete ao direito de propriedade, enunciado no Código Civil a partir das prerrogativas do proprietário de usar, gozar e dispor de seus bens (art. 524). Ao lado do *jus utendi* e do *jus fruendi*, surge o *jus abutendi* como a prerrogativa de alienar ou transferir o bem a terceiros, bem assim, de dividi-lo ou gravá-lo. Na linguagem corrente, pode-se traduzir o conceito jurídico de *dispor*, como o faz o *Dicionário Aurélio*, pelas expressões *usar livremente* ou *fazer o que se quer.* Por conseguinte, se alguém está impedido de utilizar-se de dinheiro, de que tem aparentemente a posse, como melhor lhe aprouver, de fazer dele o que quiser, esse alguém carece da liberdade própria ao verdadeiro titular de disponibilidade

Conforme já destacado quando da análise da base econômica, chama a atenção no art. 43 do CTN, ainda, a referência a "acréscimo patrimonial" como elemento comum e nuclear dos conceitos de renda e proventos. Pode-se dizer até mesmo que o fato gerador do imposto de renda é a aquisição da disponibilidade de acréscimo patrimonial produto do capital, do trabalho, da combinação de ambos (renda) ou de qualquer outra causa (proventos).

Também já restou claro, mediante transcrições de MARÇAL JUSTEN FILHO e JOÃO DÁCIO ROLIM, que o acréscimo patrimonial significa riqueza nova, de modo que corresponde ao que sobeja de todos os investimentos realizados e despesas efetuadas para a obtenção do ingresso, o que tem repercussão na apuração da base de cálculo do imposto.

Os §§ 1º e 2º do art. 43 referem-se a "receita" ou rendimento. *Receita*, contudo, é palavra com sentido bem mais largo que o de *renda* ou *proventos*, enfim, que o de acréscimo patrimonial, pois receita é qualquer quantia recebida. De fato, receita vem do latim *recepta*, significando "coisas recebidas"[56], "valor que é recebido, arrecadado ou apurado"[57]. Assim, não considera as saídas, as despesas. De qualquer modo, não se pode perder de vista que a definição do fato gerador está condicionada pela base econômica dada à tributação pelo art. 153, III, da CF, que refere "rendas ou proventos de qualquer natureza", e não a receitas. Não se pode, pois, dar ao dispositivo infraconstitucional sentido que desborde da norma de competência, sob pena de inconstitucionalidade. Nunca é demais lembrar, a par disso, que o legislador infraconstitucional não pode alterar os conceitos utilizados pelas normas constitucionais que outorgam competências[58].

As remunerações percebidas pela pessoa física, tal qual o salário, as horas extras, as férias gozadas, o terço de férias gozadas, o 13º salário e a gratificação semestral constituem renda do trabalho, sujeitando-se ao imposto de renda. Do mesmo modo, constituem rendimentos do trabalho as remunerações percebidas por profissionais liberais por serviços prestados. Diferenças salariais ou de vencimentos de servidores também se sujeitam ao imposto[59]. O STJ consolidou entendimento no sentido de que "Incide imposto de renda sobre os valores percebidos a título de indenização por horas extraordinárias trabalhadas, ainda que decorrentes de acordo coletivo" (Súmula 463 do STJ, ago./2010).

---

econômica. (...) A posse, seja legítima ou ilegítima, de bens de terceiros não gera, por si só, disponibilidade econômica e, em consequência, não se constitui em fato gerador de imposto de renda".

56 FERREIRA, Aurélio Buarque de Holanda. *Novo Dicionário...*, 2009, p. 1708.

57 *Dicionário Houaiss*, 2009, p. 1621.

58 CTN: "Art. 110. A lei tributária não pode alterar a definição, o conteúdo e o alcance de institutos, conceitos e formas de direito privado, utilizados, expressa ou implicitamente, pela Constituição Federal, pelas Constituições do Estados, ou pelas Leis Orgânicas do Distrito Federal ou dos Municípios, para definir ou limitar competências tributárias".

59 STJ, AgRg no REsp 1.305.039, 2013; STJ, AgRgAREsp 408.040, 2013.

Do mesmo modo, constituem rendimentos do trabalho as remunerações percebidas por profissionais liberais por serviços prestados.

Diferenças salariais ou de vencimentos de servidores também se sujeitam ao imposto[60]. Vejam-se alguns precedentes:

> 5. Caso concreto em que os juros de mora decorrem de verbas remuneratórias de servidores públicos pagas em atraso. Nessa situação, a teor do art. 16, *caput* e parágrafo único da Lei n. 4.506/64, incide o imposto de renda sobre tais juros. (STJ, REsp 1349848, 2012.)
>
> 2. As verbas percebidas por servidores públicos resultantes da diferença apurada na conversão de suas remunerações da URV para o Real (11,98%) têm natureza salarial e, portanto, estão sujeitas à incidência do Imposto de Renda. Precedentes. [...] 5. Se o imposto de renda deixou de ser retido na fonte no momento próprio, sobre o tributo incidem juros de mora e multa, independentemente da boa-fé do agente, ainda que a ausência de retenção tenha sido imputada à instituição pagadora. 6. A ausência de retenção na fonte pela instituição pagadora não retira a responsabilidade do contribuinte que recebeu o rendimento de submeter a renda à incidência do imposto, arcando, obviamente, com os consectários legais decorrentes do inadimplemento. (STJ, AgRg no REsp 1262609, 2012.)

Importa ter bem claro, tal qual abordado quando se analisou a base econômica deste imposto, que as indenizações, por não implicarem acréscimo, mas mera recomposição patrimonial, não configuram riqueza nova, não podendo ser consideradas como fato gerador do IR[61].

Também não configura fato gerador do IR a atualização monetária de ativos determinada pela legislação em períodos de alta inflação, que impropriamente se possa denominar de lucros, porquanto seriam meramente nominais ou inflacionários[62-77]. Isso

---

60 STJ, REsp 1.249.904, 2013.

61 Vejam-se as discussões sobre as diversas verbas, se têm natureza remuneratória ou indenizatória, no item anterior relativo à base econômica.

62 "ILLUSORY GAINS... *The foundation concept of income postulates that people cannot be better off unless gains that they derive are real economic benefits. To tax a gain as income when, in reality, there is no actual improvement in a taxpayer's economic position conceptually lacks logic and is inequitable. Such gains are illusory. [...] Inflationary Gains. Gains that are (at least in part) attributable to inflation arise when the value of assets increases during periods when an economy is enduring inflation. In this environment, the inflation component of a nominal gain may be unrealized or realized, depending on whether the asset is held or sold. If capital gains are recognized as income only when they are realized, the longer that the assets are held in a period of inflation, the greater the inflation component of the gain is likely to be. The increase in the value of an asset only confers rights on the owner of the asset to the extent that the gain enables the owner to command additional resources. Only the real gain (that is, that component of the total gain that remains after the effect of inflation has been removed) provides additional economic power. [...] Summary. The analyses in this chapter demonstrate a flaw in the legal concept of income, which illogically encompasses flows of receipts when there is no underlying real economic gain. Although a flow may point to a benefit or gain to a person, no true net benefit or economic gain exists if a disbenefit or loss offsets the flow elsewhere and that disbenefit is not subsequently rectified. The rationale and methodology of the foundation concept of income ensures that nominal or illusory gains, which do not represent real economic benefits obtained by a person, are excluded from the person's income."* (HOLMES, Kevin. The Concept of Income: a multi-disciplinary analysis. IBFD Publications BV.: Amsterdam, 2000, p. 341/378).

porque a atualização monetária não implica acréscimo de riqueza, mas simples preservação do valor liberatório da moeda. Como se costuma dizer, não é riqueza que se acrescente, mas perda que se evita.

O STJ decidiu contrariamente ao interesse dos contribuintes ao fixar a tese do **Tema 1160**, segundo a qual "O IR e a CSLL incidem sobre a correção monetária das aplicações financeiras, porquanto estas se caracterizam legal e contabilmente como Receita Bruta, na condição de Receitas Financeiras componentes do Lucro Operacional"[64]. Mas a questão, ao nosso ver, é constitucional.

Por fim, vale destacar o **Tema 1226** de recursos repetitivos[65], em que foi submetida a julgamento a definição da natureza jurídica dos Planos de Opção de Compra de Ações de companhias por executivos (*Stock option plan*), se atrelada ao contrato de trabalho (remuneração) ou se estritamente comercial, para determinar a alíquota aplicável do imposto de renda, bem assim o momento de incidência do tributo. O STJ, em 2024, firmou a tese de que "a) No regime do *Stock Option Plan* (art. 168, § 3º, da Lei n. 6.404/1976), porque revestido de natureza mercantil, não incide o imposto de renda pessoa física/IRPF quando da efetiva aquisição de ações, junto à companhia outorgante da opção de compra, dada a inexistência de acréscimo patrimonial em prol do optante adquirente; b) Incidirá o imposto de renda pessoa física/IRPF, porém, quando o adquirente de ações no *Stock Option Plan* vier a revendê-las com apurado ganho de capital".

3.5. ASPECTO TEMPORAL

Trata-se de imposto com fato gerador complexo, o que exige a definição legal do momento em que se deva considerar como ocorrido o fato gerador, ou seja, a definição legal do aspecto temporal da hipótese de incidência tributária. Por certo que, dependendo, a verificação da ocorrência do fato gerador, bem como a apuração da base de cálculo, da consideração de todo o conjunto de despesas e receitas do período de apuração (anual ou trimestral), não tem o legislador grande liberdade para estabelecer ficções nesta matéria. Admite-se, contudo, que seja estabelecida a obrigação de o contribuinte antecipar parcelas a medida em que vai percebendo a renda[66].

---

63 "*... el incremento económico debe ser efectivo, no solo nominal o aparente; por tanto, no es renta la revaloración de un bien o de un conjunto de bienes que se produzca como consecuencia de la devaluación del dinero, como en las hipótesis en que una sociedad mercantil, para adecuar su contabilidad al cambio producido en el valor del dinero, eleva la cifra del capital social mediante el aumento del valor nominal de las acciones o con la emisión y distribución de acciones gratuitas.*" (GIANNINI, Achille Donato. *Istituzioni di Diritto Tributario*. Edição española. Madrid: Editorial de Derecho Financiero, 1957).

64 STJ, REsp 1986304, 2023.

65 STJ, REsp 2069644, 2024.

66 "IMPOSTO DE RENDA – HIPÓTESE DE INCIDÊNCIA – AGRAVO REGIMENTAL – ANTECIPAÇÕES – RECOLHIMENTO – POSSIBILIDADE. 1. O fato gerador do Imposto de

No IRPF, considera-se ocorrido o fato gerador em 31 de dezembro do ano-calendário. No início do ano subsequente, verifica-se o imposto sobre a renda e proventos efetivamente devido, compensando-se o montante que já foi objeto de adiantamentos mensais (carnê-leão ou retenção), apurando-se, então, o saldo a restituir (em caso de pagamento antecipado a maior) ou a pagar (em caso de pagamento antecipado a menor) e efetuando-se o recolhimento, se for o caso, à vista ou parceladamente. O prazo para pagamento é o mesmo daquele para o cumprimento da obrigação acessória consistente na apresentação da declaração de ajuste e de bens[67].

No IRPJ, tem-se período de apuração trimestral, podendo, a pessoa jurídica que pagar com base no lucro real, optar pelo período anual, com antecipações mensais[68]. No imposto trimestral, considera-se ocorrido o fato gerador ao final de cada trimestre civil; no anual, em 31 de dezembro do ano-calendário.

Renda realiza-se no decorrer do ano-base ao qual se refere sua declaração (ato complexo). Ou seja, não ocorre ele no último dia do exercício financeiro em relação ao qual deve o contribuinte realizar a apuração do eventual *quantum* devido. 2. É no transcorrer do ano de referência que se verificam as disponibilidades econômicas e jurídicas que justificam a tributação da renda; podendo, por conseguinte, ser ela antecipada, de forma que sua apuração final poderá ser postergada para o ano seguinte." (STJ, AgRg no REsp 281.088, 2007.)

67 RIR 2018: CAPÍTULO IV – DO PRAZO DE RECOLHIMENTO. Seção I. Disposições gerais. Art. 116. O saldo do imposto a pagar, na forma estabelecida no art. 81, deverá ser pago até o último dia útil do mês fixado para a entrega da declaração de ajuste anual, observado o disposto no art. 917 (Lei n. 9.250, de 1995, art. 13, parágrafo único).

68 Lei 9.430/96: Capítulo I, IMPOSTO DE RENDA – PESSOA JURÍDICA Seção I Apuração da Base de Cálculo Período de Apuração Trimestral Art. 1º A partir do ano-calendário de 1997, o imposto de renda das pessoas jurídicas será determinado com base no lucro real, presumido, ou arbitrado, por períodos de apuração trimestrais, encerrados nos dias 31 de março, 30 de junho, 30 de setembro e 31 de dezembro de cada ano-calendário, observada a legislação vigente, com as alterações desta Lei... Pagamento por Estimativa Art. 2º A pessoa jurídica sujeita à tributação com base no lucro real poderá optar pelo pagamento do imposto, em cada mês, determinado sobre base de cálculo estimada... § 3º A pessoa jurídica que optar pelo pagamento do imposto na forma deste artigo deverá apurar o lucro real em 31 de dezembro de cada ano...

RIR/2018: CAPÍTULO III. DO PERÍODO DE APURAÇÃO. Seção I. Da apuração trimestral do imposto sobre a renda. Art. 217. O imposto sobre a renda das pessoas jurídicas será determinado com base no lucro real, presumido ou arbitrado, por períodos de apuração trimestrais, encerrados nos dias 31 de março, 30 de junho, 30 de setembro e 31 de dezembro de cada ano-calendário § 1º Nas hipóteses de incorporação, fusão ou cisão, a apuração da base de cálculo e do imposto sobre a renda devido será efetuada na data do evento, observado o disposto no art. 232. § 2º Na extinção da pessoa jurídica, pelo encerramento da liquidação, a apuração da base de cálculo e do imposto sobre a renda devido será efetuada na data desse evento. Seção II. Da apuração anual do imposto sobre a renda. Art. 218. A pessoa jurídica que optar pelo pagamento do imposto sobre a renda na forma estabelecida nesta Seção deverá apurar o lucro real em 31 de dezembro de cada ano. Parágrafo único. Nas hipóteses de que tratam os § 1º e § 2º do art. 217, o lucro real deverá ser apurado na data daquele evento.

3.6. ASPECTO ESPACIAL

O imposto sobre a renda e os proventos de qualquer natureza caracteriza-se pela extraterritorialidade, ou seja, por alcançar fatos geradores ocorridos não apenas no território nacional como fora dele.

BETINE TRIEGER GRUPENMACHER ensina:

> "... a tributação por via do IR pode sofrer temperamentos no concernente à observância da territorialidade, permitindo-se a extraterritorialidade da lei nacional para alcançar fatos jurídicos (auferir renda) ocorridos fora do território nacional, tomando-se como critérios de conexão o local em que a renda foi auferida, residência ou nacionalidade. Trata-se da regra world wide income tax adotada universalmente para alcançar a renda onde quer que ela seja produzida..."[69].

Trata-se de imposto da União, e não há vedação constitucional alguma a que o legislador estabeleça tal tributação. Pelo contrário, há quem defenda que o critério da universalidade, previsto no art. 153, § 2º, I, da CF, a impõe.

Vejam-se os §§ 1º e 2º do art. 43 do CTN:

> Art. 43 (...)
>
> § 1º A incidência do imposto independe da denominação da receita ou do rendimento, da localização, condição jurídica ou nacionalidade da fonte, da origem e da forma de percepção. *(Parágrafo incluído pela LC n. 104, de 10-1-2001.)*
>
> § 2º Na hipótese de receita ou de rendimento oriundos do exterior, a lei estabelecerá as condições e o momento em que se dará sua disponibilidade, para fins de incidência do imposto referido neste artigo. (Parágrafo incluído pela LC n. 104, de 10-1-2001.)

CLAIR M. HICKMANN discorre sobre a tributação em bases universais, esclarecendo:

> O QUE É TRIBUTAÇÃO EM BASES UNIVERSAIS? Significa a tributação de todos os rendimentos e ganhos de capital, independentemente de onde foram gerados (em qualquer parte do mundo), isto é, não importa se foram gerados no país ou no exterior. Devem ser tributados no país onde a pessoa é residente ou onde tem seu domicílio tributário[70].

A tributação em bases universais também é designada por tributação em base global, contrapondo-se ao critério puro e simples da territorialidade. Veja-se a exposição de MARCÍLIO TOCANO FRANCA FILHO:

---

69 GRUPENMACHER, Betina Treiger. Imposto sobre Serviços – Critério Espacial – A Questão do domicílio do Prestador e o Papel do Poder Judiciário Enquanto Guardião das Instituições Democrática. *In*: GRUPENMACHER, Betina Treiger (coord.). *Tributação: Democracia e Liberdade*. São Paulo: Noeses, 2014, p. 180.

70 Disponível em: http://www.unafisco.org.br/estudos_tecnicos/estudo_bases_universais.htm. Acesso em: 8 mar. 2018.

> (...) o princípio da territorialidade significa que todas as situações jurídicas que deem origem à produção de renda, por nacionais ou residentes, localizadas dentro do território do Estado, geram uma obrigação tributária. (...) Segundo o princípio da base global do imposto de renda, passa a ser tributada a universalidade dos lucros, rendimentos e ganhos de capital auferidos (nos mercados doméstico e exterior) por pessoas jurídicas domiciliadas no país. (...) O Imposto de Renda de Pessoa Jurídica, até recentemente, adotava o princípio da territorialidade (art. 337 do Regulamento do Imposto de Renda de 1994) (...) Com a vigência da Lei n. 9.249, de 26 de dezembro de 1995, entretanto, passou-se a tributar, a partir de 1996, a universalidade dos lucros, rendimentos e ganhos de capital auferidos por pessoas jurídicas aqui sediadas[71].

A Lei 7.713/88, no § 4º do seu art. 3º[72], estabeleceu a extraterritorialidade para o imposto de renda das pessoas físicas, em redação muito semelhante à atribuída, posteriormente, pela Lei Complementar 104/2001, ao § 1º do art. 43 do CTN, enquanto a Lei 9.249/95, através de seu art. 25, a instituiu relativamente às pessoas jurídicas[73].

3.7. ASPECTO PESSOAL

Sujeito ativo do imposto sobre a renda é a própria União Federal, cabendo a administração do imposto à Secretaria da Receita Federal. Os mandados de segurança em que se discute o IR, portanto, normalmente têm como autoridade coatora o Delegado da Receita Federal. As demais ações são ajuizadas, tendo como ré a União. Mas no caso de discussão quanto a imposto de renda retido na fonte por estado-membro da federação, que pertence ao próprio estado por força do art. 157, I, da CF, o STJ tem entendido que as respectivas ações devem ser ajuizadas contra tais estados[74].

Quanto aos contribuintes, dispõe o CTN:

> Art. 45. Contribuinte do imposto é o titular da disponibilidade a que se refere o artigo 43, sem prejuízo de atribuir a lei essa condição ao possuidor, a qualquer título, dos bens produtores de renda ou dos proventos tributáveis.

---

71 FRANCA FILHO, Marcílio Tocano. Princípio da Tributação Internacional sobre a Renda. *RDDT*, n. 30, 1998, p. 75.

72 Lei n. 7.713/88: "Art. 3º (...) § 4º A tributação independe da denominação dos rendimentos, títulos ou direitos, da localização, condição jurídica ou nacionalidade da fonte, da origem dos bens produtores da renda, e da forma de percepção das rendas ou proventos, bastando, para a incidência do imposto, o benefício do contribuinte por qualquer forma e a qualquer título".

73 Lei n. 9.249/95: "Art. 25. Os lucros, rendimentos e ganhos de capital auferidos no exterior serão computados na determinação do lucro real das pessoas jurídicas correspondente ao balanço levantado em 31 de dezembro de cada ano (...) Art. 26. A pessoa jurídica poderá compensar o imposto de renda incidente, no exterior, sobre os lucros, rendimentos e ganhos de capital computados no lucro real, até o limite do imposto de renda incidente, no Brasil, sobre os referidos lucros, rendimentos ou ganhos de capital (...)".

74 STJ, AgRg no REsp 1.136.510, 2011.

> Parágrafo único. A lei pode atribuir à fonte pagadora da renda ou dos proventos tributáveis a condição de responsável pelo imposto cuja retenção e recolhimento lhe caibam.

São contribuintes do IRPF as pessoas físicas residentes ou domiciliadas no Brasil, nos termos do art. 1º da Lei 7.713/88:

> Art. 1º Os rendimentos e ganhos de capital percebidos a partir de 1º de janeiro de 1989, por pessoas físicas residentes ou domiciliados no Brasil, serão tributados pelo imposto de renda na forma da legislação vigente, com as modificações introduzidas por esta Lei.

Dispõe o Regulamento aprovado pelo Decreto 9.580/2018:

> Art. 1º As pessoas físicas que perceberem renda ou proventos de qualquer natureza, inclusive rendimentos e ganhos de capital, são contribuintes do imposto sobre a renda, sem distinção de nacionalidade, sexo, idade, estado civil ou profissão (Lei n. 4.506, de 30 de novembro de 1964, art. 1º; Lei n. 5.172, de 25 de outubro de 1966 – Código Tributário Nacional, art. 43 e art. 45; Lei n. 7.713, de 22 de dezembro de 1988, art. 2º; Lei n. 8.383, de 30 de dezembro de 1991, art. 4º; e Lei n. 9.250, de 26 de dezembro de 1995, art. 3º, parágrafo único).
>
> § 1º São também contribuintes as pessoas físicas que perceberem rendimentos de bens de que tenham a posse como se lhes pertencessem, de acordo com a legislação em vigor (Lei n. 5.172, de 1966 – Código Tributário Nacional, art. 43 e art. 45).
>
> § 2º As pessoas físicas residentes no exterior terão suas rendas e seus proventos de qualquer natureza, inclusive os ganhos de capital, percebidos no País tributados de acordo com as disposições contidas nos Capítulos V e VI do Título I do Livro III .
>
> Art. 2º O imposto sobre a renda será devido à medida que os rendimentos e os ganhos de capital forem percebidos, observado o disposto no art. 78 (Lei n. 8.134, de 27 de dezembro de 1990, art. 2º).

As pessoas físicas que percebem rendimentos de outras pessoas físicas devem providenciar o pagamento mensal do imposto de renda pelo denominado carnê-leão. Por si próprias, apuram o montante devido e realizam o recolhimento mensal respectivo, procedendo, posteriormente, ao ajuste anual até o final do mês de abril do exercício subsequente. O Auditor Fiscal WALTER GODOY esclarece:

> (...) as pessoas físicas em geral, profissionais liberais com mais frequência, que recebam rendimentos de outras pessoas físicas ou do exterior, sem vínculo empregatício, estão sujeitas ao carnê-leão, devendo fazer o pagamento mensal do Imposto, sempre que o rendimento líquido ultrapassar o limite de isenção da tabela acima. Para apurar o rendimento base de cálculo do recolhimento mensal obrigatório destes contribuintes (carnê-leão), recomenda-se a escrituração do Livro Caixa, no qual serão permitidas as deduções autorizadas (por dependentes, de previdência oficial, pensão alimentícia paga, despesas de custeio etc.). (...) Os contribuintes sujeitos ao regime do carnê-leão também devem apresentar a Declaração de Ajuste anual[75].

75 GODOY, Walter. *Os Direitos dos Contribuintes*. 2. ed. Porto Alegre: Síntese, 2003, p. 123.

No caso de percepção de rendimentos pagos por pessoas jurídicas, a sistemática é diversa, pois teremos, então, a *retenção na fonte* do imposto devido, nos termos do art. 7º da Lei 7.713/88:

> Art. 7º Ficam sujeito à incidência do imposto de renda na fonte, calculado de acordo com o disposto no art. 25 desta Lei:
>
> I – os rendimentos do trabalho assalariado, pagos ou creditados por pessoas físicas ou jurídicas;
>
> II – os demais rendimentos percebidos por pessoas físicas, que não estejam sujeitos à tributação exclusiva na fonte, pagos ou creditados por pessoas jurídicas.
>
> § 1º O imposto a que se refere este artigo será retido por ocasião de cada pagamento ou crédito e, se houver mais de um pagamento ou crédito, pela mesma fonte pagadora, aplicar-se-á a alíquota correspondente à soma dos rendimentos pagos ou creditados à pessoa física no mês, a qualquer título.
>
> § 2º (Revogado pela Lei n. 8.218, de 29-8-1991).
>
> § 3º (Vetado).

Tenha-se em conta, ainda, o quanto disposto pelo art. 46 da Lei 8.541/92:

> Art. 46. O imposto sobre a renda incidente sobre os rendimentos pagos em cumprimento de decisão judicial será retido na fonte pela pessoa física ou jurídica obrigada ao pagamento, no momento em que, por qualquer forma, o rendimento se torne disponível para o beneficiário.
>
> § 1º Fica dispensada a soma dos rendimentos pagos no mês, para aplicação da alíquota correspondente, nos casos de:
>
> I – juros e indenizações por lucros cessantes;
>
> II – honorários advocatícios;
>
> III – remuneração pela prestação de serviços de engenheiro, médico, contador, leiloeiro, perito, assistente técnico, avaliador, síndico, testamenteiro e liquidante.
>
> § 2º Quando se tratar de rendimento sujeito à aplicação da tabela progressiva, deverá ser utilizada a tabela vigente no mês de pagamento.

Assim é que o STJ já decidiu: "2. Em caso de **condenação judicial**, a responsabilidade pelo recolhimento do imposto de renda é da **fonte pagadora**, devendo **depositar em juízo o valor líquido** e comprovar o recolhimento do tributo"[76]. Relativamente aos **precatórios**, o mesmo tribunal superior entendeu que "o credor originário do precatório é o 'beneficiário' a que alude o art. 46 da Lei 8.541/92..., desimportando se houve cessão anterior e a condição pessoal do cessionário para efeito da retenção na fonte, até

76 STJ, AgRg no AREsp 210.592, 2015.

porque o credor originário (cedente) não pode ceder parte do crédito do qual não dispõe referente ao Imposto de Renda a ser retido na fonte", acrescentando, ainda: "Em relação ao preço recebido pelo credor originário no negócio de cessão do precatório, nova tributação ocorreria se tivesse havido ganho de capital por ocasião da alienação do direito", mas "é sabido que essas operações se dão sempre com deságio, não havendo o que ser tributado"[77].

O imposto retido nessa sistemática (IRRF) ao longo do ano (ano-calendário) será deduzido do montante a pagar por ocasião do ajuste anual[78].

É importante destacar que a omissão da fonte pagadora em efetuar a retenção não exclui a responsabilidade do contribuinte pelo pagamento do imposto, o qual fica obrigado a declarar o valor recebido em sua declaração de ajuste anual[79].

Aliás, as pessoas físicas devem apurar o imposto sobre a renda e proventos efetivamente devido no ano e compensar os adiantamentos mensais realizados mediante pagamento do carnê-leão e as retenções suportadas, calculando, então, o saldo a restituir (em caso de pagamento antecipado a maior) ou a pagar (em caso de pagamento antecipado a menor), neste caso efetuando o recolhimento à vista ou parceladamente do que ainda tiverem de satisfazer. Lembre-se de que a declaração pode ser feita em conjunto pelos cônjuges, hipótese em que os rendimentos e pagamentos de ambos os cônjuges devem ser computados, mas essa opção costuma não ser vantajosa, a menos que um deles não tenha rendimentos ou os tenha muito reduzidos, mas que, de outro lado, incorra em elevadas despesas de saúde. Para 2025, o prazo para apresentação da declaração foi fixado como sendo de 15 de março a 31 de maio, data final, também, para o recolhimento de eventual saldo.

São contribuintes do IRPJ as pessoas jurídicas e firmas individuais, nos termos do RIR/2018:

---

77 STJ, RMS 42.409, 2015.

78 RIR/2018: TÍTULO VII. DO CÁLCULO DO SALDO DO IMPOSTO SOBRE A RENDA. Art. 78. Sem prejuízo do disposto no § 2º do art. 3º, a pessoa física deverá apurar o saldo em reais do imposto sobre a renda a pagar ou o valor a ser restituído, relativamente aos rendimentos percebidos no ano-calendário (Lei n. 9.250, de 1995, art. 7º). CAPÍTULO I. DA APURAÇÃO ANUAL DO IMPOSTO SOBRE A RENDA. Art. 79. O imposto sobre a renda devido na declaração de ajuste anual incidente sobre os rendimentos de pessoas físicas será calculado de acordo com a tabela progressiva anual correspondente à soma das tabelas progressivas mensais vigentes nos meses de cada ano-calendário (Lei n. 11.482, de 2007, art. 1º, parágrafo único). [...] CAPÍTULO IV. DO PRAZO DE RECOLHIMENTO. Seção I. Disposições gerais. Art. 116. O saldo do imposto a pagar, na forma estabelecida no art. 81, deverá ser pago até o último dia útil do mês fixado para a entrega da declaração de ajuste anual, observado o disposto no art. 917 (Lei n. 9.250, de 1995, art. 13, parágrafo único).

79 STJ, REsp 704.845.

LIVRO II – TRIBUTAÇÃO DAS PESSOAS JURÍDICAS

TÍTULO I – DOS CONTRIBUINTES

Art. 158. São contribuintes do imposto sobre a renda e terão seus lucros apurados de acordo com este Regulamento (Decreto-Lei n. 5.844, de 1943, art. 27):

I – as pessoas jurídicas, a que se refere o Capítulo I deste Título[80]; e

II – as empresas individuais, a que se refere o Capítulo II deste Título[81].

§ 1º O disposto neste artigo aplica-se independentemente de a pessoa jurídica estar regularmente constituída, bastando que configure uma unidade econômica ou profissional (Decreto-Lei n. 5.844, de 1943, art. 27, § 2º; e Lei n. 5.172, de 1966 – Código Tributário Nacional, art. 126, *caput*, inciso III).

§ 2º As entidades submetidas aos regimes de liquidação extrajudicial e de falência ficam sujeitas às normas de incidência do imposto aplicáveis às pessoas jurídicas, em relação às operações praticadas durante o período em que perdurarem os procedimentos para a realização de seu ativo e o pagamento do passivo (Lei n. 9.430, de 1996, art. 60).

---

80 RIR/2018: CAPÍTULO I – DAS PESSOAS JURÍDICAS. Art. 159. Consideram-se pessoas jurídicas, para fins do disposto no inciso I do *caput* do art. 158: I – as pessoas jurídicas de direito privado domiciliadas no País, sejam quais forem os seus fins, a sua nacionalidade ou os participantes em seu capital; II – as filiais, as sucursais, as agências ou as representações no País das pessoas jurídicas com sede no exterior; e III – os comitentes domiciliados no exterior, quanto aos resultados das operações realizadas por seus mandatários ou seus comissários no País. Seção única. Da sociedade em conta de participação. Art. 160. As sociedades em conta de participação são equiparadas às pessoas jurídicas. Art. 161. Na apuração dos resultados das sociedades em conta de participação, assim como na tributação dos lucros apurados e dos distribuídos, serão observadas as normas aplicáveis às pessoas jurídicas em geral e o disposto no art. 269.

81 RIR/2018: CAPÍTULO II. DAS EMPRESAS INDIVIDUAIS. Seção I. Da caracterização. Art. 162. As empresas individuais são equiparadas às pessoas jurídicas. § 1º São empresas individuais: I – os empresários constituídos na forma estabelecida no art. 966 ao art. 969 da Lei n. 10.406, de 2002 – Código Civil; II – as pessoas físicas que, em nome individual, explorem, habitual e profissionalmente, qualquer atividade econômica de natureza civil ou comercial, com o fim especulativo de lucro, por meio da venda a terceiros de bens ou serviços; e III – as pessoas físicas que promovam a incorporação de prédios em condomínio ou loteamento de terrenos, nos termos estabelecidos na Seção II deste Capítulo. § 2º O disposto no inciso II do § 1º não se aplica às pessoas físicas que, individualmente, exerçam as profissões ou explorem as atividades de: I – médico, engenheiro, advogado, dentista, veterinário, professor, economista, contador, jornalista, pintor, escritor, escultor e de outras que lhes possam ser assemelhadas; II – profissões, ocupações e prestação de serviços não comerciais; III – agentes, representantes e outras pessoas sem vínculo empregatício que, ao tomar parte em atos de comércio, não os pratiquem, todavia, por conta própria; IV – serventuários da Justiça, como tabeliães, notários, oficiais públicos, entre outros; V – corretores, leiloeiros e despachantes, seus prepostos e seus adjuntos; VI – exploração individual de contratos de empreitada unicamente de lavor, de qualquer natureza, quer se trate de trabalhos arquitetônicos, topográficos, terraplenagem, construções de alvenaria e outras congêneres, quer de serviços de utilidade pública, tanto de estudos como de construções; e VII – exploração de obras artísticas, didáticas, científicas, urbanísticas, projetos técnicos de construção, instalações ou equipamentos, exceto quando não explorados diretamente pelo autor ou pelo criador do bem ou da obra.

§ 3º As empresas públicas e as sociedades de economia mista, e as suas subsidiárias, são contribuintes nas mesmas condições das demais pessoas jurídicas (Constituição, art. 173, § 2º; e Lei n. 6.264, de 18 de novembro de 1975, art. 1º e art. 2º).

§ 4º As sociedades cooperativas de consumo que tenham por objeto a compra e o fornecimento de bens aos consumidores ficam sujeitas às mesmas normas de incidência do imposto sobre a renda aplicáveis às demais pessoas jurídicas (Lei n. 9.532, de 1997, art. 69).

§ 5º Fica sujeito à tributação aplicável às pessoas jurídicas o fundo de investimento imobiliário nas condições previstas no art. 831 (Lei n. 9.779, de 1999, art. 2º).

§ 6º Exceto se houver disposição em contrário, a expressão pessoa jurídica, quando empregada neste Regulamento, compreende todos os contribuintes a que se refere este artigo.

Até o exercício de 2014, as pessoas jurídicas, salvo as optantes pelo Simples Nacional, os órgãos públicos, as autarquias e fundações, prestavam a Declaração de Informações Econômico-Fiscais da Pessoa Jurídica (DIPJ), a última relativa ao ano-calendário de 2013, conforme dispunha o regulamento então vigente. Com a criação da Escrituração Contábil Fiscal (ECF), porém, restaram extintas tanto a DIPJ como o Livro de Apuração do Lucro Real (LALUR) a contar do ano-calendário de 2014. A ECF deve ser transmitida anualmente "ao Sistema Público de Escrituração Digital (Sped) até o último dia útil do mês de julho do ano seguinte ao ano-calendário a que se refira", contendo informações acerca de "todas as operações que influenciem a composição da base de cálculo e o valor devido do Imposto sobre a Renda da Pessoa Jurídica (IRPJ) e da Contribuição Social sobre o Lucro Líquido (CSLL)".

Os principais casos de responsabilidade são a responsabilidade por sucessão, nos casos de incorporação, fusão ou transformação, e a responsabilidade pessoal dos gestores, por ato praticado com ofensa aos estatutos, contrato social ou a lei[82].

82 RIR/2018: TÍTULO II DOS RESPONSÁVEIS. CAPÍTULO I DA RESPONSABILIDADE DOS SUCESSORES. Art. 196. Respondem pelo imposto sobre a renda devido pelas pessoas jurídicas transformadas, extintas ou cindidas (Lei n. 5.172, de 1966 – Código Tributário Nacional, art. 132; e Decreto-Lei n. 1.598, de 1977, art. 5º, *caput*): I – a pessoa jurídica resultante da transformação de outra; II – a pessoa jurídica constituída pela fusão de outras ou em decorrência de cisão de sociedade; III – a pessoa jurídica que incorporar outra ou parcela do patrimônio de sociedade cindida; IV – a pessoa física sócia da pessoa jurídica extinta por meio de liquidação, ou o seu espólio, que continuar a exploração da atividade social, sob a mesma ou outra razão social, ou sob firma individual; e V – os sócios, com poderes de administração, da pessoa jurídica que deixar de funcionar sem proceder à liquidação, ou sem apresentar a declaração de rendimentos no encerramento da liquidação. Parágrafo único. Respondem solidariamente pelo imposto sobre a renda devido pela pessoa jurídica (Decreto-Lei n. 1.598, de 1977, art. 5º, § 1º): I – as sociedades que receberem parcelas do patrimônio da pessoa jurídica extinta por cisão; II – a sociedade cindida e a sociedade que absorver parcela do seu patrimônio, na hipótese de cisão parcial; e III – os sócios com poderes de administração da pessoa jurídica extinta, na hipótese prevista no inciso V do *caput*. Art. 197. A pessoa física ou jurídica que adquirir de outra, por qualquer título, fundo de comércio ou estabelecimento comercial, industrial ou profissional, e continuar a sua exploração, sob a mesma ou outra razão social, ou sob firma ou nome individual, responde pelo imposto sobre a renda,

relativo ao fundo ou ao estabelecimento adquirido, devido até a data do ato (Lei n. 5.172, de 1966 – Código Tributário Nacional, art. 133): I – integralmente, se o alienante cessar a exploração do comércio, da indústria ou da atividade; e II – subsidiariamente com o alienante, se este prosseguir na exploração ou iniciar dentro de seis meses, contados da data da alienação, nova atividade no mesmo ou em outro ramo de comércio, indústria ou profissão. § 1º O disposto no *caput* não se aplica à hipótese de alienação judicial (Lei n. 5.172, de 1966 – Código Tributário Nacional, art. 133): I – em processo de falência; e II – de filial ou de unidade produtiva isolada, em processo de recuperação judicial. § 2º O disposto no § 1º não se aplica quando o adquirente for (Lei n. 5.172, de 1966 – Código Tributário Nacional, art. 133): I – sócio: a) da sociedade falida ou em recuperação judicial, ou b) da sociedade controlada pelo devedor falido ou em recuperação judicial; II – parente, em linha reta ou colateral até o quarto grau, consanguíneo ou afim, do devedor falido ou em recuperação judicial ou de qualquer de seus sócios; ou III – identificado como agente do falido ou do devedor em recuperação judicial com o objetivo de fraudar a sucessão tributária. § 3º Em processo de falência, o produto da alienação judicial de empresa, filial ou unidade produtiva isolada permanecerá em conta de depósito à disposição do juízo de falência pelo prazo de um ano, contado da data da alienação, e somente poderá ser utilizado para o pagamento de créditos extraconcursais ou de créditos que preferem ao tributário (Lei n. 5.172, de 1966 – Código Tributário Nacional, art. 133). Art. 198. A aquisição de carteira de planos privados de assistência à saúde não caracteriza transmissão de responsabilidade tributária, observado o disposto no art. 197, desde que sejam asseguradas a todos os participantes da referida carteira as mesmas condições de cobertura assistencial, além da contagem de prazos de carência e de aquisição de benefícios já transcorridos, e a alienação, ainda que a preço simbólico ou a título gratuito (Medida Provisória n. 2.189-49, de 23 de agosto de 2001, art. 15): I – seja efetuada por determinação do órgão competente do Poder Executivo federal, com a finalidade de evitar danos ao consumidor ou ao usuário; e II – não implique transferência à adquirente de direitos a receber relativos a operações realizadas ou serviços prestados anteriormente à alienação, ou de qualquer outra parcela do patrimônio da alienante. Art. 199. O disposto neste Capítulo aplica-se por igual aos créditos tributários definitivamente constituídos ou em curso de constituição à data dos atos nele referidos, e aos constituídos posteriormente aos mesmos atos, desde que relativos a obrigações tributárias surgidas até a referida data (Lei n. 5.172, de 1966 – Código Tributário Nacional, art. 129). CAPÍTULO II DA RESPONSABILIDADE DE TERCEIROS. Art. 200. São pessoalmente responsáveis pelos créditos correspondentes a obrigações tributárias resultantes de atos praticados com excesso de poderes ou infração a lei, contrato social ou estatutos (Lei n. 5.172, de 1966 – Código Tributário Nacional, art. 134, *caput*, inciso III e incisos V ao VII, e art. 135): I – os administradores de bens de terceiros, pelo imposto sobre a renda devido por estes; II – o síndico e o comissário, pelo imposto sobre a renda devido pela massa falida ou pelo concordatário; III – os tabeliães, os escrivães e os demais serventuários de ofício, pelo imposto sobre a renda devido sobre os atos praticados por eles, ou perante eles, em razão do seu ofício; IV – os sócios, na hipótese de liquidação de sociedade de pessoas; V – os mandatários, os prepostos e os empregados; e VI – os diretores, os gerentes ou os representantes de pessoas jurídicas de direito privado. Parágrafo único. Os comissários, os mandatários, os agentes ou os representantes de pessoas jurídicas domiciliadas no exterior respondem, pessoalmente, pelos créditos correspondentes às obrigações tributárias resultantes das operações mencionadas nos art. 411 e art. 412 (Decreto-Lei n. 5.844, de 1943, art. 192, parágrafo único; e Lei n. 3.470, de 1958, art. 76). Art. 201. Na hipótese de impossibilidade de exigência do cumprimento da obrigação principal pelo contribuinte, respondem solidariamente com este nos atos em que intervierem ou pelas omissões de que forem responsáveis (Lei n. 5.172, de 1966 – Código Tributário Nacional, art. 134, *caput*, inciso III e incisos V ao VII): I – os administradores de bens de terceiros, pelo imposto sobre a renda devido por estes; II – o síndico e o comissário, pelo imposto sobre a renda devido pela massa falida ou pelo concordatário; III – os tabeliães, os escrivães e os demais serventuários de ofício, pelo imposto sobre a renda devido sobre os atos praticados por eles, ou perante eles, em razão do seu ofício; e IV – os sócios, na hipótese de liquidação de socie-

3.8. ASPECTO QUANTITATIVO

Dispõe o art. 44 do CTN:

> Art. 44. A base de cálculo do imposto é o montante, real, arbitrado ou presumido, da renda ou dos proventos tributáveis.

O art. 3º da Lei 7.713/88 estabelece, como base de cálculo para o imposto de renda da *pessoa física*, o seu *rendimento bruto*:

> Art. 3º O imposto incidirá sobre o rendimento bruto, sem qualquer dedução, ressalvado o disposto nos arts. 9º a 14 desta Lei.
>
> § 1º Constituem rendimento bruto todo o produto do capital, do trabalho ou da combinação de ambos, os alimentos e pensões percebidos em dinheiro, e ainda os proventos de qualquer natureza, assim também entendidos os acréscimos patrimoniais não correspondentes aos rendimentos declarados.
>
> § 2º Integrará o rendimento bruto, como ganho de capital, o resultado da soma dos ganhos auferidos no mês, decorrentes de alienação de bens ou direitos de qualquer natureza, considerando-se como ganho a diferença positiva entre o valor de transmissão do bem ou direito e o respectivo custo de aquisição corrigido monetariamente, observado o disposto nos arts. 15 a 22 desta Lei.
>
> § 3º Na apuração do ganho de capital serão consideradas as operações que importem alienação, a qualquer título, de bens ou direitos ou cessão ou promessa de cessão de direitos à sua aquisição, tais como as realizadas por compra e venda, permuta, adjudicação, desapropriação, dação em pagamento, doação, procuração em causa própria, promessa de compra e venda, cessão de direitos ou promessa de cessão de direitos e contratos afins.
>
> § 4º A tributação independe da denominação dos rendimentos, títulos ou direitos, da localização, condição jurídica ou nacionalidade da fonte, da origem dos bens produtores da renda, e da forma de percepção das rendas ou proventos, bastando, para a incidência do imposto, o benefício do contribuinte por qualquer forma e a qualquer título.
>
> § 5º Ficam revogados todos os dispositivos legais concessivos de isenção ou exclusão, da base de cálculo do imposto de renda das pessoas físicas, de rendimentos e proventos de qualquer natureza, bem como os que autorizam redução do imposto por investimento de interesse econômico ou social.
>
> § 6º Ficam revogados todos os dispositivos legais que autorizam deduções cedulares ou abatimentos da renda bruta do contribuinte, para efeito de incidência do imposto de renda.

Integram a base os diversos ganhos da pessoa física como honorários, aluguéis e salário, incluindo o terço constitucional de férias[83]. Veja-se, a respeito, a **Súmula 590**

---

dade de pessoas. § 1º O disposto neste artigo somente se aplica, em matéria de penalidades, às de caráter moratório (Lei n. 5.172, de 1966 – Código Tributário Nacional, art. 134, parágrafo único). § 2º A extinção de firma ou sociedade de pessoas não exime o titular ou os sócios da responsabilidade solidária do débito fiscal (Decreto-Lei n. 5.844, de 1943, art. 53).

83 STJ, REsp 1.459.779, 2015.

do STJ: Constitui acréscimo patrimonial a atrair a incidência do imposto de renda, em caso de liquidação de entidade de previdência privada, a quantia que couber a cada participante, por rateio do patrimônio, superior ao valor das respectivas contribuições à entidade em liquidação, devidamente atualizadas e corrigidas.

Há discussões sobre a possibilidade da equiparação da renda e dos proventos de qualquer natureza ao rendimento bruto. Entende-se que determinadas despesas têm de ter a sua dedução autorizada por lei, por exemplo, com saúde e educação, consagradas nos arts. 196 e 205 da CF como direitos de todos e deveres do Estado. O fundamento está, ainda, no fato de que tais despesas visam à preservação da saúde e à qualificação como instrumentos, inclusive, para a própria aquisição da renda, de modo que a tributação dos valores destinados ao seu custeio não implicaria tributação de acréscimo patrimonial.

A lei autoriza deduções da base de cálculo, como as relativas às despesas com educação, observado o limite individual por dependente, e as relativas às despesas médicas, estas sem limite de valor. Há argumentos muito consistentes no sentido da inconstitucionalidade dos limites colocados pelo legislador ordinário, valendo transcrever a lição de MARCEL EDUARDO CUNICO BACH:

> "... a educação é, em si e pela sua importância, um objetivo específico a ser perseguido. Mais que isso, é um dever do Estado, da família e da sociedade, que deverá ser promovido e incentivado. Trata-se de um direito amplo, não só ao ensino formal, mas que inclui em seu bojo o pleno desenvolvimento da pessoa e o preparo para o exercício da cidadania. Não se restringe às instituições de ensino, mas abrange o ambiente familiar e laboral, os movimentos sociais e organizações da sociedade civil, e deverá se inspirar nos ideais de liberdade e solidariedade humana. Ora, se a Constituição da República expressamente determina que a educação será promovida e incentivada, não será à Luz deste preceito que deveremos analisar a limitação às deduções das despesas a ela inerentes? E se a educação é um dever da família e da sociedade, como devemos encarar aquele que investe parcelas significativas de seus recursos próprios para concretização deste direito? Devemos onerá-lo, como um privilegiado que desdenha o serviço público de educação ofertado pelo Estado, considerando tal parcela de riqueza despendida como reveladora de capacidade contributiva? Ou tratá-lo como um patriota, que faz da educação de seus filhos o cumprimento de um dever e de um objetivo fundamental, assim como determina o artigo 205 da Constituição? Que se dirá, então, nesta mesma seara, daquele que investe seus recursos na educação daqueles que não são seus dependentes? Não estará ele, concretamente, contribuindo para a construção de uma sociedade solidária e mais justa, nos moldes previstos pelo artigo 3º, inciso primeiro da Constituição da República? [...] ... não apenas os limites ás deduções das despesas com educação, enquanto limites de valor global, são inconstitucionais, como também a limitação do rol das despesas com educação às despesas pagas a estabelecimentos de ensino formal... Despesas com livros, jornais e/ou revistas, em papel ou eletrônicos; materiais didáticos, equipamentos e uniformes, despesas com atividades culturais como teatros, cinema e museus; atividades desportivas de cunho educacional; despesas ligadas à prevenção e promoção da

saúde; despesas efetuadas com educação no exterior; todas elas, dentre outras que contribuam para a formação intelectual, física e moral do indivíduo enquanto cidadão participativo e solidário, deverão ser amplamente deduzidas, para o fim de cálculo do IRPF, já que convergem fatalmente à realização dos nossos objetivos supremos"[84].

Mas o STF tem entendido que não cabe ao Judiciário ampliar os limites às deduções com educação, sob pena de atuar como legislador positivo[85].

A lei também estabelece *montante a ser deduzido* do próprio imposto devido, conforme o patamar dos rendimentos auferidos, de modo que as diversas faixas de alíquotas sejam aplicadas em caráter gradual, para todos os contribuintes que as alcancem. Dessa forma, o contribuinte com rendimentos que alcançam a faixa dos 7,5% não paga 7,5% sobre todos os seus rendimentos, mas apenas sobre o que ultrapassa a faixa de isenção, nada pagando no limite dos rendimentos sujeitos à alíquota zero, enquanto o contribuinte com rendimentos que alcançam a faixa dos 15% não paga 15% sobre todos os seus rendimentos, mas apenas sobre o que ultrapassa a faixa dos 7,5%, tendo as parcelas inferiores dos seus rendimentos tributadas a 7,5% e a 0%.

A *tabela progressiva mensal* que aponta *as alíquotas progressivas e a parcela a deduzir* consta da Lei 11.482/2007, com as alterações da Lei 14.848/2024, que só ampliou a primeira faixa, mas não realizou atualização de toda a tabela, de modo que a alíquota máxima de 27,5% vem sendo aplicada a partir dos R$ 4.664,68 desde 2015. Vejamos a tabela vigente desde fevereiro do ano-calendário de 2024:

Tabela Progressiva Mensal

Base de Cálculo (R$)	Alíquota (%)	Parcela a Deduzir do IR (R$)
Até 2.259,20	0	0
De 2.259,20 até 2.826,65	7,5	169,44
De 2.826,66 até 3.751,05	15	381,44
De 3.751,06 até 4.664,68	22,5	662,77
Acima de 4.664,68	27,5	896,00

A *tabela para o ajuste anual* corresponde à soma das tabelas mensais vigentes no respectivo ano-calendário[86].

---

84 BACH, Marcel Eduardo Cunico. A (In)constitucionalidade das Restrições à Dedutibilidade das Despesas com Educação à Luz dos Objetivos fundamentais da República Federativa do Brasil. *In*: GRUPENMACHER, Betina Treiger (coord.). *Tributação: Democracia e Liberdade*. São Paulo: Noeses, 2014, p. 582/587.

85 STF, RE 603060 AgR, 2011.

86 Cf. parágrafo único do art. 1º da Lei n. 11.482/2007.

A jurisprudência é no sentido de que o reajuste das tabelas cabe ao legislador, não podendo o Judiciário substituí-lo[87], de modo que, quando a correção legal fica abaixo da inflação ou mesmo não ocorre, não se consegue corrigi-la em juízo[88]. IVES GANDRA DA SILVA MARTINS, porém, é enfático no sentido de que correção suficiente da tabela é imperativo constitucional, sob pena de subversão do conceito constitucional de renda[89] ou, sob outra perspectiva, afirmo, de violação ao princípio da capacidade contributiva, porquanto a não atualização implica tributação de rendas diminutas, necessárias ao atendimento dos direitos fundamentais do próprio titular e de sua família.

Os contribuintes jubilados, a partir do mês em que completam 65 anos de idade, ainda contam com isenção do montante de R$ 1.903,98, aplicada aos rendimentos provenientes de aposentadoria e pensão, de transferência para a reserva remunerada ou de reforma pagos pela Previdência Social da União, dos Estados, do Distrito Federal e dos Municípios, por qualquer pessoa jurídica de direito público interno ou por entidade de previdência privada, nos termos do art. 6º, XV, da Lei 7.713/88, com a redação das Leis 11.482/2007, 12.469/2011 e 13.149/2015.

O abono de permanência, parcela recebida pelo servidor público para compensar a sua contribuição ao plano de seguridade próprio quando, reunindo os requisitos para aposentar-se, opta por continuar na ativa, sujeita-se ao Imposto de Renda conforme o entendimento do STJ[90]. Entendemos que essa posição não é adequada, porquanto se revela nítido caráter indenizatório nessa verba, e não remuneratório.

Há doenças graves que implicam isenção do imposto de renda relativamente aos proventos de aposentadoria, reforma e pensão, como neoplasia maligna, cardiopatia grave e síndrome da imunodeficiência adquirida, na forma do art. 6º, XIV e XXI, da Lei 7.713/88. Tratando-se, as isenções, de exceções à regra geral de tributação, exigem interpretação restritiva (art. 111 do CTN), não podendo ser estendidas por analogia. No **Tema Repetitivo 1037** (REsp 1.814.919), em 2020, o STJ fixou a seguinte tese: "Não se aplica a isenção do imposto de renda prevista no inciso XIV do artigo 6º da Lei n. 7.713/1988 (seja na redação da Lei n. 11.052/2004 ou nas versões anteriores) aos rendimentos de portador de moléstia grave que se encontre no exercício de atividade laboral".

---

87 "CORREÇÃO MONETÁRIA DA TABELA DO IMPOSTO DE RENDA. 1. O Plenário do Supremo Tribunal Federal, ao apreciar o RE 388.312, redatora para o acórdão a ministra Cármen Lúcia, decidiu que o Poder Judiciário não pode substituir o Legislativo na correção da tabela do Imposto de Renda Pessoa Física – IRPF." (STF, RE 420662 AgR, 2011.) No mesmo sentido: RE 388312, 2011.

88 STF, RE 388312, 2011.

89 MARTINS, Ives Gandra da Silva; RODRIGUES, Marilene Talarico Martins. ADI n. 5.096. Correção da tabela de incidência do imposto sobre a renda para pessoas físicas. Aplicação da técnica de interpretação conforme a Constituição. RDDT, n. 229/165, 2014.

90 STJ, AgInt no REsp 1601768, 2017.

Ademais, as doenças têm de ser constatadas em laudo pericial oficial[91], o que se dispensa em juízo se houver outros elementos suficientes para demonstrar a moléstia[92]. Segundo aquela Corte, "Para que o contribuinte faça jus à isenção do imposto de renda, nos termos do art. 6º, XIV, da Lei n. 7.713/88, não se exige a demonstração da contemporaneidade dos sintomas, a indicação de validade do laudo pericial ou a comprovação de recidiva da enfermidade, uma vez que a isenção do imposto de renda, em favor dos inativos portadores de moléstia grave, tem como objetivo diminuir o sacrifício do aposentado, aliviando os encargos financeiros relativos ao tratamento médico[93]. Ademais, entende que, uma vez constatada a moléstia, o posterior desaparecimento dos sintomas não implica revogação do benefício[94]. Vale destacar, ainda, que o STJ acaba por estender essa isenção concedida aos proventos de aposentadoria não apenas à complementação paga pelos planos privados de previdência, mas também aos valores resgatados das entidades. Afirma: "Se há isenção para os benefícios recebidos por portadores de moléstia grave, que nada mais são que o recebimento dos valores aplicados nos planos de previdência privada de forma parcelada no tempo, a norma também alberga a isenção para os resgates das mesmas importâncias, que nada mais são que o recebimento dos valores aplicados de uma só vez"[95].

A doutrina aponta a inconstitucionalidade da restrição dessa isenção dos doentes graves apenas aos aposentados, entendendo que não há razão para que se prive os trabalhadores em atividade do mesmo benefício. Há quem entenda que a sua disciplina legislativa "excluiu de forma arbitrária contribuintes em situações similares", sendo

---

91 "ISENÇÃO DO IMPOSTO DE RENDA SOBRE PROVENTOS PERCEBIDOS POR PORTADORES DE MOLÉSTIA GRAVE. NECESSIDADE DE COMPROVAÇÃO DA DOENÇA MEDIANTE LAUDO PERICIAL EMITIDO POR SERVIÇO MÉDICO OFICIAL. 1. Por força do que dispõe o art. 30 da Lei n. 9.250/95, a partir de 1º de janeiro de 1996, para efeito do reconhecimento de novas isenções de que tratam os incisos XIV e XXI do art. 6º da Lei n. 7.713/88, a moléstia deverá ser comprovada mediante laudo pericial emitido por serviço médico oficial, da União, dos Estados, do Distrito Federal e dos Municípios. Antes do início da vigência da Lei n. 9.250/95, a moléstia especificada na Lei n. 7.713/88 poderia ser reconhecida através de parecer ou laudo emitido por dois médicos especialistas na área respectiva ou por entidade médica oficial da União. A partir de 1º de janeiro de 1996, é necessário que a doença mencionada na Lei n. 7.713/88 seja reconhecida através de laudo pericial emitido por serviço médico oficial da União, dos Estados, do Distrito Federal ou dos Municípios. Para gozo do benefício fiscal, portanto, faz-se necessário que o beneficiário preencha os requisitos legais exigidos, ou seja: (1) o reconhecimento do contribuinte como portador de moléstia grave, comprovado mediante laudo pericial, emitido por junta médica oficial e (2) serem os rendimentos percebidos durante a aposentadoria... 3. Recurso especial provido, em parte, tão somente para determinar a produção da prova pericial." (STJ, REsp 1286094, 2011.)

92 STJ, REsp 1.252.825 AgRg, 2011.

93 STJ, REsp 1706816, 2017.

94 STJ, MS 21.706, 2015.

95 STJ, AgInt no REsp 1662097, 2017.

"odiosa e injustificada a discriminação que acabou produzindo essa norma, cujo intuito era justamente promover a inclusão e o bem-estar de certos contribuintes"[96]. Mas o STJ firmou entendimento no sentido de que a isenção "incide somente sobre os rendimentos da inatividade, não se aplicando sobre o que recebido na ativa"[97].

Pode ser deduzido do imposto apurado, nos termos da Lei 13.097/2015, que alterou a redação do art. 12 da Lei 9.250/95, "até o exercício de 2019, ano-calendário de 2018, a contribuição patronal paga à Previdência Social pelo empregador doméstico incidente sobre o valor da remuneração do empregado", estando a dedução limitada "a) a um empregado doméstico por declaração, inclusive no caso da declaração em conjunto; b) ao valor recolhido no ano-calendário a que se referir a declaração", aplicando-se "somente ao modelo completo de Declaração de Ajuste Anual" e não podendo exceder ao valor da contribuição patronal calculada sobre um salário mínimo mensal e respectivos 13º e adicional de férias, nem ao valor do imposto apurado, ficando condicionado, ainda, "à comprovação da regularidade do empregador doméstico junto ao regime geral de previdência social quando se tratar de contribuinte individual".

Há rendas tributadas exclusivamente na fonte, sendo que essas rendas e as respectivas retenções não se comunicam com os demais rendimentos, retenções e pagamentos para efeito de ajuste, ou seja, ficam à margem, constando da declaração, em campos específicos, a sua percepção e o imposto oportunamente retido, para fins informativos. É o caso dos rendimentos recebidos acumuladamente, os quais, quando correspondentes a anos-calendários anteriores ao do recebimento, sujeitam-se à aplicação da tabela progressiva no mês do recebimento ou do crédito, separadamente dos demais rendimentos, conforme o art. 12-A da Lei 7.713/88 e o art. 48 do RIR/2018.

Os rendimentos do trabalho e os provenientes de aposentadoria, pensão ou reforma, "quando correspondentes a anos-calendário anteriores ao do recebimento, serão tributados exclusivamente na fonte, no mês do recebimento ou crédito, em separado dos demais rendimentos recebidos no mês", nos termos do art. 12-A da Lei 7.713/88, acrescentado pela Lei 12.350/2010[98]. O cálculo do imposto de renda, nesse caso, se dá

---

96 FISCHER, Octavio Campos. Tributação, Ações Afirmativas e Democracia. In: GRUPENMACHER, Betina Treiger (coord.). *Tributação*: Democracia e Liberdade. São Paulo: Noeses, 2014, p. 595.

97 STJ, REsp 1535025, 2015.

98 Veja-se a Lei n. 7.713/88: "Art. 12. No caso de rendimentos recebidos acumuladamente, o imposto incidirá, no mês do recebimento ou crédito, sobre o total dos rendimentos, diminuídos do valor das despesas com ação judicial necessárias ao seu recebimento, inclusive de advogados, se tiverem sido pagas pelo contribuinte, sem indenização. Art. 12-A. Os rendimentos do trabalho e os provenientes de aposentadoria, pensão, transferência para a reserva remunerada ou reforma, pagos pela Previdência Social da União, dos Estados, do Distrito Federal e dos Municípios, quando correspondentes a anos-calendários anteriores ao do recebimento, serão tributados exclusivamente na fonte, no mês do recebimento ou crédito, em separado dos demais rendimentos recebidos no mês. § 1º O imposto será retido pela pessoa física ou jurídica obrigada ao pagamento ou pela

considerando os valores da tabela atual multiplicados pelo número de meses a que corresponda o pagamento. Isso faz com que se tenha a aplicação da faixa de isenção e das demais faixas da tabela progressiva para cada parcela, implicando tributação bastante favorável ao contribuinte. Até o ano-base de 2009, contudo, não havia essa tributação privilegiada. Aplicava-se a regra geral constante do art. 12 da Lei 7.713/88, incidindo o imposto no mês do recebimento, sobre o total dos rendimentos. Mas os contribuintes vinham obtendo sucesso nos tribunais, firmando-se o entendimento de que deveriam ser aplicadas as alíquotas vigentes à época em que eram devidos os referidos rendimentos[99], o que acabou chancelado pelo STF no RE 614.406: "IMPOSTO DE RENDA – PERCEPÇÃO CUMULATIVA DE VALORES – ALÍQUOTA. A percepção cumulativa de valores há de ser considerada, para efeito de fixação de alíquotas, presentes, individualmente, os exercícios envolvidos"[100]. Consta do voto condutor do Ministro MARCO AURÉLIO: "... tem-se o envolvimento da capacidade contributiva, porque

---

instituição financeira depositária do crédito e calculado sobre o montante dos rendimentos pagos, mediante a utilização de tabela progressiva resultante da multiplicação da quantidade de meses a que se refiram os rendimentos pelos valores constantes da tabela progressiva mensal correspondente ao mês do recebimento ou crédito. § 2º Poderão ser excluídas as despesas, relativas ao montante dos rendimentos tributáveis, com ação judicial necessárias ao seu recebimento, inclusive de advogados, se tiverem sido pagas pelo contribuinte, sem indenização. § 3º A base de cálculo será determinada mediante a dedução das seguintes despesas relativas ao montante dos rendimentos tributáveis: I – importâncias pagas em dinheiro a título de pensão alimentícia em face das normas do Direito de Família, quando em cumprimento de decisão judicial, de acordo homologado judicialmente ou de separação ou divórcio consensual realizado por escritura pública; e II – contribuições para a Previdência Social da União, dos Estados, do Distrito Federal e dos Municípios. § 4º Não se aplica ao disposto neste artigo o constante no art. 27 da Lei n. 10.833, de 29 de dezembro de 2003, salvo o previsto nos seus §§ 1º e 3º, § 5º O total dos rendimentos de que trata o *caput*, observado o disposto no § 2º, poderá integrar a base de cálculo do Imposto sobre a Renda na Declaração de Ajuste Anual do ano-calendário do recebimento, à opção irretratável do contribuinte. § 6º Na hipótese do § 5º, o Imposto sobre a Renda Retido na Fonte será considerado antecipação do imposto devido apurado na Declaração de Ajuste Anual. § 7º Os rendimentos de que trata o *caput*, recebidos entre 1º de janeiro de 2010 e o dia anterior ao de publicação da Lei resultante da conversão da Medida Provisória n. 497, de 27 de julho de 2010, poderão ser tributados na forma deste artigo, devendo ser informados na Declaração de Ajuste Anual referente ao ano-calendário de 2010. § 8º (vetado) § 9º A Secretaria da Receita Federal do Brasil disciplinará o disposto neste artigo".

99 "IMPOSTO DE RENDA DA PESSOA FÍSICA – IRPF... 3. Sobre a forma de cálculo do Imposto de Renda incidente sobre benefícios recebidos acumuladamente em cumprimento de decisão judicial, a Primeira Seção desta Corte, ao julgar o REsp 1.118.429/SP (rel. Min. HERMAN BENJAMIN, *DJe* de 14-5-2010), de acordo com o regime de que trata o art. 543-C do CPC, fez consignar o seguinte entendimento, na ementa do respectivo acórdão: 'O Imposto de Renda incidente sobre os benefícios pagos acumuladamente deve ser calculado de acordo com as tabelas e alíquotas vigentes à época em que os valores deveriam ter sido adimplidos, observando a renda auferida mês a mês pelo segurado. Não é legítima a cobrança de IR com parâmetro no montante global pago extemporaneamente'." (STJ, REsp 1233067, 2011.)

100 STF, RE 614.406, 2014.

não é dado aferi-la, tendo em conta o que apontei como disponibilidade financeira, que diz respeito à posse, mas o estado jurídico notado à época em que o contribuinte teve jus à parcela sujeita ao Imposto de Renda".

Há, também, rendas sujeitas à tributação em separado, em caráter definitivo. É o caso do ganho de capital na alienação de bens ou direitos. O art. 128 do RIR/2018 esclarece que os ganhos auferidos e tributados em separado não integrarão a base de cálculo do imposto sobre a renda na declaração de ajuste anual, e os valores pagos não poderão ser deduzidos do imposto devido na declaração. Consideram-se as operações que importem alienação, a qualquer título, de bens ou direitos ou a cessão ou a promessa de cessão de direitos à sua aquisição, tais como compra e venda, permuta, adjudicação, desapropriação, dação em pagamento, doação, procuração em causa própria, promessa de compra e venda, cessão de direitos ou promessa de cessão de direitos e contratos afins. O valor da alienação, em regra, é o preço efetivo da operação. Custo de aquisição é o valor pago na sua aquisição, ao qual podem ser acrescidas despesas de corretagem e dispêndios com construção, ampliação e reforma, dentre outros. Não há previsão legal de atualização monetária do custo dos bens e dos direitos adquiridos após 31 de dezembro de 1995. É o que resta retratado no art. 136 do RIR/2018. Isso, por certo, implica tributação do mero ganho inflacionário, que é ficto, não refletindo efetivo acréscimo patrimonial e, portanto, capacidade contributiva[101].

O ganho de capital decorrente da compra e venda de imóveis é tributado à alíquota de 15%. São isentas a alienação de imóveis de até R$ 35.000,00, a alienação do único imóvel de até R$ 440.000,00 desde que não tenha alienado qualquer outro nos últimos cinco anos[102] e a alienação de imóvel residencial para aquisição de outro dentro de 180

101 Lei n. 11.196, de 21 de novembro de 2005: "Art. 40. Para a apuração da base de cálculo do imposto sobre a renda incidente sobre o ganho de capital por ocasião da alienação, a qualquer título, de bens imóveis realizada por pessoa física residente no País, serão aplicados fatores de redução (FR1 e FR2) do ganho de capital apurado. § 1º A base de cálculo do imposto corresponderá à multiplicação do ganho de capital pelos fatores de redução, que serão determinados pelas seguintes fórmulas: I – $FR1 = 1/1{,}0060^{m1}$, onde 'm1' corresponde ao número de meses-calendário ou fração decorridos entre a data de aquisição do imóvel e o mês da publicação desta Lei, inclusive na hipótese de a alienação ocorrer no referido mês; II – $FR2 = 1/1{,}0035^{m2}$, onde 'm2' corresponde ao número de meses-calendário ou fração decorridos entre o mês seguinte ao da publicação desta Lei ou o mês da aquisição do imóvel, se posterior, e o de sua alienação. § 2º Na hipótese de imóveis adquiridos até 31 de dezembro de 1995, o fator de redução de que trata o inciso I do § 1º deste artigo será aplicado a partir de 1º de janeiro de 1996, sem prejuízo do disposto no art. 18 da Lei n. 7.713, de 22-12-88".

102 Lei n. 9.250/95, com a redação da Lei n. 11.196/2005: "Art. 22. Fica isento do imposto de renda o ganho de capital auferido na alienação de bens e direitos de pequeno valor, cujo preço unitário de alienação, no mês em que esta se realizar, seja igual ou inferior a: I – R$ 20.000,00 (vinte mil reais), no caso de alienação de ações negociadas no mercado de balcão; II – R$ 35.000,00 (trinta e cinco mil reais), nos demais casos. Art. 23. Fica isento do imposto de renda o ganho de capital auferido na alienação do único imóvel que o titular possua, cujo valor de alienação seja de até R$

dias, sendo, portanto, esta última isenção condicional, tudo nos termos do art. 22 da Lei 9.250/95, com a redação da Lei 11.196/2005[103]. Note-se que se trata de isenções estabelecidas com referência a valor nominal que jamais foi atualizado, e já se passaram quase trinta anos.

Quando da transferência do direito de propriedade por sucessão, nos casos de herança, legado ou doação em adiantamento de legítima, o art. 23 da Lei 9.532/97 prevê que os bens e direitos poderão ser avaliados a valor de mercado ou pelo valor constante da declaração e dos bens do *de cujus* ou do doador. Optando-se pela transferência a valor de mercado, porém, determina que a diferença a maior entre esse valor e aquele pelo qual constavam da declaração de bens do *de cujus* ou do doador sujeitar-se-á à incidência de imposto de renda à alíquota de quinze por cento, cabendo o pagamento ao inventariante, até a data prevista para entrega da declaração final de espólio, ao doador, até o último dia do mês subsequente ao da doação em adiantamento da legítima, ou, ainda, em sendo o caso, ao ex-cônjuge a quem for atribuído o bem ou direito, até o último dia útil do mês subsequente à data da sentença homologatória do formal de partilha, no caso de dissolução da sociedade conjugal ou da unidade familiar. Mas é bastante discutível se, nesses casos, há, efetivamente, acréscimo patrimonial a ser tributado, porquanto a valorização pura e simples, sem realização do ganho, não parece configurar renda, além do que não se poderia tributar a tal título o aumento do preço decorrente do processo inflacionário pura e simplesmente.

Ademais, vale ter em conta que "a tributação do ganho de capital... só deve ocorrer naqueles casos nos quais houve uma verdadeira alienação, ou seja, onde o proprietário (alienante), por ato de vontade própria, transmite a outra pessoa (adquirente) o seu

440.000,00 (quatrocentos e quarenta mil reais), desde que não tenha sido realizada qualquer outra alienação nos últimos cinco anos".

103 Lei n. 11.196, 21-11-2005: "CAPÍTULO VIII DO IMPOSTO DE RENDA DA PESSOA FÍSICA – IRPF Art. 39. Fica isento do imposto de renda o ganho auferido por pessoa física residente no País na venda de imóveis residenciais, desde que o alienante, no prazo de 180 (cento e oitenta) dias contado da celebração do contrato, aplique o produto da venda na aquisição de imóveis residenciais localizados no País. § 1º No caso de venda de mais de 1 (um) imóvel, o prazo referido neste artigo será contado a partir da data de celebração do contrato relativo à 1ª (primeira) operação. § 2º A aplicação parcial do produto da venda implicará tributação do ganho proporcionalmente ao valor da parcela não aplicada. § 3º No caso de aquisição de mais de um imóvel, a isenção de que trata este artigo aplicar-se-á ao ganho de capital correspondente apenas à parcela empregada na aquisição de imóveis residenciais. § 4º A inobservância das condições estabelecidas neste artigo importará em exigência do imposto com base no ganho de capital, acrescido de: I – juros de mora, calculados a partir do 2º (segundo) mês subsequente ao do recebimento do valor ou de parcela do valor do imóvel vendido; e II – multa, de mora ou de ofício, calculada a partir do 2º (segundo) mês seguinte ao do recebimento do valor ou de parcela do valor do imóvel vendido, se o imposto não for pago até 30 (trinta) dias após o prazo de que trata o *caput* deste artigo. § 5º O contribuinte somente poderá usufruir do benefício de que trata este artigo 1 (uma) vez a cada 5 (cinco) anos".

direito sobre uma coisa. Não pode haver tributação do ganho de capital quando a perda da propriedade não decorreu de uma alienação, mas se dá em virtude de transmissão independente da vontade do proprietário, como nos casos de desapropriação, arrematação, adjudicação, usucapião ou de prescrições da lei penal"[104]. Isso porque nesses casos, assim como no caso da transmissão *causa mortis*, não há propriamente renda.

Tenha-se em conta, ainda, que, para haver tributação pelo Imposto de Renda, o acréscimo deve ser produzido pelo contribuinte, a qualquer título, configurando renda ou proventos de qualquer natureza. As transferências patrimoniais que não constituam renda, ocorridas, *e.g.*, na transmissão de herança, na doação, na remissão de dívidas ou na integralização do capital de empresas, não podem constituir fato gerador do imposto de renda. Note-se que a CF expressamente coloca a transmissão gratuita de bens e direitos por herança ou por doação como situação sujeita ao ITCMD, da competência estadual, nos termos do seu art. 155, I.

Mas o art. 23 da Lei 9.532/97 estabelece que, na transferência de direito de propriedade por sucessão, nos casos de herança, legado ou por doação em adiantamento da legítima, os bens e direitos poderão ser avaliados a valor de mercado ou pelo valor constante da declaração de bens do *de cujus* ou do doador, caso em que "a diferença a maior entre esse e o valor pelo qual constavam da declaração de bens do *de cujus* ou do doador sujeitar-se-á à incidência de imposto de renda à alíquota de quinze por cento". O imposto deve ser pago pelo inventariante, até a data prevista para entrega da declaração final de espólio, nas transmissões *mortis causa*, pelo doador, até o último dia útil do mês-calendário subsequente ao da doação, no caso de doação em adiantamento da legítima, e pelo ex-cônjuge a quem for atribuído o bem ou direito, até o último dia útil do mês subsequente à data da sentença homologatória do formal de partilha, no caso de dissolução da sociedade conjugal ou da unidade familiar. Ademais, o herdeiro, o legatário ou o donatário deverá incluir os bens ou direitos, na sua declaração de bens correspondente à declaração de rendimentos do ano-calendário da homologação da partilha ou do recebimento da doação, pelo valor pelo qual houver sido efetuada a transferência. Esse dispositivo foi questionado quanto à sua constitucionalidade, seja por extrapolar a noção de renda (o *de cujus* ou o doador não auferem ganho algum) e o bem recebido pelo beneficiário também não configura renda, mas transferência patrimonial a título gratuito, seja porque implicaria invasão da competência estadual relativa ao ITCMD. O TRF1[105] e o TRF4[106] chegaram a reconhecer a inconstitucionalidade de partes desse dispositivo, assim com o STF no ARE 1.387.761. Mas, ao julgar o RE

---

104 GUTIERREZ, Miguel Delgado. Do conceito de alienação para fins de apuração do ganho de capital. *RDDT*, n. 230/94, 2014.

105 TRF1, Incidente de Inconstitucionalidade n. 1998.38.00.027179-5, 2007.

106 TRF4, Incidente de Arguição de Inconstitucionalidade em Reexame Necessário n. 2004.70.01.005114-0.

1425609 AgR-segundo, em 2024, o STF adotou posicionamento diverso, ainda que com divergência muito bem fundamentada, tendo vencido o entendimento de que não há bitributação e de que é válido o dispositivo.

Os rendimentos auferidos em qualquer aplicação ou operação financeira de renda fixa ou de renda variável sujeitam-se à incidência do imposto de renda na fonte, mesmo no caso das operações de cobertura (*hedge*), realizadas por meio de operações de *swap* e outras, nos mercados de derivativos, conforme o art. 5º da Lei 9.779/99. Os percentuais são estabelecidos no art. 1º da Lei 11.033/2004, variando de 22,5% a 15%, conforme o tempo da aplicação: até 180 dias, 22,5%; de 181 a 360 dias, 20%; de 361 a 720 dias, 17,5%; acima de 720 dias, 15%. Já o art. 6º, § 2º, da Lei 11.053/2004, tratando dos fundos de investimento cuja carteira de títulos tenha prazo médio igual ou inferior a 365 (trezentos e sessenta e cinco) dias, estabelece as alíquotas de 22,5% para aplicações com prazo de até 6 meses e de 20% para aplicações com prazo superior a 6 meses.

Os rendimentos das aplicações em fundos de investimento no País são objeto da Lei 14.754/2023, que cuida da matéria nos seus arts. 16 a 29. Sujeitam-se à retenção na fonte periódica, no último dia útil dos meses de maio e novembro, e também por ocasião da distribuição de rendimentos, da amortização ou do resgate de cotas. A alíquota do IRRF, como regra geral, é de 15%, na data da tributação periódica, mais o percentual complementar necessário para totalizar as alíquotas de 22,5% em aplicações até 180 dias, 20% em aplicações de 181 a 360 dias, 17,5% em aplicações de 361 a 720 dias ou 15% em aplicações acima de 720 dias, na data da distribuição de rendimentos, da amortização ou do resgate de cotas. Para os fundos de investimento cuja carteira de títulos tenha prazo médio igual ou inferior a 365 (trezentos e sessenta e cinco) dias, a alíquota é de 20% na data da tributação periódica, mais o percentual complementar necessário para totalizar as alíquotas de 22,5% em aplicações com prazo de até 6 meses e de 20% em aplicações com prazo acima de 6 meses, na data da distribuição dos rendimentos, da amortização ou do resgate de cotas. Há dispositivos específicos para fundos não sujeitos à tributação periódica e para o regime específico dos fundos sujeitos à tributação periódica com subconta de avaliação de participações societárias.

As rendas advindas de prêmios e sorteios em dinheiro são tributadas à alíquota de 30%. Os prêmios líquidos, assim entendido o resultado positivo auferido a cada ano após a dedução das perdas incorridas com apostas da mesma natureza, obtidos em apostas na loteria de apostas de quota fixa, são tributados, no que excederem o valor da primeira faixa da tabela progressiva anual do IRPF, à alíquota de 15%, devendo ser apurados anualmente e pagos até o último dia útil do mês subsequente ao da apuração, regime este que não se aplica ao *fantasy sport*, tudo conforme o art. 31 da Lei 14.790/2023.

A tributação ordinária da *pessoa jurídica* dá-se com base no lucro real ou no lucro presumido, podendo, ainda, vir a ser tributada com base no lucro arbitrado.

Há pessoas jurídicas que estão obrigadas à apuração do lucro real: as que tenham apurado lucro mensal, no ano-calendário anterior, superior a R$ 78.000.000,00 (setenta e oito milhões de reais) ou proporcional ao número de meses do período, quando inferior a 12 meses; aquelas cujas atividades sejam de bancos comerciais, bancos de investimentos, bancos de desenvolvimento, caixas econômicas, sociedades de crédito, financiamento e investimento, sociedades de crédito imobiliário, sociedades corretoras de títulos, valores mobiliários e câmbio, distribuidoras de títulos e valores mobiliários, empresas de arrendamento mercantil, cooperativas de crédito, empresas de seguros privados e de capitalização e entidades de previdência privada aberta; as que tiverem lucros oriundos do exterior, rendimentos ou ganhos de capital oriundos do exterior; as que usufruam de isenção ou redução do imposto; as que, no decorrer do ano-calendário, tenham efetuado pagamento mensal pelo regime de estimativa; as que explorem as atividades de prestação cumulativa e contínua de serviços de assessoria creditícia, mercadológica, gestão de crédito, seleção e riscos, administração de contas a pagar e a receber, compras de direitos creditórios resultantes de vendas mercantis a prazo ou de prestação de serviços (*factoring*); e as que explorem as atividades de securitização de crédito, conforme o rol constante do art. 14 da Lei n. 9.718/98, com a redação das Leis n. 12.249/2010, 12.814/2013 e 14.430/2022.

A tributação pelo *lucro real* pressupõe maiores rigores formais para a apuração efetiva do lucro da pessoa jurídica, mediante consideração das suas receitas e das deduções cabíveis. Apura-se efetivamente o lucro ocorrido, calculando-se sobre ele, o montante devido a título de IRPJ.

Não há que se confundir o lucro líquido – que é o lucro contábil – com o lucro real. O que difere é que as deduções e compensações admissíveis para a apuração do lucro líquido não correspondem exatamente àquelas admitidas para fins de apuração da base de cálculo do IRPJ, ou seja, do lucro real. Assim, obtido o lucro líquido, fazem-se as adequações necessárias (adições, exclusões e compensações) para a apuração do lucro real.

JOSÉ ARTUR LIMA GONÇALVES esclarece:

> A base de cálculo do imposto de renda das pessoas jurídicas resulta de procedimento complexo, integrada que é por ingressos e saídas de recursos, acréscimos e decréscimos no valor intrínseco de bens, tudo computado dentro de certo período – cremos, anual, pressuposto pela Constituição, de modo insuperável.
>
> Por meio da contabilidade comercial – registros dos valores de cada um desses elementos – elaborada a partir de determinações da lei societária, obtém-se o "lucro líquido do exercício" (categoria definida na chamada lei das sociedades por ações). O lucro líquido do exercício, assim obtido, sofre a incidência da lei tributária que prescreve certos ajustes – por adições, exclusões ou compensações –, resultando na categoria definida como "lucro real", esse sim, representativo da base de cálculo do imposto sobre a renda da pessoa jurídica[107].

107 GONÇALVES, José Artur Lima. *Imposto sobre a Renda, Pressupostos Constitucionais*. 1. ed., 2. tir. São Paulo: Malheiros, 2002, p. 198-199.

Também RECKTENVALD e ÁVILA são precisos na análise da matéria:

> A determinação do lucro real será precedida da apuração do lucro líquido de cada período-base com observância das disposições das leis comerciais e fiscais. O lucro líquido do exercício referido no conceito acima é a soma algébrica do lucro operacional, dos resultados não operacionais e das participações, e deverá ser determinado com observância dos preceitos da lei comercial. (...) A determinação da base real exige demonstrações financeiras, ajustando-se o lucro líquido apurado no Demonstrativo de Resultados, após a provisão para a CSLL e antes da provisão para o IR, pelas adições, exclusões e compensações previstas na legislação. As adições, fundamentalmente, são representadas por despesas contabilizadas e indedutíveis para a apuração do Lucro Real; a tributação de resultados contábeis, anteriormente diferidos, também ensejam adições. (...) O segundo tipo de ajustes, dentre os ajustes para a apuração da base de cálculo do Imposto de Renda pelo Lucro Real, são as exclusões. (...) As exclusões, em parte, são representadas pelas receitas não tributáveis, contabilizadas; excluem-se, também, os valores cuja tributação pode ser diferida, entre outras. (...) Além das adições e exclusões, referidas no conceito do lucro real, há um terceiro ajuste, denominado de compensação. Este refere-se unicamente ao prejuízo fiscal ("Lucro Real" negativo dos períodos anteriores), que diminui a base de cálculo do IR – Lucro Real em períodos futuros até se esgotar[108].

O valor devido a título de CSL integra a base de cálculo do IRPJ, não havendo, quanto a isso, qualquer vício[109]. Aliás, vale destacar que não há mesmo identidade entre um tributo e outro: "Esta Corte já afastou expressamente a identidade entre a Contribuição Social sobre o Lucro Líquido – CSLL e o Imposto de Renda e Proventos de Qualquer Natureza – IRPJ... eventual semelhança entre as bases de cálculo das exações não implica necessariamente em unicidade de tratamento fiscal. Ausente a identidade entre os tributos, a extensão do benefício concedido em relação a uma das exações para a outra dependeria de lei específica neste sentido (art. 150, § 6º da Constituição)"[110].

Há diversas outras discussões ainda, acerca da base de cálculo do IRPJ e da CSL, sobretudo no que diz respeito ao pretendido direito dos contribuintes de excluírem determinadas receitas quando da apuração do lucro.

Outro tema é o da exclusão da base de cálculo do IRPJ e da CSL dos créditos presumidos de ICMS e dos demais incentivos e benefícios fiscais de ICMS, como isenções, reduções de base de cálculo, diferimentos etc. Os contribuintes invocam o pacto federativo, argumentando que a renúncia fiscal estadual não poderia ser considerada receita tributável. Já cuidamos desse ponto na 16ª edição do nosso Curso, em item específico sobre as *Limitações à concessão de benefícios e incentivos fiscais*, onde esclarecemos que

---

108 RECKTENVALD, Gervásio; ÁVILA, René Bergmann. *Manual de Auditoria Fiscal, Teoria e Prática*. Porto Alegre: Síntese, 2002, p. 110-117.

109 STF, ARE 749235 AgR, out./2015; STF, RE 582.525, 2013.

110 STF, RE 399667 AgR, 2011.

o STJ acolheu a tese dos contribuintes, para exclusão dos créditos presumidos de ICMS da base de cálculo do IRPJ e da CSL, por ocasião do julgamento dos EREsp 1.517.492, em 2018, e que precedentes mais recentes reiteraram tal posição, inclusive a estendendo ao PIS e à COFINS, como o AgInt no AREsp 1.958.353, de 2022, cuja ementa estampa: "A jurisprudência do Superior Tribunal de Justiça é firme no sentido de que o crédito presumido de ICMS não integra a base de cálculo do IRPJ e da CSLL, bem como do PIS e da COFINS, observado que tal crédito não caracteriza, a rigor, acréscimo de faturamento capaz de repercutir na base de cálculo da contribuição". Consta, ainda desse precedente: "Verifica-se ainda que a inclusão do referido crédito, na base de cálculo dos referidos tributos, acaba por violar o pacto federativo, pois a medida impõe uma limitação na eficácia de benefícios fiscais concedidos pelos estados". E arremata: "Registra-se que a novel legislação (Lei Complementar n. 160/2017), que acrescentou os §§ 4º e 5º ao art. 30 da Lei n. 12.973/2014, estabeleceu condições para excluir os benefícios fiscais de ICMS considerados subvenção para investimento da base de cálculo da tributação incidente sobre o lucro real". Mas, em 2023, ao julgar o mérito do **Tema 1.182** do STJ, deixou claro que não se aplica o entendimento firmado nos EREsp 1.517.492 aos demais benefícios, como reduções de base de cálculo e de alíquota, isenções e diferimentos, considerando impossível excluí-los das bases de cálculo do IRPJ e da CSL, salvo quando atendidos os requisitos previstos na lei: "1. Impossível excluir os benefícios fiscais relacionados ao ICMS, – como redução de base de cálculo, redução de alíquota, isenção, diferimento, entre outros – da base de cálculo do IRPJ e da CSLL, salvo quando atendidos os requisitos previstos em lei (art. 10 da Lei Complementar n. 160/2017 e art. 30 da Lei n. 12.973/2014), não se lhes aplicando o entendimento firmado nos ERESP 1.517.492 que excluiu o crédito presumido de ICMS das bases de cálculo do IRPJ e da CSLL". De outro lado, afirmou: "2. Para a exclusão dos benefícios fiscais relacionados ao ICMS, – como redução de base de cálculo, redução de alíquota, isenção, diferimento, entre outros – da base de cálculo do IRPJ e da CSLL, não deve ser exigida a demonstração de concessão como estímulo à implantação ou expansão de empreendimentos econômicos". Embora tenha ressalvado: "3. Considerando que a Lei Complementar n. 160/2017 incluiu os §§ 4º e 5º ao art. 30 da Lei n. 12.973/2014 sem, entretanto, revogar o disposto no seu § 2º, a dispensa de comprovação prévia, pela empresa, de que a subvenção fiscal foi concedida como medida de estímulo à implantação ou expansão do empreendimento econômico não obsta a Receita Federal de proceder ao lançamento do IRPJ e da CSSL se, em procedimento fiscalizatório, for verificado que os valores oriundos do benefício fiscal foram utilizados para finalidade estranha à garantia da viabilidade do empreendimento econômico". É importante frisar que, no RE 835.818, por decisão monocrática, o STF chegou a determinar a suspensão da eficácia da tese fixada pelo STJ no Tema 1182 de recursos repetitivos até o julgamento do Tema 843 do próprio STF, mas logo reconsiderou, de modo que não está suspensa. Esse Tema 843 do STF, que teve repercussão geral reconhecida e que ainda pende de julgamento de mérito, está assim definido: "Possibilidade de exclusão da base de cálculo do PIS e da COFINS dos valores correspondentes a créditos presumidos de ICMS decorrentes de incentivos fiscais concedidos pelos Estados e pelo Distrito Federal". Em 29 de dezembro de 2023, sobreveio a Lei n. 14.789/2023, que dispõe sobre o crédito fiscal decorrente de subvenção para implantação ou expansão de empreendimento econômico. Essa lei criou a necessidade de habilitação da pessoa jurídica perante a Receita Federal do Brasil para se beneficiar de crédito fiscal de subvenção para investimento, estabelecendo como requisito formal a existência de "ato concessivo da subvenção editado pelo ente federativo que estabeleça expressamente as condições e as contrapartidas a serem observadas pela pessoa jurídica relativas à implantação ou à expansão do empreendimento econômico". E estabelece efeito jurídico para o "silêncio administrativo", ou seja, se, apresentado o pedido de habilitação, não houver manifestação pela RFB em 30 dias, considera-se habilitada. O crédito fiscal deve ser apurado na Escrituração Contábil Fiscal (ECF) "relativa ao período de apuração de recolhimento das receitas de subvenção" e corresponderá "ao produto das receitas de subvenção e da alíquota de 25% (vinte e cinco por cento) relativa ao IRPJ". Só podem ser consideradas na apuração as receitas de subvenção relacionadas à implantação ou à expansão do empreendimento econômico que sejam reconhecidas após o protocolo do pedido de habilitação. Os débitos tributários anteriores, apurados em virtude de exclusões em desacordo com o art. 30 da Lei n. 12.973/2014, "serão objeto de transação tributária especial". Programa de autorregularização para esses débitos foi instituído pela IN RFB 2.184/2024.

Recorrente, ainda, era a questão da limitação à compensação de prejuízos fiscais de imposto de renda de anos anteriores. Os contribuintes entendiam que deveria ser considerada a continuidade dos exercícios, enquanto o Fisco defendia que a permissão de dedução de prejuízos passados é mero benefício fiscal e que, por isso, pode ser limitada. Trata-se do Tema 117 de repercussão geral, oriundo do RE 591.340, cuja decisão de mérito implicou a fixação da seguinte tese: "É constitucional a limitação do direito de compensação de prejuízos fiscais do IRPJ e da base de cálculo negativa da CSLL". O STF esclareceu que "a técnica fiscal de compensação gradual de prejuízos, prevista em nosso ordenamento nos arts. 42 e 58 da Lei n. 8.981/95 e 15 e 16 da Lei n. 9.065/95, relativamente ao Imposto de Renda de Pessoa Jurídica e à Contribuição Social sobre o Lucro Líquido, não ofende nenhum princípio constitucional regente do Sistema Tributário Nacional".

Já as tributações pelos *lucros presumido e arbitrado* envolvem a utilização de bases substitutivas, conforme nos ensina ALBERTO XAVIER:

> Nos institutos do lucro presumido e do lucro arbitrado, em matéria de imposto de renda, o que, na verdade, sucede é a adoção, por lei, de uma base de cálculo substitutiva da base de cálculo primária, que é o lucro real. A base de cálculo substitutiva já não é, em rigor, o lucro, mas uma realidade diferente – um certo percentual do faturamento. (...) No lucro presumi-

do, a própria lei prevê duas bases de cálculo alternativas, em que a substituição de uma por outra depende apenas da vontade do contribuinte; no lucro arbitrado a lei prevê uma base de cálculo principal ou de primeiro grau e outra subsidiária, ou de segundo grau, que se substitui à primeira, não por opção do contribuinte ou do Fisco, mas por impossibilidade objetiva de aplicação da primeira[111].

Empresas com receita bruta total, no ano-calendário anterior, até R$ 78.000.000,00 (setenta e oito milhões de reais) e cujas atividades não estejam obrigatoriamente sujeitas à apuração do lucro real, podem optar pelo regime de tributação com base no lucro presumido, nos termos do art. 13 da Lei n. 9.718/98, com a redação da Lei 12.814/2013. Em vez de apurarem o lucro real, apuram lucro presumido mediante aplicação de um percentual sobre a receita bruta auferida, seguindo o art. 15 da Lei 9.249/95, com a redação da Lei 12.973/2014. Esse percentual é de 8% como regra geral, mas de 32% para as prestadoras de serviços, contando, ainda, com algumas outras exceções. Veja-se o art. 15 da Lei 9.249/95, com a redação da Lei 12.973/2014 e da LC 167/2019:

> Art. 15. A base de cálculo do imposto, em cada mês, será determinada mediante a aplicação do percentual de 8% (oito por cento) sobre a receita bruta auferida mensalmente, observado o disposto no art. 12 do Decreto-Lei n. 1.598, de 26 de dezembro de 1977, deduzida das devoluções, vendas canceladas e dos descontos incondicionais concedidos, sem prejuízo do disposto nos arts. 30, 32, 34 e 35 da Lei n. 8.981, de 20 de janeiro de 1995. § 1º Nas seguintes atividades, o percentual de que trata este artigo será de: I – um inteiro e seis décimos por cento, para a atividade de revenda, para consumo, de combustível derivado de petróleo, álcool etílico carburante e gás natural; II – dezesseis por cento: a) para a atividade de prestação de serviços de transporte, exceto o de carga, para o qual se aplicará o percentual previsto no *caput* deste artigo; b) para as pessoas jurídicas a que se refere o inciso III do art. 36 da Lei n. 8.981, de 20 de janeiro de 1995, observado o disposto nos §§ 1º e 2º do art. 29 da referida Lei; III – trinta e dois por cento, para as atividades de: a) prestação de serviços em geral, exceto a de serviços hospitalares e de auxílio diagnóstico e terapia, patologia clínica, imagenologia, anatomia patológica e citopatologia, medicina nuclear e análises e patologias clínicas, desde que a prestadora destes serviços seja organizada sob a forma de sociedade empresária e atenda às normas da Agência Nacional de Vigilância Sanitária – ANVISA; (redação da Lei n. 11.727/2008) b) intermediação de negócios; c) administração, locação ou cessão de bens imóveis, móveis e direitos de qualquer natureza; d) prestação cumulativa e contínua de serviços de assessoria creditícia, mercadológica, gestão de crédito, seleção de riscos, administração de contas a pagar e a receber, compra de direitos creditórios resultantes de vendas mercantis a prazo ou de prestação de serviços (*factoring*); e) prestação de serviços de construção, recuperação, reforma, ampliação ou melhoramento de infraestrutura vinculados a contrato de concessão de serviço público; IV - 38,4% (trinta e oito inteiros e quatro décimos por cento), para as atividades de operação de empréstimo, de

111 XAVIER, Alberto. *Do Lançamento, Teoria Geral do Ato, do Procedimento e do Processo Tributário*. Rio de Janeiro: Forense, 1998, p. 128.

financiamento e de desconto de títulos de crédito realizadas por Empresa Simples de Crédito (ESC). § 2º No caso de atividades diversificadas será aplicado o percentual correspondente a cada atividade. § 3º As receitas provenientes de atividade incentivada não comporão a base de cálculo do imposto, na proporção do benefício a que a pessoa jurídica, submetida ao regime de tributação com base no lucro real, fizer jus. § 4º O percentual de que trata este artigo também será aplicado sobre a receita financeira da pessoa jurídica que explore atividades imobiliárias relativas a loteamento de terrenos, incorporação imobiliária, construção de prédios destinados à venda, bem como a venda de imóveis construídos ou adquiridos para a revenda, quando decorrente da comercialização de imóveis e for apurada por meio de índices ou coeficientes previstos em contrato. (§ 4º incluído pela Lei n. 11.196, de 2005).

A base de cálculo diz-se presumida porque, em verdade, o lucro pode ter sido maior, ou menor, que o percentual da receita apontado por lei. Conforme decidido pelo STJ no **Tema 1008** de recursos repetitivos, "O ICMS compõe a base de cálculo do Imposto de Renda da Pessoa Jurídica (IRPJ) e da Contribuição Social sobre o Lucro Líquido (CSLL), quando apurados na sistemática do lucro presumido"[112]. Por sua vez, no **Tema 1240** de recursos repetitivos, o STJ firmou a tese de que: "O ISS compõe a base de cálculo do IRPJ e da CSLL quando apurados na sistemática do lucro presumido"[113].

Sobre o lucro presumido, aplica-se a alíquota do imposto, chegando-se ao montante devido. Como o lucro é presumido, a pessoa jurídica fica dispensada da apuração do lucro real e das formalidades que lhe são inerentes.

A atribuição de base de cálculo de apenas 8% da receita bruta para os serviços hospitalares tem suscitado muitas discussões quanto ao seu alcance. Deve-se ter em conta que não alcança as sociedades profissionais de médicos, mas apenas a prestadora "organizada sob a forma de sociedade empresária" e que "atenda às normas da Agência Nacional de Vigilância Sanitária – ANVISA" (art. 15, § 1º, III, *a*, da Lei 9.249/95, com a redação da Lei 11.727/2008[114]. É comum, nas ações em que é pleiteado o tratamento beneficiado, a expedição de mandado de constatação a ser cumprido por oficial de justiça para verificar a estrutura física e de pessoal da autora, se é compatível com a noção de serviços hospitalares, envolvendo a possibilidade de internação, a manutenção de equipe de enfermagem, a disposição de equipamentos sofisticados e de alto custo etc. Mas a posição do STJ consolidou-se em sede de recuso representativo da controvérsia de modo bastante favorável aos contribuintes, dispensando a manutenção de estrutura para internação de pacientes[115]. O STF, AI 803.140 RG, entendeu que a questão não teria repercussão geral, de modo que não apreciará o seu mérito.

112 STJ, REsp 1767631, 2023.

113 STJ, REsp 2089298, 2024.

114 STJ, AgRg no REsp 1475062, 2014.

115 STJ, REsp 1267610, 2011.

Vale destacar que a base privilegiada não alcança consultórios de consultas médicas, mesmo quando estabelecidos dentro de hospitais[116].

O IRPJ é apurado sobre o *lucro arbitrado* em caráter excepcional, quando a pessoa jurídica tributada com base no lucro real não cumprir corretamente as respectivas obrigações acessórias (manter escrituração na forma das leis comerciais e fiscais, elaborar e apresentar as demonstrações exigidas...), houver fraude ou vícios comprometedores da idoneidade da apuração realizada, tiver ocorrido opção indevida pelo lucro presumido, enfim, quando não for possível apurar adequadamente o imposto com base no lucro real ou presumido. Não seria o descumprimento das obrigações acessórias ou mesmo o ardil do contribuinte que o dispensariam do ônus tributário. Como fazer, *e.g.*, quando não haja forma de se apurar sequer a receita da pessoa jurídica, por ausência ou vícios graves na sua contabilidade? Para contornar tais situações, a legislação autoriza o cálculo do imposto sobre o lucro arbitrado. O art. 51 da Lei 8.981/95, *e.g.*, estabelece critérios para a determinação do lucro por arbitramento:

> Art. 51. O lucro arbitrado das pessoas jurídicas, quando não conhecida a receita bruta, será determinado através de procedimento de ofício, mediante a utilização de uma das seguintes alternativas de cálculo: I – 1,5 (um inteiro e cinco décimos) do lucro real referente ao último período em que a pessoa jurídica manteve escrituração de acordo com as leis comerciais e fiscais, atualizado monetariamente; II – 0,04 (quatro centésimos) da soma dos valores do ativo circulante, realizável alongo prato e permanente, existente no último balanço patrimonial conhecido, atualizado monetariamente; III – 0,07 (sete centésimos) do valor do capital, inclusive a sua correção monetária contabilizada como reserva de capital, constante do último balanço patrimonial conhecido ou registrado nos atos de constituição ou alteração da sociedade, atualizado monetariamente; IV – 0,05 (cinco centésimos) do valor do patrimônio líquido constante do último balanço patrimonial conhecido, atualizado monetariamente; V – 0,4 (quatro décimos) do valor das compras de mercadorias efetuadas no mês; VI – 0,4 (quatro décimos) da soma, em cada mês, dos valores da folha de pagamento dos empregados e das compras de matérias-primas, produtos intermediários e materiais de embalagem; VII – 0,8 (oito décimos) da soma dos valores devidos no mês a empregados; VIII – 0,9 (nove décimos) do valor mensal do aluguel devido. § 1º As alternativas previstas nos incisos V, VI e VII, a critério da autoridade lançadora, poderão ter sua aplicação limitada, respectivamente, às atividades comerciais, industriais e de prestação de serviços e, no caso de empresas com atividade mista, ser adotados isoladamente em cada atividade. § 2º Para os efeitos da aplicação do disposto no inciso I, quando o lucro real for decorrente de período-base anual, o valor que servirá de base ao arbitramento será proporcional ao número de meses do período-base considerado. § 3º Para cálculo da atualização monetária a que se referem os incisos deste artigo, serão adotados os índices utilizados para fins de correção monetária das demonstrações financeiras, tomando-se como termo inicial a data do encerramento do período-base utilizado, e, como termo final, o mês a que se referir o arbitramento. § 4º Nas

116 STJ, EDcl nos EDcl no REsp 951.251, 2010.

alternativas previstas nos incisos V e VI do *caput*, as compras serão consideradas pelos valores totais das operações, devendo ser incluídos os valores decorrentes do ajuste a valor presente de que trata o inciso III do art. 184 da Lei n. 6.404, de 15 de dezembro de 1976. (Parágrafo incluído pela Lei n. 12.973, de 2014.)

WALTER GODOY esclarece a sistemática do lucro arbitrado:

A tributação com base no lucro arbitrado somente será admitida em caso de lançamento de ofício... e, quando conhecida a receita bruta, será determinado mediante a aplicação dos mesmos percentuais estabelecidos... para o lucro presumido, acrescidos de 20%, exceção para as instituições financeiras (45%). Portanto, a modalidade de arbitramento do lucro, se conhecida a receita bruta, calcula o lucro pelos mesmos critérios do lucro presumido (exceção das empresas imobiliárias), mas com acréscimo de 20%, resultando assim, por efeito do arbitramento, um acréscimo de imposto neste percentual, em relação ao valor do imposto calculado pelo lucro presumido, além de não poder aproveitar qualquer destinação ou dedução a título de incentivo fiscal, o que vale também para o lucro presumido. Porém, sendo o arbitramento efetuado pelo Fisco, o contribuinte sofrerá a sanção da multa de ofício, e a exigência tributária ficará ainda mais gravosa, em relação ao lucro presumido com apresentação espontânea da declaração[117].

Também ALBERTO XAVIER é preciso:

Em matéria de lucro arbitrado há, pois, que distinguir a atividade administrativa de declaração dos pressupostos da aplicação da base de cálculo subsidiária ou de segundo grau, definida em lei, da atividade administrativa de natureza instrutória indiciária, que ocorrerá subsidiariamente à verificação da impossibilidade de aplicação da própria base de cálculo substitutiva. Ocorre, assim, um processo de progressiva adaptação à realidade: num primeiro momento tenta aplicar-se a base de cálculo principal ou de primeiro grau – que é o lucro real, demonstrado face à escrituração do contribuinte; num segundo momento, demonstrada a impossibilidade da sua apuração pela escrituração do contribuinte, a lei determina a substituição da base de cálculo principal por uma base de cálculo subsidiária, ainda definida em lei e que é um percentual da receita bruta; num terceiro momento, demonstrada a impossibilidade de apuração da própria base de cálculo subsidiária – a receita bruta – a lei admite, ainda e também a título subsidiário, uma livre atividade administrativa instrutória baseada em métodos indiciários de caráter alternativo. A passagem de uma fase para a fase subsequente depende sempre, de demonstração, pelo Fisco, dos respectivos pressupostos legais no cumprimento do seu dever de fundamentação dos atos administrativos: a imprestabilidade da escrituração, para legitimar a substituição do lucro real pelo percentual da receita bruta como base de cálculo legal do tributo; a impossibilidade de apuração da receita bruta, para legitimar a substituição da sua prova direta por uma prova indiciária[118].

117 GODOY, Walter. *Os Direitos dos Contribuintes*. 2. ed. Porto Alegre: Síntese, 2003, p. 125.

118 XAVIER, Alberto. *Do Lançamento, Teoria Geral do Ato, do Procedimento e do Processo Tributário*. Rio de Janeiro: Forense, 1998, p. 129.

A *alíquota padrão* do IRPJ é de 15% sobre o lucro real. Há, ainda, um adicional de 10% sobre o montante do lucro real que superar, no mês, R$ 20.000,00[119], conforme o art. 2º, §§ 1º e 2º, da Lei n. 9.430/96, ficando o percentual, nesses casos, em 25% (15% + 10%). E lembre-se de que a Contribuição Social sobre o Lucro Líquido implica, em regra, carga tributária de mais 9% sobre o lucro, nos termos do art. 3º, III, da Lei 7.689/88, com a redação da Lei 13.169/2015. Assim, a carga nominal sobre o lucro das empresas é bastante elevada.

A legislação brasileira está se adaptando às Regras Globais contra a Erosão da Base Tributária, ou seja, às diretrizes da OCDE no âmbito do projeto BEPS (Base Erosion and Profit Shifting), com vista ao estabelecimento de tributação mínima efetiva de 15% sobre a renda das empresas multinacionais. É que, embora a tributação nominal da renda, no Brasil, para grandes contribuintes, chegue próximo dos 34% na soma do IRPJ e da CSLL, planejamentos tributários e benefícios fiscais acabam, em certos casos, por gerar uma tributação efetiva abaixo do patamar de 15. Com a finalidade, então, de estabelecer tributação mínima efetiva de 15%, a Lei 15.079/2024 instituiu Adicional da Contribuição Social sobre o Lucro Líquido, sendo aplicável às entidades constituintes de grupo de empresas multinacional que tiver auferido receitas anuais que alcancem 750 milhões de euros nas Demonstrações Financeiras Consolidadas da Entidade Investidora Final em pelo menos dois dos quatro anos fiscais anteriores. Essa lei incorpora os conceitos de lucro GloBE e de prejuízo GloBE, sendo que o lucro líquido GloBE exige ajuste, mas admite diferimento do cômputo do tributo negativo em excesso, para evitar que a alíquota efetiva se torne negativa. RIBEIRO DA SILVA critica a adoção do Adicional da CSLL, argumentando, por exemplo, que esse adicional configura uma nova contribuição que congloba os rendimentos de diversas unidades situadas no Brasil e no exterior para fins de aferição do percentual de ajuste a ser cobrado e que dependeria de lei complementar, além do que estaria malferindo o princípio federativo ao excluir a nova fonte da partilha com estados e municípios, porquanto a CSLL pertence exclusivamente à União, diferentemente do IRPJ.

É oportuno enfrentar, ainda, a questão da **omissão de receitas**. A Lei 9.430/96 dispõe, em seu art. 40, que "a falta de escrituração de pagamentos efetuados pela pessoa jurídica, assim como a manutenção, no passivo, de obrigações cuja exigibilidade não seja comprovada, caracterizam, também, omissão de receita" e, em seu art. 41, que "a omissão de receita poderá, também, ser determinada a partir de levantamento por espécie

119 Conforme o *site* da Receita (www.receita.fazenda.gov.br): "A alíquota do adicional é única para todas as pessoas jurídicas, inclusive instituições financeiras, sociedades seguradoras e assemelhadas. O adicional incide, inclusive, sobre os resultados tributáveis de pessoa jurídica que explore atividade rural (Lei n. 9.249, de 1995, art. 3º, § 3º). No caso de atividades mistas, a base de cálculo do adicional será a soma do lucro real apurado nas atividades em geral com o lucro real apurado na atividade rural".

das quantidades de matérias-primas e produtos intermediários utilizados no processo produtivo da pessoa jurídica", apurando-se "a diferença, positiva ou negativa, entre a soma das quantidades de produtos em estoque no início do período com a quantidade de produtos fabricados com as matérias-primas e produtos intermediários utilizados e a soma das quantidades de produtos cuja venda houver sido registrada na escrituração contábil da empresa com as quantidades em estoque, no final do período de apuração, constantes do livro de Inventário" e considerando-se "receita omitida, nesse caso, o valor resultante da multiplicação das diferenças de quantidades de produtos ou de matérias-primas e produtos intermediários pelos respectivos preços médios de venda ou de compra, conforme o caso, em cada período de apuração abrangido pelo levantamento".

Também é bastante aplicado o art. 42 da Lei 9.430/90, que, cuidando dos depósitos bancários, estabelece: "caracterizam-se também omissão de receita ou de rendimento os valores creditados em conta de depósito ou de investimento mantida junto a instituição financeira, em relação aos quais o titular, pessoa física ou jurídica, regularmente intimado, não comprove, mediante documentação hábil e idônea, a origem dos recursos utilizados nessas operações". No **Tema 842** de repercussão geral[120], o STF fixou a tese de que "o artigo 42 da Lei 9.430/1996 é constitucional". Isso porque "o artigo 42 da Lei 9.430/1996 não ampliou o fato gerador do tributo; ao contrário, trouxe apenas a possibilidade de se impor a exação quando o contribuinte, embora intimado, não conseguir comprovar a origem de seus rendimentos". Ademais, teve em conta que, não fosse assim, "para se furtar da obrigação de pagar o tributo e impedir que o Fisco procedesse ao lançamento tributário, bastaria que o contribuinte fizesse mera alegação de que os depósitos efetuados em sua conta corrente pertencem a terceiros, sem se desincumbir do ônus de comprovar a veracidade de sua declaração", o que "impediria a tributação de rendas auferidas, cuja origem não foi comprovada, na contramão de todo o sistema tributário nacional, em violação, ainda, aos princípios da igualdade e da isonomia". Acrescentou ainda: "a omissão de receita resulta na dificuldade de o Fisco auferir a origem dos depósitos efetuados na conta corrente do contribuinte, bem como o valor exato das receitas/rendimentos tributáveis, o que também justifica atribuir o ônus da prova ao correntista omisso".

A Lei 14.596/2023 dispôs sobre regras de **preços de transferência** relativas ao Imposto sobre a Renda das Pessoas Jurídicas (IRPJ) e à Contribuição Social sobre o Lucro Líquido (CSLL), de modo a definir como deve ser determinada a base de cálculo das pessoas jurídicas domiciliadas no Brasil que realizem transações controladas com partes relacionadas no exterior. Considera-se transação controlada qualquer relação comercial ou financeira entre partes relacionadas, ou seja, quando uma delas estiver sujeita à influência que possa levar ao estabelecimento de termos e de condições diver-

120 STF, RE 855649, 2021.

sos daqueles praticados entre partes não relacionadas em transações comparáveis. Visa-se à aplicação do princípio *arm's length*, que remete ao equilíbrio na relação. Seus arts. 9º e 11 orientam a análise de comparabilidade e a seleção do método mais apropriado. Verificando-se tratamento diferenciado, a base de cálculo dos tributos será ajustada de forma a computar os resultados que seriam obtidos caso os termos e as condições da transação controlada tivessem sido os mesmos adotados para partes não relacionadas. Esse ajuste pode ser espontâneo, quando realizado pela própria pessoa jurídica domiciliada no Brasil diretamente na apuração da base de cálculo dos tributos, com adição do resultado, compensatório, quando realizado pelas partes da transação controlada até o encerramento do ano-calendário, ou primário, quando efetuado pela autoridade fiscal. A lei ainda prevê medidas de simplificação a serem adotadas pela RFB e a instituição de processo de consulta específico. E estabelece que, acordados resultados em mecanismo de solução de disputa previstos no âmbito de acordo ou convenção internacional para eliminar a dupla tributação, a autoridade fiscal deverá revisar, de ofício, o lançamento efetuado, de modo que legitima a implementação de soluções consensuais ou mesmo de heterocomposição arbitral, caso previstas em acordo ou convenção internacional com as jurisdições envolvidas. A regulamentação desses critérios legais será relevante e deve se ater à disciplina legal, sem inovar, sendo certo que o STJ, em 2022, no AREsp 511.736-SP, censurou norma complementar que desbordou de diploma por ela regulado, decidindo: "O art. 12, § 11, da IN SRF n. 243/2002 extrapolou a mera interpretação do art. 18, II, da Lei n. 9.430/1996, na medida em que criou novos conceitos e métricas a serem considerados no cálculo do preço-parâmetro, não previstos, sequer de forma implícita, no texto legal então vigente".

Capítulo 4

Imposto sobre Produtos Industrializados (IPI)

4.1. LEGISLAÇÃO

A competência para a instituição, pela União, do Imposto sobre Produtos Industrializados consta do art. 153, IV, da CF. A CF, no § 3º do mesmo art. 153, com o acréscimo determinado pela EC 42/2003, ainda estabelece os critérios a serem observados na sua instituição. O art. 126, III, do ADCT, incluído pela EC 132/2023, determina que, a partir de 2027, as alíquotas do IPI serão reduzidas a zero, exceto em relação aos produtos que tenham industrialização incentivada na Zona Franca de Manaus, e que não incidirá de forma cumulativa com o Imposto Seletivo do art. 153, VIII, da Constituição. A Lei 4.502/64, com suas alterações posteriores, em seus 127 artigos, institui o imposto. O Decreto 7.212/2010 traz o Regulamento do IPI (RIPI), regulamentando a cobrança, fiscalização, arrecadação e administração do IPI. O Decreto 11.158/2022 aprova a Tabela de Incidência do IPI (TIPI), estabelecendo as alíquotas aplicáveis a cada produto.

O IPI incidente sobre as operações internas é tributo abrangido pelo SIMPLES NACIONAL, nos termos do art. 13, II, da LC 123/2006, de modo que, sendo optante, a empresa não recolherá separadamente o IPI. O IPI-Importação não está abrangido pelo SIMPLES NACIONAL, conforme expressamente dispõe o art. 13, § 1º, XII, da LC 123/2006. Mas o pagamento do imposto no caso de importação por microempresa optante pelo SIMPLES NACIONAL, por via terrestre, de mercadorias procedentes do Paraguai pode ocorrer mediante Regime de Tributação Unificada – RTU, de que tratam a Lei 11.898/2009 e o Decreto 6.956/2009.

4.2. BASE ECONÔMICA

O art. 153, IV, da CF outorga competência à União para a instituição de imposto sobre "produtos industrializados"[1]. Esse imposto remonta ao antigo imposto sobre o consumo, da Constituição de 1946. Com a Emenda Constitucional 8/65 foi que se passou a ter a competência da União para instituir imposto sobre "produtos industrializados". A Lei 4.502/64, que então disciplinava o Imposto de Consumo, foi recepcionada sob novo fundamento. Logo, sobreveio o DL 34/66, estabelecendo que o Imposto de Consumo passaria a ser denominado Imposto sobre Produtos Industrializados.

Analisando-se o art. 153, IV, da Constituição de 1988 em combinação com seu § 3º e incisos, constatamos que a base econômica tributável a tal título abrange as *operações* com *produtos industrializados*. Trata-se de imposto que deve gravar a produção[2].

Vejamos cada um dos termos.

"*Operação*", na linguagem do Direito, é negócio jurídico. AIRES FERNANDINO BARRETO, ao tratar do IOF, ensina: "O termo *operações*, à luz de um ponto de vista estritamente jurídico, significa atos regulados pelo Direito capazes de produzir efeitos jurídicos, ou seja, negócios jurídicos"[3]. Também HORÁCIO VILLEN NETO, cuidando do ICMS, esclarece: "Operações são atos ou negócios jurídicos em que ocorre a transmissão de um direito"[4]. PAULO DE BARROS CARVALHO, enfocando igualmente o ICMS, segue a mesma trilha: "Operações, no contexto, exprime o sentido de atos ou negócios hábeis para provocar a circulação de mercadorias. Adquire, neste momento, a acepção de toda e qualquer atividade, regulada pelo Direito, e que tenha a virtude de realizar aquele evento"[5]. Não é outra a orientação de ROBERTO QUIROGA MOSQUERA ao tratar do IOF:

> (...) o artigo 153, V, da Constituição Federal utiliza o termo operações no mesmo sentido utilizado no artigo 155, II, ou seja, como negócio jurídico bilateral, no qual há manifestação inequívoca de vontade das partes. Esses atos, fatos ou situações são produtores de efeitos jurídicos, emergindo daí uma relação regulada pelo Direito. O termo operações pressupõe uma visão dinâmica das relações sociais e não uma posição estática. Sendo negócio jurídico bilateral, não podem existir operações realizadas consigo mesmo, uma vez que sob a ótica

---

1 "Art. 153. Compete à União instituir impostos sobre: (...) IV – produtos industrializados."

2 O CTN inseriu o IPI no Capítulo IV do Título III do Livro Primeiro, que cuida dos Impostos sobre a Produção e a Circulação.

3 BARRETO, Aires Fernandino. Natureza jurídica do imposto criado pela Medida Provisória n. 160/90. *Repertório IOB de Jurisprudência*, 2ª quinzena de maio de 1990, n. 10, p. 152.

4 VILLEN NETO, Horácio. A Incidência do ICMS na Atividade Praticada pelas Concessionárias de Transmissão e Distribuição de Energia Elétrica. *RET*, n. 32, 2003, p. 19.

5 CARVALHO. Paulo de Barros. *Regra matriz do ICM*. Tese apresentada para a obtenção de Título de Livre Docente da Faculdade de Direito da PUC-SP, 1981, p. 170.

jurídica essas "operações" nada representam. Melhor dizendo, realizar operações pressupõe a existência de alguém em relação oposta[6].

No caso do IPI, a Constituição se refere apenas à "operação" (art. 153, § 3º), e não a "operações relativas à circulação" como faz relativamente ao ICMS (art. 155, II), o que exigiria transferência de titularidade[7-8]. Para o IPI, portanto, a Constituição coloca como base econômica a ser tributada os negócios jurídicos com produtos industrializados, mas não, necessariamente, negócios que impliquem a transferência do bem, admitindo outros que tenham o produto industrializado como objeto.

"Produto", no vernáculo, tem o sentido de resultado da produção que, por sua vez, é o "ato ou efeito de produzir, criar, gerar, elaborar, realizar" (*Aurélio*). Produto é qualquer bem produzido pela natureza ou pelo homem.

O conceito de *produto*, portanto, diferencia-se do conceito de *mercadoria*. Esta é apenas o bem destinado ao comércio; aquele, o produto, é tanto o bem destinado ao comércio como ao consumo ou a qualquer outra utilização. Tais conceitos já foram bastante cotejados pelos tribunais, principalmente no que se refere ao II e ao ICMS, conforme destacado, aliás, quando da análise da base econômica do Imposto sobre a Importação.

A palavra *industrializado* designa o que se industrializou, ou seja, o que foi objeto de indústria. Indústria significa:

> 4. Econ. A atividade secundária da economia, que engloba as atividades de produção ou qualquer de seus ramos, em contraposição à atividade agrícola (primária) e à prestação de serviços (terciária). 5. (Econ. conjugação do trabalho e do capital para transformar a matéria-prima em bens de produção e consumo. (*Aurélio*.)

Industrializado é o que foi submetido a processo de industrialização.

O imposto em questão, portanto, alcança o negócio jurídico (operação) que tenha por objeto qualquer bem (produto) decorrente de processo de industrialização realizado por um dos contratantes (industrializado). Pressupõe a industrialização e a saída do produto do estabelecimento industrial.

---

6 MOSQUERA, Roberto Quiroga. *Tributação no Mercado Financeiro e de Capitais*. São Paulo: Dialética, 1999, p. 106.

7 "Circular significa para o Direito mudar de titular. Se um bem ou uma mercadoria mudam de titular, circula para efeitos jurídicos. Convenciona-se designar por titularidade de uma mercadoria, a circunstância de alguém deter poderes jurídicos de disposição sobre a mesma, sendo ou não seu proprietário (disponibilidade jurídica)." (ATALIBA, Geraldo. Núcleo de definição constitucional do ICM. *RDT*, n. 25/111.)

8 "Circulação, juridicamente falando, é a passagem de bens de uma pessoa para outra, acarretando a mudança de titular." (VILLEN NETO, Horácio. Op. cit., p. 20.)

Assim, o IPI incide nas operações de que participa o industrial que industrializou o produto. Não basta que o produto objeto do negócio jurídico tenha sido industrializado em algum momento, mas que se tribute a própria produção. É preciso que se trate de operação com produto que tenha sido industrializado por um dos contratantes.

Nas simples revendas subsequentes de produtos entre comerciantes ou de comerciantes a consumidores, temos apenas o comércio, a circulação de mercadoria, não há operação com produto industrializado por nenhum deles.

Conforme ensina EDUARDO DOMINGOS BOTTALLO, o imposto sobre produtos industrializados "deve ter por hipótese de incidência o fato de alguém industrializar produto e levá-lo para além do estabelecimento produtor, por força da celebração de um negócio jurídico translativo de sua posse ou propriedade"[9].

ROGÉRIO LIMA também destaca esta particularidade do IPI:

> (...) nossa cautela deverá ser dobrada com respeito à leitura hermenêutica da norma constitucional sobre o IPI. Dispõe a Carta Magna, em seu art. 153, inc. IV, que compete à União criar imposto sobre produtos industrializados. Em outras palavras, isso significa poder instituir um imposto que trate sobre produtos industrializados, e não que incide sobre produtos industrializados. (...) Não há sentido falar-se em incidência sobre produto, pois a conduta a ser regulada pela norma tributária é expressa por uma ação do contribuinte, indicada na norma através de um verbo seguido do complemento. O verbo, no caso, descreve em linguagem a ação humana em tempo e espaço, e o complemento traduz o objeto dessa ação. A Constituição determina ainda que o IPI "será não cumulativo, compensando-se o que for devido em cada operação com o montante cobrado nas anteriores" (art. 153, § 3º, incs. II). Eis, então, um outro dado que deve necessariamente ser levado em conta quando se perquire a materialidade da hipótese fática do IPI, qual seja: a operação. Não é outra operação, mas especificamente a indicada nesse dispositivo. Essa operação consiste numa conduta do contribuinte, por isso expressa através de um verbo, que consequentemente, ligar-se-á ao complemento – produtos industrializados (coisa resultante de processo de industrialização). Em suma, os elementos componentes do núcleo hipotético constitucional do IPI são: produto industrializados e operação. (...) A operação que envolve produto industrializado, cuja referência faz a Constituição no caso do IPI, engloba as atividades de produzir e fazer sair o produto. Logo, a saída do produto está intimamente ligada à sua produção, ou seja, há estrita comunicação entre os aspectos material e temporal da hipótese de incidência do imposto[10].

Veja-se precedente do STJ:

> 3. A hipótese de incidência do IPI, ao contrário do ICMS, ocorre em ciclo único, no momento da saída da mercadoria do estabelecimento do fabricante, onde ela sofre o processo de industrialização. 4 (...) (STJ, REsp 435575, 2005).

---

9 BOTTALLO, Eduardo Domingos. *IPI – Princípios e Estrutura*. São Paulo: Dialética, 2009, p. 21.

10 LIMA, Rogério. A inconstitucionalidade do IPI na importação. *RDDT*, n. 77, p. 121 e 125-126.

Aliás, vê-se do voto condutor do RE 643525 AgR, julgado em fevereiro de 2013, que "A base econômica do IPI é única, devendo ser analisada à luz do art. 153, IV e § 3º, II, da Constituição Federal. A incidência do tributo ocorre sobre operações com produtos industrializados, ou seja, sobre negócios jurídicos que tenham por objeto bem submetido a processo de industrialização por um dos contratantes".

Assim, o IPI incidirá nas operações com produtos industrializados de que participam pelo menos um industrial ou equiparado ao longo da cadeia de industrialização de um produto ou da sua colocação no mercado nacional (o importador de produto industrializado é equiparado a industrial), sendo que a última incidência ocorre na operação em que o industrial ou equiparado vende o produto a um comerciante. Até então, incide IPI (art. 153, IV, da CF) e ICMS (art. 155, II, § 2º, IX, *a*, e XI, da CF); nas operações subsequentes, de pura e simples revenda do produto industrializado enquanto mercadoria, incidirá apenas o ICMS (art. 155, II, da CF). Adiante, analisaremos os questionamentos específicos quanto à incidência do IPI na importação e na primeira operação subsequente de venda do produto industrializado importado no mercado internacional.

4.3. CRITÉRIOS CONSTITUCIONAIS PARA A INSTITUIÇÃO DO IPI

Além de o § 1º do art. 150 da CF estabelecer exceção à anterioridade de exercício relativamente ao IPI, o § 1º do art. 153 estabelece atenuação à legalidade e o § 3º do mesmo artigo estabelece critérios específicos para a instituição do IPI. Vejamos:

> § 3º O imposto previsto no inciso IV:
>
> I – será seletivo, em função da essencialidade do produto;
>
> II – será não cumulativo, compensando-se o que for devido em cada operação com o montante cobrado nas anteriores;
>
> III – não incidirá sobre produtos industrializados destinados ao exterior;
>
> IV – terá reduzido seu impacto sobre a aquisição de bens de capital pelo contribuinte do imposto, na forma da lei. (Incluído pela Emenda Constitucional n. 42, de 19-12-2003.)

Vejamos um a um.

4.3.1. Atenuação da legalidade

A CF, através do § 1º do art. 153, atenua a legalidade tributária estrita relativamente ao Imposto sobre Produtos Industrializados, dentre outros impostos, ao facultar ao Poder Executivo a alteração das alíquotas, atendidas as condições e os limites estabelecidos em lei. Isso dá maior flexibilidade às alterações do IPI, permitindo que sejam feitas sem a intermediação do Congresso Nacional. Basta que o Executivo entenda necessária modificação na alíquota de determinado produto para que possa adequá-la por Decreto. O Decreto 11.764/2023, por exemplo, alterou as alíquotas sobre armas.

4.3.2. Exceção à anterioridade de exercício

A instituição e a majoração do Imposto sobre Produtos Industrializados não estão submetidas à observância da anterioridade de exercício prevista no art. 150, III, *b*, da CF. Isso porque o § 1º do mesmo artigo, já na sua redação original, é expresso ao estabelecer tal exceção.

Mas terá de ser observada a anterioridade nonagesimal, ou seja, o interstício de pelo menos noventa dias entre a data da publicação da lei e o início da sua incidência, garantia esta prevista no art. 153, III, *c*, da CF, conforme a EC 42/2003. Por certo que as alterações na tabela do IPI (TIPI), mediante Decreto, também estão sujeitas a tal garantia. O § 1º do art. 153 da CF, também com a redação da EC 42/2003, estabelece um rol de exceções à anterioridade nonagesimal, mas nele não refere o IPI.

Aliás, em 2011, o governo federal majorou a alíquota do IPI sobre veículos automotores através do Decreto 7.567/2011. O STF, contudo, reconheceu a inconstitucionalidade do art. 16 do referido Decreto, que conferia vigência imediata à majoração. Entendeu que houve violação à anterioridade nonagesimal do art. 153, III, *c*, da CF. Essa decisão foi proferida pelo Tribunal Pleno do STF na ADI 4.661 MC, em 20 de outubro de 2011, com efeitos *ex tunc*, ou seja, afastando a majoração desde o início da vigência do Decreto, até que decorridos os noventa dias exigidos pela Constituição.

4.3.3. Seletividade conforme a essencialidade do produto

A CF é categórica ao determinar a observância da técnica da seletividade na instituição do IPI.

A seletividade implica tributação diferenciada conforme a qualidade do que é objeto da tributação. Não se deve confundir a seletividade com a progressividade que, diferentemente, impõe o agravamento do ônus tributário conforme aumenta a base de cálculo.

HUGO DE BRITO MACHADO esclarece:

> É progressivo o imposto cuja alíquota é maior na medida em que aumenta a base tributável. Como a base imponível é sempre uma expressão da riqueza de cada um, a progressividade faz com que o imposto onere mais quem tem riqueza maior. Personaliza o imposto. (...) É seletivo o imposto cujas alíquotas são diferentes, para objetos diferentes, como acontece com o IPI, que tem alíquotas elevadas para certos produtos, e muito baixa, mesmo zero, para outros produtos. Na seletividade, não importa o sujeito. Importa exclusivamente o objeto da tributação[11].

11 MACHADO, Hugo de Brito. Progressividade e Socialismo. Artigo publicado no *Jornal Zero Hora* do dia 18 de agosto de 1998, p. 15.

Ser seletivo implica ter alíquotas diferenciadas dependendo do produto (individualmente considerado) ou do tipo de produto (se alimentício, de higiene, têxtil etc.), sendo que o critério para tal seletividade é dado pelo próprio constituinte: o grau de essencialidade do produto. Mas o STF já decidiu que a tributação de equipamentos médicos não implica "violação do dever fundamental de prestação de serviços de saúde". Isso porque o princípio da seletividade "não significa haver imunidade, ainda que as operações ou bens sejam essenciais ao ser humano", devendo-se considerar "o postulado da solidariedade no custeio das atividades estatais"[12]. Efetivamente, a seletividade não impõe a desoneração completa de produtos essenciais. O STF decidiu que "a observância à seletividade e a atribuição de alíquota zero a produtos essenciais são fenômenos que não se confundem", pois "o princípio da seletividade não implica imunidade ou completa desoneração de determinado bem, ainda que seja essencial"[13].

A seletividade do IPI é uma imposição constitucional, e não uma faculdade do legislador. Isso porque o inciso I do § 3º do art. 153 da CF determina que o IPI "*será* seletivo, em função da essencialidade do produto". De fato, a técnica da seletividade só é colocada como uma faculdade quanto ao ICMS, na medida em que o art. 155, § 2º, III, da CF, prevê que o ICMS "atenderá ao seguinte: (...) III – *poderá ser* seletivo, em função da essencialidade das mercadorias e dos serviços".

As alíquotas do IPI, portanto, deverão variar em função da essencialidade do produto, sob pena de inconstitucionalidade. A única *discricionariedade* permitida é onerar mais ou menos os produtos como um todo. Na relação entre as diversas alíquotas, conduto, o respeito ao critério da essencialidade é imperativo.

Assim, embora o Executivo, autorizado pelo art. 4º do Decreto-Lei 1.199/71 e com esteio no art. 153, § 1º, da CF, possa alterar as alíquotas do IPI, certo é que na margem de ação que lhe é concedida jamais poderá olvidar a vinculação das alíquotas à essencialidade do produto, lógica esta que não pode ser invertida.

A verificação do respeito ou não a tal técnica de tributação tem de se dar através do manuseio da Tabela de Incidência do Imposto sobre Produtos Industrializados (TIPI), na qual é possível comparar as alíquotas atribuídas a cada produto. FÁBIO CANAZARO destaca:

> "... para que se atribua eficácia à essencialidade, o mais importante não é definir o que é essencial, mas sim realizar o exercício de comparação entre grupos de mercadorias e serviços em razão de seu grau de essencialidade. ... Norma que atua como critério de comparação, integrando a relação entre grupos de mercadorias e/ou serviços, para a promoção de um fim: um estado de igualdade na tributação"[14].

---

12 Excerto de voto do Min. JOAQUIM BARBOSA: STF, RE 429306, 2011.

13 STF, RE 606314, 2021.

14 CANAZARO, Fábio. *Essencialidade tributária*: igualdade, capacidade contributiva e extrafiscalidade na tributação sobre o consumo. Porto Alegre: Livraria do Advogado, 2015, p. 153/154.

A essencialidade é aferida sob a perspectiva do consumidor dos produtos, finalidade ou uso a que se destinam: "... a essencialidade relaciona-se diretamente à utilidade do produto para o consumo (individual ou coletivo)"[15]. Ainda é FÁBIO CANAZARO quem ensina:

> "O legislador não é livre para identificar ou conceituar o que é e o que não é essencial como fator indicativo, visando à promoção da igualdade." E evolui demonstrando que "Mercadorias e serviços essenciais, sob o ponto de vista jurídico, são aquelas cujos valores constitucionais denotam ser indispensáveis à promoção da liberdade, da segurança, do bem-estar, do desenvolvimento, da igualdade e da justiça – ou seja, das finalidades constitucionalmente prescritas". Desse modo, são "as mercadorias e serviços destinados à proteção e à manutenção da dignidade humana, à erradicação da pobreza e da marginalização, à educação, à saúde, à alimentação, ao trabalho, à moradia, ao lazer, à segurança, à proteção à maternidade e à infância, à assistência aos desamparados e à defesa do meio ambiente"[16].

Trata-se de uma técnica de tributação que atende ao *princípio da capacidade contributiva*. RICARDO LÔBO TORRES chega a se referir a ela como um dos "subprincípios da capacidade contributiva, a significar que o tributo deve incidir progressivamente na razão inversa da essencialidade dos produtos"[17]. JOSÉ MAURÍCIO CONTI entende que seletividade é justamente a técnica que enseja a aplicação do princípio da capacidade contributiva relativamente aos tributos indiretos:

> A seletividade em função da essencialidade é uma forma pela qual se aplica o princípio da capacidade contributiva aos impostos indiretos, porque é possível admitir-se que, na generalidade dos casos, os produtos essenciais são indispensáveis aos indivíduos com baixa capacidade contributiva, e os produtos supérfluos são adquiridos por aqueles com maior capacidade contributiva[18].

Para FÁBIO CANAZARO, a essencialidade que orienta a seletividade constitui princípio promotor da igualdade, na medida em que esta exige "tratamento equânime para contribuintes que possuam a mesma capacidade para suportar o encargo fiscal" e "tratamento diverso para contribuintes com capacidades diversas"[19].

Certo é que, em regra, os produtos essenciais são consumidos por toda a população, e que os produtos supérfluos são consumidos principalmente por aqueles que, já tendo

---

15 PROCURADORIA-GERAL DA REPÚBLICA. IPI – princípio da seletividade em função da essencialidade do produto – destinação ou finalidade do produto industrializado. *RDDT*, n. 214/153, 2013.

16 CANAZARO, Fábio. *Essencialidade tributária*: igualdade, capacidade contributiva e extrafiscalidade na tributação sobre o consumo. Porto Alegre: Livraria do Advogado, 2015, p. 154.

17 TORRES, Ricardo Lôbo. *Curso de Direito Financeiro e Tributário*. 19. ed. São Paulo: Renovar, 2013, p. 381.

18 CONTI, José Maurício. *Sistema Constitucional Tributário Interpretado pelos Tribunais*. São Paulo/Belo Horizonte: Oliveira Mendes/Del Rey, 1997, p. 166.

19 CANAZARO, Fábio. *Essencialidade tributária*: igualdade, capacidade contributiva e extrafiscalidade na tributação sobre o consumo. Porto Alegre: Livraria do Advogado, 2015, p. 153 e 154.

satisfeito suas necessidades essenciais, dispõem de recursos adicionais para tanto. A essencialidade do produto, assim, realmente constitui critério para diferenciação das alíquotas que acaba implicando homenagem ao princípio da capacidade contributiva.

A essencialidade do produto, por vezes, não é revelada pela sua *natureza*, mas pela sua *finalidade específica*. O STJ assim decidiu ao justificar a alíquota de 10% sobre alimentos para animais de estimação, presumindo maiores condições financeiras de quem pode dedicar parcela da sua renda para a compra de alimentação diferenciada para seus animais[20]. O TRF2 decidiu que não se justificava a tributação de cartões magnéticos para o transporte ferroviário à alíquota de 15%. E assim o fez não por se tratar de cartões magnéticos, mas em razão da essencialidade do transporte público de passageiros[21].

---

20 Também destacando a necessidade de atenção à finalidade do produto, o voto condutor do Ministro TEORI ALBINO ZAVASCKI, quando do julgamento do REsp 1087925/PR pela Primeira Turma do STJ, em 2011: O voto condutor transcreveu voto condutor do acórdão recorrido: "Dessa forma, mais do que as qualidades intrínsecas e a composição do produto, deve ser considerada, para fins de seu enquadramento e fixação de sua alíquota, a sua destinação, o fim a que se presta. Ora, este é o critério paradigmático nessa seara, o qual permite identificar se um material de consumo serve à própria manutenção da vida de seres humanos ou ao simples prazer e satisfação individual. Nesse sentido, entendo que a tabela de incidência do IPI, ao estabelecer um item específico aos alimentos para cães e gatos e ao dirigir-lhe uma alíquota de 10%, o fez em razão da dispensabilidade do produto. Ora, o sustento de tais animais domésticos de estimação reserva-se, em geral, ao mero deleite de seus donos. Além disso, quem os mantém possui, presumivelmente, razoáveis condições financeiras, distintas da maior parte da coletividade, haja vista que podem dedicar parcela de sua renda para a compra de uma alimentação diferenciada para seus animais, não se utilizando de formas mais comuns de suprimento alimentar. Tal circunstância inevitavelmente reflete na possibilidade de tal parcela populacional – que, ao fim, é quem suporta o encargo financeiro da exação, na condição de contribuinte de fato – arcar com maior ônus tributário. Diferente situação ocorre em relação às preparações alimentares completas destinadas a prover a manutenção da produção de bovinos, equinos, suínos, aves. Estas, ao dirigirem-se à promoção de uma atividade econômica que propicia renda a trabalhadores rurais e alimentação para coletividade, mostram-se, ao contrário do que ocorre com as preparações para cães e gatos, deveras fundamentais. Justifica-se, por conseguinte, um tratamento tributário distinto, inclusive a fim de fomentar a atividade produtiva, promover maior renda aos trabalhadores rurais e, é claro, desonerar a população consumidora na compra de carnes, mantimentos estes tão essenciais para a manutenção da vida. Dessarte, tenho que, independentemente das características e da composição nutricional dos alimentos para cães e gatos, sejam eles completos ou especiais, o Poder Público, por meio do Decreto n. 4.542/2002 e com fulcro no princípio da seletividade, quis efetivamente conferir-lhe maior alíquota, estabelecendo-a em 10%".

21 "AGRAVO DE INSTRUMENTO. IPI. ALÍQUOTA EXCESSIVA. VIOLAÇÃO AO PRINCÍPIO DA SELETIVIDADE EM DECORRÊNCIA DA ESSENCIALIDADE DO PRODUTO. Trata-se de agravo de instrumento com pedido de efeito suspensivo, interposto em face de decisão que deixou de apreciar a liminar requerida, sob o fundamento de que os autos careceriam de elementos suficientes para o deferimento da mesma e cujo conteúdo diz respeito ao pedido de suspensão do crédito tributário relativo ao IPI (Imposto sobre Produtos Industrializados, face à alegação de que a Fazenda estaria violando o princípio da seletividade com a imposição da alíquota excessiva de 15% (quinze por cento) sobre produto por ela considerado essencial. A natureza coletiva do serviço prestado – sistema de transporte ferroviário de massa –, e que justifica a elaboração dos

No Tema 501, o STF firmou posição, ainda, no sentido de que "os produtos destinados ao acondicionamento de bens essenciais não devem necessariamente ter as mesmas alíquotas desses últimos, sob pena de se desconsiderarem as características técnicas que os distinguem e as políticas fiscais que os Poderes Legislativo e Executivo pretendem implementar"[22]. Tratava-se, no caso, de garrafões, garrafas e tampas plásticas utilizadas para acondicionar água. O tribunal fixou a seguinte tese: "É constitucional a fixação de alíquotas de IPI superiores a zero sobre garrafões, garrafas e tampas plásticas, ainda que utilizados para o acondicionamento de produtos essenciais". Cabe observar que a indústria de produtos alimentícios credita-se na entrada do material de embalagem, de modo que pode compensar o IPI suportado e, na hipótese de não utilizar a totalidade dos créditos, obter, inclusive, o ressarcimento do IPI, de modo que, efetivamente, a alíquota correspondente ao material de embalagem não impacta a carga de IPI sobre o produto final.

A fixação de alíquotas poderá desbordar da simples graduação segundo a essencialidade quando esteja inspirada na *utilização extrafiscal do tributo*. Isso porque, nesses casos, a intenção é induzir o inibir a produção de determinados bens. É o caso dos cigarros, cuja alíquota de 300% abriga um caráter extrafiscal bastante pronunciado: não só o produto é supérfluo como de consumo desaconselhável por razões de saúde pública. Tributa-se a produção de fumo de forma especialmente pesada justamente para encarecê-lo e, com isso, reduzir seu consumo.

EDUARDO DOMINGOS BOTTALLO refere-se à seletividade como instrumento para a utilização extrafiscal do IPI:

> A extrafiscalidade manifesta-se no IPI através do princípio da seletividade, que enseja a utilização deste imposto como instrumento de ordenação político-social, tanto favorecendo a realização de operações havidas por necessárias, úteis ou convenientes à sociedade, como dificultando a prática de outras, que não se mostrem capazes de ir ao encontro do interesse político[23].

Certo é que as alíquotas estabelecidas para a obtenção de fins extrafiscais não servem de parâmetro para a comparação relativa à essencialidade.

---

bilhetes magnéticos, já é capaz de demonstrar a essencialidade do produto confeccionado, cuja função é a de autorizar a utilização do referido serviço. Sendo assim, a alíquota de 15% (quinze por cento) sobre o produto em tela não pode ser considerada razoável, uma vez que enfraquecido ficaria o interesse público e deveras onerado o cidadão comum, que é verdadeiro contribuinte de fato desta modalidade tributária, dissonando, com isso, de dispositivos constitucionais. Agravo regimental da União Federal prejudicado. Agravo de instrumento provido." (TRF2, AI 2002.02.01.001050-0, 2002).

22 STF, RE 606314, 2021.

23 BOTTALLO, Eduardo Domingos. *IPI – Princípios e Estrutura*. São Paulo: Dialética, 2009, p. 65.

4.3.4. Não cumulatividade

Determina, o § 3º, II, do art. 153 da Constituição, que o IPI seja "não cumulativo, compensando-se o que for devido em cada operação com o montante cobrado nas anteriores", seguindo uma tradição que vem desde a Emenda Constitucional 18/65.

A *não cumulatividade* constitui uma técnica de *tributação que visa impedir* que as incidências sucessivas nas diversas operações da cadeia econômica de um produto impliquem um ônus tributário muito elevado, decorrente da múltipla tributação da mesma base econômica, ora como matéria-prima, produto intermediário ou material de embalagem, ora como produto final. Em outras palavras, consiste em fazer com que o IPI não onere a produção em cascata. Isso ocorreria, caso o IPI pudesse ser cobrado sobre o valor total das operações relativas às diversas saídas de produtos industrializados ocorridas numa cadeia de industrialização, sem que fosse autorizada a compensação dos valores já suportados a tal título nas operações anteriores.

Note-se que, em uma cadeira de produção, pode ocorrer a saída de um produto industrializado de uma indústria para outra para ser usado como matéria-prima no fabrico de produto intermediário, dando ensejo, adiante, à saída do produto intermediário desta última indústria para outra com vista ao fabrico do produto final, ocorrendo, por fim, a saída do produto final para o estabelecimento comercial que o oferecerá aos consumidores. Em todas as saídas promovidas pelas diversas indústrias envolvidas em tal cadeia, há incidência de IPI. Daí a necessidade de mecanismo que permita deduzir dos valores devidos, aqueles já suportados nas operações anteriores.

Mas a não cumulatividade *não chega a ter o status de cláusula pétrea*. Na ADIn 939, o STF entendeu que não constitui garantia constitucional que se possa qualificar como direito fundamental. Na oportunidade, não obstante a técnica de competência residual da União para a criação de novos impostos também exija a observância da não cumulatividade, o STF entendeu que tal só vincula o legislador ordinário, mas não o constituinte derivado, de maneira que nada impedia que a EC 3/93 tivesse autorizado a instituição de imposto cumulativo: o IPMF.

Acompanhamos, porém, a advertência que feita por JOSÉ EDUARDO SOARES DE MELO alhures:

> Constituindo-se num sistema operacional destinado a minimizar o impacto do tributo sobre o preço dos bens, sua eliminação geraria um custo artificialmente indesejável ao preço dos produtos. Caso fosse eliminada, a cumulatividade oneraria o custo de vida da população, e encareceria o processo produtivo e comercial, reduzindo os investimentos empresariais, em face do aumento de custos ocasionados por esse artificialismo tributário oriundo da cumulatividade[24].

24 MELO, José Eduardo Soares. *Importação e Exportação no Direito Tributário*. São Paulo: Revista dos Tribunais, 2012, p. 156.

De qualquer modo, em face da previsão constitucional expressa do art. 153, § 3º, II, determinando a observância da não cumulatividade relativamente ao IPI, certo é que tal constitui um imperativo para o legislador, que não poderá olvidá-la.

A norma constitucional que estabelece a não cumulatividade assegura o contribuinte independentemente de qualquer regulamentação. O dispositivo constitucional é suficiente em si na medida em que proclama a não cumulatividade e dispõe sobre o modo como se dará. É, por isso, autoaplicável. Vejamos:

> II – será não cumulativo, compensando-se o que for devido em cada operação com o montante cobrado nas anteriores.

O inciso em questão, portanto, é fundamento suficiente para que o contribuinte realize o creditamento e a respectiva compensação. Eventual pretensão deduzida em juízo também pode tê-lo como suporte direto e exclusivo. O Min. CEZAR PELUSO afirmou com clareza:

> (...) geração e utilização de créditos derivam, pois, diretamente da Constituição, que agasalha, no ponto, norma de eficácia plena e incidência imediata, a todos oponível, não sendo possível interpretá-la à luz de normas subalternas. Daí, a geração de créditos não pode ser impedida por norma infraconstitucional nem pode seu aproveitamento ser obviado, tendo em conta a própria natureza da não cumulatividade[25].

Mas é preciso atentar, na implementação da não cumulatividade, para a extensão e para o *modus operandi* desta técnica de tributação.

Conforme a valiosa lição de GERALDO ATALIBA e de CLÉBER GIARDINO, plenamente válida à luz do Texto Constitucional de 1988, a não cumulatividade é resultado do sistema de abatimentos estabelecido pelo texto constitucional, e não sua causa[26].

De fato, o próprio texto constitucional deixa claro no que consiste a técnica da não cumulatividade: "compensando-se o que for devido em cada operação com o montante cobrado nas anteriores" (art. 153, § 3º, II, da CF).

O texto constitucional se refere à não cumulatividade, portanto, como instrumento que enseja a compensação entre o montante devido a título de IPI e o montante já suportado quando da incidência do IPI nas operações anteriores, mediante o *sistema de creditamentos*.

O industrial que adquire matéria-prima, produtos intermediários ou material de embalagem, enfim, produtos que se incorporarão ao seu produto final, credita-se do IPI

25 Excerto de voto do Min. Cezar Peluso no RE 475.551/PR, em outubro de 2008, conforme Informativo do STF n. 522.

26 ATALIBA, Geraldo; GIARDINO, Cléber. ICM e IPI, Direito de crédito, produção e mercadorias isentas ou sujeitas à alíquota zero. *RDT*, n. 46/74.

incidente naquelas operações, utilizando-se do seu crédito para abater do IPI devido nas saídas de produtos industrializados. O art. 49 do CTN cuida da matéria:

> Art. 49. O imposto é não cumulativo, dispondo a lei de forma que o montante devido resulte da diferença a maior, em determinado período, entre o imposto referente aos produtos saídos do estabelecimento e o pago relativamente aos produtos nele entrados.
>
> Parágrafo único. O saldo verificado, em determinado período, em favor do contribuinte, transfere-se para o período ou períodos seguintes.

Os créditos, assim escriturados, são disciplinados, pelo Decreto 7.212/2010, sob a rubrica de "Créditos Básicos", com o que restam distinguidos dos demais créditos, cuja dedução do montante a ser pago também é autorizada, atinente a devolução ou retorno de produtos, incentivos, crédito presumido e de outra natureza.

Como não se considera industrialização a edificação de casas e edifícios (art. 5º, VIII, *a*, do Decreto 7.212/2010, que repete dispositivo equivalente ao anterior do Decreto 4.544/2002), não estando a construção civil sujeita à incidência do IPI, as respectivas empresas não têm direito ao creditamento do imposto[27]. É que "o direito ao creditamento dos valores pagos nas etapas anteriores assiste tão somente àqueles que também sejam contribuintes da exação e, portanto, realizem atividades consideradas industriais"[28].

O creditamento do imposto, pelas indústrias, *independe do efetivo pagamento do montante devido na operação anterior*. O industrial adquirente credita-se do valor de IPI simplesmente destacado na Nota[29].

A utilização dos créditos, diga-se, também *não está vinculada à saída da própria mercadoria em que incorporado o insumo*. Não se estabelece relação entre a entrada do insumo e a saída do próprio produto final que o incorporou no processo de industrialização. Tal identi-

---

27 STJ, AgRg no AREsp 280.583, 2013.

28 STJ, AgRg nos EREsp 993.767, 2016.

29 "A literalidade da interpretação do vocábulo cobrado, utilizado no dispositivo da epígrafe, induz o exegeta a pensar que o direito ao crédito decorre da extinção da obrigação tributária. A asserção é falsa. (...) A regra-matriz de incidência tributária e a regra-matriz de direito ao crédito incidem sobre o acordo de vontades que perfaz o negócio jurídico de compra e venda. Desse suporte fático, propiciador de dois cortes diferentes, suscitando fatos jurídicos distintos, é que surgem, respectivamente, a obrigação tributária e a regra-matriz de direito ao crédito. Fique certo, todavia, que o pagamento dos valores correspondentes, cobrados ou não, é irrelevante para a fenomenologia da incidência normativa. Aliás, tanto é assim que o próprio Código Tributário Nacional, no art. 118, determina que a validade do fato gerador independe da validade jurídica e dos efeitos dos atos efetivamente praticados pelo contribuinte. É despiciendo saber se houve ou não cálculo do IPI embutido no valor do produto para justificar o direito ao crédito. Este não decorre da cobrança, nem da incidência, nem do pagamento do imposto; nasce da percussão da regra de direito ao crédito." (CARVALHO, Paulo de Barros. Isenções Tributárias do IPI em face do Princípio da Não cumulatividade. *RDDT*, n. 33, jun./1998.)

dade é irrelevante. Trabalha-se, sim, por períodos em que se faz o creditamento do IPI relativo a todos os insumos, produtos intermediários e embalagens entrados no estabelecimento, procedendo-se à compensação com o IPI devido pela saída de produtos finais no mesmo período. Veja-se o art. 225 do RIPI (Decreto 7.212/2010):

> Art. 225. A não cumulatividade é efetivada pelo sistema de crédito do imposto relativo a produtos entrados no estabelecimento do contribuinte, para ser abatido do que for devido pelos produtos dele saídos, num mesmo período, conforme estabelecido neste Capítulo (Lei 5.182, de 1966, art. 49) (...).

A Lei 9.317/96, em seu art. 5º, § 5º, já vedava a apropriação de crédito na aquisição de insumos "por" empresa optante pelo SIMPLES e "de" empresa optante[30]. A LC 123/2006, que instituiu o SIMPLES NACIONAL, dispõe no mesmo sentido:

> SEÇÃO VI – Dos Créditos
>
> Art. 23. As microempresas e as empresas de pequeno porte optantes pelo Simples Nacional não farão jus à apropriação nem transferirão créditos relativos a impostos ou contribuições abrangidos pelo Simples Nacional.

Quanto à apropriação por empresa optante, impõe-se considerar que o regime simplificado de recolhimento de tributos preconizado pela EC 42/2003 (art. 146, III, *d*, e parágrafo único, da CF) e instituído pela LC 123/2006 é opcional. O STF entendeu constitucional a norma que constava da Lei 9.317/95 justamente ao argumento de que a adesão ao sistema era facultativa, "de modo que cabia à parte interessada sopesar as vantagens e as desvantagens inerentes ao modelo"[31]. O STJ tem precedente já sobre a LC 123/2006:

> TRIBUTÁRIO. RECURSO ESPECIAL. IPI (...) APROVEITAMENTO DE CRÉDITOS NO PERÍODO EM QUE A EMPRESA ERA OPTANTE DO SIMPLES. IMPOSSIBILIDA-

---

30 "Lei n. 9.317/96: Art. 5º (...) § 5º A inscrição no SIMPLES veda, para a microempresa ou empresa de pequeno porte, a utilização ou destinação de qualquer valor a título de incentivo fiscal, bem assim a apropriação ou a transferência de créditos relativos ao IPI e ao ICMS. RIPI: Art. 166. As aquisições de produtos de estabelecimentos optantes pelo SIMPLES, de que trata o art. 117, não ensejarão aos adquirentes direito a fruição de crédito de MP, PI e ME (Lei n. 9.317, de 1996, art. 5º, § 5º)."

31 "ANTIGO SIMPLES. PROIBIÇÃO DO APROVEITAMENTO DE CRÉDITOS DO IPI. VIOLAÇÃO DA REGRA DA NÃO CUMULATIVIDADE E DO PRINCÍPIO DA SELETIVIDADE. INCONSISTÊNCIA. ART. 5º, § 5º, DA LEI N. 9.317/96. ART. 153, § 3º, I E II, DA CONSTITUIÇÃO. PROCESSUAL CIVIL. AGRAVO REGIMENTAL. A adesão ao extinto Sistema Integrado de Pagamento de Impostos e Contribuições das Microempresas e das Empresas de pequeno Porte – SIMPLES era facultativa, de modo que cabia à parte interessada sopesar as vantagens e as desvantagens inerentes ao modelo de tributação que previa a negativa aos créditos do Imposto sobre Produtos Industrializados – IPI como contrapartida ao acesso à carga tributária bruta menor e com obrigações acessórias simplificadas. Inexistente, portanto, violação da regra constitucional da não cumulatividade ou do princípio da seletividade." (STF, RE 523416, 2011.)

DE. 1 (...) 2. A partir da inscrição da empresa no SIMPLES (Lei n. 9779/99) é indevido o creditamento do IPI, tendo em vista o impedimento legal constante no § 5º, do artigo 5º, da Lei n. 9317/96. 3. Recurso especial conhecido, mas desprovido. (STJ, REsp 705.273, 2005.)

A apropriação por empresa não optante, quando adquire produto de empresa optante, também é vedada pelo art. 23 da LC 123/2006. Mas há decisões no sentido de que a vedação não se justifica, na medida em que violaria a não cumulatividade[32].

Quanto às *entradas ensejadoras de creditamento*, vale repetir a lição de RICARDO LOBO TORRES[33], adotada pelo STF[34], no sentido de que os créditos *"são físicos, reais e condicionados"*: "O crédito é físico porque decorre do imposto incidente na operação anterior sobre a mercadoria efetivamente empregada no processo de industrialização. É real porque apenas o montante cobrado (= incidente) nas operações anteriores dá direito ao abatimento não nascendo o direito ao crédito nas isenções ou não incidências. É

32 "(...) IPI. PRINCÍPIO DA NÃO CUMULATIVIDADE... INSUMOS. AQUISIÇÕES DE ESTABELECIMENTOS OPTANTES DO SIMPLES... A previsão do art. 149 do RIPI/98 decorre do disposto no § 5º do art. 5º da Lei n. 9.317/96, que veda à microempresa e à empresa de pequeno porte, quando inscritas no SIMPLES, a apropriação ou a transferência de créditos relativos ao IPI. Em razão desta regra, as notas fiscais emitidas por contribuintes optantes do SIMPLES não contêm destaque do IPI (art. 107 do RIPI/98), assemelhando-se a operação de aquisição de insumos de tais comerciantes às entradas isentas, não tributadas ou sujeitas à alíquota zero. Por conseguinte, a limitação ao aproveitamento de créditos de IPI nestes casos, também atenta contra o princípio da não cumulatividade. O estabelecimento de distinção de apuração de créditos tendo em conta o fornecedor dos insumos afigura-se, *in casu*, desarrazoada, haja vista a sistemática de aproveitamento aplicável, o que independe da situação ostentada pelo polo antecedente da cadeia produtiva, contribuinte ou não contribuinte do IPI. (...)" (TRF4, AMS 2001.72.05.005081-2, 2003.)

33 TORRES, Ricardo Lôbo. *Curso de Direito Financeiro e Tributário*. 19. ed. São Paulo: Renovar, 2013, p. 381.

34 "IMPOSTO SOBRE PRODUTOS INDUSTRIALIZADOS – IPI. BENS DESTINADOS AO ATIVO FIXO E DE USO E CONSUMO. DIREITO AO CREDITAMENTO. INEXISTÊNCIA... 1. O contribuinte do IPI não faz jus ao creditamento do valor do imposto incidente sobre as aquisições de bens destinados ao ativo fixo da empresa ou de produtos de uso e consumo, haja vista apresentar-se como destinatário final das mercadorias. 2. É que o direito ao creditamento decorre do princípio da não cumulatividade, cuja razão de ser é alicerçada sobre o direito de o contribuinte não sofrer tributação em cascata, hipótese caracterizada quando o valor a ser pago na operação posterior não sofre a diminuição do que pago anteriormente. O direito ao creditamento pressupõe, portanto, pagamento de tributo em pelo menos uma das fases da etapa produtiva e, essencialmente, saída onerada. 3. Consoante o magistério de Ricardo Lobo Torres, no Curso de Direito Financeiro e Tributário (2010:381), o IPI atua 'através da compensação financeira do débito gerado na saída com os créditos correspondentes às operações anteriores, que são físicos, reais e condicionados. O crédito é físico porque decorre do imposto incidente na operação anterior sobre a mercadoria efetivamente empregada no processo de industrialização. É real porque apenas o montante cobrado (= incidente) nas operações anteriores dá direito ao abatimento não nascendo o direito ao crédito nas isenções ou não incidências. É condicionado à ulterior saída tributada, estornando-se o crédito da entrada se houver desgravação na saída'. 4. *In casu*, em sendo o contribuinte o destinatário final da mercadoria sobre a qual incide o imposto, não há a necessária dupla incidência tributária que justifique a compensação, o que afasta, em consequência, o direito ao creditamento." (STF, RE 387.592 AgR, 2011.)

condicionado à ulterior saída tributada, estornando-se o crédito da entrada se houver desgravação na saída". Veja-se o precedente do STF:

> III – O princípio da não cumulatividade só garante o crédito do IPI pago na operação anterior se, na operação subsequente, também for devido o imposto, ressalvada a previsão em lei que confira esse direito. (STF, RE 491287 AgR, 2012.)

Sob a perspectiva constitucional, é o que temos, cabendo, observar, contudo, que a legislação atualmente permite a manutenção e utilização dos créditos mesmo quando a saída é isenta ou não tributada (art. 11 da Lei 9.779/99, adiante comentado).

Permitem, a apropriação de crédito, as matérias-primas e os produtos intermediários que sejam consumidos no processo de industrialização ou integrados ao novo produto, bem como as embalagens, nos termos do art. 25 da Lei 4.502/64, com a redação dada pelo DL 1.136/70, e do art. 226 do Decreto 7.212/2010:

> Lei 4.502/64:
>
> Art. 25. A importância a recolher será o montante do imposto relativo aos produtos saídos do estabelecimento, em cada mês, diminuído do montante do imposto relativo aos produtos nele entrados, no mesmo período, obedecidas as especificações e normas que o regulamento estabelecer. § 1º O direito de dedução só é aplicável aos casos em que os produtos entrados se destinem à comercialização, industrialização ou acondicionamento e desde que os mesmos produtos ou os que resultarem do processo industrial sejam tributados na saída do estabelecimento.

> Dec. 7.212/2010:
>
> Seção II – Das Espécies dos Créditos; Subseção I – Dos Créditos Básicos
>
> Art. 226. Os estabelecimentos industriais e os que lhes são equiparados poderão creditar-se (Lei n. 4.502, de 1964, art. 25):
>
> I – do imposto relativo a matéria-prima, produto intermediário e material de embalagem, adquiridos para emprego na industrialização de produtos tributados, incluindo-se, entre as matérias-primas e os produtos intermediários, aqueles que, embora não se integrando ao novo produto, forem consumidos no processo de industrialização, salvo se compreendidos entre os bens do ativo permanente.

Note-se que nem toda a entrada que diz respeito ao funcionamento da indústria enseja creditamento. A aquisição de bens que integram o ativo permanente da empresa ou de insumos que não se incorporam ao produto final ou cujo desgaste não ocorra de forma imediata e integral durante o processo de industrialização não gera direito ao creditamento de IPI, conforme já decidiram o STF[35] e

35 "IPI – PRINCÍPIO DA NÃO CUMULATIVIDADE – CRÉDITO – BENS INTEGRADOS AO ATIVO FIXO – INEXISTÊNCIA DE ELO CONSIDERADA MERCADORIA PRODUZIDA. A aquisição de equipamentos que irão integrar o ativo fixo da empresa ou produtos destinados ao

o STJ[36] este em sede de recurso repetitivo. Aliás, em agosto de 2012, o STJ editou a **Súmula 495**: "A aquisição de bens integrantes do ativo permanente da empresa não gera direito a creditamento de IPI".

A aquisição de energia elétrica[37], combustíveis e lubrificantes também não autoriza creditamento[38]. Efetivamente, o STJ entende que "a energia elétrica e os combustíveis não podem ser considerados insumos ou produtos intermediários para fins de creditamento do IPI"[39]. Com mais razão, ainda, não há como a indústria pretender se creditar na entrada de outros bens como materiais de limpeza, materiais de expediente, uniformes, capacetes, botas, luvas, cintos de segurança e demais equipamentos individuais obrigatórios, combustíveis relativos ao transporte de matéria-prima adquirida e de mercadorias vendidas, pneus e outras peças de veículos próprios, peças de máquinas e equipamentos desgastados nas operações, óleos lubrificantes das máquinas e equipamentos. Tais entradas não são alcançadas pelos dispositivos transcritos, tampouco se poderia pretender justificar o creditamento, em tais casos, com suporte direto na norma constitucional.

Tendo em conta que a não cumulatividade, por força do disposto no art. 153, § 3º, II, da CF, visa à compensação do que for devido em cada operação com o montante cobrado nas anteriores, mostra-se imprescindível a incidência do imposto gerando ônus tributário. Do contrário, não há que se falar em cumulatividade e, portanto, em direito a crédito para evitá-la.

Ainda que não haja, quanto ao IPI, a vedação constante na Constituição relativamente ao ICMS, em que o art. 155, § 2º, II, prevê que a isenção e a não incidência, salvo determinação em contrário da legislação, não implicarão crédito para compensação com o montante devido nas operações ou prestações seguintes, não se pode considerar tal silêncio como revelação automática do direito constitucional à sua escrituração, que inexiste.

Com efeito, o creditamento pressupõe efetiva cobrança. A entrada de matéria-prima, produto intermediário ou material de embalagem só ensejará o creditamento quando for onerada pelo IPI.

Perceba-se que, não tendo havido cobrança de IPI em nenhuma dessas operações, esse imposto não pressionou o custo do insumo, de maneira que a empresa adquirente pagou menos pelo produto do que pagaria se houvesse a tributação. A par disso, o IPI

---

uso e consumo não gera o direito ao crédito, tendo em conta o fato de a adquirente, na realidade, ser destinatária final." (STF, RE 352.856 AgR, 2011.)

36 STJ, REsp 1075508, 2009. No mesmo sentido: STJ, AgRg no REsp 1469977, 2015.

37 "2. Direito Tributário. 3. Imposto sobre Produtos Industrializados (IPI). Energia elétrica. Princípio da não cumulatividade. Inexistência de direito a creditamento." (STF, RE 488492 AgR, 2015.)

38 STJ, AgRg no REsp 1000848, 2010; STJ, REsp 1.129.345, 2010.

39 STJ, AgRg no REsp 1205255, 2017.

devido na saída do produto final é repassado ao comerciante, de modo que o industrial acaba não suportando os respectivos ônus.

No caso de a operação de entrada ser isenta, sujeita à alíquota zero, imune ou não sofrer a incidência o imposto, não haverá direito a apropriação de crédito. No caso da não incidência, por exemplo, não se pode falar em transferência do ônus fiscal (inexistente) nem em cumulatividade (a primeira operação não é tributada). Na hipótese da alíquota zero, por sua vez, não há como imaginar creditamento possível, na medida em que não há representação econômica do IPI incidente na compra do insumo. Até mesmo no caso de isenção, tal não se viabilizaria. Isso porque o art. 175 do CTN exclui o crédito tributário. Ou seja, nos casos de isenção, a operação implica fato gerador do IPI, há a incidência por força da lei tributária impositiva, mas, em face de outro dispositivo legal instituidor de benefício, o respectivo crédito tributário é excluído. Com a exclusão do crédito, exclui-se o ônus de pagar o tributo e, portanto, não há que se falar em montante "cobrado".

Aliás, o STF, quando do julgamento do RE 566.819, em 2010, assentou posição no sentido da ausência de direito constitucional à apropriação de créditos de IPI na **entrada de insumos não tributados, sujeitos à alíquota zero e isentos**, bem como quando ocorre diferença de alíquota entre a operação de entrada e a operação de saída[40]. Assim, rechaçou definitivamente a pretensão de que a não cumulatividade pudesse assegurar a tributação pelo valor agregado. Entendeu que o creditamento pressupõe efetivamente a cobrança, não tendo outra extensão que a expressamente estabelecida pelo art. 153, § 3º, II, da CF[41].

Mas, no **Tema 322** de repercussão geral[42], o STF, embora tenha reafirmado a regra geral de que não existe direito de crédito na entrada de produto isento, reconheceu outro tratamento aos produtos provenientes da Zona Franca de Manaus, em que se asseguram a apropriação e a compensação de crédito de IPI, forte nos arts. 43, § 2º, III, da CF e 40 do ADCT.

Outro é o caso em que, sendo a matéria-prima tributada, o **produto final** é que é **isento, sujeito à alíquota zero, não tributado ou imune**. Relativamente ao ICMS, há regra expressa no art. 155, § 2º II, *b*, da Constituição, no sentido de que a isenção ou

---

40 "IPI – CRÉDITO. A regra constitucional direciona ao crédito do valor cobrado na operação anterior. IPI – CRÉDITO – INSUMO ISENTO. Em decorrência do sistema tributário constitucional, o instituto da isenção não gera, por si só, direito a crédito. IPI – CRÉDITO – DIFERENÇA – INSUMO – ALÍQUOTA. A prática de alíquota menor – para alguns, passível de ser rotulada como isenção parcial – não gera o direito a diferença de crédito, considerada a do produto final." (STF, RE 566819, 2010.)

41 Talvez reste estabelecida cláusula de exceção apenas para as aquisições provenientes da Zona Franca de Manaus, matéria com repercussão geral reconhecida pelo STF no RE 592891 RG, em outubro de 2010.

42 STF, RE 592.891 e RE 596.614, 2019.

não incidência acarretará a anulação do crédito relativo às operações anteriores. Quanto ao IPI, inexiste qualquer **regra constitucional** expressa sobre a matéria, mas o STF, de qualquer modo, não reconhece direito constitucional à manutenção do crédito, forte em que sua utilização está sim condicionada à saída tributada[43]. Desse modo, apenas quando o **legislador expressamente permitir** a manutenção e o uso dos créditos, **como benefício fiscal**, é que o industrial poderá valer-se de tal prerrogativa.

Essa possibilidade, esclareço, surgiu com a Lei 8.191/91, em seu art. 1º, ao instituir isenção de IPI para equipamentos, máquinas, aparelhos e instrumentos novos, assegurou, expressamente, em seu § 2º, "a manutenção e a utilização do crédito do Imposto sobre Produtos Industrializados (IPI) relativo a matérias-primas, produtos intermediários e material de embalagem, empregados na industrialização dos bens de que trata este artigo". Mas a isenção e a consequente manutenção do crédito eram limitadas a março de 1993. Posteriormente, a Lei 9.000/95 estabeleceu nova isenção, sem termo final, e também assegurou a manutenção dos créditos, tudo a contar de 17 de março daquele ano de 1995, já que entrou em vigor na data da publicação. A **Lei 9.779/99**, por meio do seu art. 11, por sua vez, estabeleceu a **possibilidade de utilização dos saldos credores mantidos para fins de compensação com outros tributos** mediante remissão aos arts. 73 e 74 da Lei 9.430/96:

> Art. 11. O saldo credor do Imposto sobre Produtos Industrializados – IPI, acumulado em cada trimestre-calendário, decorrente de aquisição de matéria-prima, produto intermediário e material de embalagem, aplicados na industrialização, inclusive de produto isento ou tributado à alíquota zero, que o contribuinte não puder compensar com o IPI devido na saída de outros produtos, poderá ser utilizado de conformidade com o disposto nos arts. 73 e 74 da Lei n. 9.430, de 27 de dezembro de 1996, observadas normas expedidas pela Secretaria da Receita Federal do Ministério da Fazenda.

Vê-se que é a Lei 9.779/99 que permite a **manutenção e o aproveitamento dos créditos no caso de entrada isenta ou tributada à alíquota zero.**

O STJ entende que tal direito, decorrente que é da lei, merece **interpretação restritiva**, alcançando apenas o caso das saídas isentas e tributadas à alíquota zero, **mas não as saídas imunes**[44] **ou não tributadas**[45].

---

43 "IMPOSTO SOBRE PRODUTOS INDUSTRIALIZADOS. INSUMOS DESONERADOS. CREDITAMENTO. IMPOSSIBILIDADE. 1. O atual entendimento do Supremo Tribunal Federal é de que a técnica da não cumulatividade é concretizada pela compensação do montante devido em uma operação com o valor do tributo cobrado em operações anteriores. Assim, nas hipóteses de aquisição de insumos desonerados, não há como vislumbrar eventual apropriação de crédito derivado de imposto não pago na operação anterior." (STF, RE 549385 AgR, 2015.) *Vide*, do Tribunal Pleno: STF, RE 562980, 2009.

44 STJ, AgInt no REsp 1572317, 2017.

45 STJ, AgRg no REsp 1213196, 2013.

O STF entende que a não cumulatividade não assegura a **correção monetária do crédito básico**, que tem natureza escritural, dependendo a correção, assim, de lei que a autorizasse. Veja-se o precedente:

> CONSTITUCIONAL. TRIBUTÁRIO. IPI. CRÉDITO DECORRENTE DO PRINCÍPIO DA NÃO CUMULATIVIDADE: CORREÇÃO MONETÁRIA. NÃO PREQUESTIONAMENTO DO PRINCÍPIO CONSTITUCIONAL: C.F., art. 153, § 3º, II. I – Mesmo que se considere prequestionada a questão constitucional, certo é que o citado princípio da não cumulatividade simplesmente confere ao contribuinte o direito ao crédito, não estabelecendo que será este corrigido, ou não. A correção inscreve-se no contencioso infraconstitucional. II – Negativa de trânsito ao RE. Agravo não provido. (STF, AgRegRE 351754, 2005)

É preciso ter em conta, de outro lado, que tal se restringe ao crédito oportunamente escriturado e utilizado na compensação com débitos de IPI na sistemática própria da não cumulatividade. Teremos distinção importante nas hipóteses em que o Judiciário ou a própria Administração reconhece o direito à escrituração do crédito posteriormente ao seu surgimento e na hipótese em que o contribuinte, mesmo procedendo às compensações possíveis para pagamento de IPI, não consegue se ressarcir integralmente, apurando saldo credor ao final do trimestre-calendário.

O STF reconhece o direito quando a extemporaneidade do aproveitamento decorreu de óbice oposto pelo próprio Fisco: "o aproveitamento extemporâneo de créditos escriturais em razão de resistência indevida pela Administração tributária dá ensejo à correção monetária"[46]. No mesmo sentido: "É devida a correção monetária quando o aproveitamento dos créditos escriturais, em razão de óbice criado pelo Fisco, se dá tardiamente"[47].

No âmbito do STJ, a matéria, julgada em recurso representativo da controvérsia no REsp 1035847/RS, encontra-se inclusive consagrada na Súmula 411 do STJ: "É devida a correção monetária ao creditamento do IPI quando há oposição ao seu aproveitamento decorrente de resistência ilegítima do Fisco" (dez./2009).

Há também os casos de pedidos de ressarcimento em dinheiro que tardam a ser atendidos pelo Fisco, hipótese em que é reconhecido o direito à correção monetária. Houve precedente em que se reconheceu como termo *a quo* da correção monetária o protocolo do pedido[48]. Mas a jurisprudência do STJ firmou-se no sentido do cômputo da correção a partir do descumprimento do prazo de 360 dias do art. 24 da Lei 11.457/2004: "O marco inicial da **correção** monetária só pode ser o término do prazo conferido à Administração Tributária para o exame dos requerimentos de **ressarcimento,** qual seja, 360 dias após o protocolo dos pedidos"[49].

46 STF, RE 707220 AgR, 2016.

47 STF, RE 556651 AgR, 2012.

48 STJ, EAg 1220942, 2013.

49 STF, AgInt no REsp 1348672, 2017.

Eventuais pleitos judiciais de reconhecimento do direito a creditamento de IPI pela indústria independem de autorização do terceiro a quem tenha sido transferido o ônus econômico da tributação, sendo inaplicável à espécie o art. 166 do CTN[50]. Vale ressaltar, ainda, que a discussão judicial de créditos de IPI sujeita-se ao prazo prescricional de cinco anos, aplicando-se o art. 1º do DL 20.910/32[51].

O critério da não cumulatividade é de aplicação obrigatória, inclusive na importação. Desse modo, o importador que paga IPI sobre a entrada do produto industrializado, quando sujeito ao pagamento do IPI em futuras operações internas, por ser industrial, equiparado ou comerciante de produtos sujeitos ao imposto que os forneça a industrial ou equiparado (art. 51, II e III, do CTN), pode creditar-se do respectivo valor para desconto posterior quando do pagamento de IPI na saída dos seus produtos no mercado interno.

Atualmente, resta superado o entendimento de que a não cumulatividade impediria a própria **incidência do IPI na importação** quando o importador não ostentasse a condição de contribuinte do imposto (industrial ou equiparado), não podendo dele creditar-se, tampouco repassá-lo em operação futura. É o caso da importação por particular[52].

---

50 "IPI. CREDITAMENTO. ART. 166, DO CTN. INAPLICABILIDADE. 4. É inaplicável a exigência estatuída no art. 166 do CTN quando se discute o direito ao creditamento do IPI como decorrência do mecanismo da não cumulatividade, por não se tratar de hipótese de repetição de indébito." (STJ, REsp 1260020, 2011.)

51 "IPI. CRÉDITO PRESUMIDO. PRESCRIÇÃO QUINQUENAL. APLICAÇÃO DO ART. 1º DO DL n. 20.910/32... 2. O Superior Tribunal de Justiça firmou posicionamento no sentido de que é de cinco anos o prazo prescricional nas ações relativas ao aproveitamento de créditos de IPI decorrentes do mecanismo da não cumulatividade, porquanto não se trata de compensação ou de repetição de indébito tributário, aplicando-se a regra estabelecida no Decreto n. 20.910/32." (STJ, AgRg no REsp 1000848, 2010.)

52 "IPI. IMPORTAÇÃO DE VEÍCULO POR PESSOA FÍSICA PARA USO PRÓPRIO. NÃO INCIDÊNCIA. APLICABILIDADE DO PRINCÍPIO DA NÃO CUMULATIVIDADE. 1. Não incide o IPI sobre a importação, por pessoa física, de veículo automotor destinado ao uso próprio." (STF, 2ª T., RE 255090 AgR, rel. Min. AYRES BRITTO, 2010.) "IPI. IMPORTAÇÃO DE VEÍCULO AUTOMOTOR. PESSOA FÍSICA. USO PRÓPRIO. 1. Não incide o IPI em importação de veículo automotor, para uso próprio, por pessoa física. Aplicabilidade do princípio da não cumulatividade. Precedente. Agravo regimental a que se nega provimento." (STF, 2ª T., AgRRE 501.773/SP, rel. Min. EROS GRAU, jun./2008.) "IPI. IMPORTAÇÃO: PESSOA FÍSICA NÃO COMERCIANTE OU EMPRESÁRIO: PRINCÍPIO DA NÃO CUMULATIVIDADE: CF, art. 153, § 3º, II. NÃO INCIDÊNCIA DO IPI. I. – Veículo importado por pessoa física que não é comerciante nem empresário, destinado ao uso próprio: não incidência do IPI: aplicabilidade do princípio da não cumulatividade: CF, art. 153, § 3º, II. Precedentes do STF relativamente ao ICMS, anteriormente à EC 33/2001..." (STF, AgRegRE 255.682, nov./2005). Vê-se do voto condutor do Min. Carlos Velloso que o fundamento da decisão é aplicar ao IPI o mesmo raciocínio que o STF aplicava ao ICMS antes da EC n. /2001, ou seja, considerar que o contribuinte de direito é o industrial (no ICMS era o comerciante) e não o consumidor, sendo que só aquele é que pode valer-se do mecanismo da não cumulatividade, inerente à cobrança de tal imposto por exigência constitucional. Como o importador pessoa física não é contribuinte, acaba suportando a carga do tributo em imposição direta supostamente incompatível com o critério da não cumulatividade.

Essa posição não se sustentou, porquanto a não cumulatividade é instrumento que visa a evitar os efeitos demasiadamente onerosos da cumulação de incidências sucessivas sobre valores continentes das anteriores. De modo algum, impediria uma primeira e única incidência. Note-se que o IPI deve ser não cumulativo também nas operações internas e que, aqui, incide na primeira saída de produto industrializado mesmo quando o adquirente é consumidor final. ANDRÉ MENDES MOREIRA também critica a orientação superada questionando: "... por que razão os empresários de outras plagas, quando na venda direta a cidadãos brasileiros, gozam da não incidência... de IPI sobre seus produtos, contrariamente ao que deve ser observado – sob pena de pesadas autuações – pelas empresas aqui estabelecidas?". E destaca com acerto: "Importação de mercadorias é uma situação atípica na qual há a concentração, em uma só pessoa... das figuras do contribuinte de *jure* e de *facto*. Afinal, sendo inviável exigir-se que o exportador situado em território estrangeiro recolha... IPI aos cofres brasileiros, tal cobrança é feita do importador (que paga o tributo que seria devido pelo exportador)"[53].

Há julgado do STF inequívoco de que a não cumulatividade não impede a incidência do IPI na importação, mesmo que se trate de pessoa física e o objeto sejam bens para uso próprio[54]. O STJ segue o mesmo entendimento[55]. E com acerto. Note-se que, quando o importador não for contribuinte do IPI nas operações internas, nem sequer haverá cumulação de incidências a ser evitada. A incidência será única na entrada do produto, qualificando-se o IPI-Importação, no caso, como tributo direto e figurando o importador como contribuinte de direito e de fato, sem que haja nenhuma inconstitucionalidade nisso.

Por fim, há de se destacar que a redução das alíquotas do IPI a zero a contar de 2027, nos termos do art. 126 do ADCT, poderá fazer com que créditos do imposto não tenham como ser compensados para determinados contribuintes que não continuem submetidos ao imposto por não produzirem bens concorrentes com os originários da Zona Franca de Manaus. Daí a importância do art. 135 do ADCT, segundo o qual "lei complementar disciplinará a forma de utilização dos créditos, inclusive presumidos, do imposto de que trata o art. 153, IV, ... da Constituição Federal, não apropriados ou não utilizados até a extinção, mantendo-se, apenas para os créditos que cumpram os requisitos estabelecidos na legislação vigente na data da extinção de tais tributos, a permissão para compensação com outros tributos federais, inclusive com a contribuição prevista no inciso V do *caput* do art. 195 da Constituição Federal, ou ressarcimento em dinheiro".

53 MOREIRA, André Mendes. *A Não Cumulatividade dos Tributos*. São Paulo: Noeses, 2010, p. 187-188.

54 STF, RE 723651, 2016.

55 STJ, REsp 1399771, 2016.

Desse modo, as empresas que não forem mais devedoras do IPI e que, por isso, não tiverem como compensar os seus créditos no regime de não cumulatividade do imposto poderão utilizar seus créditos para compensar com outros tributos federais ou mesmo requerer seu ressarcimento em dinheiro.

4.3.5. Imunidade dos produtos industrializados destinados ao exterior

O § 3º do art. 153 da CF estabelece, ainda, em seu inciso III, *a imunidade dos produtos industrializados destinados ao exterior*: "III – não incidirá sobre produtos industrializados destinados ao exterior".

Sempre que a Constituição afasta a tributação relativamente a determinada pessoa ou situação que, de outro modo, seria passível de ser tributada, está estabelecendo norma negativa de competência e, portanto, uma imunidade.

Com isso, sempre que houver a saída de mercadorias do estabelecimento industrial ou equiparado tendo como destino outro País, a operação se dará sem exigência de IPI.

A imunidade em questão é autoaplicável, bastante em si, dispensando qualquer regulamentação. Aliás, seus termos são claros e não admitem moderação.

A saída para empresa comercial exportadora, com o fim específico de exportação, ocorre com suspensão do imposto.

As operações internas anteriores à saída para o exterior não estão abrangidas pela norma de imunidade. Mas, embora o art. 153, § 3º, III, da CF, não traga norma expressa tal qual a do art. 155, § 2º, X, *a*, da CF, que, relativamente ao ICMS, ao dizer da não incidência sobre as operações que destinem mercadorias para o exterior, expressamente assegura "a manutenção e o aproveitamento do montante do imposto cobrado nas operações e prestações anteriores", a lei prevê que os créditos de IPI acumulados pelo industrial exportador serão ressarcidos em dinheiro[56], de modo

56 Dec. n. 7.212/2010: "Art. 256. Os créditos do imposto escriturados pelos estabelecimentos industriais, ou equiparados a industrial, serão utilizados mediante dedução do imposto devido pelas saídas de produtos dos mesmos estabelecimentos (...) § 1º Quando, do confronto dos débitos e créditos, num período de apuração do imposto, resultar saldo credor, será este transferido para o período seguinte, observado o disposto no § 2º (...) § 2º O saldo credor de que trata o § 1º, acumulado em cada trimestre-calendário, decorrente de aquisição de matéria-prima, produto intermediário e material de embalagem, aplicados na industrialização, inclusive de produto isento, tributado à alíquota zero, ou ao abrigo da imunidade em virtude de se tratar de operação de exportação, nos termos do inciso II do art. 18, que o contribuinte não puder deduzir do imposto devido na saída de outros produtos, poderá ser utilizado de conformidade com o disposto nos arts. 268 e 269, observadas as normas expedidas pela Secretaria da Receita Federal do Brasil (...). [...] Art. 268. O sujeito passivo que apurar crédito do imposto, inclusive decorrente de trânsito em julgado de decisão judicial, passível de restituição ou de ressarcimento, poderá utilizá-lo na com-

que a cobrança do imposto ao longo da cadeia não onera a exportação[57]. Veja-se o art. 39 da Lei 9.532/97:

> Art. 39. Poderão sair do estabelecimento industrial, com suspensão do IPI, os produtos destinados à exportação, quando: I – adquiridos por empresa comercial exportadora, com o fim específico de exportação; II – remetidos a recintos alfandegados ou a outros locais onde se processe o despacho aduaneiro de exportação.
>
> § 1º Fica assegurada a manutenção e utilização do crédito do IPI relativo às matérias-primas, produtos intermediários e material de embalagem utilizados na industrialização dos produtos a que se refere este artigo.
>
> § 2º Consideram-se adquiridos com o fim específico de exportação os produtos remetidos diretamente do estabelecimento industrial para embarque de exportação ou para recintos alfandegados, por conta e ordem da empresa comercial exportadora.
>
> § 3º A empresa comercial exportadora fica obrigada ao pagamento do IPI que deixou de ser pago na saída dos produtos do estabelecimento industrial, nas seguintes hipóteses: a) transcorridos 180 dias da data da emissão da nota fiscal de venda pelo estabelecimento industrial, não houver sido efetivada a exportação; b) os produtos forem revendidos no mercado interno; c) ocorrer a destruição, o furto ou roubo dos produtos.

A aplicação da imunidade às empresas optantes pelo Simples Nacional foi reconhecida pelo STF. Com efeito, no Tema 207, restou fixada a seguinte tese: "As imunidades previstas nos artigos 149, § 2º, I, e 153, § 3º, III, da Constituição Federal são aplicáveis às empresas optantes pelo Simples Nacional"[58]. O STF assim decidiu considerando que "2. O sistema integrado de pagamento de impostos e contribuições das microempresas e empresas de pequeno porte (SIMPLES) atende à exigência de simplificação da cobrança de tributos, o que não implica atribuir à União capacidade para dispor sobre as situações jurídicas imunizadas, pois, embora tenha o legislador o dever de simplificar a cobrança, não detém competência para dispor sobre as imunidades", de modo que "3.

---

pensação de débitos próprios relativos a impostos e contribuições administrados pela Secretaria da Receita Federal do Brasil, observadas as demais prescrições e vedações legais (...). § 1º A compensação de que trata o *caput* será efetuada mediante a entrega, pelo sujeito passivo, de declaração na qual constarão informações relativas aos créditos utilizados e aos respectivos débitos compensados (...). § 2º A compensação declarada à Secretaria da Receita Federal do Brasil extingue o crédito tributário, sob condição resolutória de sua ulterior homologação (...). Art. 269. A restituição ou o ressarcimento do imposto ficam condicionados à verificação da quitação de impostos e contribuições federais do interessado (...). Parágrafo único. Verificada pela Secretaria da Receita Federal do Brasil a existência de débitos em nome do contribuinte, será realizada a compensação, total ou parcial, do valor da restituição ou do ressarcimento com o valor do débito (...)."

57 Defendendo a máxima extensão da desoneração, *vide*: CASTRO, Danilo Monteiro de. Alcance e efeitos da regra imunizante inerente ao Imposto sobre Produtos Industrializados (IPI) na exportação. *RDDT*, n. 211/16, 2013.

58 STF, RE 598.468, 2020, com ED decididos em 2021.

A opção por um regime simplificado de cobrança não pode dar ensejo ao exercício de uma competência de que os entes políticos jamais dispuseram". Lembre-se que a LC 123/2006, assim como anteriormente a Lei 9.317/96, traz anexos em que é possível identificar o montante do recolhimento unificado que corresponde a cada um dos tributos. Desse modo, não se podia admitir que a imunidade fosse contornada e que o tributo fosse exigido, porquanto não havia competência para tanto.

4.3.6. Redução do impacto sobre a aquisição de bens de capital

Já o inciso IV do art. 3º do art. 153 da Constituição, acrescido pela EC 42/2003, simplesmente prevê que o IPI "terá *reduzido seu impacto sobre a aquisição de bens de capital* pelo contribuinte do imposto, na forma da lei".

Caberá à lei ordinária federal estabelecer os critérios para a diminuição do impacto do IPI na aquisição de bens de capital. Tal diminuição poderá se dar mediante autorização para apropriação de crédito relativo ao IPI incidente na operação e sua utilização na compensação com o devido pela empresa adquirente em outras operações ou seu ressarcimento em dinheiro, ou mesmo mediante o estabelecimento de critérios a serem observados pelo Executivo (art. 153, § 1º, da CF) na redução das alíquotas relativas a operações com tais bens de capital. Não há como se buscar, em face tão somente do dispositivo constitucional, o reconhecimento de direito à imunidade, à isenção, à alíquota zero ou ao crédito de IPI, pois o dispositivo constitucional não estabeleceu qualquer imunidade para tal operação, tampouco concedeu os referidos benefícios, tendo remetido ao legislador ordinário a definição da forma pela qual se dará a redução do impacto do IPI na aquisição de bens de capital pelo contribuinte do imposto, ou seja, pelo industrial e demais indicados no art. 51 do CTN.

Estabelecendo um fim a ser buscado, o dispositivo constitucional tem, como eficácia imediata, apenas a de impedir a validade de lei ou ato normativo que atue em sentido contrário, aumentando o impacto do IPI na aquisição de bens de capital. Sobrevindo legislação nesse sentido, contrário à determinação constitucional, será inconstitucional e, portanto, inválida, ainda que a regulamentação do art. 153, § 3º, IV, da CF não tenha sido editada.

4.4. ASPECTO MATERIAL

O CTN prevê *três fatos geradores em potencial* para o imposto sobre operações com produtos industrializados, conforme se vê do seu art. 46:

> Art. 46. O imposto, de competência da União, sobre produtos industrializados tem como fato gerador:
>
> I – o seu desembaraço aduaneiro, quando de procedência estrangeira;
>
> II – a sua saída dos estabelecimentos a que se refere o parágrafo único do art. 51;
>
> III – a sua arrematação, quando apreendido ou abandonado e levado a leilão.

Parágrafo único. Para os efeitos deste imposto, considera-se industrializado o produto que tenha sido submetido a qualquer operação que lhe modifique a natureza ou a finalidade, ou o aperfeiçoe para o consumo.

Em primeiro lugar, cabe identificar o que se deva considerar por produto industrializado, detalhando a noção já exposta quando da análise da base econômica.

O parágrafo único do art. 46 dispõe, como visto, no sentido de que se considera industrializado o produto "que tenha sido submetido a qualquer operação que lhe modifique a natureza ou a finalidade, ou o aperfeiçoe para o consumo".

Portanto, são elementos nucleares de tal definição a modificação da natureza ou da finalidade do produto ou o seu aperfeiçoamento para consumo.

O art. 3º, parágrafo único, da Lei 4.502/64, refere:

Art. 3º (...)

Parágrafo único (...) considera-se industrialização qualquer operação de que resulte alteração da natureza, funcionamento, utilização, acabamento ou apresentação do produto, salvo:

I – conserto de máquinas, aparelhos e objetos pertencentes a terceiros;

II – acondicionamento destinado apenas ao transporte do produto;

III – o preparo de medicamentos oficinais ou magistrais, manipulados em farmácias, para venda no varejo, diretamente a consumidor, assim como a montagem de óculos, mediante receita médica;

IV – a mistura de tintas entre si, ou com concentrados de pigmentos, sob encomenda do consumidor usuário, realizada em estabelecimento varejista, efetuada por máquina automática ou manual, desde que fabricante e varejista não sejam empresas interdependentes, controladoras, controladas ou coligadas.

O RIPI (Dec. 7.212/2010), por sua vez, dispõe:

Art. 3º Produto industrializado é o resultante de qualquer operação definida neste Regulamento como industrialização, mesmo incompleta, parcial ou intermediária (Lei n. 5.712, de 25 de outubro de 1966, art. 46, parágrafo único, e Lei n. 4.502, de 1964, art. 3º).

Art. 4º Caracteriza industrialização qualquer operação que modifique a natureza, o funcionamento, o acabamento, a apresentação ou a finalidade do produto, ou o aperfeiçoe para consumo, tal como (Lei n. 5.712, de 25 de outubro de 1966, art. 46, parágrafo único, e Lei n. 4.502, de 1964, art. 3º, parágrafo único):

I – a que, exercida sobre matérias-primas ou produtos intermediários, importe na obtenção de espécie nova (transformação);

II – a que importe em modificar, aperfeiçoar ou, de qualquer forma, alterar o funcionamento, a utilização, o acabamento ou a aparência do produto (beneficiamento);

III – a que consista na reunião de produtos, peças ou partes e de que resulte um novo produto ou unidade autônoma, ainda que sob a mesma classificação fiscal (montagem);

> IV – a que importe em alterar a apresentação do produto, pela colocação da embalagem, ainda que em substituição da original, salvo quando a embalagem colocada se destine apenas ao transporte da mercadoria (acondicionamento ou reacondicionamento); ou
>
> V – a que, exercida sobre produto usado ou parte remanescente de produto deteriorado ou inutilizado, renove ou restaure o produto para utilização (renovação ou recondicionamento).
>
> Parágrafo único. São irrelevantes, para caracterizar a operação como industrialização, o processo utilizado para obtenção do produto e a localização e condições das instalações ou equipamentos empregados.

Vê-se que a legislação atribui dimensão bastante larga ao que se deve considerar por produto industrializado, de modo que possa abranger a transformação, o beneficiamento, a montagem, o acondicionamento ou reacondicionamento e a renovação ou recondicionamento.

Tal elastecimento, inclusive, desborda do sentido possível dos termos constantes do art. 46, parágrafo único, do CTN, particularmente no que diz respeito ao acondicionamento ou reacondicionamento, conforme adverte HUGO DE BRITO MACHADO:

> Realmente, o conceito de produto industrializado independe de lei. É um conceito pré-jurídico. Mesmo assim, para evitar ou minimizar conflitos, a Lei Complementar pode e deve estabelecer os seus contornos. Assim, é que o Código Tributário Nacional estabeleceu que para efeitos deste imposto, considera-se industrializado o produto que tenha sido submetido a qualquer operação que lhe modifique a natureza ou a finalidade, ou o aperfeiçoe para o consumo.
>
> (...)
>
> Não obstante, o Regulamento do IPI ampliou tal conceito, incluiu nele operações como o simples acondicionamento, ou embalagem, que na verdade não lhe modificam a natureza, nem a finalidade, nem o aperfeiçoam para o consumo. Isto constitui evidente abuso do poder regulamentar, em afronta ao disposto no parágrafo único, do art. 46 do CTN[59].

Anotada a extensão da noção de produto industrializado, iniciaremos a análise do aspecto material do imposto pelo fato gerador atinente às operações com produtos industrializados de produção nacional, qual seja, o do inciso II do art. 46 do CTN, que será o fato gerador mais comum.

O inciso II elenca como fato gerador "a sua saída (do produto industrializado) dos estabelecimentos a que se refere o parágrafo único do art. 51", que dispõe:

> Art. 51. Contribuinte do imposto é:
>
> I – o importador ou quem a lei a ele equiparar;
>
> II – o industrial ou quem a lei a ele equiparar;

59 MACHADO, Hugo de Brito. *Comentários ao Código Tributário Nacional*. Vol. I. São Paulo: Atlas, 2003, p. 468/470.

III – o comerciante de produtos sujeitos ao imposto, que os forneça aos contribuintes definidos no inciso anterior;

IV – o arrematante de produtos apreendidos ou abandonados, levados a leilão.

Parágrafo único. Para os efeitos deste imposto, considera-se contribuinte autônomo qualquer estabelecimento de importador, industrial, comerciante ou arrematante.

Da combinação do art. 46 do CTN com seu art. 51, conclui-se que o IPI tem como fato gerador a saída dos produtos industrializados (transformados, beneficiados, montados, renovados ou recondicionados) do estabelecimento industrial ou daquele a ele equiparado por lei ou, ainda, do estabelecimento comercial que forneça produtos industrializados a estabelecimento industrial.

Contribuinte nas operações internas, em regra, é o estabelecimento industrial, ou seja, aquele que, por quaisquer dos processos produtivos mencionados, gera produto novo para colocá-lo no mercado com vista à aquisição por outros industriais, se produto intermediário, ou por consumidores finais, se produto final. Normalmente, os estabelecimentos industriais não vendem seus produtos diretamente aos respectivos consumidores, mas a distribuidores ou comerciantes que os revenderão.

Equiparado a industrial é o importador na primeira operação de colocação, no mercado interno, do produto estrangeiro que importou. Isso para que o produto ingresse no mercado com a mesma carga tributária a que estão submetidos os produtos nacionais no que diz respeito aos tributos internos.

O STJ entende que incide o IPI, internamente, quando da saída de produto industrializado do estabelecimento industrial e, também, por equiparação, quando da saída do estabelecimento importador, compensando-se o que já tenha sido pago por ocasião do desembaraço aduaneiro. Com isso, "os produtos importados estão sujeitos a uma nova incidência do IPI quando de sua saída do estabelecimento importador na operação de revenda, mesmo que não tenham sofrido industrialização no Brasil"[60]. Destaca-se que essa interpretação não implica *bis in idem*, dupla tributação ou bitributação[61]. No Tema

60 STJ, Corte Especial, EREsp 1.403.532, 2015. Também: STJ, AgInt no REsp 1.405.431, 2017.

61 "3. Interpretação que não ocasiona a ocorrência de *bis in idem*, dupla tributação ou bitributação, porque a lei elenca dois fatos geradores distintos, o desembaraço aduaneiro proveniente da operação de compra de produto industrializado do exterior e a saída do produto industrializado do estabelecimento importador equiparado a estabelecimento produtor, isto é, a primeira tributação recai sobre o preço de compra onde embutida a margem de lucro da empresa estrangeira, e a segunda tributação recai sobre o preço da venda, onde já embutida a margem de lucro da empresa brasileira importadora. Além disso, não onera a cadeia além do razoável, pois o importador na primeira operação apenas acumula a condição de contribuinte de fato e de direito em razão da territorialidade, já que o estabelecimento industrial produtor estrangeiro não pode ser eleito pela lei nacional brasileira como contribuinte de direito do IPI (os limites da soberania tributária o impedem), sendo que a empresa importadora nacional brasileira acumula o crédito do imposto pago no desembaraço aduaneiro para ser utilizado como abatimento do imposto a ser pago na

906 de repercussão geral (RE 946648), em 2020, o STF fixou a tese de que "É constitucional a incidência do Imposto sobre Produtos Industrializados – IPI no desembaraço aduaneiro de bem industrializado e na saída do estabelecimento importador para comercialização no mercado interno".

É certo que, na incidência interna, poderá ser compensado o IPI-Importação. Houve muita discussão acerca da validade de tal cobrança quando da saída do produto do estabelecimento importador. Mas o STJ acabou por firmar posição admitindo a incidência. Com isso, "os produtos importados estão sujeitos a uma nova incidência do IPI quando de sua saída do estabelecimento importador na operação de revenda, mesmo que não tenham sofrido industrialização no Brasil"[62]. Destaca-se o item 3 da ementa, no sentido de que essa interpretação não implica *bis in idem*, dupla tributação ou bitributação.

Por sua vez, o inciso III do art. 51 se refere ao comerciante de produtos sujeitos ao imposto, que os forneça aos contribuintes industriais, de modo que também na saída do produto industrializado do estabelecimento de tais comerciantes ocorre a incidência. Note-se que isso ocorre para a preservação da cadeia de créditos de IPI e, portanto, para que se assegure a sua não cumulatividade durante todo o processo industrial. Assim, quando um comerciante/distribuidor adquire o produto industrializado para revendê-lo a indústrias, passa a integrar a cadeia econômica do processo industrial, sendo contribuinte do imposto quando da saída do produto do seu estabelecimento. Com isso, a indústria que dele adquira o produto intermediário poderá creditar-se do IPI, compensando-o posteriormente.

A Lei 4.502/64 dispõe ainda:

> Art. 2º Constitui fato gerador do imposto:
>
> (...).
>
> II – quanto aos de produção nacional, a saída do respectivo estabelecimento produtor.
>
> (...).
>
> § 2º O imposto é devido sejam quais forem as finalidades a que se destine o produto ou o título jurídico a que se faça a importação ou de que decorra a saída do estabelecimento produtor.
>
> (...).

Com isso, deixa claro ser despiciendo perquirir-se sobre a finalidade do produto, ou seja, se é destinado ao comércio, à incorporação ao ativo fixo do adquirente ou a qualquer outra finalidade.

---

saída do produto como contribuinte de direito (não cumulatividade), mantendo-se a tributação apenas sobre o valor agregado."

62 STJ, EREsp 1.403.532, 2015.

Vale ressaltar, contudo, que se impõe a saída por força de uma "operação" com produto industrializado, como visto quando da análise da base econômica, ou seja, por força de um negócio jurídico. As saídas sem tal pressuposto não dão ensejo, a rigor, à incidência do IPI.

GUILHERME CEZAROTI esclarece:

> (...) a hipótese de incidência do IPI não é a mera saída do produto industrializado do estabelecimento industrial, mas a realização de operação que transfira a posse ou a propriedade de produtos industrializados. Assim sendo, quando os produtos industrializados forem furtados ou roubados após a sua saída do estabelecimento industrial, mas antes da sua colocação à disposição do adquirente, não há ocorrência do fato imponível do IPI, a justificar a incidência deste imposto[63].

Daí por que a saída de produto para feira, *e.g.*, não dá ensejo à tributação, sendo que a legislação cuida da questão autorizando a saída, em casos como esse, com suspensão do imposto, conforme se vê do art. 11 do DL 400/68, repetido pelos incisos II e III do art. 42 do Dec. 7.212/2010:

> Art. 11. Em casos justificados, a critério do Ministro da Fazenda, poderão sair, com suspensão do imposto, os produtos nacionais ou estrangeiros remetidos, por estabelecimentos industriais ou equiparados, diretamente a armazéns gerais, a depósitos fechados, próprios ou de terceiros, ou a exposição noutro local, obedecidas as normas regulamentares.
>
> Decreto 7.212/2010:
>
> Art. 43. Poderão sair com suspensão do imposto: ...
>
> II – os produtos remetidos pelo estabelecimento industrial, ou equiparado a industrial, diretamente a exposição em feiras de amostras e promoções semelhantes (Decreto-Lei n. 400, de 1968, art. 11).

Veja-se, ainda, o procedente que segue:

> IPI (...) SAÍDA PARA EXPOSIÇÃO E PARA TESTES. SUSPENSÃO. 1 (...) 3. As notas fiscais de saída de veículos dirigida a feira de exposição são beneficiadas com a suspensão do imposto. As notas fiscais foram emitidas em nome da própria empresa em face da impossibilidade de emissão da nota em favor do local expositor (Parque Anhembi – SP). 4. Também são beneficiadas com a suspensão do IPI as saídas de veículos destinadas a testes (Código 6.99). A ocorrência de erro na fundamentação legal (art. 36, XI, do RIPI/82) não prejudica ao interessado, especialmente porque a descrição contida na nota permite à autoridade fiscal visualizar a ocorrência de hipótese de suspensão do imposto (art. 36, VII, do RIPI/82). 5 (...) (TRF4, AC 2000.04.01.126037-3, 2002).

A compreensão de que a base econômica do IPI são as "operações com produtos industrializados", aliás, por força da combinação do art. 153, IV, com o § 3º, II,

63 CEZAROTI, Guilherme. O Furto e o Roubo diante da Legislação do IPI. *RDDT*, n. 79, 2002, p. 59.

da CF, conforme visto anteriormente, mostra-se fundamental, também, para que não se confundam os âmbitos de tributação do IPI e do ISS e não se prossiga incorrendo em equívocos.

JOSÉ EDUARDO SOARES DE MELO afirma que, no IPI, a obrigação tributária decorre da realização de "operações" no sentido jurídico (ato de transmissão de propriedade ou posse), relativo a um bem anteriormente elaborado (esforço humano que consistiu numa transformação ou criação de uma nova utilidade). A obrigação consiste num "dar o produto industrializado", pelo próprio realizador da operação jurídica. Embora este, anteriormente, tenha produzido um bem, consistente em seu trabalho pessoal, sua obrigação principal consiste na entrega desse bem, no oferecimento de algo corpóreo, materializado, que não decorra de encomenda específica do adquirente[64].

CRISTIANO CARVALHO analisa a customização:

> Diferente é a situação do bem feito sob encomenda, a partir de adquirente prévio à sua fabricação, que será feito mediante especificações que diferenciaram esse produto dos demais. No jargão respectivo esse produto será "customizado" para atender as exigências daquele adquirente específico, sendo que esse produto será único, com características que o diferenciam de todos os outros produtos do mesmo gênero. É o exemplo dos *softwares* elaborados sob encomenda para atender uma empresa específica, diferentemente daqueles *softwares* produzidos em massa, idênticos em todos os aspectos e colocados nas lojas do ramo para quem quiser comprá-los. (...) A diferença entre obrigação de dar e obrigação de fazer, é que a primeira consubstancia-se na obrigação de entregar alguma coisa a alguém, ao passo que a segunda significa a obrigação de fazer ou deixar de fazer algo. A confusão do legislador a respeito dessa dicotomia costuma gerar conflitos entre o IPI, o ICMS e o ISS. Ao passo que nos dois primeiros impostos, de competências federal e estadual respectivamente, a obrigação objeto da tributação só pode ser a de dar, no ISS, de competência municipal, a obrigação será sempre uma prestação de fazer. Só que muitas vezes essa obrigação de fazer, da qual o serviço é espécie, consubstancia-se também numa entrega de lago ao tomador do serviço. É justamente o que ocorre nos produtos feitos sob encomenda, ou "customizados". (...) Mesmo que esses bens feitos sob encomenda sejam produzidos por uma indústria, não se estará diante de atividade tributável pelo IPI e sim pelo ISS, pois a obrigação em tela é de fazer algo, é um serviço que se consubstancia numa entrega de um produto final ao tomador. (...) Destarte qualquer produto feito sob encomenda, ainda que industrializado, consubstancia-se numa obrigação de fazer, ainda que essa só se perfaça com a entrega do produto ao tomador. O imposto incidente nessa situação é o Imposto sobre Serviços, de competência municipal e não o IPI ou o ICMS[65].

64 MELO, José Eduardo Soares de. *Importação e Exportação no Direito Tributário*. São Paulo: RT, 2012, p. 140-141.

65 CARVALHO, Cristiano. In: PEIXOTO, Marcelo Magalhães (coord.). *IPI, Aspectos Jurídicos Relevantes*. São Paulo: Quartier Latin, 2003, p. 51-53.

Na hipótese de ocorrer furto ou roubo entre a saída do estabelecimento industrial e a entrega ao adquirente, não incide o imposto. É o que dispõe a **Súmula 671** do STJ: "Não incide o IPI quando sobrevém furto ou roubo do produto industrializado após sua saída do estabelecimento industrial ou equiparado e antes de sua entrega ao adquirente"[66].

Importa diferenciar a "operação com produto industrializado" (dar produtos objeto da atividade industrial), de um lado, da industrialização por força de um negócio jurídico cujo objeto seja, predominantemente, esse fazer. Cabe identificar, na situação concreta, por exemplo, se o que predomina é a compra e venda de milhares de produtos com determinadas características voltadas ao adquirente (o que não descaracteriza a industrialização) ou a atividade exclusiva voltada ao atendimento de um fazer de que necessita o contratante.

Visto o alcance do aspecto material da hipótese de incidência do IPI nas operações internas, resta verificar a sua incidência **na importação**, tendo por **fato gerador o desembaraço aduaneiro** do produto, denominando-se, então, **IPI-Importação**.

Dispõe o art. 46, I, que o Imposto sobre Produtos Industrializados tem como fato gerador, também, "I – o seu desembaraço aduaneiro, quando de procedência estrangeira". Assim, aliás, já dispunha o 2º, I, da Lei 4.502/64, que continua em vigor. Também o Regulamento do IPI (Decreto 7.212/2010) dispõe no sentido de que é fato gerador do imposto também "o desembaraço aduaneiro de produto de procedência estrangeira", nos termos do seu art. 35, I.

Em 2016, o Tribunal Pleno do STF, em recurso extraordinário com repercussão geral reconhecida, firmou a posição de que "Incide, na importação de bens para uso próprio, o Imposto sobre Produtos Industrializados, sendo neutro o fato de tratar-se de consumidor final"[67]. O STJ alinhou-se a essa orientação pela incidência[68]. Efetivamente, a jurisprudência do STJ considera "legítima a cobrança do IPI no desembaraço aduaneiro"[69]. Veja-se: "3. É legítima a cobrança do IPI incidente na importação sobre a operação referente ao equipamento médico destinado ao uso próprio do estabelecimento importador ainda que não industrial. Precedentes..."[70]. Aliás, entende aquela Corte que é "indiferente o local onde se realiza o processo de industrialização – se em território nacional ou no exterior"[71]. Segundo o STJ, é irrelevante, também, se o produto importado foi adquirido por compra e venda ou é objeto de arrendamento[72].

66 STJ, Primeira Seção, 2024.

67 STF, RE 723.651, 2016.

68 STJ, AgInt no REsp 1.387.178, 2017.

69 STJ, AgRg no REsp 1141345, 2011.

70 STJ, REsp 1369395, 2013.

71 STJ, AgRg no AgRgREsp 1.241.806, 2011.

72 STJ, AgRg no AREsp 90.395, 2012.

O STJ, inclusive, reviu o enunciado do **Tema 695** de recursos repetitivos, que passou a estampar a seguinte tese: "Incide IPI sobre veículo importado para uso próprio, haja vista que tal cobrança não viola o princípio da não cumulatividade nem configura bitributação".[73] E com acerto. Note-se que, quando o importador não for contribuinte do IPI nas operações internas, nem sequer haverá cumulação de incidências a ser evitada. A incidência será única na entrada do produto, qualificando-se o IPI-Importação, no caso, como tributo direto e figurando o importador como contribuinte de direito e de fato, sem que haja nenhuma inconstitucionalidade nisso.

Como já destacado por ocasião da análise da não cumulatividade do IPI, a sua invocação para afastar a incidência na importação não se sustenta. Na importação por consumidor final, o IPI reveste-se de características de imposto direto, em que o importador é, a um só tempo, contribuinte de direito e de fato. Como, nesses casos, incidirá uma única vez, não haverá risco de cumulatividade, não fazendo sequer sentido invocar mecanismo com vista a evitá-la, conforme análise que fazemos em nota ao § 3º, II, deste art. 153 da CF.

Costuma-se destacar a importância da cobrança do IPI na importação como modo de **evitar a discriminação inversa**[74]. Não fosse cobrado IPI na importação de produtos industrializados, teríamos tratamento tributário mais gravoso ao produto nacional que ao estrangeiro. Na importação, incidem os tributos que gravam a produção internamente (IPI, ICMS, PIS e COFINS) e, ainda, o Imposto de Importação (II), de caráter predominantemente extrafiscal. O Ministro Marco Aurélio, ao inaugurar as votações do RE 723.651 pelo Tribunal Pleno do STF, em novembro de 2014, pronunciou-se no sentido da incidência do IPI na importação de automóvel por pessoa física para uso próprio, inclusive para a **preservação do princípio da livre concorrência** e da **indústria nacional**. Em fevereiro de 2016, foi concluído o julgamento do mérito, que corresponde ao Tema 643 de repercussão geral. Restou assentado que "incide, na importação de bens para uso próprio, o Imposto sobre Produtos Industrializados, sendo neutro o fato de tratar-se de consumidor final".

O IPI-importação, salvo quando for contribuinte de direito o próprio consumidor final do produto (importação para uso próprio, incorporação a ativo fixo etc.), gera crédito para compensação com o montante devido nas operações internas. Assim, o importador industrial que venha a utilizar o produto importado no seu processo produtivo ou mesmo a pessoa jurídica que importa para vender o produto no mercado interno podem creditar-se do IPI-importação e utilizar tal crédito quando do pagamento do IPI nas operações internas.

---

73 STJ, REsp 1.396.488, 2019.

74 TROIANELLI, Gabriel Lacerda. A não incidência de IPI na importação de bem mediante 'leasing' sem opção de compra. RDDT, n. 154, jul./2008, p. 40.

Efetivamente, cabe notar que, além de incidir na operação de importação, o IPI também incide na operação posterior em que o importador comerciante coloca no mercado o produto industrializado importado. Nesse caso, o importador é equiparado ao industrial.

Após longas discussões, a Primeira Seção do STJ, em sede de recurso repetitivo, firmou posição no sentido de que "os produtos importados estão sujeitos a uma nova incidência do IPI quando de sua saída do estabelecimento importador na operação de revenda, mesmo que não tenham sofrido industrialização no Brasil"[75]. Nesse precedente, destacou que "Não há qualquer ilegalidade na incidência do IPI na saída dos produtos de procedência estrangeira do estabelecimento do importador, já que equiparado a industrial pelo art. 4º, I, da Lei 4.502/64, com a permissão dada pelo art. 51, II, do CTN". Entendeu, ainda, que tal posição "não ocasiona a ocorrência de *bis in idem*, dupla tributação ou bitributação, porque a lei elenca dois fatos geradores distintos, o desembaraço aduaneiro proveniente da operação de compra de produto industrializado do exterior e a saída do produto industrializado do estabelecimento importador equiparado a estabelecimento produtor, isto é, a primeira tributação recai sobre o preço de compra onde embutida a margem de lucro da empresa estrangeira e a segunda tributação recai sobre o preço da venda, onde já embutida a margem de lucro da empresa brasileira importadora". E frisou que "não onera a cadeia além do razoável, pois o importador na primeira operação apenas acumula a condição de contribuinte de fato e de direito em razão da territorialidade, já que o estabelecimento industrial produtor estrangeiro não pode ser eleito pela lei nacional brasileira como contribuinte de direito do IPI (os limites da soberania tributária o impedem), sendo que a empresa importadora nacional brasileira acumula o crédito do imposto pago no desembaraço aduaneiro para ser utilizado como abatimento do imposto a ser pago na saída do produto como contribuinte de direito (não cumulatividade), mantendo-se a tributação apenas sobre o valor agregado".

Observe-se que o IPI-importação, incidente no desembaraço aduaneiro, não está abrangido pelo SIMPLES NACIONAL, de modo que deve ser recolhido mesmo pelas empresas optantes. Já o IPI incidente na operação interna com o produto importado, esse resta alcançado pelo recolhimento unificado[76].

Por fim, o CTN também elenca, no inciso III do art. 46, como fato gerador do IPI, "a sua arrematação, quando apreendido ou abandonado e levado a leilão".

Tal hipótese, contudo, não encontra concretização na legislação ordinária nem no RIPI.

75 STJ, EREsp 1.403.532, out./2015. Essa posição vem sendo aplicada pelo Tribunal desde então. Veja-se: STJ, AgInt no REsp 1405431, 2017.

76 STJ, REsp 1677944, set./2017.

4.5. ASPECTO TEMPORAL

Tratando-se de tributo com fato gerador instantâneo, desnecessário seria o tratamento legal do aspecto temporal, considerando-se ocorrido o fato gerador no momento mesmo em que ocorresse a situação de fato definida em lei como geradora da obrigação tributária, qual seja, a saída do produto industrializado do estabelecimento industrial. Mas o legislador acabou por definir diversas ficções, tal como a do art. 2º, § 1º, da Lei 4.502/64:

> Art. 2º (...) § 1º Quando a industrialização se der no próprio local de consumo ou de utilização do produto, fora de estabelecimento produtor, o fato gerador considerar-se-á ocorrido no momento em que ficar concluída a operação industrial (...).

O Dec. 7.212/2010 indica as diversas situações com suas referências legais:

> Art. 36. Considera-se ocorrido o fato gerador:
>
> I – na entrega ao comprador, quanto aos produtos vendidos por intermédio de ambulantes (Lei n. 4.502, de 1964, art. 2º e art. 5º, I, *a*, e Decreto-Lei n. 1.133, de 16 de novembro de 1970, art. 1º);
>
> II – na saída de armazém-geral ou outro depositário do estabelecimento industrial ou equiparado a industrial depositante, quanto aos produtos entregues diretamente a outro estabelecimento (Lei n. 4.502, de 1964, art. 2º e art. 5º, I, *a*, e Decreto-Lei n. 1.133, de 1970, art. 1º);
>
> III – na saída da repartição que promoveu o desembaraço aduaneiro, quanto aos produtos que, por ordem do importador, forem remetidos diretamente a terceiros (Lei n. 4.502, de 1964, art. 2º e art. 5º, I, *b*, e Decreto-Lei n. 1.133, de 1970, art. 1º);
>
> IV – na saída do estabelecimento industrial diretamente para estabelecimento da mesma firma ou de terceiro, por ordem do encomendante, quanto aos produtos mandados industrializar por encomenda (Lei n. 4.502, de 1964, art. 2º e art. 5º, I, *c*, e Decreto-Lei n. 1.133, de 1970, art. 1º);
>
> V – na saída de bens de produção dos associados para as suas cooperativas, equiparadas, por opção, a estabelecimento industrial;
>
> VI – no quarto dia da data da emissão da respectiva nota fiscal, quanto aos produtos que até o dia anterior não tiverem deixado o estabelecimento do contribuinte (Lei n. 4.502, de 1964, art. 2º e art. 5º, I, *d*, e Decreto-Lei n. 1.133, de 1970, art. 1º);
>
> VII – no momento em que ficar concluída a operação industrial, quando a industrialização se der no próprio local de consumo ou de utilização do produto, fora do estabelecimento industrial (Lei n. 4.502, de 1964, art. 2º, § 1º);
>
> VIII – no início do consumo ou da utilização do papel destinado à impressão de livros, jornais e periódicos, em finalidade diferente da que lhe é prevista na imunidade de que trata o inciso I do art. 18, ou na saída do fabricante, do importador ou de seus estabelecimentos distribuidores, para pessoas que não sejam empresas jornalísticas ou editoras (Lei n. 9.532, de 1997, art. 40);

IX – na aquisição ou, se a venda tiver sido feita antes de concluída a operação industrial, na conclusão desta, quanto aos produtos que, antes de sair do estabelecimento que os tenha industrializado por encomenda, sejam por este adquiridos;

X – na data da emissão da nota fiscal pelo estabelecimento industrial, quando da ocorrência de qualquer das hipóteses enumeradas no inciso VII do art. 25 (Lei n. 9.532, de 1997, art. 39, § 4º);

XI – no momento da sua venda, quanto aos produtos objeto de operação de venda que forem consumidos ou utilizados dentro do estabelecimento industrial (Lei n. 4.502, de 1964, art. 2º e art. 5º, I, *e*, Decreto-Lei n. 1.133, de 1970, art. 1º, e Lei n. 9.532, de 1997, art. 38);

XII – na saída simbólica de álcool das usinas produtoras para as suas cooperativas, equiparadas, por opção, a estabelecimento industrial; e

XIII – na data do vencimento do prazo de permanência da mercadoria no recinto alfandegado, antes de aplicada a pena de perdimento, quando as mercadorias importadas forem consideradas abandonadas pelo decurso do referido prazo (Decreto-Lei n. 1.455, de 1976, art. 23, II, e Lei n. 9.779, de 1999, art. 18, e parágrafo único).

Parágrafo único. Na hipótese do inciso VII, considera-se concluída a operação industrial e ocorrido o fato gerador na data da entrega do produto ao adquirente ou na data em que se iniciar o seu consumo ou a sua utilização, se anterior à formalização da entrega.

Art. 37. Na hipótese de venda, exposição à venda, ou consumo no território nacional, de produtos destinados ao exterior, ou na hipótese de descumprimento das condições estabelecidas para a isenção ou a suspensão do imposto, considerar-se-á ocorrido o fato gerador na data da saída dos produtos do estabelecimento industrial ou equiparado a industrial (Lei n. 4.502, de 1964, art. 9º, § 1º, e Lei n. 9.532, de 1997, art. 37, II).

4.6. ASPECTO ESPACIAL

Não há dispositivo legal tratando especificamente do aspecto espacial da hipótese de incidência tributária do IPI. Sendo assim, aplica-se o critério da territorialidade, de maneira que, tratando-se de tributo federal, será considerada geradora da obrigação tributária a saída da mercadoria do estabelecimento industrial ocorrida dentro do território nacional, em qualquer parte dele e só nele.

Há de se considerar, porém, que o IPI também tem como fato gerador, além da saída do produto industrializado do estabelecimento industrial, o seu desembaraço aduaneiro, quando de procedência estrangeira. Ou seja, o IPI também incide na importação de produto industrializado, sendo que o art. 46, I, do CTN prevê fato gerador específico para esta hipótese: o desembaraço aduaneiro. Tal desembaraço ocorrerá no território nacional, mas, indiretamente, por força desse fato gerador especial do IPI, tem-se a tributação da saída do produto industrializado do estabelecimento do fornecedor estrangeiro, numa espécie de extraterritorialidade do IPI relativamente aos produtos colocados no mercado nacional.

4.7. ASPECTO PESSOAL

O *sujeito ativo* do IPI é a própria União, pois cuida-se de imposto federal e a lei não indica nenhuma outra pessoa jurídica de direito público para tal posição.

A Lei 4.502/64, em seus arts. 91 e 93, indicava como órgão que procederia à fiscalização o Departamento de Rendas Internas, não mais existente.

O Decreto 7.212/2010, em seus arts. 505/508, deixou claro que a fiscalização do imposto compete à Secretaria da Receita Federal do Brasil, sendo as respectivas atividades presididas e executadas por Auditor-Fiscal da Receita Federal do Brasil:

> Art. 505. A fiscalização do imposto compete à Secretaria da Receita Federal do Brasil (Lei n. 5.172, de 1966, arts. 142, 194 e 196, Lei n. 4.502, de 1964, art. 91, e Lei n. 11.457, de 2007, art. 2º).
>
> Parágrafo único. A execução das atividades de fiscalização compete às unidades centrais, da referida Secretaria, e, nos limites de suas jurisdições, às suas unidades regionais e às demais unidades, de conformidade com as instruções expedidas pela mesma Secretaria.
>
> Art. 506. A fiscalização será exercida sobre todas as pessoas, naturais ou jurídicas, contribuintes ou não, que estiverem obrigadas ao cumprimento de disposições da legislação do imposto, bem como as que gozarem de imunidade condicionada ou de isenção (Lei n. 5.172, de 1966, arts. 142 e 194, parágrafo único, e Lei n. 4.502, de 1964, art. 94).
>
> Art. 507. As atividades de fiscalização do imposto serão presididas e executas pela autoridade administrativa competente (Lei n. 5.172, de 1966, arts. 142, 194 e 196, e Lei n. 4.502, de 1964, art. 93).
>
> Parágrafo único. A autoridade administrativa a que se refere o *caput* é o Auditor-Fiscal da Receita Federal do Brasil (Lei n. 5.172, de 1966, arts. 142, 194 e 196 Lei n. 4.502, de 1964, art. 93, Lei n. 10.593, de 2002, art. 6º, e Lei n. 11.457, de 2007, art. 9º).
>
> Art. 508. Os procedimentos fiscais serão válidos mesmo que formalizados por Auditor-Fiscal da Receita Federal do Brasil de jurisdição diversa da do domicílio tributário do sujeito passivo (Decreto-Lei n. 822, de 5 de setembro de 1969, art. 2º, Decreto n. 70.235, de 6 de março de 1972, art. 9º, § 2º, e Lei n. 8.748, de 9 de dezembro de 1993, art. 1º).

Quanto aos *sujeitos passivos*, cabe destacar, desde já, conforme análise que fizemos da base econômica, que só pode ser tributada a operação com produto que tenha sido industrializado por uma das partes do negócio jurídico, de maneira que não é dado fazer incidir o tributo em outras situações, tampouco colocar como contribuinte senão a pessoa que pratica a industrialização ou que com ela realiza a operação.

A indicação, como contribuintes, de outras pessoas, como o importador e o comerciante, revela inadequação à base econômica dada à tributação, ou seja, tributação sem suporte na norma de competência. Aliás, o STF não admite a cobrança de IPI do importador pessoa física, tendo em conta que, não sendo industrial, não é contribuinte do IPI, qualidade necessária para resguardar seu caráter não cumulativo (a pessoa física, não sendo contribuinte, não tem a quem repassar o ônus tributário), conforme vimos ao analisar a não cumulatividade própria deste imposto.

O CTN, contudo, abriu oportunidade para tais equívocos, o que se reflete na legislação ordinária e no Regulamento do IPI.

Dispõe o art. 51 do CTN:

> Art. 51. Contribuinte do imposto é:
>
> I – o importador ou quem a lei a ele equiparar;
>
> II – o industrial ou quem a lei a ele equiparar;
>
> III – o comerciante de produtos sujeitos ao imposto, que os forneça aos contribuintes definidos no inciso anterior;
>
> IV – o arrematante de produtos apreendidos ou abandonados, levados a leilão.
>
> Parágrafo único. Para os efeitos deste imposto, considera-se contribuinte autônomo qualquer estabelecimento de importador, industrial, comerciante ou arrematante.

A Lei 4.502/64, por sua vez, já trazia as equiparações:

> Art. 3º Considera-se estabelecimento produtor todo aquele que industrializar produtos sujeitos ao imposto.
>
> Parágrafo único (...)
>
> Art. 4º Equiparam-se a estabelecimento produtor, para todos os efeitos desta Lei:
>
> I – os importadores e os arrematantes de produtos de procedência estrangeira;
>
> II – as filiais e demais estabelecimentos que negociem com produtos industrializados por outros do mesmo contribuinte;
>
> III – os que enviarem a estabelecimento de terceiro, matéria-prima, produto intermediário, moldes, matrizes ou modelos destinados à industrialização de produtos de seu comércio.
>
> Parágrafo único. Excluem-se do disposto no inciso II os estabelecimentos que operem exclusivamente na venda a varejo.

O Dec. 7.212/2010 é bastante claro:

> Contribuintes
>
> Art. 24. São obrigados ao pagamento do imposto como contribuinte:
>
> I – o importador, em relação ao fato gerador decorrente do desembaraço aduaneiro de produto de procedência estrangeira (Lei n. 4.502, de 1964, art. 35, I, *b*);
>
> II – o industrial, em relação ao fato gerador decorrente da saída de produto que industrializar em seu estabelecimento, bem como quanto aos demais fatos geradores decorrentes de atos que praticar (Lei n. 4.502, de 1964, art. 35, I, *a*);
>
> III – o estabelecimento equiparado a industrial, quanto ao fato gerador relativo aos produtos que dele saírem, bem como quanto aos demais fatos geradores decorrentes de atos que praticar (Lei n. 4.502, de 1964, art. 35, I, *a*); e

IV – os que consumirem ou utilizarem em outra finalidade, ou remeterem a pessoas que não sejam empresas jornalísticas ou editoras, o papel destinado à impressão de livros, jornais e periódicos, quando alcançado pela imunidade prevista no inciso I do art. 18 (Lei n. 9.532, de 1997, art. 40).

Parágrafo único. Considera-se contribuinte autônomo qualquer estabelecimento de importador, industrial ou comerciante, em relação a cada fato gerador que decorra de ato que praticar (Lei n. 5.172, de 1966, art. 51, parágrafo único).

Contudo, na hipótese de se admitir como constitucional a incidência do IPI na importação, deve-se entender por "importador" tanto a pessoa física como a jurídica, pois o legislador não os distingue.

Também é largo o rol de *responsáveis tributários*, ainda conforme o Decreto n. 7.212/2010:

Responsáveis

Art. 25. São obrigados ao pagamento do imposto como responsáveis:

I – o transportador, em relação aos produtos tributados que transportar, desacompanhados da documentação comprobatória de sua procedência (Lei n. 4.502, de 1964, art. 35, II, *a*);

II – o possuidor ou detentor, em relação aos produtos tributados que possuir ou mantiver para fins de venda ou industrialização, nas mesmas condições do inciso I (Lei n. 4.502, de 1964, art. 35, II, *b*);

III – o estabelecimento adquirente de produtos usados cuja origem não possa ser comprovada pela falta de marcação, se exigível, de documento fiscal próprio ou do documento a que se refere o art. 372 (Lei n. 4.502, de 1964, art. 35, II, *b*, e art. 43);

IV – o proprietário, o possuidor, o transportador ou qualquer outro detentor de produtos nacionais, do Capítulo 22 e do Código 2402.20.00 da TIPI saídos do estabelecimento industrial com imunidade ou suspensão do imposto, para exportação, encontrados no País em situação diversa, salvo se em trânsito, quando (Decreto-Lei n. 1.593, de 1977, art. 18, Lei n. 9.532, de 1997, art. 41, Lei n. 10.833, de 2003, art. 40, e Lei n. 11.371, de 28 de novembro de 2006, art. 13):

a) destinados a uso ou consumo de bordo, em embarcações ou aeronaves de tráfego internacional, com pagamento em moeda conversível (Decreto-Lei n. 1.593, de 1977, art. 8º, I);

b) destinados a lojas francas, em operação de venda direta, nos termos e condições estabelecidos pelo art. 15 do Decreto-Lei n. 1.455, de 7 de abril de 1976 (Decreto-Lei n. 1.593, de 1977, art. 8º, II);

c) adquiridos por empresa comercial exportadora, com o fim específico de exportação, e remetidos diretamente do estabelecimento industrial para embarque de exportação ou para recintos alfandegados, por conta e ordem da adquirente (Lei n. 9.532, de 1997, art. 39, I e § 2º); ou

d) remetidos a recintos alfandegados ou a outros locais onde se processe o despacho aduaneiro de exportação (Lei n. 9.532, de 1997, art. 39, II);

V – os estabelecimentos que possuírem produtos tributados ou isentos, sujeitos a serem rotulados ou marcados, ou, ainda, ao selo de controle, quando não estiverem rotulados, marcados ou selados (Lei n. 4.502, de 1964, art. 62, e Lei n. 9.532, de 1997, art. 37, V);

VI – os que desatenderem as normas e requisitos a que estiver condicionada a imunidade, a isenção ou a suspensão do imposto (Lei n. 4.502, de 1964, art. 9º, § 1º, e Lei n. 9.532, de 1997, art. 37, II);

VII – a empresa comercial exportadora, em relação ao imposto que deixou de ser pago, na saída do estabelecimento industrial, referente aos produtos por ela adquiridos com o fim específico de exportação, nas hipóteses em que (Lei n. 9.532, de 1997, art. 39, § 3º):

a) tenha transcorrido cento e oitenta dias da data da emissão da nota fiscal de venda pelo estabelecimento industrial, não houver sido efetivada a exportação (Lei n. 9.532, de 1997, art. 39, § 3º, *a*);

b) os produtos forem revendidos no mercado interno (Lei n. 9.532, de 1997, art. 39, § 3º, *b*); ou

c) ocorrer a destruição, o furto ou roubo dos produtos (Lei n. 9.532, de 1997, art. 39, § 3º, *c*);

VIII – a pessoa física ou jurídica que não seja empresa jornalística ou editora, em cuja posse for encontrado o papel, destinado à impressão de livros, jornais e periódicos, a que se refere o inciso I do art. 18 (Lei n. 9.532, de 1997, art. 40, parágrafo único);

IX – o estabelecimento comercial atacadista de produtos sujeitos ao regime de que trata a Lei n. 7.798, de 1989, que possuir ou mantiver produtos desacompanhados da documentação comprobatória de sua procedência, ou que deles der saída (Lei n. 7.798, de 1989, art. 4º, § 3º, e Medida Provisória n. 2.158-35, de 2001, art. 33);

X – o estabelecimento industrial, relativamente à parcela do imposto devida pelos estabelecimentos equiparados de que tratam os incisos XI e XII do art. 9º, quanto aos produtos a estes fornecidos, na hipótese de aplicação do regime de que trata o art. 222, (Lei n. 10.833, de 2003, art. 58-F, II, e Lei n. 11.727, de 2008, art. 32);

XI – o estabelecimento comercial referido no inciso XIII do art. 9º, pelo imposto devido pelos estabelecimentos equiparados na forma dos incisos XI e XII daquele artigo, quanto aos produtos a estes fornecidos, na hipótese de aplicação do regime de que trata o art. 222 (Lei n. 10.833, de 2003, art. 58-G, II, e Lei n. 11.727, de 2008, art. 32); e

XII – o estabelecimento importador, relativamente à parcela do imposto devida pelos estabelecimentos equiparados de que tratam os incisos XIV e XV do art. 9º, quanto aos produtos a estes fornecidos, na hipótese de aplicação do regime de que trata o art. 222 (Lei n. 10.833, de 2003, art. 58-F, II, e Lei n. 11.727, de 2008, art. 32).

§ 1º Nos casos dos incisos I e II não se exclui a responsabilidade por infração do contribuinte quando este for identificado (Lei n. 4.502, de 1964, art. 35, § 1º, e Lei n. 9.430, de 27 de dezembro de 1996, art. 31).

§ 2º Na hipótese dos incisos X, XI e XII, o imposto será devido pelo estabelecimento industrial ou encomendante ou importador no momento em que derem saída aos produtos sujeitos ao imposto conforme o regime de que trata o art. 222 (Lei n. 10.833, de 2003, art. 58-F, § 3º, art. 58-G, parágrafo único, e Lei n. 11.827, de 20 de novembro de 2008, art. 1º).

Responsável como Contribuinte Substituto

Art. 26. É ainda responsável, por substituição, o industrial ou equiparado a industrial, mediante requerimento, em relação às operações anteriores, concomitantes ou posteriores às saídas que promover, nas hipóteses e condições estabelecidas pela Secretaria da Receita Federal do Brasil (Lei n. 4.502, de 1964, art. 35, II, *c*, e Lei n. 9.430, de 1996, art. 31).

Responsabilidade Solidária

Art. 27. São solidariamente responsáveis:

I – o contribuinte substituído, na hipótese do art. 26, pelo pagamento do imposto em relação ao qual estiver sendo substituído, no caso de inadimplência do contribuinte substituto (Lei n. 4.502, de 1964, art. 35, § 2º, e Lei n. 9.430, de 1996, art. 31);

II – o adquirente ou cessionário de mercadoria importada beneficiada com isenção ou redução do imposto pelo seu pagamento e dos acréscimos legais (Decreto-Lei n. 37, de 18 de novembro de 1966, art. 32, parágrafo único, inciso I, e Medida Provisória n. 2.158-35, de 2001, art. 77);

III – o adquirente de mercadoria de procedência estrangeira, no caso de importação realizada por sua conta e ordem, por intermédio de pessoa jurídica importadora, pelo pagamento do imposto e acréscimos legais (Decreto-Lei n. 37, de 1966, art. 32, parágrafo único, *c*, Medida Provisória n. 2.158-35, de 2001, art. 77, e Lei n. 11.281, de 2006, art. 12);

IV – o encomendante predeterminado que adquire mercadoria de procedência estrangeira de pessoa jurídica importadora, na operação a que se refere o § 3º do art. 9º, pelo pagamento do imposto e acréscimos legais (Decreto-Lei n. 37, de 1966, art. 32, parágrafo único, *d*, e Lei n. 11.281, de 2006, art. 12);

V – o estabelecimento industrial de produtos classificados no Código 2402.20.00 da TIPI, com a empresa comercial exportadora, na hipótese de operação de venda com o fim específico de exportação, pelo pagamento do imposto e dos respectivos acréscimos legais, devidos em decorrência da não efetivação da exportação (Medida Provisória n. 2.158-35, de 2001, art. 35);

VI – o encomendante de produtos sujeitos ao regime de que trata a Lei n. 7.798, de 1989, com o estabelecimento industrial executor da encomenda, pelo cumprimento da obrigação principal e acréscimos legais (Lei n. 7.798, de 1989, art. 4º, § 2º, e Medida Provisória n. 2.158-35, de 2001, art. 33);

VII – o beneficiário de regime aduaneiro suspensivo do imposto, destinado à industrialização para exportação, pelas obrigações tributárias decorrentes da admissão de mercadoria no regime por outro beneficiário, mediante sua anuência, com vistas na execução de etapa da cadeia industrial do produto a ser exportado (Lei n. 10.833, de 2003, art. 59); e

VIII – o encomendante dos produtos sujeitos ao imposto conforme os regimes de tributação de que tratam os arts. 222 e 223 com o estabelecimento industrial executor da encomenda, pelo imposto devido nas formas estabelecidas nos mesmos artigos (Lei n. 10.833, de 2003, art. 58-A, parágrafo único, e Lei n. 11.727, de 2008, art. 32).

§ 1º Aplica-se à operação de que trata o inciso III o disposto no § 2º do art. 9º (Lei n. 10.637, de 2002, art. 27, e Lei n. 11.281, de 2006, art. 11, § 2º).

§ 2º O disposto no inciso V aplica-se também aos produtos destinados a uso ou consumo de bordo, em embarcações ou aeronaves em tráfego internacional, inclusive por meio de *ship's chandler* (Medida Provisória n. 2.158-35, de 2001, art. 35, parágrafo único).

Art. 28. São solidariamente responsáveis com o sujeito passivo, no período de sua administração, gestão ou representação, os acionistas controladores, e os diretores, gerentes ou representantes de pessoas jurídicas de direito privado, pelos créditos tributários decorrentes do não recolhimento do imposto no prazo legal (Decreto-Lei n. 1.736, de 20 de dezembro de 1979, art. 8º).

Art. 29. São solidariamente responsáveis os curadores quanto ao imposto que deixar de ser pago, em razão da isenção de que trata o inciso IV do art. 55 (Lei n. 8.989, de 24 de fevereiro de 1995, art. 1º, § 5º, e Lei n. 10.690, de 16 de junho de 2003, art. 2º).

Responsabilidade pela Infração

Art. 30. Na hipótese dos incisos III e IV do art. 27, o adquirente de mercadoria de procedência estrangeira responde conjunta ou isoladamente pela infração (Decreto-Lei n. 37, de 1966, art. 95, V e VI, Medida Provisória n. 2.158-35, de 2001, art. 78, e Lei n. 11.281, de 2006, art. 12).

Vale destacar que, na hipótese de pagamento indevido, o STJ exige a observância da regra do art. 166 do CTN e não reconhece legitimidade ao contribuinte de fato, ou seja, ao adquirente dos produtos com incidência de IPI[77].

4.8. Aspecto quantitativo

Dispõe o CTN sobre a *base de cálculo* para os três fatos geradores: desembaraço aduaneiro, saída do produto do estabelecimento industrial e arrematação:

Art. 47. A base de cálculo do imposto é:

I – no caso do inciso I do artigo anterior, o preço normal, como definido no inciso II do art. 20, acrescido do montante:

a) do Imposto sobre a Importação;

b) das taxas exigidas para entrada do produto no País;

c) dos encargos cambiais efetivamente pagos pelo importador ou dele exigíveis;

II – no caso do inciso II do artigo anterior:

a) o valor da operação de que decorrer a saída da mercadoria;

b) na falta do valor a que se refere a alínea anterior, o preço corrente da mercadoria, ou sua similar, no mercado atacadista da praça do remetente;

77 "PROCESSUAL CIVIL. TRIBUTÁRIO. IMPOSTO SOBRE PRODUTOS INDUSTRIALIZADOS – IPI. REPETIÇÃO DE INDÉBITO. CONTRIBUINTE DE FATO. ILEGITIMIDADE... 3. O STJ, por ocasião de julgamento pela sistemática prevista no art. 543-C, do CPC, recurso representativo da controvérsia, concluiu que o contribuinte de fato não possui legitimidade ativa para pleitear a repetição indébito de IPI. Precedente: REsp 903.394 – AL, 1ª Seção, rel. Min. LUIZ FUX, julgado em 24-3-2010." (STJ, REsp 960.984, 2011.)

III – no caso do inciso III do artigo anterior, o preço da arrematação.

A Lei 4.502/64, por sua vez, alterada pela Lei 7.798/89, estabelece:

Do Cálculo do Imposto

Art. 13. O imposto será calculado mediante aplicação das alíquotas constantes da Tabela anexa sobre o valor tributável dos produtos na forma estabelecida neste Capítulo.

Art. 14. Salvo disposição especial, constitui valor tributável:

I – quanto aos produtos de procedência estrangeira, para o cálculo efetuado na ocasião do despacho;

a) o preço da arrematação, no caso de produto vendido em leilão;

b) o valor que servir de base, ou que serviria se o produto tributado fosse para o cálculo dos tributos aduaneiros, acrescido de valor deste e dos ágios e sobretaxas cambiais pagos pelo importador;

II – quanto aos produtos nacionais, o valor total da operação de que decorrer a saída do estabelecimento industrial ou equiparado a industrial.

§ 1º O valor da operação compreende o preço do produto, acrescido do valor do frete e das demais despesas acessórias, cobradas ou debitadas pelo contribuinte ao comprador ou destinatário.

§ 2º Não podem ser deduzidos do valor da operação os descontos, diferenças ou abatimentos, concedidos a qualquer título, ainda que incondicionalmente.

§ 3º Será também considerado como cobrado ou debitado pelo contribuinte, ao comprador ou destinatário, para efeitos do disposto no § 1º, o valor do frete, quando o transporte for realizado ou cobrado por firma coligada, controlada ou controladora (Lei n. 6.404) ou interligada (Decreto-Lei n. 1.950) do estabelecimento contribuinte ou por firma com a qual este tenha relação de interdependência, mesmo quando o frete seja subcontratado.

§ 4º Será acrescido ao valor da operação o valora das matérias-primas, produtos intermediários e material de embalagem, nos casos de remessa de produtos industrializados por encomenda, desde que não se destinem a comércio, a emprego na industrialização ou no acondicionamento de produtos tributados, quando esses insumos tenham sido fornecidos pelo próprio encomendante, salvo se se tratar de insumos usados.

Art. 15. O valor tributável não poderá ser inferior:

I – ao preço normal de venda por atacado a outros compradores ou destinatários, ou na sua falta, ao preço corrente no mercado atacadista do domicílio do remetente, quando o produto for remetido, para revenda, a estabelecimento de terceiro, com o qual o contribuinte tenha relações de interdependência (art. 42);

II – a 70% (setenta por cento) do preço de venda aos consumidores, não inferior ao previsto no inciso anterior:

a) quando o produto for remetido a outro estabelecimento do mesmo contribuinte, o qual opere exclusivamente na venda a varejo;

b) quando o produto for vendido a varejo pelo próprio estabelecimento produtor.

Na importação, a base de cálculo é o valor que serve de base para o cálculo do imposto sobre a importação (o preço CIF, ou seja, o preço do produto em condições de livre concorrência para entrega no porto ou lugar de entrada do produto no País, incluindo, assim, os custos de seguro e de frete), acrescido do montante do próprio imposto sobre a Importação e dos encargos cambiais efetivamente pagos pelo importador ou deste exigíveis. Tratando-se, porém, de bens admitidos temporariamente, para utilização econômica, o pagamento do imposto será proporcional ao tempo de permanência em território nacional, nos termos do art. 79 da Lei 9.430/96[78].

Nas operações internas, temos o preço da operação como base de cálculo. Não há que se pretender excluir da base de cálculo o valor do ICMS, pois é calculado por dentro do preço[79]. Já a utilização de pautas fiscais com valores prefixados[80] não encontra amparo, só se prestando validamente a subsidiar lançamento na hipótese de haver desconformidade entre o preço constante da documentação e o preço efetivamente praticado[81].

O STF, no RE 602.917 RG, reconheceu a repercussão geral da questão relativa à constitucionalidade do art. 3º da Lei 7.798/89, que estabelece valores prefixados para o IPI, mas o enfrentamento do mérito está pendente.

Na redação original do art. 14 da Lei 4.502/64, *descontos, diferenças ou abatimentos* só eram incluídos no preço do produto, para fins de cálculo do imposto, caso concedidos sob condição. E não poderia mesmo ser diferente. A Lei 7.798/89, que, ao acrescer o § 2º ao art. 14, determinou que não podem ser deduzidos do valor da operação os descontos, diferenças ou abatimentos, concedidos a qualquer título, "ainda que incondicionalmente", o que foi considerado inconstitucional pelo STF:

> "IMPOSTO SOBRE PRODUTOS INDUSTRIALIZADOS – VALORES DE DESCONTOS INCONDICIONAIS – BASE DE CÁLCULO – INCLUSÃO – ARTIGO 15 DA LEI N. 7.798/89 – INCONSTITUCIONALIDADE FORMAL – LEI COMPLEMENTAR – EXIGIBILIDADE. Viola o artigo 146, III, *a*, da Carta Federal norma ordinária segundo a

78 STJ, AgRg no AREsp 96.254, 2017.

79 "IPI. INCLUSÃO DO ICMS NA BASE DE CÁLCULO DO IPI. 1. A jurisprudência desta Corte é pacífica em proclamar a inclusão do ICMS na base de cálculo do IPI. Precedentes..." (STJ, REsp 675.663, 2010.)

80 ILMAR GALVÃO distingue o IPI fixo, de um lado, da pauta fiscal, de outro: "IPI fixo e 'pauta' são conceitos que não se confundem. O IPI fixo, tal como instituído pelos Decretos n. 3.070/99 e 4.544/2002, resulta da aplicação da alíquota – flexibilizada pelo Poder Executivo, no exercício da competência prevista no art. 153, § 1º, 817 CÓDIGO TRIBUTÁRIO NACIONAL Art. 47, II, *a* da Constituição – sobre o preço normal da operação de venda do cigarro. A tributação por 'pauta' consiste na prefixação arbitrária do valor que servirá de base para o cálculo do tributo devido, sendo, por isso, rejeitada pelo Poder Judiciário." (GALVÃO, Ilmar. Regime de Tributação de Cigarros pelo IPI. RDDT, n. 155, 2008, p. 117.)

81 STJ, REsp 24.861, 1993. TRF4, IAIAC 2003.71.12.002280-6, 2007.

qual hão de ser incluídos, na base de cálculo do Imposto sobre Produtos Industrializados – IPI, os valores relativos a descontos incondicionais concedidos quando das operações de saída de produtos, prevalecendo o disposto na alínea *a* do inciso II do artigo 47 do Código Tributário Nacional." (STF, Tribunal Pleno, RE 567935, 2014.)[82].

Atento à decisão do STF, o Senado Federal, no exercício da competência que lhe é conferida pelo art. 52, X, da Constituição, editou a Resolução 1/2017, suspendendo a execução do § 2º do art. 14 da Lei 4.502/64, com a redação do art. 15 da Lei 7.798/89, quanto à previsão de inclusão dos descontos incondicionais na base de cálculo do IPI.

Já se decidiu, ainda, que os *juros*, na venda financiada, não podem ser incluídos na base de cálculo do IPI[83].

Também tem merecido censura a inovação trazida pela Lei 7.798/89 que, ao acrescer o § 3º ao art. 14 da Lei 4.502/64, determinou que o frete realizado por empresa coligada ou interligada integre a base de cálculo do IPI. O STF entende que tal dependeria de lei complementar. Veja-se recente precedente do STF afastando o frete da base de cálculo:

> "IMPOSTO SOBRE PRODUTOS INDUSTRIALIZADOS – FRETE – BASE DE CÁLCULO – INCLUSÃO – LEI ORDINÁRIA – INCONSTITUCIONALIDADE FORMAL. Viola o artigo 146, III, *a*, da Carta Federal norma ordinária segundo a qual hão de ser incluídos, na base de cálculo do Imposto sobre Produtos Industrializados – IPI, valores em descompasso com o disposto na alínea *a* do inciso II do artigo 47 do Código Tributário Nacio-

82 O STJ já vinha decidindo no mesmo sentido: "PROCESSUAL CIVIL – TRIBUTÁRIO – RECURSO ESPECIAL – IMPOSTO SOBRE PRODUTOS INDUSTRIALIZADOS – INCIDÊNCIA SOBRE O VALOR DA OPERAÇÃO – DEDUÇÃO DE DESCONTOS INCONDICIONAIS... 2. A base de cálculo do IPI, nos termos do art. 47, II, *a*, do CTN, é o valor da operação de que decorrer a saída da mercadoria. 3. A Lei n. 7.798/89, ao conferir nova redação ao § 2º do art. 14 da Lei n. 4.502/64 (RIPI) e impedir a dedução dos descontos incondicionais, permitiu a incidência da exação sobre base de cálculo que não corresponde ao valor da operação, em flagrante contrariedade à disposição contida no art. 47, II, *a*, do CTN. Os descontos incondicionais não compõem a real expressão econômica da operação tributada, sendo permitida a dedução desses valores da base de cálculo do IPI. 4. A dedução dos descontos incondicionais é vedada, no entanto, quando a incidência do tributo se dá sobre valor previamente fixado, nos moldes da Lei n. 7.798/89 (regime de preços fixos), salvo se o resultado dessa operação for idêntico ao que se chegaria com a incidência do imposto sobre o valor efetivo da operação, depois de realizadas as deduções pertinentes. 5. Recurso especial não provido. Sujeição do acórdão ao regime do art. 543-C do CPC e da Resolução STJ n. 8/2008. (STJ, REsp 1149424, 2010.)

83 "TRIBUTÁRIO. IPI. BASE DE CÁLCULO. INCLUSÃO DE JUROS E CORREÇÃO MONETÁRIA, DECORRENTES DA VENDA FINANCIADA DO PRODUTO (...) 1. Os juros e correção monetária decorrentes da venda financiada dos produtos não podem ser incluídos na base de cálculo do IPI, pois não fazem parte do processo de industrialização e produção". (STJ, REsp 207.814, 2001.)

nal. Precedente – Recurso Extraordinário n. 567.935/SC, de minha relatoria, Pleno, apreciado sob o ângulo da repercussão geral." (STF, RE 881908 AgR, 2015.)[84].

Exposta a base de cálculo, impende que se analisem as *alíquotas* que, por determinação constante do art. 153, § 3º, I, da CF, já analisado, devem ser seletivas conforme a essencialidade do produto.

Mas há uma questão preliminar de extrema importância, que precisa restar clara. Por força da reforma tributária implantada pela EC 132/2023, as alíquotas do IPI, a partir de 2027, serão reduzidas a zero para os produtos que não concorrem com aqueles objeto de produção beneficiada na Zona Franca de Manaus, conforme o art. 126 do ADCT. A redação exata desse dispositivo é a que segue: "Art. 126. A partir de 2027: ... III – o imposto previsto no art. 153, IV, da Constituição Federal: a) terá suas alíquotas reduzidas a zero, exceto em relação aos produtos que tenham industrialização incentivada na Zona Franca de Manaus, conforme critérios estabelecidos em lei complementar". Note-se que a redução das alíquotas a zero tem data de início, mas sua vigência é permanente, não autorizando o seu restabelecimento.

Assim, embora a competência da União para instituição do IPI tenha sido mantida pela reforma, o foi em parte. Na prática, ele também restará substituído pelo IBS, preservando, apenas, a função de resguardo da vantagem competitiva a ZFM, cujos benefícios, mantidos por 25 anos a contar da prorrogação da Constituição de 1988, restaram prorrogados por mais 10 e, ainda, por mais 50 anos, conforme os arts. 40, 92 e 92-A do ADCT.

A LC 214/2025 também cuida da matéria. Segundo seu art. 454, a partir de 1º de janeiro de 2027, as alíquotas do IPI ficam reduzidas a zero para produtos sujeitos a alíquota inferior a 6,5% prevista na Tabela de Incidência do Imposto sobre Produtos Industrializados – TIPI vigente em 31 de dezembro de 2023 e que tenham sido industrializados na Zona Franca de Manaus no ano de 2024 ou projeto técnico-econômico aprovado pelo Conselho de Administração da Suframa (CAS) entre 1º de janeiro de 2022 e a data de publicação da lei complementar. Prevê, ainda, que tais produtos serão beneficiados por crédito presumido de CBS, "calculado mediante aplicação do percentual de 6% sobre o valor da operação registrado em documento fiscal idôneo" na venda de produtos, conforme o art. 454, § 1º, I, combinado com o art. 150, § 2º, I, da LC 214/2025. A redução a zero não alcança os produtos enquadrados como bens de tecnologia da informação e comunicação. Será divulgada lista dos produtos cuja alíquota tenha sido reduzida por força de tal dispositivo e do art. 126, III, *a*, do ADCT. O art. 455 da LC 214/2025, por sua vez, que cuida dos produtos cuja produção venha a ser instalada na Zona Franca de Manaus, estabelece que, se não tiverem similar nacional, a

84 Também a Segunda Turma tem decidido assim. *Vide*: STF, RE 636714 AgR, 2015.

alíquota do IPI será de no mínimo 6,5%, podendo o chefe do Poder Executivo da União (Presidente) estabelecer majoração de até 30%, ou restabelecê-la, mas essa alteração não poderá ser efetivada antes de decorridos 60 meses da fixação ou majoração da alíquota, e a redução deverá ser feita de forma gradual, limitada a cinco pontos percentuais por ano; no caso de bem com similar nacional, ficam assegurados os benefícios previstos em outros dispositivos da LC.

Retomando a análise do regime do IPI, cabe destacar que a fixação das suas alíquotas é alcançada pela atenuação da legalidade estabelecida pelo art. 153, § 1º, da CF, que autoriza o Poder Executivo, atendidas as condições e os limites estabelecidos em lei, a alterar as suas alíquotas. E é o DL 1.199/71 que, dispondo, dentre outras normas, sobre a tabela do IPI, estabelece as condições e os limites para as alterações de alíquotas pelo Executivo, em seu art. 4º, que dispõe:

> Art. 4º O Poder Executivo, em relação ao Imposto sobre Produtos Industrializados, quando se torne necessário atingir os objetivos da política econômica governamental, mantida a seletividade em função da essencialidade do produto, ou, ainda, para corrigir distorções, fica autorizado: I – a reduzir alíquotas até 0 (zero); II – a majorar alíquotas, acrescentando até 30 (trinta) unidades ao percentual de incidência fixado na lei; III – a alterar a base de cálculo em relação a determinados produtos, podendo, para esse fim, fixar-lhes valor tributável mínimo.

Resta claro que graduação das alíquotas entre zero, de um lado, e trinta pontos percentuais além do estabelecido no DL 1.199/71, de outro, como meio para o atingimento dos objetivos da política econômica, não dispensa a manutenção da seletividade em função da essencialidade do produto. O inciso III, evidentemente, não foi recepcionado pela CF, que não mais permite que o Executivo disponha sobre a base de cálculo dos impostos, mas tão somente que altere as alíquotas.

As alíquotas do IPI estão estabelecidas na chamada TIPI – Tabela de Incidência do Imposto sobre Produtos Industrializados –, aprovada pelo Decreto 8.950/2016.

O IPI deve ser dimensionado de forma a gravar menos os produtos essenciais e mais os produtos supérfluos, na medida em que estas características se apresentem[85]. Na TIPI, são identificados os produtos e atribuídas as respectivas alíquotas, sendo que o critério para a variação tem de ser a essencialidade do produto. Poderá ser atribuída, inclusive, alíquota zero para determinados produtos, se assim entender o Executivo. Outra forma de afastar por completo o ônus tributário é não estabelecer alíquota genérica para outros

85 "Esta técnica de tributação consiste em se graduar as alíquotas de forma diferente segundo a essencialidade dos produtos, de modo que o imposto seja proporcionalmente mais elevado quanto mais supérfluo for o produto tributado, e os produtos indispensáveis tenham pouca ou nenhuma tributação." (CONTI, José Maurício. *Sistema Constitucional Tributário Interpretado pelos Tribunais*. São Paulo/Belo Horizonte: Oliveira Mendes/Del Rey, 1997, p. 166.)

produtos não especificados na tabela, simplesmente deixando de arrolar certos produtos e, com isso, de lhes atribuir uma alíquota; neste caso, teremos, quanto a eles, uma norma tributária incompleta, em que o aspecto quantitativo carecerá de um elemento essencial, a alíquota, de modo que a incidência não estará apta a gerar uma obrigação com conteúdo econômico: ocorrerá a saída de produto industrializado, mas não haverá como calcular o imposto devido.

O capítulo da TIPI que se refere a bebidas, líquidos alcoólicos e vinagres se presta muito bem à exemplificação de como figuram os produtos. Para visualizar a tabela, basta acessar o Decreto 11.158/2022 pelo *site* do Planalto e fazer o *download*. Vê-se que relaciona os produtos por categorias e que passa a associar cada NCM específico (código do produto na Nomenclatura Comum do Mercosul) à sua descrição e à alíquota aplicável.

Assim é que o NCM 22.01 corresponde às "Águas, incluindo as águas minerais, naturais ou artificiais, e as águas gaseificadas, não adicionadas de açúcar ou de outros edulcorantes nem aromatizadas; gelo e neve". Nessa categoria enquadra-se, por exemplo, o NCM 2201.10.00, correspondente às "Águas minerais e águas gaseificadas", submetidas à alíquota de 4%. Mas há Exceções tarifárias, *e.g.*, a "Ex 01 – Águas minerais naturais comercializadas em recipientes com capacidade nominal inferior a 10 (dez) litros", cuja alíquota consta como "NT": não tributado. No código NCM 2202.91.00, consta "Cerveja sem álcool", com alíquota de 6%. No NCM 2203.00.00, constam as "Cervejas de malte", também com alíquota de 6%. No código NCM 2204.22.11, estão os vinhos "Em recipientes de capacidade não superior a 5 l", submetidos à alíquota de 10%. Mas aos "Vinhos da madeira, do porto e de xerez", corresponde a alíquota de 20%. Já no código 2208.30, constam os uísques, sendo que das respectivas subdivisões vê-se sua submissão invariavelmente à alíquota de 30%.

Na análise da TIPI, para fins de enquadramento de um determinado produto, aplicam-se os critérios da especificidade[86] e da essencialidade. FELIPPE ALEXANDRE BREDA esclarece: "Para fins de classificação das mercadorias importadas, a interpretação do conteúdo das posições e desdobramentos da Nomenclatura Comum do Mercosul é feita com observância das Regras Gerais para Interpretação do Sistema Harmonizado, das Regras Gerais complementares e das Notas Complementares e, subsidiariamente, das notas Explicativas do Sistema Harmonizado de Designação e de Codificação de Mercadorias, exaradas pela Organização Mundial das Aduanas, que, na atualidade, traduzidas para o português, residem na instrução normativa da RFB 1.202/2011. [...]

86 "IPI. RAÇÃO PARA ANIMAIS. TIPI. ENQUADRAMENTO. 1. Os produtos industrializados pela impetrante – alimentos para cães e gatos, acondicionados para venda a retalho – têm enquadramento próprio e específico na Tabela do Imposto sobre Produtos Industrializados – TIPI (Código 2309.10.00), razão pela qual é inadequada a sua inclusão em código genérico, de caráter residual." (STJ, REsp 1087925, 2011.)

No Brasil, emprega-se a Nomenclatura Comum do Mercosul – NCM, cujos códigos contêm parte que se refere ao Sistema Harmonizado (os seis primeiros dígitos da esquerda para a direita) e, os dois últimos dígitos (o item, que é o sétimo, e o subitem, que é o oitavo dígito), que são da lavra do MERCOSUL"[87].

O anexo do Dec. 8.950/2016 traz as regras para a interpretação da TIPI:

"REGRAS GERAIS PARA INTERPRETAÇÃO DO SISTEMA HARMONIZADO

A classificação das mercadorias na Nomenclatura rege-se pelas seguintes Regras:

1. Os títulos das Seções, Capítulos e Subcapítulos têm apenas valor indicativo. Para os efeitos legais, a classificação é determinada pelos textos das posições e das Notas de Seção e de Capítulo e, desde que não sejam contrárias aos textos das referidas posições e Notas, pelas Regras seguintes:

2. a) Qualquer referência a um artigo em determinada posição abrange esse artigo mesmo incompleto ou inacabado, desde que apresente, no estado em que se encontra, as características essenciais do artigo completo ou acabado. Abrange igualmente o artigo completo ou acabado, ou como tal considerado nos termos das disposições precedentes, mesmo que se apresente desmontado ou por montar. b) Qualquer referência a uma matéria em determinada posição diz respeito a essa matéria, quer em estado puro, quer misturada ou associada a outras matérias. Da mesma forma, qualquer referência a obras de uma matéria determinada abrange as obras constituídas inteira ou parcialmente por essa matéria. A classificação destes produtos misturados ou artigos compostos efetua-se conforme os princípios enunciados na Regra 3.

3. Quando pareça que a mercadoria pode classificar-se em duas ou mais posições por aplicação da Regra 2 b) ou por qualquer outra razão, a classificação deve efetuar-se da forma seguinte: a) A posição mais específica prevalece sobre as mais genéricas. Todavia, quando duas ou mais posições se refiram, cada uma delas, a apenas uma parte das matérias constitutivas de um produto misturado ou de um artigo composto, ou a apenas um dos componentes de sortidos acondicionados para venda a retalho, tais posições devem considerar-se, em relação a esses produtos ou artigos, como igualmente específicas, ainda que uma delas apresente uma descrição mais precisa ou completa da mercadoria. b) Os produtos misturados, as obras compostas de matérias diferentes ou constituídas pela reunião de artigos diferentes e as mercadorias apresentadas em sortidos acondicionados para venda a retalho, cuja classificação não se possa efetuar pela aplicação da Regra 3 a), classificam-se pela matéria ou artigo que lhes confira a característica essencial, quando for possível realizar esta determinação. c) Nos casos em que as Regras 3 a) e 3 b) não permitam efetuar a classificação, a mercadoria classifica-se na posição situada em último lugar na ordem numérica, dentre as suscetíveis de validamente se tomarem em consideração.

4. As mercadorias que não possam ser classificadas por aplicação das Regras acima enunciadas classificam-se na posição correspondente aos artigos mais semelhantes.

87 BREDA, Felippe Alexandre Raos. Ônus Probatório nas Lides Tributário-aduaneiras. *RDDT*, n. 205/27-40, 2012.

5. Além das disposições precedentes, as mercadorias abaixo mencionadas estão sujeitas às Regras seguintes: a) Os estojos para câmeras fotográficas, instrumentos musicais, armas, instrumentos de desenho, joias e artigos semelhantes, especialmente fabricados para conterem um artigo determinado ou um sortido, e suscetíveis de um uso prolongado, quando apresentados com os artigos a que se destinam, classificam-se com estes últimos, desde que sejam do tipo normalmente vendido com tais artigos. Esta Regra, todavia, não diz respeito aos artigos que confiram ao conjunto a sua característica essencial. b) Sem prejuízo do disposto na Regra 5 a), as embalagens que contenham mercadorias classificam-se com estas últimas quando sejam do tipo normalmente utilizado para o seu acondicionamento. Todavia, esta disposição não é obrigatória quando as embalagens sejam claramente suscetíveis de utilização repetida.

6. A classificação de mercadorias nas subposições de uma mesma posição é determinada, para efeitos legais, pelos textos dessas subposições e das Notas de subposição respectivas, bem como, mutatis mutandis, pelas Regras precedentes, entendendo-se que apenas são comparáveis subposições do mesmo nível. Na acepção da presente Regra, as Notas de Seção e de Capítulo são também aplicáveis, salvo disposições em contrário.

REGRAS GERAIS COMPLEMENTARES (RGC)

1. As Regras Gerais para Interpretação do Sistema Harmonizado se aplicarão, *mutatis mutandis*, para determinar dentro de cada posição ou subposição, o item aplicável e, dentro deste último, o subitem correspondente, entendendo-se que apenas são comparáveis desdobramentos regionais (itens e subitens) do mesmo nível.

2. As embalagens que contenham mercadorias e que sejam claramente suscetíveis de utilização repetida, mencionadas na Regra 5 b), seguirão seu próprio regime de classificação sempre que estejam submetidas aos regimes aduaneiros especiais de admissão temporária ou de exportação temporária. Caso contrário, seguirão o regime de classificação das mercadorias.

REGRA GERAL COMPLEMENTAR DA TIPI (RGC/TIPI) (RGC/TIPI-1)

As Regras Gerais para Interpretação do Sistema Harmonizado se aplicarão, '*mutatis mutandis*', para determinar, no âmbito de cada código, quando for o caso, o 'Ex' aplicável, entendendo-se que apenas são comparáveis 'Ex' de um mesmo código."

4.9. LANÇAMENTO

O IPI é imposto sujeito a lançamento por homologação, cabendo ao contribuinte a responsabilidade pela verificação da sua ocorrência, cálculo e recolhimento, independentemente de qualquer ato do Fisco. Este só atuará quando o pagamento não for realizado ou for insuficiente, ensejando o lançamento de ofício.

Veja-se a Lei 4.502/64 quanto a tal ponto:

Art. 20. O lançamento consistirá na descrição da operação que o originar e do produto a que se referir, na classificação fiscal deste no cálculo do imposto devido e no registro de seu valor, em parcela destacada, na guia ou na nota fiscal em que deva ser efetuado.

Parágrafo único. O lançamento é de exclusiva responsabilidade do contribuinte.

Art. 21. A autoridade administrativa efetuará de ofício o lançamento mediante a instauração do processo fiscal, quando o contribuinte não o fizer na época própria ou fizer em desacordo com as normas desta lei.

§ 1º O lançamento considerar-se-á efetuado quando passar em julgado a decisão proferida no processo respectivo.

§ 2º Antes de qualquer iniciativa da autoridade, o contribuinte poderá corrigir a omissão ou erro, comunicando o fato à repartição e procedendo, se for o caso, na forma do art. 81.

O período de apuração do IPI[88], para a maioria dos produtos, é mensal por força do art. 1º da Lei 8.850/94.

O prazo para pagamento do imposto nas operações internas, como regra, vai "até o vigésimo quinto dia do mês subsequente ao mês de ocorrência dos fatos geradores", sendo antecipado para o primeiro dia útil anterior caso não finalize em dia útil, conforme se vê do art. 52, I, *c*, e seu parágrafo 4º, da Lei 8.383/91, com a redação da Lei 8.850/94.

Relativamente ao IPI incidente sobre a importação, o prazo não está definido em lei ordinária, sendo certo que nenhuma irregularidade há nisso, porquanto não está mesmo sob reserva legal, conforme já reconheceu o STF[89]. A Lei 8.383/91 não cuidou de tal hipótese, pois se refere ao IPI incidente nas operações internas, o que resta claro em face das referências, nas suas diversas redações, ao decêndio, à quinzena e ao mês de ocorrência do fato gerador, ou seja, aos períodos de apuração do IPI nas operações internas. Assim, temos que é plenamente aplicável o Dec. 7.212/2010, em seu art. 262, I, segundo o qual o IPI, na importação, será recolhido antes da saída do produto da repartição que processar o despacho.

O IPI incidente sobre as operações internas é tributo abrangido pelo SIMPLES NACIONAL, nos termos do art. 13, II, da LC 123/2006, de modo que, sendo optante, a empresa não recolherá separadamente o IPI. O IPI-Importação não está abrangido pelo SIMPLES NACIONAL, conforme expressamente dispõe o art. 13, § 1º, inciso XII, da LC 123/2006. Mas o pagamento do imposto no caso de importação por microempresa optante pelo SIMPLES NACIONAL, por via terrestre, de mercadorias procedentes do Paraguai, pode ocorrer através de Regime de Tributação Unificada – RTU. Nesse caso, aplica-se a alíquota única de 25% sobre o preço de aquisição das mercadorias importadas, sendo que 7,87% correspondem ao IPI, 7,60%, nos termos da Lei 11.898/2009 e do Decreto 6.956/2009.

---

88 Entre 1º de janeiro e 30 de setembro de 2004, foi quinzenal. Anteriormente, era decendial. Veja-se o art. 1º da Lei n. 8.850/94 com a redação das Leis n. 10.833/2003 e 11.033/2004.

89 STF, RE 546316 AgR, 2011.

Capítulo 5

Impostos sobre Operações de Crédito, Câmbio, Seguro ou relativas a Títulos ou Valores Mobiliários (IOF)

5.1. LEGISLAÇÃO

A competência para a instituição do Imposto sobre Operações de Crédito, Câmbio e Seguro ou relativas a Títulos ou Valores Mobiliários consta do art. 153, V, da CF. No art. 153, § 1º, é permitido que o Executivo estabeleça altere as alíquotas de tal imposto. Já o art. 150, § 1º, dispensa a observância das anterioridades de exercício e nonagesimal mínima por ocasião da sua instituição ou majoração. O § 5º do art. 153 estabelece, ainda, a incidência única e a alíquota mínima relativa ao ouro quando definido como ativo financeiro ou instrumento cambial. Os arts. 63 a 66 do CTN estabelecem as normas gerais atinentes a tal imposto, definindo os arquétipos para os fatos geradores, bases de cálculo e contribuintes. O imposto sobre operações de crédito, câmbio e seguro ou relativas a títulos ou valores mobiliários têm suporte, no âmbito da legislação ordinária, nos seguintes diplomas: Lei 5.143/66; Lei 8.894/94; DL 1.783/80; Lei 7.766/89; Lei 8.033/90; Lei 9.532/97, art. 58; Lei 9.718/98, art. 15; Lei 9.779/99, art. 13, e Lei 12.543/2011, art. 3º. O Decreto 6.306/2007 regulamenta o Imposto sobre Operações de Crédito, Câmbio e Seguro, ou relativas a Títulos ou Valores Mobiliários – IOF, recebendo alterações frequentes, inclusive as que decorreram do Decreto 12.132/2024.

5.2. BASE ECONÔMICA

O art. 153, V, da CF outorga competência à União para a instituição de imposto sobre "operações de crédito, câmbio e seguro, ou relativas a títulos ou valores mobiliários"[1].

---

1 "Art. 153. Compete à União instituir impostos sobre: (...) V – operações de crédito, câmbio e seguro, ou relativas a títulos ou valores mobiliários."

Vê-se, de pronto, que não se trata de uma única base econômica outorgada à tributação, mas de quatro bases econômicas: 1) operações de crédito; 2) operações de câmbio; 3) operações de seguro; e 4) operações relativas a títulos ou valores mobiliários[2].

A CF não prevê a base econômica "operações financeiras". Assim, embora seja corrente a utilização da locução "Imposto sobre Operações Financeiras – IOF" para designar os impostos instituídos com suporte na competência outorgada pelo art. 153, V, da CF, tal locução é absolutamente inapropriada. Isso porque induz ao entendimento de que haveria um imposto sobre operações financeiras quando, em verdade, tal inexiste. O que há, sim, são quatro bases econômicas distintas e que sequer podem ser precisamente subsumidas na locução *operações financeiras*, quais sejam, as operações de crédito, as operações de câmbio, as operações de seguro e as operações relativas a títulos ou valores mobiliários.

O chamado IOF, em verdade, são vários impostos sobre bases econômicas distintas, todos com suporte no art. 153, V, da CF.

ROBERTO QUIROGA MOSQUERA manifesta-se firmemente no mesmo sentido:

> (...) cumpre-nos tecer algumas considerações a respeito de uma prática que se vem perpetrando há mais de 30 anos no meio jurídico-tributário brasileiro, qual seja, a denominação dos impostos antes referidos, por uma única locução, qual seja: imposto sobre operações financeiras – IOF. Essa prática iniciou-se em 1966, com a publicação da Lei n. 5.143, que instituiu o imposto sobre operações de crédito e seguro denominados, à época, de "imposto sobre operações financeiras". Prescrevia o artigo 1º da mencionada Lei: "O Imposto sobre Operações Financeiras incide nas operações de crédito e seguro, realizadas por instituições financeiras e seguradoras, e tem como fato gerador (...)". De lá para cá, a doutrina, a jurisprudência e o legislador vêm se utilizando da expressão para denominar, em verdade, 4 (quatro) impostos específicos, autônomos e independentes, ou seja: a) imposto sobre operações de crédito; b) imposto sobre operações de câmbio; c) imposto sobre operações de seguro; d) imposto sobre operações relativas a títulos ou valores mobiliários. A aludida prática se dá por comodidade, uma vez que é muito mais fácil denominar quatro exações tributárias com uma única expressão. (...) Muito mais econômico, ainda, é passar a chamar os tributos referidos pela sigla "IOF" (...) Todavia, pergunta-se: existe no ordenamento constitucional brasileiro algum imposto que responde pelo nome de imposto sobre operações financeiras? (...) O legislador constitucional não atribuiu nem à União, nem aos Estados e Distrito Federal e nem aos Municípios, competência para instituir impostos sobre operações financeiras. Indaga-se, então: ainda que o imposto apontado não exista, existe algum mal em "apelidar" os impostos previstos no artigo 153, V, da Constituição Federal pela denominação única impostos sobre operações financeiras? Parece-nos que sim. O "apelido" citado vem maculando de erros os posicionamentos da doutrina e as tarefas dos legisladores pátrios e

2 Para uma síntese acerca do IOF, *vide*: KINCHESCKI, Cristiano. Fundamentos jurídicos do imposto sobre operações de crédito. *RDDT*, n. 209/7, 2013.

da jurisprudência brasileira. A utilização da expressão imposto sobre operações financeiras e da sua abreviatura IOF provoca inúmeros equívocos quando da interpretação das leis que tratam dos impostos sobre operações de crédito, câmbio, seguro ou relativas a títulos ou valores mobiliários. (...) chamar pelo mesmo nome coisas diferentes ou que não se enquadrem nas características do respectivo termo traduz grave erro lógico, além do que, se criam problemas relacionados à polissemia as palavras. (...) Ao mesmo tempo em que a expressão "operações financeiras" é vaga, pois contempla operações financeiras que não são atingidas pelos impostos referidos, é ela restritiva, pois, os impostos sobre operações de crédito, câmbio, seguro ou relativas a títulos ou valores mobiliários podem incidir, também, sobre operações não financeiras. (...) A locução referida só serve para confundir e atrapalhar ainda mais, a análise correta das regras-matrizes de incidência dos impostos previstos no artigo 153, V, do Texto Constitucional. Daí por que abolimos deste trabalho a utilização da expressão imposto sobre operações financeiras e da abreviatura IOF e as substituímos pelas abreviaturas IO/Crédito (...); IO/Câmbio (...); IO/Seguros (...); IO/Títulos (...)[3].

Vale, ainda, a advertência de RAQUEL CRISTINA RIBEIRO NOVAIS:

Cumpre notar que a expressão "operações financeiras" empregada pelo legislador infraconstitucional e também pela doutrina (...) somente contribui para a dificuldade do tratamento científico da matéria. Na realidade, para ser correta a utilização da expressão, haveríamos de aceitar que "operações financeiras" fosse designativa de gênero de onde as espécies seriam operações de crédito, de câmbio, de seguros e relativas a títulos ou valores mobiliários. Ocorre que a expressão "operações financeiras é uma expressão equívoca, não consagrada pelo texto constitucional e não delimitada pelo direito infraconstitucional. Assim, não possui nenhuma significação perante o direito. Na linguagem popular, o termo é utilizado mais corriqueiramente para designar "operações realizadas pelo mercado financeiro" ou, ainda, "operações que se referem a finanças em geral"[4].

Não há como negar, contudo, que a própria legislação atinente à matéria designa os diversos impostos instituídos a tal título pela sigla "IOF"[5]. Optamos, então, por utilizá-la associada à palavra que especifica qual a base tributada: IOF-Crédito, IOF-Câmbio, IOF-Seguro e IOF-Títulos e Valores Mobiliários.

Todas as diferentes bases econômicas reunidas sob a sigla IOF apresentam, contudo, um elemento comum, qual seja, o termo "operações".

3 MOSQUERA, Roberto Quiroga. *Tributação no Mercado Financeiro e de Capitais*. São Paulo: Dialética, 1999, p. 102/104.

4 NOVAIS, Raquel Cristina Ribeiro. *Análise das normas de incidência dos Impostos sobre Operações de Crédito, Câmbio, Seguro ou Títulos e Valores Mobiliários*. Dissertação (Mestrado em Direito Tributário – PUC-SP). São Paulo, p. 21, 1992.

5 O Decreto n. 4.494/2002, aliás, dispõe em seu art. 1º: "Art. 1º O Imposto sobre Operações de Crédito, Câmbio e Seguro ou relativas a Títulos ou Valores Mobiliários – IOF será cobrado de conformidade com o disposto neste Decreto. Art. 2º O IOF incide (...)".

"Operação" é negócio jurídico.

AIRES FERNANDINO BARRETO ensina:

> O termo operações, à luz de um ponto de vista estritamente jurídico, significa atos regulados pelo Direito capazes de produzir efeitos jurídicos, ou seja, negócios jurídicos[6].

Também HORÁCIO VILLEN NETO, cuidando do ICMS, esclarece:

> Operações são atos ou negócios jurídicos em que ocorre a transmissão de um direito[7].

PAULO DE BARROS CARVALHO, enfocando igualmente o ICMS, segue a mesma trilha:

> Operações, no contexto, exprime o sentido de atos ou negócios hábeis para provocar a circulação de mercadorias. Adquire, neste momento, a acepção de toda e qualquer atividade, regulada pelo Direito, e que tenha a virtude de realizar aquele evento[8].

Não é outra a orientação de ROBERTO QUIROGA MOSQUERA:

> (...) o artigo 153, V, da Constituição Federal utiliza o termo operações no mesmo sentido utilizado no artigo 155, II, ou seja, como negócio jurídico bilateral, no qual há manifestação inequívoca de vontade das partes. Esses atos, fatos ou situações são produtores de efeitos jurídicos, emergindo daí uma relação regulada pelo Direito. O termo operações pressupõe uma visão dinâmica das relações sociais e não uma posição estática. Sendo negócio jurídico bilateral, não podem existir operações realizadas consigo mesmo, uma vez que sob a ótica jurídica essas "operações" nada representam. Melhor dizendo, realizar operações pressupõe a existência de alguém em relação oposta[9].

Assim, pode-se afirmar, com AIRES FERNANDINO BARRETO, que os impostos mencionados não oneram os títulos ou valores mobiliários, o câmbio, o seguro etc.; incidem, sim, sobre os negócios jurídicos que têm esses bens ou valores por objeto[10].

Vejamos a dimensão específica do Imposto sobre Operações de Crédito – IOF-Crédito. Tem este como base econômica operações de *"crédito"*.

Valemo-nos das lições de ROBERTO QUIROGA MOSQUERA:

6 BARRETO, Aires Fernandino. Natureza jurídica do imposto criado pela Medida Provisória n. 160/90. *Repertório IOB de Jurisprudência*, 2ª quinzena de maio de 1990, n. 10, p. 152.

7 VILLEN NETO, Horácio. A Incidência do ICMS na Atividade Praticada pelas Concessionárias de Transmissão e Distribuição de Energia Elétrica. *RET*, n. 32, 2003, p. 19.

8 CARVALHO, Paulo de Barros. *Regra matriz do ICM*. Tese apresentada para a obtenção de Título de Livre Docente da Faculdade de Direito da PUC-SP, 1981, p. 170.

9 MOSQUERA, Roberto Quiroga. *Tributação no Mercado Financeiro e de Capitais*. São Paulo: Dialética, 1999, p. 106.

10 BARRETO, Aires Fernandino. Natureza jurídica do imposto criado pela Medida Provisória n. 160/90. *Repertório IOB de Jurisprudência*, 2ª quinzena de maio de 1990, n. 10, p. 152.

> (...) o crédito é a troca de um bem presente por um bem futuro, ou seja, é o ato por intermédio do qual se realiza uma prestação presente em troca de uma promessa de prestação futura. Logo, o crédito pressupõe a existência de um aspecto temporal, entre a realização da prestação presente e a prestação futura. (...) na operação de crédito há a presença do elemento "confiança", isto é confiança do credor no devedor, seja em virtude das condições pessoais deste ou, ainda, em razão de garantias oferecidas por ele. Arnaldo Rizzardo caminha no mesmo sentido, definindo crédito como uma operação monetária, na qual é indispensável a confiança daquele que fornece o crédito na solvência do devedor. Ademais, esclarece o citado autor que é marca característica do crédito, a existência do intervalo de tempo entre uma prestação e uma contraprestação correspondente e ser ele o conteúdo típico dos contratos bancários[11].

Também HUGO DE BRITO MACHADO:

> Diz-se operação de crédito quando o operador se obriga a prestação futura, concernente ao objeto do negócio que se funda apenas na confiança que a solvabilidade do devedor inspira (Pedro Nunes). Ou, então, quando alguém efetua uma prestação presente contra a promessa de uma prestação futura (Luiz Souza Gomes). Está sempre presente no conceito de operação de crédito a ideia de troca de bens presentes por bens futuros, daí por que se diz que o crédito tem dois elementos essenciais, a saber, a confiança e o tempo (Luiz Emigdio da Rosa Júnior)[12].

Não será válido, portanto, fazer o IOF-Crédito incidir senão sobre negócio consubstanciado na entrega de moeda mediante obrigação à prestação futura.

Desse modo, não poderia ter recaído sobre simples saque efetuado em conta-poupança, conforme orientação consolidada pelo STF na Súmula 664: "É inconstitucional o inciso V do art. 1º da Lei n. 8.033/90, que instituiu a incidência do imposto nas operações de crédito, câmbio e seguros – IOF sobre saques efetuados em caderneta de poupança". Vê-se de precedente relatado pelo Ministro Ilmar Galvão justamente o apontamento da ausência, no caso, dos requisitos para a configuração de uma obrigação de crédito: "O saque em conta de poupança, por não conter promessa de prestação futura e, ainda, porque não se reveste de propriedade circulatória, tampouco configurando título destinado a assegurar disponibilidade de valores mobiliários, não pode ser tido por compreendido no conceito de operação de crédito ou de operação relativa a títulos ou valores mobiliários, não se prestando, por isso, para ser definido como hipótese de incidência do IOF, prevista no art. 153, V, da Carta Magna"[13].

---

11 MOSQUERA, Roberto Quiroga. *Tributação no Mercado Financeiro e de Capitais*. São Paulo: Dialética, 1999, p. 107.

12 MACHADO, Hugo de Brito. *Comentários ao Código Tributário Nacional*. Vol. I. São Paulo: Atlas, 2003, p. 592.

13 STF, RE 232.467-5, 1999.

MISABEL ABREU MACHADO DERZI e SACHA CALMON NAVARRO COELHO ressaltam, também, com razão, a inocorrência de operação de crédito na concessão de fiança onerosa, de modo que não admite a incidência de IOF-Crédito:

> A fiança onerosa não é nem prestação de serviços, nem tampouco operação de crédito. É uma obrigação, acessória, de garantia, nada tendo a ver com as obrigações de fazer (*facere*), dentre as quais se incluem as prestações de serviços, podendo ser civil ou comercial a depender da natureza do pacto principal, ao qual adere. (...) Por outro lado, a fiança é negócio totalmente diverso das operações de crédito. O fiador não põe crédito nas mãos ou à disposição do credor ou do devedor, partícipes da obrigação principal. (...) Logo, não há falar em operação de crédito na fiança, para os fins da incidência do IOF[14].

SEOANE destaca a necessidade de que a operação de crédito seja onerosa, sob pena de violação à capacidade contributiva:

> Longe de expressar riqueza, o mútuo demonstra a falta desta, haja vista que uma pessoa necessita que outro lhe ceda provisoriamente a coisa fungível. Não há acréscimo patrimonial ou signo presuntivo de riqueza, na medida em que a coisa fungível recebida deverá ser restituída no mesmo gênero, qualidade e quantidade. O patrimônio do mutuário permanece o mesmo, pois ao mesmo tempo em que a coisa fungível ingressa no seu patrimônio, surge uma obrigação de dar (restituir) no mesmo gênero, qualidade e quantidade. Assim, para o mutuário, certo é que não há signo de riqueza passível de tributação. Por outro lado, o mutuante que recebe juros pela coisa fungível (mútuo oneroso) tem um acréscimo patrimonial e, portanto, é passível de tributação. Neste caso, o fato presuntivo de riqueza não é o mútuo, mas sim o montante recebido a título de juros. O entregar dinheiro (ou outro bem fungível) não é, em si, um signo de riqueza passível de tributação. Justamente por isso, em caso de mútuo gratuito, não há também para o mutuante um signo presuntivo de riqueza passível de tributação. Assim, o mútuo gratuito, por não configurar fato presuntivo de riqueza tanto para o mutuante como para o mutuário, não pode servir de materialidade tributária, sob pena de ofensa ao princípio da capacidade contributiva objetiva[15].

A CF não exige que se trate de operação com instituição financeira. Não obstante entendimentos doutrinários em contrário[16], o STF apontou que "nada há na Constituição Federal, ou no próprio Código Tributário Nacional, que restrinja a incidência do

14 DERZI, Misabel Abreu Machado; COELHO, Sacha Calmon Navarro. A Fiança: o Imposto sobre Prestação de Serviços de Qualquer Natureza, o Imposto sobre Operações de Crédito e as Contribuições Sociais. *RDDT*, n. 41, 1999, p. 116.

15 SEOANE, Diego Sales. Não incidência do IOF sobre mútuos gratuitos. *RDDT*, n. 212/37, 2013.

16 MARTINS, Ives Gandra da Silva; SOUZA, Fátima Fernandes Rodrigues de. A Inconstitucionalidade da Incidência de IOF sobre as Operações de *Factoring*. *RDDT*, n. 31, 1998, p. 35. *Vide*, ainda, sobre a matéria: IOF e operações de mútuo, de Guilherme Cordeiro Neto, *RDDT*, n. 88, jan./1993, p. 20; Do IOF em operações de abertura de crédito entre pessoas jurídicas não financeiras, de Renato A. Gomes de Souza, Flávia M. Sant'Anna e Eunyce Porchat Secco Faveret, *RDDT*, n. 77, 2002, p. 114.

IOF sobre as operações de crédito realizadas por instituições financeiras"[17]. Desse modo, sejam, *e.g.*, as operações de *factoring*, sejam as operações de mútuo entre empresas de um mesmo grupo econômico[18], podem ser alcançadas pelo imposto.

OSWALDO OTHON DE PONTES SARAIVA FILHO destaca que a primeira lei instituidora do IOF limitara o âmbito de incidência às operações praticadas por instituições financeiras, o que não restou estabelecido constitucionalmente, tampouco no CTN, de modo que não há mesmo impedimento a que o legislador ordinário faça incidir sobre operações de crédito entre outras pessoas:

> (...) foi a Lei ordinária federal n. 5.143, de 20 de outubro de 1966, que primeiro instituiu, embora apenas parcialmente, o imposto sobre operações financeiras, que limitou o âmbito de incidência do tributo apenas às operações de crédito realizadas por instituições financeiras. Mas não há qualquer determinação nesse sentido, tanto por parte da Constituição Federal, quanto por parte do Código Tributário Nacional. Desse modo, a União poderia a qualquer momento incluir no campo de incidência do imposto novas modalidades de operações de financiamento e com títulos e valores mobiliários; foi o que fez o comentado preceito do art. 58 da Lei n. 9.532/97[19].

Como se verá adiante, por ocasião do tratamento específico do IOF-Crédito, a Lei 9.779/99, art. 13, prevê, expressamente, a incidência nas operações de crédito que envolvam pessoa jurídica ainda que não participem instituições financeiras.

Quanto à base econômica "operações de câmbio", que enseja a instituição do IOF-Câmbio, mais uma vez é precisa a definição formulada por ROBERTO QUIROGA MOSQUERA:

> (...) podemos definir as operações de câmbio como os negócios de compra e venda de moeda estrangeira ou nacional ou, ainda, os negócios jurídicos consistentes na entrega de uma determinada moeda a alguém em contrapartida de outra moeda recebida. Em síntese, o câmbio traz um comércio de dinheiro, no qual este se torna mercadoria e, como tal, tem custo e preço[20].

Para a definição da base econômica do IOF-Seguro, por sua vez, cabe considerarmos como as operações de seguro são caracterizadas pelo Código Civil:

---

17 STJ, ADI 1763, 2020. Esse entendimento começou a se consolidar ainda em 1998, quando o STF analisou a ADIMC n. 1.763.

18 TRF4, AC 5008211-28.2019.4.04.7112, 2021.

19 SARAIVA FILHO, Oswaldo Othon de Pontes. *Factoring*/IOF: Art. 58 da Lei n. 9.532/97, *Repertório IOB de Jurisprudência*/1998, Verbete 1/12167.

20 MOSQUERA, Roberto Quiroga. *Tributação no Mercado Financeiro e de Capitais*. São Paulo: Dialética, 1999, p. 110.

> Art. 757. Pelo contrato de seguro, o segurador se obriga, mediante o pagamento do prêmio, a garantir interesse legítimo do segurado, relativo a pessoa ou a coisa, contra riscos predeterminados[21].

Vejamos a exposição de ROBERTO QUIROGA MOSQUERA:

> (...) o imposto sobre operações de seguro, previsto no art. 153, V, do Diploma Constitucional elencou como fato da vida passível de tributação pela União Federal, os negócios jurídicos, nos quais alguém se obriga para com outrem, mediante remuneração de um prêmio, a indenizar prejuízos resultantes de riscos futuros, estes devidamente especificados quando da realização dos respectivos negócios jurídicos. Cumpre alertar que existem algumas operações assemelhadas às de seguro, porém com elas não se confundem, como é o caso das operações de previdência privada e de capitalização[22].

Como se vê, o elemento nuclear do contrato das operações de seguro é o risco, exigindo-se que a prestação contratada esteja condicionada a evento futuro e incerto. Este são os negócios passíveis de tributação a título de IOF-Seguro.

A CF estabelece, ainda, como base econômica sujeita à tributação a título de imposto pela União, as *"operações relativas a títulos e valores mobiliários"*, ensejando a instituição do chamado IOF-Títulos e Valores Mobiliários.

É, ainda, ROBERTO QUIROGA MOSQUERA quem ensina:

> O XVI Simpósio Nacional de Direito Tributário (...) concluiu que a expressão (...) deveria ser entendida da seguinte forma: "O termo títulos abrange os títulos de crédito em geral. Valores mobiliários são direitos resultantes de investimentos, dotados de circulabilidade, corporificados num instrumento ou registrados escrituralmente". Essa conclusão decorreu de uma análise de duas comissões formadas no referido evento. Pelo que se interpreta da conclusão acima apontada, entenderam os participantes do referido Simpósio que o termo *títulos* e a expressão *valores mobiliários* apresentam significações distintas. Enquanto aqueles traduzem todo e qualquer título de crédito dentro da definição tradicional da doutrina comercialista brasileira, estes conotam investimentos corporificados em documentos físicos e escriturais e passíveis de negociação. A nosso ver, essa diferenciação conceitual entre a palavra "títulos" e a expressão "valores mobiliários" sugerida no conclave antes mencionado, não é correta. Inicialmente, deve-se observar que o termo "mobiliários" está qualificando tanto o vocábulo "títulos", quanto a palavra "valores", ou seja, o que são "mobiliários" são os "títulos" e os "valores" e não apenas os "valores". Raquel Cristina Ribeiro Novais advoga entendimento semelhante ao acima exposto, no sentido de que a expressão "mobiliários" é conotativa tanto do termo "títulos" como da expressão "valores mobiliários". Para a ilustre jurista, "A razão que nos leva a pensar desta forma está na circunstância de o termo 'título'

---

21 BRASIL. Novo Código Civil, Lei n. 10.406, de 10 de janeiro de 2002, em vigor um ano após a sua publicação.

22 MOSQUERA, Roberto Quiroga. *Tributação no Mercado Financeiro e de Capitais*, op. cit., p. 111.

ser empregado, em nosso direito, como designativo de qualquer documento que contenha a menção de um direito, seja qual for sua natureza. Assim, não teria sentido, aos nossos olhos, que o legislador tivesse agregado à expressão 'valores mobiliários' a expressão 'títulos', de forma isolada, que pode compreender todo e qualquer documento que confere um direito ao seu titular, independentemente de se preocupar em limitá-la. Tal interpretação, especialmente considerando a circunstância de ter sido posta na norma constitucional delimitadora de competência tributária, não nos parece condizer com o objetivo de tal regra. (...)" (...) Nelson Eizirik, em recente estudo sobre as reformas na Lei das sociedades anônimas e no mercado de capitais, afirma que o conceito de "valor mobiliário", no sistema jurídico brasileiro, assim como em outros sistemas legais, é basicamente instrumental, uma vez que o conceito está relacionado à regulação estatal de determinada atividade econômica. Segundo o aludido autor, a noção da expressão "valor mobiliário" surgiu em face da necessidade de regulação estatal de determinadas operações que afetam a economia popular. Em especial, aquelas operações de risco nas quais os investidores têm pouco ou nenhum controle. Na obra supracitada, o autor expressa, inicialmente, entendimento no sentido de conceituar a locução "valores mobiliários" como os "títulos ou documentos que instrumentalizam investimentos de risco, aptos a circularem em série, ou seja, passíveis de negociação em massa". Contudo, em tópico mais adiante o mencionado autor expõe que o critério básico para definir o que vem a ser "valores mobiliários" é um critério legal, ou seja: "são valores mobiliários aqueles papéis ou documentos, passíveis de negociação em massa, representativos de investimento ou de crédito, que a lei considera como valores mobiliários e submete, em consequência, a uma disciplina especial e ao poder de polícia da CVM". (...) Cabe-nos, ainda, expor o posicionamento de Ary Oswaldo Mattos Filho sobre o assunto. Após longo estudo acerca do conceito de valor mobiliário, e, em particular, da noção da expressão para o Direito americano, conclui o aludido jurista que, para efeito de mercado de capitais brasileiro, valor mobiliário "é o investimento oferecido ao público, sobre o qual o investidor não tem controle direto, cuja aplicação é feita em dinheiro, bens ou serviço, na expectativa de lucro, não sendo necessária a emissão do título para a materialização da relação obrigacional". Tal conceituação vai ao encontro do posicionamento de Luiz Gastão Paes de Barros Leães que autoriza uma interpretação mais ampla da expressão "títulos ou valores mobiliários". (...) entendemos que a teoria legalista (...) não se sustenta (...) Portanto, o imposto sobre operações relativas a títulos ou valores mobiliários previsto no artigo 153, V, da Constituição Federal poderá incidir, desde que exercida a competência tributária por parte da União Federal, sobre negócios jurídicos relativos a investimentos oferecidos ao público, sobre os quais o investidor não tem controle direto, cuja aplicação é feita em dinheiro, bens ou serviço, na expectativa de lucro, não sendo necessária a emissão do título para a materialização da relação obrigacional[23].

A Lei 8.033/90 estabeleceu incidências de caráter transitório sobre operações praticadas com ativos e aplicações de cujo principal o contribuinte era titular em 16 de março de 1990, no contexto do Plano Collor. De qualquer modo, a jurisprudência a

23 MOSQUERA, Roberto Quiroga. *Tributação no Mercado Financeiro e de Capitais*, op. cit., p. 112/117.

respeito esclarece o alcance potencial do imposto. O STF decidiu pela constitucionalidade do inciso I do art. 1º da Lei 8.033/90, que tratava da incidência do IOF "sobre transmissão ou resgate de títulos mobiliários, públicos e privados, inclusive de aplicações de curto prazo, tais como letras de câmbio, depósitos a prazo com ou sem emissão de certificado, letras imobiliárias, debêntures e cédulas hipotecárias"[24], o que reafirmou[25]. Entendeu, também, que "a tributação de um negócio jurídico que tenha por objeto ações e respectivas bonificações insere-se na competência tributária atribuída à União no âmbito do Sistema Tributário Nacional, para fins de instituir imposto sobre operações relativas a títulos ou valores mobiliários"[26].

O Tribunal Pleno do STF também decidiu, em regime de repercussão geral, que "É constitucional o art. 1º, IV, da Lei 8.033/90, uma vez que a incidência de IOF sobre o negócio jurídico de transmissão de títulos e valores mobiliários, tais como ações de companhias abertas e respectivas bonificações, encontra respaldo no art. 153, V, da Constituição Federal, sem ofender os princípios tributários da anterioridade e da irretroatividade, nem demandar a reserva de lei complementar"[27]. Efetivamente, as ações são valores mobiliários, de modo que as respectivas operações estão no âmbito da base econômica do IOF.

5.3. CRITÉRIOS CONSTITUCIONAIS PARA INSTITUIÇÃO DO IOF

5.3.1. Atenuação da legalidade

A CF, através do § 1º do art. 153, atenua a legalidade tributária estrita relativamente aos impostos sobre operações de crédito, câmbio e seguro ou relativas a títulos ou valores mobiliários, dentre outros impostos, ao facultar ao Poder Executivo a alteração das alíquotas, atendidas as condições e os limites estabelecidos em lei, conforme se vê adiante no tratamento do aspecto quantitativo. A alteração pode ser feita por meio de portaria ministerial[28].

Note-se que só é permitida a alteração de alíquotas, e não da própria base de cálculo, de modo que o art. 65 do CTN, na parte em que prevê a possibilidade de o

24 STF, RE 287.628/PR AgR, 2012.

25 STF, AI 690411 AgR, 2017.

26 STF, Tribunal Pleno, RE 583712, 2016.

27 STF, Tribunal Pleno, RE 583712, 2016.

28 STF, AgRegRE 788.064, 2017 (*vide* o voto do relator); STJ, REsp 1123249, 2009.

Executivo alterar também a base de cálculo do IOF[29], não foi recepcionado. Aliás, já não havia sido recepcionado pelo texto constitucional anterior[30].

A especificação da condição a ser observada, constante do mesmo art. 65, é válida. Estabelece o CTN que a alteração das alíquotas pelo Executivo deve ocorrer a fim de ajustá-las "aos objetivos da política monetária", o que configura fim extrafiscal. KINCHESCKI destaca que "... a extrafiscalidade do IOF foi bastante utilizada pelo governo brasileiro, por exemplo, para tentar conter os efeitos da crise econômica de 2008 mediante a alteração seguida das alíquotas de IO/Crédito e de IO/Câmbio, visando estimular ou reduzir o consumo, bem como controlar o fluxo de capitais do exterior"[31]. A prerrogativa do Executivo de alterar as alíquotas não se presta, portanto, como instrumento para majorações com finalidade exclusivamente fiscal[32].

Em seguida à extinção da CPMF, sobreveio aumento significativo do IOF, sendo que se alegou que teria sido promovido para compensar as perdas decorrentes da não arrecadação daquela contribuição; portanto, com fins fiscais. O aumento teria carecido de fundamentação a justificá-lo e configurado desvio de finalidade. Mas o STF não acatou a tese, destacando que "A receita de impostos compõe a reserva necessária para fazer frente a toda e qualquer despesa *uti universi*, não havendo que se presumir que a majoração do IOF tenha ocorrido necessariamente para repor a perda dos valores anteriormente arrecadados por meio da CPMF". Considerou a tese do contribuinte mera

---

29 CTN: Art. 65. O Poder Executivo pode, nas condições e nos limites estabelecidos em lei, alterar as alíquotas ou as bases de cálculo do imposto, a fim de ajustá-los aos objetivos da política monetária.

30 Cf. Misabel Abreu Machado Derzi, em nota de atualização à obra de Aliomar Baleeiro, *Limitações Constitucionais ao Poder de Tributar*. 7. ed. Rio de Janeiro: Forense, 1997, p. 71.

31 KINCHESCKI, Cristiano. Fundamentos jurídicos do imposto sobre operações de crédito. *RDDT*, n. 209/7, 2013.

32 "[...] o Código estabelece uma finalidade a ser alcançada com a alteração do IOF, que é o ajustamento desse imposto aos objetivos da política monetária. Indispensável, portanto, que o ato administrativo com o qual o Poder Executivo altere esse imposto não pode prescindir de motivação, pois com o exame desta é que se poderá exercer o controle de constitucionalidade desse ato administrativo. [...] Em se tratando de um decreto essa motivação geralmente é colocada sob a forma de considerando. E no caso do aumento de alíquotas do IOF essa motivação, para que o ato seja válido, deve indicar qual é o objetivo da política monetária ao qual o imposto está sendo com ele ajustado. Não basta a indicação genérica, a dizer que o aumento de alíquotas está sendo feito para ajustar o imposto aos objetivos da política monetária, porque indicação assim, excessivamente genérica, não se presta como elemento de controle. [...] ... se é certo que os referidos Decretos aumentaram o IOF com a finalidade de elevar a arrecadação de receitas tributárias da União, resta evidente a inconstitucionalidade por desvio de finalidade. [...] ... a única razão pela qual o IOF está a salvo do princípio da estrita legalidade e da correspondente atribuição constitucional de competência ao Poder Executivo para alterar as alíquotas desse imposto, é precisamente a sua utilização como instrumento extrafiscal, ou instrumento regulatório." (MACHADO, Hugo de Brito. Inconstitucionalidade do aumento do IOF com desvio de finalidade. *RDDT* 154, jul./2008, p. 51.)

suposição, carecedora de fundamento jurídico[33]. Em outro precedente, afirmou: "Não há nenhuma evidência que a majoração do IOF, por meio da Portaria MF 348/98, objetivou modificar a natureza jurídica do imposto, de modo a desviar sua finalidade e transformá-lo em tributo com arrecadação vinculada"[34].

A Lei instituidora do imposto, Lei 8.894/94, com a redação da Lei 12.543/2011, estende a autorização, permitindo que o Poder Executivo altere as alíquotas tendo em vista tanto os objetivos da política monetária, a que alude o CTN, como os da política fiscal. Vejamos:

> "Art. 1º O Imposto sobre Operações de Crédito, Câmbio e Seguro, ou relativas a Títulos e Valores Mobiliários será cobrado à alíquota máxima de 1,5% ao dia, sobre o valor das operações de crédito e relativos a títulos e valores mobiliários. (...)
>
> § 2º O Poder Executivo, obedecidos os limites máximos fixados neste artigo, poderá alterar as alíquotas tendo em vista os objetivos das políticas monetária e fiscal."

Política fiscal, conforme esclarecido no sítio oficial do Tesouro Nacional, é conceito amplo: "Política fiscal reflete o conjunto de medidas pelas quais o Governo arrecada receitas e realiza despesas de modo a cumprir três funções: a estabilização macroeconômica, a redistribuição da renda e a alocação de recursos. A função estabilizadora consiste na promoção do crescimento econômico sustentado, com baixo desemprego e estabilidade de preços. A função redistributiva visa assegurar a distribuição equitativa da renda. Por fim, a função alocativa consiste no fornecimento eficiente de bens e serviços públicos, compensando as falhas de mercado"[35].

Poder-se-ia alegar que o legislador desbordou da norma geral, no ponto. Mas o art. 153, § 1º, ao dizer que "é facultado ao Poder Executivo, atendidas as condições e os limites estabelecidos em lei, alterar as alíquotas dos impostos enumerados nos incisos I, II, IV e V", não reserva a matéria à lei complementar, referindo genericamente "lei", ou seja, lei ordinária do ente político competente, qual seja, a União. Aliás, é adequado que o próprio ente competente para instituir o tributo, ao legislar sobre a matéria, defina a alíquota e, autorizado pela Constituição, estabeleça as condições para que o Executivo a gradue.

5.3.2. Exceção às anterioridades

A instituição ou majoração do IOF não está submetida à observância das anterioridades de exercício e nonagesimal mínima previstas no art. 150, III, *b* e *c*, da CF. Isso

---

33 STF, RE 800282 AgR, 2015.

34 STF, AgRegRE 788.064, 2017.

35 Disponível em: https://www.gov.br/tesouronacional/pt-br/estatisticas-fiscais-e-planejamento/sobre-politica-fiscal.

porque o § 1º do art. 150 estabelece exceção expressa a tais garantias, excluindo o IOF do seu campo de incidência.

5.3.3. Incidência única relativamente ao ouro enquanto ativo financeiro ou instrumento cambial

A CF traz, ainda, no § 5º do art. 153, regra específica atinente à incidência do imposto relativamente ao ouro enquanto ativo financeiro ou instrumento cambial:

> § 5º O ouro, quando definido em lei como ativo financeiro ou instrumento cambial, sujeita-se exclusivamente à incidência do imposto de que trata o inciso V do *caput* deste artigo (Imposto sobre Operações Financeiras), devido na operação de origem; a alíquota mínima será de um por cento, assegurada a transferência do montante da arrecadação nos seguintes termos:
>
> I – trinta por cento para o Estado, o Distrito Federal ou o Território, conforme a origem;
>
> II – setenta por cento para o Município de origem.

O Ministro Ari Pargendler, quando Desembargador do Tribunal Regional Federal da 4ª Região, proferiu voto bastante esclarecedor quanto ao alcance da norma:

> Até a Constituição Federal de 1988, o ouro era tributado pelo Imposto Único sobre Minerais. No regime atual tem tratamento peculiar. Quando utilizado como metal nobre, o ouro está sujeito ao Imposto sobre Operações Relativas à Circulação de Mercadorias e Prestação de Serviços. Se, todavia, for empregado como ativo financeiro, passa ao âmbito do Imposto sobre Operações de Crédito, Câmbio e Seguro ou Relativas a Títulos e Valores Mobiliários. A destinação do ouro o identifica como mercadoria ou como ativo financeiro. A entrada do ouro no mercado financeiro e sua permanência nele lhe assegura esse regime vantajoso: o de ser tributado uma só vez (monofasicamente) e de modo exclusivo (unicamente) pelo Imposto sobre Operações de Crédito, Câmbio e Seguro ou Relativas a Títulos e Valores Mobiliários. Tudo nos termos do art. 153, § 5º, do texto constitucional (...)[36].

O transcrito § 5º, efetivamente, exige que, em face de operações com ouro, identifiquemos a sua finalidade, verificando se é comercializado como simples mercadoria (metal destinado à confecção de joias, relógios etc.) ou se é objeto de negócios como instrumento cambial ou como ativo financeiro (investimentos em ouro). Na primeira hipótese, a operação será submetida à incidência de ICMS; na segunda, não incidirá o ICMS, mas apenas o IOF-Títulos e Valores Mobiliários e tão somente na operação de origem, pois o § 5º acabou por estabelecer imunidade para as operações posteriores à primeira.

---

36 Excerto do voto do então Juiz Ari Pargendler quando do julgamento, pelo Plenário do TRF4, da Arguição de Inconstitucionalidade na REO 92.04.09.625-0/RS, *RTRF*, n. 13, p. 93/99.

A Lei 7.766/89 define o que seja ouro "considerado ativo financeiro ou instrumento cambial":

> Art. 1º O ouro em qualquer estado de pureza, em bruto ou refinado, quando destinado ao mercado financeiro ou à execução da política cambial do País, em operações realizadas com a interveniência de instituições integrantes do Sistema Financeiro Nacional, na forma e condições autorizadas pelo Banco Central do Brasil, será desde a extração, inclusive, considerado ativo financeiro ou instrumento cambial.
>
> § 1º Enquadra-se na definição deste artigo:
>
> I – o ouro envolvido em operações de tratamento, refino, transporte, depósito ou custódia, desde que formalizado compromisso de destiná-lo ao Banco Central do Brasil ou à instituição por ele autorizada.
>
> II – as operações praticadas nas regiões de garimpo onde o ouro é extraído, desde que o ouro na saída do Município tenha o mesmo destino a que se refere o inciso I deste parágrafo.
>
> § 2º As negociações com o ouro, ativo financeiro, de que trata este artigo, efetuada nos pregões das bolsas de valores, de mercadorias, de futuros ou assemelhadas, ou no mercado de balcão com a interveniência de instituição financeira autorizada, serão consideradas operações financeiras.

Considera-se como operação de origem do ouro como ativo financeiro ou instrumento cambial a correspondente à sua aquisição por instituição autorizada ou o seu desembaraço aduaneiro, quando proveniente do exterior, conforme já decidiu o STF[37], que entendeu inconstitucionais os incisos II e III do art. 1º da Lei 8.033/90[38], que estendera, no contexto do Plano Collor, a incidência sobre as operações subsequentes (transmissão de ouro definido pela legislação como ativo financeiro e transmissão ou resgate de título representativo de ouro).

Persiste vigendo o art. 8º, *caput* e parágrafo único, da Lei 7.766/89[39]:

> Art. 8º O fato gerador do imposto é a primeira aquisição do ouro, ativo financeiro, efetuada por instituição autorizada, integrante do Sistema Financeiro Nacional.

---

37 STF, Plenário, RE 190.363-5, 1998; STF, AgRegRE 214.571, 1999. Veja-se a ementa deste último: "IOF – OURO – LEI N. 8.033/90. Conflitam com a Constituição Federal os incisos II e III do artigo 1º da Lei n. 8.033/90. Precedentes: Recursos Extraordinários n. 225.272-8/SP e 190.363-5/RS, relatados pelo Min. Carlos Velloso, perante o Pleno, com arestos veiculados no Diário da Justiça de 27 de novembro e 12 de junho, ambos de 1998, respectivamente".

38 Lei n. 8.033/90: "Art. 1º São instituídas as seguintes incidências do imposto sobre operações de crédito, câmbio e seguro, ou relativas a títulos ou valores mobiliários: (...) II – transmissão de ouro definido pela legislação como ativo financeiro; III – transmissão ou resgate do título representativo de ouro."

39 Sobre o conflito existente entre as Leis n. 7.766/89 e 8.033/90, tendo em vista a ampliação do campo de incidência da norma impositiva, *vide* artigo de José Wilson Ferreira Sobrinho, Tributação do Ouro como Ativo Financeiro, *Repertório IOB de Jurisprudência*/1998, Verbete 1/12774.

Parágrafo único. Tratando-se de ouro físico oriundo do exterior, ingressado no País, o fato gerador é o seu desembaraço aduaneiro.

A IN SRF 129/98, inclusive, vedou a constituição de crédito e determinou o cancelamento de lançamentos relativamente ao IOF na transmissão ou resgate de título representativo de ouro[40].

5.4. ASPECTOS DAS NORMAS TRIBUTÁRIAS IMPOSITIVAS DO IOF

Sendo várias as bases econômicas dadas à tributação pelo art. 153, V, da CF, temos, em verdade, quatro impostos distintos. Em face das suas peculiaridades, cada um deles tem uma pluralidade de fatos geradores e bases de cálculo.

O art. 2º do Decreto 6.306/2007 bem retrata as quatro incidências:

TÍTULO I – DA INCIDÊNCIA

Art. 2º O IOF incide sobre:

I – operações de crédito realizadas:

a) por instituições financeiras (Lei n. 5.143, de 20 de outubro de 1966, art. 1º);

b) por empresas que exercem as atividades de prestação cumulativa e contínua de serviços de assessoria creditícia, mercadológica, gestão de crédito, seleção de riscos, administração de contas a pagar e a receber, compra de direitos creditórios resultantes de vendas mercantis a prazo ou de prestação de serviços (*factoring*) (Lei n. 9.249, de 26 de dezembro de 1995, art. 15, § 1º, III, *d*, e Lei n. 9.532, de 10 de dezembro de 1997, art. 58);

c) entre pessoas jurídicas ou entre pessoa jurídica e pessoa física (Lei n. 9.779, de 19 de janeiro de 1999, art. 13);

II – operações de câmbio (Lei n. 8.894, de 21 de junho de 1994, art. 5º);

III – operações de seguro realizadas por seguradoras (Lei n. 5.143, de 1966, art. 1º);

IV – operações relativas a títulos ou valores mobiliários (Lei n. 8.894, de 1994, art. 1º);

V – operações com ouro, ativo financeiro, ou instrumento cambial (Lei n. 7.766, de 11 de maio de 1989, art. 4º).

§ 1º A incidência definida no inciso I exclui a definida no inciso IV, e reciprocamente, quanto à emissão, ao pagamento ou resgate do título representativo de uma mesma operação de crédito (Lei n. 5.172, de 25 de outubro de 1966, art. 63, parágrafo único).

40 IN SRF 129/98: "Art. 1º Fica vedada a constituição de crédito tributário relativamente ao imposto sobre operações de crédito, câmbio e seguro, ou relativas a títulos ou valores mobiliários – IOF, incidente na transmissão ou resgate de título representativo de ouro, a que se refere o art. 1º, III, da Lei n. 8.033, de 12 de abril de 1990. Art. 2º Os Delegados e Inspetores da Receita Federal deverão rever de ofício os lançamentos referentes à matéria mencionada no artigo anterior, para fins de alterar, total ou parcialmente, o respectivo crédito tributário. Art. 3º Os Delegados da Receita Federal de Julgamento subtrairão a aplicação do art. 1º, III, da Lei n. 8.033, de 1990, aos casos de créditos tributários já constituídos com base no referido dispositivo legal, cujos processos estejam pendentes de julgamento".

> § 2º Exclui-se da incidência do IOF referido no inciso I a operação de crédito externo, sem prejuízo da incidência definida no inciso II.
>
> ...

Temos de analisar, portanto, cada um dos impostos separadamente.

Mas vale considerar, desde já, a norma do § 2º acima transcrita, no sentido de que a operação de crédito externo está excluída da incidência do IOF-Crédito, sem prejuízo da incidência do IOF-Câmbio. O STJ entende que tal hipótese pressupõe que se trate de "crédito advindo do exterior". As operações de câmbio, com compra de moeda estrangeira, para posterior empréstimo à mutuária situada no exterior, diferentemente, enseja a incidência tanto do IOF-Câmbio como do IOF-Crédito, porquanto "há duas operações distintas e autônomas"[41].

Aplicável aos diversos impostos reunidos sob a sigla IOF é a isenção estabelecida pela Lei 13.353/2016, ao incluir o art. 6º-A no texto da Lei 8.894/94, *verbis*: "São isentos do imposto de que trata esta Lei a Academia Brasileira de Letras, a Associação Brasileira de Imprensa e o Instituto Histórico e Geográfico Brasileiro". A ABL, a ABI e o IHGB são associações de direito privado, razão pela qual a imunidade recíproca a impostos não as alcançava.

5.5. IOF – CRÉDITO

5.5.1. Aspecto material

O Imposto sobre Operações de Crédito tem como fato gerador a entrega ou colocação do montante à disposição do tomador. É o que dispõe o art. 63, I, do CTN:

> Art. 63. O imposto, de competência da União, sobre operações de crédito, câmbio e seguro, e sobre operações relativas a títulos e valores mobiliários tem como fato gerador:
>
> I – quanto às operações de crédito, a sua efetivação pela entrega total ou parcial do montante ou do valor que constitua o objeto da obrigação, ou sua colocação à disposição do interessado;

O DL n.1.783/80, ao instituir o imposto, dispõe que o imposto sobre operações de crédito incide sobre "empréstimos sob qualquer modalidade, aberturas de crédito e descontos de títulos"[42-43].

41 STJ, REsp 1.063.507, 2009. Esse entendimento foi reiterado: STJ, 2ª T., AgRg no REsp 1506113, 2016.

42 DL n. 1.783/80: "Art. 1º O imposto incidente, nos termos do art. 63 do Código Tributário Nacional, sobre operações de crédito, câmbio e seguro, e sobre operações relativas a títulos e valores mobiliários será cobrado às seguintes alíquotas: I – empréstimos sob qualquer modalidade, aberturas de crédito e descontos de títulos: 0,5% ao mês sobre o valor da operação ou percentual proporcionalmente equivalente quando for cobrado de uma só vez".

A Lei n. 9.532/97, que altera a legislação tributária federal, estabelece a incidência sobre operações de *factoring*[44], dispondo:

> Art. 58. A pessoa física ou jurídica que alienar, à empresa que exercer as atividades relacionadas na alínea *d* do inciso III do § 1º do art. 15 da Lei n. 9.249, de 1995 (*factoring*), direitos creditórios resultantes de vendas a prazo, sujeita-se à incidência do imposto sobre operações de crédito, câmbio e seguro ou relativas a títulos e valores mobiliários – IOF às mesmas alíquotas aplicáveis às operações de financiamento e empréstimo praticadas pelas instituições financeiras.
>
> § 1º O responsável pela cobrança e recolhimento do IOF de que trata este artigo é a empresa de *factoring* adquirente do direito creditório.
>
> § 2º O imposto cobrado na hipótese deste artigo deverá ser recolhido até o terceiro dia útil da semana subsequente à da ocorrência do fato gerador.

Esta incidência sobre *factoring* trouxe a discussão acerca da possibilidade ou da instituição do Imposto sobre Operações de Crédito não realizadas por instituição financeira. Quando da análise da base econômica, referimos que o STF firmou posição admitindo a incidência e que a repercussão geral da matéria foi reconhecida, estando o mérito para ser analisado. Cabe notar, realmente, que nem a CF, ao enunciar a competência, nem o CTN, ao traçar os arquétipos do fato gerador, base de cálculo e contribuintes, circunscreveram às instituições financeiras o Imposto sobre Operações de Crédito; pelo contrário, ensejam a instituição sobre qualquer operação de crédito.

A Lei n. 9.779/99 dispõe expressamente no sentido de tornar inequívoca a incidência nas operações realizadas sem a participação de instituições financeiras:

> Art. 13. As operações de crédito correspondentes a mútuo de recursos financeiros entre pessoas jurídicas ou entre pessoa jurídica e pessoa física sujeitam-se à incidência do IOF segundo as mesmas normas aplicáveis às operações de financiamento e empréstimos praticadas pelas instituições financeiras.

MOSQUERA esclarece o âmbito da incidência:

> (...) o imposto sobre operações de crédito, previsto no artigo 153, V, da Constituição Federal poderá incidir sobre negócios jurídicos nos quais alguém efetua uma prestação presente, contra uma contraprestação futura, ou seja, é a operação por intermédio da qual alguém

---

43 Na hipótese de o crédito restar representado por um título, não haverá incidência cumulativa do Imposto sobre Operações de Crédito e do Imposto sobre Operações com Títulos ou Valores Mobiliários, mas apenas do primeiro. Veja-se o parágrafo único do art. 63, I, do CTN: "Parágrafo único. A incidência definida no inciso I exclui a definida no inciso IV, e reciprocamente, quanto à emissão, ao pagamento ou resgate do título representativo de uma mesma operação de crédito".

44 Analisando os aspectos da hipótese da norma tributária impositiva relativa ao IOF-Crédito sobre operações de *factoring*, *vide* Vittorio Cassone, IOF Incidente sobre Operações de *Factoring* (O art. 58 da Lei n. 9.532/97), *Repertório IOB de Jurisprudência*/1998, Verbete 1/12166.

efetua uma prestação presente, para ressarcimento dessa prestação em data futura. Dentro do conceito acima exposto, enquadram-se inúmeras espécies de operações de crédito. Operações entre: a) pessoas físicas; b) pessoas físicas e pessoas jurídicas; c) pessoas jurídicas. Além do que, poderão existir operações de crédito realizadas entre: a) pessoas, físicas ou jurídicas, não financeiras; b) pessoas, físicas ou jurídicas e entidades financeiras; c) entidades financeiras. O que queremos demonstrar é que as operações de crédito nem sempre são realizadas com entidades financeiras[45].

Efetivamente, "com a edição da Lei n. 9.779/99, o legislador estendeu a incidência do IOF às operações de crédito correspondentes a mútuo de recursos financeiros entre pessoas jurídicas ou entre pessoa jurídica e pessoa física, cuidando, ainda, de determinar expressamente que estas operações estariam submetidas às mesmas normas aplicáveis às operações de financiamento e empréstimos praticadas pelas instituições financeiras (art. 13)"[46].

Vejamos o texto do Decreto n. 6.306/07, reunindo e regulamentando tais incidências:

TÍTULO II – DA INCIDÊNCIA SOBRE OPERAÇÕES DE CRÉDITO

CAPÍTULO I – DO FATO GERADOR

Art. 3º O fato gerador do IOF é a entrega do montante ou do valor que constitua o objeto da obrigação, ou sua colocação à disposição do interessado (Lei n. 5.172, de 1966, art. 63, I).

(...)

§ 2º O débito de encargos, exceto na hipótese do § 12 do art. 7º, não configura entrega ou colocação de recursos à disposição do interessado.

§ 3º A expressão operações de crédito compreende as operações de:

I – empréstimo sob qualquer modalidade, inclusive abertura de crédito e desconto de títulos (Decreto-Lei n. 1.783, de 18 de abril de 1980, art. 1º, I);

II – alienação, à empresa que exercer as atividades de *factoring*, de direitos creditórios resultantes de vendas a prazo (Lei n. 9.532, de 1997, art. 58);

III – mútuo de recursos financeiros entre pessoas jurídicas ou entre pessoa jurídica e pessoa física (Lei n. 9.779, de 1999, art. 13).

O STJ chama atenção para a diferença que existe entre a "venda a prazo" e a "venda financiada". Afirma: "Nesta, o comprador obtém recursos de instituição financeira para pagar a aquisição da mercadoria e o IPI incide apenas sobre o valor efetivamente pago ao vendedor da mercadoria, não englobando os juros pagos ao financiador, sobre o qual incidirá apenas o IOF". "Na venda a prazo, porém, em que o vendedor recebe o preço em parcelas, o IPI incide sobre a soma de todas essas, ainda que o valor seja maior

45 MOSQUERA, Roberto Quiroga. *Tributação no Mercado Financeiro e de Capitais*, op. cit., p. 108.

46 TRF4, AC 5020436-78.2017.4.04.7200, 2021.

do que o cobrado em operações de venda à vista, pois esse total corresponde ao valor da operação"[47].

O STJ decidiu que não há exigência de que seja uma específica operação de mútuo, razão por que entende que estão compreendidas "também as operações realizadas ao abrigo de contrato de conta corrente entre empresas coligadas com a previsão de concessão de crédito"[48]. Ainda assim, a doutrina procurava restringir tal incidência. SEOANE destacava que "o artigo 13 da Lei n. 9.799/1999 deve ser interpretado no sentido de estender a materialidade do IOF Crédito aos mútuos onerosos" tão somente. Nesse sentido, referia que "o mútuo gratuito é instrumento amplamente utilizado entre pessoas jurídicas pertencentes a um mesmo grupo econômico, haja vista a necessidade de fluxo financeiro entre elas", mas que tal "fluxo monetário nestas situações, longe de configurar uma exteriorização de riqueza das partes envolvidas, é apenas uma realocação temporária do capital do grupo econômico (existe a obrigação da devolução, ainda que a título gratuito), não havendo que se falar em incidência do IOF Crédito"[49]. ALBERTO XAVIER, por sua vez, entendia que o contrato de conta-corrente sequer configuraria contrato de mútuo. Anotava: "No mútuo existe uma rigorosa predeterminação tanto da identidade do credor e do devedor, quanto do valor a restituir. Ao invés, no contrato de conta-corrente não existe predeterminação nem do credor, nem do devedor, pois sendo o crédito apenas exigível por ocasião do encerramento da conta, a posição ativa ou passiva na relação jurídica depende das partidas de 'deve' e 'haver' que ao longo do contrato se forem formando entre as partes. [...] Também não há predeterminação do valor a ser liquidado por diferença..."[50]. ANDRÉ MENDES MOREIRA entendia que não cabia a incidência nos contratos de conta-corrente entre empresas do mesmo grupo econômico[51]. Mas o STJ acabou decidindo pela incidência: "De acordo com o art. 13 da Lei n. 9.779/1999, incide IOF sobre operações de mútuo entre pessoas jurídicas e físicas, ou somente entre pessoas jurídicas, ainda que integrantes de um mesmo grupo econômico"[52].

O STJ também decidiu favoravelmente à Fazenda Nacional ao entender que o contrato de mútuo entre pessoas jurídicas, uma delas sediada no exterior, enseja dupla incidência de IOF, uma, no momento da operação cambial e, outra, no momento da disponibilidade dos valores. Destacou "que há duas operações distintas e autônomas,

47 STJ, REsp 1586158, 2016.

48 TJ, REsp 1239101, 2011.

49 SEOANE, Diego Sales. Não incidência do IOF sobre mútuos gratuitos. *RDDT*, n. 212/37, 2013.

50 XAVIER, Alberto. A distinção entre o contato de conta-corrente e mútuo de recursos financeiros para efeitos de IOF. *RDDT*, n. 208/15, 2013.

51 *Vide*: MOREIRA, André Mendes; GAIA, Patrícia Dantas. A não incidência do IOF-crédito sobre os contratos de conta-corrente entre empresas do mesmo grupo econômico. *RDDT*, n. 232/28, 2015.

52 STJ, AgRg no REsp 1501870, 2015.

uma de crédito, outra de câmbio, que não são interdependentes para o cumprimento do contrato de mútuo firmado, pois o empréstimo em moeda nacional não necessita, para sua concretude, que se convertam em moeda estrangeira os valores contratados". Frisou, ainda, que a "operação de câmbio, no caso, é fato autônomo decorrente tão somente da vontade das partes e, na prática, implica compra de moeda estrangeira para, na sequência, ser emprestada à mutuaria"[53].

A Lei n. 8.033/90, ao dispor sobre os fatos geradores do IOF, previa, ainda, a sua incidência sobre "saques efetuados em cadernetas de poupança" relativamente a aplicações existentes em 16 de março de 1990. Contudo, por não configurarem operação de crédito, tampouco se enquadrarem nas outras bases econômicas do imposto, o STF declarou a sua inconstitucionalidade, conforme já destacado quando da análise da base econômica desse imposto.

Também recebeu censura a exigência do imposto sobre saques de depósitos judiciais, que também não constitui operação de crédito. O STJ entendeu que a lei "não autoriza a incidência do IOF na liberação de depósitos judiciais para garantia da instância" e que "tais procedimentos não são operações financeiras para fins de tributação"[54]. Esse entendimento restou consolidado na Súmula 185 do STJ: "Nos depósitos judiciais, não incide o Imposto sobre Operações Financeiras". A IN SRF 224/2002 determinou, inclusive, o cancelamento dos lançamentos atinentes à suposta incidência sobre depósitos voluntários para garantia de instância e depósitos judiciais levantados pelo depositante[55].

Outra discussão resolvida em favor dos contribuintes é ao adiantamento sobre contrato de câmbio (ACC). Conforme o STJ, nessa operação, a "instituição financeira se obriga a pagar, em reais e no momento estabelecido na avença, pela moeda estrangeira comprada a termo, ou seja, paga-se antecipadamente, de forma total ou parcial, pelo valor correspondente ao câmbio, que se efetivará no futuro" e tal "não representa uma operação de crédito, embora não se negue a antecipação de numerário que ele representa, cuidando, na verdade, de uma operação de câmbio de forma antecipada, e assim deve ser tributada, pois vinculada a compra a termo de moeda estrangeira, de modo que se apresenta incabível a pretensão de que incida IOF sobre crédito no momento da formalização desse contrato"[56].

---

53 STJ, AgRg no REsp 1506113, 2016.

54 STJ, REsp 226.027, 1999.

55 IN SRF 224/2002: "Art. 1º Os Delegados e Inspetores da Receita Federal deverão rever de ofício os lançamentos referentes ao Imposto sobre Operações de Crédito, Câmbio e Seguro, ou relativas a Títulos ou Valores Mobiliários (IOF) incidente sobre depósitos voluntários para garantia de instância e depósitos judiciais, quando o seu levantamento se der em favor do depositante, a que se refere o item 3 da Instrução Normativa SRF n. 62, de 1990, para fins de alterar, total ou parcialmente, o respectivo crédito tributário". Obs.: sua posterior revogação não infirmou os atos com base nela praticados.

56 STJ, REsp 1452963, 2021.

Nos contratos de mútuo firmados com instituições financeiras, é comum que o cliente defina o valor líquido da disponibilidade financeira de que necessita. Assim, considerando-se que lhe cabe suportar o IOF incidente na operação, é acrescido ao montante mutuado o necessário para o pagamento do IOF a ser transferido ao Fisco, mediante substituição tributária, pela instituição mutuante. Não há impedimento a tal prática, seja sob a perspectiva tributária, seja sob a contratual, sendo que o STJ, em sede de recurso repetitivo, já assentou que "podem as partes convencionar o pagamento do Imposto sobre Operações Financeiras e de Crédito (IOF) por meio de financiamento acessório ao mútuo principal, sujeitando-o aos mesmos encargos contratuais", não implicando prática abusiva[57].

5.5.2. Aspecto espacial

O Imposto sobre Operações de Crédito incide sobre operações ocorridas no território nacional.

Já quanto às operações em que o dinheiro circule entre o Brasil e o exterior, é preciso distinguir se implicam entrada ou saída de dinheiro.

Relativamente às operações que se referem a crédito advindo do exterior[58], o art. 2º, § 2º, do Regulamento (Dec. n. 6.306/2007) é inequívoco: "Exclui-se da incidência do IOF referido no inciso I a operação de crédito externo, sem prejuízo da incidência definida no inciso II". Assim, nessas operações, não haverá a incidência de IOF-Crédito, mas incidirá o IOF-Câmbio por ocasião da conversão dos valores para moeda nacional.

Já nas operações que impliquem concessão de crédito ao exterior, haverá dupla incidência, de IOF-Câmbio e de IOF-Crédito.

Operações de crédito ocorridas inteiramente exterior não poderão sofrer a incidência do IOF, porquanto não serão alcançadas pela lei brasileira.

5.5.3. Aspecto temporal

O legislador não estabelece qualquer ficção no que diz respeito ao aspecto temporal da hipótese de incidência do Imposto sobre Operações de Crédito. Assim, considerar-se-á ocorrida no momento mesmo da efetivação das operações de crédito "pela entrega total ou parcial do montante ou do valor que constitua o objeto da obrigação, ou sua colocação à disposição do interessado" (art. 63, I, do CTN).

O Decreto n. 6.306/2007 detalha a sua ocorrência nas diversas operações de crédito, conforme se vê do § 1º do seu art. 3º:

57 STJ, REsp 1255573, 2013. Aplicando tal orientação: TRF4, AC 5018743-09.2019.4.04.7000, 2021.

58 STJ, AgRg no REsp 1506113, 2016.

Art. 3º (...)

§ 1º Entende-se ocorrido o fato gerador e devido o IOF sobre operação de crédito:

I – na data da efetiva entrega, total ou parcial, do valor que constitua o objeto da obrigação ou sua colocação à disposição do interessado;

II – no momento da liberação de cada uma das parcelas, nas hipóteses de crédito sujeito, contratualmente, a liberação parcelada;

III – na data do adiantamento a depositante, assim considerado o saldo a descoberto em conta de depósito;

IV – na data do registro efetuado em conta devedora por crédito liquidado no exterior;

V – na data em que se verificar excesso de limite, assim entendido o saldo a descoberto ocorrido em operação de empréstimo ou financiamento, inclusive sob a forma de abertura de crédito;

VI – na data da novação, composição, consolidação, confissão de dívida e dos negócios assemelhados, observado o disposto nos §§ 7º e 10 do art. 7º;

VII – na data do lançamento contábil, em relação às operações e às transferências internas que não tenham classificação específica, mas que, pela sua natureza, se enquadrem como operações de crédito.

§ 2º (...)

Porém, há acórdão do STJ tomando por ocorrido o fato gerador no momento da celebração do contrato de financiamento:

> IOF. CONTRATO DE FINANCIAMENTO MEDIANTE ABERTURA DE CRÉDITO ENTRE EMPRESA E BNDES. DECRETO N. 1.764/95. ART. 110 DO CTN. INCIDÊNCIA NO MOMENTO DA CELEBRAÇÃO DO CONTRATO... II – ... a norma que reduziu a zero a alíquota do imposto incidente nas operações de crédito do BANCO NACIONAL DE DESENVOLVIMENTO – BNDES, o Decreto n. 1.764/95, não pode, *data maxima venia*, retroagir para atingir contratos ajustados em datas anteriores, ainda que não tenham sido entregues os valores correspondentes ao pacto de financiamento realizado antes do início da vigência da referida norma. III – Restou consignado ainda que ante a impossibilidade de alteração dos conceitos advindos do Direito Privado (art. 110 do CTN), o que importa, *in casu*, para fins de incidência da norma tributária, é o momento da celebração do contrato de financiamento com o BNDES, porquanto vinculador da vontade das partes, para fins de ocorrência do fato gerador do Imposto sobre Operações Financeiras – IOF. IV – Embargos rejeitados. (STJ, EDcl no REsp 324.361, 2006.)

5.5.4. Aspecto pessoal

Sujeito ativo do Imposto sobre Operações de Crédito é a própria União, sendo o tributo administrado pela Receita Federal do Brasil.

Relativamente à sujeição passiva, tão importante quanto os contribuintes são os terceiros obrigados ao pagamento, pois a substituição tributária é marca sempre presente neste imposto.

O CTN dispõe sobre o contribuinte em seu art. 66:

> Art. 66. Contribuinte do imposto é qualquer das partes na operação tributada, como dispuser a lei.

O legislador ordinário, portanto, pode colocar como contribuinte do imposto tanto aquele que empresta como o que toma o empréstimo.

A Lei n. 8.894/94, ao instituir o Imposto sobre Operações de Crédito, dispôs no sentido de que são contribuintes os tomadores de crédito:

> Art. 3º São contribuintes do imposto:
>
> I – os tomadores de crédito, na hipótese prevista no art. 2º, I.

Relativamente às operações de *factoring*, a Lei n. 9.532/97 elenca como contribuinte a pessoa física ou jurídica que alienar os direitos creditórios, conforme se vê do seu art. 58:

> Art. 58. A pessoa física ou jurídica que alienar, à empresa que exercer as atividades relacionadas na alínea *d* do inciso III do § 1º do art. 15 da Lei n. 9.249, de 1995 (*factoring*), direitos creditórios resultantes de vendas a prazo, sujeita-se à incidência do imposto (...)

O Decreto n. 6.306/2007 detalha tais situações:

> TÍTULO II – DA INCIDÊNCIA SOBRE OPERAÇÕES DE CRÉDITO
>
> CAPÍTULO II – DOS CONTRIBUINTES E DOS RESPONSÁVEIS
>
> Dos Contribuintes
>
> Art. 4º Contribuintes do IOF são as pessoas físicas ou jurídicas tomadoras de crédito (Lei n. 8.894, de 1994, art. 3º, I, e Lei n. 9.532, de 1997, art. 58).
>
> Parágrafo único. No caso de alienação de direitos creditórios resultantes de vendas a prazo a empresas de *factoring*, contribuinte é o alienante pessoa física ou jurídica.

A par disso, conforme já referimos, teremos, sempre, a figura do substituto tributário no Imposto sobre Operações de Crédito, figurando em tal posição, invariavelmente, aqueles que concedem o crédito, como as instituições financeiras e as empresas de *factoring*.

Quanto às operações com instituições financeiras, dispõe o DL n. 1.783/80:

> Art. 3º São responsáveis pela cobrança do imposto e pelo seu recolhimento ao Banco Central do Brasil, ou a quem este determinar, nos prazos fixados pelo Conselho Monetário Nacional:
>
> I – nas operações de crédito, as instituições financeiras.

Quanto às operações de *factoring*, dispõe a Lei n. 9.532/97:

Lei n. 9.532/97

Art. 58 (...)

§ 1º O responsável pela cobrança e recolhimento do IOF de que trata este artigo é a empresa de *factoring* adquirente do direito creditório.

Quanto às demais operações de crédito que não sejam realizadas por instituições financeiras, dispõe a Lei n. 9.779/99:

Art. 13 (...)

§ 2º Responsável pela cobrança e recolhimento do IOF de que trata este artigo é a pessoa jurídica que conceder o crédito.

O Decreto 6.306/07 retrata os substitutos em artigo único:

Dos Responsáveis

Art. 5º São responsáveis pela cobrança do IOF e pelo seu recolhimento ao Tesouro Nacional:

I – as instituições financeiras que efetuarem operações de crédito (Decreto-Lei n. 1.783, de 1980, art. 3º, I);

II – as empresas de *factoring* adquirentes do direito creditório, nas hipóteses da alínea *b* do inciso I do art. 2º (Lei n. 9.532, de 1997, art. 58, § 1º);

III – a pessoa jurídica que conceder o crédito, nas operações de crédito correspondentes a mútuo de recursos financeiros (Lei n. 9.779, de 1999, art. 13, § 2º).

5.5.5. Aspecto quantitativo

Dispõe o CTN, em nível de lei complementar:

Art. 64. A base de cálculo do imposto é:

I – quanto às operações de crédito, o montante da obrigação, compreendendo o principal e os juros.

Conforme o art. 64, I, do CTN, a **base de cálculo é "o montante da obrigação, compreendendo o principal e os juros"**. De qualquer modo, em face da multiplicidade de operações de crédito existentes, o legislador especifica, em cada uma delas, qual a base de cálculo a ser considerada, exteriorizando a perspectiva dimensível do aspecto material, ou seja, do crédito entregado ou colocado à disposição do tomador.

Nos contratos de abertura de crédito, quando "não ficar definido o valor do principal a ser utilizado pelo mutuário", "a base de cálculo é o somatório dos saldos devedores diários apurado no último dia de cada mês, inclusive na prorrogação ou renovação".

A par disso, estando o IOF-Crédito dentre os tributos abrangidos pela atenuação à legalidade estabelecida pelo § 1º do art. 153 da CF, conforme tratamos quando da análise dos critérios constitucionais para a instituição do imposto, o legislador estabelece a alíquota máxima e as condições e requisitos para a sua alteração pelo Executivo.

É o que se vê da Lei n. 8.894/94, com a redação da Lei n. 12.543/2011:

> Art. 1º O Imposto sobre Operações de Crédito, Câmbio e Seguro, ou relativas a Títulos e Valores Mobiliários será cobrado à alíquota máxima de 1,5% ao dia, sobre o valor das operações de crédito e relativos a títulos e valores mobiliários.
>
> § 1º No caso de operações envolvendo contratos derivativos, a alíquota máxima é de 25% (vinte e cinco por cento) sobre o valor da operação.
>
> § 2º O Poder Executivo, obedecidos os limites máximos fixados neste artigo, poderá alterar as alíquotas tendo em vista os objetivos das políticas monetária e fiscal.

Temos, portanto: como base de cálculo, o valor das operações de crédito.

As alíquotas praticadas, para a maior parte das operações, são de 0,0041% ao dia nas operações realizadas por pessoas jurídicas e de 0,0082% ao dia nas realizadas por pessoas jurídicas, conforme se vê dos diversos incisos do art. 7º do Regulamento, a título de "alíquota reduzida"[59]. As operações que têm como mutuário pessoa jurídica

59 Decreto 6.306/2007: "Da Base de Cálculo e das Alíquotas Reduzidas Art. 7º A base de cálculo e respectiva alíquota reduzida do IOF são (Lei n. 8.894, de 1994, art. 1º, parágrafo único, e Lei n. 5.172, de 1966, art. 64, inciso I): I – na operação de empréstimo, sob qualquer modalidade, inclusive abertura de crédito: a) quando não ficar definido o valor do principal a ser utilizado pelo mutuário, inclusive por estar contratualmente prevista a reutilização do crédito, até o termo final da operação, a base de cálculo é o somatório dos saldos devedores diários apurado no último dia de cada mês, inclusive na prorrogação ou renovação: 1. mutuário pessoa jurídica: 0,0041%; 2. mutuário pessoa física: 0,0082%; (Redação dada pelo Decreto n. 8.392, de 2015) b) quando ficar definido o valor do principal a ser utilizado pelo mutuário, a base de cálculo é o principal entregue ou colocado à sua disposição, ou quando previsto mais de um pagamento, o valor do principal de cada uma das parcelas: 1. mutuário pessoa jurídica: 0,0041% ao dia; 2. mutuário pessoa física: 0,0082% ao dia; (Redação dada pelo Decreto n. 8.392, de 2015) II – na operação de desconto, inclusive na de alienação a empresas de factoring de direitos creditórios resultantes de vendas a prazo, a base de cálculo é o valor líquido obtido: a) mutuário pessoa jurídica: 0,0041% ao dia; b) mutuário pessoa física: 0,0082% ao dia; (Redação dada pelo Decreto n. 8.392, de 2015) III – no adiantamento a depositante, a base de cálculo é o somatório dos saldos devedores diários, apurado no último dia de cada mês: a) mutuário pessoa jurídica: 0,0041%; b) mutuário pessoa física: 0,0082%; (Redação dada pelo Decreto n. 8.392, de 2015) IV – nos empréstimos, inclusive sob a forma de financiamento, sujeitos à liberação de recursos em parcelas, ainda que o pagamento seja parcelado, a base de cálculo é o valor do principal de cada liberação: a) mutuário pessoa jurídica: 0,0041% ao dia; b) mutuário pessoa física: 0,0082% ao dia; (Redação dada pelo Decreto n. 8.392, de 2015) V – nos excessos de limite, ainda que o contrato esteja vencido: a) quando não ficar expressamente definido o valor do principal a ser utilizado, inclusive por estar contratualmente prevista a reutilização do crédito, até o termo final da operação, a base de cálculo é o valor dos excessos computados no somatório dos saldos devedores diários apurados no último dia de cada mês: 1. mutuário pessoa jurídica: 0,0041%; 2. mutuário pessoa física: 0,0082%; (Redação dada pelo Decreto n. 8.392, de 2015) b) quando ficar expressamente definido o valor do principal a ser utilizado, a base de cálculo é o valor de cada excesso, apurado diariamente, resultante de novos valores entregues ao interessado, não se considerando como tais os débitos de encargos: 1. mu-

optante pelo Simples Nacional, em que o valor seja de até R$ 30.000,00, sujeitam-se à alíquota de 0,00137% ao dia. Para muitos casos, ainda, é estabelecida alíquota zero[60].

tuário pessoa jurídica: 0,0041% ao dia; 2. mutuário pessoa física: 0,0082%; (Redação dada pelo Decreto n. 8.392, de 2015) VI – nas operações referidas nos incisos I a V, quando se tratar de mutuário pessoa jurídica optante pelo Regime Especial Unificado de Arrecadação de Tributos e Contribuições devidos pelas Microempresas e Empresas de Pequeno Porte – Simples Nacional, de que trata a Lei Complementar n. 123, de 14 de dezembro de 2006, em que o valor seja igual ou inferior a R$ 30.000,00 (trinta mil reais), observado o disposto no art. 45, inciso II: 0,00137% ou 0,00137% ao dia, conforme o caso; VII – nas operações de financiamento para aquisição de imóveis não residenciais, em que o mutuário seja pessoa física: 0,0082% ao dia. (Redação dada pelo Decreto n. 8.392, de 2015) § 1º O IOF, cuja base de cálculo não seja apurada por somatório de saldos devedores diários, não excederá o valor resultante da aplicação da alíquota diária a cada valor de principal, prevista para a operação, multiplicada por trezentos e sessenta e cinco dias, acrescida da alíquota adicional de que trata o § 15, ainda que a operação seja de pagamento parcelado. (Redação dada pelo Decreto n. 6.391, de 2008)..."

60 Decreto n. 6.306/2007: "Da Alíquota Zero. Art. 8º A alíquota é reduzida a zero na operação de crédito: I – em que figure como tomadora cooperativa, observado o disposto no art. 45, I; II – (revogado pelo Decreto n. 9.017/2017); III – à exportação, bem como de amparo à produção ou estímulo à exportação; IV – rural, destinada a investimento, custeio e comercialização, observado o disposto no § 1º; V – realizada por caixa econômica, sob garantia de penhor civil de joias, de pedras preciosas e de outros objetos; VI – realizada por instituição financeira, referente a repasse de recursos do Tesouro Nacional destinados a financiamento de abastecimento e formação de estoques reguladores; VII – realizada entre instituição financeira e outra instituição autorizada a funcionar pelo Banco Central do Brasil, desde que a operação seja permitida pela legislação vigente; VIII – em que o tomador seja estudante, realizada por meio do Fundo de Financiamento ao Estudante do Ensino Superior – FIES, de que trata a Lei n. 10.260, de 12 de julho de 2001; IX – efetuada com recursos da Agência Especial de Financiamento Industrial – FINAME; X – realizada ao amparo da Política de Garantia de Preços Mínimos – Empréstimos do Governo Federal – EGF; XI – relativa a empréstimo de título público, quando esse permanecer custodiado no Sistema Especial de Liquidação e de Custódia – SELIC, e servir de garantia prestada a terceiro na execução de serviços e obras públicas; XII – (Revogado pelo Decreto n. 8.325/2014); XIII – relativa a adiantamento de salário concedido por pessoa jurídica aos seus empregados, para desconto em folha de pagamento ou qualquer outra forma de reembolso; XIV – relativa a transferência de bens objeto de alienação fiduciária, com sub-rogação de terceiro nos direitos e obrigações do devedor, desde que mantidas todas as condições financeiras do contrato original; XV – realizada por instituição financeira na qualidade de gestora, mandatária, ou agente de fundo ou programa do Governo Federal, Estadual, do Distrito Federal ou Municipal, instituído por lei, cuja aplicação do recurso tenha finalidade específica; XVI – relativa a adiantamento sobre o valor de resgate de apólice de seguro de vida individual e de título de capitalização; XVII – relativa a adiantamento de contrato de câmbio de exportação; XVIII – relativa a aquisição de ações ou de participação em empresa, no âmbito do Programa Nacional de Desestatização; XIX – resultante de repasse de recursos de fundo ou programa do Governo Federal vinculado à emissão pública de valores mobiliários; XX – relativa a devolução antecipada do IOF indevidamente cobrado e recolhido pelo responsável, enquanto aguarda a restituição pleiteada, e desde que não haja cobrança de encargos remuneratórios; XXI – realizada por agente financeiro com recursos oriundos de programas federais, estaduais ou municipais, instituídos com a finalidade de implementar programas de geração de emprego e renda, nos termos previstos no art. 12 da Lei n. 9.649, de 27 de maio de 1998; XXII – relativa a adiantamento concedido sobre cheque em depósito, remetido à compensação nos prazos e condições fixados pelo Banco Central do Brasil; XXIII – (Revogado pelo Decreto n. 6.391/2008);

Isso porque a alíquota legal máxima, 1,5% ao dia, por certo, mostrar-se-ia demasiadamente onerosa e insuportável, configurando gravame excessivo de modo a configurar confisco vedado pelo art. 150, IV, da CF. O limite estabelecido pelo legislador, por confiscatório, dá ao Executivo um âmbito quase irrestrito de dimensionamento do IOF-Crédito, permitindo-lhe a livre graduação da alíquota, tendo como condição o atendimento aos objetivos das políticas monetária e fiscal.

XXIV – realizada por instituição financeira, com recursos do Tesouro Nacional, destinada ao financiamento de estocagem de álcool etílico combustível, na forma regulamentada pelo Conselho Monetário Nacional; XXV – realizada por uma instituição financeira para cobertura de saldo devedor em outra instituição financeira, até o montante do valor portado e desde que não haja substituição do devedor; XXVI – relativa a financiamento para aquisição de motocicleta, motoneta e ciclomotor, em que o mutuário seja pessoa física. (Incluído pelo Decreto n. 6.655, de 2008); XXVII – realizada por instituição financeira pública federal em que sejam tomadores de recursos pessoas físicas com renda mensal de até dez salários mínimos, desde que os valores das operações sejam direcionados exclusivamente para adquirir bens e serviços de tecnologia assistiva destinados a pessoas com deficiência, nos termos do parágrafo único do art 1º da Lei n. 10.735, de 11 de setembro de 2003. (Incluído pelo Decreto n. 7.726, de 2012); XXVIII – realizada por instituição financeira, com recursos públicos ou privados, para financiamento de operações, contratadas a partir de 2 de abril de 2013, destinadas a aquisição, produção e arrendamento mercantil de bens de capital, incluídos componentes e serviços tecnológicos relacionados, e o capital de giro associado, a produção de bens de consumo para exportação, ao setor de energia elétrica, a estruturas para exportação de granéis líquidos, a projetos de engenharia, à inovação tecnológica, e a projetos de investimento destinados à constituição de capacidade tecnológica e produtiva em setores de alta intensidade de conhecimento e engenharia e projetos de infraestrutura logística direcionados a obras de rodovias e ferrovias objeto de concessão pelo Governo Federal, a que se refere o art. 1º da Lei n. 12.096, de 24 de novembro de 2009, e de acordo com os critérios fixados pelo Conselho Monetário Nacional e pelo Banco Central do Brasil. (Incluído pelo Decreto n. 7.975/2013); XXIX – (Revogado pelo Decreto n. 10.377/2020); XXX – (Revogado pelo Decreto n. 8.511/2015); XXXI – efetuada por intermédio da Financiadora de Estudos e Projetos – FINEP ou por seus agentes financeiros, com recursos dessa empresa pública; (Redação dada pelo Decreto n. 10.377, de 2020) XXXII – destinada, nos termos do disposto no § 3º do art. 6º da Lei n. 12.793, de 2 de abril de 2013, ao financiamento de projetos de infraestrutura de logística direcionados a obras de rodovias e ferrovias objeto de concessão pelo Governo federal; (Redação dada pelo Decreto n. 11.000, de 2022) XXXIII – contratada pela Câmara de Comercialização de Energia Elétrica – CCEE, destinada à cobertura, total ou parcial, de déficit e de antecipação de receita, incorridas pelas concessionárias e permissionárias de serviço público de distribuição de energia elétrica nos termos do disposto no Decreto n. 10.350, de 18 de maio de 2020; (Redação dada pelo Decreto n. 11.022, de 2022) XXXIV – contratada pela CCEE, destinada à cobertura, total ou parcial, de custos incorridos pelas concessionárias e permissionárias de serviço público de distribuição de energia elétrica nos termos do disposto no Decreto n. 10.939, de 13 de janeiro de 2022; (Redação dada pelo Decreto n. 11.667, de 2023) XXXV – contratada entre 1º de abril de 2022 e 31 de dezembro de 2023, ao amparo da Lei n. 13.999, de 18 de maio de 2020, da Lei n. 14.042, de 19 de agosto de 2020, e da Lei n. 14.257, de 1º de dezembro de 2021; e (Redação dada pelo Decreto n. 11.667, de 2023) XXXVI – contratada no âmbito da Faixa 1 do Programa Emergencial de Renegociação de Dívidas de Pessoas Físicas Inadimplentes – Desenrola Brasil, instituído pela Medida Provisória n. 1.176, de 5 de junho de 2023, inclusive na hipótese de renegociação de dívidas, até a data de realização do último leilão dos créditos não recuperados de que trata o § 7º do art. 11 da referida Medida Provisória. (Incluído pelo Decreto n. 11.667, de 2023) (Vide Lei n. 14.690, de 2023)..."

Vê-se o uso extrafiscal deste imposto na flutuação das alíquotas, para cima e para baixo, conforme a conjuntura econômica. Por força da pandemia de Covid-19, as alíquotas chegaram a ser reduzidas temporariamente a zero, nos termos dos Decretos n. 10.551/2020 e 10.572/2020.

De sua parte, o Decreto n. 10.797/2021 estabeleceu alíquotas específicas para operações ocorridas entre 20 de setembro e 31 de dezembro de 2021, de 0,00559% para pessoas jurídicas e de 0,01118% para pessoas físicas. Esse aumento temporário foi reputado inválido por diversos tributaristas, seja por ter surgido ao argumento de que se necessitaria de mais caixa para bancar benefício assistencial instituído pelo governo, o que atentaria contra a vedação da afetação do produto de impostos a despesa específica (art. 167, IV, da CF), seja porque não cumpriria a condição estabelecida pelo art. 1º, § 2º, da Lei n. 8.894/94 para que o Executivo altere as alíquotas, qual seja, que tenha em conta os objetivos da política monetária e fiscal[61]. Tainá Palaro argumenta que "o aumento do IOF, mesmo que temporário, agrava o custo dos empréstimos e o momento atual da economia não é propício, pois houve uma crescente busca de operações de créditos com a pandemia causada pela Covid-19, que ensejou a paralisação de algumas atividades e causou uma crise financeira no mercado que, a passos lentos, vem se restabelecendo"[62]. Elidie Palma Bifano afirma que "a autorização do presidente da República para editar decreto alterando a alíquota de IOF somente existe se houver ameaça à moeda e ao câmbio"[63]. Observe-se, porém, que não houve a afetação, pela legislação, do produto de tal arrecadação. Além disso, o Governo está autorizado a graduar as alíquotas por razões não apenas de política monetária, mas também de política fiscal: "poderá alterar as alíquotas tendo em vista os objetivos das políticas monetária e fiscal". Analisamos os condicionamentos ao cuidarmos da atenuação à legalidade, na parte introdutória do IOF.

5.5.6. Das isenções

Há, ainda, várias operações de crédito isentas de IOF-Crédito, como a realizada para fins habitacionais, inclusive infraestrutura e saneamento básico, nos termos do Decreto-Lei n. 2.407/88[64].

61 FREITAS, André Luiz Martins; ABRANTES, Pedro Sales. Majoração das alíquotas do IOF é inconstitucional. Disponível em: https://www.conjur.com.br/2021-set-29/opiniao-majoracao-aliquotas-iof-inconstitucional. Acesso em: 17.01.2021.

62 PALARO, Tainá. IOF: mais normas seguem sendo elaboradas à revelia da Constituição. Disponível em: https://www.conjur.com.br/2021-set-29/consultor-tributario-iof-normas-seguem-sendo-elaboradas-revelia-constituicao. Acesso em: 17.01.2021.

63 BIFANO, Elidie Palma. IOF: mais normas seguem sendo elaboradas à revelia da Constituição. Disponível em: https://www.conjur.com.br/2021-set-29/consultor-tributario-iof-normas-seguem-sendo-elaboradas-revelia-constituicao. Acesso em: 17.01.2021.

64 Decreto-Lei n. 2.407/88: Art. 1º Ficam isentas do Imposto sobre Operações de Crédito, Câmbio e Seguro, e sobre Operações relativas a Títulos e Valores Mobiliários (IOF) as operações de Cré-

Também há isenção no financiamento da aquisição de automóveis de passageiros nacionais com até 127 HP por pessoas portadoras de deficiência física, uma única vez e sob condição resolutória da venda do veículo antes de três anos, nos termos do art. 72 da Lei n. 8.383/91.

O art. 9º do Decreto n. 6.306/2007 traz listagem dos casos de isenção.

5.5.7. Cobrança, recolhimento e destinação

Em face das diversas modalidades de operações sujeitas ao IOF-Crédito, o Decreto n. 6.306/2007 especifica o momento da retenção ou exigência do imposto pelo substituto, bem como o prazo para recolhimento ao Tesouro. Vejamos o art. 10 do Decreto:

> CAPÍTULO V – DA COBRANÇA E DO RECOLHIMENTO
>
> Art. 10. O IOF será cobrado:
>
> I – no primeiro dia útil do mês subsequente ao de apuração, nas hipóteses em que a apuração da base de cálculo seja feita no último dia de cada mês;
>
> II – na data da prorrogação, renovação, consolidação, composição e negócios assemelhados;
>
> III – na data da operação de desconto;
>
> IV – na data do pagamento, no caso de operação de crédito não liquidada no vencimento;
>
> V – até o décimo dia subsequente à data da caracterização do descumprimento ou da falta de comprovação do cumprimento de condições, total ou parcial, de operações isentas ou tributadas à alíquota zero ou da caracterização do desvirtuamento da finalidade dos recursos decorrentes das mesmas operações;
>
> VI – até o décimo dia subsequente à data da desclassificação ou descaracterização, total ou parcial, de operação de crédito rural ou de adiantamento de contrato de câmbio, quando feita pela própria instituição financeira, ou do recebimento da comunicação da desclassificação ou descaracterização;
>
> VII – na data da entrega ou colocação dos recursos à disposição do interessado, nos demais casos.
>
> Parágrafo único. O IOF deve ser recolhido ao Tesouro Nacional até o terceiro dia útil subsequente ao decêndio da cobrança ou do registro contábil do imposto (Lei n. 11.196, de 21 de novembro de 2005, art. 70, II, *b*).

Eis, também, o texto do art. 70, II, da Lei n. 11.196/2005, com a redação dada pela Lei n. 12.599/2012:

> CAPÍTULO XI
>
> DOS PRAZOS DE RECOLHIMENTO DE IMPOSTOS E CONTRIBUIÇÕES

---

dito de fins habitacionais, inclusive as destinadas a infraestrutura e saneamento básico relativos a programas ou projetos que tenham a mesma finalidade.

> Art. 70. Em relação aos fatos geradores ocorridos a partir de 1º de janeiro de 2006, os recolhimentos do Imposto de Renda Retido na Fonte – IRRF e do Imposto sobre Operações de Crédito, Câmbio e Seguro, ou Relativas a Títulos ou Valores Mobiliários – IOF serão efetuados nos seguintes prazos:
>
> II – IOF:
>
> a) até o terceiro dia útil subsequente ao decêndio de ocorrência dos fatos geradores, no caso de aquisição de ouro e ativo financeiro;
>
> b) até o último dia útil do mês subsequente ao de ocorrência dos fatos geradores, no caso de operações relativas a contrato de derivativos financeiros; e
>
> c) até o terceiro dia útil subsequente ao decêndio da cobrança ou do registro contábil do imposto, nos demais casos.

Vê-se que o IOF-Crédito deve ser pago, na sua totalidade, logo que realizada a operação de crédito. Os tomadores de crédito, em face disso, por vezes financiam com a instituição concedente do crédito um mútuo acessório para financiamento do próprio IOF, o que tem sido admitido pelo STJ. A Segunda Seção dessa Corte, em sede de recurso repetitivo, julgou os REsp 1.251.331/RS e 1.255.573/RS, publicados em outubro de 2013, no sentido de que "Podem as partes convencionar o pagamento do Imposto sobre Operações Financeiras e de Crédito (IOF) por meio de financiamento acessório ao mútuo principal, sujeitando-o aos mesmos encargos contratuais". Não se considera abusivo, portanto, tal mútuo acessório, podendo ser pactuado e se sujeitar aos mesmos encargos contratuais do mútuo principal.

Quanto à destinação do produto, pertence ele exclusivamente à União e, tratando-se de imposto, não deveria estar afetado a nenhuma órgão, fundo ou despesa específicos, mas ter a sua aplicação definida na lei orçamentária anual juntamente com a receita dos demais impostos. Mas na Lei 5.143/66, em seu art. 11, há a previsão de que parcela não superior a 2% do produto da arrecadação do imposto será destinada às despesas de custeio do Banco Central. Já o art. 12, que destinava a receita líquida do imposto à formação de reservas monetárias pelo Banco Central para aplicação na intervenção nos mercados de câmbio e de títulos, na assistência a instituições financeiras, particularmente ao Banco Nacional do Desenvolvimento Econômico, e outros fins estabelecidos pelo Conselho Monetário Nacional, restou revogado pela Lei 14.007/2020, que extinguiu o fundo formado por tais reservas monetárias.

5.6. IOF – CÂMBIO

5.6.1. Aspecto material

O art. 63, II, do CTN, em nível de lei complementar, dispõe sobre o fato gerador do Imposto sobre Operações de Câmbio:

> Art. 63. O imposto, de competência da União, sobre operações de crédito, câmbio e seguro, e sobre operações relativas a títulos e valores mobiliários tem como fato gerador:

> II – quanto às operações de câmbio, a sua efetivação pela entrega de moeda nacional ou estrangeira, ou de documento que a represente, ou sua colocação à disposição do interessado em montante equivalente à moeda estrangeira ou nacional entregue ou posta à disposição por este.

A Lei n. 8.894/94 limita-se a dizer da incidência sobre operações de câmbio, devendo ser interpretada em conformidade com o transcrito inciso II do art. 63 do CTN. Daí a redação do *caput*, art. 11 do Decreto n. 6.306/2007:

> TÍTULO III – DA INCIDÊNCIA SOBRE OPERAÇÕES DE CÂMBIO
>
> CAPÍTULO I – DO FATO GERADOR
>
> Art. 11. O fato gerador do IOF é a entrega de moeda nacional ou estrangeira, ou de documento que a represente, ou sua colocação à disposição do interessado, em montante equivalente à moeda estrangeira ou nacional entregue ou posta à disposição por este (Lei n. 5.172, de 1966, art. 63, II).
>
> Parágrafo único. Ocorre o fato gerador e torna-se devido o IOF no ato da liquidação da operação de câmbio.

O STJ afirmou que o IOF, à luz de legislação precedente, já incidia "tanto na compra como na venda de moeda estrangeira, porquanto, conforme já decidido nesta Corte, o Decreto n. 995/93 não extrapolou o disposto no Decreto-lei n. 1.783/90, uma vez que este não restringiu a incidência do referido tributo apenas nas hipóteses de venda de moeda estrangeira"[65].

A doutrina vinha procurando demonstrar o descabimento da incidência do IOF--Câmbio sobre o chamado câmbio simbólico, caracterizado por operações simultâneas, sem entrega de moeda, realizadas para atendimento de formalidade exigida pelo BACEN[66]. O STJ, porém, tratando de operação simbólica de câmbio, entendeu que "o IOF incide nas movimentações decorrentes de operações de conferência internacional de ações de sociedade estrangeira no aumento do capital social de empresa brasileira"[67]. Destacou precedente anterior[68] em que já afirmara "haver evidente troca de ativos mensuráveis em dinheiro, nos dois casos, que necessitam do mesmo registro simbólico de câmbio que caracteriza circulação escritural de moeda", de modo que o caso "não

65 STJ, AgInt no REsp 1216406, 2017.

66 CASTRO, Leonardo Freitas de Moraes. Efeitos tributários da alteração, da repactuação e da novação de contrato de mútuo passivo internacional (empréstimo externo) registrado no Banco Central do Brasil a partir de 2013. *RDDT*, n. 230/76, 2014; BARBOSA, Hermano Notaroberto. Extrafiscalidade às avessas: inconstitucionalidade da Resolução CMN n. 3.912/2000 e seus efeitos sobre o IOF/câmbio. *RDDT*, n. 223/89, 2014; NUNES, Renato; MEDAGLIA, Felipe. A não Incidência de IOF sobre as Operações de Câmbio Simbólico. *RDDT*, n. 179/145, 2010.

67 STJ, REsp 1671357, 2021.

68 STJ, REsp 1.316.221, 2015.

foge à aplicação por analogia do recurso representativo da controvérsia REsp n. 1.129.335 – SP", relativo à CPMF.

5.6.2. Aspecto espacial

Não há norma específica quanto ao aspecto espacial do IOF-Câmbio. Então, são juridicamente relevantes 4, a efetivação do câmbio pela entrega da moeda ou pela sua colocação à disposição do interessado quando ocorridas, uma ou outra, no território nacional.

O STJ tem entendido que a contratação do câmbio no exterior não afasta a incidência:

> 2. A liquidação de contrato de câmbio contratado no exterior constitui fato gerador do IOF, de acordo com o artigo 63, II, do CTN. Precedentes. (STJ, 2ª T., AgRg no Ag 1155910/SP, rel. Min. MAURO CAMPBELL MARQUES, ago./2010.)[69].

5.6.3. Aspecto temporal

Na ausência de ficção legal quanto ao momento em que se deva considerar ocorrido o fato gerador do IOF-Câmbio, o aspecto temporal corresponde ao momento da exata ocorrência do fato gerador, ou seja, da situação descrita no aspecto material da norma.

Assim, entende-se ocorrido no momento da realização da operação de câmbio, ou seja, por ocasião da entrega da moeda nacional ou documento que a represente, ou sua colocação à disposição do interessado. O fato gerador considera-se ocorrido, portanto, com a realização da operação de câmbio, efetivada pela sua liquidação.

Eis o texto do parágrafo único do art. 11 do Dec. n. 6.306/2007:

> Art. 11. O fato gerador do IOF é a entrega de moeda (...)
>
> Parágrafo único. Ocorre o fato gerador e torna-se devido o IOF no ato da liquidação da operação de câmbio.

Por consequência, o momento da liquidação da operação de câmbio é referência para a verificação das leis e normas complementares aplicáveis, o que assume importância decisiva na medida em que o IOF-Câmbio pode ter sua alíquota alterada a qualquer momento, com incidência imediata, sem a necessidade de observância das anterioridades de exercício e nonagesimal mínima. Vejamos precedente neste sentido:

> TRIBUTÁRIO. MANDADO DE SEGURANÇA. IMPOSTO SOBRE OPERAÇÕES FINANCEIRAS. INCIDÊNCIA. ALÍQUOTA. PORTARIAS 111/94 E 534/94. 1. A hipó-

69 No mesmo sentido: STJ, REsp 1140477, 2010.

tese de incidência do imposto discutido encontra-se claramente definida no art. 63 do Código Tributário nacional. 2. O aspecto temporal do fato gerador encontra-se perfeitamente definido no art. 63, II, do CTN. 2. Antes da liquidação do contrato de câmbio (troca da moeda) não existe o fato gerador. Ele não é complexivo e sucessivo. Ocorre no momento da entrega da moeda. Quando se verificou esse fato, no caso dos autos, a alíquota já não era de 3%, mas de 7%, alterada por ato do Poder Executivo, na forma do permissivo constitucional, para atender interesse nacional. 4. Apelação improvida. (TRF4, 1ª T., AMS 95.04.43376-6/RS, rel. Juíza Vânia de Almeida Sieben Rocha, nov./1998.)

5.6.4. Aspecto pessoal

Sujeito ativo do IOF-Câmbio é a própria União, sendo o tributo administrado pela Secretaria da Receita Federal.

Quanto ao polo passivo, teremos contribuintes e substitutos tributários.

O CTN deixa ao legislador ordinário a liberdade de colocar na posição de contribuinte qualquer das partes da operação de câmbio:

> Art. 66. Contribuinte do imposto é qualquer das partes na operação tributada, como dispuser a lei.

A Lei n.8.894/94, ao instituir o imposto, identifica como contribuinte, nas operações referentes a transferências financeiras para o exterior, o comprador de moeda estrangeira e, nas operações referentes a transferências financeiras do exterior para cá, o vendedor da moeda estrangeira. É o que se infere do seu art. 6º:

> Art. 6º São contribuintes do IOF incidente sobre operações de câmbio os compradores ou vendedores da moeda estrangeira na operação referente a transferência financeira para ou do exterior, respectivamente.
>
> Parágrafo único. As instituições autorizadas a operar em câmbio são responsáveis pela retenção e recolhimento do imposto.

O Decreto n. 6.306/2007 cuida de deixar clara a aplicação do critério legal inclusive nas operações de câmbio manual, bem como de esclarecer o que se considera por "transferências financeiras". Vejamos:

> CAPÍTULO II – DOS CONTRIBUINTES E DOS RESPONSÁVEIS
>
> Dos Contribuintes
>
> Art. 12. São contribuintes do IOF os compradores ou vendedores de moeda estrangeira nas operações referentes às transferências financeiras para o ou do exterior, respectivamente (Lei n. 8.894, de 1994, art. 6º).
>
> Parágrafo único. As transferências financeiras compreendem os pagamentos e recebimentos em moeda estrangeira, independentemente da forma de entrega e da natureza das operações.

O recolhimento do tributo cabe, porém, aos substitutos tributários, que terão de exigir do contribuinte o montante do imposto, por ocasião da liquidação da operação de câmbio, e vertê-lo aos cofres públicos. Nesse sentido, é a disposição do parágrafo único do art. 6º da Lei n. 8.894/94:

> Art. 6º (...)
>
> Parágrafo único. As instituições autorizadas a operar em câmbio são responsáveis pela retenção e recolhimento do imposto.

O Decreto n. 6.306/2007, em seu art. 13, praticamente repete o texto legal:

> Dos Responsáveis
>
> Art. 13. São responsáveis pela cobrança do IOF e pelo seu recolhimento ao Tesouro Nacional as instituições autorizadas a operar em câmbio (Lei n. 8.894, de 1994, art. 6º, parágrafo único).

5.6.5. Aspecto quantitativo

A **base de cálculo** do IOF-Câmbio equivale ao **montante da operação de câmbio**, em moeda nacional. É o que dispõe o art. 64, II, do CTN:

> Art. 64. A base de cálculo do imposto é:
>
> II – quanto às operações de câmbio, o respectivo montante em moeda nacional, recebido, entregue ou posto à disposição.

O art. 5º da Lei n. 8.894/94 refere-se a tal valor como sendo o de liquidação da operação cambial:

> Art. 5º O Imposto sobre Operações de Crédito, Câmbio e Seguro, ou relativas a Títulos e Valores Mobiliários (IOF), incidente sobre operações de câmbio será cobrado à alíquota de vinte e cinco por cento sobre o valor de liquidação da operação cambial.
>
> O Poder Executivo poderá reduzir e restabelecer a alíquota fixada neste artigo, tendo em vista os objetivos das políticas monetária, cambial e fiscal.

O Decreto n. 6.306/2007 (Regulamento do IOF) detalha:

> CAPÍTULO III – DA BASE DE CÁLCULO E DA ALÍQUOTA
>
> Da Base de Cálculo
>
> Art. 14. A base de cálculo do IOF é o montante em moeda nacional, recebido, entregue ou posto à disposição, correspondente ao valor, em moeda estrangeira, da operação de câmbio (Lei n. 5.172, de 1966, art. 64, II).

A **alíquota legal** é de 25%, conforme o já transcrito art. 5º da Lei n. 8.894/94, estabelecida, em verdade, como **limite-teto** para o poder normativo do Executivo, que tem a prerrogativa de alterar as alíquotas do IOF-Câmbio, por força da autorização constitucional constante do art. 153, § 1º, da CF. Tal alíquota de 25% mostra-se indiscutivelmente confiscatória, dada a sua demasiada onerosidade, que atenta contra o patrimônio do contribuinte. O percentual não se justifica, incorrendo em violação aos princípios da vedação do excesso e da proporcionalidade.

De qualquer modo, a **alíquota praticada, fixada pelo Executivo** por meio do Decreto n. 6.306/2007, é bastante inferior ao limite legal. Seu art. 15-B, com a redação do Decreto n. 8.325/2014, estabelece a alíquota geral de 0,38%. Mas esse dispositivo ainda traz inúmeras exceções. Para as operações de câmbio relativas ao ingresso no País de receitas de exportação de bens e serviços, a alíquota é zero. O câmbio em operação com cartões de crédito ou de débito internacionais, dentre outros meios em que haja arranjos de pagamento de abrangência transfronteiriça, por sua vez, sujeita-se à alíquota de 6,38%, conforme o inciso VII, com a redação do Decreto 11.153/2022. Já nas liquidações de operação de câmbio para a aquisição de moeda estrangeira, em espécie, e nas realizadas para transferência de recursos ao exterior, com vistas à colocação de disponibilidade de residente no País: um inteiro e dez centésimos por cento corresponde a alíquota de 1,10%, nos termos dos incisos XX e XXI do referido artigo, com a redação dos Decretos n. 8.731/2016 e 11.153/2022, respectivamente.

5.6.6. Isenções

Dentre as isenções do IOF-Câmbio, merece destaque a que consta da Lei n. 8.402/92, que restabeleceu a isenção anteriormente já concedida a operações realizadas para pagamento de bens importados, conforme se vê do seu art. 1º:

> Art. 1º São restabelecidos os seguintes incentivos fiscais:
>
> XIII – isenção do Imposto sobre Operações de Crédito, Câmbio e Seguro, ou Relativas a Títulos ou Valores Mobiliários incidente sobre operações de câmbio realizadas para o pagamento de bens importados, de que trata o art. 6º do Decreto-Lei n. 2.434, de 19 de maio de 1988.

Eis o texto do art. 6º do DL n. 2.434/88:

> Art. 6º Ficam isentas do Imposto sobre Operações de Crédito, Câmbio e Seguro e sobre Operações relativas a Títulos e Valores Mobiliários as operações de câmbio realizadas para o pagamento de bens importados, ao amparo de Guia de Importação ou documento assemelhado, emitida a partir de 1º de julho de 1988.
>
> Parágrafo único. Quando se tratar de bens importados sem Guia de Importação ou documento assemelhado, ou dela dispensados, a isenção a que se refere este artigo abrangerá os bens com Declaração de Importação registrada a partir de 1º de julho de 1988.

Tal isenção, quando originariamente estabelecida pelo art. 6º do Decreto-Lei n. 2.434/88, implicou inúmeras ações judiciais sob o fundamento de que restara violada a isonomia, na medida em que, tendo sido tomada como referência a data de emissão da guia de importação, poderíamos ter operações de câmbio realizadas no mesmo dia, algumas tributadas (realizadas ao amparo de guia emitida até junho de 1988), outras não (realizadas ao amparo de guia emitida a partir de 1º de julho de 1988). Mas a tese não logrou sucesso, conforme decidiu o STF:

> Recurso extraordinário. Embargos de divergência. 2. Direito Constitucional e Tributário. Imposto de Operações Financeiras. Isenção do IOF nas operações de câmbio. 3. A fixação do termo inicial de vigência da isenção não vulnera a regra constitucional da isonomia, porque contribuinte autorizado a importar não guarda qualquer identidade com aquele que não iniciou o processo de importação. O Poder Judiciário não pode estender os efeitos da lei antes do termo *a quo*. 3. Precedentes de ambas as Turmas da Corte. 4. Embargos de divergência não conhecidos[70].

O Decreto n. 6.306/2007 (Regulamento do IOF) arrola as isenções em seu art. 16.

5.6.7. Cobrança e recolhimento

Cabe, ainda, referir que a exigência do IOF é realizada pelo substituto tributário na data da liquidação da operação de câmbio, cabendo-lhe efetuar o recolhimento ao Tesouro Nacional até o terceiro dia útil da semana subsequente, conforme se vê do art. 17 do Decreto n. 6.306/2007 (Regulamento do IOF):

> DA COBRANÇA E DO RECOLHIMENTO
>
> Art. 17. O IOF será cobrado na data da liquidação da operação de câmbio.
>
> Parágrafo único. O IOF deve ser recolhido ao Tesouro Nacional até o terceiro dia útil subsequente ao decêndio da cobrança ou do registro contábil do imposto (Lei n. 11.196, de 2005, art. 70, II, *b*).

5.7. IOF – SEGURO

5.7.1. Aspecto material

O CTN estabelece, como arquétipo para o fato gerador do IOF – Seguro, a efetivação das respectivas operações pela emissão da apólice ou recebimento do prêmio:

> Art. 63. O imposto, de competência da União, sobre operações de crédito, câmbio e seguro, e sobre operações relativas a títulos e valores mobiliários tem como fato gerador:
>
> (...)
>
> III – quanto às operações de seguro, a sua efetivação pela emissão da apólice ou do documento equivalente, ou recebimento do prêmio, na forma da lei aplicável.

70 STF, EDivRE 175.230, 2002.

A Lei n. 5.143/66, ao instituir o imposto, opta pelo recebimento do prêmio como situação necessária e suficiente ao surgimento da obrigação tributária. Eis o seu art. 1º:

> Art. 1º O Imposto sobre Operações Financeiras incide nas operações de crédito e seguro, realizadas por instituições financeiras e seguradoras, e tem como fato gerador:
>
> (...)
>
> II – no caso de operações de seguro, o recebimento do prêmio.

O Decreto n. 6.306/2007 esclarece o alcance da expressão "operações de seguro" e destaca a ocorrência do fato gerador com o recebimento "total ou parcial" do prêmio:

> TÍTULO IV – DA INCIDÊNCIA SOBRE OPERAÇÕES DE SEGURO
>
> CAPÍTULO I – DO FATO GERADOR
>
> Art. 18. O fato gerador do IOF é o recebimento do prêmio (Lei n. 5.143, de 1966, art. 1º, II).
>
> § 1º A expressão "operações de seguro" compreende seguros de vida e congêneres, seguro de acidentes pessoais e do trabalho, seguros de bens, valores, coisas e outros não especificados (Decreto-Lei n. 1.783, de 1980, art. 1º, II e III).

5.7.2. Aspecto espacial

Não há particularidades quanto ao aspecto espacial do IOF-Seguro, que obedece à territorialidade. Assim, geram obrigação tributária as operações de seguro cujo fato gerador do imposto ocorra no território nacional.

5.7.3. Aspecto temporal

O IOF-Seguro tem fato gerador instantâneo e não há qualquer ficção legal quanto ao momento em que se deva considerá-lo ocorrido. Desse modo, surge a obrigação tributária por ocasião da realização do fato gerador. Daí a norma meramente interpretativa do § 2º do art. 18 do Decreto n. 6.306/2007:

> Art. 18. O fato gerador do IOF é o recebimento do prêmio (Lei n. 5.143, de 1966, art. 1º, II).
>
> (...)
>
> § 2º Ocorre o fato gerador e torna-se devido o IOF no ato do recebimento total ou parcial do prêmio.

5.7.4. Aspecto pessoal

Trata-se de imposto federal administrado pela Receita Federal do Brasil[71]. Portanto, é a União o sujeito ativo da relação jurídico-tributária.

---

71 DL n. 2.471/88: Art. 3º Compete à Secretaria da Receita Federal a administração da contribuição e do adicional a que alude o art. 1º, bem assim do imposto sobre operações de crédito, câmbio e

O art. 66 do CTN enseja a colocação, como contribuinte, de qualquer das partes da operação tributada[72], sendo que o DL n. 1.783/80, ao dispor sobre as diversas incidências, estabelece, como contribuintes do IOF-Seguro, os segurados:

> Art. 2º São contribuintes do imposto (...) os segurados (...)

O Decreto n. 6.306/2007, aliás, é claro ao cuidar do IOF-Seguro:

> Dos Contribuintes
>
> Art. 19. Contribuintes do IOF são as pessoas físicas ou jurídicas seguradas (Decreto-Lei n. 1.783, de 1980, art. 2º).

O já referido DL n. 1.783/80, com a redação do *caput* alterada pelo DL n. 2.471/88, atribui a responsabilidade pela exigência e recolhimento do imposto ao segurador ou às instituições financeiras a quem a esse encarregar a cobrança do prêmio, os quais figuram, portanto, como substitutos tributários do contribuinte. Vejamos:

> Art. 3º São responsáveis pela cobrança do imposto e pelo seu recolhimento ao Tesouro Nacional, nos prazos e condições fixados pela Secretaria da Receita Federal:
>
> (...)
>
> II – nas operações de seguro, o segurador ou as instituições financeiras a quem este encarregar da cobrança do prêmio.

O Decreto n. 6.306/2007 repete a norma:

> Art. 20. São responsáveis pela cobrança do IOF e pelo seu recolhimento ao Tesouro Nacional as seguradoras ou as instituições financeiras a quem estas encarregarem da cobrança do prêmio (Decreto-Lei n. 1.783, de 1980, art. 3º, II, e Decreto-Lei n. 2.471, de 1º de setembro de 1988, art. 7º).
>
> Parágrafo único. A seguradora é responsável pelos dados constantes da documentação remetida para cobrança.

---

seguro e sobre operações relativas a títulos e valores mobiliários (IOF), incluídas as atividades de arrecadação, tributação e fiscalização. § 1º No exercício das atribuições que lhe são transferidas na forma deste artigo, a Secretaria da Receita Federal, por intermédio de seus agentes fiscais, poderá proceder ao exame de documentos, livros e registros, independentemente de instauração de processo. § 2º O processo administrativo de determinação e exigência dos tributos referidos neste artigo, bem assim o de consulta sobre a aplicação da respectiva legislação, serão regidos pelas normas expedidas nos termos do art. 2º do Decreto-Lei n. 822, de 5 de setembro de 1969. § 3º O disposto no parágrafo anterior aplica-se, inclusive, aos processos instaurados anteriormente à vigência deste Decreto-Lei.

72 CTN: Art. 66. Contribuinte do imposto é qualquer das partes na operação tributada, como dispuser a lei.

5.7.5. Aspecto quantitativo

O CTN define como base de cálculo o montante do prêmio:

> Art. 64. A base de cálculo do imposto é:
>
> (...)
>
> III – quanto às operações de seguro, o montante do prêmio.

O DL n. 1.783/80, por sua vez, nos incisos II (seguros de vida e congêneres e de acidentes pessoais e do trabalho) e III (seguros de bens, valores, coisas e outros não especificados) do seu art. 1º, determinou o cálculo "sobre o valor dos prêmios pagos".

Vejamos o Decreto n. 6.306/2007 (Regulamento do IOF):

> CAPÍTULO III – DA BASE DE CÁLCULO E DA ALÍQUOTA
>
> Da Base de Cálculo
>
> Art. 21. A base de cálculo do IOF é o valor dos prêmios pagos (Decreto-Lei n. 1.783, de 1980, art. 1º, II e III).

A alíquota máxima é de 25%, nos termos do art. 15 da Lei n. 9.718/98:

> Art. 15. A alíquota do Imposto sobre Operações de Crédito, Câmbio e Seguro, ou relativas a Títulos ou Valores Mobiliários – IOF nas operações de seguro será de vinte e cinco por cento.

Ocorre que se trata de imposto que, nos termos do art. 153, § 1º, da CF pode ter suas alíquotas alteradas pelo Executivo, desde que observados os limites e as condições estabelecidos por lei. Vigem, por força disso, alíquotas reduzidas. A alíquota aplicável às operações de seguro em geral é de 7,38%. Mas é de 2,38% a alíquota para os seguros privados de assistência à saúde e de 0% a alíquota para casos especiais como resseguro, seguro obrigatório vinculado a financiamento habitacional, seguro de crédito à exportação etc. Para os seguros de vida, a alíquota é de 0,38%. Tudo conforme o art. 22 do Decreto n. 6.306/2007:

> Da Alíquota
>
> Art. 22. A alíquota do IOF é de vinte e cinco por cento (Lei n. 9.718, de 27 de novembro de 1998, art. 15).
>
> § 1º A alíquota do IOF fica reduzida:
>
> I – a zero, nas seguintes operações:
>
> a) de resseguro;
>
> b) de seguro obrigatório, vinculado a financiamento de imóvel habitacional, realizado por agente do Sistema Financeiro de Habitação;
>
> c) de seguro de crédito à exportação e de transporte internacional de mercadorias;
>
> d) de seguro contratado no Brasil, referente à cobertura de riscos relativos ao lançamento e à operação dos satélites Brasilsat I e II;

e) em que o valor dos prêmios seja destinado ao custeio dos planos de seguro de vida com cobertura por sobrevivência;

f) de seguro aeronáutico e de seguro de responsabilidade civil pagos por transportador aéreo;

g) de seguro garantia; e (Redação pelo Decreto n. 12.132, de 2024)

h) de Seguro Obrigatório para Proteção de Vítimas de Acidentes de Trânsito – SPVAT; (Incluído pelo Decreto n. 12.132, de 2024)

II – nas operações de seguro de vida e congêneres, de acidentes pessoais e de trabalho, incluído o seguro obrigatório de danos pessoais causados por embarcações, ou por sua carga, a pessoas transportadas ou não e excluídas aquelas de que tratam as alíneas *f* e *h* do inciso I: 0,38% (trinta e oito centésimos por cento); (Redação pelo Decreto n. 12.132, de 2024)

III – nas operações de seguros privados de assistência à saúde: dois inteiros e trinta e oito centésimos por cento; (Redação dada pelo Decreto n. 6.339/2008).

IV – nas demais operações de seguro: sete inteiros e trinta e oito centésimos por cento. (Incluído pelo Decreto n. 6.339/2008).

§ 2º O disposto na alínea *f* do inciso I do § 1º aplica-se somente a seguro contratado por companhia aérea que tenha por objeto principal o transporte remunerado de passageiros ou de cargas.

O Dec. n. 6.306/2007 arrola os casos de isenção em seu art. 23.

5.7.6. Cobrança e recolhimento

Relativamente à cobrança e recolhimento do IOF-Seguro, dispõe o Decreto n. 6.306/2007:

CAPÍTULO V – DA COBRANÇA E DO RECOLHIMENTO

Art. 24. O IOF será cobrado na data do recebimento total ou parcial do prêmio.

Parágrafo único. O IOF deve ser recolhido ao Tesouro Nacional até o terceiro dia útil subsequente ao decêndio da cobrança ou do registro contábil do imposto (Lei n. 11.196, de 2005, art. 70, II, *b*).

5.8. IOF – TÍTULOS E VALORES MOBILIÁRIOS

5.8.1. Aspecto material

O inciso IV do art. 63 do CTN dispõe, em nível de lei complementar, sobre o fato gerador do IOF – Títulos e Valores Mobiliários:

Art. 63. O imposto, de competência da União, sobre operações de crédito, câmbio e seguro, e sobre operações relativas a títulos e valores mobiliários tem como fato gerador: (...)

IV – quanto às operações relativas a títulos e valores mobiliários, a emissão, transmissão, pagamento ou resgate destes, na forma da lei aplicável.

Parágrafo único. A incidência definida no inciso I exclui a definida no inciso IV, e reciprocamente, quanto à emissão, ao pagamento ou resgate do título representativo de uma mesma operação de crédito.

Vê-se que o dispositivo enseja a colocação de diversos atos relacionados aos títulos e valores mobiliários no aspecto material da hipótese de incidência do imposto.

Quando do advento da Lei n. 8.033/90, cujo art. 1º, I, instituiu a incidência transitória[73] do imposto sobre a "transmissão ou resgate de títulos e valores mobiliários, públicos e privados, inclusive de aplicações de curto prazo, tais como letras de câmbio, depósitos a prazo com ou sem emissão de certificado, letras imobiliários, debêntures e cédulas hipotecárias", foi levado ao Judiciário questionamento no sentido de que estaria constituindo imposto sobre o patrimônio. O STF, contudo, entendeu que a norma não incidia sobre os títulos em si, mas sobre as operações com eles praticadas, forte no art. 2º, I, da mesma lei, estando, portanto, em conformidade com o art. 63, IV, do CTN[74].

A IN RFB 907/2009, em seu art. 12, I, *a*, dispõe expressamente no sentido de que o IOF sobre operações relativas a títulos ou valores mobiliários não incide sobre depósito em caderneta de poupança e depósito judicial, transferência de dívidas e sobre "empréstimo de títulos ou valores mobiliários por entidades de compensação e liquidação de operações com valores mobiliários".

A Lei n. 8.894/94 não utiliza a melhor técnica, limitando-se a dizer da incidência sobre operações relativas a títulos e valores mobiliários, sendo que, ao dispor sobre o valor das operações, em seu art. 2º, II, *a* e *b*, refere a aquisição, o resgate, a cessão, a repactuação e o pagamento para liquidação de títulos e valores mobiliários[75].

---

73 Somente incidiu sobre operações praticadas com ativos e aplicações existentes em 16 de março de 1990, conforme o art. 2º, I, da Lei 8.033/90.

74 "CONSTITUCIONAL. TRIBUTÁRIO. IMPOSTO SOBRE OPERAÇÕES FINANCEIRAS – IOF. Lei n. 8.033, de 12-4-1990, artigo 1º, I. Medidas Provisórias n. 160, de 15-3-1990 e 171, de 17-3-1990. I. – Legitimidade constitucional do inciso I do art. 1º da Lei n. 8.033, de 12-4-1990, lei de conversão das Medidas Provisórias n. 160, de 15-3-1990, e 171, de 17-3-1990. II. – R.E. conhecido e provido." (STF, RE 223.144, 2002.)

75 Lei n. 8.894/94: Art. 1º O Imposto sobre Operações de Crédito, Câmbio e Seguro, ou relativas a Títulos e Valores Mobiliários será cobrado à alíquota máxima de 1,5% ao dia, sobre o valor das operações de crédito e relativos a títulos e valores mobiliários. Parágrafo único (...) Art. 2º Considera-se valor da operação: I – (...); II – nas operações relativas a títulos e valores mobiliários: a) valor de aquisição, resgate, cessão ou repactuação; b) o valor do pagamento para a liquidação das operações referidas na alínea anterior, quando inferior a noventa e cinco por cento do valor inicial da operação, expressos, respectivamente, em quantidade de Unidade Fiscal de Referência (Ufir) diária. § 1º Serão acrescidos ao valor do resgate ou cessão de títulos e valores mobiliários os rendimentos periódicos recebidos pelo aplicador ou cedente durante o período da operação, atualizados pela variação acumulada da Ufir diária no período. § 2º O disposto no inciso II, *a*, aplica-se, inclusive, às operações de financiamento realizadas em bolsas de valores, de mercadorias, de futuros e assemelhadas.

O Decreto n. 6.306/2007 esclarece:

TÍTULO V – DA INCIDÊNCIA SOBRE OPERAÇÕES RELATIVAS A TÍTULOS OU VALORES MOBILIÁRIOS

CAPÍTULO I – DO FATO GERADOR

Art. 25. O fato gerador do IOF é a aquisição, cessão, resgate, repactuação ou pagamento para liquidação de títulos e valores mobiliários (Lei n. 5.172, de 1966, art. 63, IV, e Lei n. 8.894, de 1994, art. 2º, II, *a* e *b*).

§ 1º Ocorre o fato gerador e torna-se devido o IOF no ato da realização das operações de que trata este artigo.

§ 2º Aplica-se o disposto neste artigo a qualquer operação, independentemente da qualidade ou da forma jurídica de constituição do beneficiário da operação ou do seu titular, estando abrangidos, entre outros, fundos de investimentos e carteiras de títulos e valores mobiliários, fundos ou programas, ainda que sem personalidade jurídica, e entidades de previdência privada. (§ 2º com a redação do Dec. n. 6.613/2008.)

5.8.2. Aspecto espacial

Mais uma vez, aqui, tem-se o aspecto espacial identificado com o território federal, tendo em conta tratar-se de tributo da competência da União e inexistir qualquer cláusula de extraterritorialidade.

5.8.3. Aspecto temporal

Inexiste, igualmente, dispositivo legal estabelecendo nenhuma ficção quanto ao momento em que se deva considerar ocorridos os fatos geradores do IOF-Títulos e Valores Mobiliários. Assim, o aspecto temporal se mantém identificado com o momento mesmo de ocorrência dos fatos geradores, tal como esclarecido pelo Decreto n. 6.306/2007:

Art. 25 (...)

§ 1º Ocorre o fato gerador e torna-se devido o IOF no ato da realização das operações de que trata este artigo.

5.8.4. Aspecto pessoal

Trata-se de imposto cujo **sujeito ativo é a própria União**, na ausência de delegação de tal condição (art. 7º do CTN), por lei, a nenhuma outra pessoa jurídica de direito público (art. 119 do CTN).

A administração do imposto cabe à Receita Federal do Brasil, nos termos do Decreto n. 6.306/2007:

Art. 59. Compete à Secretaria da Receita Federal do Brasil a administração do IOF, incluídas as atividades de arrecadação, tributação e fiscalização (Decreto-Lei n. 2.471, de 1988, art. 3º).

(...)

O CTN permite que seja colocado na posição de **contribuinte** qualquer participante da operação: "Art. 66. Contribuinte do imposto é qualquer das partes na operação tributada, como dispuser a lei". Em face de tal liberdade, dispõe a Lei n. 8.894/94:

Art. 3º São contribuintes do imposto: (...)

II – os adquirentes de títulos e valores mobiliários e os titulares de aplicações financeiras, na hipótese prevista no art. 2º, II, *a*;

III – as instituições financeiras e demais instituições autorizadas a funcionar pelo Banco Central do Brasil, na hipótese prevista no art. 2º, II, *b*.

Estabelece a lei, portanto, que serão contribuintes do imposto os adquirentes de títulos e valores mobiliários e os titulares de aplicações financeiras na hipótese de "a) (...) aquisição, resgate, cessão ou repactuação" e que são contribuintes as instituições financeiras e demais autorizadas a funcionar na hipótese de "b) (...) pagamento para a liquidação das operações referidas na alínea anterior, quando inferior a noventa e cinco por cento do valor inicial da operação, expressos, respectivamente, em quantidade de Unidade Fiscal de Referência (Ufir) diária".

Eis o Decreto n. 6.306/2007:

CAPÍTULO II – DOS CONTRIBUINTES E DOS RESPONSÁVEIS

Dos Contribuintes

Art. 26. Contribuintes do IOF são:

I – os adquirentes, no caso de aquisição de títulos ou valores mobiliários, e os titulares de aplicações financeiras, nos casos de resgate, cessão ou repactuação (Decreto-Lei n. 1.783, de 1980, art. 2º e Lei n. 8.894, de 1994, art. 2º, II, *a*, e art. 3º, II); (Redação do Decreto n. 7.412, de 30 de dezembro de 2010);

II – as instituições financeiras e demais instituições autorizadas a funcionar pelo Banco Central do Brasil, na hipótese prevista no inciso IV do art. 28 (Lei n. 8.894, de 1994, art. 3º, III).

Quanto à **substituição tributária**, dispõe o DL n. 1.783/80 em seu art. 3º, IV, com a redação do DL n. 2.471/88 e da Lei n. 12.543/2011:

Art. 3º São responsáveis pela cobrança do imposto e pelo seu recolhimento ao Tesouro Nacional, nos prazos e condições fixados pela Secretaria da Receita Federal:

IV – nas operações relativas a títulos ou valores mobiliários, as instituições autorizadas a operar na compra e venda de títulos e valores mobiliários e, nas operações de contratos derivativos, as entidades autorizadas a registrar os referidos contratos.

Dispõe, ainda, o art. 28 da MP 2.158-35/2001, tornada permanente por força da EC n. 32/2001:

Art. 28. Fica responsável pela retenção e pelo recolhimento dos impostos e das contribuições, decorrentes de aplicações em fundos de investimento, a pessoa jurídica que intermediar recursos, junto a clientes, para efetuar as referidas aplicações em fundos administrados por outra pessoa jurídica.

§ 1º A pessoa jurídica intermediadora de recursos deverá manter sistema de registro e controle, em meio magnético, que permita a identificação de cada cliente e dos elementos necessários à apuração dos impostos e das contribuições por ele devidos.

§ 2º O disposto neste artigo somente se aplica a modalidades de intermediação de recursos disciplinadas por normas do Conselho Monetário Nacional.

O Decreto n. 6.306/2007 detalha:

Dos Responsáveis

Art. 27. São responsáveis pela cobrança do IOF e pelo seu recolhimento ao Tesouro Nacional (Decreto-Lei n. 1.783, de 1980, art. 3º, IV, e Medida Provisória n. 2.158-35, de 24 de agosto de 2001, art. 28):

I – as instituições autorizadas a operar na compra e venda de títulos e valores mobiliários;

II – as bolsas de valores, de mercadorias, de futuros e assemelhadas, em relação às aplicações financeiras realizadas em seu nome, por conta de terceiros e tendo por objeto recursos destes;

III – a instituição que liquidar a operação perante o beneficiário final, no caso de operação realizada por meio do SELIC ou da Central de Custódia e de Liquidação Financeira de Títulos – CETIP;

IV – o administrador do fundo de investimento;

V – a instituição que intermediar recursos, junto a clientes, para aplicações em fundos de investimentos administrados por outra instituição, na forma prevista em normas baixadas pelo Conselho Monetário Nacional;

VI – a instituição que receber as importâncias referentes à subscrição das cotas do Fundo de Investimento Imobiliário e do Fundo Mútuo de Investimento em Empresas Emergentes.

§ 1º Na hipótese do inciso II do *caput*, ficam as entidades ali relacionadas obrigadas a apresentar à instituição financeira declaração de que estão operando por conta de terceiros e com recursos destes.

§ 2º Para efeito do disposto no inciso V do *caput*, a instituição intermediadora dos recursos deverá (Lei n. 9.779, de 1999, art. 16, e Medida Provisória n. 2.158-35, de 2001, art. 28, § 1º):

I – manter sistema de registro e controle, em meio magnético, que permita a identificação, a qualquer tempo, de cada cliente e dos elementos necessários à apuração do imposto por ele devido;

II – fornecer à instituição administradora do fundo de investimento, individualizados por código de cliente, os valores das aplicações, resgates e imposto cobrado;

III – prestar à Secretaria da Receita Federal do Brasil todas as informações decorrentes da responsabilidade pela cobrança do imposto.

§ 3º No caso das operações a que se refere o § 1º do art. 32-A, a responsabilidade tributária será do custodiante das ações cedidas. (Incluído pelo Decreto n. 7.412, de 30 de dezembro de 2010.)

§ 4º No caso de ofertas públicas a que se refere o § 2º do art. 32-A, a responsabilidade tributária será do coordenador líder da oferta. (Incluído pelo Decreto n. 7.412, de 30 de dezembro de 2010.)

5.8.5. Aspecto quantitativo

O aspecto quantitativo guarda a necessária correlação com o aspecto material. Dispõe o CTN:

Art. 64. A base de cálculo do imposto é:

(...)

IV – quanto às operações relativas a títulos e valores mobiliários:

a) na emissão, o valor nominal mais o ágio, se houver;

b) na transmissão, o preço ou o valor nominal ou o valor da cotação em bolsa, como determinar a lei;

c) no pagamento ou resgate, o preço.

Forte no arquétipo estabelecido pelo CTN, dispõe a Lei n. 8.894/94, com alínea e parágrafos acrescidos pela Lei n. 12.543/2011:

Art. 1º O Imposto sobre Operações de Crédito, Câmbio e Seguro, ou relativas a Títulos e Valores Mobiliários será cobrado à alíquota máxima de 1,5% ao dia, sobre o valor das operações de crédito e relativos a títulos e valores mobiliários.

§ 1º No caso de operações envolvendo contratos derivativos, a alíquota máxima é de 25% (vinte e cinco por cento) sobre o valor da operação.

Art. 2º Considera-se valor da operação: (...)

II – nas operações relativas a títulos e valores mobiliários:

a) valor de aquisição, resgate, cessão ou repactuação;

b) o valor do pagamento para a liquidação das operações referidas na alínea anterior, quando inferior a noventa e cinco por cento do valor inicial da operação, expressos, respectivamente, em quantidade de Unidade Fiscal de Referência (Ufir) diária;

c) o valor nocional ajustado dos contratos, no caso de contratos derivativos.

§ 1º Serão acrescidos ao valor do resgate ou cessão de títulos e valores mobiliários os rendimentos periódicos recebidos pelo aplicador ou cedente durante o período da operação, atualizados pela variação acumulada da Ufir diária no período.

§ 2º O disposto no inciso II, *a*, aplica-se, inclusive, às operações de financiamento realizadas em bolsas de valores, de mercadorias, de futuros e assemelhadas.

§ 3º Para fins do disposto na alínea *c* do inciso II do *caput*, considera-se como valor nocional ajustado o produto do valor de referência do contrato (valor nocional) pela variação do preço do derivativo em relação à variação do preço do seu ativo subjacente (ativo objeto).

§ 4º A pessoa jurídica exportadora, relativamente às operações de hedge, poderá descontar do IOF a recolher na condição de contribuinte, devido em cada período, o IOF apurado e recolhido na forma da alínea *c* do inciso II do *caput*.

§ 5º Na impossibilidade de efetuar o desconto de que trata o § 4º, a pessoa jurídica poderá solicitar restituição ou compensar o valor correspondente com imposto e contribuições administrados pela Secretaria da Receita Federal do Brasil, exceto as contribuições sociais previstas nas alíneas *a*, *b* e *c* do parágrafo único do art. 11 da Lei n. 8.212, de 24 de julho de 1991.

§ 6º A parcela do IOF descontado ou compensado na forma deste artigo não será dedutível para fins de determinação do lucro real e da base de cálculo da Contribuição Social sobre o Lucro Líquido (CSLL).

§ 7º A Secretaria da Receita Federal do Brasil disciplinará o disposto nos §§ 4º e 5º deste artigo.

O Decreto n. 6.306/2007, por sua vez, estabelece:

CAPÍTULO III – DA BASE DE CÁLCULO E DA ALÍQUOTA

Art. 28. A base de cálculo do IOF é o valor (Lei n. 8.894, de 1994, art. 2º, II):

I – de aquisição, resgate, cessão ou repactuação de títulos e valores mobiliários;

II – da operação de financiamento realizada em bolsas de valores, de mercadorias, de futuros e assemelhadas;

III – de aquisição ou resgate de cotas de fundos de investimento e de clubes de investimento;

IV – do pagamento para a liquidação das operações referidas no inciso I, quando inferior a noventa e cinco por cento do valor inicial da operação.

§ 1º Na hipótese do inciso IV, o valor do IOF está limitado à diferença positiva entre noventa e cinco por cento do valor inicial da operação e o correspondente valor de resgate ou cessão.

§ 2º Serão acrescidos ao valor da cessão ou resgate de títulos e valores mobiliários os rendimentos periódicos recebidos, a qualquer título, pelo cedente ou aplicador, durante o período da operação.

§ 3º O disposto nos incisos I e III abrange quaisquer operações consideradas como de renda fixa.

Cabe destacar que a alíquota de 1,5% ao dia foi estabelecida pela Lei n. 8.894/94 como limite, pois, nos termos do art. 153, § 1º, pode o Executivo alterar as alíquotas do imposto, observados o limite e as condições estabelecidas por lei. O parágrafo segundo do art. 1º da Lei n. 8.894/94, incluído pela Lei n. 12.543/2011, dispõe:

Art. 1º (...)

§ 2º O Poder Executivo, obedecidos os limites máximos fixados neste artigo, poderá alterar as alíquotas tendo em vista os objetivos das políticas monetária e fiscal.

Os arts. 29 a 33 do Decreto n. 6.306/2007 é que dispõem sobre as alíquotas:

Das Alíquotas

Art. 29. O IOF será cobrado à alíquota máxima de um vírgula cinco por cento ao dia sobre o valor das operações com títulos ou valores mobiliários (Lei n. 8.894, de 1994, art. 1º).

Art. 30. Aplica-se a alíquota de que trata o art. 29 nas operações com títulos e valores mobiliários de renda fixa e de renda variável, efetuadas com recursos provenientes de aplicações feitas por investidores estrangeiros em cotas de Fundo de Investimento Imobiliário e de Fundo Mútuo de Investimento em Empresas Emergentes, observados os seguintes limites:

I – quando referido fundo não for constituído ou não entrar em funcionamento regular: dez por cento;

II – no caso de fundo já constituído e em funcionamento regular, até um ano da data do registro das cotas na Comissão de Valores Mobiliários: cinco por cento.

Art. 31. O IOF será cobrado à alíquota de zero vírgula cinco por cento ao dia sobre o valor de resgate de quotas de fundos de investimento, constituídos sob qualquer forma, na hipótese de o investidor resgatar cotas antes de completado o prazo de carência para crédito dos rendimentos.

Parágrafo único. O IOF de que trata este artigo fica limitado à diferença entre o valor da cota, no dia do resgate, multiplicado pelo número de cotas resgatadas, deduzido o valor do imposto de renda, se houver, e o valor pago ou creditado ao cotista.

Art. 32. O IOF será cobrado à alíquota de um por cento ao dia sobre o valor do resgate, cessão ou repactuação, limitado ao rendimento da operação, em função do prazo, conforme tabela constante do Anexo.

§ 1º O disposto neste artigo aplica-se:

I – às operações realizadas no mercado de renda fixa; (Redação dada pelo Decreto n. 7.487, de 23 de maio de 2011).

II – ao resgate de cotas de fundos de investimento e de clubes de investimento, ressalvado o disposto no inciso IV do § 2º.

III – às operações compromissadas realizadas por instituições financeiras e por demais instituições autorizadas a funcionar pelo Banco Central do Brasil com debêntures de que trata o art. 52 da Lei n. 6.404, de 15 de dezembro de 1976, emitidas por instituições integrantes do mesmo grupo econômico. (Incluído pelo Decreto n. 8.731, de 2016.)

§ 2º Ficam sujeitas à alíquota zero as operações, sem prejuízo do disposto no inciso III do § 1º (Redação dada pelo Decreto n. 8.731, de 2016.)

I – de titularidade das instituições financeiras e das demais instituições autorizadas a funcionar pelo Banco Central do Brasil, excluída a administradora de consórcio de que trata a Lei n. 11.795, de 8 de outubro de 2008 (Redação dada pelo Decreto n. 7.487, de 23 de maio de 2011);

II – das carteiras dos fundos de investimento e dos clubes de investimento;

III – do mercado de renda variável, inclusive as realizadas em bolsas de valores, de mercadorias, de futuros e entidades assemelhadas;

IV – de resgate de cotas dos fundos e clubes de investimento em ações, assim considerados pela legislação do imposto de renda;

V – com Certificado de Direitos Creditórios do Agronegócio – CDCA, com Letra de Crédito do Agronegócio – LCA, e com Certificado de Recebíveis do Agronegócio – CRA, criados pelo art. 23 da Lei n. 11.076, de 30 de dezembro de 2004; e (Incluído pelo Decreto n. 7.487, de 23 de maio de 2011.)

VI – com debêntures de que trata o art. 52 da Lei n. 6.404, de 15 de dezembro de 1976, com Certificados de Recebíveis Imobiliários de que trata o art. 6º da Lei n. 9.514, de 20 de novembro de 1997, e com Letras Financeiras de que trata o art. 37 da Lei n. 12.249, de 11 de junho de 2010; (Incluído pelo Decreto n. 7.487, de 23 de maio de 2011.)

VII – de negociação de cotas de Fundos de Índice de Renda Fixa em bolsas de valores ou mercado de balcão organizado; e (Redação dada pelo Decreto n. 11.840, de 2023)

VIII – de titularidade do Fundo Garantidor de Créditos – FGC e do Fundo Garantidor do Cooperativismo de Crédito – FGCoop. (Incluído pelo Decreto n. 11.840, de 2023)

§ 3º O disposto no inciso III do § 2º não se aplica às operações conjugadas de que trata o art. 65, § 4º, *a*, da Lei n. 8.981, de 1995.

§ 4º O disposto neste artigo não modifica a incidência do IOF:

I – nas operações de que trata o art. 30;

II – no resgate de quotas de fundos de investimento, na forma prevista no art. 31;

§ 5º A incidência de que trata o inciso II do § 4º exclui a cobrança do IOF prevista neste artigo.

Art. 32-A A partir de 24 de dezembro de 2013, fica reduzida a zero a alíquota incidente na cessão de ações que sejam admitidas à negociação em bolsa de valores localizada no Brasil, com o fim específico de lastrear a emissão de *depositary receipts* – DR negociados no exterior. (Redação dada pelo Decreto n. 8.165, de 2013.)

§ 1º Para os efeitos do disposto no *caput*, exceto no caso de ofertas públicas, o valor da operação a ser considerado para fins de apuração da base de cálculo deverá ser obtido multiplicando-se o número de ações cedidas pela sua cotação de fechamento na data anterior à operação ou, no caso de não ter havido negociação nessa data, pela última cotação de fechamento disponível. (Renumerado pelo Decreto n. 7.412, de 30 de dezembro de 2010.)

§ 2º No caso de ofertas públicas, a cotação a ser considerada para fins de apuração da base de cálculo do IOF de que trata este artigo será o preço fixado com base no resultado do processo de coleta de intenções de investimento ("Procedimento de *Bookbuilding*") ou, se for o caso, o preço determinado pelo ofertante e definido nos documentos da oferta pública. (Incluído pelo Decreto n. 7.412, de 30 de dezembro de 2010.)

Art. 32-B. (Revogado pelo Decreto n. 7.563, de 15 de setembro de 2011.)

Art. 32-C. O IOF será cobrado à alíquota de um por cento, sobre o valor nocional ajustado, na aquisição, venda ou vencimento de contrato de derivativo financeiro celebrado no País que, individualmente, resulte em aumento da exposição cambial vendida ou redução da exposição cambial comprada. (Incluído pelo Decreto n. 7.563, de 15 de setembro de 2011.)

(...)

> Art. 33. A alíquota fica reduzida a zero nas demais operações com títulos ou valores mobiliários, inclusive no resgate de cotas do Fundo de Aposentadoria Programada Individual – FAPI, instituído pela Lei n. 9.477, de 24 de julho de 1997. (Redação dada pelo Decreto n. 7.487, de 23 de maio de 2011.)

5.8.6. Cobrança e recolhimento

Cabe aos substitutos tributários exigir o IOF na data da liquidação financeira da operação com títulos e valores mobiliários e efetuar o recolhimento até o terceiro dia útil da semana subsequente. Vejamos o Decreto n. 6.306/2007 (Regulamento do IOF):

> Art. 35. O IOF será cobrado na data da liquidação financeira da operação.
>
> § 1º No caso de repactuação, o IOF será cobrado na data da ocorrência do fato gerador.
>
> § 2º No caso da cessão de que trata o art. 32-A, o IOF será cobrado na data da ocorrência do fato gerador, exceto na hipótese do § 2º do mesmo artigo, quando a cobrança será efetuada na data da liquidação financeira da oferta pública. (Redação dada pelo Decreto n. 7.412, de 30 de dezembro de 2010.)
>
> § 3º O IOF deve ser recolhido ao Tesouro Nacional até o terceiro dia útil subsequente ao decêndio da cobrança ou do registro contábil do imposto. (Incluído pelo Decreto n. 7.412, de 30 de dezembro de 2010.)

5.8.7. Incidência sobre operação com o ouro ativo financeiro ou instrumento cambial

Conforme já destacado quando da análise dos critérios constitucionais para a instituição dos impostos sobre operações de crédito, câmbio, seguro ou relativas a títulos e valores mobiliários, o ouro, enquanto ativo financeiro ou instrumento cambial, sujeita-se a uma única incidência do Imposto sobre Operações com Títulos ou Valores Mobiliários na operação de origem, excluída a incidência do ICMS, reservada à circulação do ouro quando simples mercadoria.

Contribuintes são as instituições autorizadas pelo BACEN que efetuarem a primeira aquisição do ouro destinado ao mercado financeiro ou à execução da política cambial do País.

O imposto é de 1% sobre o preço de aquisição do ouro, observados os limites de variação da cotação vigente.

A incidência sobre operação com o ouro ativo financeiro ou instrumento cambial é disciplinada pela Lei n. 7.766/89, arts. 4º a 12, refletida nos arts. 36 a 40 do Decreto n. 6.306/2007.

Capítulo 6

Imposto sobre a Propriedade Territorial Rural (ITR)

6.1. LEGISLAÇÃO

A competência para a instituição, pela União, do Imposto sobre a Propriedade Territorial Rural, consta do art. 153, VI, da CF. A CF, no § 4º do mesmo art. 153, ainda estabelece critérios a serem observados na sua instituição, bem como caso de imunidade e a possibilidade de opção dos Municípios pela sua fiscalização. Os arts. 29 a 31 do CTN estabelecem as normas gerais atinentes ao Imposto sobre a Propriedade Territorial Rural, definindo arquétipos para o fato gerador, para a base de cálculo e para o contribuinte. O art. 15 do DL n. 57/66 complementa o art. 32 do CTN, excepcionando-o[1]. O diploma instituidor do Imposto sobre a Propriedade Territorial Rural é a Lei n. 9.393/96. O Decreto n. 4.382/2002 regulamenta a tributação, a fiscalização, a arrecadação e a administração do Imposto sobre a Propriedade Territorial Rural – ITR. A Instrução Normativa SRF n. 256/2002, alterada pela IN RFB n. 861/2008, dispõe sobre normas de tributação relativas ao Imposto sobre a Propriedade Territorial Rural e dá outras providências. A Lei n. 11.250/2005 dispõe sobre a celebração de convênio entre a União e os Municípios para a delegação das atribuições de fiscalização, lançamento e cobrança do ITR[2]. O Decreto n. 6.433/2008 dispõe sobre o termo de opção pelos

---

1 STF, RE 140.773, 1998.

2 Em 2024, sobreveio a MP 1.227, de 4 de junho, que delegava competências para julgamento de processo administrativo fiscal relativo ao ITR mediante alteração da redação do art. 1º e seu § 4º da Lei 11.250/2005, mas teve seu prazo de vigência encerrado no dia 1º de outubro de 2024, nos termos do Ato Declaratório do Presidente da Mesa do Congresso Nacional n. 95/2024, não tendo sido convertida em lei. Em 2014, já fora publicada a MP n. 656, de 7 de outubro, também impondo alterações na Lei n. 11.250/2005, mas os respectivos artigos não foram aprovados, sendo que a Lei n. 13.097/2015 não os contemplou.

Municípios e seus efeitos. A IN RFB n. 1.640/2016, com suas alterações, impostas por diversas outras Instruções Normativas e Atos Declaratórios Executivos, dentre os quais a IN RFB 2.223/2024 e o ADE Ascif 2/2024, disciplina, com maior detalhamento, a celebração desses convênios para a delegação das atribuições relativas ao ITR. O art. 105, § 1º, *a*, da Lei n. 4.505/64, o art. 11, I, do Decreto 578/92 e a IN conjunta RFB/STN 1.606/2014 cuidam do pagamento de até 50% do ITR com Títulos da Dívida Agrária (TDA).

6.2. BASE ECONÔMICA

O art. 153, VI, da CF outorga competência à União para a instituição de imposto sobre "propriedade territorial rural"[3].

A propriedade é o mais amplo dos direitos reais, envolvendo a faculdade de usar, gozar e dispor da coisa e o direito de reavê-la do poder de quem quer que injustamente a possua ou detenha. Assim é que aparece retratada no art. 1.228 do Código Civil (Lei n. 10.406/2002)[4]. O *caput* do art. 524 do Código Civil de 1916, em vigor quando do advento da Constituição de 1988, já dispunha: "A lei assegura ao proprietário o direito de usar gozar e dispor de seus bens, e de reavê-los do poder de quem quer que injustamente os possua". Tendo em conta que a lei tributária não pode alterar a definição, o conteúdo e o alcance de institutos, conceitos e formas de direito privado, utilizados pela Constituição para definir competências tributárias (art. 110 do CTN), certo é que a base econômica prevista no inciso VI do art. 153 tem de ser considerada tendo por base o conceito de propriedade que constava do art. 524 do Código Civil de 1916 e que já era tradicional no nosso direito, mantendo-se com o Código de 2002, de maneira que o exercício da competência tributária, ou seja, a instituição do ITR, deve ater-se à tributação da propriedade tal como definida.

Não se pode equiparar à propriedade qualquer outro direito real. Não é por acaso que a propriedade consta como o primeiro dos direitos reais no art. 1.225, I, diferenciando-se dos demais em razão da sua plenitude. O direito de propriedade, como já referido, envolve a faculdade de usar, de gozar e de dispor. É esta revelação de riqueza que foi apontada pela Constituição como capaz de ensejar a sujeição do seu titular a imposto de competência da União com fundamento no seu art. 153, VI.

No exercício da competência tributária do art. 153, VI, o legislador só pode apontar, como fato gerador, a propriedade e, como contribuinte, o proprietário. Outros direitos reais menos densos, como o de superfície, o de servidões, o de usufruto, o de uso

3 "Art. 153. Compete à União instituir impostos sobre: (...) VI – propriedade territorial rural."

4 Código Civil (Lei n. 10.406/2002): "Art. 1.228. O proprietário tem a faculdade de usar, gozar e dispor da coisa, e o direito de reavê-la do poder de quem quer que injustamente a possua ou detenha".

e o direito do promitente comprador[5], previstos no art. 1.225, II a VII, do Código Civil (Lei n. 10.406/2002), constituem prerrogativas parciais ou temporárias, revelando riqueza em menor grau que a do proprietário, não sendo sido eleitas pela Constituição como ensejadoras, por si sós, da instituição de imposto com suporte no art. 153, VI.

Não obstante, veremos que o texto do art. 29 CTN, mais amplo, acabou por dar lugar a instituição do ITR com extrapolação do limite constante da norma de competência, alcançando não apenas a propriedade, mas também o domínio útil e a posse.

"Territorial" é adjetivo que designa o que é relativo a território, sendo este uma extensão de terra. A base econômica estampada no art. 153, VI, da Constituição, portanto, ao se referir à propriedade "territorial" rural, enseja a tributação da grandeza dimensionada pela propriedade da terra nua, ou seja, da terra em si, sem a consideração de eventuais benfeitorias. Note-se, aliás, a diferença entre as normas de competência do ITR e do IPTU: o art. 153, VI, refere-se à propriedade "territorial" rural; o art. 156, I, refere-se à propriedade "predial e territorial" urbana. A Lei n. 9.393/96, instituidora do ITR, atém-se à norma de competência, estabelecendo a incidência do ITR sobre a propriedade de imóvel por natureza, apontando, como base de cálculo, o valor da terra nua tributável (VTNt).

A palavra "rural", por sua vez, é adjetivo que designa o que é próprio do campo, em oposição ao que é próprio da "cidade". Imóvel rural é o que se situa no campo, ou seja, na zona rural. É o que se extrair implicitamente da própria Constituição. Da leitura dos capítulos Da Política Urbana e Da Política Agrícola e Fundiária e da Reforma Agrária, ambos do título da Ordem Econômica e Financeira, vê-se que a Constituição vinculou a expressão propriedade urbana à cidade, prevendo que deve atender às exigências fundamentais de ordenação da cidade expressas no plano diretor aprovado pela Câmara Municipal. Quando a Constituição se refere a imóvel rural, por sua vez, o faz em contraposição a imóvel urbano[6].

Para a identificação das áreas rural e urbana é fundamental a análise do plano diretor de cada Município, devendo-se, ainda, contrastá-lo com o art. 32, § 1º, do CTN que, estabelecendo os requisitos mínimos de infraestrutura urbana para a caraterização de

5 Note-se que as formas de aquisição da propriedade imobiliária são o registro do título no Registro de Imóveis, a usucapião ou a acessão conforme constava do art. 530, I a III, do Código Civil de 1916 e, hoje, está previsto nos arts. 1.245, 1.238 e 1.248 do Código Civil em vigor (Lei n. 10.406/2002). Outra forma de aquisição é a sucessão hereditária (art. 530, IV, do CC/1916; art. 1.718 do CC/2002). O direito do promitente comprador do imóvel, ainda que anteriormente já reconhecido como direito real e, atualmente, previsto como tal no art. 1.225 do CC/2002, não é "propriedade". A propriedade pode advir, posteriormente, quando do exercício do direito do promitente comprador que, ao cumprir suas obrigações, pode compelir o proprietário à transmissão da propriedade ou buscar suprir a falta em Juízo. Não se confundem, pois, tais direitos reais.

6 PAULSEN, Leandro; RIOS, Roger Raupp; CAMINHA, Vivian J. P. *Desapropriação e Reforma Agrária*. Porto Alegre: Livraria do Advogado, 1997, p. 95.

determinada área como zona urbana (e, *a contrario sensu*, como zona rural), previne conflitos de competência e dá elementos objetivos para que se resolvam as dúvidas que porventura surgirem sobre a sujeição do proprietário ao ITR ou ao IPTU.

Observe-se, porém, que o art. 15 do DL n. 57/66[7] estabeleceu exceção ao art. 29 do CTN, submetendo ao ITR também o imóvel situado na cidade quando esteja sendo destinado a atividade rural, conforme se vê, adiante, ao cuidarmos do aspecto material da norma tributária impositiva. Na prática, portanto, têm sido combinados os critérios de localização e de destinação.

6.3. CRITÉRIOS CONSTITUCIONAIS PARA A INSTITUIÇÃO DO ITR

O texto constitucional também estabelece critérios a serem observados por ocasião da instituição do ITR. O § 4º do art. 153, com a redação que lhe foi dada pela EC n. 42, publicada no DOU de 31 de dezembro 2003[8], dispõe:

> § 4º O imposto previsto no inciso VI do *caput*:
>
> I – será progressivo e terá suas alíquotas fixadas de forma a desestimular a manutenção de propriedades improdutivas;
>
> II – não incidirá sobre pequenas glebas rurais, definidas em lei, quando as explore o proprietário que não possua outro imóvel;
>
> III – será fiscalizado e cobrado pelos Municípios que assim optarem, na forma da lei, desde que não implique redução do imposto ou qualquer outra forma de renúncia fiscal.

6.3.1. Progressividade e desestímulo às propriedades improdutivas

O inciso I do § 4º do art. 153 enseja a progressividade das alíquotas do ITR. Progressividade, tendo em conta a capacidade contributiva, é critério que vincula o aumento das alíquotas ao aumento da base de cálculo.

O inciso I do § 4º do art. 153 também autoriza a utilização extrafiscal do ITR, de modo que seja mais onerado o proprietário que não dê destinação econômica ao seu imóvel rural ou que não o faça na extensão e com a eficiência adequadas, deixando de obter a produtividade que dele se possa esperar.

---

7 O art. 15 do DL n. 57/66 foi revogado pelo art. 12 da Lei n. 5.868/72, mas essa lei revogadora acabou sendo julgada inconstitucional por violação à reserva de lei complementar, de modo que o referido art. 15 do DL n. 57/66 manteve a sua vigência.

8 Redação revogada: "§ 4º O imposto previsto no inciso VI (Imposto sobre a Propriedade Territorial Rural/ITR) terá suas alíquotas fixadas de forma a desestimular a manutenção de propriedades improdutivas e não incidirá sobre pequenas glebas rurais, definidas em lei, quando as explore, só ou com sua família, o proprietário que não possua outro imóvel".

A tabela de alíquotas anexa à Lei n. 9.393/96 faz com que variem as alíquotas em função do tamanho do imóvel e do seu grau de utilização. O tamanho não é apontado pela Constituição como critério de progressividade do ITR, razão pela qual surgiram dúvidas sobre a constitucionalidade da lei instituidora, no ponto. Analisando a questão, o STF entendeu válida a progressividade estabelecida pela Lei n. 9.393/96, "que leva em conta, de maneira conjugada, o grau de utilização (GU) e a área do imóvel", realçando que, "quanto maior a área do imóvel, com mais vigor a lei impõe a extrafiscalidade, isto é, com mais intensidade ela desestimula a manutenção de propriedade improdutiva"[9].

O STF tem entendido que, mesmo antes da EC n. 42/2003, era válida a adoção de alíquotas progressivas de ITR, ao fundamento de que constitui imposto direto e a progressividade é modo de realização do princípio da capacidade contributiva[10]. Trata-se de posicionamento novo, porquanto, durante longo período, o STF não admitia a progressividade de impostos reais[11].

6.3.2. Imunidade das pequenas glebas rurais sob unititularidade

A previsão de que o ITR não incidirá sobre pequenas glebas rurais, constante do inciso II, é regra de imunidade.

---

9 STF, RE 1.038.357 AgR, 2018. No mesmo sentido: STF, RE 1.200.455 AgR, 2019.

10 "ITR. PROGRESSIVIDADE DE ALÍQUOTAS EM PERÍODO ANTERIOR À EC n. 42/2003... I – Nos termos do art. 145, § 1º, da CF, todos os impostos, independentemente de seu caráter real ou pessoal, devem guardar relação com a capacidade contributiva do sujeito passivo e, tratando-se de impostos diretos, será legítima a adoção de alíquotas progressivas. II – Constitucionalidade da previsão de sistema progressivo de alíquotas para o imposto sobre a propriedade territorial rural mesmo antes da EC n. 42/2003." (STF, RE 720945 AgR, 2014.)

11 Relativamente ao IPTU, enfocando o regime anterior à EC n. 29/2000, a Súmula 668 do STF: "É inconstitucional a lei municipal que tenha estabelecido, antes da Emenda Constitucional 29/2000, alíquotas progressivas para o IPTU, salvo se destinada a assegurar o cumprimento da função social da propriedade urbana". (Dec. 24-9-2003, *DJ* 9-10-2003.) Eis ementa revelando tal orientação: "IPTU. Progressividade. No sistema tributário nacional é o IPTU inequivocamente um imposto real. Sob o império da atual Constituição, não é admitida a progressividade fiscal do IPTU, quer com base exclusivamente no seu artigo 145, § 1º, porque esse imposto tem caráter real que é incompatível com a progressividade decorrente da capacidade econômica do contribuinte, quer com arrimo na conjugação desse dispositivo constitucional (genérico) com o artigo 156, § 1º (específico). A interpretação sistemática da Constituição conduz inequivocamente à conclusão de que o IPTU com finalidade extrafiscal a que alude o inciso II do § 4º do artigo 182 é a explicitação especificada, inclusive com limitação temporal, do IPTU com finalidade extrafiscal aludido no artigo 156, I, § 1º. Portanto, é inconstitucional qualquer progressividade em se tratando de IPTU, que não atenda exclusivamente ao disposto no artigo 156, § 1º, aplicado com as limitações expressamente constantes dos §§ 2º e 4º do artigo 182, ambos da Constituição Federal. Recurso extraordinário conhecido e provido, declarando-se inconstitucional o subitem 2.2.3. do setor II da Tabela III da Lei n. 5.641, 22-12-89, no município de Belo Horizonte." (STF, REx 153.771-0, 1996.)

Encontra-se a definição do que se deve considerar por "pequenas glebas rurais" no art. 2º da Lei n. 9.393/96[12], cujo parágrafo único dispõe:

> Parágrafo único. Para os efeitos deste artigo, pequenas glebas rurais são os imóveis com área igual ou inferior a: I – 100 ha, se localizado em município compreendido na Amazônia Ocidental ou no Pantanal mato-grossense e sul-mato-grossense; II – 50 ha, se localizado em município compreendido no Polígono das Secas ou na Amazônia Oriental; III – 30 ha, se localizado em qualquer outro município.

A referência a proprietário que não possua outro imóvel consubstancia o denominado requisito da unititularidade, importante, também, na exclusão das pequenas e médias propriedades rurais da susceptibilidade à desapropriação por interesse social para fins de reforma agrária, nos termos do art. 185, I, da CF[13].

Com a redação da EC n. 42/2003, não há mais a exigência de que o proprietário explore o imóvel só ou com sua família. Basta que a única propriedade recaia sobre pequena gleba rural para que esteja amparada pela imunidade tributária relativamente ao ITR.

6.3.3. Delegação aos Municípios

O inciso III, do § 4º do art. 153, da CF, é inovação trazida pela EC n. 42/2003. Ao estabelecer que o ITR "será fiscalizado e cobrado pelos Municípios que assim optarem, na forma da lei, desde que não implique redução do imposto ou qualquer outra forma de renúncia fiscal", não altera a competência para a instituição do ITR, que prossegue sendo da União. Mas autoriza o legislador federal a delegar ao Município, mediante opção deste, a condição de sujeito ativo da obrigação tributária, titular dos poderes de fiscalizar, lançar e exigir o pagamento, bem como de regulamentá-lo em nível infralegal. Nesse sentido, sobreveio a Lei n. 11.250/2005, autorizando a formalização de convênios entre a União e os Municípios para que estes assumam a administração do ITR.

A repartição normal da receita tributária do ITR entre a União e os Municípios (50% para a União e 50% para o Município em que situado o imóvel) fica alterada na hipótese de opção do Município pela fiscalização e cobrança de que trata este inciso, cabendo, então,

12 O art. 2º da Lei n. 9.393/96 regulamenta a imunidade em questão. Contudo, pode-se objetar tratar-se de matéria reservada à lei complementar, eis que o art. 146, II, da CF estabelece expressamente que cabe à lei complementar "II – regular as limitações constitucionais ao poder de tributar;", sendo certo que a regulamentação de dispositivo constitucional que condiciona o exercício da tributação só tem eficácia se não estiver disponível ao legislador ordinário do ente tributante. A regulamentação por lei ordinária, a rigor, não cumpre a sua finalidade, eis que, a qualquer momento, pode o legislador ordinário dispor de modo diferente, revogando a lei anterior.

13 *Vide*: PAULSEN, Leandro; RIOS, Roger Raupp; CAMINHA, Vivian J. P. *Desapropriação e Reforma Agrária*. Porto Alegre: Livraria do Advogado, 1997.

ao Município, a totalidade da receita relativa ao ITR por ele lançado (100%), nos termos do que dispõe o art. 158, II, da CF, com a redação que lhe foi atribuída pela EC n. 42/2003.

Assim, o ITR segue sendo instituído pela União, por lei federal, mas a sua fiscalização, o seu lançamento e a sua cobrança podem ser delegados aos Municípios, mediante opção destes, na forma da Lei n. 11.250/2005[14]. Nos termos da IN SRF 884/2008, a Receita Federal se reserva competência supletiva para a fiscalização, o lançamento e a cobrança do imposto, restando expresso, ainda, que o convênio entre União e Município "não abrange: ... II – a competência da RFB para lançamento de multa por atraso na entrega da Declaração do Imposto sobre a Propriedade Territorial Rural (DITR); III – o contencioso administrativo decorrente do exercício das atribuições delegadas"[15].

Conforme o art. 10 do Dec. n. 6.433/2008, a celebração do convênio está condicionada à protocolização eletrônica do termo de opção[16] e ao cumprimento de requisitos e condições estabelecidos pela SRFB, observadas as resoluções do Comitê Gestor do Imposto sobre a Propriedade Territorial Rural – CGITR. Dentre os requisitos, está a necessidade de o Município possuir servidor aprovado em concurso público para o exercício de cargo com atribuição de lançamento de créditos tributários e ter optado pelo Domicílio Tributário Eletrônico, conforme o art. 7º da IN RFB 1.640/2016, com a redação da IN RFB 1.954/2020. Em julho de 2014, a Confederação Nacional dos Municípios editou a Nota Técnica n. 16/2014 com orientações acerca da adesão para fins de assunção da fiscalização e do lançamento do ITR.

A opção produz efeitos a partir do primeiro dia útil do segundo mês subsequente. Eventual indeferimento é formalizado pelo já referido Comitê Gestor, que é constituído por três representantes da administração tributária federal e por três representantes dos Municípios ou do Distrito Federal.

6.4. ASPECTO MATERIAL

O ITR possui fato gerador continuado, que não se consubstancia num ato ou negócio, mas nas situações jurídicas propriedade, domínio útil ou posse de imóvel situado fora da zona urbana do Município.

O CTN dispõe:

> Art. 29. O imposto, de competência da União, sobre a propriedade territorial rural tem como fato gerador a propriedade, o domínio útil ou a posse de imóvel por natureza, como definido na lei civil, localizado fora da zona urbana do Município.

---

14 Em 2014, foi publicada a MP n. 656/2014 impondo alterações na Lei n. 11.250/2005, mas os respectivos artigos não foram convertidos em lei, sendo que a Lei n. 13.097/2015 não os contemplou.

15 IN SRF n. 884/2008, art. 1º, §§ 4º e 6º. Obs.: a redação original excluía, do convênio, o ITR lançado por homologação, mas tal exclusão foi revogada pela IN RFB n. 1.373/2013.

16 O modelo de convênio é estabelecido pelo Anexo Único da IN RFB n. 919/2009.

Note-se que o art. 29, ao ensejar a tributação não apenas da propriedade, mas também do domínio útil e da posse, desborda da base econômica dada à tributação, que é, nos termos do art. 153, VI, da CF, tão somente a "propriedade territorial rural". A "propriedade" é a revelação de riqueza passível de ser tributada, conforme visto na análise da base econômica, sendo que, conforme previsto no art. 110 do próprio CTN[17], não poderia ter seu conceito e amplitude alterados por lei de modo a que se ampliasse a competência tributária.

A doutrina dominante, contudo, não vislumbra a inconstitucionalidade apontada, do que é exemplo a posição de HUGO DE BRITO MACHADO:

> Referindo-se a Constituição à propriedade, naturalmente abrangeu a posse, que nada mais é que um direito inerente à propriedade. A autorização constitucional é para tributar a propriedade, e o Código Tributário Nacional facultou à lei ordinária tomar para fato gerador do tributo a propriedade, o domínio útil ou a posse, vale dizer, o direito pleno, total, que é a propriedade, ou um de seus elementos, o domínio útil, ou ainda a posse. Se a propriedade, com todos os seus elementos, está reunida em poder de uma pessoa, o tributo recai sobre ela. Se está fracionada, isto é, se ninguém é titular da propriedade plena, ou porque há enfiteuse, ou porque a posse está com pessoa diversa do proprietário, que é desconhecido, ou imune ao tributo, ou isento, então o tributo recai sobre o domínio útil ou a posse[18].

O imóvel "por natureza" era definido pelo Código Civil de 1916, em seu art. 43, I, como "o solo com a sua superfície, os acessórios e adjacências naturais, compreendendo as árvores e frutos pendentes, o espaço aéreo e o subsolo". Distinguia-se, assim, dos imóveis por acessão física (tudo quanto fosse incorporado permanentemente ao solo como as sementes e construções, de modo que não se pudesse) e por acessão intelectual (tudo quanto fosse mantido intencionalmente empregado na sua exploração industrial, aformoseamento ou comodidade), bem como do imóvel por determinação legal (direitos reais sobre imóveis, apólices da dívida pública, direito à sucessão aberta etc.)[19]. O

17 CTN: Art. 110. A lei tributária não pode alterar a definição, o conteúdo e o alcance de institutos, conceitos e formas de direito privado, utilizados, expressa ou implicitamente, pela Constituição Federal, pelas Constituições do Estados, ou pelas Leis Orgânicas do Distrito Federal ou dos Municípios, para definir ou limitar competências tributárias.

18 MACHADO, Hugo de Brito. *Comentários ao Código Tributário nacional*. Vol. I. São Paulo: Atlas, 2003, p. 349.

19 Código Civil de 1916 (Lei n. 3.071/16): "LIVRO II DOS BENS. TÍTULO ÚNICO DAS DIFERENTES CLASSES DE BENS. CAPÍTULO I DOS BENS CONSIDERADOS EM SI MESMOS Seção I – Dos Bens Imóveis Art. 43. São bens imóveis: I – o solo com a sua superfície, os seus acessórios e adjacências naturais, compreendendo as árvores e frutos pendentes, o espaço aéreo e o subsolo; *(Redação dada pelo Decreto do Poder Legislativo n. 3.725, de 15-1-1919)*; II – tudo quanto o homem incorporar permanentemente ao solo, como a semente lançada à terra, os edifícios e construções, de modo que se não possa retirar sem destruição, modificação, fratura, ou dano; III – tudo quanto no imóvel o proprietário mantiver intencionalmente empregado em sua exploração industrial, aformoseamento ou comodidade. Art. 44. Consideram-se imóveis para os efeitos legais: I – os di-

Código Civil não faz tal distinção, que se mantém, contudo, para fins tributários[20].

A Lei n. 9.393/96 instituiu o ITR em toda a amplitude preconizada pelo CTN, incorrendo no mesmo vício ao dispor:

> Art. 1º O imposto sobre a Propriedade Territorial Rural – ITR, de apuração anual, tem como fato gerador a propriedade, o domínio útil ou a posse de imóvel por natureza, localizado fora da zona urbana do município, em 1º de janeiro de cada ano.

Há situações em que, embora proprietário, o titular do direito não consegue gozar das prerrogativas inerentes à propriedade por força de situações externas, tampouco consegue dispor do bem. Nesses casos, tem-se entendido que ele não revela capacidade contributiva própria de proprietário, não ocorrendo o fato gerador do ITR. Como exemplo, temos o caso de imóveis rurais invadidos por "sem-terras" quando o proprietário, embora indo a juízo para retomar a sua posse, nela não é reintegrado. O TRF4 entendeu que "Se o proprietário não detém o direito de usar, gozar e dispor do imóvel, em decorrência de sua invasão, e o direito de reavê-lo não é assegurado pelo Estado, a propriedade se mantém na mera formalidade e não configura fato gerador do ITR"[21]. Também decidiu que, tendo, o contribuinte, sido "privado do uso e gozo da propriedade desde 1991, por ter sido o imóvel sujeito à expropriação indireta com a demarcação da terra indígena..., incabível a exigência do Imposto Territorial Rural"[22]. Aliás, em outro caso envolvendo terra indígena, o TRF4 frisou que "O ato administrativo demarcatório de reserva indígena não possui natureza constitutiva, mas declaratória, pois reconhece uma situação preexistente com base no direito originário dos índios sobre as terras que tradicionalmente ocupam, o qual prepondera sobre os títulos de propriedade ou de legitimação de posse em favor de não índios, considerados nulos e extintos pelo art. 231 da Constituição Federal". Desse modo, decidiu no sentido de que não seria exigível o imposto mesmo em relação a fatos geradores ocorridos antes da demarcação da reserva[23]. Outro caso análogo é o que foi abordado na Súmula 45 do CARF[24]: "Não incide sobre áreas alagadas para fins de constituição de reservatório de usinas hidroelétricas". Também assim decidiu o TRF4: "Se o proprietário não detém o direito de usar, gozar e dispor do imóvel, em decorrência de seu alagamento pelo fechamento das comportas da Usina

---

reitos reais sobre imóveis, inclusive o penhor agrícola, e as ações que os asseguram; II – as apólices da dívida pública oneradas com a cláusula de inalienabilidade; III – o direito à sucessão aberta".

20 "Pelo menos para fins tributários devem ser preservados aqueles conceitos antigos, porque eles, na verdade, estão incorporados aos dispositivos do Código Tributário Nacional (...)" (MACHADO, Hugo de Brito. *Comentários ao Código Tributário Nacional*. Vol. I. São Paulo: Atlas, 2003, p. 345).

21 TRF4, AC 5004054-57.2015.4.04.7207, 2018.

22 TRF4, 5010145-68.2016.4.04.7001, 2017.

23 TRF4, AREO 5002806-06.2013.4.04.7117, 2017.

24 Conselho Administrativo de Recursos Fiscais.

de Itaipu, e o direito de reavê-lo não é assegurado pelo Estado, a propriedade se mantém na mera formalidade e não configura fato gerador do ITR"[25].

O art. 1º da Lei n. 9.393/96 segue o critério da localização na definição de imóvel rural, repetindo a redação do art. 29 do CTN. Mas o critério da localização tem sido temperado com a exceção constante do art. 15 do DL n. 57/66, que sujeitou ao ITR o imóvel que, mesmo situado na zona urbana do Município, "seja utilizado em exploração, extrativa vegetal, agrícola, pecuária ou agroindustrial"[26]. Note-se que o DL n. 57/66 foi editado quando ainda não se fazia necessária lei complementar para cuidar da matéria. O STF já aplicou este DL n. 57/66[27], e o STJ também o tem aplicado[28]. Desse modo, "incide o ITR e, não, o IPTU sobre imóveis nos quais são comprovadamente utilizados em exploração extrativa, vegetal, agrícola, pecuária ou agroindustrial, ainda que localizados em áreas consideradas urbanas por legislação municipal"[29]. Aliás, tal orientação restou firmada como tese em recurso repetitivo, no Tema 174: "1. Não incide IPTU, mas ITR, sobre imóvel localizado na área urbana do Município, desde que comprovadamente utilizado em exploração extrativa, vegetal, agrícola, pecuária ou agroindustrial (art. 15 do DL n. 57/66)[30].

Observe-se que a localização do imóvel em área urbana atrai, a princípio, a incidência do IPTU. Aliás, mesmo que o imóvel estivesse anteriormente em área rural, "a partir do momento em que... passa a preencher as condições previstas no art. 32 do

---

25 TRF4, APELREEX 5002484-58.2014.4.04.7017, 2016.

26 DL n. 57/66: "Art. 15. O disposto no art. 32 da Lei n. 5.172, de 25 de outubro de 1966, não abrange o imóvel de que, comprovadamente, seja utilizado em exploração extrativa vegetal, agrícola, pecuária ou agroindustrial, incidindo assim, sobre o mesmo, o ITR e demais tributos com o mesmo cobrados".

27 "(...) IMPOSTO PREDIAL E TERRITORIAL URBANO (I.P.T.U.). IMPOSTO TERRITORIAL RURAL (I.T.R.). TAXA DE CONSERVAÇÃO DE VIAS. RECURSO EXTRAORDINÁRIO. 1. R.E. não conhecido, pela letra *a* do art. 102, III, da C.F., mantida a declaração de inconstitucionalidade da Lei Municipal de Sorocaba, de n 2.200, de 3-6-1983, que acrescentou o parágrafo 4 ao art. 27 da Lei n. 1.444, de 13-12-1966. 2. R.E. conhecido, pela letra *b*, mas improvido, mantida a declaração de inconstitucionalidade do art. 12 da Lei Federal n. 5.868, de 12-12-1972, no ponto em que revogou o art. 15 do Decreto-lei n. 57, de 18-11-1966. 3. Plenário. Votação unânime". (STF, RE 140773/SP, rel. Min. SYDNEY SANCHES, 1998.)

28 "IPTU. ITR. INCIDÊNCIA. CRITÉRIO DA LOCALIZAÇÃO DO IMÓVEL INSUFICIENTE. NECESSIDADE DE SE OBSERVAR, TAMBÉM, A DESTINAÇÃO DO IMÓVEL... 1. O critério da localização do imóvel não é suficiente para que se decida sobre a incidência do IPTU ou ITR, sendo necessário observar-se, também, a destinação econômica, conforme já decidiu a Egrégia 2ª T., com base em posicionamento do STF sobre a vigência do Decreto-Lei n. 57/66. 2... 3. Necessidade de comprovação perante as instâncias ordinárias de que o imóvel é destinado à atividade rural. Do contrário, deve incidir sobre ele o IPTU..." (STJ, AgRg no Ag 993.224, 2008.) *Vide*, também: STJ, AgInt no AREsp 1513783, 2021.

29 STJ, AgRg no AREsp 323.705, 2013.

30 STJ, 1ª Seção, REsp 1112646, 2009.

CTN e a integrar a zona urbana definida na lei local (presumivelmente válida), tem-se pela transmudação da propriedade de rural para urbana, enquadrando-se na conceituação do fato gerador do IPTU, afastando, de imediato, a tributação pelo ITR e, consequentemente, o risco de bitributação"[31].

Cabe ao proprietário comprovar a exploração extrativa, vegetal, agrícola, pecuária ou agroindustrial[32] para caracterizá-lo como de destinação rural, de modo a evidenciar que a sua propriedade constitui fato gerador do ITR, e não do IPTU. Quando a prova dos autos não é suficiente, no entendimento do tribunal local, o STJ mantém a incidência do IPTU, e não do ITR[33]. E, também, já chancelou entendimento de que "o Certificado de Cadastro de Imóvel Rural – CCIR, emitido pelo INCRA, representa mero cadastramento imobiliário perante a autarquia, não sendo suficiente à comprovação da exploração"[34]. Também já decidiu que "As providências elencadas no art. 53 da Lei n. 6.766/1979 para que possa ser alterado o uso de solo rural para fins urbanos, dentre elas a necessidade de prévia audiência do Incra, não configuram condição à caracterização do fato gerador e à cobrança de IPTU sobre imóvel que, por lei local, passou a integrar a zona urbana da municipalidade e que preenche os requisitos elencados no art. 32 do CTN"[35].

Advirta-se, ainda, que, por demandar prova, a matéria não é passível de enfrentamento em sede de exceção de pré-executividade, conforme o STJ reconheceu em sede de execução para pagamento de IPTU[36]. Ademais, a mera juntada de declaração e recolhimento do ITR não é suficiente para a caracterização do imóvel como rural, resolvendo-se eventual recolhimento indevido por meio de repetição de indébito[37]. Tenha-se em conta, ainda, que a reversão do entendimento de tribunal de segunda instância quanto à caracterização do imóvel como urbano não é viável na via do recurso especial, porque seria necessário o revolvimento de matéria fática, encontrando óbice na Súmula 7 do STJ[38].

Interpretando-se sistematicamente o CTN, vemos que o ITR e o IPTU se excluem mutuamente, de modo que nenhum proprietário pode ser chamado ao pagamento de

31 STJ, REsp 2.105.387, 2024.

32 "3. Necessidade de comprovação perante as instâncias ordinárias de que o imóvel é destinado à atividade rural. Do contrário, deve incidir sobre ele o IPTU..." (STJ, AgRg no Ag 993.224, 2008.)

33 STJ, AgInt nos EDcl no REsp 1886777, 2021.

34 STJ, AgInt nos EDcl no REsp 1886777, 2021, conforme se extrai do voto condutor, onde transcreve o acórdão recorrido.

35 STJ, REsp 2.105.387, 2024.

36 STJ, AgInt no AREsp 1725859, 2021.

37 STJ, REsp 2.105.387, 2024.

38 STJ, AgInt no REsp 2.105.534, 2023.

ambos os impostos. Isso porque se trata de imóvel rural sujeito ao ITR, nos termos do art. 29 do CTN, ou de imóvel urbano sujeito ao IPTU, nos termos do art. 32 do CTN. Jamais algum imóvel poderá ser considerado, para fins de tributação, como urbano e rural ao mesmo tempo. Poderia haver conflitos positivos de competência não fosse a regra do art. 32, § 1º, do CTN, que torna inequívoco caber ao Município definir, por lei municipal, a sua zona urbana, observado o requisito da presença de pelo menos dois itens de infraestrutura urbana, que arrola, podendo considerar, também, como urbanas, as áreas urbanizáveis ou de expansão urbana, constantes de loteamentos aprovados, destinados à habitação, à indústria ou ao comércio[39]. O STJ manteve entendimento de tribunal local que, para considerar presente o fato gerador do IPTU, excluindo o ITR, assentou "sobretudo porque, pela ficha do imóvel, emitida pela SEMUT, na localização, há fornecimento de rede elétrica, limpeza urbana, iluminação pública e coleta de lixo"[40]. Os itens de infraestrutura, referidos pelo Código como "melhoramentos" para a caracterização da zona urbana, são "I – meio-fio ou calçamento, com canalização de águas pluviais; II – abastecimento de água; III – sistema de esgotos sanitários; IV – rede de iluminação pública, com ou sem posteamento para distribuição domiciliar; V – escola primária ou posto de saúde a uma distância máxima de 3 (três) quilômetros do imóvel considerado", e devem ter sido construídos ou ser mantidos pelo Poder Público. O STJ considerou sujeita ao ITR área composta por glebas em que funciona "planta industrial com benfeitorias (ruas pavimentadas, iluminação, rede de água e esgoto e galpões da indústria do lixo etc.)" construídas e mantidas pela própria empresa contribuinte, não se enquadrando no Código Tributário Nacional (CTN – Lei n. 5.172/66, seção II, § 1º), onde os melhoramentos são construídos ou mantidos pelo Poder Público[41].

A zona rural acaba sendo identificada por exclusão: é a zona não considerada como urbana pela lei municipal.

---

39 CTN: Art. 32. O imposto, de competência dos Municípios, sobre a propriedade predial e territorial urbana tem como fato gerador a propriedade, o domínio útil ou a posse de bem imóvel por natureza ou por acessão física, como definido na lei civil, localizado na zona urbana do Município. § 1º Para os efeitos deste imposto, entende-se como zona urbana a definida em lei municipal, observado o requisito mínimo da existência de melhoramentos indicados em pelo menos dois dos incisos seguintes, construídos ou mantidos pelo Poder Público: I – meio-fio ou calçamento, com canalização de águas pluviais; II – abastecimento de água; III – sistema de esgotos sanitários; IV – rede de iluminação pública, com ou sem posteamento para distribuição domiciliar; V – escola primária ou posto de saúde a uma distância máxima de 3 (três) quilômetros do imóvel considerado. § 2º A lei municipal pode considerar urbanas as áreas urbanizáveis, ou de expansão urbana, constantes de loteamentos aprovados pelos órgãos competentes, destinados à habilitação, à indústria ou ao comércio, mesmo que localizados fora das zonas definidas nos termos do parágrafo anterior.

40 STJ, AgInt nos EDcl no REsp 1886777, 2021.

41 STJ, AgInt no AREsp 1513783, 2021.

Note-se, ainda, que o § 2º do art. 1º da Lei n. 9.393/96 define o imóvel como a "área contínua" localizada na zona rural: "§ 2º Para os efeitos desta Lei, considera-se imóvel rural a área contínua, formada de uma ou mais parcelas de terras, localizada na zona rural do município".

PEDRO EINSTEIN DOS SANTOS ANCELES esclarece a noção de área contínua:

> A expressão área contínua tem o sentido de continuidade econômica, de utilidade econômica e de aproveitamento da propriedade rural. Assim, área contínua é a área do prédio rústico, seja um todo único indivisível, seja dividida fisicamente por estrada, rodovia, ferrovia ou rio[42].

Assim, ainda que várias sejam as matrículas, os imóveis contínuos de um mesmo proprietário, titular de domínio útil ou possuidor serão considerados como um único imóvel rural para fins de tributação a título de ITR, o que poderá repercutir na alíquota aplicável, pois a lei estabelece alíquotas diferenciadas conforme o tamanho do imóvel, conforme se vê da análise do aspecto quantitativo.

6.5. ASPECTO TEMPORAL

O aspecto temporal do ITR guarda relação direta com o tipo do seu fato gerador, que é continuado, ou seja, situação que perdura no tempo, configurando verdadeiro *status* jurídico, diferentemente dos tributos com fatos geradores instantâneos, em que a lei identifica como gerador da obrigação tributária determinado ato que ocorre efetivamente em dado e certo momento. No ITR, não se tributa algo que ocorre, mas que está presente, qual seja, a posição de proprietário.

A definição legal do aspecto temporal da hipótese de incidência é essencial nos tributos com fato gerador continuado, de modo a permitir a identificação do momento em que se deva considerar ocorrido o fato gerador do imposto.

O aspecto temporal da hipótese de incidência do ITR consta do art. 1º da Lei n. 9.393/96, que estabelece como fato gerador a propriedade, o domínio útil ou a posse "em 1º de janeiro de cada ano". Ou seja, a Lei n. 9.393/96 considera ocorrido o fato gerador do ITR em 1º de janeiro de cada ano. Portanto, é nesta data que incide a legislação vigente acerca do ITR, gerando a obrigação tributária respectiva.

Cabe, aqui, um esclarecimento. O fato gerador não é a propriedade, domínio útil ou a posse anual, ou seja, pelo prazo de um ano. Fato gerador é a propriedade, domínio útil ou a posse (aspecto material) em 1º de janeiro de cada ano (aspecto

42 ANCELES, Pedro Einstein dos Santos. *Manual de Tributos da Atividade Rural*. São Paulo: Atlas, 2001, p. 377.

temporal). O imposto é exigido, por força disso, anualmente (periodicidade). Assim, verificada a propriedade em 1º de janeiro, situação necessária e suficiente para o surgimento da obrigação tributária[43], é devido o tributo, tal como estabelecido por lei. O fato de, posteriormente, durante o ano, vir a ocorrer descontinuidade na titularidade, não tem qualquer implicação sobre a obrigação tributária, não ensejando repetição parcial do tributo[44-45].

6.6. ASPECTO ESPACIAL

O aspecto espacial da hipótese de incidência do ITR é o território nacional, pois se trata de imposto da competência da União, e não há norma alguma em sentido contrário. Ou seja, verificada a propriedade de imóvel situado em zona rural no território nacional, em 1º de janeiro de cada ano, surge a obrigação de pagar o ITR.

Mas, embora tenhamos um imposto federal, da competência da União, já vimos que o inciso III do § 4º do art. 153 da CF, acrescido pela EC n. 42/2003, permite que seja "fiscalizado e cobrado pelos Municípios que assim optarem, na forma da lei", cabendo, então, a totalidade da receita do ITR ao Município, nos termos do que dispõe o art. 158, II, da CF, também com a redação que lhe foi atribuída pela EC n. 42/2003.

Sobrevindo tal lei, teremos, então, discussões sobre o Município competente para a exigência do ITR relativo a imóveis cujas áreas alcancem mais de um Município. Ainda que não cuidando especificamente de tal hipótese, pois ausente tal autorização à época, o § 3º do art. 1º da Lei n. 9.393/96 dispõe: "§ 3º O imóvel que pertencer a mais de um município deverá ser enquadrado no município onde fique a sede do imóvel e, se esta não existir, será enquadrado no município onde se localize a maior parte do imóvel".

6.7. ASPECTO PESSOAL

Sujeito ativo da relação tributária relativa ao ITR é, como regra, a União. De fato, o art. 15 da Lei n. 9.393/96 é expresso no sentido de que compete à Secretaria da Receita Federal (atualmente Secretaria da Receita Federal do Brasil) a admi-

43 CTN: Art. 114. Fato gerador da obrigação principal é a situação definida em lei como necessária e suficiente à sua ocorrência.

44 "IMPOSTO TERRITORIAL RURAL. EXECUÇÃO FISCAL. FATO GERADOR. ALIENAÇÃO DO IMÓVEL. O fato gerador do Imposto Territorial Rural, sob a égide da Lei n. 8.847/93, dava-se em 1º de janeiro do exercício de lançamento. A alienação de imóvel rural, em 30-3-1995, não tem o condão de eximir o alienante do pagamento dessa exação referente ao exercício de 1995." (TRF4, AI 2000.04.01.102858-0, 2002.)

45 Relativamente ao IPVA, existe legislação que autoriza a repetição parcial em caso de sinistro ou furto durante o ano, mas se trata de favor legal, e não de decorrência necessária da natureza do fato gerador.

nistração do ITR, incluídas as atividades de arrecadação, tributação e fiscalização[46]. Por se referir a órgão da administração direta da União, tem-se que é esta o sujeito ativo da relação tributária.

Regulamentando o inciso III, do § 4º do art. 153, da CF, acrescido pela EC n. 42/2003, contudo, sobreveio a Lei n. 11.250/2005, permitindo que o ITR seja fiscalizado e cobrado pelos Municípios, que assim optarem, mediante formalização de convênio para tanto, firmado com a União através da Secretaria da Receita Federal. Nestes casos, ocorre a delegação da condição de sujeito ativo ao Município de situação do imóvel[47].

Veja-se o texto da Lei n. 11.250, de 27 de dezembro de 2005:

> Art. 1º A União, por intermédio da Secretaria da Receita Federal, para fins do disposto no inciso III do § 4º do art. 153 da Constituição Federal, poderá celebrar convênios com o Distrito Federal e os Municípios que assim optarem, visando a delegar as atribuições de fiscalização, inclusive a de lançamento dos créditos tributários, e de cobrança do Imposto sobre a Propriedade Territorial Rural, de que trata o inciso VI do art. 153 da Constituição Federal, sem prejuízo da competência supletiva da Secretaria da Receita Federal. § 1º Para fins do disposto no *caput* deste artigo, deverá ser observada a legislação federal de regência do Imposto sobre a Propriedade Territorial Rural. § 2º A opção de que trata o *caput* deste artigo não poderá implicar redução do imposto ou qualquer outra forma de renúncia fiscal. Art. 2º A Secretaria da Receita Federal baixará ato estabelecendo os requisitos e as condições necessárias à celebração dos convênios de que trata o art. 1º desta Lei. Art. 3º Esta Lei entra em vigor na data de sua publicação.

Quanto aos sujeitos passivos, dispõem os arts. 4º e 5º da Lei n. 9.393/96:

> Do Contribuinte e do Responsável.
>
> Contribuinte
>
> Art. 4º Contribuinte do ITR é o proprietário de imóvel rural, o titular de seu domínio útil ou o seu possuidor a qualquer título.
>
> Parágrafo único. O domicílio tributário do contribuinte é o município de localização do imóvel, vedada a eleição de qualquer outro.
>
> Responsável

---

46 Lei n. 9.393/96: Da Administração do Imposto. Competência da Secretaria da Receita Federal. Art. 15. Compete à Secretaria da Receita Federal a administração do ITR, incluídas as atividades de arrecadação, tributação e fiscalização Parágrafo único. No processo administrativo fiscal, compreendendo os procedimentos destinados à determinação e exigência do imposto, imposição de penalidades, repetição de indébito e solução de consultas, bem como a compensação do imposto, observar-se-á a legislação prevista para os demais tributos federais.

47 Embora se presuma sempre sujeito ativo a pessoa política instituidora do tributo, tal posição jurídica é passível de delegação (art. 7º do CTN), por lei, a outras pessoas jurídicas de direito público (art. 119 do CTN).

Art. 5º É responsável pelo crédito tributário o sucessor, a qualquer título, nos termos dos arts. 128 a 133 da (Sistema Tributário Nacional).

A Lei n. 9.393/96 projeta, portanto, para a definição do contribuinte, o vício já constante da definição do aspecto material, tributando não apenas o titular da propriedade – conforme a base econômica dada à tributação –, mas também o titular do domínio útil e o possuidor a qualquer título que, indubitavelmente, não ostentam riqueza na dimensão de proprietário.

Note-se que os titulares de outros direitos reais, que não a propriedade, não poderiam ser postos na condição de contribuinte pelo legislador quando da instituição do ITR. Isso porque eles não revelam a riqueza de "proprietário". Poderia o legislador, sim, nas hipóteses em que se viabilizasse a substituição tributária, ou seja, em que houvesse a possibilidade de obrigar ao pagamento sem a assunção do ônus econômico, colocá-los na condição de responsáveis tributários por substituição, trazendo-os, assim, para o polo passivo da relação tributária e fazendo com que a obrigação surgisse diretamente para eles.

Mas a lei coloca como contribuintes o proprietário, o titular do domínio útil e o possuidor. Todos são contribuintes e podem ser submetidos ao lançamento e à cobrança do tributo[48]. Já se chegou a entender em sentido contrário, de que não haveria que se admitir a validade de lançamento do tributo contra ex-proprietários, ainda que não tivessem sido atualizadas as informações do imóvel[49], salvo se realizado o lançamento por força da condição de titular do domínio útil ou possuidor[50].

A par da regra matriz de incidência tributária, que define o contribuinte do imposto, também temos regra matriz de responsabilidade tributária que estabelece responsabilidade por sucessão que alcança o ITR. A previsão de responsabilidade tributária

48 "6. O promitente comprador (possuidor a qualquer título) do imóvel, bem como seu proprietário/promitente vendedor (aquele que tem a propriedade registrada no Registro de Imóveis), consoante entendimento exarado pela Primeira Seção do STJ, quando do julgamento dos Recursos Especiais 1.110.551/SP e 1.111.202/SP (submetidos ao rito do artigo 543-C, do CPC), são contribuintes responsáveis pelo pagamento do IPTU (rel. Min. MAURO CAMPBELL MARQUES, j. 10-6-2009, *DJe* 18-6-2009). 7. É que, nas hipóteses em que verificada a 'contemporaneidade' do exercício da posse direta e da propriedade (e não a efetiva sucessão do direito real de propriedade, tendo em vista a inexistência de registro do compromisso de compra e venda no cartório competente), o imposto sobre o patrimônio poderá ser exigido de qualquer um dos sujeitos passivos "coexistentes", exegese aplicável à espécie, por força do princípio de hermenêutica *ubi eadem ratio ibi eadem legis dispositio*. [...] 9. Consequentemente, não se vislumbra a carência da ação executiva ajuizada em face do promitente vendedor, para cobrança de débitos tributários atinentes ao ITR, máxime à luz da assertiva de que inexistente, nos autos, a comprovação da translação do domínio ao promitente comprador através do registro no cartório competente." (STJ, 1ª Seção, REsp 1073846, 2009.)

49 TRF4, AC 2002.04.01.006957-1, 2002; TRF4, AC 2000.70.00.022586-3, 2002; TRF1,AC 0106466, 1992; TRF1, AC 0109117, 1992; TRF4, AC 90.04.20433-4, 1995.

50 TRF1, REO 96.01.08873-3, 1999, *RET* n. 13/64.

constante do art. 5º da Lei n. 9.393/96, lembre-se, traz à tona os arts. 130 e 131 do CTN, que cuidam da responsabilidade por sucessão – do adquirente ou remitente, do sucessor a qualquer título e do cônjuge meeiro e do espólio – pelos créditos tributários relativos a impostos sobre a propriedade, o domínio útil ou a posse de bens imóveis[51-52]. Aliás, o STJ já firmou, em sede de recurso repetitivo, que os "impostos incidentes sobre o patrimônio (Imposto sobre a Propriedade Territorial Rural – ITR e Imposto sobre a Propriedade Predial e Territorial Urbana – IPTU) decorrem de relação jurídica tributária instaurada com a ocorrência de fato imponível encartado, exclusivamente, na titularidade de direito real, razão pela qual consubstanciam obrigações *propter rem*, impondo-se sua assunção a todos aqueles que sucederem ao titular do imóvel"[53]. Note-se, ademais, que o entendimento do STJ é no sentido de que a responsabilidade do sucessor não afasta a daquele que, à época do fato gerador, encontrava-se na posição de contribuinte enquanto possuidor ou proprietário do imóvel, que continua solidariamente responsável. Daí ter decidido que "A cobrança do tributo pode ser feita tanto do proprietário/possuidor do imóvel à época do fato gerador do imposto quanto daquele que vier a lhe suceder, em face da responsabilidade tributária por sucessão"[54].

6.8. ASPECTO QUANTITATIVO

O art. 30 do CTN estabelece o arquétipo do aspecto quantitativo do ITR dispondo no sentido de que a base de cálculo do imposto "é o valor fundiário"[55].

---

51 CTN: "Art. 130. Os créditos tributários relativos a impostos cujo fato gerador seja a propriedade, o domínio útil ou a posse de bens imóveis, e bem assim os relativos a taxas pela prestação de serviços referentes a tais bens, ou a contribuições de melhoria, sub-rogam-se na pessoa dos respectivos adquirentes, salvo quando conste do título a prova de sua quitação. Parágrafo único. No caso de arrematação em hasta pública, a sub-rogação ocorre sobre o respectivo preço. Art. 131. São pessoalmente responsáveis: I – o adquirente ou remitente, pelos tributos relativos aos bens adquiridos ou remidos; II – o sucessor a qualquer título e o cônjuge meeiro, pelos tributos devidos pelo *de cujus* até a data da partilha ou adjudicação, limitada esta responsabilidade ao montante do quinhão, do legado ou da meação; III – o espólio, pelos tributos devidos pelo *de cujus* até a data da abertura da sucessão".

52 "4. Os impostos incidentes sobre o patrimônio (Imposto sobre a Propriedade Territorial Rural – ITR e Imposto sobre a Propriedade Predial e Territorial Urbana – IPTU) decorrem de relação jurídica tributária instaurada com a ocorrência de fato imponível encartado, exclusivamente, na titularidade de direito real, razão pela qual consubstanciam obrigações *propter rem*, impondo-se sua assunção a todos aqueles que sucederem ao titular do imóvel. 5. Consequentemente, a obrigação tributária, quanto ao IPTU e ao ITR, acompanha o imóvel em todas as suas mutações subjetivas, ainda que se refira a fatos imponíveis anteriores à alteração da titularidade do imóvel, exegese que encontra reforço na hipótese de responsabilidade tributária por sucessão prevista nos arts. 130 e 131, I, do CTN..." (STJ, 1ª Seção, REsp 1073846/SP, rel. Min. LUIZ FUX, nov./2009.)

53 STJ, REsp 1.073.846/SP, 2009, e AgInt no AREsp 1723817, 2021.

54 STJ, AgInt no AREsp 1.723.817, 2021.

55 CTN: "Art. 30. A base de cálculo do imposto é o valor fundiário".

"Fundiário" vem do latim *fundus* (fazenda, bens de raiz), sendo adjetivo que designa o relativo a terrenos, agrário[56].

Ao referir-se ao valor fundiário, o CTN se reporta ao valor da extensão de terra, ao valor do "imóvel por natureza" cuja propriedade, domínio útil ou posse constituem fato gerador do imposto.

Ou seja, temos, no art. 30 do CTN, como não poderia deixar de ser, a perspectiva da dimensão econômica do fato gerador como situação reveladora de riqueza.

Cabe notar, aqui, que a base econômica do ITR é a propriedade territorial (art. 153, VI, da CF), e não a propriedade predial e territorial como ocorre com o IPTU (art. 156, I, da CF). Sua base econômica delimita a competência tributária, condicionando a tributação de modo que alcance apenas a propriedade territorial, ou seja, a terra nua, sem quaisquer benfeitorias, o que repercute na base de cálculo.

A Lei n. 9.393/96, ao instituir o ITR, estabelece a sua base de cálculo no seu art. 11, assim considerando o Valor da Terra Nua tributável – VTNt:

> Art. 11. O valor do imposto será apurado aplicando-se sobre o Valor da Terra Nua Tributável – VTNt a alíquota correspondente, prevista no Anexo desta Lei, considerados a área total do imóvel e o Grau de Utilização – GU.
>
> (...)

O VTNt é o valor da terra nua tributável, assim considerada a terra nua (portanto, sem considerar-se na avaliação o que a ela se agrega, como o valor das construções, instalações, benfeitorias, culturas, pastagens e florestas plantadas) excluídas as áreas de preservação permanente, de reserva legal, de interesse ecológico e as comprovadamente imprestáveis para qualquer exploração agrícola, pecuária, granjeira, aquícola ou florestal. Obtém-se o VTNt pela multiplicação do VTN (valor do imóvel excluídos os valores relativos a construções, instalações e benfeitorias, culturas permanentes e temporárias, pastagens cultivadas e melhoradas e florestas plantadas) pelo quociente entre a área tributável e a área total.

A Lei n. 9.393/96 detalha tais conceitos[57], mas também é necessário recorrer ao Código Florestal para compreender o seu alcance. O novo Código Florestal (Lei n.

56 FERREIRA, Aurélio Buarque de Holanda. *Novo Dicionário...*, 2009, p. 947. No mesmo sentido, o *Dicionário Houaiss*, 2009, p. 939.

57 Lei n. 9.393/96: Art. 10 (...) § 1º Para os efeitos de apuração do ITR, considerar-se-á: I – VTN, o valor do imóvel, excluídos os valores relativos a: a) construções, instalações e benfeitorias; b) culturas permanentes e temporárias; c) pastagens cultivadas e melhoradas; d) florestas plantadas; II – área tributável, a área total do imóvel, menos as áreas: a) de preservação permanente e de reserva legal, previstas na Lei n. 12.651, de 25 de maio de 2012 (redação dada pela Lei n. 12.844/2013); b) de interesse ecológico para a proteção dos ecossistemas, assim declaradas mediante ato do órgão competente, federal ou estadual, e que ampliem as restrições de uso previstas na alínea anterior; c) comprovadamente imprestáveis para qualquer exploração agrícola, pecuária,

10.651/2012) cuida da matéria em seus arts. 4º e 12, com a redação alterada pela Lei n. 12.727/2012. No Código Florestal revogado (Lei n. 4.771/65), a matéria era tratada nos arts. 1º, 2º e 16.

A área de preservação permanente (APP) é a "área protegida, coberta ou não por vegetação nativa, com a função ambiental de preservar os recursos hídricos, a paisagem, a estabilidade geológica e a biodiversidade, facilitar o fluxo gênico de fauna e flora, proteger o solo e assegurar o bem-estar das populações humanas", nos termos do art. 3º, II, do novo Código Florestal (Lei n. 10.651/2012)[58].

---

granjeira, aquícola ou florestal, declaradas de interesse ecológico mediante ato do órgão competente, federal ou estadual (*Vide* Medida Provisória n. 2.166-67, de 24 de agosto de 2001); d) sob regime de servidão ambiental (Redação dada pela Lei n. 12.651, de 2012); e) cobertas por florestas nativas, primárias ou secundárias em estágio médio ou avançado de regeneração (Incluído pela Lei n. 11.428, de 2006); f) alagadas para fins de constituição de reservatório de usinas hidrelétricas autorizada pelo poder público (Incluída pela Lei n. 11.727, de 2008); III – VTNt, o valor da terra nua tributável, obtido pela multiplicação do VTN pelo quociente entre a área tributável e a área total; IV – área aproveitável, a que for passível de exploração agrícola, pecuária, granjeira, aquícola ou florestal, excluídas as áreas: a) ocupadas por benfeitorias úteis e necessárias; b) de que tratam as alíneas do inciso II deste parágrafo (Redação dada pela Lei n. 11.428, de 2006); V – área efetivamente utilizada, a porção do imóvel que no ano anterior tenha: a) sido plantada com produtos vegetais; b) servido de pastagem, nativa ou plantada, observados índices de lotação por zona de pecuária; c) sido objeto de exploração extrativa, observados os índices de rendimento por produto e a legislação ambiental; d) servido para exploração de atividades granjeira e aquícola; e) sido o objeto de implantação de projeto técnico, nos termos do art. 7º da Lei n. 8.629, de 25 de fevereiro de 1993; VI – Grau de Utilização – GU, a relação percentual entre a área efetivamente utilizada e a área aproveitável. § 2º As informações que permitam determinar o GU deverão constar do DIAT. § 3º Os índices a que se referem as alíneas *b* e *c* do inciso V do § 1º serão fixados, ouvido o Conselho Nacional de Política Agrícola, pela Secretaria da Receita Federal, que dispensará da sua aplicação os imóveis com área inferior a: a) 1.000 ha, se localizados em municípios compreendidos na Amazônia Ocidental ou no Pantanal mato-grossense e sul-mato-grossense; b) 500 ha, se localizados em municípios compreendidos no Polígono das Secas ou na Amazônia Oriental; c) 200 ha, se localizados em qualquer outro município. § 4º Para os fins do inciso V do § 1º, o contribuinte poderá valer-se dos dados sobre a área utilizada e respectiva produção, fornecidos pelo arrendatário ou parceiro, quando o imóvel, ou parte dele, estiver sendo explorado em regime de arrendamento ou parceria. § 5º Na hipótese de que trata a alínea *c* do inciso V do § 1º, será considerada a área total objeto de plano de manejo sustentado, desde que aprovado pelo órgão competente, e cujo cronograma esteja sendo cumprido pelo contribuinte. § 6º Será considerada como efetivamente utilizada a área dos imóveis rurais que, no ano anterior, estejam: I – comprovadamente situados em área de ocorrência de calamidade pública decretada pelo Poder Público, de que resulte frustração de safras ou destruição de pastagens; II – oficialmente destinados à execução de atividades de pesquisa e experimentação que objetivem o avanço tecnológico da agricultura.

58 O art. 4º da Lei n. 10.651/2012, com a redação da Lei n. 12.727/2012, especifica as áreas consideradas de preservação permanente: "Da Delimitação das Áreas de Preservação Permanente. Art. 4º Considera-se Área de Preservação Permanente, em zonas rurais ou urbanas, para os efeitos desta Lei: I – as faixas marginais de qualquer curso d'água natural perene e intermitente, excluídos os efêmeros, desde a borda da calha do leito regular, em largura mínima de: a) 30 (trinta) metros, para os cursos d'água de menos de 10 (dez) metros de largura; b) 50 (cinquenta) metros, para os cursos d'água que tenham de 10 (dez) a 50 (cinquenta) metros de largura; c) 100 (cem) metros,

A área de reserva legal é a "área localizada no interior de uma propriedade ou posse rural, delimitada nos termos do art. 12, com a função de assegurar o uso econômico de modo sustentável dos recursos naturais do imóvel rural, auxiliar a conservação e a reabilitação dos processos ecológicos e promover a conservação da biodiversidade, bem como o abrigo e a proteção de fauna silvestre e da flora nativa", nos termos do art. 3º, III, do novo Código Florestal[59]. O STJ considera imprescindível

para os cursos d'água que tenham de 50 (cinquenta) a 200 (duzentos) metros de largura; d) 200 (duzentos) metros, para os cursos d'água que tenham de 200 (duzentos) a 600 (seiscentos) metros de largura; e) 500 (quinhentos) metros, para os cursos d'água que tenham largura superior a 600 (seiscentos) metros; II – as áreas no entorno dos lagos e lagoas naturais, em faixa com largura mínima de: a) 100 (cem) metros, em zonas rurais, exceto para o corpo d'água com até 20 (vinte) hectares de superfície, cuja faixa marginal será de 50 (cinquenta) metros; b) 30 (trinta) metros, em zonas urbanas; III – as áreas no entorno dos reservatórios d'água artificiais, decorrentes de barramento ou represamento de cursos d'água naturais, na faixa definida na licença ambiental do empreendimento; IV – as áreas no entorno das nascentes e dos olhos d'água perenes, qualquer que seja sua situação topográfica, no raio mínimo de 50 (cinquenta) metros; V – as encostas ou partes destas com declividade superior a 45°, equivalente a 100% (cem por cento) na linha de maior declive; VI – as restingas, como fixadoras de dunas ou estabilizadoras de mangues; VII – os manguezais, em toda a sua extensão; VIII – as bordas dos tabuleiros ou chapadas, até a linha de ruptura do relevo, em faixa nunca inferior a 100 (cem) metros em projeções horizontais; IX – no topo de morros, montes, montanhas e serras, com altura mínima de 100 (cem) metros e inclinação média maior que 25°, as áreas delimitadas a partir da curva de nível correspondente a 2/3 (dois terços) da altura mínima da elevação sempre em relação à base, sendo esta definida pelo plano horizontal determinado por planície ou espelho d'água adjacente ou, nos relevos ondulados, pela cota do ponto de sela mais próximo da elevação; X – as áreas em altitude superior a 1.800 (mil e oitocentos) metros, qualquer que seja a vegetação; XI – em veredas, a faixa marginal, em projeção horizontal, com largura mínima de 50 (cinquenta) metros, a partir do espaço permanentemente brejoso e encharcado.... [...] Do Regime de Proteção das Áreas de Preservação Permanente. Art. 7º A vegetação situada em Área de Preservação Permanente deverá ser mantida pelo proprietário da área, possuidor ou ocupante a qualquer título, pessoa física ou jurídica, de direito público ou privado.... Art. 9º É permitido o acesso de pessoas e animais às Áreas de Preservação Permanente para obtenção de água e para realização de atividades de baixo impacto ambiental".

59 Sua disciplina jurídica é detalhada a partir do art. 12º de tal diploma, com a redação da Lei n. 12.727/2012: "CAPÍTULO IV DA ÁREA DE RESERVA LEGAL Seção I Da Delimitação da Área de Reserva Legal Art. 12. Todo imóvel rural deve manter área com cobertura de vegetação nativa, a título de Reserva Legal, sem prejuízo da aplicação das normas sobre as Áreas de Preservação Permanente, observados os seguintes percentuais mínimos em relação à área do imóvel, excetuados os casos previstos no art. 68 desta Lei: I – localizado na Amazônia Legal: a) 80% (oitenta por cento), no imóvel situado em área de florestas; b) 35% (trinta e cinco por cento), no imóvel situado em área de cerrado; c) 20% (vinte por cento), no imóvel situado em área de campos gerais; II – localizado nas demais regiões do País: 20% (vinte por cento)... [...] Art. 15. Será admitido o cômputo das Áreas de Preservação Permanente no cálculo do percentual da Reserva Legal do imóvel, desde que: I – o benefício previsto neste artigo não implique a conversão de novas áreas para o uso alternativo do solo; II – a área a ser computada esteja conservada ou em processo de recuperação, conforme comprovação do proprietário ao órgão estadual integrante do Sisnama; e III – o proprietário ou possuidor tenha requerido inclusão do imóvel no Cadastro Ambiental Rural – CAR, nos termos desta Lei. § 1º O regime de proteção da Área de Preservação Permanente não se altera na hipótese prevista neste artigo. [...] Art. 18. A área de Reserva Legal deverá ser regis-

que a área de reserva legal esteja averbada na matrícula do imóvel para que possa ser considerada na apuração do ITR[60]. Entende que "tal formalidade revela natureza constitutiva, e não apenas declaratória"[61].

O § 7º do art. 10 da Lei n. 9.393/96, que dispunha no sentido de que a declaração para fins de exclusão da reserva legal da base do ITR não estaria sujeita à prévia comprovação por parte do declarante, ficando o mesmo responsável pelo pagamento do imposto correspondente, com juros e multa previstos nesta Lei, caso fique comprovado que a sua declaração não é verdadeira, restou revogado pela Lei n. 12.651/2012. A Súmula 41 do CARF[62] é no sentido de que "A não apresentação do Ato Declaratório Ambiental (ADA) emitido pelo IBAMA, ou órgão conveniado, não pode motivar o lançamento de ofício relativo a fatos geradores ocorridos até o exercício de 2000". Entende o CARF que, a partir do exercício de 2001, a redução da base de cálculo passou a estar condicionada à apresentação do ADA[63]. Acórdãos da Primeira Turma do STJ referiam que era entendimento da Primeira Seção a desnecessidade de ato declaratório do IBAMA e de averbação da reserva no registro de imóveis para efeito de isenção[64]. Mas a Segunda Turma tinha precedentes no sentido de que se de um lado o ato declaratório do IBAMA é dispensado, a averbação por iniciativa do contribuinte seria necessária[65]. Em sede de Embargos de Divergência, então, restou definido pela Primeira Seção do STJ que a especificação e o registro da reserva legal é, sim, condição necessária para que a respectiva área seja excluída da base de cálculo do tributo[66]. Desde então, é in-

---

trada no órgão ambiental competente por meio de inscrição no CAR de que trata o art. 29, sendo vedada a alteração de sua destinação, nos casos de transmissão, a qualquer título, ou de desmembramento, com as exceções previstas nesta Lei... § 4º O registro da Reserva Legal no CAR desobriga a averbação no Cartório de Registro de Imóveis...".

60 STJ, AgInt no REsp 1889306, 2021.

61 STJ, AgInt no REsp 1469929, 2021.

62 Conselho Administrativo de Recursos Fiscais.

63 CARF, Recurso 343.991.

64 STJ, AgRg no Ag 1360788, 2011; e REsp 1.060.886, 2009.

65 STJ, REsp 1027051, 2011; e REsp 1125632, 2009.

66 "ITR. ISENÇÃO. ART. 10, § 1º, II, a, DA LEI N. 9.393/96. AVERBAÇÃO DA ÁREA DA RESERVA LEGAL NO REGISTRO DE IMÓVEIS. NECESSIDADE. ART. 16, § 8º, DA LEI N. 4.771/65. 1. Discute-se nestes embargos de divergência se a isenção do Imposto Territorial Rural (ITR) concernente à Reserva Legal, prevista no art. 10, § 1º, II, *a*, da Lei n. 9.393/96, está, ou não, condicionada à prévia averbação de tal espaço no registro do imóvel. O acórdão embargado, da Segunda Turma e relatoria do Ministro Mauro Campbell Marques, entendeu pela imprescindibilidade da averbação. 2. Nos termos da Lei de Registros Públicos, é obrigatória a averbação 'da reserva legal' (Lei n. 6.015/73, art. 167, II, n. 22). 3. A isenção do ITR, na hipótese, apresenta inequívoca e louvável finalidade de estímulo à proteção do meio ambiente, tanto no sentido de premiar os proprietários que contam com Reserva Legal devidamente identificada e conservada, como de incentivar a regularização por parte daqueles que estão em situação irregular. 4. Diversamente do que ocorre com as Áreas de Preservação Permanente, cuja localização se dá mediante referências

controverso que "a averbação da área de reserva legal no respectivo registro imobiliário é imprescindível para a fruição da isenção relativa ao ITR prevista no art. 10, § 1º, II, *a*, da Lei n. 9.393/96"[67]. Essa formalidade "tem natureza constitutiva, e não apenas declaratória"[68]. "Quanto às áreas de preservação permanente, no entanto, como são instituídas por disposição legal, não há nenhum condicionamento para que ocorra a isenção do ITR"[69]. Aliás, a prescindibilidade tanto da Declaração Ambiental do IBAMA como da averbação para a configuração da isenção relativamente à área de preservação permanente continua sendo afirmada pelo STJ[70].

O percentual de reserva legal estabelecido por lei é o mínimo a ser preservado, mas o proprietário pode ampliá-lo voluntariamente, estabelecendo uma Área de Reserva Particular do Patrimônio Natural, gravada com perpetuidade e averbada à margem da inscrição de matrícula do imóvel, destinada à conservação da diversidade biológica.

As alíquotas do ITR, por sua vez, são estabelecidas na tabela de alíquotas anexa à Lei n. 9.393/96, variando conforme o tamanho do imóvel, em hectares, e o grau de utilização – GU. O grau de utilização é obtido pela relação percentual entre a área efetivamente utilizada e a área aproveitável.

Eis a tabela:

TABELA DE ALÍQUOTAS

Área total do imóvel	GRAU DE UTILIZAÇÃO – GU (EM %)				
(em hectares)	Maior que 80	Maior que 65 até 80	Maior que 50 até 65	Maior que 30 até 50	Até 30
Até 50	0,03	0,20	0,40	0,70	1,00
Maior que 50 até 200	0,07	0,40	0,80	1,40	2,00
Maior que 200 até 500	0,10	0,60	1,30	2,30	3,30
Maior que 500 até 1.000	0,15	0,85	1,90	3,30	4,70

topográficas e a olho nu (margens de rios, terrenos com inclinação acima de quarenta e cinco graus ou com altitude superior a 1.800 metros), a fixação do perímetro da Reserva Legal carece de prévia delimitação pelo proprietário, pois, em tese, pode ser situada em qualquer ponto do imóvel. O ato de especificação faz-se tanto à margem da inscrição da matrícula do imóvel, como administrativamente, nos termos da sistemática instituída pelo novo Código Florestal (Lei n. 12.651/2012, art. 18). 5. Inexistindo o registro, que tem por escopo a identificação do perímetro da Reserva Legal, não se pode cogitar de regularidade da área protegida e, por conseguinte, de direito à isenção tributária correspondente. Precedentes... 6. Embargos de divergência não providos." (STJ, 1ª Seção, EREsp 1027051, 2013.)

67 STJ, AgInt no REsp 1613826, 2017. No mesmo sentido: STJ, 2ª T., REsp 1668718, 2017.

68 STJ, AgRg no REsp 1450992, 2016.

69 STJ, AgRg nos EDcl no REsp 1342161, 2014.

70 STJ, REsp 1648391, 2017.

Maior que 1.000 até 5.000	0,30	1,60	3,40	6,00	8,60
Acima de 5.000	0,45	3,00	6,40	12,00	20,00

A variação conforme o grau de utilização do imóvel atende ao § 4º do art. 153 da CF, seja na redação original, seja na redação dada pela EC n. 42/2003. De fato, onera as propriedades improdutivas, desestimulando a sua manutenção. Considera-se utilizada a área situada em área objeto de decretação de estado de calamidade pública[71] e as destinadas à pesquisa, nos termos do § 6º do art. 10 da Lei n. 9.393/96.

Não nos parece haver amparo constitucional, contudo, para a graduação das alíquotas do ITR em função das dimensões do imóvel. O critério tem de ser necessariamente o grau de produtividade, não se prestando para tanto as dimensões do imóvel. Note-se que se trata de imposto real, a princípio não sujeito à variação de alíquotas, o que só pode se dar nos moldes da autorização constitucional específica.

Conforme já visto quando do tratamento dos critérios constitucionais para instituição do ITR, a nova redação do § 4º do art. 153 da CF autoriza, ainda, a fixação de alíquotas progressivas, de modo que seja maior a alíquota quanto maior for a base de cálculo, o que ainda não foi incorporado pelo legislador à tabela do ITR.

6.9. OUTRAS CARACTERÍSTICAS LEGAIS, ISENÇÕES E OBRIGAÇÕES ACESSÓRIAS

O ITR é um imposto com fato gerador continuado – a propriedade territorial rural –, sendo exigido com periodicidade anual[72].

Por força do parágrafo único do art. 4º da Lei n. 9.393/96, o domicílio tributário do contribuinte será, necessariamente, o do município de localização do imóvel[73], assim considerado o da sede do imóvel[74].

71 "IMPOSTO TERRITORIAL RURAL – ART. 10, § 6º, I, DA LEI n. 9.393/96 – RECONHECIMENTO DE ESTADO DE CALAMIDADE PÚBLICA – CONCESSÃO DO BENEFÍCIO FISCAL. 1. Discute-se nos autos se o benefício fiscal previsto no art. 10 da Lei n. 9.393/96 pode ser aplicado aos fatos geradores do ITR que se aperfeiçoaram antes de decreto que tornou público estado de calamidade na região do Município de Itabaiana. 2. O ato de decretação de calamidade pública tem efeito meramente declaratório, de maneira que, reconhecida a situação de catástrofe natural em que se encontra a propriedade do recorrido, pode ele se valer do benefício." (STJ, REsp 1150496, 2010.)

72 "Art. 1º O imposto sobre a Propriedade Territorial Rural – ITR, de apuração anual, tem como fato gerador a propriedade, o domínio útil ou a posse de imóvel por natureza, localizado fora da zona urbana do município, em 1º de janeiro de cada ano. § 1º (...)."

73 Lei n. 9.393/96: "Art. 4º (...) Parágrafo único. O domicílio tributário do contribuinte é o município de localização do imóvel, vedada a eleição de qualquer outro".

74 Lei n. 9.393/96: "Art. 1º (...) § 3º O imóvel que pertencer a mais de um município deverá ser enquadrado no município onde fique a sede do imóvel e, se esta não existir, será enquadrado no município onde se localize a maior parte do imóvel".

A Lei n. 9.393/96 estabelece, ainda, isenções, nos seguintes termos:

Seção II – Da Isenção

Art. 3º São isentos do imposto:

I – o imóvel rural compreendido em programa oficial de reforma agrária, caracterizado pelas autoridades competentes como assentamento, que, cumulativamente, atenda aos seguintes requisitos:

a) seja explorado por associação ou cooperativa de produção;

b) a fração ideal por família assentada não ultrapasse os limites estabelecidos no artigo anterior;

c) o assentado não possua outro imóvel.

II – o conjunto de imóveis rurais de um mesmo proprietário, cuja área total observe os limites fixados no parágrafo único do artigo anterior, desde que, cumulativamente, o proprietário:

a) o explore só ou com sua família, admitida ajuda eventual de terceiros;

b) não possua imóvel urbano.

O art. 3-A da Lei n. 9.393/96, acrescido pela Lei n. 13.043/2014, isenta do ITR "Os imóveis rurais oficialmente reconhecidos como áreas ocupadas por remanescentes de comunidades de quilombos que estejam sob a ocupação direta e sejam explorados, individual ou coletivamente, pelos membros destas comunidades", bem como, em seus §§ 1º e 2º, concede remissão e anistia quanto a esse imposto e respectivas multas, inclusive quanto ao descumprimento de obrigação acessória.

Há, também, obrigações acessórias relacionadas, especificamente, ao ITR.

O contribuinte tem a obrigação de comunicar ao órgão local da SRF as informações cadastrais correspondentes a cada imóvel e qualquer alteração ocorrida, o que se faz através do Documento de Informação e Atualização Cadastral do ITR – DIAC –, conforme se vê do art. 6º da Lei n. 9.393/96[75]. As informações prestadas integram o Cadastro de Imóveis Rurais – CAFIR.

75 Lei n. 9.393/96: Das Informações Cadastrais. Entrega do DIAC. Art. 6º O contribuinte ou o seu sucessor comunicará ao órgão local da Secretaria da Receita Federal (SRF), por meio do Documento de Informação e Atualização Cadastral do ITR – DIAC, as informações cadastrais correspondentes a cada imóvel, bem como qualquer alteração ocorrida, na forma estabelecida pela Secretaria da Receita Federal. § 1º É obrigatória, no prazo de sessenta dias, contado de sua ocorrência, a comunicação das seguintes alterações: I – desmembramento; II – anexação; III – transmissão, por alienação da propriedade ou dos direitos a ela inerentes, a qualquer título; IV – sucessão *causa mortis*; V – cessão de direitos; VI – constituição de reservas ou usufruto. § 2º As informações cadastrais integrarão o Cadastro de Imóveis Rurais – CAFIR, administrado pela Secretaria da Receita Federal, que poderá, a qualquer tempo, solicitar informações visando à sua atualização. § 3º Sem prejuízo do disposto no parágrafo único do art. 4º, o contribuinte poderá indicar no DIAC, somente para fins de intimação, endereço diferente daquele constante do domicílio tributário, que valerá para esse efeito até ulterior alteração.

A par disso, tem a obrigação de entregar, anualmente, o Documento de Informação e Apuração do ITR – DIAT – correspondente a cada imóvel, o que é determinado pelo art. 8º da Lei n. 9.393/96, ressalvados os contribuintes cujo imóvel se enquadre em imunidade ou isenção[76].

Tanto a DIAC como a DIAT compõem a Declaração do Imposto sobre a Propriedade Territorial Rural (DITR), instituída pela IN SRF n. 256, de 11 de dezembro de 2002, que dispõe sobre normas de tributação relativas ao Imposto sobre a Propriedade Territorial Rural[77].

As declarações exigidas pela Lei n. 9.393/96 constituem simples obrigações acessórias que não dispensam o contribuinte de calcular, ele próprio, e pagar o imposto devido, independentemente de prévio procedimento da administração tributária. Ou seja, não fazem do ITR um tributo sujeito a lançamento por declaração. No regime da Lei n. 9.393/96, o ITR apresenta-se como tributo sujeito a lançamento por homologação, conforme determinação inequívoca constante do *caput* do seu art. 10:

> Art. 10. A apuração e o pagamento do ITR serão efetuados pelo contribuinte, independentemente de prévio procedimento da administração tributária, nos prazos e condições estabelecidos pela Secretaria da Receita Federal, sujeitando-se a homologação posterior.

Cabe ao contribuinte, portanto, apurar e pagar o ITR, por iniciativa e sob sua própria responsabilidade. O pagamento de até 50% do ITR pode ser feito com Títulos da

76 Lei n. 9.393/96: Da Declaração Anual. Art. 8º O contribuinte do ITR entregará, obrigatoriamente, em cada ano, o Documento de Informação e Apuração do ITR – DIAT, correspondente a cada imóvel, observadas data e condições fixadas pela Secretaria da Receita Federal. § 1º O contribuinte declarará, no DIAT, o Valor da Terra Nua – VTN correspondente ao imóvel. § 2º O VTN refletirá o preço de mercado de terras, apurado em 1º de janeiro do ano a que se referir o DIAT, e será considerado autoavaliação da terra nua a preço de mercado. § 3º O contribuinte cujo imóvel se enquadre nas hipóteses estabelecidas nos arts. 2º e 3º fica dispensado da apresentação do DIAT.

77 IN SRF n. 256/2002: "Declaração do Imposto sobre a Propriedade Territorial Rural Disposições Gerais Art. 36. O sujeito passivo, inclusive o isento, ou a pessoa imune deve apresentar anualmente, em modelo aprovado pela SRF, a Declaração do Imposto sobre a Propriedade Territorial Rural (DITR) correspondente a cada imóvel rural, composta pelos seguintes documentos: I – Documento de Informação e Atualização Cadastral do ITR (Diac), mediante o qual o sujeito passivo, inclusive o isento, ou a pessoa imune deve prestar à SRF as informações cadastrais correspondentes a cada imóvel rural e a seu titular; II – Documento de Informação e Apuração do ITR (Diat), mediante o qual o sujeito passivo deve prestar à SRF as informações necessárias ao cálculo do ITR e apurar o valor do imposto correspondente a cada imóvel rural. § 1º As informações constantes no Diac integrarão o Cafir, cuja administração cabe à SRF, que pode, a qualquer tempo, solicitar informações visando à sua atualização. § 2º A inscrição do imóvel rural no Cafir e os efeitos dela decorrentes não geram qualquer direito ao proprietário, ao titular do domínio útil e ao possuidor a qualquer título. § 3º As pessoas isentas ou imunes do ITR estão dispensadas de preencher o Diat. Art. 37. Os termos, locais, formas, prazos e condições para a apresentação da DITR serão fixados anualmente pela SRF em ato administrativo próprio".

Dívida Agrária (TDAs), conforme autorização do art. 105, § 1º, *a*, da Lei n. 4.505/64, também prevista no Decreto 578/92 e detalhada pela IN conjunta RFB/STN 1.606/2014.

Apenas quando não apurado pelo contribuinte ou apurado de modo incorreto é que será lançado de ofício, nos termos do art. 14 da Lei n. 9.393/96[78], utilizando-se, então, as informações prestadas pelo contribuinte no cumprimento das obrigações acessórias e as informações sobre o preço das terras, estas objeto da Portaria 447/2002, que aprovou o Sistema de Preços de Terras – SIPT[79]. Já decidiu o CARF que "valores de terras dissonantes da SIPT não merecem ser acatados para efeito de revisão do VTN"[80].

Ocorrido o lançamento de ofício, não pode mais o contribuinte simplesmente retificar suas declarações. Tem assegurada, contudo, a via judicial para a demonstração de eventual erro de fato na declaração prestada que tenha servido de suporte à exigência fiscal[81].

A prova de regularidade fiscal de imóvel rural é feita mediante Certidão Negativa de Débitos de Imóvel Rural, cuja expedição encontra-se disciplinada pela IN SRF n. 438/2004.

---

78 Lei n. 9.393/96: "Dos Procedimentos de Ofício Art. 14. No caso de falta de entrega do DIAC ou do DIAT, bem como de subavaliação ou prestação de informações inexatas, incorretas ou fraudulentas, a Secretaria da Receita Federal procederá à determinação e ao lançamento de ofício do imposto, considerando informações sobre preços de terras, constantes de sistema a ser por ela instituído, e os dados de área total, área tributável e grau de utilização do imóvel, apurados em procedimentos de fiscalização. § 1º As informações sobre preços de terra observarão os critérios estabelecidos no art. 12, § 1º, inciso II da Lei n. 8.629, de 25 de fevereiro de 1993, e considerarão levantamentos realizados pelas Secretarias de Agricultura das Unidades Federadas ou dos Municípios. § 2º As multas cobradas em virtude do disposto neste artigo serão aquelas aplicáveis aos demais tributos federais".

79 Portaria SRF 447/2002: "Art. 1º Fica aprovado o Sistema de Preços de Terras (SIPT) em atendimento ao disposto no art. 14 da Lei n. 9.393, de 1996, que tem como objetivo fornecer informações relativas a valores de terras para o cálculo e lançamento do Imposto Territorial Rural (ITR)".

80 CARF, Recurso 341.114, 2010.

81 "ITR... ERRO NA DECLARAÇÃO QUANTO AO TAMANHO DO IMÓVEL. RETIFICAÇÃO. POSSIBILIDADE POR INICIATIVA DO CONTRIBUINTE OU DE OFÍCIO. AUSÊNCIA DE VIOLAÇÃO AO ART. 147, § §1º e 2º, DO CTN. PRECEDENTE (RESP 770.236-PB, REL. MIN. LUIZ FUX, *DJ* 24-9-2007) 1. O lançamento pode ser revisto se constatado erro em sua feitura, desde que não esteja extinto pela decadência o direito de lançar da Fazenda. Tal revisão pode ser feita de ofício pela autoridade administrativa (art. 145, III, c/c 149, IV, do CTN) e a pedido do contribuinte (art. 147, § 1º, do CTN). 2. É cediço que a modificação da declaração do sujeito passivo pela Administração Fazendária não é possível a partir da notificação do lançamento, consoante o disposto pelo art. 147, § 1º, do CTN, em face do princípio geral da imutabilidade do lançamento. Contudo pode o sujeito passivo da obrigação tributária se valer do Judiciário, na hipótese dos autos mandado de segurança, para anular crédito oriundo de lançamento eventualmente fundado em erro de fato, em que o contribuinte declarou, equivocadamente, base de cálculo superior à realmente devida para a cobrança do Imposto Territorial Rural." (STJ, REsp 1015623, 2009).

Capítulo 7

Imposto sobre Grandes Fortunas (IGF)

7.1. REGRESSIVIDADE DA TRIBUTAÇÃO DO PATRIMÔNIO NO BRASIL

O patrimônio, enquanto universalidade que enfeixa as posições jurídicas de conteúdo econômico relacionadas a determinada pessoa, é uma das perspectivas de revelação da capacidade contributiva. Assim como a renda auferida, o consumo e as transmissões patrimoniais, pode ser objeto de tributação, desde que respeitados os princípios tributários e moderadamente, vedado o confisco.

A tributação do patrimônio no Brasil, porém, é escandalosamente regressiva, fazendo pouco-caso dos princípios da isonomia, da capacidade contributiva e da neutralidade, em detrimento dos menos favorecidos, e está na contramão da afirmação dos direitos fundamentais à moradia e ao transporte, estampados no art. 6º da CRFB. Isso porque a classe média paga tributos sobre a quase totalidade do seu patrimônio, que não desborda do imóvel residencial e do automóvel da família, sujeitos ao IPTU e ao IPVA, enquanto outros contribuintes mais abastados têm nesses bens apenas parcela diminuta da sua riqueza, consubstanciada, sobretudo, em outros ativos não tributados, como participações societárias e ativos financeiros.

Para que implique maior justiça tributária, melhor seria que a tributação fosse capaz de alcançar o patrimônio global de todos os contribuintes enquanto universalidade, independentemente da denominação e das características dos bens, direitos e obrigações de conteúdo econômico que o compõem. Deveria ser orientada, portanto, pelos critérios da generalidade e da universalidade, alcançando a todos, considerado o patrimônio líquido de cada qual.

O que temos, contudo, é a competência da União para instituir imposto sobre grandes fortunas, ainda não exercida.

7.2. A TRIBUTAÇÃO DO PATRIMÔNIO EM OUTROS PAÍSES

Há quem aponte o pouco sucesso das experiências estrangeiras com os impostos sobre o patrimônio. MOTTA relata que vários países o instituíram, mas que alguns "o extinguiram em razão da redução da poupança interna, ou da arrecadação pouco significativa", enquanto outros, "como a Inglaterra, os Estados Unidos, o Canadá e a Austrália, diante da evidência das experiências malsucedidas, nem chegaram a introduzi-lo no sistema tributário". Destacam, ainda, que o "Japão o adotou em 1950, abolindo-o três anos depois", e que "na Itália, introduzido em 1946, foi suprimido no ano seguinte", enquanto na Alemanha vigeu até 1995[1].

Vale destacar que, na Alemanha, a tributação do patrimônio global foi rechaçada pelo Tribunal Constitucional não em razão da sua impossibilidade, mas do fato de que a subavaliação dos bens imóveis estava implicando, na prática, tributação diferenciada conforme a natureza dos patrimônios. Ou seja, havia um problema de neutralidade na aplicação do tributo, ainda que não tenha sido essa a expressão utilizada na fundamentação do acórdão, que foi centrada na violação à igualdade[2]. Na França, a situação foi diversa e quase oposta, pois se extinguiu a tributação do patrimônio global, substituindo-se-a, a partir de 2018, pela tributação de fortunas imobiliárias, assim considerados bens e direitos imobiliários superiores a um milhão e trezentos mil euros, deduzidas as dívidas e excluídos os bens afetados à atividade empresarial, sujeitos a alíquotas de 0,5% a 1,5%, conforme os arts. 964 a 983 do *Code Général des Impôts* – CGI.

Ressaltam-se, por vezes, os caráteres anacrônico, retrógrado e ineficaz desse imposto, como o fazem ARANHA e FERNANDES, para quem, "Apesar do pseudônimo de imposto 'Robin Hood', a ideia de tirar dos ricos para dar aos pobres é mera falácia", sendo que "o tributo afugenta o capital, e o que fica tem capacidade técnica e econômica para revestir de blindagem elisiva sua grande fortuna". Também afirmam que os projetos de tributação do patrimônio "têm os vícios da inadequação sistemática, da demagogia de propósitos, da restrição abusiva da liberdade individual, da total e absoluta ineficácia em relação ao que pretende e, por fim, o vício de total contradição com o escopo de desenvolvimento econômico, seguro e sustentável"[3].

De outro lado, a tributação do patrimônio encontra apologistas. LUIGI FERRAJOLI a defende para o financiamento da governança global. MARCELO MEDEIROS também a recomenda[4].

---

1 MOTTA, Maria Clara de Mello. Tributação sobre Grandes Fortunas: Fenômeno de Recepção no Campo Fiscal. Disponível em: https://revistades.jur.puc-rio.br/index.php/revistades/article/view/346/319. Acesso em: 6 jul. 2018.

2 BVerfG 93, 121, 22-6-1995.

3 ARANHA, Luiz Ricardo Gomes; FERNANDES, Bruno Rocha Cesar. *O Imposto Brasileiro sobre Fortunas*. Belo Horizonte: Arraes, 2013, p. 70.

4 MEDEIROS, Marcelo. *Os Ricos e os Pobres*: o Brasil e a Desigualdade. 1. ed. 2. reimpr. São Paulo: Companhia das Letras, 2023, p. 116.

Temos que não é o caso de rejeição, tampouco de considerar-se essa tributação uma panaceia. O potencial arrecadatório é modesto, sendo que na Noruega corresponde a cerca de 1,1% (em 2019) e na Suíça (em 2016) a 3,7% da arrecadação tributária, mas pode implicar uma medida de concretização do princípio da capacidade contributiva, distribuindo melhor a tributação. Ademais, o efeito extrafiscal de fuga de capitais não é necessariamente uma realidade ou, ocorrendo, não significa que seja em prol de países sem tributação do patrimônio. Quando do aumento da tributação do patrimônio na Noruega, em 2022, de 0,85% para 1,1%, deu-se a migração de diversos bilionários, mas sobretudo para a Suíça, onde também há essa tributação, contudo mais moderada, com alíquotas que variam conforme o cantão, sendo que, em Zurique, por exemplo, varia de 0,5/1.000 (não por cem, mas por mil) a 3/1.000, o que corresponde a, 0,05% e a 0,3%, ainda que, em Genebra, possa alcançar 1,1%. Assim, na Noruega, em vez do aumento da arrecadação estimado em 146 milhões de dólares, a elevação da alíquota implicou queda de arrecadação em 448 milhões de dólares[5]. A questão, pois, sob essa perspectiva, pode estar no dimensionamento da carga e não na sua existência. Um imposto sobre o patrimônio tem de ser bastante moderado, cumprindo fins arrecadatórios e não ideológicos.

A Espanha também mantém a tributação do patrimônio global. Na Espanha, *el Impuesto sobre el Patrimonio* (IP) surgiu em 1997, no contexto de uma reforma fiscal, para vigência temporária. Atualmente, sua *Ley* de regência é a *Ley* 19/1991, cuja vigência foi tornada permanente por força da *Ley* 11/2020. Segundo a *Ley* 19/1991, incide em 31 de dezembro de cada ano sobre o patrimônio de que o contribuinte seja titular nessa data (art. 29), sendo que cabe aos contribuintes realizar a autoliquidação e apresentar declaração, a cada ano (art. 36). Devido pelas pessoas físicas, é calculado sobre o patrimônio líquido, excluídos, por exemplo, os imóveis residenciais até 300.000 euros e os bens e direitos necessários para o exercício da sua atividade profissional, e, ainda, com uma dedução de 700.000 euros da base de cálculo como parcela isenta. As alíquotas nominais são de 0,2% a 3,5%, mas, por força da sua cedência pelo Governo (central) às Comunidades Autônomas, vinha sendo objeto de muitos benefícios fiscais, por vezes com bonificações de até 100% (redução a zero), como na Comunidade Autônoma de Madri, razão pela qual foi instituído outro imposto complementar por meio da *Ley* 38/2022, o *Impuesto Temporal de Solidariedad sobre las Grandes Fortunas* (ITSGF ou *Impuesto de Solidariedad*), que grava o patrimônio líquido superior a 3.000.000 de euros, com alíquotas progressivas de 1,7, 2,1 e 3,5%, autorizada a dedução, do valor a pagar, daquilo que tenha sido pago às Comunidades Autônomas a título de Impos-

5 RUBINSTEIN, Leonardo. Noruega aumenta impostos e Curva de Laffer ensina por que é uma má ideia taxar bilionários. *Blocktrends*, 10 out. 2024. Disponível em: https://blocktrends.com.br/noruega-aumenta-impostos-curva-laffer-taxar-bilionarios/#:~:text=O%20valor%20de%20US%24%2054,o%20governo%20deixou%20de%20recolher. Acesso em: 15 fev. 2025.

to sobre o Patrimônio. O Tribunal Constitucional espanhol considerou válido esse imposto de solidariedade sobre grandes fortunas[6].

7.3. A NORMA DE COMPETÊNCIA PARA TRIBUTAÇÃO DAS GRANDES FORTUNAS E A RESERVA DE LEI COMPLEMENTAR

No Brasil, a reforma tributária implementada pela EC 132/2023 não tocou na questão. Vejamos, então, o art. 153, VII, da CF, que outorga competência à União para a instituição de imposto sobre "grandes fortunas"[7].

Fortuna é riqueza. Mas não basta a riqueza para a sujeição ao imposto, pois a base econômica diz respeito às "grandes fortunas", de modo que a lei complementar terá, necessariamente, de se manter adstrita a tal conceito. Não há competência senão para tributar a riqueza correspondente a "grandes fortunas", ou seja, só poderia alcançar os patrimônios realmente muito diferenciados em razão do seu elevadíssimo valor[8]. Assim, "a classe média e a classe alta não detentora de grande fortuna, estarão a salvo deste tributo, se a Constituição for respeitada pelos legisladores"[9].

Um ponto relevante a ser observado é que a tributação sobre o patrimônio se caracteriza pela reincidência. Isso porque o patrimônio é tributado sucessivamente, ano a ano, e recai reiteradamente sobre o mesmo contribuinte muitas vezes em função da mesma riqueza que se mantém. Afinal, patrimônio, por definição, é riqueza retida e acumulada. Assim, alíquotas de todo e qualquer imposto sobre o patrimônio devem ser moderadas.

Por fim, a referência feita pelo art. 153, VII, da Constituição aos termos de lei complementar deve ser considerada em contraste com a norma do art. 146, III, *a*, da CF, que prevê que cabe à lei complementar dispor sobre o fato gerador, base de cálculo e contribuintes de todos os impostos já previstos no próprio texto constitucional (da competência ordinária). Se já haveria essa exigência pelo simples fato de se tratar de imposto ordinário, certo é que a referência aos termos de lei complementar no próprio inciso em que previsto o Imposto sobre Grandes Fortunas vem exigir esse veículo legislativo para a própria instituição do tributo, ou seja, para definir todos os aspectos da norma tributária impositiva.

---

6 STC 149/2023.

7 "Art. 153. Compete à União instituir impostos sobre: (...) VII – grandes fortunas, nos termos de lei complementar."

8 "(...) se viesse a incidir sobre qualquer valor de expressão, fora daquilo que, pelos padrões econômicos, constitui uma 'grande' (o adjetivo é relevante na lei) 'fortuna', seria inconstitucional." (MARTINS, Ives Gandra da Silva. Imposto sobre Grandes Fortunas. Disponível em: http://jus2.uol.com.br/doutrina/texto.asp?id=10977. Acesso em: 31 jan. 2009.)

9 MARTINS, Ives Gandra da Silva. *Sistema Tributário na Constituição de 1988*. São Paulo: Saraiva, 1989, p. 192.

7.4. PROJETOS DE LEI COMPLEMENTAR PARA INSTITUIÇÃO DO IMPOSTO SOBRE GRANDES FORTUNAS

Embora ainda não instituído o Imposto sobre Grandes Fortunas no Brasil, já foram apresentadas dezenas de projetos de lei em tal sentido, e, no contexto da pandemia de Covid-19, o tema voltou à tona, dando origem a mais 19 projetos, sendo 3 no âmbito do Senado e 16 no âmbito da Câmara. O Projeto de Lei Complementar n. 162/89, de autoria do então Senador Fernando Henrique Cardoso, foi o primeiro voltado à instituição desse imposto da competência da União, seguiu à Câmara mas restou arquivado em 2023. Ao PLP n. 227/2008, apresentado pela Deputada Luciana Genro, foram reunidos outros 34 projetos semelhantes, sendo que já cumpriu toda a tramitação para votação em plenário. Vale referir, ainda, o PLP 101/2021, do Senador Randolfe Rodrigues.

O Projeto da Deputada Luciana Genro pretende a tributação do patrimônio superior a dois milhões de reais, sujeitando-o às alíquotas variáveis de 1% a 5%, sem a possibilidade de dedução do montante pago da base de cálculo do Imposto de Renda. Há substitutivo do Deputado João Dado, reduzindo as alíquotas para 0,3% a 1% e ampliando as deduções admitidas.

No PLP 101/2021, o Senador Randolfe Rodrigues propõe que sejam tributados os patrimônios acima de R$ 4,67 milhões, às alíquotas de 0,5% a 5%. Justifica que, durante a pandemia de Covid-19, houve agravamento na desigualdade, com aumento do número de brasileiros vivendo na extrema pobreza, de um lado, e de brasileiros bilionários, de outro. Sustenta que esse imposto poderia gerar arrecadação entre R$ 38,9 e R$ 53,4 bilhões. Prevê a destinação de metade dos recursos para o financiamento de ações e serviços de saúde e de metade ao financiamento do auxílio emergencial destinado às famílias mais vulneráveis[10]. Analisando-se criticamente tal projeto, pode-se dizer, desde já, que não é dado ao legislador complementar vincular o produto da arrecadação de impostos, porquanto isso resta expressamente vedado pelo art. 167, IV, da Constituição.

OLAVO NERY CORSATTO[11], analisando diversos projetos de lei sobre a matéria, entende que o IGF se somaria aos demais impostos sobre o patrimônio já existentes, quais sejam: a) sobre o patrimônio no seu aspecto estático, ITR, IPVA e IPTU; b) sobre o patrimônio no seu aspecto dinâmico, IR, ITCM e ITBI. Destaca, ainda, que teria caráter suplementar, constituindo superposição legal da tributação já existente, da qual seria parcela adicional, complementar, relativamente ao patrimônio que tenha escapado da tributação via evasão fiscal, e de imposto novo, relativamente às parcelas de patrimônio não alcançadas por nenhum dos impostos existentes.

10 Disponível em: www12.senado.leg.br/noticias/materias/2021/07/21/projeto-preve-imposto-sobre-grandes-fortunas-para-ajudar-no-combate-a-pandemia. Acesso em: 10 jan. 2022.

11 CORSATO, Olavo Nery. Imposto sobre grandes fortunas. *Revista de Informação Legislativa*, ano 37, n. 146, abr./jun./2000. Nesse trabalho encontra-se análise bastante interessante da experiência estrangeira sobre a matéria, com referência a diversos estudos.

Capítulo 8

Imposto Seletivo (IS)

8.1. LEGISLAÇÃO

A competência da União para a instituição do novo Imposto Seletivo (IS) consta do art. 153, VIII, da Constituição, inserido pela reforma tributária implementada pela Emenda Constitucional 132/2023. No art. 153, § 6º, a Constituição estabelece hipóteses específicas de imunidade e critérios para a instituição do IS. A LC 214/2025 instituiu o IS, dispondo sobre a sua norma tributária impositiva ou regra matriz de incidência tributária e hipóteses de responsabilidade tributária, bem como sobre a administração do tributo. Essa LC divide a disciplina do IS em quatro títulos, começando pelas disposições preliminares, seguindo com o IS sobre operações, avançando para o IS sobre importações e concluindo com as disposições finais. Ainda contaremos, em matéria de Imposto Seletivo, com lei ordinária que estabelecerá as alíquotas do imposto, conforme o at. 153, § 6º, VI, da Constituição e com decreto presidencial que trará seu regulamento, forte no art. 84, IV, da Constituição e 438 da LC 214/2025.

8.2. BASE ECONÔMICA

A competência para instituição do Imposto Seletivo é outorgada segundo o critério da base econômica, ou seja, da indicação da grandeza a ser tributada. Consta do art. 153, VII, nos seguintes termos: "Art. 153. Compete à União instituir impostos sobre: (...) VIII – produção, extração, comercialização ou importação de bens e serviços prejudiciais à saúde ou ao meio ambiente, nos termos de lei complementar".

Se, de um lado, cabe à lei complementar elencar os serviços prejudiciais que serão objeto de tributação, de outro, deve-se ter em conta que o legislador complementar não pode desbordar daquilo que efetivamente seja prejudicial, o que depende de amparo científico, não podendo ser orientado por discursos ou narrativas meramente ideológicos.

O prejuízo a que se refere o texto constitucional diz respeito ao impacto particularmente negativo que o bem ou serviço cause à saúde humana ou ao meio ambiente, devendo estar justificado por características específicas que o façam mais prejudicial que a normalidade dos bens e serviços. Do contrário, teríamos uma extensão da competência atribuída a Estados e Municípios para tributar bens e serviços, e não foi essa a intenção do constituinte derivado nem é o que decorre da interpretação sistemática dos dispositivos que, em matéria de impostos, outorgam competências à luz de bases econômicas específicas.

8.3. CRITÉRIOS CONSTITUCIONAIS PARA A INSTITUIÇÃO DO IMPOSTO SELETIVO

8.3.1. Imunidade das exportações

A par das imunidades genéricas a impostos de que trata o art. 150, VI, da Constituição, o Imposto Seletivo ainda se submete a imunidades específicas, estabelecidas pelo art. 153, § 6º, I, da CF, *in verbis*: "não incidirá sobre as exportações nem sobre as operações com energia elétrica e com telecomunicações".

Efetivamente, essa proibição constitucional, ao negar competência tributária sobre tais operações, constitui norma de imunidade, impedindo que o legislador lhes imponha o imposto ou que o aplicador da norma as considere alcançadas por tal tributação. Com efeito, são imunidades todas as normas constitucionais que proíbem determinada tributação, ainda que a linguagem utilizada pelo constituinte se valha, impropriamente, de outros termos e expressões, como ao estabelecer que o imposto "não incidirá" sobre determinadas operações.

A imunidade das exportações é um padrão no texto constitucional, de modo a impedir a oneração da venda de bens e serviços para o exterior. É que, na tributação do comércio exterior, o país que recebe os produtos é que os tributa, em geral, por meio dos mesmos tributos que gravam os produtos internos, mais o imposto sobre a importação. A carga tributária sobre a exportação costuma restringir-se ao imposto próprio sobre a exportação.

Vale destacar, porém, que a imunidade das exportações assume um caráter problemático em matéria de Imposto Seletivo no que diz respeito à extração de produtos minerais. Isso porque visa proteger os recursos minerais situados no país, violando a razoabilidade que se admita sua exploração desonerada para envio ao exterior, ficando-se com a degradação ambiental. Tratando-se de um tributo extrafiscal, específico, não há garantia de que haja a cobrança de tributo pertinente na entrada do produto no país estrangeiro. Caberá ao Executivo estabelecer alíquotas positivas de Imposto sobre a Exportação para esses produtos objeto de extração mineral, de modo a desincentivar a degradação ambiental para fins de exportação.

A desoneração das exportações também é reforçada pela LC 214/2025, como se verá na análise do aspecto material da norma tributária impositiva, ao estabelecer a não incidência do Imposto Seletivo no fornecimento de bens com o fim específico de exportação a empresa comercial exportadora.

Quanto à energia elétrica e às telecomunicações, as respectivas operações também não poderão sofrer a incidência do Imposto Seletivo nem mesmo internamente. Esse é o efeito da imunidade que as protege dessa carga. Assim, não podem ser consideradas prejudiciais à saúde e ao meio ambiente para fins de incidência desse imposto.

8.3.2. Reserva de lei complementar

O art. 153, VIII, da Constituição reserva à lei complementar a instituição do Imposto Seletivo ao outorgar a respectiva competência e pontuar: "nos termos de lei complementar". Ressalva-se a fixação das alíquotas que, nos termos do § 6º, VI, do mesmo artigo, será objeto de lei ordinária: "VI – terá suas alíquotas fixadas em lei ordinária...".

Desse modo, a definição do fato gerador, do momento em que deve considerá-lo ocorrido, do local em que é relevante a sua ocorrência, dos contribuintes e da base econômica só pode ser realizada via lei complementar, que depende de maioria absoluta em ambas as casas do Congresso Nacional. Por certo que a lei complementar deve observância aos critérios de tributação estabelecidos no art. 153, § 6º, da Constituição, sob pena de invalidade do ponto que os afrontar.

A definição das alíquotas constará de lei ordinária da União. Não pode o legislador ordinário deixar de definir as alíquotas, restringindo-se ao estabelecimento de limites, tampouco autorizar sua gradação pelo Executivo, pois isso não está constitucionalmente autorizado e ofenderia a garantia da legalidade tributária constante do art. 150, I, da CF.

8.3.3. Seletividade

Seletividade é característica que decorre da seleção, da separação, da identificação, como categoria à parte, de determinado objeto para a atribuição de tratamento tributário específico. A seletividade classifica-se em fiscal, quando se dá por critérios de capacidade contributiva, ou extrafiscal, quando visa produzir um efeito no mercado e influir no comportamento dos agentes econômicos.

A seletividade do Imposto Seletivo difere daquela que é própria do IPI e que se atrela ao critério fiscal da capacidade contributiva ao vincular-se à essencialidade dos produtos. A seletividade do Imposto Seletivo é estritamente extrafiscal.

Não é toda e qualquer produção, extração, comercialização ou importação de bens e serviços que pode ser tributada a título do Imposto Seletivo do art. 153, VIII, da Constituição, mas apenas as que sejam "prejudiciais à saúde ou ao meio ambiente".

A seletividade do chamado Imposto Seletivo, aliás, tem a dimensão de delimitar a própria competência da União para a instituição do imposto, que não se estende a todo e qualquer bem ou serviço, mas apenas aos que sejam efetivamente prejudiciais à saúde ou ao meio ambiente.

Nada impede que também o legislador ordinário se valha da seletividade ao definir as alíquotas, dando tratamento específico para determinados bens ou serviços gravados pelo Imposto Seletivo, considerando o particular grau de prejudicialidade à saúde ou ao meio ambiente de que cada qual se revista. Aliás, o art. 153, § 6º, da Constituição inclusive autoriza que as alíquotas sejam *ad valorem* ou específicas, por unidade de medida adotada, ou seja, determinado montante por unidade ou milhar, tonelada, volume etc. Mas, aqui, é preciso ter em conta que a seletividade na definição das alíquotas não é imposta pelo texto constitucional, ou seja, não é obrigatória e sempre implica algum grau de comprometimento da simplicidade, de maneira que se deveria evitar alíquotas muito variadas.

8.3.4. Extrafiscalidade

A LC 214/2025, instituidora do imposto da União previsto no art. 153, VII, utiliza-se da denominação "Imposto Seletivo (IS)". Preferiríamos chamá-lo de Imposto Seletivo Extrafiscal (ISE), porquanto a sua incidência seletiva tem por critério o prejuízo que determinados bens e serviços possam causar à saúde humana ou ao meio ambiente. Com isso, a extrafiscalidade restaria destacada já no nome do imposto.

Com efeito, esse imposto tem nítido caráter extrafiscal, estabelecido constitucionalmente, de modo que se se justifica como instrumento para inibir o consumo dos bens e serviços considerados prejudiciais. Essa a sua justificativa, o que exige que o novo Imposto Seletivo cumpra essa função.

O próprio parecer do senador relator do projeto ressalta sua descrição como "tributo de caráter predominantemente extrafiscal". A motivação da instituição do Imposto Seletivo, portanto, incluindo a definição das suas alíquotas, não deve ser simplesmente arrecadatória, mas predominantemente vinculada ao efeito extrafiscal que a carga tributária possa gerar. E, note-se, não qualquer efeito extrafiscal, mas o de inibição das operações com bens e serviços prejudiciais à saúde ou ao meio ambiente. Essa motivação extrafiscal deve estar presente sempre que forem definidas ou alteradas as alíquotas, de modo que não se admite que sejam elevadas em situações de crise estritamente fiscal.

O caráter extrafiscal do Imposto Seletivo é estendido ao IBS e à CBS quando se prevê que o consumo de produtos sujeitos a esse imposto não será considerado para fins de *cashback*. Com efeito, para a determinação do montante a ser devolvido, "será considerado o consumo total de produtos pelas famílias destinatárias, ressalvados os produtos sujeitos ao Imposto Seletivo", nos termos do art. 117, § 2º, I, do Projeto.

8.3.5. Incidência monofásica

Monofásico é o tributo que incide uma única vez relativamente ao seu objeto, e não diversas vezes ao longo da sua cadeia econômica.

O art. 153, § 6º, II, da Constituição estabelece que o Imposto Seletivo "incidirá uma única vez sobre o bem ou serviço", atribuindo-lhe, assim, o caráter monofásico, que é simplificador da tributação, pois a concentra sobre um único agente econômico, dispensando que seja apurado por todos, bem como afastando qualquer cumulatividade que pudesse decorrer de incidências sucessivas. O art. 410 da LC 214/2025, aliás, reitera e esclarece que "O Imposto Seletivo incidirá uma única vez sobre o bem ou serviço, sendo vedado qualquer tipo de aproveitamento de crédito do imposto com operações anteriores ou geração de créditos para operações posteriores".

Em geral, os tributos monofásicos incidem no início da cadeia, sobre as pessoas jurídicas que realizam a extração ou a produção do bem e que prestam o serviço. Certo é que, incidindo no início da cadeia, não poderão incidir novamente em nenhuma etapa, até o seu consumo. A previsão constitucional do art. 153, § 6º, II, impõe o caráter monofásico que, portanto, é imperativo e que tem conteúdo normativo suficiente para impedir, por si mesmo, a reiteração de incidências que voltem a gravar o bem ou serviço.

Assim, se o Imposto Seletivo incidir na extração de bem mineral, não poderá incidir novamente na sua industrialização nem na comercialização. Se o Imposto Seletivo incidir na importação de um bem, não poderá incidir novamente na sua comercialização interna. E assim por diante.

8.3.6. Cobrança por fora

A transparência é um valor elevado pela EC 132/2023 a princípio de todo o Sistema Tributário Nacional, no novo § 3º do art. 145 da Constituição. E é também nessa linha que a Constituição determinou que o Imposto Seletivo seja calculado, necessariamente, por fora do preço do produto, o que faz com que a alíquota nominal (estabelecida pelo legislador) corresponda à alíquota efetiva (o percentual efetivo que onera a operação relativamente ao preço), emprestando transparência à respectiva carga tributária.

Conforme o art. 153, § 6º, III, o Imposto Seletivo "não integrará sua própria base de cálculo". Assim, não haverá equivalência entre o preço do bem ou serviço e o valor total da operação. O preço será a base de cálculo do Imposto Seletivo, de modo que o valor total da operação será, sempre, superior ao preço. Assim se dá a tributação por fora, que, a par de ser mais simples, é também mais transparente.

8.3.7. Autorização constitucional para *bis in idem* e bitributação

Conforme o art. 153, § 6º, V, o Imposto Seletivo "poderá ter o mesmo fato gerador e base de cálculo de outros tributos". E terá. Efetivamente, esse tributo recairá sobre operações já gravadas pela própria União, como o IPI e a CBS, implicando *bis in idem* (incidência de dois tributos do mesmo ente político sobre o mesmo fato gerador), e já gravadas pelos Estados e Municípios a título de IBS, ICMS e ISS, implicando bitributação (incidência de dois tributos de entes políticos distintos sobre o mesmo fato gerador).

A propósito, tenha-se em conta que o Imposto Seletivo, conforme o art. 153, § 6º, IV, da Constituição, inclusive "integrará a base de cálculo dos tributos previstos nos arts. 155, II, 156, III, 156-A e 195, V", ou seja, do IBS e da CBS e dos impostos em extinção (ICMS e ISS), mas isso é questão relacionada ao aspecto quantitativo desses outros tributos. O mesmo acontece na importação, porquanto o Imposto Seletivo integra a base de cálculo do IBS e da CBS na importação de bens materiais, sendo acrescido, para esse fim, ao valor aduaneiro, nos termos do art. 69, I e II, da LC 214/2025.

Assim, apresentar-se-á como um imposto a mais, que guarda a sua autonomia, mas que é acrescentado à operação e que tem reflexo direto e indireto no aumento da carga tributária das operações com bens e serviços prejudiciais à saúde ou ao meio ambiente.

8.4. ASPECTO MATERIAL

O art. 409 da LC 214/2025 estabelece que "Fica instituído o Imposto Seletivo, de que trata o inciso VIII do art. 153 da Constituição Federal, incidente sobre a produção, extração, comercialização ou importação de bens e serviços prejudiciais à saúde ou ao meio ambiente". E relaciona os bens e serviços considerados prejudiciais em seu § 1º, que refere os veículos, (inclusive) embarcações e aeronaves, produtos fumígenos e bebidas alcoólicas acondicionados em embalagem primária em contato direto com o produto e destinada ao consumidor final, bebidas açucaradas e bens minerais, bem como concursos de prognósticos e *fantasy sport*, indicados no Anexo XVII da lei complementar conforme classificados na Nomenclatura Comum do Mercosul (NCM)[1], quando for o caso.

Consideradas as características de cada item, podemos identificar como:

- bens prejudiciais ao meio ambiente, os veículos e os bens minerais, porquanto os primeiros geram poluição, por exemplo, ao emitirem CO2, e os últimos têm de ser extraídos de recursos naturais finitos;
- bens prejudiciais à saúde: produtos fumígenos, bebidas alcóolicas e açucaradas, porquanto viciam, causando dependência, e estão associados a sérios problemas cardiovasculares, ao câncer, à diabetes e à obesidade, dentre outras enfermidades que reduzem a qualidade e a expectativa de vida das pessoas;
- serviços prejudiciais à saúde: os jogos na forma de concursos prognósticos ou de *fantasy sport*, porque afetariam a saúde psíquica dos apostadores e participantes.

1 A NCM guarda correspondência com o Sistema Harmonizado (SH), aplicado globalmente.

Chama a atenção o fato de o encarecimento dos veículos por meio do aumento da carga tributária diminuirá o ritmo da renovação da frota, ou seja, a substituição de veículos antigos por veículos novos, de tecnologia mais avançada e menos poluentes. Assim, o aumento da carga tributária dos veículos de passeio terá efeito contrário ao escopo invocado como fundamento para a tributação, o que coloca em dúvida a validade da determinação, pela lei complementar, da incidência do Imposto Seletivo sobre veículos. Destaco, também, questão ainda mais importante. A submissão ao Imposto Seletivo, que desborda da tributação que recai normalmente sobre os bens em geral, restringe o acesso dos cidadãos aos veículos de passeio (NCM 07.03) e, portanto, dificulta o exercício do direito fundamental de ir e vir. Como cabe sempre destacar, não vale transigir com isso, dando ensejo à restrição dessa liberdade, devendo-se lembrar que o transporte público ocorre como e do modo regulado pelo governo e por quem ele autorizar, permitir ou conceder que o preste, estando sujeito a estritos controles, enquanto o transporte privado viabiliza o exercício dessa liberdade pelo seu próprio titular. A ponderação entre os valores envolvidos deve pender para o prestígio da liberdade.

No que diz respeito à extração mineral, deve-se destacar outras duas exações exigidas nesse contexto. Primeiramente, a compensação financeira pela exploração de recursos minerais, prevista no art. 20, § 1º, da Constituição, instituída pela Lei 7.790/89 e regulamentada pelo Decreto 1/91, a que se reconhece natureza de receita patrimonial, constituindo preço público[2]. Em segundo lugar, as taxas estaduais de fiscalização das atividades de exploração de recursos minerais, fundamentadas no exercício do poder de polícia inerente à competência administrativa comum dos três níveis federativos, estampada no art. 23, XI, da Constituição, de "registrar, acompanhar e fiscalizar as concessões de direitos de pesquisa e exploração de recursos hídricos e minerais em seus territórios", havendo caso, porém, em que o STF reconheceu sua inconstitucionalidade em razão da ser cobrada em montante desproporcional ao custo da atividade estatal invocada como pretexto para a sua cobrança[3]. O imposto seletivo sobre bens minerais se somará a tais cobranças. Ademais, vale ter em conta o que sublinham MANEIRA e MANEIRA, ou seja, "a contradição do Congresso Nacional que, recentemente, adotou diversas medidas no sentido oposto, para desonerar os derivados de petróleo em razão do efeito inflacionário. Rememora-se a edição da Lei Complementar 194/2022, que reconheceu a essencialidade dos combustíveis e do gás natural, limitando a incidência do ICMS sobre tais produtos, e a Emenda Constitucional 123/2023, que reconheceu o estado de emergência decorrente 'da elevação extraordinária e imprevisível dos preços do petróleo, combustíveis e seus derivados e dos impactos sociais dela decorrentes'"[4].

---

2 STF, ADI 2.586, 2002.

3 STF, ADI 7.400, 2023.

4 MANEIRA, Eduardo; MANEIRA, Luís Eduardo. A impossibilidade de vedar o controle judicial da decisão administrativa que não homologa a compensação. In: *Compensação Tributária no Âmbito Federal*: questões práticas. São Paulo: Foco Fiscal, 2015.

Os produtos fumígenos e as bebidas alcoólicas só se sujeitarão ao Imposto Seletivo quando acondicionados em embalagem primária, em contato direto com o produto e destinada ao consumidor final, conforme o § 2º do art. 409 da LC 214/2025.

O Governo procurou inserir nesta lista de produtos tributados as armas, mas não conseguiu aprovação nesse ponto, tendo prevalecido o entendimento de que as armas compradas legalmente não são, em si, prejudiciais à saúde nem ao meio ambiente e o seu uso, em regra, protege importantes bens jurídicos tutelados, dentre os quais a própria vida e a integridade física das pessoas, além do patrimônio, no exercício de policiamento pelos órgãos de segurança ou da legítima defesa que configura a autotutela conservativa por parte dos cidadãos.

O Anexo XVII da LC 214/2025 traz a tabela dos produtos sujeitos ao Imposto Seletivo, com referência, em regra, aos seus códigos (posição, item e subitem) na NCM[5]:

ANEXO XVII

BENS E SERVIÇOS SUJEITOS AO IMPOSTO SELETIVO

Veículos
87.03; 8704.21 (exceto os caminhões); 8704.31 (exceto os caminhões); 8704.41.00 (exceto os caminhões); 8704.51.00 (exceto os caminhões); 8704.60.00 (exceto os caminhões); 8704.90.00 (exceto os caminhões); ressalvados os veículos com características técnicas específicas para uso operacional das Forças Armadas ou dos órgãos de Segurança Pública
Aeronaves e Embarcações
8802, exceto o código 8802.60.00; e embarcações com motor classificadas na posição 8903; ressalvadas as aeronaves e embarcações com características técnicas específicas para uso operacional das Forças Armadas ou dos órgãos de Segurança Pública
Produtos fumígenos
2401; 2402; 2403; 2404
Bebidas alcóolicas
2203; 2204; 2205; 2206; 2208
Bebidas açucaradas
2202.10.00
Bens minerais
2601; 2709.00.10; 2711.11.00; 2711.21.00
Concursos de prognósticos e *Fantasy sport*

É fato gerador do imposto, portanto, a produção, a extração, a comercialização ou importação desses bens e serviços arrolados, conforme o art. 409 combinado com o

5 Pode-se conferir a tabela em https://portalunico.siscomex.gov.br/classif/#/nomenclatura/870421?criterio=870421, que viabiliza acesso, inclusive, às Notas Legais (NL) e às Notas Explicativas (NE) relacionadas a cada seção, capítulo, item e subitem.

Anexo XVII da LC 214/2025, devendo-se ter em conta que o Imposto Seletivo é monofásico e que só incidirá uma vez sobre cada bem ou serviço, e não em todas as etapas, de modo que gravará a produção, a extração, a comercialização ou a importação, a que primeiro ocorrer.

Ademais, lembre-se que as operações com energia elétrica e com telecomunicações são imunes ao Imposto Seletivo. Assim, também, as de exportação, conforme o art. 153, § 6º, I, da Constituição.

A par disso, a desoneração das exportações é reforçada pelo art. 426 da LC 214/2025 ao dispor que o Imposto Seletivo não incide no fornecimento de bens com o fim específico de exportação a empresa comercial exportadora. Destacamos os casos de responsabilidade relacionados às exportações na análise do item dedicado ao aspecto pessoal e à responsabilidade tributária.

Ademais, nos termos do art. 413, III, da LC 214/2025, não incide o Imposto Seletivo sobre os bens e serviços sujeitos ao IBS à alíquota reduzida em 60% de que trata o art. 9º, § 1º, da EC 132/2023, que relaciona os "serviços de educação, serviços de saúde, dispositivos médicos, dispositivos de acessibilidade para pessoas com deficiência, medicamentos, produtos de cuidados básicos à saúde menstrual, serviços de transporte público coletivo de passageiros rodoviário e metroviário de caráter urbano, semiurbano e metropolitano, alimentos destinados ao consumo humano, produtos de higiene pessoal e limpeza majoritariamente consumidos por famílias de baixa renda, produtos agropecuários, aquícolas, pesqueiros, florestais e extrativistas vegetais *in natura*, insumos agropecuários e aquícolas, produções artísticas, culturais, de eventos, jornalísticas e audiovisuais nacionais, atividades desportivas e comunicação institucional, e bens e serviços relacionados a soberania e segurança nacional, segurança da informação e segurança cibernética". Ou seja, na hipótese de, por qualquer razão, restarem abrangidos pela descrição genérica dos fatos geradores do Imposto sobre Serviços, ainda assim não incidiria o imposto nessas operações.

O Imposto Seletivo incidirá não apenas nas operações internas, mas também sobre a importação dos bens e serviços a ele sujeitos, o que resta disciplinado pelos arts. 434 e 435 da LC 214/2025. Na importação, aplicam-se ao IS as disposições sobre a incidência do IBS e da CBS sobre as importações, ou seja, mais especificamente, o art. 65 quanto ao fato gerador, o art. 66 em relação à não incidência, complementado pelo art. 413, III, e o art. 67 quanto ao momento de ocorrência do fato gerador, bem como os arts. 72 a 74 em relação à sujeição passiva, tudo nos termos do art. 434 da LC 214/2025. As alíquotas serão as fixadas em lei ordinária. São isentas a importação de bagagens de viajantes e de tripulantes quando submetidas ao regime de tributação especial, e as remessas internacionais, quando submetidas ao regime de tributação simplificada, conforme o art. 435 da LC 214/2025.

O Imposto Seletivo alcança fatos geradores ocorridos em todo o território nacional, incluída a importação, sendo esse o seu alcance espacial, não fazendo falta que se destaque um item específico para a abordagem desse aspecto.

8.5. ASPECTO TEMPORAL, APURAÇÃO E VENCIMENTO

O aspecto temporal da hipótese de incidência do tributo é o momento em que se deve considerar ocorrido o fato gerador, o que, nos tributos instantâneos, sói corresponder ao da sua própria ocorrência. Mas o legislador tem alguma liberdade para estabelecê-lo, visando à segurança jurídica.

Conforme o art. 412 da LC 214/2025, considera-se ocorrido o fato gerador do Imposto Seletivo no momento do primeiro fornecimento a qualquer título do bem, da arrematação em leilão público, da transferência não onerosa de bem produzido, da incorporação do bem ao ativo imobilizado pelo fabricante, da extração de bem mineral, do consumo do bem pelo fabricante, do fornecimento ou do pagamento do serviço, o que ocorrer primeiro, o da importação de bens e serviços.

A LC 214/2025 também cuida da apuração do Imposto Seletivo. Em seus arts. 430 e 431, dispõe que o período de apuração será mensal e que o regulamento estabelecerá o prazo para a sua conclusão, bem como a data de vencimento, ou seja, a data-limite para pagamento sem encargos moratórios. A apuração deverá consolidar as operações realizadas por todos os estabelecimentos do contribuinte. Ao dispor sobre o pagamento, o art. 433 também define que será realizado pelo contribuinte mediante centralização em um único estabelecimento, sem prejuízo do pagamento na liquidação financeira (*split payment*).

8.6. ASPECTO PESSOAL E RESPONSÁVEIS TRIBUTÁRIOS

Contribuintes do Imposto Seletivo, nos termos do art. 424 da LC 214/2025, são o fabricante, na primeira comercialização, na incorporação do bem ao ativo imobilizado, na tradição do bem em transação não onerosa ou no consumo do bem. Também é contribuinte o importador na entrada do bem de procedência estrangeira no território nacional. Na arrematação, é o arrematante; na extração, o produtor-extrativista. E é contribuinte o fornecedor do serviço, ainda que residente ou domiciliado no exterior.

A LC estabelece, como regras gerais, hipóteses de responsabilidade tributária relativas ao ISE, que não impedem o estabelecimento de outros casos por lei ordinária. São responsáveis o transportador, em relação aos produtos tributados que transportar desacompanhados da documentação fiscal comprobatória de sua procedência, e o possuidor ou detentor, em relação aos produtos tributados que possuir ou mantiver para fins de venda ou industrialização, desacompanhados da documentação fiscal comprobatória de sua procedência. Além disso, há a responsabilidade no caso de fraude à imunidade das exportações.

É importante destacar, também, as hipóteses de responsabilidade relacionadas a essa não incidência. No caso de a exportação não se efetivar em 180 dias, ainda que em face de destruição, extravio, furto ou roubo, de os bens serem redestinados ao mercado interno ou submetidos a processo de industrialização, a comercial exportadora fica responsável pelo recolhimento do Imposto Seletivo que não tenha sido pago, conforme o art. 427 da LC, que remete ao art. 82, § 5º, de modo que essa responsabilidade se dá nos mesmos casos da responsabilidade das comerciais exportadoras relativamente ao IBS e à CBS. Além disso, também são responsáveis tributários e, nessa condição, obrigados ao pagamento do IS "o proprietário, o possuidor, o transportador ou qualquer outro detentor de produtos nacionais saídos do fabricante com imunidade para exportação, encontrados no País em situação diversa", hipótese em que, se o fabricante tiver concorrido para essa situação, também será solidariamente responsável, conforme o art. 425 da LC 214/2025.

8.7. ASPECTO QUANTITATIVO

O aspecto quantitativo da norma tributária impositiva é composto da base de cálculo e da alíquota. No caso do Imposto Seletivo, a base de cálculo é estabelecida por lei complementar, enquanto a alíquota, por lei ordinária.

Quanto à base de cálculo, tenha-se em conta a determinação constitucional de que o Imposto sobre Serviços "não integrará sua própria base de cálculo", constante do art. 153, § 6º, III. Cuidam da base de cálculo os arts. 414 a 418 da LC 214/2025.

Conforme o art. 414, a base de cálculo é o valor de venda na comercialização, o valor de arremate na arrematação. É, ainda, o valor de referência na transação não onerosa ou no consumo do bem, na extração de bem mineral ou na comercialização de produtos fumígenos. Também é base de cálculo o valor contábil de incorporação do bem produzido ao ativo imobilizado. Ainda, é base de cálculo a receita própria da entidade que promove a atividade de concurso de prognósticos e *fantasy sport*, correspondente ao produto da arrecadação, com a dedução de premiações pagas e destinações obrigatórias por lei a órgão ou fundo público e aos demais beneficiários.

Nas hipóteses em que for aplicada alíquota específica, a base de cálculo será aquela expressa na unidade de medida adotada, conforme o art. 414, § 1º, da LC 214/2025.

Quando, na comercialização de bem, o imposto se calcula *ad valorem*, a base de cálculo é o valor integral cobrado na operação a qualquer título, incluindo o valor correspondente aos acréscimos decorrentes de ajuste do valor da operação, aos juros, multas, acréscimos e encargos, aos descontos concedidos sob condição, aos valor do transporte cobrado como parte do valor da operação, seja o transporte efetuado pelo próprio fornecedor ou por sua conta e ordem, aos tributos e preços públicos, inclusive tarifas, incidentes sobre a operação ou suportados pelo fornecedor, exceto aqueles previstos no § 2º do art. 12; e às demais importâncias cobradas ou recebidas como parte do valor da operação, inclusive seguros e taxas, conforme o art. 415[6].

Não integram a base de cálculo do IS *ad valorem* o montante da CBS e do IBS incidentes na operação (e também não o ICMS no período até a sua extinção em 31 de dezembro de 2032), tampouco o do próprio Imposto Seletivo (é um imposto calculado por fora), tampouco os descontos incondicionais ou bonificação, assim considerados esses descontos e a bonificação "a parcela redutora do preço da operação que conste do respectivo documento fiscal e não dependa de evento posterior". No caso de tributação por meio de alíquota específica, sim, deve-se considerar os bens fornecidos em bonificação. Tudo conforme o art. 415.

Não integram a base de cálculo do Imposto Seletivo os descontos incondicionais, assim entendida a parcela redutora do preço da operação que conste do respectivo documento fiscal e não dependa de evento posterior. Também não integra a base de cálculo, na tributação *ad valorem*, a bonificação que atenda a essas condições. Quanto a tributação é por alíquota específica, recai inclusive sobre os bens fornecidos em bonificação.

Também não integram a base de cálculo do Imposto Seletivo o montante do ICMS, do ISS, da CBS e do IBS, tudo conforme os parágrafos do art. 417 da LC 214/2025.

As "devoluções de vendas geram direito a abater o respectivo Imposto Seletivo no período de apuração em que ocorreu a devolução ou nos subsequentes", conforme o art. 418 da LC 214/2025.

Por sua vez, as alíquotas serão fixadas por lei ordinária. Conforme o inciso VI do § 6º do art. 153 da Constituição, "terá suas alíquotas fixadas em lei ordinária, podendo ser específicas, por unidade de medida adotada ou *ad valorem*.

As alíquotas específicas são determinadas por unidade de medida (unidade de produto, metro cúbico, tonelada). Sendo fixadas em expressão monetária, restam desfasadas pela inflação. Daí a previsão, constante do art. 436 da LC 214/2024, no sentido de que "serão atualizadas pelo IPCA uma vez ao ano, nos termos da lei ordinária". Os cigarros já eram tributados, a título de IPI, tanto por alíquotas *ad valorem* como por alíquota específica, o que se pode ver dos arts. 212-A e 212-B do Decreto 7.212/2010 (Regulamento do IPI), com as alterações impostas pelos Decretos 10.668/2021 e 12.127/2024.

As alíquotas *ad valorem* são um percentual que recai sobre a base de cálculo, no caso, o valor da operação ou o valor de referência, conforme o caso.

Há regra constitucional especial para a fixação da alíquota no caso do Imposto Seletivo sobre a extração de bem mineral, que será cobrado independentemente da

6 Há regras específicas para a comercialização entre partes relacionadas no art. 416.

destinação, e "a alíquota máxima corresponderá a 1% (um por cento) do valor de mercado do produto", conforme o art. 153, § 6º, VII, da CF. Nesse caso, note-se, não há seletividade em função da destinação da matéria-prima e, por isso, não se considera a futura industrialização, ou seja, o produto industrializado.

E há toda uma seção para a disciplina das alíquotas relativas aos veículos que serão estabelecidas por lei ordinária conforme a potência do veículo, a eficiência energética, o desempenho estrutural e tecnologias de assistência à direção; a reciclabilidade de materiais, a pegada de carbono, a densidade tecnológica e tecnologias, a emissão de dióxido de carbono (eficiência energético-ambiental), considerado o ciclo do poço à roda, a reciclabilidade veicular, a realização de etapas fabris no País e a categoria do veículo, nos termos do art. 419 da LC 214/2025. Desses critérios todos, a realização de etapas fabris no País afasta-se da extrafiscalidade ambiental, sendo questionável sua adoção.

Para veículos destinados a adquirentes cujo direito ao benefício do regime diferenciado de que trata o art. 149 haja sido reconhecido pela RFB, a alíquota é reduzida a zero, desde que o preço de venda ao consumidor, incluídos os tributos incidentes caso não houvesse as reduções, não seja superior a R$ 200.000,00 (duzentos mil reais), nos termos do art. 420 da LC 214/2025. Aplica-se o mesmo regime relativo à alienação do veículo e ao intervalo para a fruição do benefício do IBS.

Aplicam-se alíquotas *ad valorem* cumuladas com alíquotas específicas para produtos fumígenos classificados na posição 24.02 da NCM/SH e bebidas alcoólicas, em que as alíquotas específicas devem considerar o produto do teor alcoólico pelo volume dos produtos. É o que dispõe o art. 422 da LC 214/2025.

Nas operações com bens minerais extraídos, as alíquotas respeitarão o percentual máximo de 0,25% (vinte e cinco centésimos por cento).

As alíquotas *ad valorem* estabelecidas para operações com bebidas alcoólicas poderão ser diferenciadas por categoria de produto e progressivas em virtude do teor alcoólico, estabelece o mesmo art. 422, no seu § 4º.

Caso o gás natural seja destinado à utilização como insumo em processo industrial e como combustível para fins de transporte, a alíquota fica reduzida a zero.

8.8. ADMINISTRAÇÃO DO IMPOSTO SELETIVO E PENA DE PERDIMENTO

O Imposto Seletivo é administrado e fiscalizado pela Secretaria da Receita Federal do Brasil, conforme dispõe o art. 411 da LC 214/2025 Desse modo, compete-lhe, administrativamente, a gestão, a fiscalização, o lançamento e a cobrança desse imposto.

A RFB poderá estabelecer comunicação eletrônica, caracterizando-se o endereço dos contribuintes nesse formato como domicílio tributário eletrônico para fins de notificação, intimação ou avisos relacionados ao Imposto Seletivo, o que é autorizado pelo art. 437 da LC 214/2025.

Como qualquer outro imposto da União, seu contencioso administrativo segue a Lei do Processo Administrativo Fiscal (PAF – Decreto 80.235/72), o que resta expresso no art. 438 da LC 214/2025.

Sem prejuízo da responsabilidade pelo pagamento do imposto, a LC também prevê sanção administrativa de perdimento dos produtos fumígenos sujeitos ao imposto nas hipóteses de transporte, depósito ou exposição à venda desacompanhados da documentação fiscal comprobatória de sua procedência (art. 425 da LC 214/2025). Estando em transporte, essa pena também alcançará o veículo transportador caso o proprietário do veículo, seu possuidor ou seus prepostos tenham contribuído para a prática do ilícito, facilitado sua ocorrência ou dela se beneficiando. Também se prevê o perdimento do tabaco em folhas transportado, depositado ou exposto a venda não desfiado, picado, migado ou em pó, em rolo ou em corda (art. 426), além de multa de 100% do valor comercial da mercadoria.

Parte 2

IMPOSTOS ESTADUAIS

José Eduardo Soares de Melo

Capítulo 1

Imposto sobre Transmissão *Causa Mortis* e Doação, de quaisquer bens ou direitos (ITCMD)

1.1. LEGISLAÇÃO

Constituição Federal – art. 155, I, § 1º, I a IV; Resolução n. 9, de 9 de maio de 1992, do Senado Federal; Legislação dos Estados e do Distrito Federal; Emenda Constitucional n. 132, de 20 de dezembro de 2023.

Compete à lei complementar regular os impostos (a) se o doador tiver domicílio ou residência no exterior; e (b) se o *de cujus* possuía bens, era residente ou domiciliado ou teve o seu inventário processado no exterior. A LC (art. 146, III, *a*, CF) tem competência para estabelecer normas gerais em matéria de legislação tributária, especialmente sobre os fatos geradores, bases de cálculo e contribuintes dos impostos.

Embora o CTN tenha *status* de lei complementar, não regula as transmissões de bens e direitos móveis, porque à época de sua edição (1966) não existia previsão constitucional.

Considerando os princípios federativo e republicano, fora entendido que não existindo lei complementar dispondo sobre normas gerais para os impostos sobre transmissão *causa mortis* e doação de bens móveis, os Estados-Membros e o Distrito Federal podem legislar, por serem detentores da competência impositiva e ainda em face da autorização contida no art. 34, §§ 3º e 4º, do ADCT, e no art. 24 e parágrafos da CF[1].

Nas legislações estadual e distrital são estabelecidas as regras pertinentes à estrutura do imposto, de conformidade com os preceitos constitucionais e civis, em razão do que, para amplo exame do tema, se passam a mencionar as disposições usualmente consideradas.

1 FERNANDES, Regina Celi Pedrotti Vespero. *Imposto sobre Transmissão Causa Mortis e Doação – ITCMD*. São Paulo: Revista dos Tribunais, 2002, p. 59/60.

1.2. MATERIALIDADE

O Imposto incide sobre a transmissão de qualquer bem ou direito (I) havido por sucessão legítima ou testamentária, inclusive a sucessão provisória; (II) por doação; ocorrendo tantos fatos geradores distintos quantos forem os herdeiros, legatários ou donatários.

Compreende-se no item I (*causa mortis*) a transmissão de bem ou direito por qualquer título sucessório, inclusive o fideicomisso. A legítima dos herdeiros (ainda que gravada), e a doação com encargo, sujeitam-se ao imposto.

A abertura da sucessão é o ponto de partida de todo o fenômeno hereditário. É começar o fato sucessório. O elemento essencial de toda a disciplina jurídica da transmissão por morte é o próprio fato da sucessão enquanto continuação nos sucessores das relações jurídicas que compõem o patrimônio do falecido[2].

O fato gerador do imposto *causa mortis* dá-se com a transmissão da propriedade ou de quaisquer bens e direitos, e ocorre no momento do óbito. Aplica-se a lei vigente a época da sucessão, afastando-se o artigo 106 do CTN[3].

A incidência abrange os bens que, na divisão de patrimônio comum, na partilha ou adjudicação, forem atribuídos a um dos cônjuges, a um dos conviventes, ou a qualquer herdeiro, acima da respectiva meação ou quinhão.

Sujeitam-se ao imposto a transmissão de:

I – qualquer título ou direito representativo do patrimônio ou capital de sociedade e companhia, tais como ação, quota, quinhão, participação civil ou comercial, nacional ou estrangeira, bem como direitos societários, debênture, dividendo e crédito de qualquer natureza;

II – dinheiro, haver monetário em moeda nacional ou estrangeira e título que a represente, depósito bancário e crédito em conta-corrente, depósito em caderneta de poupança e a prazo fixo, quota ou participação em fundo mútuo de ações, de renda fixa, de curto prazo, e qualquer outra aplicação financeira e de risco, seja qual for o prazo e a forma de garantia;

III – bem incorpóreo em geral, inclusive título de crédito que o represente, qualquer direito ou ação que tenham de ser exercidos, e direitos autorais.

O imposto *não incide* na renúncia pura e simples de herança ou legado; sobre o fruto e rendimento do bem do espólio havidos após o falecimento do autor da herança ou do sucessor legal; sobre a importância deixada ao testamenteiro, a título de prêmio ou re-

2 FERNANDES, Regina Celi Pedrotti Vespero. *Imposto sobre Transmissão Causa Mortis e Doação – ITCMD*. São Paulo: Revista dos Tribunais, 2002.

3 STJ, 2ª T., REsp 628.715-SP, rel. Min. CASTRO MEIRA, j. 11-10-2005, *DJU*1 de 7-11-2005, p. 203.

muneração, até o limite legal; a consolidação da propriedade plena na pessoa do nu-proprietário, pela extinção do usufruto, quando o imposto respectivo houver sido pago sobre a integralidade do bem, na ocasião de sua inscrição; sobre bens imóveis adquiridos pelo cônjuge supérstite em data bem anterior ao casamento, ainda que levados a registro na constância deste, por não terem adentrado no patrimônio da esposa falecida.

O STJ decidira o seguinte:

> Tributário. Imposto de transmissão *causa mortis*. Imóvel alienado pelo *de cujus* mediante promessa de compra e venda.
>
> 1. No direito brasileiro somente a transmissão transfere juridicamente a propriedade. A promessa particular de compra e venda não transfere o domínio senão quando devidamente registrada.
>
> 2. O imposto de transmissão *mortis causa*, entretanto, findo o enfoque eminentemente civil, grava o benefício econômico deixado aos herdeiros, guiando-se pelo critério do fenômeno econômico.
>
> 3. Imóvel vendido por compromisso de compra e venda não registrado, com pagamento do preço fixado pelo *de cujus*, não gera imposto de transmissão *mortis causa*[4].

A Súmula 114 do STF, que dispõe que "o imposto de transmissão *causa mortis* não é exigível antes da homologação do cálculo", continua válida.

A homologação judicial da avaliação constitui ato imprescindível para a fixação do valor do bem ou direito, objeto da transmissão hereditária, como elemento integrante e necessário para a apuração e quitação do imposto.

Compreende o julgamento do cálculo do imposto (art. 1.013, § 2º, do CPC), sendo preceituado (art. 1.026 do CPC) que, pago o imposto de transmissão, a título de morte, e juntada aos autos a certidão ou informação negativa de dívida para com a Fazenda Pública, o juiz julgará por sentença a partilha.

O CTN (art. 192) estabelece que nenhuma sentença de julgamento de partilha, ou adjudicação, será proferida sem prova da quitação de todos os tributos relativos aos bens do espólio, ou as suas rendas.

Por conseguinte, resulta o entendimento de que somente após o trânsito em julgado da homologação do cálculo do imposto é que poderá ser exigido o pagamento do imposto.

Poder-se-ia sustentar até que, em certa medida, se está diante de um ato de lançamento tributário a cargo do juiz, o que, se confirmado, terá o condão de lançar sombras sobre a competência privativa da autoridade administrativa a que alude o art. 142 do CTN.

---

4 STJ, 2ª T., REsp 177.453-MG, rel. Min. ELIANA CALMON, j. 3-4-2001.

Relativamente ao item II (*doação*), aplicam-se os conceitos de direito privado, tendo o Código Civil (art. 538) estabelecido como *doação* "o contrato em que uma pessoa, por liberalidade, transfere do seu patrimônio bens ou vantagens para o de outra".

Como o imposto incide sobre a "transmissão (gratuita) de qualquer bem ou direito", é imprescindível que ocorra a mudança (jurídica) de sua titularidade, da pessoa do doador para o donatário, com espírito de liberalidade, e efetivo *animus donandi*, mediante o empobrecimento do doador e o enriquecimento patrimonial do donatário.

Na doação de bens imóveis, o fato gerador somente ocorrerá no momento da efetiva transcrição realizada no Registro de Imóveis, sendo impertinente o preceito que determine o recolhimento antes da celebração da respectiva escritura pública.

Na doação de bens móveis ou direitos, somente poderá ser considerada a transmissão mediante sua tradição (física, escritural etc.); se for o caso, com o respectivo registro (veículos no Departamento de Trânsito, Capitania dos Portos; quotas de capital ou ações, na Junta Comercial ou Registro de Títulos e Documentos).

Também caracteriza doação a liberação de dívida, gastos por conta de outra pessoa e liberação do devedor resultante de prescrição.

Situações peculiares podem implicar doação, no caso de ser realizada a venda de um veículo por R$ 50.000,00, em que o vendedor não recebe o preço e nem toma as necessárias medidas (inclusive judiciais) para ver liquidada a obrigação. Na hipótese inversa (doação de um veículo por R$ 50.000,00, com recebimento paralelo do preço), pode ser desconsiderada a doação, e caracterizada a venda.

O espírito de liberalidade constitui a nota característica da doação, o que não se verifica se o benefício decorre do adimplemento de obrigação jurídica (contraprestação de serviços, fornecimento de bens etc.), recompensas (atendimento gratuito por médico da família), ou cumprimento de dever moral e social (gratificação em razão de benefícios).

A doação feita em contemplação do merecimento do donatário não perde o caráter de liberalidade, como não o perde a doação remuneratória ou gravada, no excedente ao encargo exigido (art. 540, Código Civil). Não desnatura a doação a desproporcionalidade, a maior, existente entre a importância doada e o valor normal dos serviços.

Na *doação modal* – em que uma pessoa doa a outra os recursos para adquirir um bem imóvel – a compra é realizada diretamente no nome da pessoa beneficiária (donatário). Nesta situação, incidirão dois tributos, o ITCMD (doação), e o ITBI (compra e venda do bem imóvel).

Os *alimentos* representam valores imprescindíveis para a satisfação das necessidades vitais de quem não tem condição de sustentar-se, sendo destinados ao vestuário, habitação, saúde, lazer, instrução e alimentação. A relação do doador com o beneficiário pode decorrer de vínculo familiar (parentesco, filho maior), tem pertinência à caridade (pobres), e a obrigação legal ou judicial (pensão alimentícia ao ex-cônjuge).

A CF preceitua que "os pais têm o dever de assistir, criar e educar os filhos menores, e os filhos maiores têm o dever de ajudar e amparar os pais na velhice, carência ou enfermidade" (art. 229); e que "a família, a sociedade e o Estado têm o dever de amparar as pessoas idosas, assegurando sua participação na comunidade, defendendo sua dignidade e bem-estar e garantindo-lhe o direito à vida" (art. 230).

O Código Civil dispõe que "(...) podem os parentes, os cônjuges ou companheiros pedir uns dos outros os alimentos de que necessitem para viver de modo compatível com a sua condição social, inclusive para atender às necessidades de sua educação" (art. 1.694); "são devidos os alimentos quando quem os pretende não tem bens suficientes, nem pode prover, pelo seu trabalho, à própria mantença, e aquele, de quem se reclamam, pode fornecê-los, sem desfalque do necessário ao seu sustento" (art. 1695); "o direito à prestação de alimentos é recíproco entre pais e filhos, e extensivo a todos os ascendentes, recaindo a obrigação nos mais próximos em grau, uns em falta de outros" (art. 1.696); "se, fixados os alimentos, sobrevier mudança na situação financeira de quem os supre, ou na de quem os recebe, poderá o interessado reclamar ao juiz, conforme as circunstâncias, exoneração, redução ou majoração do encargo" (art. 1.699).

O quadro normativo apontado permite inferir os *pressupostos* essenciais dos *alimentos*, como existência de companheirismo, vínculo de parentesco ou conjugal entre alimentando e alimentante; necessidade do alimentando; possibilidade econômica do alimentário; proporcionalidade, na sua fixação, entre as necessidades do alimentado e os recursos econômico-financeiros do alimentante; e com as *características* seguintes: direito personalíssimo; transmissível aos herdeiros do devedor; incessível em relação ao credor; irrenunciável; imprescritível; impenhorável; incompensável; intransacionável; atual; irrestituível; variável e divisível[5].

Embora os alimentos revistam características semelhantes à doação – ato gratuito com empobrecimento do doador e enriquecimento do donatário – não se pode cogitar de uma autêntica liberalidade, uma vez que decorre de imposição legal (pátrio poder); princípio da solidariedade familiar (filhos maiores ou parentes carentes), ou social (idosos, pobres).

Relativamente aos filhos menores, constituem *dever de sustento* (fisionomia jurídica assemelhada aos alimentos) de todos os bens e verbas necessárias, e adequadas, para permitir a sua manutenção, atendidas as necessidades apontadas; sendo ponderável conceber que, numa família rica, a educação de filhos seja proporcionada em escolas em que as mensalidades são elevadas ou cursos no exterior; mediante o fornecimento de veículos mais possantes etc., tendo em vista a disponibilidade de recursos e a posição social.

5 DINIZ, Maria Helena. *Curso de Direito Civil Brasileiro*. 26. ed. São Paulo: Saraiva, 2011. v. 5. pp. 621/628.

No tocante aos filhos maiores, deixaria de manter-se a obrigação alimentar que, no entanto, pode permanecer no caso de não ter economia própria, desde que tal sustento atenda aos parâmetros de necessidade e razoabilidade.

É evidente que a transmissão de vários imóveis a um mesmo filho pode ter o condão de extrapolar as necessidades vitais básicas, desnaturar a característica alimentar, tipificando uma doação.

No que concerne aos *alimentos* entre cônjuges e parentes, decorre das necessidades vitais mínimas; no que tange àqueles fixados judicialmente, presume-se a natureza alimentar passível de alteração (majoração ou minoração) condicionada às variações das capacidades e contingências econômicas e financeiras das partes, o mesmo ocorrendo com relação aos pobres em que também deverá haver moderação.

Na separação judicial, a legalização dos bens da meação não está sujeita à tributação. Em havendo a entrega a um dos cônjuges de bens de valores superiores à meação, sem indícios de compensação pecuniária, entende-se que ocorreu *doação*, passando a incidir sobre o valor que ultrapassar a meação, o Imposto de Transmissão por Doação, de competência dos Estados (art. 155, I, da CF), consoante julgado do STJ[6].

No âmbito da *não incidência do imposto*, considera-se a situação seguinte:

> Inventário-Herdeiros que informam as doações que o pai fez em vida (adiantamentos de legítimas) para, a partir de seus efeitos, apresentarem plano de partilha proporcional sobre os bens que remanescem – Hipótese de partilha justa ou equânime que se fez em vida (art. 1.776 do CC), inviabilizando a tese de que caberá recolher imposto *causa mortis* também sobre o valor dos bens doados – Bitributação inadmissível. Provimento[7].
>
> Não é devido o imposto de doação sobre extinção de fideicomisso, sob pena de ocorrência de bitributação, uma vez que, ao ser extinto o fideicomisso não há transmissão de propriedade[8].
>
> As transmissões e as doações para as instituições sem fins lucrativos com finalidade de relevância pública e social, inclusive as organizações religiosas e institutos científicos e por elas realizadas na consecução dos seus objetivos sociais, observadas as condições estabelecidas em lei complementar (EC n. 132, de 23-12-2023 – art. 155, VI).

1.3. SUJEITO ATIVO

O imposto compete aos Estados e ao Distrito Federal, cuja titularidade pode vir a alcançar operações realizadas fora dos seus limites territoriais (CF, art. 155, § 1º), a saber:

---

6 STJ, 2ª T., REsp 723.587-RJ, rel. Min. ELIANA CALMON, j. 5-5-2005, *DJU* 1 6-6-2005, p. 300.

7 TJSP, 3ª Câmara de Direito Privado, rel. Ênio Santarelli Zuliani, j. 3-12-2002, *DJSP* 1 de 28-1-2003, p. 36.

8 REsp 1.004.707-RJ, 1ª T, rel. Min. JOSÉ DELGADO. j. 27-5-2008, *DJe* 23-6-2008.

I – relativamente aos bens imóveis e respectivos direitos, compete ao Estado da situação do bem, ou ao DF;

II – relativamente aos bens móveis, títulos e créditos, compete ao Estado onde se processar o inventário ou arrolamento, ou tiver domicílio o doador, ou ao DF;

III – terá a competência para sua instituição regulada por lei complementar;

a) se o doador tiver domicílio ou residência no exterior;

b) se o *de cujus* possuía bens, era residente ou domiciliado ou teve o seu inventário processado no exterior.

A situação prevista no inciso III, *a* e *b*, tem ensejado acirrada controvérsia pelo fato de que ainda não fora editada lei complementar (até setembro de 2021), carecendo competência dos Estados e Distrito Federal para dispor sobre a referida tributação.

A questão fora solucionada pelo STF, conforme o julgado seguinte:

EMENTA: Recurso extraordinário. Repercussão Geral. Tributário. Competência suplementar dos estados e do Distrito Federal. Artigo 146, III, *a*, CF. Normas gerais em matéria de legislação tributária. Artigo 155, I, CF. ITCMD. Transmissão *causa mortis*. Doação. Artigo 155, § 1º, III, CF. Definição de competência. Elemento relevante de conexão com o exterior. Necessidade de edição de lei complementar. Impossibilidade de os estados e o Distrito Federal legislarem supletivamente na ausência da lei complementar definidora da competência tributária das unidades federativas.

1. Como regra, no campo da competência concorrente para legislar, inclusive sobre direito tributário, o art. 24 da Constituição Federal dispõe caber à União editar normas gerais, podendo os estados e o Distrito Federal suplementar aquelas ou, inexistindo normas gerais, exercer a competência plena para editar tanto normas de caráter geral quanto normas específicas. Sobrevindo norma geral federal, fica suspensa a eficácia da lei do estado ou do Distrito Federal. Precedentes.

2. Ao tratar do Imposto sobre Transmissão *Causa Mortis* e Doação de quaisquer Bens ou Direitos (ITCMD), o texto constitucional já fornece certas regras para a definição da competência tributária das unidades federadas (estados e Distrito Federal), determinando basicamente duas regras de competência, de acordo com a natureza dos bens e direitos: é competente a unidade federada onde se processar o inventário ou arrolamento ou onde tiver o domicílio o doador, relativamente a bens, móveis, títulos e créditos.

3. A combinação do art. 24, I, § 3º, da CF, com o art. 34, § 3º, do ADCT, dá amparo constitucional à legislação supletiva dos estados na edição de lei complementar que discipline o ITCMD, até que sobrevenham as normas gerais da União a que se refere o art. 146, III, *a*, da Constituição Federal. De igual modo, no uso da competência privativa, poderão os estados e o Distrito Federal, por meio de lei ordinária, instituir o ITCMD no âmbito local, dando ensejo à cobrança válida do tributo, nas hipóteses do § 1º, incisos I e II, do art. 155.

4. Sobre a regra especial do art. 155, § 1º, III, da Constituição, é importante atentar para a diferença entre as múltiplas funções da lei complementar e seus reflexos sobre eventual competência supletiva dos estados. Embora a Constituição de 1988 atribua aos estados a

competência para a instituição do ITCMD (art. 155, I), também a limita ao estabelecer que cabe a lei complementar – e não a leis estaduais – regular tal competência em relação aos casos em que o "*de cujus* possuía bens, era residente ou domiciliado ou teve seu inventário processado no exterior" (art. 155, § 1º, III, *b*).

5. Prescinde de lei complementar a instituição do imposto sobre transmissão *causa mortis* e doação de bens imóveis – e respectivos direitos –, móveis, títulos e créditos no contexto nacional. Já nas hipóteses em que há um elemento relevante de conexão com o exterior, a Constituição exige lei complementar para se estabelecerem os elementos de conexão e fixar a qual unidade federada caberá o imposto.

6. O art. 4º da Lei Paulista n. 10.705/00 deve ser entendido, em particular, como de eficácia contida, pois ele depende de lei complementar, para operar seus efeitos. Antes da edição da referida lei complementar, descabe a exigência do ITCMD a que se refere aquele artigo, visto que os estados não dispõem de competência legislativa em matéria tributária para suprir a ausência de lei complementar nacional exigida pelo art. 155, § 1º, inciso III, CF. A lei complementar referida não tem o sentido único de norma geral, ou diretriz, mas de diploma necessário à fixação da exata competência dos estados.

7. Recurso extraordinário não provido.

8. Tese de repercussão geral:

> "É vedado aos estados e ao Distrito Federal instituir o ITCMD nas hipóteses referidas no art. 155, § 1º, III, da Constituição Federal sem a edição da lei complementar exigida pelo referido dispositivo constitucional".

9. Modulam-se os efeitos da decisão, atribuindo a eles eficácia *ex nunc*, a contar da publicação do acórdão em questão, ressalvando as ações judiciais pendentes de conclusão até o mesmo momento, nas quais se discuta: (1) a qual estado o contribuinte deve efetuar o pagamento do ITCMD, considerando a ocorrência de bitributação; e (2) a validade da cobrança desse imposto, não tendo sido pago anteriormente[9].

O STF, no mesmo sentido, decidiu a respeito da legislação do estado do Maranhão nos termos seguintes:

EMENTA: CONSTITUCIONAL E TRIBUTÁRIO. ART. 10, § 2º, II, DA LEI 7.799/2002 DO ESTADO DO MARANHÃO. INSTITUIÇÃO DO IMPOSTO SOBRE TRANSMISSÃO *CAUSA MORTIS* OU DE DOAÇÃO DE QUAISQUER BENS OU DIREITOS – ITCMD. HIPÓTESES EM QUE O DOADOR TIVER DOMICÍLIO OU RESIDÊNCIA NO EXTERIOR (ART. 155, § 1º, III, DA CF). COMPETÊNCIA PLENA DOS ENTES FEDERADOS ANTE A AUSÊNCIA DE NORMAS GERAIS EDITADAS PELA UNIÃO (ART. 24, § 3º, DA CF; ART. 34, § 3º, DO ADCT) AFASTADA NO JULGAMENTO DO RECURSO EXTRAORDINÁRIO 851.108/SP. NECESSIDADE DE PRÉVIA REGULAMENTAÇÃO MEDIANTE LEI COMPLEMENTAR FEDERAL. RISCO DE EXIGÊNCIA DO IMPOSTO PELA ADMINISTRAÇÃO TRIBUTÁRIA ESTADUAL.

9 RE 851.108 São Paulo – Plenário – rel. Min. DIAS TOFFOLI – sessão de 1.03.2021, *DJe* de 19.04.2021.

SUSPENSÃO DA EFICÁCIA DO DISPOSITIVO IMPUGNADO. MEDIDA CAUTELAR REFERENDADA.

1. A competência legislativa concorrente, a qual inclui também normas de natureza tributária, cria o denominado "condomínio legislativo" entre a União e os Estados-Membros, cabendo à primeira a edição de normas gerais sobre as matérias elencadas no art. 24 da Constituição Federal; e, aos segundos, o exercício da competência complementar – quando já existente norma geral a disciplinar determinada matéria (CF, art. 24, § 2º) – e da competência legislativa plena (supletiva) – quando inexistente norma federal a estabelecer normatização de caráter geral (CF, art. 24, § 3º). Precedentes.

2. Diante da omissão da União em exercer seu *munus* constitucional em matéria tributária, admite-se o exercício da competência plena pelos entes federados, ressalvada posterior suspensão da eficácia dos pontos em que houver contrariedade com superveniente legislação de âmbito nacional. Precedentes.

3. Nada obstante, e ressalvado meu convencimento, no julgamento do Recurso Extraordinário 851.108/SP (Tema 825), o TRIBUNAL concluiu ser *"vedado aos Estados e ao Distrito Federal instituir o ITCMD nas hipóteses referidas no art. 155, § 1º, III, da Constituição Federal sem a edição da lei complementar exigida pelo referido dispositivo constitucional"*.

4. O risco de que a administração tributária local continue a exigir ITCMD nas hipóteses do art. 155, § 3º, III, da Constituição Federal, fundamenta a suspensão da eficácia do inciso II do § 2º do art. 106 da Lei 7.799/2002 do Estado do Maranhão, de modo a impedir eventual afronta à atual interpretação do SUPREMO TRIBUNAL FEDERAL.

5. Medida cautelar referendada[10].

A EC n. 132, de 23-12-2023, inseriu os dispositivos seguintes:

Art. 155.

(...)

II – relativamente aos bens móveis, títulos e créditos, compete ao Estado onde era domiciliado o de cujus, ou tiver domicílio o doador, ou ao Distrito Federal.

Art. 16 (Ato das Disposições Transitórias). Até que lei complementar regule o disposto no art. 155, § 1º, III, da Constituição Federal, o imposto incidente nas hipóteses de que trata o referido dispositivo competirá:

I – relativamente a bens imóveis e respectivos direitos, ao Estado da situação do bem, ou ao Distrito Federal;

II – se o doador tiver domicílio ou residência no exterior;

a) ao Estado onde tiver domicílio o donatário ou ao Distrito Federal;

b) se o donatário tiver domicílio ou residir no exterior, ao Estado onde se encontrar o bem ou ao Distrito Federal.

10 Referendo na Medida Cautelar na Ação Direta de Inconstitucionalidade 6.821 Maranhão, Plenário, rel. Min. ALEXANDRE DE MORAES, Sessão Virtual de 8.6.2021.

III – relativamente aos bens do *de cujus*, ainda que situados no exterior, ao Estado onde era domiciliado ou, se domiciliado ou residente no exterior, onde tiver domicílio o sucessor ou legatário ou ao Distrito Federal.

Art. 17. A alteração do art. 155, § 1º, II, da Constituição Federal, promovida pelo art. 1º desta Emenda Constitucional, aplica-se às sucessões abertas a partir da data da publicação desta Emenda Constitucional.

1.4. CONTRIBUINTES E RESPONSÁVEIS

A legislação estadual de São Paulo (Lei n. 10.705, de 28-12-2000, atualizada) dispôs o seguinte:

I – a transmissão de propriedade ou domínio útil de bem imóvel e de direito a ele relativo, situado no Estado, sujeita-se ao imposto, ainda que o respectivo inventário ou arrolamento seja processado em outro Estado, no DF, ou no exterior; e, no caso de doação, ainda que o doador, donatário ou ambos não tenham domicílio ou residência neste Estado.

II – o imposto é devido nas hipóteses abaixo especificadas, sempre que o doador residir ou tiver domicílio no exterior, e, no caso de morte, se o *de cujus* possuía bens, era residente ou teve seu inventário processado fora do país;

II.1 – sendo corpóreo o bem transmitido, quando se encontrar no exterior e o herdeiro legatário ou donatário tiver domicílio neste Estado;

II.2 – sendo incorpóreo o bem transmitido,

a) quando o ato de sua transferência ou liquidação ocorrer neste Estado;

b) quando o ato referido na alínea anterior ocorrer no exterior e o herdeiro, legatário ou donatário, tiver domicílio neste Estado.

São contribuintes do imposto:

I – na transmissão *causa mortis*: o herdeiro ou o legatário;

II – no fideicomisso: o fiduciário;

III – na doação: o donatário;

IV – na cessão de herança ou de bem ou direito a título não oneroso: o cessionário.

No caso do inciso III, se o donatário não residir nem for domiciliado no Estado, o contribuinte será o doador.

No caso de impossibilidade de exigência de cumprimento da obrigação pelo contribuinte, respondem solidariamente com este nos atos em que intervierem ou pelas omissões de que forem responsáveis:

I – o tabelião, escrivão e demais serventuários de ofício, em relação aos atos tributáveis praticados por eles ou perante eles, em razão de seu ofício;

II – a empresa, instituição financeira e bancária e todo aquele a quem couber a responsabilidade do registro ou a prática do ato que implique a transmissão de bem móvel ou imóvel e respectivo direito e ação;

III – o doador, o cedente de bem ou direito, e, no caso do donatário estranho a este Estado, o donatário;

IV – a qualquer pessoa física ou jurídica que detiver o bem transmitido ou estiver na sua posse;

V – os pais, pelos tributos devidos pelos seus filhos menores;

VI – os tutores e curadores, pelos tributos devidos pelos seus filhos tutelados ou curatelados;

VII – os administradores de bens de terceiros, pelos tributos devidos por estes;

VIII – o inventariante, pelos tributos devidos pelo espólio.

Não se aplica o ITCMD aos bens pertencentes à viúva meeira, pois ela não é herdeira, incidente o imposto somente sobre a meação partilhável. Se o tributo fosse devido, correto seria cobrá-lo da herdeira[11].

1.5. BASE DE CÁLCULO

É o *valor venal* do bem ou direito transmitido, expresso em moeda nacional ou em Unidades Fiscais do Estado (Ufesp, em São Paulo), considerando-se o valor de mercado do bem ou direito na data da abertura da sucessão, ou realização do ato ou contrato de doação.

A lei estabelece reduções em transmissões não onerosas de domínio útil e direito; de usufruto e de nua propriedade não onerosa.

O valor do bem ou direito na transmissão *causa mortis* é o atribuído na avaliação judicial e homologado pelo Juiz. Se não couber ou for prescindível a avaliação, o valor será o declarado pelo inventariante, desde que haja expressa anuência da Fazenda, ou proposto por esta e aceito pelos herdeiros, seguido, em ambos os casos, da homologação judicial.

Na hipótese de avaliação judicial ou administrativa, será considerado o valor do bem ou direito na data da sua realização, aplicando-se, no que couber, às demais partilhas ou divisões de bens sujeitas a processo judicial das quais resultem atos tributáveis.

No caso de cálculo do imposto, não serão abatidas quaisquer dívidas que onerem o bem transmitido, nem as do espólio. Entretanto, também se entende que, no caso de existência de dívidas e obrigações, deveria ser considerado o valor líquido do monte, uma vez que a transmissão patrimonial acarreta o acréscimo patrimonial.

11 STJ, 2ª T., AgRg no REsp 821.904-DF, rel. Min. HERMAN BENJAMIN, j. 3-9-2009, *DJe* 11-9-2009.

No caso de *bem imóvel*, o valor da base de cálculo não será inferior (I) em se tratando de imóvel urbano ou direito a ele relativo, ao fixado para o lançamento do IPTU; (II) em se tratando de imóvel rural ou direito a ele relativo, ao valor total do imóvel declarado para efeito de lançamento do ITR.

No caso de demais *bens móveis ou direitos*, a base de cálculo é o valor corrente de mercado do bem, título, crédito ou direito, na data da transmissão ou do ato translativo. À falta desse valor, admitir-se-á o que for declarado pelo interessado, ressalvada a revisão do lançamento pela autoridade competente.

No caso dos *veículos*, têm sido aceitas as informações contidas em publicações especializadas.

O valor das *ações* representativas do capital de sociedade é determinado de conformidade com a cotação média alcançada em Bolsa de Valores, nos últimos 30 dias anteriores à ocorrência da transmissão.

Nos casos em que ação, quota, participação ou qualquer título representativo do capital social não for objeto de negociação, admitir-se-á o respectivo valor patrimonial.

Ação, quota social ou participação em empresas de capital fechado: a base de cálculo corresponderá aos valores das quotas ou quinhões do capital apurados por meio do balanço patrimonial da empresa relativo ao exercício anterior ao da data do óbito. Referido valor é obtido mediante a divisão do valor do patrimônio líquido pelo número de ações, quotas ou participação que compõem o patrimônio da empresa.

Seguro de vida e previdência complementar – VGBL e PGBL: os seguros estão excluídos da incidência tributária, porque o seu recebimento ocorre após a morte do titular do direito. Assim, em princípio, não há necessidade de serem inventariados os valores decorrentes de seguro, salvo situações excepcionais decorrentes do questionamento de sua natureza jurídica.

O STF firmou o entendimento seguinte:

> É inconstitucional a incidência do imposto sobre transmissão causa mortis e doação (ITCMD) sobre o repasse aos beneficiários de valores e direitos relativos aos planos de vida gerador de benefícios livres (VGBL), ou ao plano gerador de benefício livre (PGBL) na hipótese de morte do titular do plano[12].

Consórcio: considerar as parcelas pagas antes da abertura da sucessão; mas, se o autor da herança houver sido contemplado, a base de cálculo deverá corresponder ao valor integral do consórcio.

Alienação Fiduciária em Garantia: no contrato, a propriedade do banco é resolúvel,

12 Tema 1214 de Repercussão Geral. RE 1.363.013, rel. Min. DIAS TOFFOLI, Plenário Virtual de 6 a 13-12-2024.

sendo que, até a quitação do preço, o devedor alienante (falecido) é mero possuidor do bem (depositário), nos termos do art. 1.363 do CC. Transmite aos herdeiros os direitos decorrentes do contrato, constituídos pelos valores já quitados até aquela data, e não a propriedade do bem, detida pela financeira, ainda que resolúvel.

O valor da base de cálculo é considerado na data da abertura da sucessão, do contrato de doação ou da avaliação, devendo ser atualizado monetariamente segundo a variação dos índices oficiais, até a data do pagamento do imposto.

A Súmula 115 do STF, que dispõe que "sobre os honorários de advogado contratado pelo inventariante, com a homologação do Juiz, não incide o imposto de transmissão *causa mortis*", continua válida.

O CPC/2015 dispõe que no processo de inventário deve constar a relação completa e individualizada de todos os bens do espólio e dos alheios que nele forem encontrados, tais como imóveis, móveis, semoventes, dinheiro, joias, títulos, bem como as dívidas ativas e passivas, direitos e ações (art. 993, IV, do CPC/73; e art. 620, IV, do CPC/2015).

O imposto incide sobre a transmissão do patrimônio hereditário (bens pertencentes ao *de cujus*), bem como sobre aqueles decorrentes do curso do processo de inventário.

O inventariante e o administrador da herança (Código Civil, art. 1.797) são incumbidos de praticar atos de natureza variada, tais como representar o espólio ativa e passivamente em juízo ou fora dele, promover alienação de bens, fazer despesas necessárias, pagar dívidas do espólio (arts. 991, I, e 992, I, III, do CPC/73; e art. 618, I; art. 619, I e III, do CPC/2015), especialmente os honorários devidos a advogado contratado para o patrocínio no processo de inventário.

Tratando-se de despesas geradas com o curso do inventário, e não revestindo a natureza de bens transmitidos, não se subsume a hipótese de incidência do imposto.

A Súmula 113 do STF estabelecera que o "imposto de transmissão *causa mortis* é calculado sobre o valor dos bens na data da avaliação". Fundamentara-se nos arts. 483 e 499 do CPC (de 1973), que trataram da avaliação e do cálculo do imposto, tendo o art. 38 do CTN estabelecido que a base de cálculo e o valor venal dos bens ou direitos transmitidos.

O STJ demonstra que, apesar da diretriz contida na súmula, a jurisprudência posterior do STF assentou ser possível a fixação de tal momento na data da transmissão dos bens[13].

Para tanto, apoiara-se em julgados do STF que entenderam que a referida súmula (expedida em 1962) é anterior à lei da correção monetária (expedida em 1964), pelo

13 STJ, 2ª T., REsp 15.071/RJ, rel. Min. JOSÉ DE JESUS FILHO, j. 5-9-1994, *DJ* 10-10-1994.

que o objetivo a que ela visava, de evitar distorções prejudiciais ao Fisco, se encontrava atendido com a aplicação da correção monetária. Assim, se antes não interessava ao contribuinte pagar à Fazenda prontamente o imposto que era devido, mas com a correção monetária, a distorção foi evitada[14-15].

Não teria mesmo sentido considerar elementos integrantes do imposto em dois momentos distintos, ou seja, a alíquota fixada na data da abertura da sucessão (Súmula 112) e a base de cálculo apurada em fase posterior, com a avaliação dos bens (Súmula 113).

Também permanece válida a Súmula 509 do STF, estabelecendo que "calcula-se o imposto de transmissão *causa mortis* sobre o saldo credor da promessa de compra e venda de imóvel, no momento da abertura da sucessão do promitente vendedor".

O STJ decidiu que "fazendo-se a apuração de haveres nos próprios autos do inventário, sem a participação dos sócios remanescentes, apenas interessa aos herdeiros e à meeira. Terceiros não podem dela valer-se como se constituísse título líquido e certo"[16].

No caso de ser realizado o inventário, partilha, separação consensual e divórcio consensual por via administrativa (arts. 982 e 1.124-A do CPC/73, na redação dada pela Lei Federal n. 11.441, de 4-1-2007; e arts. 610 e 733 do CPC/2015), os Estados e o DF podem exigir que, antes da lavratura da escritura pública, devem ser apresentados ao Posto Fiscal da área da localização do tabelião eleito para a realização do ato os demonstrativos do ITCMD e a guia de recolhimento.

1.6. ALÍQUOTA

A alíquota máxima passou a ser de 8% (oito por cento) a partir de 1º-1-1992 (Resolução SF n. 9, de 5-5-1992). O imposto é devido pela alíquota vigente ao tempo da abertura da sucessão[17].

A *progressividade* fora considerada legítima consoante diretriz firmada pelo STF:

> "EMENTA
>
> Recurso Extraordinário. Constitucional. Tributário. Lei Estadual: Progressividade de Alíquota de Imposto sobre Transmissão *Causa Mortis* e Doação de Bens e Direitos. Constitucionalidade. Art. 145, § 1º, da Constituição da República. Princípio da Igualdade Material Tributária. Observância da Capacidade Contributiva. Recurso Extraordinário Provido"[18].

---

14 STF, 2ª T., RE 97.459, rel. Min. ALDIR PASSARINHO, j. 1-10-1982, *DJU* 1 12-11-2002.

15 No mesmo sentido, o RE 102.903-0-RJ, rel. Min. NÉRI DA SILVEIRA, j. 4-3-1988, *DJU* 1 8-8-1989.

16 STJ, 3ª T., REsp 5.780/SP, rel. Min. CLÁUDIO SANTOS, j. 5-3-1991, *DJU* 15-4-1991, p. 4.299.

17 STF, Pleno, RE 63.970/MG, rel. Min. LUIS GALLOTTI, j. 5-3-1969, *DJ* 30-5-1969.

18 RE 562.045, Rio Grande do Sul, Plenário, rel. p/ acórdão Min. CÁRMEN LÚCIA, j. 6-2-2013, *DJe* 26-11-2003, Tema 21 de Repercussão Geral, em 6-2-2013.

Examinou-se a distinção entre impostos de natureza real (que não consideram as condições particulares dos contribuintes), e o de natureza pessoal (em que são sopesadas as qualidades individuais dos sujeitos passivos para a graduação do tributo). A dosagem da exação, nos reais, dá-se com base em critérios objetivos, ao passo que, nos pessoais, é determinada subjetivamente.

Fora assinalado que a progressividade melhor se evidencia nos tributos pessoais, ao menos do ponto de vista da proporcionalidade e razoabilidade da exação.

Ponderou-se que, nada se pode afirmar quanto à capacidade econômica daquele que recebe uma herança, um legado ou uma doação, ainda que de grande valor, apenas em razão de tal circunstância. É possível que haja, em certos casos, um incremento em seu patrimônio, mas não se mostra razoável chegar-se a qualquer conclusão quanto à respectiva condição financeira apenas por presunção.

Por vezes, uma pessoa abastada herda algo de pequeno valor, ao passo que alguém de posses modestas é aquinhoado com bens de considerável expressão econômica. Há casos em que as dívidas do herdeiro superam, em muito, o próprio valor dos bens herdados.

Não são raras as situações em que os processos de inventário ficam paralisados durante longo tempo porque os herdeiros não têm condições de saldar os impostos que incidem sobre a herança, vendo-se obrigados a desfazer-se de algum bem ou direito para cumprir suas obrigações relativamente ao Fisco.

O mesmo ocorre no tocante à doação, em que a obrigação tributária pode recair tanto sobre o doador quanto sobre o donatário. Na primeira hipótese, o doador sofre uma dupla diminuição em seu patrimônio, seja pela perda de um valor que o integrava, seja pelo próprio recolhimento do tributo.

Assim, se fosse possível aferir a capacidade econômica simplesmente pelo valor dos bens ou direitos transmitidos no caso do ITCMD, não haveria qualquer razão para obstar a progressividade de outros impostos de natureza real.

Nesse passo o constituinte admite a progressividade para alguns impostos reais (ITR, art. 153, § 4º, *i*; IPTU, art. 156, § 1º, I, e 182, § 4º, I), conforme voto do Min. Ricardo Lewandowski.

Observou-se que, tratando-se de ITCMD, a Magna Lei não contém condição semelhante à que havia em relação à progressividade do IPTU, antes da EC n. 29/2000. Daí que a norma geral do § 1º, do art. 145, passa a incidir pelo modo mais desembaraçado para, naturalmente, admitir a progressividade das alíquotas *"segundo a capacidade econômica do contribuinte"*. No âmbito do ITCMD não há e nunca houve necessidade de emenda constitucional para que o imposto fosse progressivo (voto do Min. Ayres Britto).

Em razão da análise do imposto em comento, assinalou-se que permite mais do que uma simples presunção indireta de capacidade contributiva do contribuinte. Não se trata de um tributo que incida sobre a propriedade de um bem, de característica estática e dissociada da situação do contribuinte ou que tome qualquer outra realidade econômica de modo isolado.

Nesse sentido, o imposto "*causa mortis*" é devido pelo beneficiário ou recebedor do bem ou direito transmitido por ocasião do direto e necessário acréscimo patrimonial que a transmissão implica. Não se trata de um típico imposto de caráter real, mas, um imposto que revela efetiva capacidade contributiva de quem percebe a transferência patrimonial (voto da Min. Ellen Gracie).

A EC n. 132, de 23-12-2023, dispôs que o imposto "será progressivo em razão do valor do quinhão do legado ou da doação" (art. 155, IV).

Capítulo 2

Imposto sobre operações relativas à Circulação de Mercadorias e sobre prestações de Serviços de transporte interestadual e intermunicipal e de comunicação (ICMS)

2.1. LEGISLAÇÃO

Constituição Federal (art. 155, II a XII) e Emendas Constitucionais n. 33, de 11-12-2001; n. 42, de 19-12-2003; e n. 87, de 16-4-2015; Leis Complementares n. 87, de 13-9-1996; n. 92, de 23-12-1997; n. 99, de 22-12-1999; n. 102, de 11-7-2000; n. 114, de 16-12-2002; n. 116, de 31-7-2003; n. 190, de 4-1-2022; n. 194, de 23-6-2022; n. 201, de 24-1-2023; n. 204, de 28-1-2023, n. 157, de 29-10-2016; n. 175, de 23-9-2020 (âmbito do ISS); n. 122, de 12-12-2006; e n. 138, de 29-12-2010; Resoluções do Senado Federal n. 22, de 19-5-1999; n. 95, de 13-12-1996; e n. 13, de 25-4-2012; Convênios de Secretários de Fazenda dos Estados e do Distrito Federal; Legislação dos Estados e do Distrito Federal.

2.2. MATERIALIDADES

2.2.1. Operações Mercantis

O imposto incide sobre operações relativas à circulação de mercadorias, compreendendo negócio jurídico mercantil, e não sobre simples mercadorias ou quaisquer espécies de circulação.

2.2.1.1. Operações

Configuram o verdadeiro sentido do fato juridicizado, a prática de ato jurídico relativo à transmissão de um direito (posse ou propriedade). Ninguém fica obrigado a recolher o tributo pelo simples fato de possuir ou ser proprietário de mercadoria.

Diretriz firmada pelo STF no sentido de que somente pode incidir o ICMS no caso de realização de ato de mercancia, sendo necessária a prática de operação jurídica com tramitação de posse e propriedade de bens[1].

Aplica-se à venda e à troca de mercadorias (permuta de bens mercantis e equivalentes).

O *fornecimento de alimentação* em bares, restaurantes e estabelecimentos similares, com a simultânea prestação de serviços, constitui fato gerador do ICMS, a incidir sobre o valor total da operação[2].

Na *prestação de serviços de qualquer natureza* sujeita à incidência do ISS (LC n. 116 de 31-7-2003, e LC n. 157, de 29-12-2016), excepcionalmente, incidirá o ICMS se a respectiva lista de serviços fizer ressalva específica relativamente aos materiais empregados na atividade.

É o caso dos itens seguintes:

1.09. Disponibilização, sem cessão definitiva, de conteúdos de áudio, vídeo, imagem e texto por meio da internet, respeitada a imunidade de livros, jornais e periódicos (exceto a distribuição de conteúdos pelas prestadoras de Serviço de Acesso Condicionado, de que trata a Lei n. 12.485, de 12 de setembro de 2011, sujeita ao *ICMS*).

7.02. Execução, por administração e empreitada ou subempreitada, de obras de construção civil, hidráulica ou elétrica e de outras obras semelhantes, inclusive sondagem, perfuração de poços, escavação, drenagem e irrigação, terraplanagem, pavimentação, concretagem e a instalação e montagem de produtos, peças e equipamentos (exceto o fornecimento de mercadorias produzidas pelo prestador de serviços fora do local da prestação dos serviços, que fica sujeito ao *ICMS*);

7.05. Reparação, conservação e reforma de edifícios, estradas, pontes, portos e congêneres (exceto o fornecimento de mercadorias produzidas pelo prestador dos serviços, fora do local da prestação dos serviços, que fica sujeito ao *ICMS*);

13.04. Composição gráfica, inclusive confecção de impressos gráficos, fotocomposição, clicheria, zincografia, litografia e fotolitografia, exceto se destinados a posterior operação de comercialização ou industrialização, ainda que incorporados, de qualquer forma, a outra mercadoria que deva ser objeto de posterior circulação, tais como bulas, rótulos, etiquetas, caixas, cartuchos, embalagens e manuais técnicos e de instrução, quando ficarão sujeitos ao *ICMS*;

14.01. Lubrificação, limpeza, lustração, revisão, carga e recarga, conserto, restauração, blindagem, manutenção e conservação de máquinas, veículos, aparelhos, equipamentos, motores, elevadores ou de qualquer objeto (exceto peças e partes empregadas, que ficam sujeitas ao *ICMS*);

---

1 ARE 1.255.885, rel. Min. DIAS TOFFOLI – j. 14-8-2020, Tema n. 1.099 de Repercussão Geral.

2 Súmula 163, STJ.

14.03. Recondicionamento de motores (exceto partes e peças empregadas, que ficam sujeitas ao *ICMS*);

17.11. Organização de festas e recepções, bufê (exceto o fornecimento de alimentação e bebidas, que fica sujeito ao *ICMS*).

O *comodato* (empréstimo gratuito de bens previsto no Código Civil, art. 570) – não caracteriza operação mercantil[3]. O mesmo ocorre com a remessa para *demonstração*, que apenas objetiva o exame e a divulgação de um bem, suas características, qualidades e funcionamento e que poderá vir a ser comercializado[4].

A *locação* (art. 565 do Código Civil) não deveria implicar a incidência do ICMS pela circunstância de não se verificar a circulação jurídica do bem locado, sequer transferência de sua propriedade, uma vez que deverá ser restituído pelo locatário ao locador.

Entretanto, o STF examinou situação referente à "venda realizada por locadoras de veículos", firmando o entendimento seguinte:

> Ementa: Constitucional e Tributário. Tema 1012 da Repercussão Geral. Incidência Legítima de ICMS sobre a venda de automóveis, por empresas locadoras de veículos, antes de um ano de sua aquisição das montadoras. Recurso extraordinário improvido.
>
> (...) 2. É legítima a incidência do ICMS sobre a operação de venda, realizada pela locadora de veículos, de automóvel com menos de 12 (doze) meses de aquisição da montadora, uma vez que, nessa hipótese, os bens perdem a característica de ativo imobilizado, passando a assumir o caráter de mercadoria, nos termos do Decreto Estadual 29.831/2006, que tratou apenas de regulamentar internamente as disposições aprovadas pelo Convênio Confaz 64/2006 (...)[5].

As *atividades societárias*, compreendendo a transferência da posse ou propriedade de bens, não são tributadas pelo ICMS, ainda que transitem pelas vias públicas.

Nessa situação, enquadram-se os negócios jurídicos seguintes:

a) *Cisão* – operação pela qual a companhia transfere parcelas do seu patrimônio para uma ou mais sociedades, constituídas para esse fim ou já existentes, extinguindo-se a companhia cindida, se houver versão de todo o seu patrimônio, ou dividindo-se o seu capital, se parcial a versão (art. 229 da Lei Federal n. 6.404, de 15-12-1976);

b) *Incorporação* – operação pela qual uma ou mais sociedades são absorvidas por outra, que lhes sucede em todos os direitos e obrigações (art. 1.116 do Código Civil);

c) *Fusão* – operação pela qual se unem duas ou mais sociedades para formar sociedade nova, que lhes sucederá em todos os direitos e obrigações (art. 1.119 do Código Civil);

---

3 Súmula 573, STF.

4 STJ, 1ª T., REsp 34.594-0, rel. Min. CÉSAR ASFOR ROCHA, j. 11-4-1994, *DJU* 9-5-1994, p. 10.811.

5 RE 1.025.986 – Pernambuco – Plenário – red. Ac. Min. ALEXANDRE DE MORAES, j. 05.08.2020.

d) *Transformação* – operação pela qual uma sociedade passa, sem dissolução e liquidação, de um tipo para outro (art. 1.113 do Código Civil).

Confira-se a diretriz do STJ:

> I – Transformação, incorporação, fusão e cisão constituem várias facetas de um só instituto: a transformação das sociedades. Todos eles são fenômenos de natureza civil, envolvendo apenas as sociedades objeto da metamorfose e os respectivos donos de cotas ou ações. Em todo o encadeamento da transformação não ocorre qualquer operação comercial.
>
> II – A sociedade comercial – pessoa jurídica corporativa – pode ser considerada um condomínio de patrimônios ao qual a ordem jurídica confere direitos e obrigações diferentes daqueles relativos aos condôminos (Kelsen).
>
> III – Os cotistas de sociedade comercial não são, necessariamente, comerciantes. Por igual, o relacionamento entre a sociedade e seus cotistas é de natureza civil.
>
> IV – A transformação em qualquer de suas facetas das sociedades não é fato gerador de ICMS[6].

A *integralização de bens de capital* de uma empresa (nova ou já existente), mediante cessão de bens (máquinas e equipamentos etc.) não configura hipótese de tributação. A *cisão*, a *fusão* e a *incorporação* constituem meras modificações patrimoniais, não tipificando operação mercantil, não sendo fatos geradores do ICMS[7].

A operação *drop down* (reorganização societária) consiste na transferência de um conjunto de bens (corpóreos ou incorpóreos) para integralizar, ou aumentar, o capital social de outra empresa, recebendo em troca participação societária (cotas ou subscrição de ações).

Este modelo societário pode ser assim compreendido:

> "Uma operação de transferência de ativos, no plano vertical, neles incluídos bens tangíveis e intangíveis, utilizando-se do mecanismo de aumento de capital na sociedade receptora e consequente redução de capital na sociedade cedente"[8].
>
> "O *drop down* consiste em negócio jurídico (*atípico*, porque não encontra regulação específica) por meio do qual uma sociedade transfere um conjunto de elementos de seu patrimônio (que reúnam as características de um *estabelecimento*) para a integralização do capital de uma

---

6 STJ, 1ª T., REsp 242.721/SC, Rel. p/ acórdão Min. HUMBERTO GOMES DE BARROS, j. 19-6-2000, *DJU* 1 17-9-2001, p. 112.

7 STJ, 1ª T., REsp 242.721/SC, rel. p/ acórdão Min. HUMBERTO GOMES DE BARROS, j. 19-6-2000, *DJU* 1 17-9-2001, p. 112.

8 VERÇOSA, Haroldo Duclerc, BARROS, Zanon de Paula. A recepção do *drop down* no direito brasileiro. *Revista de Direito Mercantil – Industrial, Econômico e Financeiro*. São Paulo: Malheiros, v. 41, n. 125, pp. 41-47.

sociedade constituída para esse fim (a qual pode ser uma subsidiária integral da sociedade transferente), ou para a integralização do aumento de capital de uma sociedade existente. A sociedade transferente recebe, como contrapartida pela transferência do estabelecimento (ou de um de seus estabelecimentos), ações/quotas da sociedade receptora"[9].

Embora se trate de figura jurídica atípica no ordenamento jurídico nacional, inexiste óbice para a plena validade, e eficácia, deste modelo societário, em atendimento aos princípios da legalidade (art. 5º, II), e da livre-iniciativa (art. 170).

A *troca* é tributável pelo ICMS na medida em que a permuta de bens mercantis seja equivalente (coisas corpóreas com idênticos valores), uma vez que a desigualdade econômica dá lugar à doação na parte que exceder o valor, ou compra e venda, se houver onerosidade.

A *dação em pagamento* (Código Civil, art. 356) não constitui autêntico negócio mercantil, haja vista os requisitos intrínsecos, a saber: a) existência de uma dívida vencida; b) entrega de coisa diversa da devida; c) consentimento do credor; d) ânimo de solver.

A *doação* de bens não poderia ser considerada no âmbito do ICMS, porque implica a ausência de transação mercantil, estando sujeita a específico imposto estadual (ITCMD – art. 155, I, CF). Na transmissão de bens patrimoniais corpóreos, realizada com liberalidade, não deveria ser cogitada a incidência do ICMS.

A *ativação de bens de fabricação própria* ("autoconsumo") não pode acarretar a incidência do ICMS, porque não há fundamento para tributar-se mero registro contábil. Não se pode equiparar à saída, para efeitos tributários, o uso, o consumo ou a integração no ativo fixo de bem adquirido para industrialização ou comercialização, ou mesmo produzida pelo próprio estabelecimento[10].

Não deve incidir o imposto na *consignação* (contrato estimatório) em que o consignante entrega bens móveis ao consignatário, que fica autorizado a vendê-los, pagando àquele o preço ajustado, salvo se preferir, no prazo estabelecido, restituir-lhe a coisa consignada (Código Civil, art. 534).

Na remessa das mercadorias ocorre mera entrega física ao consignatário, inexistindo operação jurídica mercantil, nem tradição e mudança de titularidade. A efetiva venda só se positivará, de modo automático, no instante em que o consignante realizar a alienação a terceiro.

O imposto deverá ser exigido na *importação* sem considerar a destinação da coisa (mercancia, industrialização, prestação de serviço, integração no ativo fixo, consumo, uso

---

9 BROTEL, Sergio. *Fusões e Aquisições*. São Paulo: Saraiva, 2012, p. 175.

10 STF, Plenário, RE 158.834-SP, rel. Min. SEPÚLVEDA PERTENCE, j. 23-10-2002, *DJU* 1 5-9-2003, p. 31.

particular etc.). Em consequência, e em princípio, também poderá haver o ônus tributário mesmo nos casos de admissão temporária concernente a bens que devam permanecer no país, em razão de feiras, exposições, congressos, pesquisas científicas, espetáculos artísticos, competições esportivas, promoções, reposição e conserto em virtude de garantia.

O ICMS *não incide* sobre operações interestaduais relativas à energia elétrica e petróleo, inclusive lubrificantes e combustíveis líquidos e gasosos dele derivados, quando destinados à industrialização e comercialização (LC n. 87/96, art. 3º, III). Entretanto, o imposto *incidirá* sobre a entrada, no território do Estado destinatário, de petróleo, inclusive lubrificantes e combustíveis líquidos e gasosos dele derivados, e de energia elétrica quando não destinados à comercialização ou à industrialização, decorrentes de operações interestaduais, cabendo o imposto ao Estado onde estiver localizado o adquirente (art. 2º, § 1º, III).

A *não incidência* também deve ser considerada sobre a demanda reservada ou contratada junto à concessionária. O ICMS *incide* sobre o valor da tarifa de energia elétrica correspondente à demanda de potência efetivamente utilizada[11].

Os *salvados de sinistro* não podem configurar operação mercantil, porque se referem a negócios jurídicos pertinentes a seguro, de competência federal. Os salvados não são produzidos e nem comprados pelas seguradoras; ao contrário, são adquiridos sub-rogatoriamente por ato unilateral da vontade do segurado, não sendo qualificados como mercadorias.

A tributação de salvados gravaria mais do que duplamente a operação de seguro, porque a União já tributa todos os prêmios recebidos, e não seria concebível tributar as indenizações pagas e muito menos a parcela excessiva delas que corresponde aos salvados.

O STF firmou a diretriz seguinte: "O ICMS não incide sobre a alienação de salvados de sinistro pelas seguradoras"[12].

A Lei Complementar n. 194, de 23-6-2022, inseriu dispositivo na LC n. 87/96, relativo à não incidência do ICMS, a saber:

> Art. 3º (...)
>
> IX – operações de qualquer natureza de que decorra a transferência de bens móveis salvados de sinistro para companhias seguradoras.

O *veículo usado* ao retornar ao mercado para revenda constitui objeto de um novo fato gerador sujeito ao ICMS em operação tributada, completamente diferente da venda do veículo zero quilometro sujeito ao regime de substituição tributária[13].

11 Súmula 391, STJ.

12 Súmula Vinculante 32, STF. Tema 216 de Repercussão Geral ao RE 588.149, rel. Min. GILMAR MENDES, j. 16-2-2011.

13 STJ, 1ª T., REsp 834.266/SC, rel. Min. DENISE ARRUDA, j. 24-6-2008, *DJe* 4-8-2008; STJ, 2ª T., AgRg no REsp 1.023.214/SC, rel. Min. HUMBERTO MARTINS, *DJe* 27-4-2010.

Não constituem operações, e não caracterizam fatos geradores, *situações de natureza meramente contábil*, como consta em legislações estaduais e atos administrativos de lançamento do imposto, a saber: estoque, aquisição de bens incentivados, saldo credor de caixa, passivo fictício, declaração de venda em valores inferiores às informações de financeiras e administradoras de cartão de crédito, falta de escrituração de pagamentos efetuados, depósitos bancários.

A *extração de petróleo* não pode constituir hipótese de incidência do ICMS, em razão de decisão proferida em ação proposta por entidade de classe, face a legislação do estado do Rio de Janeiro, sob os fundamentos básicos seguintes:

a) ofensa à Lei n. 7.183/2015, e ao art. 155, II, da CF;

Inexiste operação mercantil entre a concessionária e a União, porque se trata apenas de atividades de desenvolvimento e exploração de petróleo, não se cogitando de compra e venda.

A exclusiva atividade "extrativista" constitui aquisição originária da propriedade do petróleo, não se confundindo "recursos minerais" (propriedade da União) com" produto da lavra" (propriedade da concessionária).

b) ofensa aos arts. 146, III, *a*; e 155, § 2º, XXII, da CF, pela ausência de lei complementar;

c) ofensa ao art. 150, VI, *a*, da CF, em razão da imunidade recíproca (União e Estado);

d) incompatibilidade da base de cálculo (preço de referência do produto atinente à venda – valor da operação seguinte) com o fato gerador (aquisição de propriedade);

e) ofensa ao art. 152 da CF, que veda aos Estados estabelecer diferença tributária entre bens e serviços, de qualquer natureza, em razão de sua procedência;

f) incompetência territorial do Estado para instituir e cobrar ICMS sobre as atividades em alto-mar, que não se confunde com plataforma continental, mar territorial, ou zona econômica exclusiva;

g) ofensa ao art. 146, I, da CF, por inexistência de lei complementar.

O STF julgou procedente o pedido, para declarar a inconstitucionalidade das Leis n. 7.183, de 29 de dezembro de 2015, e 4.117, de 27 de junho de 2003, do estado do Rio de Janeiro, e modulou os efeitos da mencionada declaração[14].

A LC n. 192, de 11 de março de 2022, define os combustíveis sobre os quais incidirá uma única vez o ICMS, ainda que as operações se iniciem no exterior, destacando-se o seguinte:

A – *Incidência monofásica*, qualquer que seja a sua finalidade para gasolina e etanol anidro combustível; diesel e biodiesel, e gás liquefeito de petróleo, inclusive o derivado de gás natural.

14 ADI 5481, Plenário, rel. Min. DIAS TOFFOLI, sessão de 26.03.2021.

B – A *incidência* observará o seguinte:

I – não se aplicará o disposto na alínea *b* do inciso X do § 2º do art. 155 da CF, que trata da não incidência sobre operações que destinem a outros Estados petróleo, inclusive lubrificantes, combustíveis líquidos e gasosos derivados;

II – nas operações com os combustíveis derivados de petróleo o imposto caberá ao Estado onde ocorrer o consumo;

III – nas operações interestaduais entre contribuintes, com combustíveis não incluídos no inciso II do *caput*, o imposto será repartido entre os Estados de origem e de destino, mantendo-se a mesma proporcionalidade que ocorre nas operações com as demais mercadorias;

IV – nas operações interestaduais com combustíveis não incluídos no inciso II deste *caput*, destinadas a não contribuinte, o imposto caberá ao estado de origem;

V – as alíquotas do imposto serão definidas mediante deliberação dos Estados e do Distrito Federal, nos termos da alínea *g* do inc. XII do § 2º do art. 155, da CF, observado o seguinte:

a) serão uniformes em todo o território nacional e poderão ser diferenciadas por produto;

b) serão específicas (*ad rem*) por unidade de medida adotada, nos termos do § 4º do art. 155 da CF.

O Convênio ICMS n. 16, de 24 de março de 2022, disciplina a incidência única do ICMS sobre o óleo diesel e define as alíquotas aplicáveis, autorizando as unidades federadas a utilizar instrumentos de equalização tributária.

Também estabelecera alíquotas de ICMS nas operações realizadas com combustíveis, e a forma de destinação a cada Estado e ao Distrito Federal.

2.2.1.2. *Circulação*

É a passagem das mercadorias de uma pessoa para outra, sob um título jurídico, sendo irrelevante a mera circulação física ou econômica.

O fato físico da "saída" de mercadoria do estabelecimento, por si só, seria irrelevante para tipificar a hipótese de incidência do imposto, sendo consagrado o entendimento de que não constitui fato gerador do ICMS o simples deslocamento de mercadoria de um para outro estabelecimento do mesmo contribuinte[15].

O Judiciário vem mantendo referido entendimento, inclusive nas transferências interestaduais[16].

15 Súmula 166, STJ.

16 STJ, 1ª T., REsp 772.891/RJ, rel. Min. LUIZ FUX, j. 15-3-2007, *DJU* 1 26-4-2007, p. 219; STJ, 1ª Seção, REsp 1.125.133/SP, rel. Min. LUIZ FUX, j. 25-8-2010, *DJe* 10-9-2010; STF, 2ª T., AgReg

As transferências de quaisquer espécies de coisas corpóreas, inclusive de mercadorias, entre estabelecimentos da mesma empresa, não podem constituir fatos geradores de ICMS, apesar de haver sido consagrada a autonomia dos estabelecimentos, e previsão legal (art. 12, I, da LC n. 87/96).

O STF decidira que "o simples deslocamento da mercadoria de um estabelecimento para outro da mesma empresa, sem a transferência de propriedade, não caracteriza a hipótese de incidência do ICMS, ainda que se trate de circulação interestadual de mercadoria"[17].

Recentemente (2020) o STF firmou a seguinte tese de repercussão geral:

> Não incide o ICMS no deslocamento de bens de um estabelecimento para outro do mesmo contribuinte localizados em estados distintos, visto não haver a transferência da titularidade ou a realização de ato de mercancia[18].

Decretara a inconstitucionalidade do preceito contido na parte final do art. 12, I, da LC n. 87/96, em consequência do que ficara prejudicada a previsão de incidência do ICMS na saída de mercadoria do estabelecimento do contribuinte, "ainda que para outro estabelecimento do mesmo titular".

Efeitos tributários concernentes às transferências de mercadorias:

a) não incidência – obriga ao estorno dos respectivos créditos do imposto relativos às operações anteriores (art. 155, § 2º, II, *b*, da CF). Caso a alíquota tenha sido de 18%, o estorno causará prejuízo ao contribuinte, porque sobre a saída da mercadoria (operação tributada) pode incidir o ICMS com alíquota menor (ex.: 4%);

b) incidência: o fisco poderia questionar o crédito que venha a ser escriturado pelo estabelecimento destinatário da mercadoria (art. 155, § 2º, II, *a*, da CF), na medida em que a legislação disponha sobre a não incidência do imposto.

As *mercadorias que são furtadas ou roubadas* do estabelecimento, ou *retiradas* em razão de incêndio, enchentes etc.; o veículo que é objeto de teste pela via pública (pelo cliente da empresa); e a simples exposição de mercadorias na calçada ou na rua representam meras saídas físicas, sem nenhuma relevância para o imposto.

A *mudança da sede, filial etc.* de um local para outro (ambos do mesmo contribuinte), não constitui fato imponível do ICMS, embora represente saída de bens (produtos

---

no Agravo de Instrumento 769.897, rel. Min. AYRES BRITTO, j. 3-2-2011, *DJe* 25-4-2011, p. 35; e STF, 1ª T., AgReg no Agravo de Instrumento 817.643, rel. Min. CÁRMEN LÚCIA, j. 10-5-2011, *DJe* 27-5-2011, p. 21.

17 STF, 1ª T., AgReg no Agravo de Instrumento 8.127.643/RJ, rel. Min. CÁRMEN LÚCIA, j. 10-5-2011, *DJe* 27-5-2011, p. 21; STF, 1ª T., AgReg no Recurso Extraordinário com Agravo 764.196/MG, rel. Min. ROBERTO BARROSO, j. 24-5-2016.

18 Tema 1.099 de Repercussão Geral – ARE 1.255.885, j. 14.08.2020.

acabados, matérias-primas, materiais de embalagem, secundários, ativo fixo etc.), porque significa mera transferência de todo o estabelecimento.

A mera *reposição de peças em bem locado* pelo contribuinte não representa circulação jurídica da mercadoria, porquanto não induz à transferência da propriedade ou da posse da coisa. Trata-se apenas de manutenção indispensável do bem, sem a qual o objeto de locação perde sua utilidade, constatando-se, ao fim, que a propriedade permanece incólume pelo locador. Não há, portanto, troca de titularidade a ensejar o fato gerador do ICMS[19].

A LC n. 190/2022 passou a prever como fato gerador:

> Art. 12 (...)
>
> XV – a *entrada* no território do Estado de bem ou mercadoria oriundos de outro Estado adquiridos por contribuinte do imposto e destinados ao seu uso ou consumo ou à integração ao seu ativo imobilizado.

2.2.1.3. *Mercadoria*

É o bem corpóreo (ou virtual) da atividade profissional do produtor, industrial, comerciante e importador, tendo por objeto a sua distribuição para consumo, compreendendo-se no estoque da empresa, distinguindo-se das coisas que tenham qualificação diversa, como é o caso do ativo permanente, segundo a ciência contábil.

Este conceito sofreu ampliação constitucional, ao submeter o fornecimento de energia elétrica (coisa incorpórea) ao âmbito da incidência do imposto, enquadrando no espectro mercantil (art. 155, § 3º, CF).

Diretrizes firmadas pelo STF relativamente aos negócios jurídicos realizados com *software*:

> Ação direta de inconstitucionalidade. Direito Tributário. Lei n. 6.763/75 e Lei Complementar Federal n. 87/96. Operações com programas de computador (*software*). Critério objetivo. Subitem 1.05 da lista anexa à LC n. 116/03. Incidência do ISS. Aquisição por meio físico ou por meio eletrônico (*download, streaming* etc.). Distinção entre *software* sob encomenda ou padronizado. Irrelevância. Contrato de licenciamento de uso de programas de computador. Relevância do trabalho humano desenvolvido. Contrato complexo ou híbrido. Dicotomia entre obrigação de dar e obrigação de fazer. Insuficiência. Modulação dos efeitos da decisão.
>
> (...)
>
> 1. A tradicional distinção entre *software* de prateleira (padronizado) e por encomenda (personalizado), não é mais suficiente para a definição da competência para a tributação dos

19 STJ, 2ª T., REsp 1.364.869/MG, rel. Min. HUMBERTO MARTINS, j. 2-5-2013, *DJe* 16-5-2013.

negócios jurídicos que envolvam programa de computador em suas diversas modalidades. Diversos precedentes da Corte têm superado a velha dicotomia entre obrigação de fazer e obrigação de dar, notadamente nos contratos tidos por complexos (v.g. *leasing* financeiro, contratos de franquia).

2. A Corte tem tradicionalmente resolvido as indefinições entre ISS e do ICMS com base em critério objetivo: incide apenas o primeiro se o serviço está definido por lei complementar como tributável por tal imposto, ainda que sua prestação envolva a utilização ou o fornecimento de bens, ressalvadas as exceções previstas na lei; ou incide apenas o segundo se a operação de circulação de mercadorias envolver serviço não definido por aquela lei complementar;

(...)

6. Ação direta julgada parcialmente prejudicada, nos termos da fundamentação, e, quanto à parte subsistente, julgada procedente, dando-se ao art. 5º, da Lei n. 6.763/75 e ao art. 1º, I e II, do Decreto n. 43.080/02, ambos do Estado de Minas Gerais, bem como ao art. 2º da Lei Complementar n. 87/96, interpretação conforme a Constituição Federal, excluindo-se das hipótese de incidência do ICMS o licenciamento ou a cessão do direito de uso de programas de computador, tal como previsto no subitem 1.05 da lista de serviços anexa à Lei Complementar n. 116/03.

Modulação dos efeitos da decisão, atribuindo a ela eficácia *ex nunc*, a contar da publicação da ata de julgamento do mérito em questão, para a) impossibilitar a repetição de indébito do ICMS incidente sobre operações com *softwares* em favor de quem recolheu esse imposto até a véspera da data da publicação da ata de julgamento do mérito, vedando, nesse caso, que os municípios cobrem o ISS em relação aos mesmos fatos geradores; b) impedir que os estados cobrem o ICMS em relação aos fatos geradores ocorridos até a véspera da data da publicação da ata de julgamento do mérito. Ficam ressalvadas (i) as ações judiciais em curso, inclusive de repetição de indébito e execuções fiscais em que se discutam a incidência do ICMS, e (ii) as hipóteses de comprovada bitributação, caso em que o contribuinte terá direito à repetição do indébito do ICMS. Por sua vez, incide o ISS no caso de não recolhimento do ICMS ou do ISS, em relação aos fatos geradores ocorridos até a véspera da data de publicação da ata de julgamento do mérito[20].

O STF apreciou ação judicial promovida por entidade de classe objetivando a declaração de inconstitucionalidade do Convênio ICMS n. 106, de 29.9.2017, e a declaração de inconstitucionalidade parcial, sem redução de texto, do art. 2º, I, da LC n. 87/96, para afastar qualquer possível interpretação que permita a incidência do ICMS sobre operações de transferência eletrônica de *softwares* e congêneres.

Aduzira o seguinte:

a) a cláusula terceira do convênio violou o art. 155, § 2º, VII e VIII, da CF, ao prever que, em operações envolvendo "bens e mercadorias digitais" comercializados

20 ADI 5.659-MG – Plenário – rel. Min. DIAS TOFFOLI – Sessão de 24.02.2021.

por meio de transferência eletrônica de dados, o recolhimento do imposto estadual caberá integralmente ao Estado de destino;

b) a cláusula quarta do mesmo convênio contrariou os arts. 146, III, *a*, e 155, § 2º, XII, *a*, do texto constitucional, pois teria fixado quem seria o contribuinte do ICMS nas operações com bens e mercadorias digitais comercializados por tal meio;

c) as normas constitucionais preceituaram caber à lei complementar, e não a um convênio celebrado no Confaz, determinar a responsabilidade pelo pagamento do tributo;

d) a consideração como internas de todas as operações com bens e mercadorias digitais, comercializados por meio de transferência eletrônica de dados, violou a competência do Senado Federal para definir as alíquotas interestaduais do tributo (art. 155, § 2º, IV, da CF);

e) a LC n. 116/2003 estabeleceu a incidência do ISS sobre o licenciamento ou a cessão de direito de uso de programas de computação, sendo que, com a edição da LC n. 157/2016, ficara mais evidente a sujeição das operações com *software* ao imposto municipal.

O STF decidira que, havendo sido julgado, em controle abstrato, que, pela interpretação constitucional do art. 2º da LC n. 87/96, não incide o ICMS em licenciamento ou cessão de direito de uso de programas de computador, ficara prejudicado o pedido deduzido na ação direta de declaração de inconstitucionalidade parcial, sem redução do texto, daquele preceito legal.

Aduzira que – embora não tenha sido objeto expresso da decisão proferida na ADI 5659 – esta ADI (5958) perdera eficácia jurídica desde daquele julgamento, por se tratar de ato regulamentador do art. 2º da LC n. 87/96, editado com base na interpretação tida como inconstitucional pelo STF[21].

O STF também decidira o seguinte:

> Ementa: Direito constitucional e tributário. Ação direta de inconstitucionalidade. Incidência de ISS ou ICMS sobre o licenciamento ou cessão do direito de uso de programa de computador.
>
> (...)
>
> 5. O Plenário deste Supremo Tribunal Federal, ao apreciar as ADIs 1.945 e 5.659 (j. em 24.02.2021), entendeu que as operações relativas ao licenciamento ou cessão do direito de uso de *software*, seja ele padronizado ou elaborado por encomenda, devem sofrer a incidência do ISS, e não do ICMS. Tais operações são mistas ou complexas, já que envolvem um *dar* e um *fazer* humano na concepção, desenvolvimento e manutenção dos programas, além "do

21 ADI 5958 – decisão monocrática da Min. CÁRMEN LÚCIA, em 8.3.2021.

> *help desk*, disponibilização de manuais, atualizações tecnológicas e outras funcionalidades previstas no contrato". Nesse contexto, o legislador complementar buscou dirimir o conflito de competência tributária (art. 146, I, da CF), no subitem 1.05 da lista de serviços tributáveis pelo ISS anexa à Lei Complementar n. 116/2003, prevendo o "licenciamento ou cessão de direito de uso de programas de computação". Com isso, nos termos do entendimento atual desta Corte, essas operações não são passíveis de tributação pelo ICMS, independentemente do meio de disponibilização do programa.
>
> 6. Pedido conhecido em parte e, nessa parte, julgado procedente, para dar interpretação conforme a Constituição ao art. 2º da Lei Complementar n. 87/1996 e ao art. 1º da Lei do Estado de São Paulo n. 6.374/1989, de modo a impedir a incidência do ICMS sobre o licenciamento ou cessão do direito de uso de programas de computador.
>
> 7. Modulação dos efeitos desta decisão, para atribuir eficácia *ex nunc*, a contar de 03.03.2021, data em que publicada a ata de julgamento das ADIs 1.945 e 5.659, ressalvadas as seguintes situações: a) as ações já ajuizadas e ainda em curso em 02.03.2021; b) as hipóteses de bitributação relativas a fatos geradores ocorridos até 02.03.2021; b) as hipóteses de bitributação relativas a fatos geradores ocorridos até 02.03.2021, nas quais será devida a restituição do ICMS recolhido, respeitado o prazo prescricional, independentemente da propositura de ação judicial até aquela data; c) as hipóteses relativas a fatos geradores ocorridos até 02.03.2021 em que não houve o recolhimento do ISS ou do ICMS, nas quais será devido o pagamento do imposto municipal, respeitados os prazos decadencial e prescricional.
>
> 8. Fixação da seguinte tese de julgamento: *É inconstitucional a incidência do ICMS sobre o licenciamento ou cessão do direito de uso de programas de computador*[22].

A *água* será considerada (ou não) mercadoria, dependendo de sua utilização: a água mineral, engarrafada e vendida a consumidor final, bem como a água oxigenada, qualificam-se como mercadoria. Entretanto, a água canalizada não é qualificada como mercadoria, por tratar-se de prestação de serviço público[23].

Explicitando referida diretriz, o STF pontificou o seguinte:

> Tributário. ICMS. Fornecimento de água tratada por concessionárias de serviço público. Não incidência. Ausência de fato gerador.
>
> 1. O fornecimento de água potável por empresas concessionárias desses serviços públicos não é tributável por meio do ICMS.
>
> 2. As águas em estado natural são bens públicos e só podem ser exploradas por particulares mediante concessão, permissão ou autorização.
>
> 3. O fornecimento de água tratada à população por empresas concessionárias, permissionárias ou autorizadas não caracteriza uma operação de circulação de mercadoria.

---

22 ADI 5.576 São Paulo – Plenário – rel. Min. ROBERTO BARROSO – Sessão de 25 de junho a 2 de agosto de 2021.

23 STF, Pleno, ADIn 2.224-5, rel. Min. NÉRI DA SILVEIRA, j. 30-5-2001, *DJU* 1 13-6-2003, p. 8.

4. Precedentes da Corte. Tema já analisado na liminar concedida na ADI n. 567, da relatoria do Ministro Ilmar Galvão, e na ADI n. 2.224-5-DF, Relator o Ministro Néri da Silva (...)[24].

A venda de *bens do ativo fixo* da empresa não acarreta a exigência do ICMS, porque não se enquadra no conceito de mercadorias, uma vez que não são coisas comercializadas habitualmente, com fim de lucro, além de estarem fora do âmbito das atividades usuais do contribuinte.

Os bens negociados ou transmitidos por particulares, prestadores de serviços, financeiras etc. sem implicar mercancia, ou não sendo transacionados com habitualidade, também representam natureza diversa de mercadoria.

Os conceitos de *operação*, *circulação* e *mercadoria* permanecem intimamente vinculados, devendo os intérpretes e os destinatários do imposto tomá-los na sua concepção jurídica para efeito de caracterização de sua incidência. A operação mercantil centra-se na obrigação de "dar" (atividade-fim), não tendo relevância jurídica a atividade meio, que pode consistir num fazer.

2.2.2. Prestação de serviços de transporte interestadual e intermunicipal

O imposto incide sobre serviços prestados em regime de direito privado (por particular, empresas privadas, empresas públicas ou sociedades de economia mista), que não se confundem com os serviços públicos, submetidos a regime jurídico diverso.

A legislação regula o transporte rodoviário de cargas por conta de terceiros (Lei Federal n. 11.442, de 5-1-2007); o transporte de passageiros (Lei Federal n. 9.432, de 7-1.97); o transporte ferroviário (Decreto federal n. 1.832, de 4-3-1996); o transporte aquaviário (Lei Federal n. 9.432, de 8-1-1997); o transporte multimodal de cargas (Lei Federal n. 9.611, de 19-2-1998), que compreende, além do transporte em si, os serviços de coleta, unitização, desunitização, movimentação, armazenagem e entrega de carga ao destinatário, bem como a realização dos serviços correlatos que forem contratados entre a origem e o destino, inclusive os de consolidação e desconsolidação documental de cargas, e ainda, o transporte de gás canalizado (Lei Federal n. 14.134, de 8-4-2021).

Fixam importantes conceitos para solução das controvérsias tributárias, a saber:

a) Subcontratação – Prestação de serviços de transporte que se realiza por meio de outra empresa, distinta daquela que foi inicialmente contratada pelo tomador do serviço.

24 STF, Plenário, RE 607.056/RJ, rel. Min. DIAS TOFFOLI, j. 10-4-2013, *DJe* 16-5-2013, p. 19, Tema 362 de Repercussão Geral, j. 11-4-2013.

Exemplo: "A" contrata prestador de serviço de transporte "B" para conduzir pessoa do Rio Grande do Sul para Santa Catarina. "B" contrata outro transportador ("C") para efetuar integralmente o transporte.

b) Redespacho – Prestação que se caracteriza pela realização do serviço pelo transportador contratado ("A") até uma parte do trecho. A partir de então "A" contrata terceiro ("B") para efetuar o serviço restante.

Exemplo: "A" é contratado para transportar mercadoria do Espírito Santo para o Pará, promovendo o redespacho do bem em Palmas, para a empresa "B", que efetua o transporte até o destino final.

c) Transbordo – Retirada da mercadoria do veículo e colocação em novo veículo por necessidade de alcançar o destino final. Modalidade sucessiva.

Exemplo: "A" (prestador de serviços) contrata com "B" (tomador do serviço) o transporte de mercadorias para o Uruguai. Como "A" não tem permissão para passar a fronteira, as mercadorias são colocadas no caminhão de "C" que conclui a viagem.

Somente se pode cogitar de prestação de serviços quando existem duas (ou mais) pessoas (físicas ou jurídicas), qualificando-se como prestador e tomador (usuário) dos serviços, sendo heresia jurídica pensar em "serviços consigo mesmo". A empresa que transporta bens de sua propriedade não pode ser tributada diante da inexistência de relação contratual.

Constituem fatos geradores: a) o início da prestação dos serviços, por qualquer via, de pessoas, bens, mercadorias e valores; ou a utilização por contribuinte, de serviço, cuja prestação se tenha iniciado em outro Estado, e não esteja vinculado à operação ou prestação subsequente; e b) o ato final do transporte iniciado no exterior, no caso de serviço prestado no exterior, ou cuja prestação se tenha iniciado no exterior.

O STF firmou o entendimento no sentido da constitucionalidade da incidência do ICMS sobre a prestação de serviços de transporte rodoviário de cargas[25].

Não se sujeitam ao imposto os serviços de transporte realizados dentro do município (sujeitos exclusivamente ao ISS) e os serviços de transporte para o exterior, ainda que tenha que ocorrer o transbordo para veículos de outro contribuinte. Assim, o contrato de transporte de mercadorias de São Paulo para o Uruguai, que obriga à transferência para outro caminhão em Uruguaiana, que tem a permissão para ultrapassar a fronteira do país; não significa a realização de dois negócios jurídicos (um de São Paulo para o Rio Grande do Sul, e outro deste Estado para o Uruguai).

As atividades de "transporte" e "agenciamento" de serviços de transporte têm acarretado polêmicas, cabendo efetuar a devida distinção no sentido da incidência do ICMS no caso em que a empresa é contratada para retirar a encomenda no estabeleci-

25 ADIN n. 2.669/DF, Rel. p/acórdão Min. MARCO AURÉLIO.

mento do cliente e encaminhá-la ao aeroporto, retirando este as encomendas destinadas ao mesmo cliente. Neste caso, assume a responsabilidade de coletar as encomendas e entregá-las ao destinatário por sua conta, risco e ordem.

Parece irrelevante a realização, direta ou indireta, da prestação de serviço, por tal coleta e entrega nos locais contratados, ou mesmo ocorrer mera responsabilidade secundária quando, por exemplo, a prestação envolva empresas de transporte aéreo ou rodoviário contratados pela mesma empresa.

Pertinente o entendimento de que mesmo a prestação de serviço de transporte rodoferroviário de *containers* vazios é fato gerador do ICMS; enquanto a transmissão de energia elétrica não pode ser considerada como "transporte" de mercadorias para fins de incidência do ICMS, como já se verificara relativamente à cobrança pelo Paraná na transmissão de energia de Itaipu para Furnas.

Situações peculiares foram examinadas pelo fisco paulista:

a) ICMS – Transporte interestadual de carga destinada a estabelecimento localizado em território paulista – Trajeto dividido em três trechos, sendo o primeiro interestadual por meio rodoviário, o segundo interno por meio aquaviário e o terceiro interno por meio rodoviário – Em cada trecho o serviço é prestado por uma transportadora diferente de forma independente das demais – Três prestações distintas entre si – Não há caracterização de transporte multimodal de cargas[26].

b) ICMS – Contratação de duas transportadoras para o transporte de mercadoria até o destinatário, cada uma realizando, de forma independente, o transporte de um trecho do trajeto – Prestações independentes e distintas entre si[27]; c) ICMS – Prestação de serviço de transporte de carga, com início em território paulista, realizada por transportador autônomo ou por empresa transportadora estabelecida fora do território paulista e não inscrita no Cadastro de Contribuintes do ICMS deste Estado[28].

Anoto peculiar situação decidida pelo STJ:

> Processual Civil e Tributário. Mandado de Segurança. ICMS. Energia Elétrica. Operação Interestadual de Geração e Remessa de Energia à Distribuidora da Mesma Titularidade. Não Ocorrência de Fato Gerador. Inexistência de Direito ao Cômputo dos Valores Referentes à Operação no IV/FPM. Precedente.
>
> A simples transmissão da energia elétrica da Usina São Simão, no Estado de Goiás, onde é gerada, para a sua distribuidora, localizada no Estado de Minas Gerais, ambas da Cemig, não constitui fato gerador de ICMS. E "se a energia elétrica gerada em São Simão é transferida para Cemig, a fim de ser ali comercializada, não incidindo, por isso, o ICMS, não há como

26 Resposta à Consulta n. 676/2005, de 11-4-2006.

27 Resposta à Consulta n. 366/2006, de 11-9-2006.

28 Resposta à Consulta n. 222/2206, de 20-4-2006.

estabelecer-se o IVA-FPM (índice do Valor Adicionado do Fundo de Participação dos Municípios) (...)" (RMS 9.704, 2ª T., rel. Min. Peçanha Martins, *DJ* de 28-10-2002); (...)[29].

O serviço *postal* compreende recebimento, expedição, transporte e entrega de objetos de correspondência (carta, cartão postal, impresso, telegramas e pequena encomenda), valores (remessa de dinheiro através de carta com valor declarado), remessa de ordem de pagamento por meio de vale-postal; recebimento de tributos, prestações, contribuições e obrigações pagáveis à vista por via postal, e encomendas (remessa e entrega de objetos, com ou sem valor mercantil, por via postal).

As atividades básicas desempenhadas pela Empresa de Correios e Telégrafos (ECT) tipificam prestação de serviços de transporte de bens e correspondências (natureza principal ou complementar), sendo certo que os correios propiciam o transporte de mensagem, e não a singela comunicação.

É inconstitucional a exigência do ICMS sobre a prestação de serviço de *transporte aéreo de passageiros* intermunicipal, interestadual, internacional e de transporte aéreo internacional de cargas pelas empresas aéreas nacionais, enquanto persistirem os convênios de isenção por empresas estrangeiras[30].

O *transporte ao mar territorial ou à Zona Econômica Exclusiva* também demanda exame específico, considerando-se o Código Civil, dispondo que "aos contratos de transporte em geral são aplicáveis, quando couber, os preceitos constantes da legislação especial e de tratados e convenções internacionais" (art. 732).

Caso anômalo concerne à previsão legal de incidência do ICMS no transporte de pessoas e cargas do continente para pontos situados no mar territorial, sobre a plataforma continental, zona econômica exclusiva, ilhas oceânicas da União, navios surtos e fundeados ao longo dos portos e do litoral (e vice-versa), ou entre um ponto e outro do mar territorial, por empresas de táxi aéreo.

Essa situação pode ser entendida como violação à CF, porque a) ofende bens da União (art. 20, V e VI), ultrapassando o âmbito da competência do Estado (arts. 22, I, e 155, II); b) não observa o princípio da imunidade recíproca entre as pessoas políticas (art. 150, VI, *a*); e c) invade a competência reservada ao direito nacional – lei complementar tributária (arts. 146, III, *a*, e 155, § 2º, XIII, *d*).

O STF firmara o entendimento seguinte:

---

29 STF, 1ª T., RMS 18.191/GO, rel. Min. TEORI ALBINO ZAVASCKI, j. 17-8-2006, *DJU* 1 31-8-2006, p. 196.

30 STF, Plenário, ADIn 1.600-8, rel. p/ acórdão Min. NELSON JOBIM, j. 26-11-2001, *DJU* 1 17-12-2001, p. 1, e *DJU* 1 20-6-2003, p. 56.

DIREITO CONSTITUCIONAL E TRIBUTÁRIO. COMPETÊNCIA TRIBUTÁRIA DOS ESTADOS E MUNICÍPIOS SOBRE A ÁREA DOS RESPECTIVOS TERRITÓRIOS, INCLUÍDAS NESTES AS PROJEÇÕES AÉREAS E MARÍTIMA DE SUA ÁREA CONTINENTAL, DO MAR TERRITORIAL E DA ZONA ECONÔMICA EXCLUSIVA.

(...)

Ação direta de inconstitucionalidade. 2. Art. 194, § 5º, da Constituição do Estado do Rio de Janeiro e art. 31, § 4º, da Lei Estadual 2.657/1996. 3. Inclusão, para fins tributários, das porções do mar territorial, da plataforma continental e da zona econômica exclusiva no território do Estado do Rio de Janeiro e dos Municípios do litoral. 4. Medida cautelar indeferida pelo Plenário desta Corte. 5. Distinção entre propriedade da União e território do Estado. 6. Ação direta de inconstitucionalidade julgada improcedente[31].

Em razão da análise dos contornos dos negócios jurídicos atinentes à "distribuição" do gás, executada pelas concessionárias e remunerados por tarifa, é possível entender que as atividades se enquadram à figura do "transporte de bens", mediante a movimentação de quantidade de gás canalizado dos pontos de recepção aos pontos de entrega a usuários livres.

O *transporte de gás canalizado* (dutoviário) passou a ser disciplinado pela Lei n. 14.134, de 08.04.2021, sendo considerado como "gasoduto de transporte" aquele que atenda a, pelo menos, um dos seguintes critérios:

I – gasoduto com origem ou destino nas áreas de fronteira do território nacional, destinado a movimentação de gás para importação ou exportação;

II – gasoduto interestadual destinado a movimentação de gás natural;

III – gasoduto com origem ou destino em terminais de GNL e ligado a outro gasoduto de transporte de gás natural;

IV – gasoduto com origem em instalações de tratamento ou processamento de gás natural e ligado a outro gasoduto de transporte de gás natural;

V – gasoduto que venha a interligar um gasoduto de transporte ou instalação de estocagem subterrânea a outro gasoduto de transporte; e

VI – gasoduto destinado à movimentação de gás natural, cujas características técnicas de diâmetro, pressão e extensão superem limites estabelecidos em regulação da ANP.

2.2.3. Prestação de serviços de comunicação

O imposto incide sobre prestações onerosas de serviços de comunicação, por qualquer meio, inclusive a geração, a emissão, a recepção, a transmissão, a retransmissão,

31 ADIN 2.080 – RJ – Plenário – Rel. Min. GILMAR MENDES, j. 18.10.2019, *DJ* 6.11.2019.

a repetição e a ampliação de comunicação de qualquer natureza (LC n. 87/96, art. 2º, III). Compreende um negócio jurídico pertinente a uma obrigação "de fazer", de conformidade com os postulados de direito privado.

O conceito de "comunicação" representa o aspecto fundamental para se precisar a essência da materialidade (pertinente e integrada pela prestação de serviços). O fato gerador não ocorre pelo simples ato que torna possível a prestação de serviços de comunicação, sem que os sujeitos desta relação negocial (prestador e tomador – devidamente determinados) tenham uma efetiva participação.

Na comunicação, torna-se necessária a participação de elementos específicos (emissor, mensagem, canal e receptor), podendo ocorrer (ou não) a compreensão pelo destinatário.

Os serviços de telecomunicação compreendem transmissão, emissão ou recepção de símbolos, caracteres, sinais, escritos, imagens, sons ou informações de qualquer natureza por fio, radioeletricidade, meios óticos, ou qualquer outro eletromagnético.

Esses serviços são explorados diretamente pela própria União, ou mediante concessão ou permissão, destinados ao público em geral (Serviço Telefônico Fixo Comutado); segundo regime de direito público; enquanto os serviços privados (não sujeitos à universalidade e continuidade) podem ser explorados pelos particulares, mediante autorização (Serviço Móvel Celular), sob regime privado (autonomia da vontade, liberdade de contratação).

O Regulamento Geral dos Serviços de Telecomunicações dispõe que não caracterizam serviços de telecomunicações o provimento de capacidade de satélite, a atividade de habilitação ou de cadastro de usuário, e equipamento para acesso a serviços de telecomunicações, nem os denominados serviços de valor adicionado.

O *Serviço Especial por Assinatura (TVA)* possui elementos distintos da radiodifusão (recebido direta e livremente pelo público em geral, de forma livre, gratuita e não onerosa), uma vez que constitui prestação de serviços especiais a assinante, mediante remuneração, consistente na distribuição de sons e imagens por sinais de codificação, com a utilização de canais do espectro radioelétrico.

O *Serviço de TV a Cabo* tem como ponto marcante a fruição de específicos e diferenciados serviços, prestados de modo oneroso a tomadores identificados e materializados em contrato. Tais características operacionais e legais permitem vislumbrar que apenas estas comunicações televisivas tipificam autênticos serviços de comunicação sujeitos ao ICMS.

A prestação dessa espécie de serviço caracteriza a hipótese de incidência do ICMS, salvo a atividade de *habilitação de telefonia móvel celular*, cuja finalidade prende-se ao aspecto preparatório e estrutural da prestação do serviço, como meio de viabilidade o de acesso aos serviços de comunicação[32].

O STJ decidira que as produtoras de programas para TV a cabo ou comerciais que, efetivamente, não distribuem tais programas por nenhum meio físico ao público em geral, mas apenas contratam com a operadora/distribuidora de sinais de TV, não estão sujeitas ao recolhimento de ICMS, uma vez que os serviços que prestam não estão previstos na Lei Complementar n. 87/96. Os serviços de comunicação a que se referem os arts. 2º, III, e 12, VII, da LC n. 87/96 são os relativos às atividades de transmissão/recepção de sinais de TV[33].

A *Internet* é o nome genérico que designa o conjunto de redes, os meios de transmissão e comutação, roteadores, equipamentos e protocolos necessários à comunicação entre computadores, bem como o *software* e os dados contidos nestes computadores.

O acesso à *Internet* tem implicado a utilização conjugada de alguns equipamentos – computador, *modem*, linha telefônica, fibra ótica, TV a cabo ou um micro de mão (*palmtop*) – e um provedor de serviços, por meio de um programa (*software, Internet Explorer, Netscape, navigator*), instalado no computador de qualquer pessoa, procedendo ao roteamento da ligação por canais contratados pela Embratel, que se conecta a uma empresa estrangeira, além de oferecer diversas outras comodidades (disposição de aparelhos, equipamentos, senhas etc.).

Na realização dessas atividades, podem participar os *provedores de acesso*, que realizam um serviço de valor adicionado à telecomunicação, possibilitando a ligação com o mundo virtual.

Os provedores criam novas utilidades relacionadas com o acesso cibernético, consistentes em armazenamento, apresentação, movimentação e recuperação de informações, possibilitando os meios de perfazimento de comunicação. Não se vislumbram típicos serviços de comunicação porque os provedores nada comunicam, porque não detêm os conhecimentos constantes da realidade virtual, mas apenas criam condições para que ocorra a ligação entre dois pontos, em razão do que não se sujeitariam ao ICMS.

O STJ assentou diretriz no sentido seguinte: "Como a prestação de serviços de conexão à Internet não cuida de prestação onerosa de serviços de comunicação ou de serviços de telecomunicação, mas de serviços de valor adicionado – em face dos princípios da legalidade e da tipicidade fechada, inerentes ao ramo do direito tributário –, deve ser afastada a aplicação do ICMS pela inexistência na espécie do fato imponível"[34].

---

32 REsp 402.047/MG, 1ª T., rel. Min. HUMBERTO GOMES DE BARROS, *DJU* 9-12-2003, e do Edcl no AgRg no REsp 330.130/DF, 2ª T., rel. Min. CASTRO MEIRA, *DJ* 16-11-2004.

33 REsp 726.103/MG, 2ª T., rel. Min. JOÃO OTÁVIO NORONHA, j. 26-6-2007, *DJU* 1 8-8-2007, p. 365; e REsp 799.927/MG, 1ª T., rel. Min. FRANCISCO FALCÃO, j. 11-32008, *DJe* 30-4-2008.

34 Embargos de Divergência em Recurso Especial 456.650/PR, rel. p/ acórdão Min. FRANCIULLI NETTO, 1ª Seção, j. 11-5-2005, *DJU* 1 20-3-2006.

Em decorrência, firmou a orientação seguinte: "O ICMS não incide no serviço de provedores de acesso à Internet"[35].

A circunstância de existirem peculiaridades nos serviços de telefonia e de provimento de acesso (endereços físicos e lógicos; conexão física e pelo melhor caminho na rede; fluxo contínuo e por pacotes; controles de erro, aspecto tarifário) não constitui fundamento suficiente para implicar autênticos serviços de comunicação.

O *provedor de informação*, também qualificado legalmente como prestador de serviço de valor adicionado, e denominado vulgarmente como "hospedeiro", alimenta a rede com dados, tendo por objetivo criar e manter páginas na *Internet* para terceiro interessado.

Considerando que desenvolve atividades assemelhadas à do publicitário, não se sujeitará ao ICMS relativamente aos serviços consistentes no planejamento da *home page* ou veículo publicitário, consistentes na criação, preparação e programação de divulgação.

O *cyber café* e a *lan house* concernem a atividades desenvolvidas em estabelecimentos comerciais, consistentes na disponibilização de computadores e máquinas conectadas à *Internet*, para a utilização de programas e jogos eletrônicos em rede, mediante remuneração devida em razão do tempo utilizado.

Não se trata de locação de bens móveis, mas apenas autorização para aproveitar utilidades que os equipamentos apresentam, não se evidenciando efetiva comunicação (esta ocorre unicamente entre o provedor de acesso e o *cyber café*), mas cessão temporária de direito de uso.

As *ligações telefônicas* (inclusive telex e celulares) enquadram-se como típicos serviços de comunicação, porque as concessionárias promovem a ligação – "relação comunicativa" – entre duas ou mais pessoas que participam de um processo interativo.

Peculiarmente, o STJ decidiu o seguinte:

> Tributário – ICMS – Serviço de Telefonia Móvel – Inadimplência dos usuários – Furto de Sinal (Clonagem) – Incidência do Tributo.
>
> 1. O fato gerador do ICMS na telefonia é a disponibilização da linha em favor do usuário que contrata, onerosamente, os serviços de comunicação da operadora. A inadimplência e o furto por "clonagem" fazem parte dos riscos da atividade econômica, que não podem ser transferidos ao Estado.
>
> 2. Nos termos do art. 118 do Código Tributário Nacional, o descumprimento da operação de compra e venda mercantil não tem o condão de malferir a ocorrência do fato gerador do ICMS.
>
> 3. Inexiste previsão legal que permita a compensação tributária de ICMS em serviços de telefonia móvel inadimplidas, ou cujo sinal foi furtado por "clonagem" do aparelho celular.
>
> 4. "*A exigência tributária não está vinculada ao êxito dos negócios privados*" (REsp 956.842/RS, rel. Min. José Delgado, Primeira Turma, j. de 20-11-2007, *DJ* 12-12-2007, p. 408).

35 Súmula 334, STJ.

5. Não compete ao Estado zelar pelo cumprimento da obrigação dos consumidores; cabe, no caso, à prestadora dos serviços buscar, pela via própria, o recebimento de seus créditos.

6. Precedentes: AgRg no REsp 1.132.852/SP, rel. Min. Humberto Martins, Segunda Turma, j. de 23-3-2010, *DJe* 6-4-2010; AgRg no REsp 987.299/RS, rel. Min. Denise Arruda, Primeira Turma, j. de 7-10-2008, *DJe* 29-10-2008; REsp 953.011/PR, rel. Min. Castro Meira, Segunda Turma, j. de 25-9-2007, *DJ* 8-10-2007, p. 255[36].

O STF firmou o seguinte entendimento:

EMENTA. CONSTITUCIONAL E TRIBUTÁRIO. ICMS. SERVIÇOS DE TELECOMUNICAÇÕES. *INADIMPLÊNCIA DO USUÁRIO*. COMPENSAÇÃO DO TRIBUTO PELA EMPRESA PRESTADORA DO SERVIÇO. IMPOSSIBILIDADE. DESPROVIMENTO DO RECURSO EXTRAORDINÁRIO.

1. Recurso Extraordinário em que se debate a possibilidade de compensação do ICMS recolhido sobre prestações de serviços de telecomunicação, cujos valores não foram vertidos à empresa prestadora (contribuinte de direito) em razão da inadimplência do usuário (contribuinte de fato).

2. Relativamente aos encargos tributários suportados pelas empresas em face da *inadimplência do consumidor final*, esta SUPREMA CORTE já fixou tese, sob a sistemática da repercussão geral, no julgamento do RE 586.482-RG (Rel. Min. DIAS TOFFOLI, Tema 87), no sentido de que: *As vendas inadimplidas não podem ser excluídas da base de cálculo da contribuição ao PIS e da COFINS, visto que integram a receita da pessoa jurídica*.

3. Embora o precedente verse sobre tributo distinto (PIS/COFINS) com base de cálculo diversa (receita bruta das empresas), o raciocínio desenvolvido por esta SUPREMA CORTE no referido julgado, no sentido de que as vendas inadimplidas não podem ser excluídas da base de cálculo do tributo, aplica-se igualmente ao presente caso, tendo em vista que a inadimplência do consumidor final não obsta a ocorrência do fato gerador do tributo, por se tratar de evento posterior e alheio ao fato gerador do imposto.

4. Conforme previsto no inciso III do art. 2º da Lei Complementar 87/96, o ICMS-comunicação incide sobre a prestação onerosa de serviços de comunicação (por qualquer meio, inclusive a geração, a emissão, a recepção, a transmissão, a retransmissão, a repetição e a ampliação de comunicação de qualquer natureza); assim, uma vez prestado o serviço ao consumidor, de forma onerosa, incidirá necessariamente o imposto, independentemente de a empresa ter efetivamente auferido receita com a prestação do serviço.

5. O que efetivamente pretende a recorrente é – a pretexto de fazer valer os princípios da não cumulatividade, da capacidade contributiva e vedação ao confisco – repassar ao Erário os riscos próprios de sua atividade econômica, face a eventual inadimplemento de seus consumidores/usuários, o que não possui qualquer respaldo constitucional, sendo, portanto, absolutamente inadmissível acolher tal pretensão.

36 REsp 1.189.924/MG, 2ª T., rel. Min. HUMBERTO MARTINS, j. 25-5-2010, *DJe* 7-6-2010.

6. Por outro lado, se atendesse esta pretensão, a SUPREMA CORTE estaria atuando como legislador positivo, modificando as normas tributárias inerentes ao ICMS para instituir benefício fiscal em favor dos contribuintes, o que ensejaria violação também ao princípio da separação dos Poderes (art. 2º da Carta Magna).

7. Recurso Extraordinário a que se nega provimento. Tema 705, fixada a seguinte tese de repercussão geral: *A inadimplência do usuário não afasta a incidência ou a exigibilidade do ICMS sobre serviços de telecomunicações*[37].

O *Serviço Telefônico Comutado (STFC)* constitui a atividade convencional de telefonia, prestada mediante instalações fixas, antes denominadas Serviço Telefônico Público. É caracterizado legalmente como serviço de telecomunicações, que, por meio da transmissão da voz e de outros sinais, se destina à comunicação entre pontos fixos e determinados, utilizando processos de telefonia.

A prestação de serviço é realizada em determinada área geográfica de atuação da operadora (local – longa distância nacional e internacional), por redes de telecomunicações que possuem pontos de terminação da rede (PTR). O usuário é qualquer pessoa que utiliza o referido serviço, independente de contrato ou inscrição junto à prestadora; e assinante é a pessoa que firma contrato com o prestador para a fruição do serviço.

O *Serviço Móvel Celular (SMC)* é o serviço de telecomunicações móvel terrestre, aberto à correspondência pública, que utiliza o sistema de radiocomunicações com técnica celular, interconectado à rede pública e acessado por meio de terminais portáteis, transportáveis ou veiculares, de uso individual.

No SMC, o próprio assinante adquire a estação móvel (equipamento terminal) de seu interesse em modelo certificado pelo Ministério das Comunicações, que deverá ser levado a registro junto à concessionária por ocasião da ativação da linha. No desempenho dessas atividades, são realizadas habilitação, assinatura, utilização e facilidades adicionais (transferência temporária de chamada, bloqueio, correio de voz, conversa simultânea etc.).

Evidente que apenas as efetivas prestações (comunicações realizadas) é que constituem fatos geradores do ICMS, sendo remuneradas por tarifas, enquanto as comunicações telefônicas de um para outro aparelho dentro do mesmo município sujeitam-se ao ISS, em razão da autonomia municipal.

Os atos de habilitação, cadastro de usuários e equipamentos, ativação, instalação de terminais, desligamento do aparelho, locação, fornecimento de listas telefônicas e transferência da titularidade, bem como os serviços de secretaria, datilografia, mudança

37 RE 1.00,3.758 – Rondônia – Plenário – red. p/ac. Min. ALEXANDRE DE MORAES – Sessão de 17.05.2021.

e religação de aparelhos, despertador, processamento de dados[38], que – embora sejam importantes para a regular execução dos serviços-fim (telecomunicações) – não representam efetiva comunicação, uma vez que concernem a meros atos preparatórios ou posteriores às atividades tributadas.

O STJ firmou a diretriz de que "o ICMS não incide sobre o serviço de habilitação de telefone celular"[39].

O STF decidiu a respeito da incidência do ICMS sobre a *tarifa básica mensal cobrada pelas prestadoras de serviço de telefonia*, sob os fundamentos seguintes:

> TRIBUTÁRIO. RECURSO EXTRAORDINÁRIO. ICMS SOBRE PRESTAÇÃO DE SERVIÇOS DE COMUNICAÇÃO. TARIFA DE ASSINATURA BÁSICA MENSAL. CONTRAPRESTAÇÃO AO SERVIÇO DE COMUNICAÇÃO PROPRIAMENTE DITO PRESTADO PELAS CONCESSIONÁRIAS DE TELEFONIA. INCIDÊNCIA DO TRIBUTO.
>
> 1. O Plenário do Supremo Tribunal Federal, no julgamento do RE 572.020 (rel. Min. Marco Aurélio, Rel. p/acórdão Min. Luiz Fux, *DJe* de 13-10-2004, assentou que o ICMS não incide sobre serviços preparatórios aos de comunicação, tais quais o de habilitação, instalação, disponibilidade, assinatura (contratação do serviço), cadastro de usuário e equipamento etc., já que tais serviços são suplementares ou configuram atividade-meio.
>
> 2. A tarifa de assinatura básica mensal não é serviço (muito menos serviço preparatório), mas sim a contraprestação pelo serviço de comunicação propriamente dito prestado pelas concessionárias de telefonia, consistente no fornecimento, em caráter continuado, das condições materiais para que ocorra a comunicação entre o usuário e terceiro, o que atrai a incidência do ICMS.
>
> 3. Fica aprovada a seguinte tese de repercussão geral: "O Imposto de Circulação de Mercadorias e Serviços (ICMS) incide sobre a tarifa de assinatura básica mensal cobrada pelas prestadoras de serviço de telefonia, independentemente da franquia de minutos conferida ou não ao usuário[40].

Decidiu que "o Imposto sobre Circulação de Mercadorias e Serviços (ICMS) incide sobre a tarifa de assinatura básica mensal cobrada pelas prestadoras de serviço de telefonia, independentemente da franquia de minutos concedida ou não ao usuário"[41].

O *sistema de banda larga* (denominado *Virtua*) vale-se de uma mídia preexistente (telefonia, TV a cabo, rádio ou satélite), com a qual compartilha o suporte físico da transmissão. O cabeamento é seccionado em duas partes, cada qual denominada de "banda", e que apresenta frequências diferentes: uma mais estreita para o trânsito dos impulsos

38 REsp 883.254/MG, 1ª T., rel. Min. JOSÉ DELGADO, j. 18-12-2007, *DJe* 28-2-2008.

39 Súmula 350, STJ.

40 RE 912.888/RS, Plenário, rel. Min. TEORI ZAVASCKI, j. 13-10-2016.

41 Tema 827 de Repercussão Geral no RE 912.888/SP, j. 13-10-2016.

de áudio e vídeo da TV a cabo (ou sinais de voz da telefonia), e a outra mais larga, destinada à conexão com a Internet.

O serviço de *banda larga* não se confunde com aquele realizado pelos provedores de acesso à Internet. Este último viabiliza a conexão com a Internet, enquanto o primeiro apresenta-se como etapa antecedente, que propicia o suporte físico necessário, já que possibilita uma navegação mais rápida, eficiente e segura, ao tempo em que permite a desobstrução da linha telefônica ao usuário.

Também não se confunde o sistema *banda larga* com o serviço de TV a cabo. Embora se utilizem do mesmo cabeamento, vale dizer, da mesma estrutura de fios e fibras óticas, os serviços destinam-se a finalidades diversas, conforme decidido pelo STJ[42].

O serviço de *roaming* compreende a interconexão de redes das operadoras brasileiras de serviço móvel celular com as redes das operadoras estrangeiras, possibilitando o uso dos celulares no país e no exterior. Quando o usuário faz o uso deste serviço, dá ensejo a duas relações jurídicas: uma entre o usuário e a operadora titular; outra entre a operadora titular e a operadora visitada.

O *roaming internacional* pode-se dar sob duas formas: a) o usuário de telefone celular de operadora brasileira utiliza, no exterior, a rede de operadora de telefonia estrangeira para efetuar e receber ligações locais, interurbanas ou internacionais (*roaming internacionais sainte*); b) o usuário de telefonia celular de operadora estrangeira utiliza, no Brasil, a rede de operadora de telefonia brasileira para efetuar e receber ligações locais, interurbana e internacionais (*roaming internacionais receptivo*). Cada um dos usuários irá efetuar o pagamento por essa utilização às operadoras de telefonia de seus respectivos países.

Estudo peculiar mostra que as prestações de serviços por operadoras brasileiras para operadoras estrangeiras no *roaming internacional receptivo* consistem em *receitas de exportações de serviços*, isentas de ICMS. As prestações de serviços por operadoras estrangeiras para operadoras brasileiras no *roaming internacional sainte* sujeitam-se ao ICMS[43].

As operadoras de telefonia não respondem pelo ICMS-comunicação incidente sobre as chamadas por elas não efetivadas, na medida em que não praticam o respectivo fato gerador. Assim, o fato de elas serem responsáveis pela disponibilização de suas redes, faturamento e cobrança não as torna contribuintes ou responsáveis pelo recolhimento do tributo incidente sobre as chamadas internacionais que foram prestadas por outra empresa, *in casu*, a Embratel. Precedentes[44].

---

42 ROMS 16.767/MG, 2ª T., rel. Min. ELIANA CALMON, j. 5-10-2004, *DJU* 17-12-2004.

43 UTUMI, Ana Cláudia Akie. A Tributação dos Serviços Internacionais de Telecomunicações. In: *Tributação nas Telecomunicações*. Eduardo de Carvalho Borges (coord.). IPT, São Paulo: Quartier Latin, 2005, p. 45.

44 AgRg no REsp 1.157.106/MT, 1ª T., rel. Min. BENEDITO GONÇALVES, j. 2-8-2011, *DJe* 5-8-2011.

O *Serviço Especial de Radiochamada* (*SER*) constitui serviço de telecomunicações destinado a transmitir sinais de chamadas unidirecionais, especialmente codificados e endereçados a assinantes de serviço, objetivando transmitir sinais a um determinado usuário, utilizando-se de aparelho de recado específico (*pager* ou *bip*), em decorrência de celebração de negócio jurídico oneroso.

A realização do serviço ocorre da forma seguinte: pessoa interessada em comunicar-se com o assinante liga para uma central, onde o recado será objeto de registro, que, por sua vez, aciona a respectiva transmissão ao referido assinante, mediante chamada. Nesta atividade, foram visualizadas atividades distintas: a) anotação de recados pela secretária, mediante a utilização de equipamentos (atividade-meio); e b) transmissão das mensagens e decorrente recepção pelo destinatário-assinante (atividade-fim).

O Judiciário decidiu o seguinte:

> ICMS. Serviço de Comunicação. Radiochamada ("bip").
>
> Incide o ICMS sobre a prestação de serviço de comunicação de radiochamada. Afasta-se a incidência do tributo municipal sobre serviços listados de secretaria e de aluguel de equipamento, eis que não constituem substancialmente o serviço prestado, mas instrumentos da atividade-fim de comunicação[45].

No âmbito das *operações com satélites e serviços especiais*, situa-se a utilização do *sistema de rádio troncalizado*, conhecido como *trunking*, interligando remotamente ramais móveis, em que os usuários podem se comunicar entre si, e alguns ramais especiais que podem acessar a rede telefônica pública. O equipamento utilizado para operar o sistema consiste numa estação central chamada Rádio-Base, que se compõe de equipamentos de transmissão/recepção, de supervisão de antena, em que os usuários utilizam o sistema através de um rádio móvel.

O *serviço de TV via satélite DTH* é considerado serviço de telecomunicação, seja do ponto de vista material, disponibilização de modo oneroso, de meios (ou canais) necessários à comunicação a distância, seja por expressa disposição legal, arts. 60 e 170 da Lei n. 9.472/97 e Resolução n. 220/2000, o que implica a incidência de ICMS.

Por se tratar de atividade meramente preparatória à comunicação, não deve incidir o ICMS no valor pago a título de adesão ao serviço[46].

O *gerenciamento de rede* consiste no monitoramento, acompanhamento do desempenho, detecção de eventuais falhas e fornecimento de relatórios gerenciais, relativamente aos equipamentos e serviços de comunicação atinentes aos clientes da empresa de telecomunicações, exceto com referência àqueles equipamentos de infraestrutura necessários à prestação de serviços de comunicação.

---

45 STJ, AI 63.963-0/RS, rel. Min. MILTON LUIZ PEREIRA, *DJu* 1 2-5-1995, p. 11.555/6.

46 REsp 667.108/PR, 2ª T., rel. Min. CASTRO MEIRA, j. 28-1-2008, *DJe* 1-12-2008.

Em face das atividades objeto de terceirização (*outsourcing*), o serviço de gerenciamento poderá incluir as atividades seguintes: planejamento e consultoria em projetos de rede; acompanhamento, controle e conferência de contas de prestação de serviços de comunicação, providos por terceiros; disponibilização de *service desk* para atendimento e interface com os fornecedores de serviços de comunicação, emissão de relatórios de disponibilidade, desempenho e taxa de utilização da capacidade da rede implantada.

Referidas atividades não guardam relação com o serviço de comunicação, porque pode ser prestado por qualquer pessoa, ou terceiros. Não se pode confundir a) gerenciamento da infraestrutura e dos equipamentos da rede de comunicação referente à operação, controle e monitoramento, não sujeita à contratação com os clientes, com b) o serviço de gerenciamento de redes, que consiste na terceirização de uma série de atividades periféricas, que podem ser desenvolvidas internamente pelo cliente; e contratados com terceiros (prestadores ou não dos serviços de comunicação), sendo que sua ausência em nada interfere e nem inviabiliza a prestação do serviço de comunicação.

O STF entendera o seguinte:

EMENTA: Ação direta de inconstitucionalidade. Direito Tributário. Lei n. 7.098, de 30 de dezembro de 1998, do Estado do Mato Grosso. ICMS-comunicação. Atividades-meio. Não incidência. Critério para definição de margem de valor agregado. Necessidade de lei. Operações com programa de computador (*software*). Critério objetivo. Subitem 1.05 da lista anexa à LC n. 116/03. Incidência do ISS. Aquisição por meio físico ou por meio eletrônico (*download*, *streaming* etc.). Distinção entre *software* sob encomenda e padronizado. Irrelevância. Contrato de licenciamento de uso de programas de computador. Relevância do trabalho humano desenvolvido. Contrato complexo ou híbrido. Dicotomia entre obrigação de dar e obrigação de fazer. Insuficiência. Modulação dos efeitos da decisão.

1. Consoante a jurisprudência da Corte, o ICMS-comunicação "apenas pode incidir sobre a atividade-fim, que é o serviço de comunicação, e não sobre a atividade-meio ou intermediária como são aquelas constantes na Cláusula Primeira do Convênio ICMS n. 69/98" (RE n. 570.020/DF, Tribunal Pleno, Rel. Min. Luiz Fux).

2. Os critérios para fixação da margem de valor agregado para efeito de cálculo do ICMS, em regime de substituição tributária progressiva, devem ser disciplinados por lei estadual, em sentido formal e material, não sendo possível a delegação em branco dessa matéria a ato normativo infralegal, sob pena de ofensa ao princípio da legalidade tributária.

(...)

Ação direta não conhecida no tocante aos arts. 2º, § 3º, 16, § 2º, e 22, parágrafo único, da Lei n. 7.098/89 do Estado do Mato Grosso; julgada prejudicada em relação ao art. 3º, § 3º, da mesma lei; e, no mérito, julgada parcialmente procedente, declarando-se a inconstitucionalidade (i) das expressões "adesão, acesso, disponibilização, ativação, habilitação, assinatura" e "ainda que preparatórios", constantes do art. 2º, § 2º, I, da Lei n. 7.098/98, com a redação dada pela Lei n. 9.226/09; (ii) da expressão "observados os demais critérios determinados pelo regulamento", presente no art. 13, § 4º, da Lei n. 7.098/98, (iii) dos arts. 2º, § 1º, VI; e 6º, § 6º, da mesma lei.

Modulação: A atribuição de eficácia *ex nunc*, a contar da publicação da ata de julgamento do mérito em questão, para (a) impossibilitar a repetição de indébito do ICMS incidente sobre operações com *softwares* em favor de quem recolheu esse imposto, até a véspera da data da publicação da ata de julgamento do mérito, vedando, nesse caso, que os municípios cobrem o ISS em relação aos mesmos fatos geradores; b) impedir que os estados cobrem o ICMS em relação aos fatos geradores ocorridos até a véspera da data de publicação da ata de julgamento do mérito. Ficam ressalvadas (i) as ações judiciais em curso, inclusive de repetição de indébito e execuções fiscais em que se discuta a incidência do ICMS; e (ii) as hipóteses de comprovada bitributação, caso em que o contribuinte terá direito à repetição do indébito do ICMS. Por sua vez, incide o ISS no caso de não recolhimento do ICMS ou do ISS, em relação aos fatos geradores ocorridos até a véspera da data da publicação da ata de julgamento do mérito. Atribuição de eficácia *ex nunc*, a partir da data da publicação da ata de julgamento do mérito, a declaração de inconstitucionalidade das expressões "adesão, acesso, disponibilização, ativação, habilitação, assinatura", e "ainda que preparatórios", constantes do art. 2º, § 2º, I, da Lei n. 7.098/98, com a redação dada pela Lei n. 9.226/09[47].

2.2.4. Importação de Bem, Mercadoria e Serviço

A Constituição Federal preceitua que o ICMS incidirá "sobre a entrada de bem ou mercadoria importados do exterior por pessoa física ou jurídica, ainda que não seja contribuinte habitual do imposto, qualquer que seja a sua finalidade, assim como sobre o serviço prestado no exterior, cabendo o imposto ao Estado onde estiver situado o domicílio ou o estabelecimento do destinatário da mercadoria, bem ou serviço" (art. 155, IX, *a*, na redação da EC n. 33/2001).

O STF adotou a seguinte postura:

Na entrada de mercadoria importada do exterior, é legítima a cobrança do ICMS por ocasião do desembaraço aduaneiro[48].

O Tribunal consolidou o entendimento seguinte:

Recurso Extraordinário. ICMS. Não incidência. Entrada de mercadoria Importada do Exterior. Art. 155, II, da CB Leasing de Aeronaves e/ou Peças ou Equipamentos de Aeronaves. Operação de Arrendamento Mercantil.

1. A importação de aeronaves e/ou peças ou equipamentos que componham em regime de *leasing* não admite posterior transferência ao domínio do arrendatário.

---

47 ADI 1.945 Mato Grosso – Plenário – red. p/ac. Min. DIAS TOFFOLI, sessão de 24.2.2021.

48 Súmula Vinculante 48, STF.

2. A circulação de mercadoria é pressuposto de incidência do ICMS. O imposto – diz o artigo 155, II, da Constituição do Brasil – é sobre "operações relativas à circulação de mercadorias e sobre prestações de serviços de transporte interestadual e intermunicipal e de comunicação, ainda que as operações e as prestações se iniciem no exterior".

3. Não há operação relativa à circulação de mercadoria sujeita à incidência do ICMS em operação de arrendamento mercantil contratado pela indústria aeronáutica de grande porte para viabilizar o uso, pelas companhias de navegação aérea, de aeronaves por ela construídas.

4. Recurso extraordinário de TAM – Linhas Aéreas S/A que se julga prejudicado[49].

O STF fixou a tese de que "não incide o ICMS na operação de arrendamento mercantil internacional, salvo na hipótese de antecipação da opção de compra, quando configurada a transferência da titularidade do bem"[50].

Também adotara a postura seguinte:

1. A isenção de tributos estaduais prevista no Acordo Geral de Tarifas e Comércio para as mercadorias importadas dos países signatários quando o similar nacional tiver o mesmo benefício foi recepcionada pela Constituição da República de 1988.

2. O artigo 98 do Código Tributário Nacional *"possui caráter nacional, com eficácia para a União, os Estados e os Municípios"*. (Voto do eminente Ministro Ilmar Galvão.)[51].

Na mesma trilha jurídica decidiu o STJ:

A incidência do ICMS, mesmo no caso de importação, pressupõe operação de circulação de mercadoria (transferência da titularidade do bem), o que não ocorre nas hipóteses de arrendamento, em que há "mera promessa de transferência pura do domínio" desse bem do arrendante para o arrendatário[52].

A LC n. 87/96 (alterada pela LC n. 114/2002) preceituou que o tributo incide "sobre a entrada de mercadoria ou bem importados do exterior" (art. 2º, § 1º, I). Considerou como fato gerador o momento do "desembaraço aduaneiro" (art. 12, IX), e estabeleceu que, após a ocorrência deste, a entrega pelo depositário, de mercadoria ou bem importado do exterior deverá ser autorizada pelo órgão responsável pelo referido desembaraço, que somente se fará mediante a exibição do comprovante do pagamento do ICMS incidente no ato do despacho aduaneiro, salvo disposição em contrário (art. 12, § 2º).

Dispôs que, na hipótese de entrega de mercadoria ou bem importado do exterior antes do desembaraço aduaneiro, se considera ocorrido o fato gerador neste momento, devendo a autoridade responsável, salvo disposição em contrário, exigir a compro-

49 RE 461.968-7/SP, Plenário, rel. Min. EROS GRAU, j. 30-5-2007, *DJU* 1 24-8-2007, p. 56.

50 Tema 297 de Repercussão Geral ao RE 540.829, j. 11-9-2014.

51 RE 229.096-0/RS, Plenário, rel. p/ acórdão Min. CÁRMEN LÚCIA, j. 16-8-2007, *DJe* 10-4-2008.

52 REsp 1.131.718/SP, 1ª Seção, rel. Min. LUIZ FUX, *DJe* 9-4-2010.

vação do pagamento do imposto (inserção do § 2º, ao art. 12, da LC n. 87/96, pela LC n. 114/2002).

Para efeito de fixação de responsabilidade a LC n. 87/96 trata de outros locais (estabelecimento e domicílio) distintos do porto, ou aeroporto, onde legalmente se promove o desembaraço de coisas importadas.

A Emenda Constitucional n. 33, de 11-12-2001, dispôs que o ICMS incidirá "sobre a entrada de bem ou mercadoria importados do exterior por pessoa física ou jurídica, ainda que não seja contribuinte habitual do imposto, qualquer que seja a sua finalidade, assim como sobre o serviço prestado no estabelecimento do destinatário da mercadoria, bem ou serviço" (nova redação à alínea *a*, do inciso IX do § 2º, do art. 155 da CF).

Portanto, o imposto deverá ser exigido sem considerar a destinação da coisa importada (mercancia, industrialização, prestação de serviço, integração no ativo fixo, consumo, uso particular etc.). Em consequência, também poderá haver o ônus tributário mesmo nos casos de admissão temporária concernente a bens que devam permanecer no país durante prazos determinados em razão de diversificadas situações, tais como feiras, exposições, congressos, pesquisas científicas, espetáculos artísticos, competições esportivas, promoções, reposição e conserto em virtude de garantia.

Considera-se *importação por conta e ordem* de terceiro aquela em que a pessoa jurídica importadora é contratada para promover, em seu nome, o despacho aduaneiro de importação de mercadoria estrangeira, adquirida no exterior por outra pessoa jurídica.

Adquirente de mercadoria estrangeira importada é a pessoa jurídica que realiza transação comercial de compra e venda da mercadoria no exterior, em seu nome e com recursos próprios, e contrata o importador por conta e ordem para promover o despacho aduaneiro de importação.

O objeto principal da relação jurídica é estipulado legalmente como a prestação de serviço de promoção do despacho aduaneiro de importação, realizada pelo importador, em razão de contrato previamente firmado, que poderá compreender, ainda, outros serviços relacionados com a operação de importação, como a realização de cotação de preços, a intermediação comercial e o pagamento ao fornecedor estrangeiro.

Considera-se *importação por encomenda* aquela em que a pessoa jurídica importadora é contratada para promover, em seu nome e com recursos próprios, o despacho aduaneiro de importação de mercadoria estrangeira por ela adquirida no exterior para revenda a encomendante predeterminado.

Encomendante é a pessoa jurídica que contrata o importador para realizar a transação comercial de compra e venda de mercadoria estrangeira a ser importada, o despacho aduaneiro de importação e a revenda ao próprio encomendante predeterminado.

O objeto principal da relação jurídica é a transação comercial de compra e venda de mercadoria nacionalizada, mediante contrato previamente firmado pelo importador encomendante, podendo este participar ou não das operações comerciais relativas à aquisição da mercadoria no exterior.

Recursos próprios do importador significam os valores recebidos do encomendante predeterminado a título de pagamento, total ou parcial, da obrigação, ainda que ocorrido antes da realização da operação de importação ou da efetivação da transação comercial de compra e venda.

Não se aplica à importação o sistema de *conta gráfica*, em que os produtos estrangeiros entram no ciclo de produção e comercialização interna, sendo considerados os créditos já apurados no regime de apuração mensal.

2.3. SUJEITO ATIVO

Os Estados e o DF são as pessoas políticas competentes para instituir o imposto. Entretanto, no âmbito das operações e prestações relativas à importação, a CF estabelece que cabe o imposto ao Estado onde estiver situado o domicílio ou o estabelecimento do destinatário da mercadoria, bem ou serviço (art. 155, IX, *a*), o que implica uma específica análise do assunto.

A *sistemática das importações* estabelece procedimentos flexíveis para permitir uma intensa operacionalidade do comércio internacional, possibilitando que bens importados por pessoa estabelecida em um Estado possam ingressar (fisicamente) em porto (ou aeroporto) de outro Estado, e, ainda, destinarem-se a um terceiro Estado ou DF.

Por conseguinte, desde que exista embasamento documental, é viável a nacionalização dos bens independentemente da sua titularidade. Esta situação representa racionalidade das operações de importação, objetivando maior eficácia, evitando-se dispêndios desnecessários.

Assim, empresa com estabelecimento no Estado *A* celebra contrato de alienação de bens importados com empresa do Estado *B*. Promove a respectiva importação e realiza o desembaraço físico dos bens no Estado *A* (o mesmo em outro Estado *C*).

A importadora (do Estado *A*) recolhe os tributos aduaneiros (inclusive o ICMS), no Estado *A*, emite nota fiscal de entrada, consequente nota fiscal de saída das mercadorias, com lançamento do imposto, tendo como destinatário o cliente do Estado *B*.

Em termos objetivos, não haveria sentido que a empresa do Estado *A* tivesse que adotar um dos procedimentos seguintes:

a) desembaraçar os bens importados em seu Estado (*A*), fazê-los ingressar fisicamente em seu estabelecimento e, depois, promover sua remessa para o Estado *B*; ou

b) abrir estabelecimento no Estado *B*, desembaraçar os bens (também no Estado *B*), ingressá-los fisicamente no mesmo estabelecimento, para, então, remetê-los à empresa sediada no mesmo Estado (*B*).

As duas hipóteses não ensejariam questionamento fiscal, posto que os fatos físicos estariam consentâneos com as operações mercantis, ficando perfeitamente delineada a territorialidade.

Entretanto, tais práticas são onerosas, desnecessárias e incompatíveis com as dinâmicas empresariais; e, além de tudo, impertinentes para fins tributários, que devem considerar a realização de "operações jurídicas", e não meras "circulações físicas".

É fácil compreender a finalidade da expressão "cabendo o imposto ao Estado onde estiver situado o domicílio, o estabelecimento destinatário da mercadoria, bem ou serviço".

Certamente, o ICMS não incide sobre a mera entrada de bem no país, e não se torna devido pela simples liberação aduaneira, sendo correto que a titularidade do imposto (sujeito ativo da relação jurídico-fiscal) não cabe singelamente ao Estado onde ocorreu o mero ato físico do desembaraço aduaneiro, mas ao Estado onde se localiza o sujeito passivo do tributo, isto é, aquele que juridicamente promoveu o ingresso dos bens estrangeiros no país, e para onde se destinam.

No caso enfocado, é no Estado *A* onde se situa o estabelecimento de destino de mercadorias, bens ou serviços, na forma prevista normalmente no documento de importação. Constata-se que o importador (obrigado ao ICMS) encontra-se estabelecido no Estado *A*, e é àquele Estado *A* (da destinação) que deve ser recolhido o ICMS relativamente ao ingresso no país.

Ainda que o importador tenha contratado a revenda dos bens e mercadorias importadas para os clientes de outros Estados (*B*, *C* etc.), esta situação não é causa suficiente para ser entendido que o Estado onde se encontra o estabelecimento destinatário (para fins do desígnio constitucional) seja unicamente o Estado *B* (ou *C*), onde deveriam ser liquidadas as obrigações tributárias.

O fato de os bens importados transitarem unicamente no Estado destinatário (devido à exclusiva facilidade de trânsito ou economia de frete), não é motivo jurídico para se cogitar de exclusiva incidência do ICMS neste Estado, visto que a *circulação jurídica* não é concretizada com sujeito passivo localizado em outro Estado (importador), sendo inconsistente a regra que fixa como local da operação "o do estabelecimento onde ocorrer a entrada física" (LC n. 87/96, art. 11, I, *d*).

A Fazenda Nacional, atendendo à indagação formulada pela Secretaria-Executiva da Comissão Técnica Permanente do ICMS (Cotepe), firmou as conclusões seguintes:

a) destinatário da mercadoria ou do bem, na importação, é o próprio estabelecimento importador, cujo domicílio fiscal define a Unidade da Federação competente para cobrar o ICMS nessa operação;

b) a designação contida na alínea *d* do inciso I do art. 11 da Lei Complementar n. 87/96, simplesmente determina a fixação de responsabilidade tributária, de que tratam os arts. 121 a 134 do Código Tributário Nacional (Lei n. 5.172, de 25 de outubro de 1966)[53].

O STF julgou a questão no sentido de que "o sujeito da relação jurídico-tributária do ICMS é o Estado onde estiver situado o domicílio ou o estabelecimento do destinatário jurídico da mercadoria (*a* do inciso IX do § 2º do art. 155 da Carta de Outubro); pouco importando se o desembaraço aduaneiro ocorreu por meio de ente federativo diverso"[54].

Tratou-se de importação de álcool anidro por empresa sediada em Pernambuco, para vendê-lo à Petrobras, com sede no Rio de Janeiro. Visando à economia e praticidade, preferiu que a mercadoria fosse entregue diretamente à Petrobrás de Duque de Caxias (RJ), local onde ocorreu o desembaraço aduaneiro.

O STF reiterou o entendimento de que o ICMS deve ser recolhido ao Estado onde se encontra o destinatário jurídico da importação de gás da Bolívia, com ingresso no Estado do Mato Grosso do Sul (Corumbá), com posterior destinação física a demais Estados: São Paulo[55], Santa Catarina[56] e Rio Grande do Sul[57].

O STF decidira o seguinte:

> 1. Ações Cíveis Originárias. ICMS. Importação. Art. 155, § 2º, IX, *a*, da Constituição Federal. 2. Sujeito ativo. Estado em que localizado o domicílio ou o estabelecimento do destinatário jurídico da mercadoria importada. Precedentes. 3. Aspecto material do fato gerador do ICMS incidente na importação é a circulação de mercadoria, caracterizada pela transferência do domínio (compra e venda) (RE 540.829 RG, Redator p/ acórdão Min. Luiz Fux, Tribunal Pleno, *DJe* 18.11.2014). 4. Gás natural oriundo da Bolívia. Irrelevância da impossibilidade de estocagem ou armazenamento pela transferência gasosa de modo contínuo. Importação em nome próprio, sob encomenda, pela Petrobras. ARE 665.134 RG, Rel. Min. Edson Fachin, Pleno, *DJe* 19.5.2020.5. Análise fático-contratual: duas operações de compra e venda, sendo a primeira entre a empresa boliviana e a Petrobras, com sujeição ativa do ICMS devido na importação correspondente ao Estado do destinatário jurídico da importação do gás, qual seja, Mato Grosso do Sul. Posterior transferência do domínio jurídico às empresas estatais dos Entes Federativos subnacionais em segunda operação de compra e venda de gás natural já internalizado, com nova incidência tributária de ICMS. 6a. Ações

53 Parecer PGFN/CAT 1.093/97, de 9-7-1997.

54 RE 299.079/RJ, 1ª T., rel. Min. CARLOS BRITTO, j. 30-6-2004, *DJU* 16-6-2006.

55 ACO 854-2/MS, rel. Min. CELSO DE MELLO, j. 15-5-2006, *DJU* 1 19-5-2006, p. 45/47.

56 ACO/1076, rel. Min. RICARDO LEWANDOWSKI, j. 16-10-2007, *DJU* 16-10-2007.

57 ACO/1093, rel. Min. CELSO DE MELLO, j. 4-12-1997, *DJU* 12-12-2007.

julgadas procedentes. 7. Honorários advocatícios arbitrados em quantia fixa, diante do baixo valor atribuído à causa.

Acórdão. O julgado manteve os efeitos das liminares concedidas, julgando procedentes os pedidos das demandas (ACO 854, 1076 e 1093), para, reconhecendo a sujeição passiva do Estado do Mato Grosso do Sul, envolvendo os atuais contratos de importação de gás natural da Bolívia do gasoduto Gasbol, determinar aos Estados de Santa Catarina, de São Paulo, e do Rio Grande do Sul que se abstenham de (i) formular qualquer tipo de autuação ou lançamento tributário do ICMS incidente sobre as operações de importação de gás natural advindo da Bolívia e realizadas pela Petrobras – Corumbá/MS; e (ii) prosseguirem com as cobranças já iniciadas[58].

O STF – em sede de repercussão geral – assinalara o seguinte:

Tributário. ICMS. Importação. Sujeito Ativo. Destinatário Jurídico. Propriedades. Importação de matéria-prima. Estabelecimento comercial varejista localizado em SP. Desembaraço aduaneiro em São Paulo. Posterior remessa para estabelecimento industrial localizado em MG para industrialização. Retorno ao estabelecimento paulista. Art. 155, § 2º, IX, *a*, da Constituição. Proposta pelo reconhecimento da repercussão geral da matéria.

Tem repercussão geral a discussão sobre a qual é o sujeito ativo constitucional do Imposto sobre Circulação de Mercadorias, incidente sobre operação de importação de matéria-prima, que será industrializada por estabelecimento localizado no Estado de Minas Gerais, mas, porém, é desembaraçada por estabelecimento sediado no Estado de São Paulo e que é o destinatário do produto acabado, para posterior comercialização[59].

Em momento posterior decidira o seguinte:

(...)

3. Sujeito ativo da relação jurídico-tributária do ICMS. Estado onde estiver situado o domicílio ou o estabelecimento do *destinatário jurídico* da mercadoria importada, independentemente do local onde tenha ocorrido o desembaraço aduaneiro. Precedentes (...)[60].

O STF fixou as diretrizes seguintes:

RECURSO EXTRAORDINÁRIO COM AGRAVO. REPERCUSSÃO GERAL RECONHECIDA. DIREITO TRIBUTÁRIO. IMPOSTO SOBRE CIRCULAÇÃO DE MERCADORIAS E SERVIÇOS – ICMS. IMPORTAÇÃO. ART. 155, § 2º, IX, *A* DA CONSTITUIÇÃO DA REPÚBLICA. ART. 11, I, *D* E *E*, DA LEI COMPLEMENTAR 87/96. ASPECTO PESSOAL DA HIPÓTESE DE INCIDÊNCIA. DESTINATÁRIO LEGAL DA MERCADORIA. DOMICÍLIO. ESTABELECIMENTO. TRANSFERÊNCIA DE DOMÍNIO. IMPORTAÇÃO POR CONTA PRÓPRIA. IMPORTAÇÃO POR

58 ACO 854/MS – Plenário – rel. Min. GILMAR MENDES, j. 22.10.2020.

59 ARE 665.134/MG, rel. Min. JOAQUIM BARBOSA, j. 10-2-2012.

60 AI 651.352, rel. Min. GILMAR MENDES, j. 25-8-2015.

CONTA E ORDEM DE TERCEIRO. IMPORTAÇÃO POR CONTA PRÓPRIA, SOB ENCOMENDA.

Fixação da seguinte tese jurídica ao Tema 520 da sistemática de repercussão geral: "O sujeito ativo da obrigação tributária de ICMS incidente sobre mercadoria importada é o Estado-membro no qual está domiciliado ou estabelecido o destinatário legal da operação que deu causa à circulação da mercadoria, com a transferência de domínio"[61].

Observo que a qualificação da importação "por conta e ordem" contida no julgado tomara como amparo a IN RFB n. 225, de 2002, que se encontra revogada expressamente pela IN RFB n. 1.861, de 27.12.2018 (art. 12, I).

Ainda que se considere referida espécie de importação como prestação de serviço (ou estranhamente como simples despachante aduaneiro), o fato é que o importador também fica sujeito à exigência do ICMS no desembaraço aduaneiro (como encargo da *trading*).

O julgado declarou a inconstitucionalidade parcial, sem redução de texto, do art. 11, I, *d*, da LC n. 87/96, objetivando afastar o entendimento de que o local da operação ou da prestação, para os efeitos da cobrança do imposto e definição do estabelecimento responsável pelo tributo é, apenas e necessariamente, o da entrada física do bem importado.

Assim, também as legislações estaduais deverão revogar a referida norma para não mais exigirem o ICMS, no caso de mera entrada física do bem importado, podendo acarretar os efeitos seguintes:

a) as ações fiscais promovidas face aos contribuintes, mediante a cobrança do ICMS, carecem de embasamento jurídico para serem mantidas;

b) os contribuintes que recolheram o ICMS nos Estados em que as mercadorias tenham ingressado fisicamente poderão pleitear a respectiva restituição;

c) os Estados que deixaram de receber o ICMS relativo à importação, pelo fato de o contribuinte haver efetuado o recolhimento em outros Estados (entrada física), poderão pleitear a respectiva cobrança do valor do imposto do importador que promovera a importação e o mencionado pagamento.

Curiosamente, o caso concreto (RE 665.134/MG) trata de compra de matéria-prima importada, por empresa de SP, com remessa para MG, para fim específico de industrialização, com posterior retorno a SP. A lide não tem correspondência com "importações por conta e ordem", e "importações por encomenda", inexistindo participação de *trading*.

Face à decisão do STF foram opostos embargos de declaração pelo contribuinte, assinalando que não se pode confundir destinatário econômico com jurídico, con-

61 RE 665.134/MG – Plenário – rel. Min. EDSON FACHIN – Sessão de 17.4.2020, publicação em 19.5.2020.

cluindo-se que (i) a destinação da mercadoria importada, após o desembaraço aduaneiro, não interfere na definição do sujeito ativo do ICMS incidente sobre a operação; e (ii) não se verificou, no caso concreto, qualquer indício de importação indireta que justificasse o deslocamento da sujeição ativa para o contribuinte a que a mercadoria foi destinada, por se tratar de simples remessa para industrialização, envolvendo filiais da empresa.

O STF decidira o seguinte[62]:

> EMENTA: EMBARGOS DE DECLARAÇÃO NO RECURSO EXTRAORDINÁRIO COM AGRAVO. DIREITO TRIBUTÁRIO. IMPOSTO SOBRE CIRCULAÇÃO DE MERCADORIAS E SERVIÇOS – ICMS. IMPORTAÇÃO. ART. 155, § 2º, IX, "A", DA CONSTITUIÇÃO DA REPÚBLICA. ART. 11, I, "D" E "E", DA LEI COMPLEMENTAR 87/96. ASPECTO PESSOAL DA HIPÓTESE DE INCIDÊNCIA. DESTINATÁRIO LEGAL DA MERCADORIA. DOMICÍLIO. ESTABELECIMENTO. TRANSFERÊNCIA DE DOMÍNIO. IMPORTAÇÃO ENVOLVENDO MAIS DE UM ESTABELECIMENTO DA MESMA EMPRESA. SITUAÇÃO ABRANGIDA PELAS HIPÓTESES DEFINIDAS NO ACÓRDÃO EMBARGADO. IMPORTAÇÃO POR CONTA PRÓPRIA. IMPORTAÇÃO POR CONTA E ORDEM DE TERCEIRO. IMPORTAÇÃO POR CONTA PRÓPRIA, SOB ENCOMENDA. INEXISTÊNCIA DE OMISSÃO, CONTRADIÇÃO OU OBSCURIDADE, REJEIÇÃO DOS EMBARGOS. HOMOLOGAÇÃO DE RENÚNCIA À PRETENSÃO FORMULADA NA AÇÃO (ART. 487, III, C, DO CPC/2015). IMPOSSIBILIDADE DE JULGAMENTO DO CASO CONCRETO. CONTRADIÇÃO VERIFICADA. EMBARGOS ACOLHIDOS EM PARTE.
>
> 1. Tese jurídica fixada para o Tema 520 da sistemática da repercussão geral: "O sujeito ativo da obrigação tributária de ICMS incidente sobre mercadoria importada é o Estado-membro no qual está domiciliado ou estabelecido o destinatário legal da operação que deu causa à circulação da mercadoria, com a transferência de domínio".
>
> 2. Em relação ao significante "destinatário final", para efeitos tributários, a disponibilidade jurídica precede a econômica, isto é, o sujeito passivo do fato gerador é o destinatário legal da operação da qual resulta a transferência de propriedade da mercadoria. Nesse sentido, a forma não prevalece sobre o conteúdo, sendo o sujeito tributário quem dá causa à ocorrência da circulação de mercadoria, caracterizada pela transferência do domínio. Ademais, não ocorre a prevalência de eventuais pactos particulares entre as partes envolvidas na importação, quando da definição dos polos da relação tributária.
>
> 3. Pela tese fixada, são os destinatários legais das operações, em cada hipótese de importação, as seguintes pessoas jurídicas: a) na importação por conta própria, a destinatária econômica coincide com a jurídica, uma vez que a importadora utiliza a mercadoria em sua cadeia produtiva; b) na importação por conta e ordem de terceiro, a destinatária jurídica é quem dá causa efetiva à operação de importação, ou seja, a parte contratante de prestação de

62 Segundo Emb. Decl. no RE com Agravo n. 665.134 Minas Gerais, rel. Min. EDSON FACHIN, Sessão Virtual do Plenário de 30-10 a 10-11-2020.

serviço consistente na realização de despacho aduaneiro de mercadoria, em nome próprio, por parte da importadora contratada; c) na importação por conta própria, sob encomenda, a destinatária jurídica é a sociedade empresária importadora (*trading company*), pois é quem incorre no fato gerador do ICMS com o fito de posterior revenda, ainda que mediante acerto prévio, após o processo de internalização.

4. Hipóteses de importação definidas no acórdão embargado que abrangem as importações envolvendo mais de um estabelecimento de uma mesma sociedade empresarial. Inexistência de omissão.

5. Independência nos provimentos jurisdicionais prestados por esta Corte no julgamento do feito em questão, no que diz respeito à resolução do mérito do caso concreto, com a homologação do pedido de renúncia à pretensão formulada na ação, de um lado, e o julgamento de mérito em abstrato da questão jurídica com repercussão geral reconhecida, de outro.

6. Impossibilidade jurídica da aplicação da tese fixada em repercussão geral para o caso concreto. Contradição verificada.

7. Embargos de declaração da empresa acolhido. Embargos de declaração do ente estatal acolhido em parte.

2.4. CONTRIBUINTES E RESPONSÁVEIS

Contribuinte é qualquer pessoa, física ou jurídica, que realize, com habitualidade ou em volume que caracterize intuito comercial, operações de circulação de mercadorias ou prestação de serviços de transporte interestadual e intermunicipal e de comunicação, ainda que as operações e prestações se iniciem no exterior.

Os requisitos da "habitualidade" e do "volume" constituem requisitos de difícil aferição, impregnados de considerável dose de subjetividade, que não se compadecem com a rigidez da tipicidade tributária.

Considera-se também contribuinte a pessoa física ou jurídica, ou mesmo o contribuinte não habitual, que realize operações de importação; seja destinatária de serviço prestado no exterior ou cuja prestação se tenha iniciado no exterior; e adquira em licitação mercadorias apreendidas ou abandonadas. Fica prejudicada a Súmula 660 do STF ("não incide o ICMS na importação de bens por pessoa física ou jurídica que não seja contribuinte do imposto") porque assentou-se em julgados proferidos anteriormente à EC n. 33/2001, que passou a considerar como contribuinte "pessoa física ou jurídica, ainda que não seja contribuinte habitual do imposto" (art. 155, IX, *a*).

Nesse sentido, a LC n. 190/2022 passou a dispor o seguinte:

Art. 4º (...)

§ 2º É ainda contribuinte do imposto nas operações ou prestações que destinem mercadorias, bens e serviços a consumidor final domiciliado ou estabelecido em outro Estado, em relação à diferença entre a alíquota interna do Estado de destino e a alíquota interestadual:

I – o destinatário da mercadoria, bem ou serviço, na hipótese de contribuinte do imposto;

II – o remetente da mercadoria ou bem ou o prestador de serviço, na hipótese de o destinatário não ser contribuinte do imposto.

Há competência constitucional para estender a incidência do ICMS à operação de importação de bem destinado a pessoa que não se dedica habitualmente ao comércio ou à prestação serviços, após a vigência da EC n. 33/2001. Essa incidência não viola, em princípio, a regra da vedação à cumulatividade (art. 155, § 2º, I, da Constituição), pois se não houver acumulação da carga tributária, nada haveria a ser compensado[63].

A qualificação do "comerciante" como contribuinte de ICMS fora substituída pela de *empresário*, considerado como "quem exerce profissionalmente atividade econômica organizada para a produção ou a circulação de bens ou de serviços" (art. 966), com as características seguintes:

> a) *habitualidade* da atividade exercida, o que implica desqualificar-se como empresário aquele que se dedica esporadicamente à produção ou à circulação de bens e serviços; b) a *impessoalidade* do empresário em relação à produção e à circulação de bens e serviços; neste ponto, o empresário deve contar com o trabalho de empregados, para justamente diferençar sua atividade daqueles que atuam diretamente na produção e circulação de bens e serviços; c) o *monopólio da informação*, necessária para o controle dos fatores de produção e circulação de bens e serviços[64].

Tendo em vista que o fornecimento de energia elétrica deixou de ser monopólio governamental, podem ser qualificados como contribuintes todos os participantes dessa atividade, como o concessionário, permissionário, e autorizados de serviço público de distribuição, bem como o produtor independente. Também passou a caracterizar-se como contribuinte o adquirente de energia elétrica, oriunda de outro Estado, quando não destinada à comercialização.

A lei poderá atribuir a terceiros a *responsabilidade* pelo pagamento do imposto devido pelo contribuinte ou responsável, quando os atos ou omissões daqueles concorrerem para o não recolhimento do tributo; como também a depositário a qualquer título, hipótese em que o contribuinte assumirá a condição de substituto tributário.

Relativamente à atribuição de responsabilidade do alienante de mercadorias em decorrência de posterior inidoneidade da empresa adquirente, o STJ posicionou-se da forma seguinte:

> Tributário. Recurso Especial. Venda de Gado. Empresa Adquirente. Transação Comercial. Declaração Posterior de Inidoneidade. Boa-fé do Alienante.

---

63 RE 474.267, Plenário, j. 6-11-2013, *DJe* 20-3-2014, p. 26/7, Tema 171 de Repercussão Geral no RE 439.796, j. 7-11-2013.

64 COELHO, Fábio de Ulhoa. *Manual de Direito Comercial*. 14. ed., São Paulo: Saraiva, 2003, p. 8.

1. A responsabilidade de fiscalização de idoneidade dos contribuintes é atribuída ao Fisco, competindo ao alienante, no momento da celebração do negócio jurídico, exigir a documentação pertinente à assunção de regularidade da adquirente e, posteriormente ao perfazimento da transação comercial, cumprir o objeto da obrigação. (Precedentes: REsp 302.897/SP, 2ª Turma, rel. Min. Castro Meira, *DJ* 20-2-2006; REsp 122.553/SP, 2ª Turma, rel. Min. João Otávio Noronha, *DJ* 21-3-2005; REsp 183.644/SP, 1ª Turma, rel. Min. Milton Luiz Pereira, *DJ* 11-3-2002).

2. Consectariamente, realizada a compra e venda de bovinos, cumpre ao vendedor, depois de exigida e apresentada a documentação necessária, emitida a respectiva nota fiscal e recebido o preço, apenas respeitar a avença e remeter a mercadoria, não lhe cabendo questionar acerca do destino conferido ao produto alienado, restando inaplicável à espécie o art. 136, do CTN, que pressupõe objetivamente a *prática pessoal de infração tributária*, o que não se confunde com responsabilidade tributária na forma de sucessão ou substituição[65].

Todavia, nas operações interestaduais de venda de mercadorias, realizadas sob a cláusula FOB, o STJ atribuiu responsabilidade tributária ao alienante, a saber:

TRIBUTÁRIO. ICMS. OPERAÇÃO INTERESTADUAL. DESCARACTERIZAÇÃO. CLÁUSULA FOB.

A cláusula FOB opera entre as partes, exonerando o vendedor da responsabilidade pela entrega da mercadoria ao destinatário, nada valendo perante o Fisco (CTN, 123), que só homologa o pagamento do ICMS pela alíquota interestadual se a mercadoria for entregue no estabelecimento do destinatário em outra unidade da operação; não é a nota fiscal que define uma operação como *interestadual*, mas a transferência *física* da mercadoria de um Estado para outro. Recurso especial conhecido e provido[66].

Esta postura é mantida[67] e complementada pelos argumentos de que o valor do frete integra a base de cálculo do ICMS, nos termos do art. 8º, II, *b*, da LC n. 87/96 (precedente AgRg no Ag 863.435-SP), e que as convenções particulares, que de qualquer forma transfiram a responsabilidade pelo pagamento do tributo, não podem ser opostas à Fazenda Pública (art. 123 do CTN).

Os *armazéns gerais*, por não realizarem operações de compra e venda de mercadorias, tendo como única função receber e guardar as mesmas, são neutros em relação à incidência do ICMS, que deve ser imputado ao estabelecimento, que é quem paga o imposto na entrada da mercadoria, mesmo que este esteja localizado em outro Estado da Federação[68].

65 REsp 796.992-SP, 1ª T., rel. Min. LUIZ FUX, j. 1-3-2007, *DJU* 1 15-3-2007, p. 275.

66 REsp 37.033/SP, 2ª T., rel. desig. Min. ARI PARGENDLER, j. 6-8-98, *DJU* 31-8-1998.

67 STF, REsp 886.695/MG, 2ª T., rel. Min. HUMBERTO MARTINS, j. 6-12-2007, *DJU* 14-12-2007.

68 STJ, REsp 237.866/SP, 1ª T., rel. Min. FRANCISCO FALCÃO, j. 7-12-2000, *DJU* 1-E 16-4-2001, p. 103.

As *operadoras de telefonia local* não respondem pelo ICMS-comunicação incidente sobre as chamadas não efetivadas, na medida em que não praticam o respectivo fato gerador. Assim, o fato de serem responsáveis pela disponibilização de suas redes, faturamento e cobrança, não as tornam contribuintes ou responsáveis pelo recolhimento do tributo incidente sobre as chamadas internacionais que foram efetivamente prestadas por outra empresa[69].

Na prestação de serviços de *roaming* (interconexão de redes das operadoras brasileiras de serviço móvel celular com as redes das operadoras estrangeiras), a respectiva sujeição passiva fora examinada pelo Judiciário, na forma seguinte:

> Apreciando casos semelhantes envolvendo chamadas realizadas pelas então operadoras exclusivas de longa distância (Embratel e Intelig, o STJ decidiu que as operadoras de telefonia não respondem pelo ICMS-Comunicação incidente sobre as chamadas por elas não efetivadas, na medida em que não praticam o respectivo fato gerador.
>
> Assim, o fato de elas serem responsáveis pelo faturamento e cobrança não as tornam contribuintes ou responsáveis pelo recolhimento prestadas por outra empresa. Precedentes: AgRg no Resp 1.157/106-MT, rel. Min. Benedito Gonçalves, Primeira Turma, *DJe* 5-8-2011; REsp 996.752/RJ, rel. Min.; Luiz Fux, Primeira Turma, *DJe* 19-2-2009; REsp 589.631/MG, rel. Min. Castro Meira, Segunda Turma, *DJ* 27-2-2007.
>
> Esse mesmo entendimento, *mutatis mutandi*, tem aplicação no caso concreto, na medida em que o fato de a empresa contratada pelo usuário ser a responsável pelo faturamento e recebimento do serviço prestado não a torna contribuinte ou responsável do tributo. Tal obrigação tributária, portanto, deve recair sobre a empresa que efetivamente viabilizou a chamada telefônica, que, nas operações denominadas de *roaming*, é a operadora com cobertura na área de onde partiu a ligação pelo usuário do sistema[70].

A responsabilidade poderá ser atribuída em relação ao imposto incidente sobre uma ou mais prestações, sejam antecedentes, concomitantes ou subsequentes, inclusive ao valor decorrente da diferença entre alíquotas interna e interestadual nas operações e prestações que destinem bens e serviços ao consumidor final localizado em outro Estado, que seja contribuinte do imposto. A atribuição de responsabilidade dar-se-á em relação a mercadorias ou serviços prestados em lei de cada Estado.

2.4.1. Substituição Tributária

A *substituição* significa a imputação de responsabilidade por obrigação tributária de terceiro que não praticou o fato gerador, mas que tem vinculação com o efetivo contri-

69 STJ, AgRg no REsp 1.157.106/MT, 1ª T., rel. Min. BENEDITO GONÇALVES, j. 2-8-2011, *DJe* 5-8-2011.

70 REsp 1.202.437/MT, 1ª T., rel. Min. BENEDITO GONÇALVES, j. 8-11-2011, *DJe* 23-11-2011.

buinte. O substituto tem que decorrer naturalmente do fato gerador tributário, da materialidade descrita (abstratamente) na norma jurídica, não podendo ser configurado por mera ficção do legislador.

O substituto deve inserir-se em uma realidade do sistema jurídico, permeada pelos princípios da segurança, certeza, e do direito de propriedade, uma vez que o patrimônio das pessoas somente pode ser desfalcado por fatos efetivamente realizados (ou cuja presunção seja evidente), e que contenham ínsita a capacidade contributiva.

Para efeito de exigência do imposto por *substituição tributária*, inclui-se, também, como fato gerador do imposto, a entrada de mercadoria ou bem no estabelecimento do adquirente, ou em outro por ele indicado.

Na substituição – num plano pré-jurídico – o legislador afasta, por completo, o verdadeiro contribuinte (comerciante), que realiza o fato imponível, prevendo a lei – desde logo – o encargo da obrigação a uma outra pessoa – substituta (industrial) –, que fica compelida a pagar a dívida própria.

Na realidade normativa existem três tipos de substituição tributária:

a) *para trás*, quando o legislador atribui a determinado contribuinte a responsabilidade pelo pagamento do ICMS em relação às operações anteriores. Nessa espécie enquadra-se o "diferimento";

b) *concomitante*, que se caracteriza pela atribuição da responsabilidade pelo pagamento do ICMS a outro contribuinte, e não àquele que esteja realizando a operação/prestação, concomitante à ocorrência do fato gerador. Nesta situação encontra-se a substituição tributária dos serviços de transportes e;

c) *para frente*, em que o sujeito passivo recolhe os dois impostos: o devido pelas operações próprias e o devido pelas operações subsequentes, anteriormente à ocorrência do fato gerador.

Na *substituição regressiva*, a lei atribui a responsabilidade ao adquirente de uma determinada mercadoria, por razões de comodidade, praticidade, ou pela circunstância de o real contribuinte não manter organização adequada de seus negócios.

Nas operações com sucata (restos, resíduos e fragmentos de metais, tecidos, vidros etc.), é comum exigir-se o imposto em etapa posterior, em lugar do próprio sucateiro (contribuinte). Caracteriza-se o *diferimento*, ou seja, a postergação da exigência tributária para momento posterior do ciclo mercantil. O diferimento também pode alcançar as operações de importação.

O "diferimento" não pode ser confundido com a isenção ou com a imunidade, e, dessa forma, pode ser disciplinado por lei estadual sem a prévia celebração de convênio[71].

71 ADIn 2.0561/MS, Pleno, rel. Min. GILMAR MENDES, j. 30-5-2007, *DJ* 17-8-2007.

Na *substituição progressiva*, o legislador indica uma pessoa responsável pelo recolhimento de um determinado valor (referido como tributo), relativamente a fato futuro e incerto, com alocação de valor também incerto. Há definição, por antecipação do sujeito passivo, de uma obrigação não acontecida.

A Constituição Federal de 1988 confere embasamento jurídico à substituição tributária (Emenda n. 3/93, artigo 15):

> Art. 150 (...)
>
> (...)
>
> § 7º. A lei pode atribuir a sujeito passivo da obrigação tributária a condição de responsável pelo pagamento do imposto ou da contribuição, cujo fato gerador deva ocorrer posteriormente, assegurada a imediata e preferencial restituição da quantia paga, caso não se realize o fato gerador presumido.

Esta sistemática tem sido considerada para operações relativas a diversas espécies de mercadorias, tais como combustível, lubrificante, álcool carburante, energia elétrica, fumo, cimento, refrigerante, cerveja, água mineral, sorvete, fruta e veículo novo.

As legislações ordinárias também fixam os sujeitos passivos por substituição, que podem ser quaisquer dos participantes do ciclo negocial, como fabricantes, distribuidores, remetentes, transportadores, destinatários etc.

Criticável a tributação fundada em fatos inexistentes, situações, estados ou circulações eventuais e imagináveis, uma vez que as relações jurídicas devem ficar adstritas às imposições tributárias quando ocorre a subsunção do fato imponível (situação concreta) à imagem normativa (situação abstrata).

Inaplicável a figura da presunção, sendo inaceitável sua aplicação na cobrança de tributos sobre a circulação, uma vez que os comerciantes/industriais podem deixar de praticar fatos geradores de ICMS por inúmeros motivos (insolvência, desistência, perdimento da mercadoria). Não se pode nunca asseverar de forma absoluta que as mercadorias venham a ser objeto de inexorável circulação tributável.

Considerando-se os valores máximos albergados pela Constituição – segurança e certeza – que respaldam os cânones da legalidade e da tipicidade, não há a mínima sustentação na presunção, eis que forrada de imprecisão, dubiedade, consistindo em mera conjectura e ilação.

A engenhosa superação desse obstáculo constitucional obrigaria a adoção de inúmeros mecanismos legais, de cunho operacional, para evitar qualquer prejuízo ao contribuinte. A expressão "assegurada a imediata e preferencial restituição da quantia paga", caso não se realize o fato gerador presumido, previsto no § 7º, art. 150, CF (na redação da Emenda n. 3/93), dificilmente terá condição de ser obedecida.

Realmente, o contribuinte que recolheu antecipadamente o ICMS sobre a venda que seria realizada no futuro, e que não se concretizou (desistência do negócio, por exemplo), certamente não terá meios de ressarcir-se do tributo "imediatamente" (no mesmo dia do evento) e, ainda, com a devida atualização. Em termos objetivos, é difícil conceber a mensagem no *site*/computador disponibilizando o valor indevido no mesmo dia do seu pagamento.

Entretanto, o STF firmou a jurisprudência seguinte:

> TRIBUTÁRIO. ESTADO DE SÃO PAULO. ICMS. PRODUTOS DERIVADOS DE PETRÓLEO. COMÉRCIO ATACADISTA REGIME DE SUBSTITUIÇÃO TRIBUTÁRIA.
>
> O Plenário do STF, no julgamento do RE 213.396, Relator Min. Ilmar Galvão, concluiu pela constitucionalidade do regime de substituição tributária, relativamente à distribuição de veículos automotores ainda que instituído antes do advento da EC 03/93.
>
> Entendimento que à ausência de peculiaridades relativamente à mencionada atividade, tem aplicação ao presente caso.
>
> Acórdão que não dissentiu dessa orientação. Recurso não conhecido[72].

A restituição atende ao princípio que veda o enriquecimento ilícito (sem justa causa), diante da inexistência de materialidade do tributo. Se é relativa a presunção de inocorrência do fato gerador futuro, com mais forte razão também deveria ser considerada a presunção de que a futura operação não viesse a ser realizada exatamente pelo mesmo valor considerado à época da antecipação tributária. Realmente, é natural a existência de oscilações de mercado concernente a questões peculiares, envolvendo vendedor e consumidor (descontos, antecipações etc.).

A descoincidência entre o valor real (efetiva operação realizada entre o substituído e o consumidor) e o valor presumido (anterior situação existente entre substituto e substituído), caracteriza base de cálculo fictícia, resultando num ICMS fictício, que não pode prevalecer diante dos princípios da segurança e da certeza do crédito tributário.

Fato Gerador Presumido – na dicção constitucional – apto a permitir a restituição, não pode significar somente a inexistência do fato, mas também a configuração parcial de seus elementos, especialmente a base de cálculo que compreende parte do fato gerador. Na medida em que se nega a restituição parcial dos valores antecipadamente recolhidos (a maior), positiva-se a violação do princípio da capacidade contributiva, uma vez que a presumida riqueza do contribuinte (substituído) não veio ocorrer concretamente. Negada a restituição, o contribuinte terá arcado com tributo maior do que o efetivamente devido, porque o referido valor não integrara o seu patrimônio, acarretando efeito confiscatório.

O STF havia sedimentado o entendimento seguinte:

> O fato gerador presumido, por isso mesmo, não é provisório, mas definitivo, não dando ensejo à restituição, ou complementação do imposto pago, senão, no primeiro caso, na hipótese de sua não realização final.

---

72 RE 202.715-4/SP, 1ª T., rel. Min. ILMAR GALVÃO, j. 26-10-1999, *DJU* 17-12-1999.

Admitir o contrário valeria por despojar-se o instituto das vantagens que determinaram a sua concepção e adoção com a redução, a um só tempo, da máquina fiscal e da evasão fiscal a dimensões mínimas, propiciando, portanto, maior comodidade, economia, eficiência e celeridade às atividades de tributação e arrecadação[73].

Nessa decisão, foram assentados os pressupostos básicos seguintes:

A substituição progressiva, ou para frente, que alguns acham ser instituição recente, posto prevista em nossa legislação pelo menos desde 1968 – repita-se – contrariamente à regressiva, tem por contribuintes substituídos, por sua vez, uma infinidade de revendedores do produto, circunstância que dificultaria e oneraria, de maneira acentuada, a fiscalização.

Sua prática impede a sonegação sem prejudicar a garantia do crédito tributário, visto que o tributo pelas operações subsequentes, até a transferência da mercadoria ao consumidor final, é recolhido sobre o valor agregado.

Aponta demais justificativas para a legitimidade do regime de substituição:

Na verdade, visa o instituto evitar, como já acentuado, a necessidade de fiscalização de um sem-número de contribuintes, centralizando a máquina-fiscal do Estado num universo consideravelmente menor, e com acentuada redução do custo operacional e consequente diminuição da evasão fiscal.

Em suma, propicia ele maior comodidade, economia, eficiência e celeridade na atividade estatal ligada à imposição tributária.

O STF passou a permitir a *restituição do ICMS-ST (Substituição Tributária)* nos casos em que as operações/prestações venham a ser realizadas em valor inferior à presumida, nos termos da ementa seguinte:

RECURSO EXTRAORDINÁRIO. REPERCUSSÃO GERAL. DIREITO TRIBUTÁRIO. IMPOSTO SOBRE CIRCULAÇÃO DE MERCADORIAS E SERVIÇOS. ICMS. SUBSTITUIÇÃO TRIBUTÁRIA PROGRESSIVA OU PARA FRENTE. CLÁUSULA DE RESTITUIÇÃO DO EXCESSO. BASE DE CÁLCULO PRESUMIDA. BASE DE CÁLCULO REAL. RESTITUIÇÃO DA DIFERENÇA. ARTIGO 150, § 7º, DA CONSTITUIÇÃO DA REPÚBLICA. REVOGAÇÃO PARCIAL DO PRECEDENTE. ADI 1.851.

1. Fixação de tese jurídica ao Tema 201 da sistemática da repercussão geral: "É devida a restituição da diferença do Imposto sobre Circulação de Mercadorias e Serviços – ICMS pago a mais no regime de substituição tributária para frente se a base de cálculo efetiva da operação for inferior à presumida".

2. A garantia do direito à restituição do excesso não inviabiliza a substituição tributária progressiva, à luz da manutenção das vantagens pragmáticas hauridas do sistema de cobrança de impostos e contribuições.

3. O princípio da praticidade tributária não prepondera na hipótese de violação de direitos

73 ADIn 1.851-4, Plenário, rel. Min. ILMAR GALVÃO, j. 8-5-2002, *DJU* 1 22-11-2002, p. 55.

e garantias dos contribuintes, notadamente os princípios da igualdade, capacidade contributiva e vedação ao confisco, bem como a arquitetura de neutralidade fiscal do ICMS.

4. O modo de raciocinar "tipificante" na seara tributária não deve ser alheio à narrativa extraída da realidade do processo econômico, de maneira a transformar uma ficção jurídica em uma presunção absoluta.

5. De acordo com o art. 150, § 7º, *in fine*, da Constituição da República, a cláusula de restituição do excesso e respectivo direito à restituição se aplicam a todos os casos em que o fato gerador presumido não se concretize empiricamente da forma como antecipadamente tributado.

6. Altera-se parcialmente o precedente firmado na ADI n. 1.851, de relatoria do Ministro Ilmar Galvão, de modo que os efeitos jurídicos desse novo entendimento orientam apenas os litígios judiciais futuros e os pendentes submetidos à sistemática da repercussão geral (...)[74].

O Tribunal modulou os efeitos de julgamento a fim de que o precedente oriente todos os litígios judiciais pendentes submetidos à sistemática da repercussão geral, e os casos futuros oriundos de antecipação do pagamento de fato gerador presumido realizado após a fixação do presente entendimento, tendo em conta o necessário realinhamento das administrações fazendárias dos Estados-membros do sistema judicial como um todo decidido pela Corte.

A exigência antecipada de parcela do ICMS relativo à comercialização de determinadas mercadorias, no momento da entrada no território do Estado de destino, não se confunde com a substituição tributária. Na antecipação inexiste a figura do substituído, pois o tributo é exigido do mesmo contribuinte que, futuramente, realizará a operação de circulação interna da mercadoria tributada[75].

Entendera o STJ ser legítima a cobrança antecipada do ICMS pelo regime normal de tributação, ou seja, sem substituição tributária, porquanto a antecipação do prazo de recolhimento do tributo não modifica o fato gerador do imposto, de conformidade com precedentes do STJ[76]. O STF reconheceu a existência de repercussão geral da questão constitucional suscitada nos termos seguintes:

Direito tributário. ICMS. Operações interestaduais. Regime de pagamento antecipado sem substituição tributária. Decreto estadual. Fato gerador do tributo. Cobrança antecipada[77].

---

74 RE 593.849/MG, Plenário, rel. Min. EDSON FACHIN, j. 19-10-2016, *DJe* 17-8-2017.

75 STJ, 2ª T., RMS 15.897/CE, rel. Min. HERMAN BENJAMIN, j. 23-6-2009, *DJe* 27-8-2009.

76 AgRg no Agravo em Recurso Especial 424.2980/RS, 2ª T., rel. Min. HERMAN BENJAMIN, j. 18-3-2014, *DJe* 27-3-2014.

77 Repercussão Geral no RE 598.677/PR, Plenário, rel. Min. DIAS TOFFOLI, *DJe* 24-8-2011.

O Convênio ICMS 142, de 14.12.2018 (com alterações), dispôs sobre os regimes de substituição tributária e de antecipação do ICMS com encerramento de tributação, relativos ao imposto devido pelas operações subsequentes.

O Convênio ICMS 67, de 5.7.2018, autorizou os Estados a instituírem Regime Optativo de Tributação e da Substituição Tributária para segmentos varejistas, com dispensa de pagamento do imposto correspondente à complementação do ICMS retido por substituição nos casos em que o preço praticado na operação a consumidor final for superior à base de cálculo utilizada para o cálculo do débito de responsabilidade por substituição tributária.

Dispôs, entretanto, que só poderão aderir ao regime os contribuintes que firmarem compromisso de não exigir a restituição decorrente de realização de operações a consumidor final com preço inferior a base de cálculo do débito de responsabilidade por substituição tributária.

O STF examinou questão proposta por entidade de classe apontando a inconstitucionalidade do Decreto n. 54.177/2009 do Estado de São Paulo, que estabelecera regime de substituição tributária do ICMS *sobre energia elétrica no âmbito do mercado livre*.

Nesse sentido argumentara o seguinte:

a) violação aos princípios da legalidade geral e tributária (arts. 5º, II, e 150, I, da CF);

b) ofensa aos princípios da livre concorrência e da livre-iniciativa, na medida em que os consumidores informem a distribuidora o valor da energia contratada com as comercializadoras, permitindo que aquela tome conhecimento de informação sigilosa, embora integre grupos societários com atuação também no ambiente de contratação livre;

c) desrespeito ao equilíbrio federativo e à competência privativa da União para legislar sobre energia (arts. 1º e 2, IV, da CF), porquanto a deformação causada pelo regime de substituição tributária compromete a eficácia da Lei n. 10.848/2004, que procurou afastar as vantagens competitivas que os distribuidores teriam em decorrência da propriedade da infraestrutura, podendo implicar aumento das tarifas suportadas pelos consumidores em razão do aumento indireto da carga tributária que onera os distribuidores relativamente ao pagamento do PIS e da COFINS;

d) violação ao devido processo legal substantivo (proporcionalidade), pois a instituição da substituição tributária é desnecessária e desproporcional em sentido estrito;

e) a adoção de base de cálculo arbitrada (preço regulado praticado pela distribuidora) para a hipótese de ausência de informação sobre os preços efetivamente praticados no mercado livre desnatura a base de cálculo do imposto;

f) ofensa ao art. 150, § 7º, da CF, que somente admite a adoção da base de cálculo presumida nos casos de substituição tributária progressiva (operações sucessivas), e ao princípio da livre concorrência por aumentar artificialmente os custos das operações de contratação livre;

g) desrespeito ao princípio da capacidade contributiva (art. 145, § 1º, da CF), pois não se pode atribuir à distribuidora a obrigação de recolher imposto relativo à comercialização de energia elétrica no ambiente de contratação livre, de cuja cadeia de circulação econômica não participa.

O STF decidira na forma seguinte:

> EMENTA. AÇÃO DIRETA DE INCONSTITUCIONALIDADE. AL. *B* DO INC. I E §§ E 3º DO ART. 425 DO REGULAMENTO DO IMPOSTO SOBRE CIRCULAÇÃO DE MERCADORIAS E SERVIÇOS DE SÃO PAULO (DECRETO N. 54.177/2009). OPERAÇÕES COM ENERGIA ELÉTRICA. SUBSTITUIÇÃO TRIBUTÁRIA. AUSÊNCIA DE PREVISÃO LEGAL. OFENSA AO PRINCÍPIO DA LEGALIDADE. AÇÃO DIRETA JULGADA PROCEDENTE[78].

2.4.2. Solidariedade, Sucessão e Pessoal

Na sujeição passiva indireta, também são consideradas as figuras seguintes:

I – Solidariedade

a) o transportador em relação à mercadoria negociada durante o transporte; em relação à mercadoria aceita para despacho ou transporte sem documentação fiscal; e em relação à mercadoria entregue a destinatário diverso do indicado na documentação fiscal;

b) as empresas concessionárias ou permissionárias de portos e aeroportos alfandegados e de recintos alfandegados de zona primária e de zona secundária, definidos pela legislação federal, ou outro depositário a qualquer título que promova a remessa de mercadoria para o exterior sem documentação fiscal;

c) a pessoa que realizar intermediação de serviço (a) com destino ao exterior sem a correspondente documentação fiscal; e (b) iniciado ou prestado no exterior sem a correspondente documentação fiscal, ou que vier a ser destinada a pessoa diversa daquela que o tiver contratado;

d) o representante, mandatário, comissário ou gestor de negócios, em relação à operação ou prestação feitas por seu intermédio;

e) as pessoas que tiverem interesse comum na situação que tiver sido dado origem à obrigação principal;

f) todo aquele que efetivamente concorrer para a sonegação do imposto.

II – Sucessão

a) a pessoa natural ou jurídica, pelo débito fiscal do alienante, quando adquirir fundo de comércio ou estabelecimento, comercial, industrial ou profissional, na hipótese de o alienante cessar a exploração do comércio, indústria ou atividade;

78 ADIn 4.281-São Paulo – Plenário – red. do acórdão Min. CÁRMEN LUCIA – Sessão de 13.10.2020, pub. 18.12.2020.

b) a pessoa natural ou jurídica, pelo débito fiscal do alienante, até a data do ato, quando adquirir fundo de comércio ou estabelecimento comercial, industrial o profissional e continuar a respectiva exploração, sob a mesma ou outra denominação ou razão social ou, ainda sob firma ou nome individual, na hipótese de o alienante prosseguir na exploração ou iniciar, dentro de 6 (seis) meses, a contar da data da alienação, nova atividade no mesmo ou em outro ramo de comércio, indústria ou profissão;

c) a pessoa jurídica que resultar de fusão, transformação ou incorporação, pelo débito fiscal da pessoa jurídica fusionada, transformada ou incorporada;

d) a pessoa jurídica que tiver absorvido patrimônio de outra em razão de cisão, total ou parcial, pelo débito fiscal da pessoa jurídica cindida, até a data do ato.

(...)

III – Pessoal

Trata-se da responsabilidade pelos créditos correspondentes às obrigações tributárias resultantes de atos praticados com excesso de poderes ou infração de lei, contrato social ou estatutos (art. 135 do CTN) prevista para (I) pais, tutores, curadores, administradores de bens de terceiros, inventariante, síndico, comissário, tabeliães, escrivães, sócios na sociedade de pessoas; (II) os mandatários, prepostos e empregados; e (III) os diretores, gerentes ou representantes da pessoa jurídica.

Considerando o art. 135 do CTN, configura-se a existência de uma teoria do superamento da personalidade jurídica, que se positiva nos casos de abuso de direito, em que os sócios, mediante atuação dolosa, cometem fraudes a credores e manifestam violação a prescrições legais.

É evidente que não basta o mero descumprimento de uma obrigação tributária, ou mero inadimplemento de um dever-ser de natureza documental, até mesmo compreensível devido às gestões e dificuldades empresariais. Só se deve ignorar a personalidade jurídica para o fim de ser responsabilizado patrimonialmente o verdadeiro autor da fraude, tornando-se necessária a transposição da pessoa jurídica para esse instituto.

É compreensível que o princípio da personalidade jurídica da empresa não pode servir para fins contrários ao direito, de modo a consagrar-se a simulação, o abuso do direito. A teoria em causa não tem por irredutível escopo desconstituir a figura societária, no que concerne às pessoas que a integram mediante a declaração de ineficácia para efeitos determinados e precisos.

O STJ firmara diretrizes relativas às peculiares situações societárias:

I – Não cabe responsabilidade:

1) Simples falta de pagamento de tributo devidamente declarado. Não há responsabilização da pessoa física[79];

79 ED no REsp 174.532/PR, 1ª Seção, rel. Min. JOSÉ DELGADO, j. 18-6-2001, *DJU* 1 20-8-2001; e REsp 885.124/RS, 1ª T., rel. Min. TEORI ALBINO ZAVASCKI, j. 12-12-2006, *DJU* 1 8-2-2007.

O inadimplemento da obrigação tributária pela sociedade não gera, por si só, a responsabilidade do sócio-gerente[80];

2) Inexistência de bens penhoráveis no patrimônio da devedora (sociedade por quotas de responsabilidade). Não configura, por si só, nem em tese, situação que acarreta a responsabilidade subsidiária dos representantes da sociedade[81];

3) Sócio-quotista que não tem poderes de administração e não participa da gestão da empresa. Não se pode atribuir responsabilidade substitutiva, e nem solidariedade, não podendo ter a execução redirecionada para si[82]:

4) O redirecionamento da execução fiscal, quando fundado em dissolução irregular da pessoa jurídica executada ou na presunção de sua ocorrência, não pode ser autorizado contra o sócio ou terceiro não sócio que, embora exercesse poderes de gerência ao tempo do fato gerador, sem incorrer em prática de atos com excesso de poderes ou infração à lei, ao contrato social ou aos estatutos, dela regularmente se retirou e não deu causa à sua posterior dissolução irregular, conforme o art. 135, III, do CTN[83].

II – Cabe responsabilidade

1) Dissolução irregular da sociedade. Enseja o redirecionamento da execução fiscal contra os sócios-gerentes, independentemente de restar caracterizada a existência de culpa ou dolo, nos termos do art. 135, III, do CTN[84];

2) Presume-se dissolvida irregularmente a empresa que deixa de funcionar no seu domicílio fiscal, sem comunicação aos órgãos competentes, legitimando o redirecionamento da execução fiscal para o sócio-gerente[85];

3) Redirecionamento, na hipótese de dissolução irregular da sociedade, pressupõe a permanência do sócio na administração da empresa ao tempo da ocorrência da dissolução[86];

4) Possível o redirecionamento da execução fiscal de maneira a atingir o sócio-gerente da empresa executada, desde que o seu nome conste da CDA, a quem cabe para se eximir da responsabilidade tributária, o ônus da prova de que não se caracterizou

80 Súmula 430, STJ.

81 REsp 831.380/SP, 1ª T., rel. Min. TEORI ALBINO ZAVASCKI, j. 20-6-2006, *DJU* 1 30-6-2006, p. 192.

82 REsp 238.668/MG, 2ª T., rel. Min. FRANCISCO PEÇANHA MARTINS, j. 12-3-2002, *DJU* 1 13-5-2002, p. 186; REsp 751.858/SC, 1ª T., rel. Min. TEORI ALBINO ZAVASCKI, j. 4-8-2005, *DJU* 1 de 22-8-2005, p. 159; AgRg no REsp 641.831/PE, 1ª T., rel. Min. FRANCISCO FALCÃO, j. 2-12-2004, *DJU* 1 28-2-2005, p. 229.

83 Tema Repetitivo 962, REsp 13770/SP, 1776138/RJ, 1787156/RS, em 1º-2-2021.

84 AgRg no REsp 831.664/RS, 1ª T., rel. Min. FRANCISCO FALCÃO, j. 7-11-2006, *DJU* 1 14-12-2006, p. 291.

85 Súmula 435, STJ.

86 EAg 1.105.993/RJ, 1ª Seção, rel. Min. HAMILTON CARVALHIDO, j. 13-12-2010.

nenhuma das circunstâncias previstas no art. 135 do Código Tributário Nacional. Havendo sucessão, nos termos do art. 133, I, do CTN, fica o cessionário responsável integralmente pelas dívidas da sociedade, devendo ser excluído da CDA o nome do sócio-gerente que se retirou da sociedade[87];

5) O redirecionamento da execução fiscal, contra os sócios da empresa executada, motivado pela dissolução irregular da sociedade, justifica-se apenas em relação àqueles que nela permaneceram até o seu encerramento[88];

6) A desconsideração da personalidade, com a consequente invasão do patrimônio dos sócios para fins de satisfação de débitos da empresa, é medida de caráter excepcional, admitida somente nas hipóteses expressamente previstas no art. 135 do CTN, ou nos casos de dissolução irregular da empresa, que nada mais é que infração à lei[89];

7) Somente se admite o redirecionamento do executivo fiscal contra o espólio quando o falecimento do contribuinte ocorrer depois de ele ter sido devidamente citado nos autos da execução fiscal[90];

8) São distintas as causas que dão ensejo à responsabilidade tributária e à definição do polo passivo da demanda: (a) no caso de pessoa jurídica, a responsabilidade decorre da concretização, no mundo material, dos elementos integralmente previstos em abstrato na norma que define a hipótese de incidência do tributo; (b) em relação ao sócio-gerente, o "fato gerador" de sua responsabilidade não é o simples inadimplemento da obrigação tributária, mas a dissolução irregular relativa a ato ilícito[91];

9) Na hipótese de sucessão empresarial, a responsabilidade da sucessora abrange não apenas os tributos devidos pela sucedida, mas também as multas moratórias ou punitivas referentes a fatos geradores ocorridos até a data da sucessão[92].

10) O redirecionamento da execução fiscal, quando fundado na dissolução irregular da pessoa jurídica executada ou na presunção de sua ocorrência, pode ser autorizado contra o sócio ou o terceiro não sócio, com poderes de administração na data em que configurada ou presumida a dissolução irregular, ainda que não tenha exercido poderes de gerência quando ocorrido o fato gerador do tributo não adimplido, conforme o art. 135, III, do CTN[93].

---

87 REsp 1.104.900/ES, 1ª Seção, rel. Min. DENISE ARRUDA, *DJe* 1-4-2009.

88 REsp 1.429.281/SC, 1ª T., rel. Min. ARI PARGENDLER, *DJe* 19-3-2014.

89 EDcl nos EDcl no AgRg no Agravo em Recurso Especial 329.575/PE, 2ª T., rel. Min. HUMBERTO MARTINS, j. 14-10-2014, *DJe* 24-10-2014.

90 AgRg no Agravo em Recurso Especial 522.268/RJ, 1ª T., rel. Min. NAPOLEÃO NUNES MAIA FILHO, j. 2-10-2014, *DJe* 17-10-2014.

91 Resp 1.455.490/PR, 2ª T., rel. Min. HERMAN BENJAMIN, j. 26-8-2014, *DJe* 25-9-2014.

92 Súmula 544, STJ.

93 Tema Repetitivo 981, REsp 1.645.333/SP, 1ª Seção, rel. Min. ASSUSETE MAGALHÃES, j. 25-5-2022.

Não pode ser imputada referida responsabilidade no caso de insuficiência de pagamento ter ocorrido em período em que se encontrava ausente da sociedade (viagem, doença etc.), ou mesmo não tendo nenhuma relação com os fatos tributários (exercício de atividades industriais, sem atuação na gestão tributária); ou, como sócio-quotista, não ter exercido função de gerência, ou administração da empresa.

Os limites da responsabilidade dos sócios e administradores foram fixados pelo STJ, de conformidade com os parâmetros seguintes:

> Tributário e Processual Civil. Agravo Regimental. Execução Fiscal. Responsabilidade de Sócio-gerente. Limites. Art. 135, III, do CTN. Uniformização da Matéria pela 1ª Seção desta Corte. Precedentes.
>
> (...)
>
> 2. Os bens do sócio de uma pessoa jurídica comercial não respondem, em caráter solidário, por dívidas fiscais assumidas pela sociedade. A responsabilidade tributária imposta por sócio-gerente, administrador, diretor ou equivalente só se caracteriza quando há dissolução irregular da sociedade ou se comprova infração à lei praticada pelo dirigente.
>
> 3. Em qualquer espécie de sociedade comercial, é o patrimônio social que respondem sempre e integralmente pelas dívidas sociais. Os diretores não respondem pessoalmente pelas obrigações contraídas em nome da sociedade, mas respondem para com esta e para com terceiros solidária e ilimitadamente pelo excesso de mandato, e pelos atos praticados com violação do estatuto ou lei (art. 158, I, e II, da Lei n. 6.404/76).
>
> 4. De acordo com o nosso ordenamento jurídico-tributário, os sócios (diretores, gerentes ou representantes da pessoa jurídica), são responsáveis, por substituição, pelos créditos correspondentes a obrigações tributárias resultantes da prática de ato ou fato eivado de excesso de poderes ou com infração de lei, contrato social ou estatutos (art. 135, III, do CTN).
>
> 5. O simples inadimplemento não caracteriza infração legal. Inexistindo prova de que se tenha agido com excesso de poderes, ou infração de contrato social ou estatutos, não há falar-se em responsabilidade tributária do ex-sócio a esse título ou a título de infração legal. Inexistência de responsabilidade tributária do ex-sócio. Precedentes desta Corte Superior.
>
> 6. Matéria que teve sua uniformização efetuada pela egrégia 1ª Seção desta Corte[94].

Situação peculiar mostra que o contribuinte, após ter efetuado o recolhimento de tributo por intermédio de instituição financeira, devidamente autorizada pelo ente tributante, sofre questionamento fiscal sob a alegação de que teria deixado de cumprir obrigação, quando, na verdade, se comprova que houve procedimento fraudulento da financeira (desvio de recursos para terceiros e autenticação falsa em guia de comprovante de recolhimento, por parte dos funcionários desta).

94 EREsp 260.107/RS, j. 10-3-2004, unânime, *DJ* 19-4-2004, p. 241.

A obrigação do efetivo recolhimento aos cofres públicos deve ser imputada à financeira, na medida em que, além de reconhecer a conduta fraudulenta praticada por seus funcionários, fora instituída na condição de arrecadadora pelo próprio Estado, através de instrumento contratual[95].

2.4.3. Grupo econômico

Empresas pertencentes aos mesmos titulares (pessoas naturais ou jurídicas) podem realizar atividades diversificadas, para melhor otimização de seus objetivos societários (fornecimento de bens, serviços, obtenção de lucro), sob a orientação central, mediante a utilização (ordenada e sincronizada) de imóveis, máquinas e atividades administrativas.

Os conglomerados industriais podem ser vislumbrados nos negócios em que distintas sociedades realizam atividades coordenadas, como é o caso de empresa fabricante de componentes de equipamentos que mantém associação (mesmo informal) com comerciantes e prestadores de serviços, tendo por finalidade concluir o fornecimento de bens e atender adequadamente o mercado consumidor.

Pode tratar-se de atividade complexa relativa a elevadores, em que se concretizam diversas operações: (i) projeto elaborado sob encomenda para a construtora; (ii) fabricação de componentes; (iii) transporte dos materiais para o canteiro de obras; (v) montagem com a conclusão da fabricação do elevador; e (vi) supervisão de montagem.

As empresas abrangidas pelos aludidos negócios coordenam suas atividades, colimando a diminuição de ônus (administrativos, financeiros, fiscais), mediante a utilização de bens disponíveis (ausência de ociosidade), que também podem acarretar ofertas de preços mais atraentes no ciclo econômico (fornecedores, distribuidores etc.), pautando-se pelo princípio da autonomia da vontade empresarial, que constitui diretriz da atividade econômica.

O *grupo econômico* pode ser constituído mediante formalismo jurídico, consoante previsto na Lei Federal n. 6.404, de 15 de dezembro de 1976 (legislação das sociedades anônimas):

> Art. 265. A sociedade controladora e suas controladas podem constituir, nos termos deste Capítulo, grupos de sociedades, mediante convenção pela qual se obriguem a combinar recursos ou esforços para a realização dos respectivos objetos, ou a participação de atividades dos empreendimentos comuns.

95 MELO, Fabio Soares de. "Pagamento de Tributo por Intermédio de Instituição Financeira Autorizada – Extinção do Crédito Tributário – Ausência de Repasse dos Recursos ao Ente Tributante – Configuração de Fraude – Impossibilidade de Exigência do Adimplemento pelo Contribuinte", *Tributação, Justiça e Liberdade*, Homenagem a Ives Gandra da Silva Martins, Marcelo Magalhães Peixoto e Edison Carlos Fernandes (coords.), Curitiba: APET e Juruá, 2005, p. 161/172.

As relações entre as sociedades, a estrutura administrativa do grupo e a coordenação ou subordinação dos administradores das sociedades filiadas serão estabelecidas na convenção do grupo, mas cada sociedade conservará personalidade e patrimônios distintos; sendo o grupo constituído por convenção aprovada pelas sociedades que o componham, mediante específicos requisitos; e com validade a partir da data do arquivamento no Registro do Comércio (Lei Federal n. 6.404/76, arts. 166, 269 e 271).

Significativa a postura do STF:

> O preceito do art. 124, II, no sentido de que são solidariamente obrigadas as pessoas expressamente designadas por lei, não autoriza o legislador a criar novos casos de responsabilidade tributária sem a observância dos requisitos exigidos pelo art. 128 do CTN, tampouco a desconsiderar as regras matrizes de responsabilidade de terceiros, estabelecidas em caráter geral pelos arts. 134 e 135 do mesmo diploma. A previsão legal de solidariedade entre devedores – de modo que o pagamento efetuado por um aproveite aos demais, que a interrupção da prescrição, em favor ou contra um dos obrigados, também tenha efeitos comuns e que a isenção ou remissão de crédito exonere todos os obrigados quando não seja pessoal (art. 125, do CTN) – pressupõe que a própria condição de devedor tenha sido estabelecida validade[96].

Embora o conceito de grupo econômico seja objeto de distintas considerações normativas – para efeitos trabalhistas, previdenciários etc. –, no que concerne à imputação da responsabilidade tributária, há que ser obedecido o tratamento jurídico disposto em lei complementar (CTN), para que não se positive manifesta inconstitucionalidade.

O STJ apreciara situação específica relativa aos grupos econômicos, na forma seguinte:

> Alienação de Imóvel. Desconsideração da Pessoa Jurídica. Grupo de Sociedades com Estrutura Meramente Formal. Precedente.
>
> (...) 3. A desconsideração da pessoa jurídica, mesmo no caso de grupos econômicos, deve ser reconhecida em situações excepcionais, onde se visualiza a confusão de patrimônio, fraude aos credores. No caso *sub judice*, impedir a desconsideração da personalidade jurídica da agravante implicaria em impossível fraude contra credores. Separação societária, de índole apenas formal, legitima a irradiação dos efeitos ao patrimônio da agravante com vistas a garantir a execução fiscal da empresa que se encontra sob o controle de mesmo grupo econômico (...)[97].

96 Repercussão Geral no RE 562.276, Pleno, rel. Min. ELLEN GRACIE, *DJ* 9-2-2011.

97 REsp 767.021/RJ, 1ª T., rel. Min. JOSÉ DELGADO, j. 16-8-2005, *DJ* 12-9-2005, p. 258.

2.5. BASE DE CÁLCULO

2.5.1. Noções gerais

A base de cálculo é o *valor da operação mercantil*; e *o preço dos serviços* de transporte interestadual e intermunicipal e de comunicação. Assim, o imposto não incide sobre serviços gratuitos, demandando sempre a onerosidade, reveladora da capacidade contributiva.

O STF fixou a tese de que "somente lei em sentido formal pode instituir o regime de recolhimento do ICMS por *estimativa*"[98].

No *fornecimento de alimentação e bebidas*, a base será o valor da operação, compreendendo a mercadoria e o serviço, enquanto no fornecimento de mercadorias com prestação de serviços, a base será o valor da operação, ou o preço corrente da mercadoria fornecida ou empregada.

A singularidade desta operação implicará considerações sintetizadas da forma seguinte:

a) *Catering* – empresas que se dedicam ao fornecimento de alimentos para as companhias aéreas a servirem aos seus passageiros, em como organização interna dos bens que auxiliarão a prestação de serviços de transporte aéreo, limpeza de cobertores, travesseiros etc.;

b) *Handglin* – empresas que realizam o manuseio de alimentação e de outros bens, incluídos aqueles que compõem o estoque do *duty free shop*, a lavagem industrial de bens de uso e consumo.

Entende-se que "apenas o *handglin* cobrado pelo manuseio de alimentação fornecida diretamente pelas empresas de *catering* é que poderá ser integrante da base de cálculo do ICMS; isto é, que tenham sido adquiridas e vendidas por estas empresas, mas jamais o *handglin* pelo manuseio de alimentação"[99]. Somente devem integrar a base de cálculo os valores inerentes às mercadorias e/ou serviços de transporte e de comunicação, bem como os reajustes e acréscimos intrinsecamente vinculados a tais valores. Não deveriam ser incluídos elementos estranhos ao valor da operação ou do preço, porquanto correspondem a verbas que têm natureza diversa das operações mercantis e das prestações de serviços, não havendo fundamento para o ICMS ser calculado sobre meras entradas financeiras os créditos.

A LC n. 190/2022 preceitua o seguinte:

> Art. 13. (...)
>
> IX – nas hipóteses dos incisos XIII e XV do *caput* do art. 12 desta Lei Complementar:

98 Tema 830 de Repercussão Geral no RE 636.265, j. 18-6-2015.

99 BERGAMINI, Adolpho. *ICMS*. Coleção de Tributos Indiretos, vol. I. Fiscosoft, 2012, p. 271-273.

a) o valor da operação ou prestação no Estado de destino, para o cálculo do imposto devido a esse Estado;

b) o valor da operação ou prestação no Estado de destino, para o cálculo do imposto devido a esse Estado.

Observo que as mencionadas hipóteses se referem à "utilização, por contribuinte, de serviço cuja prestação se tenha iniciado em outro Estado e não esteja vinculada a operação ou prestação subsequente"; e "entrada no território do Estado de bem ou mercadoria oriundos de outro Estado adquiridos por contribuinte do imposto e destinados ao seu uso ou consumo ou à integração ao seu ativo imobilizado".

X – nas hipóteses dos incisos XIV e XVI do *caput* do art. 12 desta Lei Complementar, o valor da operação ou o preço do serviço, para o cálculo do imposto devido ao Estado de origem e ao de destino.

Assinalo que as referidas hipóteses concernem a "início da prestação de serviço de transporte interestadual, nas prestações não vinculadas a operação ou prestação subsequente, cujo tomador não seja contribuinte do imposto domiciliado ou estabelecido no Estado de destino"; e "saída, de estabelecimento de contribuinte, de bem ou mercadoria destinados a consumidor final não contribuinte do imposto domiciliado ou estabelecido em outro Estado".

Importante considerar as peculiaridades constantes dos itens seguintes:

2.5.2. Descontos

Os valores relativos a descontos (condicionais ou incondicionais) sempre implicam diminuição do preço das mercadorias, e deveriam acarretar a redução da base de cálculo.

Entretanto, a LC n. 87/96 (art. 13, § 1º, II, *a*) determina que "integram a base de cálculo os descontos concedidos sob condição", significando a cláusula que, derivando exclusivamente da vontade das partes, subordina o efeito do negócio jurídico a evento futuro e incerto (art. 121 do Código Civil).

Assim, tendo o comerciante fixado o preço de uma televisão em R$ 5.000,00, no caso de pagamento mediante utilização de cartão de crédito; e, em R$ 4.000,00 para pagamento em moeda, no ato de aquisição, o ICMS (por determinação legal) teria que ser calculado sobre R$ 5.000,00.

Todavia, referida regra viola o princípio da capacidade contributiva, harmonizado com os princípios da proporcionalidade e da razoabilidade, uma vez que o contribuinte não irá receber o montante de R$ 5.000,00, diverso do negócio ajustado pelas partes (R$ 4.000,00), e que não guarda nenhuma correspondência com a riqueza a ser auferida.

Por decorrência lógica, tratando-se de desconto incondicional (estipulação de R$ 4.000,00 para o preço da televisão, independente da forma e prazo de pagamento), a base de cálculo deverá corresponder a R$ 4.000,00.

Revela-se patente a irrealidade e a ausência de lógica na regra atinente ao desconto condicional, uma vez que o valor a ser percebido pelo contribuinte será o mesmo (praticando-se desconto condicional ou incondicional), embora a tributação seja diferente.

Entretanto, o STJ firmara a posição seguinte:

> TRIBUTÁRIO. EMBARGOS DE DIVERGÊNCIA. ICMS. BASE DE CÁLCULO. DESCONTO CONDICIONADO.
>
> 1. Os valores concernentes aos descontos tido promocionais, assim como os descontos para pagamento a vista, ou de quaisquer outros descontos cuja efetivação não fique a depender de evento futuro e incerto, não integram a base de cálculo do ICMS, porque não fazem parte do valor da operação da qual decorre a saída da mercadoria[100].
>
> 2. O valor dos descontos incondicionais oferecidos nas operações mercantis deve ser excluído da base de cálculo do ICMS, ao passo que os descontos concedidos de maneira condicionada não geram a redução do tributo. Precedentes.
>
> 3. Na hipótese, o desconto efetuado pela embargante estava condicionado a utilização de financiamento oferecido por empresa do mesmo grupo, sem valor para quem efetuasse as compras utilizando-se de dinheiro, cartão de crédito ou cheque.
>
> 4. Embargos de Divergência conhecidos e improvidos[101].

Confira-se a postura do STJ: "Os descontos incondicionais nas operações mercantis não se incluem na base de cálculo do ICMS"[102].

2.5.3. Seguros

A consideração do ICMS sobre o valor dos seguros (LC n. 87/96, art. 13, § 1º, II, *a*) é questionável, uma vez que referida verba cobrada pelo contribuinte não constitui elemento componente do valor da mercadoria.

No caso de ocorrer determinada vinculação jurídica complexa, em que a operação mercantil seja desenvolvida em paralelo com outras, esta circunstância não autoriza ignorar-se a autonomia recíproca de cada um desses negócios, para ampliar a base imponível do imposto.

Embora o seguro decorra da venda da mercadoria, constitui negócio jurídico autônomo, ensejando a cobrança de tributo pertencente à União, pessoa constitucional distinta (IOSeguro – art. 153, V, da CF).

---

100 MACHADO, Hugo de Brito. *Direito Tributário II*. São Paulo: RT, 1994, p. 237.

101 Emb. de Div. em REsp 508.057/SP, 1ª Seção, rel. Min. CASTRO MEIRA, j. 18-10-2004, *DJU* 1 16-11-2004, p. 181.

102 Súmula 457, STJ.

As competências tributárias não são reciprocamente absorvíveis pelas pessoas políticas. O Direito Constitucional é rígido nessa matéria e não se compadece com prorrogações de competência. Tampouco suas respectivas matérias foram confundidas pela CF. Assim, onde houver venda e operação de seguro, duas entidades constitucionais são competentes para impor tributação, cada qual nos limites previstos na CF. É cediço que as competências tributárias são ditas exclusivas e privativas.

A lei tributária ordinária pode tomar os negócios privados como hipótese de incidência de seus tributos. Não pode invadir a esfera de liberdade do particular para forçar o acontecimento de um fato, nem para deturpá-lo em suas peculiaridades jurídicas. Tal como disciplinada a matéria na CF, e insuperável o dever do legislador, e da Administração Pública, de respeitar essa manifestação da vontade privada, sua violação importa violação da própria CF.

A compra e venda é negócio autônomo, distinto e inconfundível relativamente a outro negócio – lógico e cronologicamente subsequente –, o seguro. As formações de valores são distintas, porquanto na venda se computam os custos, as despesas operacionais, a margem de lucro etc., o que não ocorre com o seguro.

O *seguro de garantia estendida*, de natureza voluntária, é estabelecido entre o consumidor (segurado) e uma sociedade seguradora, sendo rotineiramente oferecido e comercializado pela empresa que vendeu a mercadoria, que intermedeia o negócio.

Esta modalidade de seguro fora regulamentada pelo Conselho Nacional de Seguros Privados (Resoluções n. 122/2005 e 296/2013), tendo como objetivo fornecer ao segurado a extensão ou complementação da garantia original de fábrica, estabelecida no contrato de compra e venda de bens, mediante o pagamento de prêmio. O CNSP esclarecera que ficava vedado condicionar a compra do bem à contratação deste seguro, assim como condicionar a concessão de desconto no seu preço à aquisição do seguro (Resolução n. 296/2013, art. 13).

O STJ decidira que o valor pago pelo consumidor final a título de "seguro de garantia estendida" não integra a base de cálculo do ICMS incidente sobre a operação de compra e venda da mercadoria[103].

2.5.4. Multas

A multa *contratual* (descumprimento de obrigação mercantil, ou de serviço) revela a natureza de indenização pelos danos causados a uma das partes contratantes. É o caso do contrato de fornecimento de equipamento objeto de industrialização, em que o fabricante não tem condição de fornecê-lo no prazo avençado, pelo fato de o comprador não haver disponibilizado o local de entrega em tempo hábil, devendo o equipamento permanecer no estabelecimento do fabricante.

---

103 REsp 1.346.749/MG, 1ª T., rel. Min. BENEDITO GONÇALVES, j. 10-2-2015, *DJe* 4-3-2015.

Havendo sido estipulada a multa, o vendedor fará a cobrança do respectivo valor, representando ressarcimento por ilícito contratual e que constitui elemento estranho ao preço da mercadoria. Referido valor não deve ser objeto de imposição tributária.

A *multa fiscal*, ou *penal*, decorre da falta de pagamento do tributo, ou inobservância de dever acessório, apurado pelo Fisco, significando penalidade em razão do descumprimento de determinação legal, não tendo nenhuma correspondência com o preço das mercadorias, ou dos serviços, acordados pelas partes contratantes. Constitui medida repressiva e tem por objetivo punir o devedor por infração a preceitos legais, decorrentes de apuração fiscal (auto de infração).

A *multa moratória* decorre do simples atraso no recolhimento do tributo declarado. O contribuinte informa à fiscalização suas operações, e prestações, realizadas dentro de um determinado período de apuração, por intermédio de GIA (Guia de Informação e Apuração do ICMS).

Ambas as multas não devem integrar a base de cálculo do ICMS.

2.5.5. Correção monetária e reajustes

Os preços das mercadorias, e dos serviços de transporte e de comunicação, podem ser alterados na medida em que haja previsão contratual no sentido de serem atualizados, segundo a aplicação de índices que reflitam a variação da moeda.

A correção monetária é mero instrumento de atualização da moeda, jamais se podendo considerá-la como sendo uma das vantagens imputadas ao contribuinte, pois ela não é um *plus*, não gera nenhum acréscimo patrimonial, apenas corrige o valor corroído pela desatualização da moeda (inflação).

Daí a razão pela qual nos contratos que estabelecem a aplicação da correção do preço, não se cogitará de autêntica majoração do valor anteriormente pactuado, não sofrendo interferência tributária. O STJ rechaçara a atualização da base de cálculo em venda para entrega futura[104], na esteira de precedentes do STJ, a saber:

> A consideração do tributo a partir do valor negócio jurídico, atualizado na data da saída da mercadoria do estabelecimento, além de alimentar a nefasta cultura inflacionária, discrepa da ordem natural das coisas, resultando em indevido acréscimo ao total da operação, porque não querido pelas partes, e em violência ao princípio da não cumulatividade. O figurino constitucional do tributo impõe, como base de cálculo, o montante da operação relativa à circulação de mercadoria, a quantia recebida pelo vendedor[105].

104 REsp 652.504/SP, 1ª T., rel. Min. LUIZ FUX, j. 21-2-2006, *DJU* 1 20-3-2006, p. 198.

105 RE 210.876-6/RS, Pleno, rel. Min. MARCO AURÉLIO, j. 5-9-2002, *DJU* 8-11-2002.

Não se deve confundir a mera atualização de valores (correção) com a efetiva majoração do preço (reajuste), que ocorre no caso da elevação dos custos de materiais e de mão de obra previstos contratualmente, e que acarretam real aumento do preço das mercadorias e dos serviços, ampliando a base de cálculo do imposto.

Nas operações e prestações interestaduais entre estabelecimentos de contribuintes diferentes, caso haja reajuste do valor depois da remessa ou da prestação, a diferença fica sujeita ao imposto no estabelecimento do remetente ou do prestador (LC n. 87/96, art. 13, § 5º).

2.5.6. Integração do ICMS

A regra que integra a base de cálculo do ICMS, o montante do próprio imposto (art. 12, § 1º, I, da LC n. 87/96), tem sido criticada sob o fundamento de que "desvirtua modelo constitucional deste tributo, que deixa de ser sobre 'operações mercantis', para transformar-se num 'imposto sobre imposto', figura híbrida e teratológica, que, inclusive, viola o princípio da reserva das competências tributarias"[106].

O STF decidiu o seguinte:

> A Lei Complementar n. 87/96, ao estabelecer que integra a base de cálculo do ICMS o montante do próprio imposto, vale dizer, a base de cálculo do ICMS corresponderá ao valor da operação ou prestação somado ao próprio tributo, não ofende o princípio constitucional da não cumulatividade. Com base nesse entendimento, o Tribunal, por maioria, manteve o acórdão proferido pelo Tribunal de Justiça do Estado do Rio Grande do Sul, que afastava a pretensão da empresa-contribuinte de excluir, da base de cálculo do ICMS o próprio valor do tributo devido, sob a alegação de que tal cobrança ofendia os artigos 5º, XXII, 145, § 1º, 150, IV e 155, todos da CF.
>
> Vencido o Min. Marco Aurélio, relator, ao entendimento de que a Lei Complementar n. 87/96, ao exigir que o contribuinte pague imposto sobre imposto a pagar, violou os princípios constitucionais da capacidade contributiva, da razoabilidade, da não cumulatividade e da legalidade[107].

A Emenda Constitucional n. 33, de 11-12-2001, passou a outorgar competência à lei complementar para "fixar a base de cálculo, de modo que o montante do imposto a integra, também na importação do exterior do bem, mercadoria ou serviço" (inserção da alínea *i*, ao inciso XII, do art. 155).

---

106 CARRAZZA, Roque. ICMS – Inconstitucionalidade da Inclusão de seu Valor, em sua Própria Base de Cálculo, *RDDT*, n. 23, p. 11.

107 RE 212.209/RS, rel. orig. Min. MARCO AURÉLIO, red. p/ acórdão Min. NELSON JOBIM, j. 23-6-1999, *Informativo STF* n. 154, de 21 a 25-6-1999.

A Emenda possibilita considerar como base de cálculo relativa a combustíveis e lubrificantes o "valor da operação, ou o preço que o produto ou seu similar alcançaria em uma venda em condições de livre concorrência" (art. 155, § 3º, IV, *b*).

O STF fixou a tese de que "é constitucional a inclusão do valor do Imposto sobre Circulação de Mercadorias e Serviços – ICMS na sua própria base de cálculo"[108].

Entendo que a determinação para que o ICMS seja considerado (incluído) para efeito de apuração da base de cálculo (regime de substituição tributária) – objeto do Convênio ICMS 142, de 14.12.2018 – caracteriza inconstitucionalidade e ilegalidade, uma vez que as normas superiores (CF e LC n. 87/96, na redação da LC n. 114/2002) não estabeleceram a integração do valor do imposto relativamente às operações que se presumem venham a ocorrer.

Segundo a jurisprudência do STJ e do STF, mesmo com a sistemática prevista na Lei Complementar n. 87/96, "o ICMS incidente sobre o preço da energia elétrica é calculado por dentro, ou seja, o preço da operação final"[109].

A CF-88 outorgara competência à lei complementar para tratar de duas matérias que se submetem a regimes jurídicos distintos, a saber:

a) substituição tributária (regime específico de apuração do ICMS);

b) base de cálculo do imposto, com previsão de que será integrado pelo valor do próprio ICMS (regime normal de apuração do ICMS).

A LC n. 87/96 (alterada pela LC n. 114/2002) tratou das bases de cálculo de modos distintos, a saber:

a) regime normal – dispôs que o ICMS deverá ser considerado na apuração do valor do imposto, nas operações realizadas pelo próprio contribuinte;

b) regime de substituição tributária – indicou os elementos e as verbas que deverão ser consideradas para apuração do ICMS, mas não determinou que o valor do imposto teria que compor a base de cálculo.

A legislação ordinária (sequer convênio) não pode ampliar a base de cálculo para considerar "impostos" transferíveis ao adquirente, em afronta à legislação complementar, caracterizando violação de competência tributária e patente inconstitucionalidade, além de comprometer a capacidade econômica do contribuinte.

2.5.7. Pautas

Inaceitável a fixação (ou ficção) legal da base de cálculo estranha ao preço das mercadorias, e dos serviços, tomando-se em conta o artificial valor de mercado, segun-

108 Tema 214 de Repercussão Geral no RE 582.461, j. 18-5-2011.

109 REsp 712.004/SP, 2ª T., Min. ELIANA CALMON, *DJ* 23-5-2006.

do critérios administrativos, caracterizando-se como pautas, que nunca condizem com a realidade dos negócios jurídicos.

Confira-se a jurisprudência:

> É ilegal a cobrança de ICMS com base no valor da mercadoria submetido ao regime de pauta fiscal[110].

Peculiarmente, fixou o entendimento de que:

> Há que se distinguir pauta fiscal, instrumento de arrecadação, repudiado pela jurisprudência, e a fixação de valores presumidos de operações futuras, submetidas ao regime de substituição tributária amplamente aceita nos Tribunais[111].

A postura jurisprudencial fora mantida no caso de base de cálculo de produtos farmacêuticos, na forma seguinte:

> Tributário. Recurso Ordinário em Mandado de Segurança. ICMS. Produtos Farmacêuticos. Base de Cálculo. Pauta Fiscal. Impossibilidade. Precedentes.
>
> 1. É inadmissível a fixação da base de cálculo de ICMS com supedâneo em pautas de preços ou valores, as chamadas pautas fiscais, as quais se baseiam em valores fixados prévia e aleatoriamente para a apuração da base de cálculo do tributo, consoante entendimento pacífico desta Corte. Precedentes: RMS n. 18.634-MT, rel. Min. Denise Arruda, Primeira Turma, *DJ* de 20-9-2007; EDcl no RMS n. 16.810-PA, rel. Min. Luiz Fux, Primeira Turma, *DJ* de 4-6-2007; RMS n. 23.502-SE, desta Relatoria, Primeira Turma, *DJ* de 19-4-2007; RMS n. 19.026-MT, rel. Min. João Otávio Noronha, Segunda Turma, *DJN* de 6-3-2006.
>
> 2. Recurso provido[112].

A LC n. 87/96 estabelece, ainda:

> Art. 15. Na falta de valor a que se referem os incisos I e VIII do art. 13, a base de cálculo do imposto é:
>
> I – o preço corrente da mercadoria, ou de seu similar, no mercado atacadista do local da operação, ou na sua falta, no mercado atacadista regional, caso o remetente seja produtor, extrator ou gerador, inclusive de energia;
>
> II – o preço FOB estabelecimento industrial à vista, caso o remetente seja industrial;
>
> III – o preço FOB estabelecimento comercial à vista, na venda a outros comerciantes ou industriais, caso o remetente seja comerciante.
>
> § 1º Para a aplicação dos incisos II e III do *caput*, adotar-se-á sucessivamente:

110 Súmula 431, STJ.

111 RMS 31.526/GO, 2ª T., rel. Min. HUMBERTO MARTINS, j. 3-5-2012, *DJe* 11-5-2012.

112 RMS 25.605/SE, 1ª T., rel. Min. JOSÉ DELGADO, j. 22-4-2008, *DJe* 21-5-2008.

> I – o preço efetivamente cobrado pelo estabelecimento remetente na operação mais recente;
>
> II – caso o remetente não tenha efetuado venda de mercadoria, o preço corrente da mercadoria ou de seu similar no mercado atacadista do local da operação ou, na falta deste, no mercado atacadista regional.
>
> § 2º Na hipótese do inciso III do *caput*, se o estabelecimento remetente não efetuar vendas a outros comerciantes ou industriais ou, em qualquer caso, se não houver mercadoria similar, a base de cálculo será equivalente a setenta e cinco por cento do preço de venda corrente no varejo.
>
> Art. 16. Nas prestações sem preço determinado, a base de cálculo do imposto é o valor corrente do serviço, no local da prestação.

Penso que a intelecção da norma se pauta no sentido de que "falta de valor" significa "falta de preço", que pode ser positivada nos casos de transferência de propriedade, ou posse, de mercadorias em que incorra tal encargo, como acontece na doação, troca, ou ainda meras etapas intermediarias do processo de circulação.

Assim, diante da inexistência do apontado valor, a legislação objetiva assentar uma expressão numérica mais consentânea, ou aproximada possível, da realidade econômica, louvando-se em diversas espécies de preços (corrente, similar, de mercado, mais recente), sem que esteja sendo praticado um autêntico arbitramento (na forma prevista no art. 18 da LC n. 87/96).

Deve ser aceita com cautela a fixação do "valor corrente do serviço, no local da prestação", nas prestações sem preço determinado (art. 16 da LC n. 87/96), e a desconsideração do valor do frete, em transportes com empresas interdependentes, quando exceda os níveis normais de preço em vigor (art. 17, I, II e III, da LC n. 87/96).

2.5.8. Juros

2.5.8.1. Mora

O atraso no pagamento do preço (à vista ou em parcelas contratuais) concede ao contribuinte (alienante das mercadorias, o prestador de serviço de transporte e de comunicação), o direito de efetuar a cobrança de juros moratórios, à razão de 1% (um por cento) ao mês.

Referidas verbas constituem elementos estranhos à quantificação dos referidos negócios jurídicos, não compondo a base de cálculo do ICMS.

Os juros não devem ser tributados apesar da LC n. 87/96 (art. 13, § 1º, II, *a*) haver disposto sobre a integração do valor correspondente a juros na base de cálculo do imposto.

2.5.8.2. Acréscimos financeiros (concessão de crédito)

Empresas comerciais dedicam-se à venda a varejo de mercadorias a consumidores, mediante a realização de contratos de compra e venda mercantil.

Tais contratos são de formação singela: o preço é fixado pelas empresas de modo geralmente inalterável, cumprindo ao comprador pagá-lo à vista, simultaneamente com a tradição e entrega da mercadoria adquirida. O pagamento é feito em dinheiro, de contado, cheque, ou concessão de crédito; ou a prazo, mediante a prévia fixação de preço certo e determinado.

Nesta modalidade de negócio, observa-se a seguinte mecânica de funcionamento:

a) o vendedor contrata com clientes preferenciais "abertura de crédito" para aquisição à vista, de mercadorias, que para pagá-las só devem apresentar o cartão, assinando comprovante no exato valor da aquisição. A venda a consumidor final, mediante pagamento à vista, por cartão; completada, a obrigação do cliente é apenas financeira, nos termos do contrato de "abertura de crédito";

b) ao cliente é assegurado prazo para liquidação, sem encargos, do valor de sua obrigação financeira; vencido o prazo previamente estipulado – sem que ocorra liquidação – o saldo devedor será automaticamente financiado por empresa do sistema financeiro, ou pelo próprio comerciante, a seu critério;

c) sobre o saldo incidirão juros iguais aos do mercado financeiro mensalmente, mediante equação que toma em conta o seu valor no início do período, os juros incorridos, as novas compras realizadas e os pagamentos efetuados. A incidência de juros é restrita ao saldo devedor apurado após o vencimento do mencionado prazo.

O contrato financeiro – e a entrega do cartão ao cliente – não representa nenhuma operação mercantil; significa, apenas, negócio de abertura de crédito rotativo (especial) para produzir efeitos se e quando ocorrerem compras financiadas de mercadorias. Ao receber o preço da venda, no próprio ato, o comerciante conclui a execução do contrato mercantil; recebe a contraprestação do comprador e entrega a mercadoria ao preço convencionado.

Operação financeira haverá se o cliente utilizar crédito; ser-lhe-ão, então, cobrados custos ou encargos (juros) de dinheiro mutuado. Isto não altera o valor da compra, que é imutável. Tais encargos revestem natureza aleatória; não existirão se o cliente, desistindo das vantagens obtidas, liquidar sua obrigação financeira dentro do aludido período.

No caso de inadimplemento das obrigações previstas no contrato financeiro, a execução visara, apenas, ao recebimento judicial do valor financiado, jamais envolvendo a retomada da coisa (a mercadoria é juridicamente irrecuperável, porque a venda foi definitiva, perfeita e acabada).

As cláusulas do contrato de abertura de crédito facultam aos clientes financiamento automático de compras comerciais; isto significa que, saldando imediatamente o preço, com a exibição do cartão, ser-lhe-á concedido, à sua vontade, um financiamento sobre esse valor. E será o próprio comerciante (procurador do cliente), por força de cláusula de mandato inserta no instrumento contratual e fornecimento do cartão, que obterá o financiamento (apenas, quando, por algum motivo, não lhe for possível obter esse financiamento por terceiros, e que financiará a venda com seus próprios recursos).

Agindo como empresa comercial, cumpriu sua função econômica: vendeu, entregou e recebeu o preço. Preço esse que é o de venda à vista, desde o início assim determinado. Encargos e juros futuros, onerando o cliente – custos financeiros, portanto, se existirem, decorrerão do contrato de abertura de crédito, correspondendo ao preço do dinheiro mutuado, e não ao preço da mercadoria, fixado à vista, e assim devidamente pago.

Nos casos de pagamento mediante "cartão de crédito" ocorre uma única hipótese de eventual inadimplemento: quando, acionado o financiamento automático, o financiado deixa de pagar as parcelas de amortização. Aí, haverá, apenas, um crédito a executar, pois descabe a retomada da coisa: a venda foi à vista, afastando a reserva de domínio ou pacto comissório. A mercadoria é irrecuperável, dada a transmissão do seu domínio. A execução, apenas, poderá recair sobre o valor financiado.

O contrato de compra e venda, e o contrato de financiamento, não podem ser confundidos; as consequências de inadimplemento de um, ou de outro, são completamente diferentes.

A remuneração correspondente ao negócio de crédito – embora decorrente da compra e venda realizada – não integra o valor da operação mercantil. Isto fica saliente se se considerar que a Constituição estabelece serem tributáveis, privativamente pela União, as operações financeiras (art. 153, V). Assim, fica inviabilizada a inclusão discricionária de inserir a remuneração do financiamento no valor da operação mercantil.

Se a União não pode tributar o negócio mercantil, pelo IOF, também não podem os Estados (e o DF) pretender submeter ao ICMS o que corresponda a negócio de crédito, sob pena de invasão de competência.

Essa postura jurídica (formulada por Ataliba) foi acolhida pela jurisprudência:

> STF – Tributário. ICM. Cartão Especial de Crédito Valor de Financiamento.
>
> Embora o financiamento do preço da mercadoria, ou de parte dele, seja proporcionado pela própria empresa vendedora, o ICM há de incidir sobre o preço ajustado para a venda, pois esse é que há de ser considerado como o valor da mercadoria, e do qual decorre a sua saída do estabelecimento vendedor.
>
> O valor que o comprador irá pagar a maior, se não quitar o preço nos 30 dias seguintes, como faculta o contrato do Cartão Especial, decorre de opção sua, e o acréscimo se dá em razão do financiamento, pelo custo do dinheiro, e não pelo valor da mercadoria[113].

---

113 RE 101.103-0, 2ª T., rel. Min. ALDIR PASSARINHO, j. 18-11-1988, *JSTF* vol. 127, p. 130/145.

STJ – Nas operações, com cartão de crédito, os encargos relativos ao financiamento não são considerados no cálculo do ICMS[114].

O STJ vem mantendo essa diretriz:

(...) é uniforme a jurisprudência deste Superior Tribunal de Justiça no sentido de que os encargos decorrentes do financiamento, nas operações realizadas com cartão de crédito, não se incluem no âmbito de incidência do ICMS. Essa orientação é aplicada também em se tratando de operações realizadas com cartão de crédito emitido pela própria empresa[115].

É assente na Corte que os encargos relativos ao financiamento, seja este decorrente ou não de operação com cartão de crédito, não integram a base de cálculo do ICMS. Interpretação analógica do Enunciado Sumular n. 237/STJ (Precedentes EREsp 435.161/SP, rel. Min. João Otavio Noronha, *DJ* de 3-6-2005; AgRg no Resp 300.722/SP, rel. Min. Francisco Falcão, *DJ* de 16-5-2005; e AgRg no AG n. 588.278/SP, rel. Min. Castro Meira, *DJ* de 25-10-2004)[116].

2.5.8.3. *Vendas a prazo*

Nesta modalidade contratual, as partes (vendedor e comprador) já se acertaram com relação à estipulação do preço (certo e determinado), cujo pagamento deverá ser realizado a prazo (período de tempo dilatado).

Embora na fixação do mencionado preço o empresário já tenha computado o valor relativo à falta do seu recebimento, de natureza assemelhada a um financiamento embutido, tal elemento é considerado parte integrante da composição do preço sem nenhuma relevância jurídica.

O STJ já havia se pronunciado no sentido de que "consoante iterativa jurisprudência de ambas as Turmas de direito público deste Tribunal, os encargos relativos ao financiamento do preço nas vendas efetuadas a prazo não integram a base de cálculo do ICMS"[117].

Entretanto, veio pontificar que a venda a prazo difere da venda com cartão de crédito, em que ocorre apenas uma operação (negócio), cujo preço é pago em mais de uma parcela diretamente pelo comprador. Não se deve aplicar o mesmo raciocínio na operação com cartão de crédito, para excluir os encargos de financiamento (diferença

114 Súmula 237, STJ.

115 AgRg no REsp 486.014/RS, 1ª T., rel. Min. DENISE ARRUDA, j. 8-11-2005, *DJU* 28-11-2005.

116 EDcl nos Embargos de Divergência em REsp 255.553/SP, 1ª Seção, rel. Min. LUIZ FUX, j. 8-3-2006, *DJU* 1 3-4-2006, p. 206 e 207.

117 Embargos de Divergência em REsp 332.638/SP, 1ª Seção, rel. Min. FRANCISCO PEÇANHA MARTINS, j. 25-6-2003, *DJU* 1 12-2003, p. 256.

entre o preço à vista e a prazo), decorrentes de venda a prazo que, em verdade, se traduzem em elevação do valor de saída da mercadoria do estabelecimento comercial[118].

Posicionou-se da forma seguinte:

> (...) A "venda a prazo", todavia, revela-se modalidade de negócio jurídico único, o de compra e venda, no qual o vendedor oferece ao comprador o pagamento parcelado do produto, acrescendo-lhe o preço final, razão pela qual o valor esta operação constitui a base de cálculo do ICMS, na qual se incorpora, assim, o preço 'normal' da mercadoria (preço de venda à vista), e o acréscimo decorrente do parcelamento (Precedentes desta Corte e do Eg. STF, AgRg no RE 228.242/SP, rel. Min. Carlos Velloso, *DJ* de 22-10-2004; EREsp n. 550/382/SP; rel. Min. Castro Meira, *DJ* de 1º-8-2005; REsp 677.870/PR, rel. Min. Teori Albino Zavascki, *DJ* de 28-2-2005; e AgRg no REsp 195.812/SP, rel. Min. Francisco Falcão, *DJ* de 21-2-2002).
>
> 3. *In casu*, a controvérsia diz respeito a acréscimos no preço de produtos decorrentes de venda a prazo, e não de financiamento, razão pela qual os referidos valores integram a base de cálculo do ICMS[119].

O STJ fixou o entendimento seguinte:

O ICMS incide sobre o valor da venda a prazo constante da nota fiscal[120].

O STF observara que, nesta modalidade, há um único negócio jurídico (compra e venda), que incorpora o preço normal da mercadoria e o eventual acréscimo decorrente da venda a prazo, diversamente do que ocorre com hipótese de venda financiada, que se desdobra em dois negócios jurídicos distintos. Na venda a prazo o valor da operação constitui base de cálculo do ICMS[121].

2.5.8.4. Importação

A CF (art. 155, XII, *i*) dispõe que a lei complementar poderá fixar a base de cálculo, de modo que o montante do imposto a integre, também na importação do exterior do bem, mercadoria ou serviço (redação da Emenda n. 33, de 11-12-2001).

A LC n. 87/96 (art. 13, V, na redação da LC n. 114/2002) estabelecera que, nas operações de importação, a base de cálculo do ICMS é o valor constante do documento de importação, acrescido do valor do Imposto de Importação, sobre Produtos Industrializados e sobre Operações de Câmbio, bem como de quaisquer outros impostos, taxas, contribuições e demais despesas aduaneiras.

---

118 EREsp 550.382/SP, 1ª Seção, rel. Min. CASTRO MEIRA, *DJU* 1 1-8-2005, p. 308.

119 EDCL nos Embargos de Divergência em REsp 255.553/SP, 1ª Seção, rel. Min LUIZ FUX.

120 Súmula 395, STJ.

121 ADIn 84-5/MG, Pleno, rel. Min. ILMAR GALVÃO, j. 15-2-1996, *DJU* 19-4-1996.

O Convênio ICMS 7/2005, de 1º-4-2005 (revogado pelo Convênio ICMS 83/2005, de 1º-7-2005), consagrara como despesas aduaneiras todas as importâncias indispensáveis cobradas ou debitadas ao adquirente no controle e desembaraço da mercadoria, ainda que venham a ser conhecidas somente após o desembaraço aduaneiro, especialmente: o Adicional ao Frete para a Renovação da Marinha Mercante; o Adicional de Tarifa Aeroportuária (Ataero), a taxa de utilização do Siscomex; os valores desembolsados com despachante, bem como as contribuições para os Sindicatos dos Despachantes Aduaneiros; o manuseio de contêiner; a movimentação com empilhadeiras; a armazenagem; a capatazia; a estiva e desestiva; a arqueação; a paletização; o demurrage; a alvarengagem; as multas aplicadas no curso do despacho aduaneiro; os direitos *antidumping*; a amarração e a desamarração de navio; a unitização e a desconsolidação.

O valor do bem, mercadoria ou serviço importado, expresso em moeda estrangeira, será convertido em moeda nacional pela mesma taxa de câmbio utilizada no cálculo do Imposto de Importação, sem qualquer acréscimo ou devolução posterior se houver variação da taxa de câmbio até o pagamento efetivo do preço. O valor fixado pela autoridade aduaneira para base de cálculo do Imposto de Importação, nos termos da lei aplicável, substituirá o preço declarado.

É questionável a consideração de tributos no cálculo do ICMS, porque este tributo incide sobre operações mercantis e prestação de serviços, e não sobre tributos (impostos, taxas e contribuições). O ICMS não compreenderá, em sua base de cálculo, o montante do IPI, quando a operação realizada entre contribuintes e relativa a produto destinado à industrialização ou à comercialização, configure fato gerador dos dois impostos.

Relativamente à *variação cambial* – significando a diferença entre o valor recolhido por ocasião do desembaraço aduaneiro e a efetiva liquidação do contrato de câmbio – nenhuma exigência pode ser formulada[122].

2.5.8.5. *Falta de valor e de preço determinado*

Nessas situações a base de cálculo do imposto (art. 15 da LC n. 87/96) é:

I – o preço corrente da mercadoria, ou de seu similar, no mercado atacadista do local da operação ou, na sua falta, no mercado atacadista regional, caso o remetente seja produtor, extrator ou gerador, inclusive de energia;

II – o preço FOB estabelecimento industrial à vista, caso o remetente seja industrial;

III – o preço FOB estabelecimento comercial à vista, na venda a outros comerciantes ou industriais, caso o remetente seja comerciante.

§ 1º Para a aplicação dos incisos II e III do *caput*, adotar-se-á sucessivamente:

122 REsp 15.450/SP, 2ª T., rel. Min. ARI PARGENDLER, j. 8-2-1996, *DJU* 1 4-3-1996, p. 5.394.

> I – o preço efetivamente cobrado pelo estabelecimento remetente na operação mais recente;
>
> II – caso o remetente não tenha efetuado venda de mercadoria, o preço corrente da mercadoria ou de seu similar no mercado atacadista do local da operação, ou, na falta deste, no mercado atacadista regional.
>
> § 2º Na hipótese do inciso III do *caput*, se o estabelecimento remetente não efetuar vendas a outros comerciantes ou industriais, ou em qualquer caso, se não houver mercadoria similar, a base de cálculo será equivalente a setenta e cinco por cento do preço de venda corrente no varejo.

Nas prestações sem preço determinado, a base de cálculo do imposto é o valor corrente do serviço, no local da prestação (art. 16 da LC n. 87/96).

Quando o valor do frete, cobrado por estabelecimento pertencente ao mesmo titular da mercadoria ou por outro estabelecimento de empresa que com aquele mantenha relação de interdependência, exceder os níveis normais de preços em vigor, no mercado local, para serviço semelhante, constantes de tabelas elaboradas pelos órgãos competentes, o valor excedente será havido como parte do preço da mercadoria (art. 17 da LC n. 87/96).

Consideram-se *interdependentes duas empresas* quando (parágrafo único do art. 17 da LC n. 87/96):

> I – uma delas, por si, seus sócios ou acionistas, e respectivos cônjuges ou filhos menores, for titular de mais de cinquenta por cento do capital da outra;
>
> II – uma mesma pessoa fizer parte de ambas, na qualidade de diretor, ou sócio com funções de gerência, ainda que exercidas sobre outra denominação;
>
> III – uma delas locar ou transferir a outra, a qualquer título, veículo destinado ao transporte de mercadorias.

2.5.8.6. *Substituição tributária*

A base de cálculo será: (I) em relação às operações ou prestações antecedentes ou concomitantes, o valor da operação ou prestação praticado pelo contribuinte substituído; (II) em relação às operações ou prestações subsequentes, obtidas pelo somatório das parcelas seguintes (a) o valor da operação ou prestação própria realizada pelo substituto tributário ou pelo substituído intermediário; (b) o montante dos valores de seguro, de frete e de outros encargos cobrados ou transferíveis aos adquirentes ou tomadores de serviço; (c) a margem de valor agregado, inclusive lucro, relativa às operações ou prestações subsequentes. (LC n. 87/96, art. 8º).

O referido preceito contempla regras de interesse, a saber:

> § 2º Tratando-se de mercadoria ou serviço cujo preço final a consumidor, único ou máximo seja fixado por órgão competente, a base de cálculo do imposto, para fins de substituição tributária, e referido preço por ele estabelecido.

§ 3º Existindo preço final a consumidor sugerido pelo fabricante ou importador, poderá a lei estabelecer como base de cálculo este preço.

§ 4º A margem a que se refere a alínea *c* do inciso II do *caput* será estabelecida com base em preços usualmente praticados no mercado considerado, obtidos por levantamento, ainda que por amostragem ou através de informações e outros elementos fornecidos por entidades representativas dos respectivos setores, adotando-se a média ponderada dos preços coletados, devendo os critérios para sua fixação ser previsto em lei.

§ 5º O imposto a ser pago por substituição tributária, na hipótese do inciso II do *caput*, corresponderá à diferença entre o valor resultante da aplicação da alíquota previsto para as operações ou prestações internas do Estado de destino sobre a respectiva base de cálculo e o valor do imposto devido pela operação ou prestação própria do substituto.

§ 6º Em substituição ao disposto no inciso I do *caput*, a base de cálculo em relação às operações ou prestações subsequentes poderá ser o preço ao consumidor final usualmente praticado no mercado considerado, relativamente ao serviço, a mercadoria ou sua similar, em condições de livre concorrência, adotando-se para sua apuração as regras estabelecidas no § 4º deste artigo. (redação da LC n. 114/2002).

Todos os critérios, ou elementos consignados na lei complementar, especialmente "preço sugerido por fabricante ou importador", ou "usualmente praticados no mercado considerado", "levantamentos por amostragem", e, também, os noticiados por "entidades representativas de setores", estão longe de oferecer segurança e certeza aos reais e verdadeiros valores que deveriam ser objeto de tributação.

Nas operações interestaduais, o regime de substituição tributária dependerá de acordo específico celebrado pelos Estados interessados (LC n. 87/96, art. 9º, § 1º, I e II).

Esta parafernália de elementos é passível de objeção porque cada contribuinte apresenta condições peculiares em seus negócios, relativamente aos resultados auferidos, podendo mesmo operar com prejuízo; além do fato de a realidade econômica ser flexível, instável, observando a lei da oferta e da procura. Também o critério de amostragem espelha insignificante situação operacional.

O STJ (turmas de direito público) considera a sistemática perfeitamente válida, ressaltando que não se confunde com o regime de pauta fiscal rechaçado pela jurisprudência da Corte[123].

O Convênio ICMS 142, de 14.12.2018, contém capítulo específico regulando o cálculo do imposto retido (cláusulas décima a décima terceira), destacando-se o seguinte:

a) a base de cálculo do imposto, em relação às operações subsequentes será o valor correspondente ao preço final ao consumidor, único ou máximo, fixado por órgão público competente;

b) inexistindo o valor mencionado na alínea anterior, a base de cálculo, em relação às operações subsequentes corresponderá, conforme definido pela legislação da unida-

123 REsp 906.203/RS, 2ª T., rel. Min. ELIANA CALMON, j. 19-8-2008, *DJe* 24-9-2008.

de federada de destino ao (i) o preço médio ponderado a consumidor final; (ii) o preço final a consumidor sugerido pelo fabricante ou importador; e (iii) o preço praticado pelo remetente acrescido dos valores correspondentes a frete, seguro, impostos, contribuições e outros encargos transferíveis ou cobrados do destinatário, adicionado da parcela resultante da aplicação sobre o referido montante do percentual de margem de valor agregado (MVA) estabelecido na unidade federada de destino ou prevista em convênio ou protocolo, para a mercadoria submetida ao regime de substituição tributária;

c) em operação interestadual com bens e mercadorias submetidas ao regime de substituição tributária, destinados a uso, consumo ou ativo imobilizado do adquirente, a base de cálculo será o valor da operação interestadual adicionado do imposto correspondente à diferença entre a alíquota interna a consumidor final estabelecida na unidade federada de destino para o bem ou a mercadoria, e a alíquota interestadual;

d) o imposto a recolher por substituição tributária será, em relação às operações subsequentes, o valor da diferença entre o imposto calculado mediante aplicação da alíquota estabelecida para as operações internas na unidade federada de destino sobre a base de cálculo definida para a substituição e o devido pela operação próprio do contribuinte remetente.

2.5.8.7. IPI

O ICMS não compreenderá em sua base de cálculo, o montante do Imposto sobre Produtos Industrializados quando a operação, realizada entre contribuintes e relativa a produto destinado à industrialização ou à comercialização, configure fato gerador dos dois impostos (art. 155, XI, da CF).

Por decorrência lógica, o IPI pode ser incluído na base de cálculo do ICMS quando a operação for efetivada com produto não destinado à industrialização, ou comercialização, e/ou entre contribuintes e não contribuintes do ICMS. Esta situação aplica-se no caso de o produto destinar-se a consumo ou ativo fixo do adquirente.

O STJ explicita a aplicação do preceito constitucional:

> (...) a) na primeira, que ocorre na saída da mercadoria do estabelecimento industrial para o do comerciante, o IPI não deve entrar na base de cálculo do ICMS, quando coincidirem os três pressupostos previstos na norma constitucional – operação realizada entre contribuintes, produto destinado à industrialização ou comercialização, e fato gerador coincidente dos dois impostos;
>
> b) na segunda, a operação realizada entre o comerciante e o consumidor final, o IPI cobrado na operação anterior acaba integrando a base de cálculo do ICMS, se se tratar de produto não destinado à industrialização/comercialização ou *se se tratar de operação rea-*

lizada entre contribuinte e não contribuinte do ICMS (atacadista/varejista e consumidor final), hipótese dos autos[124].

2.5.8.8. *Energia Elétrica*

O ICMS incide sobre o valor da tarifa de energia elétrica correspondente à demanda de potência efetivamente utilizada[125], e não sobre o total contratado.

O STF consolidou a postura seguinte:

> RECURSO EXTRAORDINÁRIO. REPERCUSSÃO GERAL. DIREITO TRIBUTÁRIO. IMPOSTO SOBRE OPERAÇÕES RELATIVAS À CIRCULAÇÃO DE MERCADORIAS E SOBRE PRESTAÇÕES DE SERVIÇOS DE TRANSPORTE INTERESTADUAL E INTERMUNICIPAL E DE COMUNICAÇÃO – ICMS. ENERGIA ELÉTRICA. BASE DE CÁLCULO. VALOR COBRADO A TÍTULO DE DEMANDA CONTRATADA OU DE POTÊNCIA.
>
> (...)
>
> 2. À luz do atual ordenamento jurídico, constata-se que não integram a base de cálculo do ICMS incidente sobre a energia elétrica valores decorrentes de relação jurídica diversa do consumo de energia elétrica.
>
> 3. Não se depreende o consumo de energia elétrica somente pela disponibilização de demanda de potência ativa. Na espécie, há clara distinção entre a política tarifária do setor elétrico e a delimitação da regra matriz do ICMS.
>
> 4. Na ótica constitucional, o ICMS deve ser calculado sobre o preço da operação final entre fornecedor e consumidor, não integrando a base de cálculo eventual montante relativo a negócio jurídico consistente na mera disponibilização de demanda de potência não utilizada.
>
> 5. Tese: *"A demanda de potência elétrica não é passível, por si só, de tributação via ICMS, porquanto somente integram a base de cálculo desse imposto os valores referentes àquelas operações em que haja efetivo consumo de energia elétrica pelo consumidor"*[126].

Questiona-se a legitimidade da exigência do ICMS sobre a "Tarifa de uso do Sistema de Distribuição (TUSD)", e "Tarifa de uso do Sistema de Transmissão", por parte das concessionárias de energia elétrica, em razão do disposto no Convênio ICMS 117/2004, de 15-12-2004, dispondo que "fica atribuída a responsabilidade de pelo pagamento do ICMS devido pela conexão e pelo uso do sistema de transmissão, promover a entrada de energia elétrica no seu estabelecimento ou domicílio".

---

124 RMS 19.064/RS, 2ª T., rel. Min. ELIANA CALMON, j. 17-5-2005, *DJU* 1 20-6-2005, p. 175/6.

125 Súmula 391, STJ.

126 Tema 176 de repercussão geral. RE 593824-SC – Plenário – rel. Min. EDSON FACHIN – Sessão Virtual de 17 a 24-4-2020.

O STJ vinha decidindo que não incide ICMS sobre as tarifas de uso do sistema de distribuição e transmissão de energia elétrica, já que o fato gerador do imposto é a saída da mercadoria, ou seja, ocorre no momento em que a energia elétrica é efetivamente consumida pelo contribuinte, circunstância não consolidada na fase de distribuição e transmissão. Não se confunde o fato gerador "fornecimento de energia" com o "serviço de transporte de transmissão e distribuição de energia"[127].

Posteriormente, o Tribunal manteve a incidência do ICMS sob os fundamentos seguintes:

> TRIBUTÁRIO. ICMS. FORNECIMENTO DE ENERGIA ELÉTRICA. BASE DE CÁLCULO. TARIFA DE USO DO SISTEMA DE DISTRIBUIÇÃO (TUSD). INCLUSÃO.
>
> 1. O ICMS incide sobre todo o processo de fornecimento de energia elétrica, tendo em vista a indissociabilidade das suas fases de geração, transmissão e distribuição, sendo que o custo inerente a cada uma dessas etapas – entre elas a referente à Tarifa de Uso do Sistema de Distribuição (TUSD) – compõe o preço final da operação e, consequentemente, a base de cálculo do imposto, nos termos do art. 13, I, da Lei Complementar n. 87/96.
>
> 2. A peculiar realidade física do fornecimento de energia elétrica que a geração, a transmissão e a distribuição formam o conjunto dos elementos essenciais que compõem o aspecto material do fato gerador, integrando o preço total da operação mercantil, não podendo qualquer um deles ser decotado da sua base de cálculo, sendo certo que a etapa de transmissão/distribuição não cuida de atividade meio, mas sim de atividade inerente ao próprio fornecimento de energia elétrica, sendo que dele indissociável.
>
> 3. A abertura do mercado de energia elétrica, disciplinada pela Lei n. 9.074/95 (que veio a segmentar o setor) não infirma a regra matriz de incidência do tributo nem tampouco repercute na sua base de cálculo, pois o referido diploma legal, de cunho eminentemente administrativo e concorrencial, apenas permite a atuação de mais de um agente econômico, numa determinada fase do processo de circulação da energia elétrica (geração). A partir dessa norma, o que se tem, na realidade, é uma mera divisão de tarefas – de geração, transmissão e distribuição – entre os agentes econômicos responsáveis por cada uma dessas etapas, para a concretização do negócio jurídico tributável pelo ICMS, qual seja, o fornecimento de energia elétrica ao consumidor final.
>
> 4. Por outro lado, o mercado livre de energia elétrica está disponibilizado apenas para os grandes consumidores, o que evidência que a exclusão do custo referente à transmissão/distribuição da base de cálculo do ICMS representa uma vantagem econômica desarrazoada em relação as empresas menores (consumidores cativos), que arcam com o tributo sobre o

127 AgRg nos EDcl no Resp 1.267.162/MG, 2ª T., rel. Min. HERMAN BENJAMIN, j. 16-8-2012, *DJe* 24-8-2012; AgRg no REsp 1.278.024/MG, 1ª T., rel. Min. BENEDITO GONÇALVES, j. 7-2-2013, *DJe* 14-12-2003.

"preço cheio" constante de sua conta de energia, subvertendo-se, assim, os postulados da livre concorrência e da capacidade contributiva[128].

A matéria fora submetida à apreciação do STF, que reconheceu a inexistência de repercussão geral, sob os fundamentos seguintes:

> 1. A correção jurídica da conduta de incluir os valores tarifários da TUST e da TUSD na base de cálculo do ICMS incidente sobre a circulação da energia elétrica é controversa que não possui estatura constitucional.
>
> 2. Os juízos de origem formaram convicção com esteio na legislação infraconstitucional, notadamente o Código Tributário Nacional, Lei Complementar 87/1996, Leis federais 9.074/1995 e 10.848/2004, bem como Convênios CONFAZ 117/2004 e 95/2005, com posteriores alterações, e Resoluções da ANEEL, de modo que não se depreende da decisão recorrida ofensa ao Texto Constitucional[129].

O STJ fixou o entendimento seguinte:

> A Tarifa de uso do Sistema de Transmissão (TUST) e/ou a Tarifa de uso de Distribuição (TUSD), quando lançada na fatura de energia elétrica, como encargo a ser suportado diretamente pelo consumidor final (seja ele livre ou cativo) integra, para os fins do art. 13, pg. 1º, II, "a", da LC 87/1996, a base de cálculo do ICMS[130].

2.5.8.9. *Transferência de mercadoria*

A previsão de fato gerador relativo à saída de mercadoria do estabelecimento de contribuinte, para outro estabelecimento do mesmo titular (art. 12, I, da LC n. 87/96), deve ser considerada inconstitucional em razão de inexistência de "operação mercantil" (mutação patrimonial consistente na transferência da posse ou da propriedade de mercadoria para terceiros).

O STF consagrara a diretriz seguinte:

> Não incide o ICMS no deslocamento de bens de um estabelecimento para outro do mesmo contribuinte localizados em estados distintos, visto não haver a transferência da titularidade ou a realização de ato de mercancia[131].

Em consequência, fora declarada a inconstitucionalidade do preceito contido na parte final do art. 12, I, da LC n. 87/96, que havia considerado ocorrido o fato gerador do ICMS na mera transferência de mercadoria.

---

128 REsp 1.163.020/RS, 1ª T., rel. Min. GURGEL FARIA, j. 21-3-2017, *DJe* 27-3-2017.

129 Repercussão geral no RE 1.041.816-SP, Plenário, rel. Min. EDSON FACHIN, Sessão de 4.8.2017.

130 Tema Repetitivo 986, REsp 1.692.023/MT, 1ª Seção, rel. Min. MARIA THERESA DE ASSIS MOURA, j. 13-3-2024.

131 Tema 1.099 de Repercussão Geral na ARE 1.255.885, sessão de 14.08.2020.

Entretanto, a LC n. 87/96 (art. 13, I) dispõe sobre a base de cálculo como sendo o "valor da operação", preceituando que na saída para estabelecimento localizado em outro Estado, pertencente ao mesmo titular, a base de cálculo é (§ 4º):

I – o valor correspondente à entrada mais recente da mercadoria;

II – o custo da mercadoria produzida, assim entendida a soma do custo da matéria-prima, do material secundário, da mão de obra e do acondicionamento;

III – tratando-se de mercadorias não industrializadas, o seu preço corrente no mercado atacadista do estabelecimento remetente.

O STJ manifestou entendimento sobre a temática da forma seguinte:

> Expressão "entrada mais recente", no inc. I, refere-se ao valor das operações em que o titular do estabelecimento *compra* os produtos, quer dizer, adquire-os de terceiros, em operações empresariais típicas, e depois os transfere a estabelecimento dele próprio em outro Estado[132].

Relativamente ao inciso II – que trata de custo da mercadoria produzida – entende-se que o preceito somente pode compreender atividades de natureza industrial, uma vez que se trata de mercadoria resultante de atos relativos à produção, considerando a utilização de insumos que lhes são pertinentes, pois os bens produzidos necessariamente demandam a aplicação de materiais e trabalho.

No que concerne ao inciso III – que trata de mercadoria não industrializada e do preço corrente no mercado atacadista do estabelecimento remetente -, há que se harmonizar com os preceitos constantes dos demais incisos analisados (I e II), permitindo vislumbrar distintas atividades realizadas por pessoas privadas (STJ – REsp 1.109.298, que concerne ao âmbito de produtos primários).

Considerando que a LC n. 87/96 não dispõe sobre a definição de "preço corrente no mercado atacadista da praça do remetente", ou critério para apuração de "mercado atacadista", deve ser utilizado o conceito contido no ordenamento jurídico, de conformidade com as disposições do CTN.

À luz da matéria tratada no âmbito do IPI (Decreto federal n. 7.212, de 15-6-2010, art. 14), pode-se entender que *mercado atacadista da praça do remetente* significa o conjunto de operações (vendas), em significativas quantidades de mesmas espécies de mercadorias, realizadas por diversos empresários numa determinada região (município ou mesmo Estado), e num mesmo período, a adquirentes também situados em distintos locais.

2.6. ALÍQUOTA

A Constituição Federal (art. 155, § 2º, na redação da EC n. 87, de 15-4-2015) estabelece o seguinte:

132 REsp 1.109.298/RS, 2ª T., rel. Min. CASTRO MEIRA, j. 26-4-2011, *DJe* 25-5-2011.

IV – resolução do Senado Federal, de iniciativa do Presidente da República ou de um terço dos Senadores, aprovada pela maioria absoluta dos seus membros, estabelecerá as alíquotas aplicáveis às operações e prestações, interestaduais e de exportação;

V – é facultado ao Senado Federal:

a) estabelecer alíquotas mínimas nas operações internas, mediante resolução de iniciativa de um terço e aprovada pela maioria absoluta dos seus membros;

b) fixar alíquotas máximas nas mesmas operações para resolver conflito específico que envolva interesse de Estados, mediante resolução de iniciativa da maioria absoluta e aprovada por dois terços dos seus membros;

VI – salvo deliberação em contrário dos Estados e do Distrito Federal, nos termos do disposto no inciso XII, *g*, as alíquotas internas, nas operações relativas à circulação de mercadorias e nas prestações de serviços, não poderão ser inferiores às previstas para as operações interestaduais;

VII – nas operações e prestações que destinem bens e serviços a consumidor final, contribuinte ou não do imposto, localizado em outro Estado, adotar-se-á a alíquota interestadual e caberá ao Estado de localização do destinatário o imposto correspondente à diferença entre a alíquota interna do Estado destinatário e a alíquota interestadual:

a) (revogada);

b) (revogada);

VIII – a responsabilidade pelo recolhimento do imposto correspondente à diferença entre a alíquota interna e a interestadual de que trata o inciso VII será atribuída:

a) ao destinatário, quando este for contribuinte do imposto;

b) ao remetente, quando o destinatário não for contribuinte do imposto.

Para efeito do disposto no inciso VII, do § 2º, do art. 155, no caso de operações e prestações que destinem bens e serviços ao consumidor final não contribuinte localizado em outro Estado.

A EC n. 87/2015 também trata (inserção do art. 99 no Ato das Disposições Constitucionais Transitórias) da partilha do imposto, entre os Estados de origem e de destino, para os anos de 2015 a 2019.

O Convênio ICMS 93, de 17-9-2015 (com efeitos a serem produzidos a partir de 1º de janeiro de 2016), dispôs sobre os procedimentos a serem observados nas operações e prestações que destinem bens e serviços a consumidor final não contribuinte do ICMS, localizado em outra unidade da federação.

O ICMS deve ser recolhido pela alíquota interna, no Estado onde saiu a mercadoria para o consumidor final, após a emissão de sua fatura, ainda que tenha sido negociada a venda em outro local, através da empresa filial[133].

133 STJ, 2ª T., AgRg no REsp 67.025/MG, rel. Min. ELIANA CALMON, j. 23-5-2000, *DJU* 1 25-9-2000, p. 83/41.

As *construtoras* que adquirem material em Estado instituidor de alíquota de ICMS mais favorável não estão compelidas, ao utilizarem essas mercadorias como insumos em suas obras, à satisfação do diferencial de alíquota de ICMS do Estado destinatário, uma vez que são, de regra, contribuintes do ISS[134].

Entendimento do STJ:

> As empresas de construção civil não estão obrigadas a pagar ICMS sobre mercadorias adquiridas como insumos em operações interestaduais[135].

Relativamente às operações com *combustíveis e lubrificantes* definidos em lei complementar, a Emenda n. 33/2001 (inserção do § 4º ao art. 155) passou a dispor o seguinte:

> IV – as alíquotas do imposto serão definidas mediante deliberação dos Estados e do Distrito Federal, nos termos do § 2º, XII, *g*, observando-se o seguinte:
>
> a) serão uniformes em todo o território nacional, podendo ser diferenciadas por produto;
>
> b) poderão ser específicas, por unidade de medida adotada ou *ad valorem*, incidindo sobre o valor da operação ou sobre o preço que o produto ou seu similar alcançaria em uma venda em condições de livre concorrência;
>
> c) poderão ser reduzidas ou restabelecidas, não se lhes aplicando o disposto no art. 150, III, *b*.

Este mandamento desvirtua tradicional modelo constitucional ao suprimir a competência privativa do Senado para estabelecer as alíquotas do imposto em operações interestaduais e para fixar as alíquotas mínimas e máximas, em específicas situações nas operações internas. Implicitamente, suprime a competência das unidades federativas relativamente à normal fixação das alíquotas internas.

Em princípio, a matéria pertinente à estipulação de alíquotas é de competência do Legislativo, tanto do Senado para manter o equilíbrio federativo quanto dos Estados e do DF, preservando o princípio da autonomia, mas nunca dos Governadores dos Estados e do DF, que, por intermédio de seus representantes (Secretários de Fazenda e de Finanças), e sem a participação do Legislativo (Assembleias), estabelecem a quantificação das obrigações tributárias.

Nas operações internas, nas importações, e nos serviços prestados no exterior, os Estados fixam normalmente a alíquota básica de 18% ou 17%; ao passo que, nas prestações de serviços de comunicação, e fornecimento de energia elétrica, as alíquotas são mais elevadas (25% ou mais); e nos serviços de transporte aéreo, a alíquota é de 4%.

Nas operações ou prestações interestaduais, destinadas a contribuintes (a) localizados nos Estados de Minas Gerais, Rio de Janeiro, São Paulo, Paraná, Santa Catarina, Rio Grande do Sul – 12%; (b) localizados em demais Estados não previstos na alínea

---

134 STJ, 2ª T., AgRg no RE 397.079-8, rel. Min. EROS GRAU, j. 24-6-2008, *DJe* 14-8-2008, p. 55.

135 Súmula 432, STJ.

anterior – 7% (Resolução do Senado Federal n. 22, de 19-5-1999); e (c) nas operações com bens e mercadorias importados do exterior – 4% (Resolução n. 13, de 25-4-2012).

O disposto na alínea *c* aplica-se aos bens e mercadorias importados do exterior que, após o seu desembaraço aduaneiro:

I – Não tenham sido submetidos a qualquer processo de transformação, beneficiamento, montagem, acondicionamento, reacondicionamento, renovação ou recondicionamento, e que resultem e mercadorias ou bens com "Conteúdo de Importação" superior a 40%.

II – O "Conteúdo de Importação" é o percentual correspondente ao quociente entre o valor da parcela importada do exterior e o valor total da operação de saída interestadual da mercadoria ou bem.

III – O Conselho Nacional de Política Fazendária (Confaz) poderá baixar normas para fins de definição dos critérios e procedimentos a serem observados no processo de "Certificação do Conteúdo de Importação (CCI)".

IV – O disposto nos incisos anteriores não se aplica:

a) aos bens e mercadorias importados do exterior que não tenham similar nacional, a serem definidos em lista a ser editada pelo Conselho de Ministros da Câmara de Comércio Exterior (Camex) para os fins desta Resolução; e

b) aos bens produzidos em conformidade com os processos produtivos básicos de que tratam o Decreto-Lei n. 288, de 28 de fevereiro de 1967, e as Leis n°s. 8.248, de 23 de outubro de 1991, 8.387, de 30 de dezembro de 1991, 10.176, de 11 de janeiro de 2001, e 11.484, de 31 de maio de 2007.

V – O disposto nesta Resolução não se aplica às operações que destinem gás natural importado do exterior a outros Estados.

VI – A Resolução entrou em vigor em 1º de janeiro de 2013.

Operacionalizando a Resolução n. 13/2002, foram expedidos os atos normativos seguintes:

– Ajuste Sinief n. 20 – FCI –, de 7-11-2012, do Conselho de Política Fazendária – CONFAZ;

– Ajuste Sinief n. 20 – CST –, de 7-11-2012, do CONFAZ;

– Convênio ICMS n. 123, de 7-11-2012, que dispõe sobre a não aplicação de benefícios fiscais na operação interestadual com bem ou mercadoria importados;

– Resolução Camex n. 79/2012, da Câmara de Comércio Exterior.

O STF decidiu que "é constitucional a resolução do Senado Federal que fixa alíquota do ICMS aplicável às operações interestaduais com bens e mercadorias importados do exterior (...) reconhecendo a constitucionalidade da Resolução n. 13/2012"[136].

136 ADI 4858/DF – Plenário – rel. Min. GILMAR MENDES – Sessão Virtual de 6 a 16-8-2021.

Em contrato de prestação de garantias e fornecimento de peças diretamente pelas concessionárias aos consumidores finais, embora por conta do fabricante, incide a alíquota interna, já que se cuida de operação mercantil própria, ou seja, entre contribuinte do tributo e não contribuinte[137].

Fica prejudicada a Súmula 569 do STF, dispondo ser "inconstitucional a discriminação de alíquotas do imposto de circulação de mercadorias nas operações interestaduais, em razão de o destinatário ser, ou não contribuinte".

O STJ decidiu que "o ICMS deve ser recolhido pela alíquota interna de onde saiu a mercadoria para o consumidor final, após a sua fatura, ainda que tenha sido negociada a venda em outro local, através da empresa filial"[138].

O STJ entendera que em *contrato de prestação de garantia e fornecimento de peças diretamente pelas concessionárias aos consumidores finais*, embora por conta do fabricante, incide a alíquota interna, já que se cuida de operação mercantil própria, ou seja, entre contribuinte do tributo e não contribuinte[139].

A propósito da regulação da Emenda Constitucional n. 87/2015, pertinente ao *diferencial de alíquota* (DIFAL), por meio de Convênios, havia examinado a temática concernente aos procedimentos operacionais; à inconstitucionalidade por se tratar de matéria reservada à lei complementar; e as questões operacionais[140].

O STF decidiu a respeito de inconstitucionalidades contidas no Convênio ICMS n. 93/2015, sob os fundamentos seguintes:

> Ementa
>
> Ação direta de inconstitucionalidade. Legitimidade ativa da associação autora. Emenda Constitucional n. 87/15. ICMS. Operações e prestações em que haja destinação de bens e serviços a consumidor final não contribuinte do ICMS localizado em estado distinto daquele do remetente. Inovação constitucional. Matéria reservada a lei complementar (art. 146, I e III, *a* e *b*; e art. 155, § 2º, XII, *a*, *b*, *c*, *d* e *i*, da CF/88). Cláusulas primeira, segunda, terceira e sexta do Convênio ICMS n. 93/2015. Inconstitucionalidade. Tratamento tributário diferenciado e favorecido destinado a microempresas e empresas de pequeno porte. Simples Nacional. Matéria reservada a lei complementar (art. 146, inciso III, *d*, e parágrafo único

---

137 STJ, 2ª T., RMS 23.765/PI, rel. Min. ELIANA CALMON, j. 16-9-2008, *DJe* 21-10-2008.

138 AgRg no REsp 67.025/MG, 2ª T., rel. Min. ELIANA CALMON, j. 23-5-2000, *DJU* 1-E 25-9-2000, p. 83/4.

139 RMS 23.765/PI, 2ª T., rel. Min. ELIANA CALMON, j. 16-9-2008, *DJe* 21-10-2008.

140 MELO, José Eduardo Soares de. Emenda Constitucional n. 87/2015 – ICMS – Diferencial de Alíquota. Questões Operacionais (Não Cumulatividade, Incentivos Fiscais, Substituição Tributária). *Estudos de Direito Tributário em Homenagem ao Professor Gerd Willi Rothmann*. Luís Eduardo Schoueri e João Francisco Bianco (coord.); Leonardo Freitas de Moraes e Castro e Paulo César Teixeira Duarte Filho (org.). São Paulo: Quartier Latin, 2016, pp. 669/685.

CF/88). Cláusula nona do Convênio ICMS n. 93/2015. Inconstitucionalidade. Cautelar deferida na ADI n. 5.464/DF, *ad referendum* do Plenário.

1. A associação autora é formada por pessoas jurídicas ligadas ao varejo que atuam no comércio eletrônico e têm interesse comum identificável. Dispõe, por isso, de legitimidade ativa *ad causam* para ajuizamento da ação direta de inconstitucionalidade (CF/88, art. 103, IX).

2. Cabe a lei complementar dispor sobre conflitos de competência em matéria tributária e estabelecer normas gerais sobre os fatos geradores, as bases de cálculo, os contribuintes dos impostos discriminados na Constituição e a obrigação tributária (art. 146, I, e III, *a* e *b*). Também cabe a ela estabelecer normas gerais em matéria de legislação tributária sobre definição de tratamento tributário diferenciado e favorecido para as microempresas e as empresas de pequeno porte, podendo instituir regime único de arrecadação de impostos e contribuições.

3. Especificamente no que diz respeito ao ICMS, o texto constitucional consigna caber a lei complementar, entre outras competências, definir os contribuintes do imposto, dispor sobre substituição tributária, disciplinar o regime de compensação do imposto e de definição do estabelecimento responsável e fixar a base de cálculo do imposto (art. 155, § 2º, XII, *a*, *b*, *c*, *e* e *i*).

4. A EC n. 87/15 criou uma nova relação jurídico-tributária entre o remetente do bem ou serviço (contribuinte) e o estado de destino nas operações com bens e serviços destinados a consumidor final não contribuinte do ICMS. Houve, portanto, substancial alteração na sujeição ativa da obrigação tributária. O ICMS incidente nessas operações e prestações, que antes era devido totalmente ao estado de origem, passou a ser dividido entre dois sujeitos ativos, cabendo ao estado de origem o ICMS calculado com base na alíquota interestadual e sua alíquota interna.

5. Convênio interestadual não pode suprir a ausência de lei complementar dispondo sobre obrigação tributária, contribuintes, bases de cálculo/alíquotas e créditos de ICMS nas operações ou prestações interestaduais com consumidor final não contribuinte do imposto, como fizeram as cláusulas primeira, segunda, terceira e sexta do Convênio ICMS n. 93/2015.

6. A Constituição também dispõe caber a lei complementar – e não a convênio interestadual – estabelecer normas gerais em matéria de legislação tributária, especialmente sobre definição de tratamento diferenciado e favorecido para as microempresas e as empresas de pequeno porte, o que inclui **regimes especiais ou simplificados** de certos tributos, como o **ICMS** (art. 146, III, *d*, da CF/88, incluído pela EC n. 42/03).

7. A LC n. 123/06, que instituiu o Regime Especial Unificado de Arrecadação de Tributos e Contribuições devidos pelas Microempresas e pelas Empresas de pequeno Porte – Simples Nacional –, **trata de maneira distinta** as empresas optantes desse regime em relação ao tratamento constitucional geral atinente ao denominado diferencial de alíquotas de ICMS referentes às operações de saída interestadual de bens ou de serviços a consumidor final não contribuinte. Esse imposto, nessa situação, integra o próprio regime especial e unificado de arrecadação instituído pelo citado diploma.

8. A cláusula nona do Convênio ICMS n. 93/15, ao determinar a extensão da sistemática da Emenda Constitucional n. 87/15 aos optantes do Simples Nacional, adentra no campo material de incidência da LC n. 123/06, que estabelece normas gerais relativas ao tratamento tributário diferenciado e favorecido a ser dispensado a microempresas e empresas de pequeno porte.

9. Existência de medida cautelar deferida na ADI n. 5.464/DF, *ad referendum* do Plenário, para suspender a eficácia da cláusula nona do Convênio ICMS n. 93/15, editado pelo Conselho Nacional de Política Fazendária (CONFAZ), até o julgamento final daquela ação.

10. Ação direta julgada procedente, declarando-se a inconstitucionalidade formal das cláusulas primeira, segunda, terceira, sexta e nona do Convênio ICMS n. 93, de 17 de setembro de 2015, do Conselho Nacional de Política Fazendária (CONFAZ), por invasão de campo próprio de lei complementar federal.

11. Modulação dos efeitos da declaração de inconstitucionalidade das cláusulas primeira, segunda, terceira, sexta e nona do convênio questionado, para que a decisão produza efeitos, quanto à cláusula nona, desde a data da concessão da medida cautelar nos autos da ADI n. 5.464/DF e, quanto as cláusulas primeira, segunda, terceira e sexta, a partir do exercício financeiro seguinte à conclusão deste presente julgamento (2022), aplicando-se a mesma solução em relação às respectivas leis dos estados e do Distrito Federal, para as quais a decisão deverá produzir efeitos a partir do exercício financeiro seguinte à conclusão deste julgamento (2022), exceto no que diz respeito às normas legais que versarem sobre a cláusula nona do Convênio ICMS n. 93/2015, cujos efeitos deverão retroagir à data da concessão da medida cautelar nos autos da ADI n. 5.464/DF. Ficam ressalvadas da modulação as ações judiciais em curso[141].

Tese fixada para o Tema n. 1.093, de Repercussão Geral:

"A cobrança do diferencial de alíquota alusivo ao ICMS, conforme introduzido pela EC n. 87/2015, pressupõe a edição de lei complementar veiculando normas gerais"[142].

A LC n. 190, de 4-11-2022, disciplina a cobrança do ICMS nas operações e prestações interestaduais destinadas a consumidor final não contribuinte do imposto, dispondo inclusive sobre *alíquota*.

A LC n. 194, de 22-6-2022, introduzira preceitos na LC n. 87/96:

Art. 32-A. As operações relativas a combustíveis, ao gás natural, à energia elétrica, às comunicações e ao transporte coletivo, para fins de incidência do imposto de que trata esta Lei Complementar, são consideradas operações de bens e serviços essenciais e indispensáveis, que não podem ser tratados como supérfluos.

§ 1º Para efeito do disposto neste artigo:

I – é vedada a fixação de alíquotas sobre as operações referidas no *caput* deste artigo em patamar superior aos das operações em geral, considerada a essencialidade dos bens e serviços;

141 ADI 5.469 Distrito Federal – Plenário – rel. Min. DIAS TOFFOLI – Sessão de 24.02.2021.

142 RE 1287119/DF – Plenário – rel. p/ ac. Min. DIAS TOFFOLI – Sessão de 24.2.2021.

II – é facultada ao ente federativo competente a aplicação de alíquotas reduzidas em relação aos bens referidos no *caput* deste artigo, como forma de beneficiar os consumidores em geral; e

III – é vedada a fixação de alíquotas reduzidas de que trata o inciso II deste parágrafo, para os combustíveis, a energia elétrica e o gás natural, em percentual superior ao da alíquota vigente por ocasião da publicação deste artigo.

§ 2º No que se refere aos combustíveis, a alíquota definida conforme o disposto no § 1º deste artigo servirá como limite máximo para a definição das alíquotas específicas (ad rem) a que se refere a alínea *b* do inciso V do *caput* do at. 3º da Lei Complementar n. 92, de 11 de março de 2022.

2.7. NÃO CUMULATIVIDADE

2.7.1. Fundamentos

O imposto é não cumulativo, compensando-se o que for devido em cada operação relativa à circulação de mercadorias ou prestação de serviços de transporte interestadual, intermunicipal e de comunicação, com o montante incidente nas anteriores por ele ou por outro Estado.

O crédito nasce das operações relativas à aquisição de bens necessários ao empresário (compreendendo mercadorias, insumos, ativo permanente, uso e consumo, energia elétrica), e prestações anteriores (aquisição de serviços de transporte interestadual, intermunicipal e de comunicação).

O débito nasce da realização de negócio jurídico, tendo por objeto mercadorias transacionadas pelo contribuinte, e os referidos serviços de transporte e de comunicação, devidamente quantificados.

Crédito e *Débito* concernem a categorias jurídicas distintas que implicam relações independentes, nas quais devedor e credor se alternam. Na primeira, os Estados e o DF são credores, e o contribuinte devedor; enquanto na segunda, as posições se invertem, submetendo-se a princípios, critérios e regras distintas.

Trata-se de direito público subjetivo oposto aos Estados, e ao DF, e que também constitui obrigação cometida ao contribuinte. O comando constitucional deve ser realizado tanto no lançamento do débito (operações mercantis e prestações de serviços de transporte e de comunicação), quanto na escrituração do crédito (aquisição de bens e serviços tributados). Como o débito deve ser exigido, lançado e satisfeito, o mesmo ocorre com o crédito, sem o que o princípio resultaria ineficaz, frustrando-se a dicção constitucional.

O cânone da não cumulatividade consiste na compensação dos valores creditados com os valores debitados em determinado período (geralmente mensal), não integrando a estrutura do ICMS e nem se confundindo com a base de cálculo, tendo operatividade em momento posterior à configuração da operação ou prestação realizada.

Os valores consignados em notas fiscais devem ser escriturados em livros fiscais concernentes às entradas, às saídas, ao inventário e à apuração do imposto. Os débitos e créditos devem ser apurados em cada estabelecimento do mesmo sujeito passivo.

A Constituição Federal (art. 155, § 2º, I, *a* e *b*) estabelece que a *isenção ou não incidência*, salvo determinação em contrário da legislação: a) não implicará crédito para compensação com o montante devido nas operações ou prestações seguintes; e b) acarretará a anulação do crédito relativo às operações anteriores. Esta determinação se aplica à entrada de insumos usados em industrialização de produtos cujas saídas foram realizadas com redução da base de cálculo caracterizando isenção parcial, sendo constitucional a previsão de estorno proporcional.

A *isenção* significa regra jurídica inibitória da incidência do ICMS, impedindo a projeção de seus peculiares efeitos. A *não incidência* significa que os atos, as situações, os estados e os negócios jurídicos não se enquadram aos tipos tributários (operações mercantis, e prestação de serviços de transporte e de comunicação).

Entretanto, a realidade operacional contempla demais situações de distintas naturezas pertinentes a desonerações de ICMS, como é o caso de saídas de mercadorias com "suspensão" (demonstração, consignação, exposição), "remessa para industrialização", "operações triangulares", "operações simbólicas", "diferimento", "imunidade", ou promovidas em momento posterior ao lançamento do tributo, como é o caso da "substituição tributária progressiva".

Trata-se de situações de inexistência de norma de isenção, ou de atividades operacionais em que ocorrem saídas de autênticas mercadorias, inseridas no ciclo mercantil; mas que não há fundamento para exigência do ICMS diante da ausência do específico negócio jurídico mercantil.

Refere-se à circulação de mercadorias promovidas pelo contribuinte, referente a uma etapa da cadeia mercantil, desonerada do ICMS, mas que não se caracteriza como "isenção" (face à inexistência de norma proibitória expressa), e tampouco "não incidência" (diante da inexistência de objeto de comércio impulsionado para a realização de negócio mercantil).

As "transferências de mercadorias" enquadram-se nesta situação, correspondendo às etapas intermediárias do procedimento operacional da pessoa jurídica, inerente ao ciclo mercantil, enquadrando-se como hipótese normativa de não tributação, distinta da "isenção" e da "não incidência".

Há embasamento jurídico para serem considerados os respectivos créditos de ICMS referentes às anteriores aquisições, ou entradas no estabelecimento remetente, porquanto não se enquadram na excepcional restrição constitucional (art. 155, § 2º, II).

Relativamente à amplitude dos créditos (*financeiros*) de ICMS (considerados sobre todas as aquisições); em contrapartida com a restrição aos créditos (*físicos*) vinculados à efetiva participação nas operações mercantis e prestações de serviços, confira-se o entendimento do STF:

> Tributário. Imposto sobre Circulação de Mercadorias e Prestação de Serviços de Comunicação e de Transporte Intermunicipal e Interestadual. Não cumulatividade. Diferença entre Crédito Físico e Crédito Financeiro. Discussão sobre o Modelo Adotado pela Constituição de 1988. Processual Civil. Agravo Regimental.
>
> 1. Esta Corte tem sistematicamente entendido que a Constituição de 1988 não assegurou direito à adoção do modelo de crédito financeiro para fazer valer a não cumulatividade do ICMS em todo e qualquer hipótese. Precedentes.
>
> 2. Assim, a adoção de modelo semelhante ao do crédito financeiro depende de expressa previsão Constitucional ou legal, existente para algumas hipóteses e com limitações na legislação brasileira.
>
> 3. A pretensão do contribuinte de assemelhar o ICMS a modelo ideal de Imposto sobre Valor Agregado – IVA, sem prejuízo dos inerentes méritos econômicos e de justiça fiscal, não ressoa na Constituição de 1988.
>
> Agravo Regimental a qual se nega provimento[143].

Há pleno fundamento jurídico para a *compensação de saldos credores de ICMS-próprio com débitos de ICMS-substituição tributária*.

A substituição tributária apenas consiste no deslocamento dos momentos de incidência do imposto, e na distinta atribuição da sujeição passiva do ICMS. A substituição tributária não pode alterar a essência do regime jurídico do ICMS, muito menos modificar, alterar, ou suprimir o consagrado princípio constitucional da não cumulatividade que significa a característica primordial do imposto.

O regime atinente à apuração do *quantum* do ICMS, a ser efetivamente recolhido pelo sujeito passivo da obrigação tributária, não pode desconsiderar, sob qualquer forma, o regime de compensação de "créditos" e "débitos", sob pena de causar deformações na real e efetiva quantificação do imposto.

A LC n. 87/96 (arts. 19, 20 e 24) contém regras referentes à formação de apuração do ICMS, especialmente o art. 25: "Para efeito de aplicação do disposto no art. 24, os débitos e créditos devem ser apurados em cada estabelecimento, compensando-se os saldos credores e devedores entre os estabelecimentos do mesmo sujeito passivo localizado no Estado".

Os lançamentos tributários, entretanto, formulam exigências com atinência exclusiva aos débitos do imposto (acrescido de juros e multa penal), sem considerar os créditos de ICMS constantes da escrituração fiscal do contribuinte (livro de entrada e GIA), sob as assertivas seguintes:

143 RE 447.470/PR – AgR, 2ª T., rel. Min. JOAQUIM BARBOSA, *DJe* 8-10-2010.

a) o fato de a empresa possuir crédito de ICMS, em valores superiores ao ICMS destacado nas notas fiscais (escrituradas ou não), não autoriza deixar de lavrar o auto de infração e promover compensação entre tais valores;

b) não pode ser impossibilitada a ação fiscal, porque se poderia entender que todo contribuinte, que tenha saldo credor, possa cometer infrações à legislação sem que se preocupe em sofrer autuação;

c) não há previsão na legislação tributária para se compensar tanto o imposto reclamado como a multa aplicada, em auto de infração, com o saldo credor porventura existente.

Todavia, entendo que há pleno amparo constitucional (art. 155, § 2º, I), e legal (LC n. 87/96, art. 24, I), para impor-se a aplicação do "saldo credor de ICMS", porque, nos lançamentos tributários de ofício devem ser considerados todos os créditos do imposto (valores suportados pelo contribuinte e que constituem direito oponível ao Estado), procedendo-se à recomposição da conta gráfica.

2.7.2. Base de Cálculo Reduzida

A *base de cálculo reduzida* obriga ao estorno de crédito.

O STF havia firmado a diretriz seguinte:

> ICMS – Princípio da Não cumulatividade – mercadoria usada – Base de incidência menor – Proibição de crédito – Inconstitucionalidade.
>
> Conflita com o princípio da não cumulatividade norma vedadora da compensação do valor recolhido na operação anterior. O fato de ter-se a diminuição valorativa da base de incidência não autoriza, sob o ângulo constitucional, tal proibição. Os preceitos das alíneas *a* e *b* do inciso II do § 2º do artigo 155 da Constituição Federal, somente tem pertinência em caso de isenção, ou não incidência, no que voltadas à totalidade do tributo, institutos inconfundíveis com o benefício fiscal em questão[144].

Esta diretriz foi reformulada[145], ao ser preceituado que os créditos relativos à entrada de insumos utilizados em industrialização de produtos cujas saídas foram realizadas com redução da base de cálculo caracterizam isenção parcial, sendo inconstitucional a previsão de estorno proporcional[146]. No regime de *diferimento* fora decidido pela impossibilidade de compensação de créditos[147].

144 RE 161.031-0, Pleno, rel. MARCO AURÉLIO, j. 5-2-1997, *DJU* 1 6-6-1997, p. 2.488/1.

145 RE 382.371-AgRg/MG, Pleno, j. 17-3-2005, *DJU* 30-6-2005.

146 RE 174.478, Pleno, rel. p/ acórdão Min. CEZAR PELUSO, j. 17-3-2005, *DJU* 1 30-9-2005.

147 AgReg no RE 572.925, 1ª T., rel. Min. CÁRMEN LÚCIA, j. 15-2-2011, *DJe* 24-3-2011, p. 27.

A utilização da base de cálculo foi condicionada à não utilização dos créditos integrais na hipótese. A incidência da redução do preço da mercadoria na saída e a possibilidade concomitante de lançar a integralidade dos créditos frustra os objetivos da administração tributária, que impôs a opção para a consecução de fins predeterminados[148].

O STF fixou a tese de que "a redução da base de cálculo do ICMS equivale à isenção parcial, o que acarreta a anulação proporcional de crédito relativo às operações anteriores, salvo disposição em lei estadual em sentido contrário"[149].

2.7.3. Atividade Alheia ao Estabelecimento

Não permite o crédito relativo *a mercadorias e serviços alheios à atividade do estabelecimento*, como é o caso de veículos de transporte pessoal (salvo prova em contrário), conforme consta da LC n. 87/96 (§§ 1º e 2º, do art. 20).

Peculiarmente, o fisco mineiro tem considerado alheios à atividade do estabelecimento (I) os veículos de transporte pessoal; (II) os bens entrados, inclusive mercadorias, ou os serviços recebidos, e que (a) sejam utilizados em atividade exercida no estabelecimento fora do campo de incidência do imposto; (b) sejam utilizados em atividades de capacitação técnica, de cultura, de lazer, esportivas, ou de profilaxia dos empregados, ainda que visem a aumentar a produtividade da empresa; (c) não sejam empregados na consecução da atividade econômica do estabelecimento, assim entendidos aqueles não utilizados na área de produção industrial, agropecuária, extrativa, de comercialização, ou de prestação de serviços; (III) as mercadorias o os serviços recebidos que se destinem à construção, reforma ou ampliação do estabelecimento[150].

Penso que as restrições não possuem o indispensável embasamento jurídico, uma vez que criam impedimentos à plena aplicação do princípio da não cumulatividade, sem nenhuma previsão constitucional.

Entretanto, o TJ-MG decidira o seguinte:

> EMENTA: EMBARGOS À EXECUÇÃO. REEXAME NECESSÁRIO. AGRAVO RETIDO. CERCEAMENTO DE DEFESA. PROVA EMPRESTADA. APELAÇÃO CÍVEL. MATERIAIS UTILIZADOS NA CONSTRUÇÃO DAS USINAS E REDES DE TRANSMISSÃO E DISTRIBUIÇÃO DE ENERGIA ELÉTRICA. BENS ALHEIOS À ATIVIDADE EMPRESARIAL. APROVEITAMENTO INDEVIDO DE CRÉDITO DE ICMS. INSTRUÇÃO NORMATIVA DLT/SER N. 1/1998. LIMITAÇÃO TEMPORAL PREVISTA NA LEI COMPLEMENTAR N. 87/96. LEGITIMIDADE (...).

148 STF, 1ª T., AgReg no Agravo de Instrumento 729.988, rel. Min. DIAS TOFFOLI, j. 9-9-2014, *DJe* 9-10-2014, p. 59.

149 Tema 299 de Repercussão Geral no RE 635688, j. 16-10-2014.

150 Instrução Normativa DLT/SER n. 1, de 6-5-1998, da Diretoria de Legislação Tributária da Superintendência da Receita Estadual de Minas Gerais.

O ICMS incidente sobre a aquisição de materiais utilizados na construção das usinas e redes de transmissão e distribuição da energia elétrica, por serem caracterizadas como mercadorias destinadas à construção civil de ampliação do estabelecimento, logo, alheias à atividade empresarial, não podem ser objeto de compensação, mostrando-se legítima a atuação fiscal (...)[151].

O STJ decidiu o seguinte:

Execução Fiscal. ICMS. Hipermercado. Material de Construção utilizado na Edificação da Sede. Art. 20, § 11º, da Lei Complementar n. 87/96. Emprego em Atividade Alheia à Finalidade da Empresa. Creditamento. Impossibilidade (...)

I – Esta Corte tem-se manifestado no sentido da possibilidade de creditamento dos valores despendidos para aquisição de bens destinados ao ativo imobilizado. Todavia, a hipótese dos autos se subsume à exceção prevista no parágrafo 1º do artigo 20 da Lei Complementar n. 87/96, pois os bens adquiridos pelo executado foram empregados na construção do prédio onde funciona o hipermercado.

Neste caso, por serem aplicados em atividade alheia à finalidade da empresa, a aquisição dos referidos bens não dá direito ao creditamento pretendido[152].

O STJ entendeu que os bens objeto de contrato de comodato realizado com terceiros (revendedores) – como é o caso de vitrines, chopeiras, freezer expositores, mesas e cadeiras, destinados à atividade profissional de empresa que se dedica à produção e ao comércio de cervejas, refrigerantes, bebidas em geral e gás carbônico – têm direito a crédito do ICMS[153].

2.7.4. Ativo Permanente. Uso e Consumo. Energia Elétrica. Comunicação

No caso da aquisição de bens do *ativo permanente* (mesas, cadeiras, veículos, aparelho de ar-condicionado), não destinados à revenda, deve-se atender a procedimento específico para efeito de créditos decorrentes de entrada no estabelecimento, a saber:

a) a apropriação será feita à razão de um quarenta e oito avos (1/48) por mês, devendo a primeira fração ser apropriada no mês em que ocorrer a entrada no estabelecimento;

b) em cada período de apuração do imposto, não será admitido o creditamento de que trata o inciso I, em relação à proporção das operações de saídas ou às prestações isentas ou não tributadas sobre o total das operações de saídas ou prestações efetuadas no mesmo período;

c) para a aplicação do disposto nos incisos I e II, o montante do crédito a ser apropriado será o obtido multiplicando-se o valor total do respectivo crédito pelo valor igual

151 Ap. Civ./Reex. Necessário – Poços de Caldas – 5ª Câmara Cível – rel. Des. VERSIANI PENNA, j. 25.9.2014, *DJ* 3.10.2014.

152 REsp 860.701/MG, 1ª T., rel. Min. FRANCISCO FALCÃO, j. 19-4-2007, *DJU*1 17-5-2007, p. 215.

153 RMS 24.911/RJ, 2ª T., rel. Min. MAURO CAMPBELL MARQUES, j. 26-6-2012, *DJe* 6-8-2012.

a um quarenta e oito avos da relação entre o valor das operações de saídas e prestações do período, equiparando-se às tributadas, para fins deste inciso, as saídas e prestações com destino ao exterior ou as saídas de papel destinado à impressão de livros, jornais e periódicos (redação dada pela LC n. 120, de 29-12-2005);

d) o quociente de um quarenta e oito avos será proporcionalmente aumentado ou diminuído, *"pro rata die"*, caso o período de apuração seja superior ou inferior a um mês;

e) na hipótese de alienação dos bens do ativo permanente, antes de decorrido o prazo de quatro anos contado da data de sua aquisição, não será admitido, a partir da data da alienação, o creditamento de que trata este parágrafo em relação à fração que corresponderia ao montante do quadriênio;

f) serão objeto de outro lançamento, além do lançamento em conjunto com os demais créditos, em livro próprio ou de outra forma que a legislação determinar; e

g) ao final do quadragésimo oitavo mês contado da data da entrada do bem no estabelecimento, o saldo remanescente do crédito será cancelado.

A *cessão em comodato* de bens do ativo permanente não obriga a estornar os créditos, a saber:

> Tributário. ICMS. Bens Importados. Ativo Permanente. Direito ao Creditamento. Cessão em Comodato a Terceiros. Circulação de Mercadoria. Não Ocorrência. Ausência do Dever de Estornar. Autuação Fiscal Improcedente.
>
> 1. Hipótese em que se discute se existe o dever de o contribuinte estornar o crédito de ICMS apurado na importação de bem para o ativo permanente, cedido em comodato a terceiro.
>
> 2. Os arts. 20, § 3º, I, e 21, I, da n. LC 87/96 se complementam. O primeiro autoriza o creditamento do imposto cobrado na operação que tenha resultado a entrada de mercadoria no estabelecimento, mesmo a destinada ao ativo permanente (caso dos autos), mas excepciona a hipótese em que a saída subsequente não for tributada ou estiver isenta. O segundo impõe ao contribuinte o dever de estornar o ICMS creditado, se incidir essa regra excepcional, isto é, quando o próprio creditamento for vedado.
>
> 3. Se os equipamentos são cedidos em comodato, não se pode falar em "saída", sob a perspectiva da legislação do ICMS, entendida como circulação de mercadoria com transferência de propriedade. Nesse caso, os bens não deixam de integrar o patrimônio do contribuinte.
>
> 4. Portanto, a hipótese dos autos não se subsume aos arts. 20, § 3º, I, e 21, I, da LC n. 87/96, o que permite a conclusão pela possibilidade de manutenção do crédito de ICMS. Se não havia o dever de estornar, afigura-se indevida a autuação. No mesmo sentido: RMS 24.911/RJ, rel. Min. Mauro Campbell Marques, Segunda Turma, *DJe* 6-8-2012 (...)[154].

---

154 REsp 1.307.876/SP, 2ª T., rel. Min. HERMAN BENJAMIN, j. 5-2-2013, *DJe* 15-2-2013.

Os *bens destinados a uso e consumo* (material de limpeza, lubrificantes, café etc.), que não participam intrinsecamente das mercadorias, só permitem o direito a crédito a partir de 1-1-2033 (LC n. 171/2019).

O Fisco paulista entende que *não confere direito a crédito* os materiais seguintes:

a) facas, formas e matrizes, navalhas, fitas, rechadeira, chanfradeira/manuais, anéis para escovas, roletas para lixas, ferragens para roletes, borracha de lixadeira, boneca, fresas, chapa de fresa, limas, alicates, tesouras, martelos, filete de ferro, máscaras protetoras, óculos, lentes, vazadores, revólver para pintura e seus acessórios, rolamentos, roletes, correias, resistências elétricas, peças e partes de manutenção, óleos lubrificantes e graxas[155];

b) bits, bedames, brocas, fresas, pastilhas de metal duro, alargadores, machos, retificadores, diamantados e abrasivos[156];

c) fio helicoidal ou cordoalha, broca de aço, *short bits* (setor de extração), industrialização de mármores e granitos[157].

O STJ decidiu que "os materiais refratários empregados na indústria, sendo inteiramente consumidos, embora de maneira lenta, não integrando, por isso, o novo produto nem o equipamento que compõe o ativo fixo da empresa, devem ser classificados como produtos intermediários, conferindo direito ao crédito fiscal"[158].

Os bens intermediários que não se incorporam ao produto final, ou que não são consumidos no curso do processo de industrialização, não dão direito ao creditamento[159].

O combustível utilizado por empresa de prestação de serviço de transporte fluvial constitui insumo indispensável à sua atividade, de modo que o ICMS incidente na respectiva aquisição constitui crédito dedutível na operação seguinte (LC n. 87/96, art. 20, *caput*). Tratando-se o combustível de insumo, não se lhe aplica a limitação prevista no art. 33, I, da mencionada LC, que só alcança as mercadorias destinadas ao uso ou consumo do estabelecimento[160].

Todavia, o STJ fixou marco temporal – relativo à vedação e o direito a crédito – na forma seguinte:

---

155 Consulta n. 344/98, de 15-8-1988. LARANJEIRA, Álvaro Reis. *Respostas da Consultoria Tributária*. São Paulo: LTr, 1984. v. 2, p. 343 e 344.

156 Consulta n. 137, de 29-7-1980, *Boletim Tributário*, v. 189, p. 769.

157 Consulta n. 980/93, *Boletim Tributário*, v. 94, p. 527/9.

158 REsp 181.361-0/SP, 2ª T., rel. Min. HÉLIO MOSIMANN, j. 5-6-1995, *DJU* 1 8-8-1995, p. 23.206.

159 REsp 889.414/RJ, 1ª T., rel. Min. LUIZ FUX, j. 17-4-2008, *DJe* 14-5-2008. Precedentes.

160 REsp 1.435.626/PA, rel. Min. ARI PARGENDLER, j. 3-6-2014, *DJe* 16-6-2014.

TRIBUTÁRIO. AGRAVO REGIMENTAL NO AGRAVO EM RECURSO ESPECIAL. ICMS. CREDITAMENTO. PRODUTOS INTERMEDIÁRIOS UTILIZADOS NO PROCESSO PRODUTIVO. POSSIBILIDADE. ART. 20, § 1º, DA LC n. 87/96.

1. O Superior Tribunal de Justiça consolidou sua jurisprudência no sentido de que, na vigência do Convênio ICMS 66/88, o produto intermediário para fins de creditamento exigia prova de que ele foi consumido imediata e integralmente no processo produtivo ou compusesse o produto novo. Precedentes: AgRg no Ag 929.077/OS, rel. Min. Mauro Campbell Marques, Segunda Turma, *DJe* 12-9-2008; REsp 850.362/MG, rel. Min. Eliana Calmon, Segunda Turma, *DJ* 2-3-2007.

2. A Lei Complementar n. 87/96, entretanto, ampliou as hipóteses de creditamento, condicionando o aproveitamento dos créditos relativos à aquisição de produtos intermediários apenas à comprovação de que eles são utilizados para a consecução das atividades que constituem o objeto social do estabelecimento empresarial. Precedentes: REsp 1.090.156/SC, rel. Min. Eliana Calmon, Segunda Turma, *DJe* 20-8-2010; REsp 1.175.166/MG, rel. Min. Herman Benjamin, Segunda Turma, *DJe* 26-3-2010; REsp 889.414/RJ, rel. Min. Luiz Fux, Primeira Turma, *DJe* 14-5-2008)[161].

O STJ decidiu que as sacolas plásticas cedidas à clientela em supermercados, para acondicionar as mercadorias, não se agregam aos produtos vendidos por serem itens de conveniência fornecidos aos fregueses, portando-se, ainda, como veículo de propaganda da empresa por constarem o seu logotipo, lema e endereço, caracterizando material de uso do estabelecimento, sem direito a crédito de ICMS[162].

Também compreendera o seguinte:

1. O creditamento somente é factível nas hipóteses restritas constantes do p. 1, do artigo 20 da Lei Complementar n. 87/96, qual seja a entrada de mercadorias que façam parte da atividade do estabelecimento. Consectariamente, é de clareza hialina porque o direito de creditamento do ICMS pago anteriormente somente exsurge quando se tratar de insumos que se incorporam ao produto final ou que são consumidos no curso do processo de industrialização. Precedentes: REsp 762.748-SC, rel. Min. Luiz Fux, *DJ* 12-4-2007; REsp 626.181-SC, rel. Min. Eliana Calmon, *DJ* 16-5-2006; REsp 626.181-SC, rel. Min. Eliana Calmon, Segunda Turma, j. de 4-4-2006, *DJ* 16-5-2006[163] (...).

Entretanto, decidiu que as bandejas de isopor, os filmes plásticos e os cartuchos de papel para embalar produtos *in natura* são embalagens obrigatórias, que se agregam ao produto, pelo que o ICMS pago na aquisição deles serve como parcela de crédito a integrar a fórmula contábil do imposto a ser apurado.

161 AgReg em REsp 142.263/MG, rel. Min. BENEDITO GONÇALVES, j. 19-2-2013.

162 REsp 279.024/SP, 1ª T., rel. Min. JOSÉ DELGADO, j. 8-5-2001, *DJU* 13-8-2001.

163 REsp 889.414/RJ, 1ª T., rel. Min. LUIZ FUX, j. 17-4-2008, *DJe* 14-5-2008.

Na realidade, muitas, vezes, os materiais caracterizam-se como produtos intermediários, devendo ser considerados os principais mecanismos de desgaste (adesão, abrasão, fadiga superficial e reações triboquímicas), que ocorrem durante o processo de manuseio. As condições de usinagem também exercem influência, sendo empregados na produção os seguintes processos: torneamento, furação, fresamento, serramento, alargamento, escareamento e roscamento.

O consumo de *energia elétrica* somente possibilita o direito a crédito no estabelecimento: (a) quando for objeto de operação de saída de energia elétrica; (b) quando consumida no processo de industrialização; e (c) quando seu consumo resultar em operação de saída ou prestação para o exterior, na proporção destas sobre as saídas ou prestações totais. Está prevista a plena utilização do crédito a partir de 1.1.2033 (redação da LC n. 171/2019).

A vinculação do crédito relativo ao consumo de energia elétrica às exclusivas operações com energia elétrica, industrialização e exportação, de modo injustificado prejudica todas as demais categorias e atividades profissionais (comerciantes, prestadores de serviços de transporte, produtores rurais), sujeitas à sistemática do ICMS, porque não podem apropriar (a título de crédito) os valores tributários devidos pelo consumo de energia.

O STJ permitira o crédito de ICMS para supermercado que, ao lado da atividade comercial, desenvolve processo industrial de alimentos (panificação e congelado) e produz mercadoria[164]. Todavia, passara a entender[165] que as atividades de panificação e congelamento de alimentos, realizadas por estabelecimento comercial, não se caracterizam como processo de industrialização, razão pela qual inexiste o direito ao creditamento do ICMS recolhido em relação à energia elétrica consumida na realização de tais atividades[166].

O STF reconheceu a existência de repercussão geral da questão constitucional nos termos seguintes:

> Recurso Extraordinário. Tributo. Imposto sobre Circulação de Mercadorias e Serviços – ICMS. Creditamento. Direito não reconhecido na origem. Aquisição de energia elétrica por supermercado. Exercício de atividade industrial. Processamento de alimentos. Questão da ofensa ao princípio constitucional da não cumulatividade. Relevância. Repercussão Geral reconhecida. Apresenta repercussão o recurso extraordinário que verse sobre a admissibi-

164 STJ, REsp 404.432/RJ, rel. Min. ELIANA CALMON, j. 6-6-2002, *DJU* 1 5-8-2002, p. 301.

165 1ª Seção, REsp 1.117.139/RJ, rel. Min. LUIZ FUX, *DJe* 18-2-2010.

166 AgRg no Agravo de Instrumento 1.197.459/SC, 2ª T., rel. Min. MAURO CAMPBELL MARQUES, j. 26-10-2010, *DJe* 10-11-2010.

lidade de se considerar como atividade industrial o processamento de alimentos realizado por supermercado para fins de crédito de ICMS[167].

A jurisprudência do STF firmou-se no sentido de não reconhecer, ao contribuinte do ICMS, o direito de creditar-se do valor do ICMS, quando pago em razão de operações de consumo de energia elétrica, ou de utilização de serviços de comunicação, ou, ainda, de aquisição de bens destinados ao uso e/ou integração no ativo fixo do seu próprio estabelecimento[168].

Relativamente à energia elétrica atinente aos *serviços de telecomunicações*, o STJ entendera tratar-se de bem essencial, revelando-se como único insumo, de modo que impedir o creditamento equivale a tornar o imposto cumulativo em relação a um deles. Assim, o ICMS incidente sobre a energia elétrica consumida pelas empresas de telefonia, que promovem processo industrial por equiparação, pode ser creditado para o abatimento do imposto devido quando da prestação dos serviços[169].

No que concerne ao ICMS pertinente ao recebimento dos *serviços de comunicação*, somente dará direito a crédito àqueles utilizados pelo estabelecimento: (a) ao qual tenham sido prestados na execução de serviços da mesma natureza; (b) quando sua utilização resultar em operação de saída ou prestação para o exterior, na proporção desta sobre as saídas ou prestações totais; e (c) a partir de 1-1-2033, nas demais hipóteses (redação dada pela LC n. 171/2019).

Constata-se que os industriais, comerciantes, produtores e prestadores de serviços sofrem contundente restrição no seu direito ao crédito, uma vez que o ICMS incidente sobre os serviços de comunicação (telefonia, por exemplo), terá que ser integralmente suportado, em razão da vedação ao crédito.

A jurisprudência do Supremo Tribunal Federal firmou-se no sentido de não reconhecer ao contribuinte do ICMS o direito de creditar-se do valor do ICMS, quando pago em razão de operações de consumo de energia elétrica, ou de utilização de serviços de comunicação ou, ainda, de aquisição de bens destinados ao uso e/ou à integração no ativo fixo do seu próprio estabelecimento[170].

Pertinente a decisão do STJ *equiparando os serviços de telecomunicação à indústria*, possibilitando o crédito de energia elétrica, nos termos seguintes:

---

167 Rep. Geral no RE 588.954/SC, Plenário, rel. Min. CEZAR PELUSO, j. 22-10-2009, *DJe* 13-11-2009.

168 AgRg no Agravo de Instrumento 720.466-0, 2ª T., rel. Min. CELSO DE MELLO, j. 2-9-2008, *DJe* 2-10-2008, p. 74-5.

169 REsp 842.270/RS, 1ª Seção, rel. Min. LUIZ FUX, j. 23-5-2012, *DJe* 26-6-2012.

170 AgRg no Agravo de Instrumento 720.466-0, 2ª T., rel. Min. CELSO DE MELLO, j. 2-9-2008, *DJe* 2-10-2008, p. 74-5.

Tributário. Serviços de Telecomunicação. Energia Elétrica. Creditamento. Possibilidade. Art. 33, II, *b*, da n. LC 87/96. Decreto n. 640/62. Equiparação à Indústria Básica para Todos os Efeitos Legais. Validade e Compatibilidade com o Ordenamento Jurídico Atual. Matéria Decidida pela Primeira Seção. Recurso Especial provido.

1. O art. 1º do Decreto n. 640/42, que equiparou, *para todos os efeitos legais*, os serviços de telecomunicação à indústria básica, é compatível com o ordenamento jurídico vigente, em especial com a Lei Geral de Telecomunicações, com o Regulamento do IPI e com o Código Tributário Nacional.

2. O art. 33, II, *b*, da LC n. 87/96 autoriza o creditamento do imposto incidente sobre energia elétrica quando "consumida no processo de industrialização". Como o art. 1º do Decreto n. 640/62 equipara, para *todos os efeitos legais*, a atividade de telecomunicações ao processo industrial, faz jus a impetrante ao creditamento pretendido.

3. Segundo a regra do art. 155, II, da CF/88, o ICMS comporta três núcleos distintos de incidência: (i) circulação de mercadorias; (ii) serviços de transporte; (iii) serviços de comunicação.

4. O princípio da não cumulatividade, previsto no § 2º do art. 155 da CF/88, abrange os três núcleos de incidência, *sem exceção*, sob pena de tornar o imposto cumulativo em relação a um deles.

5. No caso dos serviços de telecomunicação, a energia elétrica, além de essencial, revela-se como único insumo, de modo que impedir o creditamento equivale a tornar o imposto cumulativo, em afronta ao texto constitucional.

6. O art. 33, II, da LC n. 87/96 precisa ser interpretado conforme a Constituição, de modo a permitir que a não cumulatividade alcance os três núcleos de incidência previstos no Texto Constitucional, e não apenas a circulação de mercadorias, vertente central, mas não única da hipótese de incidência do imposto.

7. O ICMS incidente sobre a energia elétrica consumida pelas empresas de telefonia, que promovem processo industrial por equiparação, pode ser creditado para abatimento do imposto devido quando da prestação dos serviços.

8. Matéria decidida pela Primeira Seção no julgamento do REsp 842.270/RS, rel. Min. Luiz Fux, Rel. p/acórdão Min. Castro Meira, *DJ* de 26-6-2012.

9. Recurso especial provido[171].

Relativamente ao direito ao crédito do imposto no caso de *inadimplência absoluta dos usuários*, o STF assentara o seguinte:

Imposto sobre Circulação de Mercadorias e Serviços – Telecomunicações – Inadimplência Absoluta dos Usuários – Direito ao Crédito – Princípio da não Cumulatividade – Recurso Extraordinário – Repercussão Geral Configurada. Possui repercussão geral a controvérsia relativa ao direito do contribuinte de aproveitar valores pagos ao ICMS para abatimento do

171 REsp 1.286.617/RR, 2ª T., rel. Min. CASTRO MEIRA, j. 4-9-2012, *DJe* 11-9-2012.

tributo devido quanto a operações subsequentes, alusivos a prestações de serviço de comunicação, quando ocorrida inadimplência absoluta dos respectivos usuários[172].

2.7.5. Inidoneidade

A LC n. 87/96 (art. 23) dispõe que o direito ao crédito, para efeito de compensação com o débito do imposto, está condicionado à idoneidade da documentação.

A *inidoneidade do contribuinte* originário, à qual os adquirentes dos bens ou tomadores dos serviços são pessoas estranhas e nem mesmo têm acesso – porque não lhes cabe o poder de polícia, de cunho fiscalizatório – não pode afetar o direito a crédito. Tratando-se de "operações" e "prestações" realizadas e comprovadas pelo contribuinte, que estejam inseridas numa cadeia negocial, não há que se impedir o direito ao crédito, sob a assertiva fiscalista de que o emitente das notas fiscais é inidôneo e que se trata de *notas frias*.

Mediante a aquisição de um bem (industrial, comercial, ou determinada espécie de serviço) nasce para o contribuinte o direito à não cumulatividade tributária, operacionalizada por um crédito fiscal. Concretizando tal negócio jurídico, materializado em nota fiscal (sempre que possível), o adquirente pode escriturar os respectivos créditos de ICMS, independentemente da situação empresarial e fiscal em que se encontra o fornecedor dos bens e serviços.

O que importa considerar é se a transação foi realizada com pessoa inscrita na repartição fiscal (justificada pela exibição da respectiva ficha cadastral).

Nessa situação, o STJ firmara os entendimentos seguintes:

> Processo Civil. Recurso Especial Representativo de Controvérsia. Artigo 543-C, do CPC. Tributário. Créditos de ICMS. Aproveitamento (Princípio da Não Cumulatividade). Notas Fiscais. Posteriormente Declaradas Inidôneas. Adquirente de Boa-Fé.
>
> 1. O comerciante de boa-fé que adquire mercadoria, cuja nota fiscal (emitida por empresa vendedora) posteriormente seja declarada inidônea, pode engendrar o aproveitamento do crédito de ICMS pelo princípio da não cumulatividade, uma vez demonstrada a veracidade da compra e venda efetuada, porquanto o ato declaratório de inidoneidade somente produz efeitos a partir de sua publicação (Precedentes das turmas de Direito Público).
>
> 2. A responsabilidade do adquirente de boa-fé reside na exigência, no momento da celebração do negócio jurídico, da documentação pertinente à assunção da regularidade do alienante, cuja verificação de idoneidade incumbe ao fisco, razão pela qual não incide, à espécie, o artigo 136, I, do CTN, segundo o qual "*salvo disposição de lei em contrário, a responsabilidade por infrações da legislação tributária independe da intenção do agente ou do responsável e da efetividade, natureza e extensão dos efeitos do ato* (norma aplicável, *in casu*, ao alienante)".

172 Repercussão Geral no Recurso Extraordinário com Agravo 668.974, Plenário, rel. Min. MARCO AURÉLIO, *DJe* 8-8-2014, p. 25.

3. A boa-fé do adquirente em relação às notas fiscais declaradas inidôneas após a celebração do negócio jurídico (o qual fora efetivamente realizado), uma vez caracterizada, legitima o aproveitamento dos créditos de ICMS (...)[173].

É lícito ao comerciante de boa-fé aproveitar os créditos de ICMS decorrentes de notas fiscais posteriormente declaradas inidôneas, quando demonstrada a veracidade da compra e venda[174].

Na mesma trilha jurídica, "a jurisprudência deste Superior Tribunal de Justiça pacificou-se no sentido de que o adquirente de boa-fé não pode ser responsabilizado pela inidoneidade de notas fiscais emitidas pela empresa vendedora, sendo certo que, nesse caso, é possível o aproveitamento de crédito de ICMS relativo às referidas notas fiscais. Todavia, para tanto, é necessário que o contribuinte demonstre, pelos registros contábeis, que a operação de compra e venda efetivamente se realizou, incumbindo-lhe, portanto, o ônus da prova"[175].

Pondere-se que não pode ter aplicação indiscriminada e absoluta o instituto da solidariedade de modo a permitir ao fisco a livre indicação do sujeito passivo da obrigação tributária.

Significativas as ponderações seguintes:

(...) 15. É desprovida de juridicidade a exigência fiscal de pagamento do ICMS, por solidariedade (art. 11, inciso XI, do RICMS/SP), uma vez que não resta caracterizado o "interesse comum" entre as partes contratantes, previsto no artigo 124, inciso I, do Código Tributário Nacional. O mero interesse econômico (como é o caso das pessoas jurídicas integrantes do mesmo conglomerado econômico) não é elemento suficiente para a consecução da situação de solidariedade em matéria tributária.

16. É ilegítima a cobrança do ICMS por solidariedade do contribuinte substituído porque este já arca com ônus financeiro decorrente da transferência do valor do imposto estadual retido antecipadamente (pelo contribuinte substituto) no preço da mercadoria ou do serviço adquirido. E ainda que assim não fosse, sem a demonstração de que o contribuinte substituído teria participado ativamente da simulação realizada por terceiro, faz-se necessária a notificação prévia (antes da lavratura do AIIM) do contribuinte substituído, para a cobrança do ICMS-ST[176].

173 REsp 1.148.444/MG, 1ª Seção, rel. Min. LUIZ FUX, j. 14-4-2010, *DJe* 27-4-2010.

174 Súmula 509, STJ.

175 REsp 623.335/PR, 1ª T., rel. Min. DENISE ARRUDA, j. 7-8-2007, *DJU* 1 10-9-2007, p. 187.

176 MELO, Eduardo Soares de. VIII. Créditos do ICMS. Desdobramentos Recentes Relativos a Negócios Jurídicos Celebrados com Contribuinte Inidôneo. *ICMS: Temas Fundamentais*. Eduardo Soares de Melo e Edison Aurélio Corazza (coord.). São Paulo: Quartier Latin, 2018, p. 184.

2.7.6. Diferimento

O diferimento constitui técnica impositiva de deslocamento da exigência do tributo para momento posterior à ocorrência do originário fato gerador, com a imputação da responsabilidade de seu recolhimento a terceiro.

Não constitui um benefício fiscal, até porque não há dispensa do pagamento do tributo (como ocorre com a isenção ou com a não incidência), mas técnica de arrecadação, que visa a otimizar tarefas típicas do Fisco, de fiscalizar e arrecadar tributos. Logo, por representar conveniência para o Estado, cabe a ele, exclusivamente, a fiscalização dessas operações. E nem poderia ser diferente, pois, ao vendedor que, via de regra, nessa modalidade de tributação, é pequeno produtor rural (de milho, na espécie), a lei não confere poderes para fiscalizar as atividades da empresa que adquire os seus produtos[177].

Nas operações realizadas com *diferimento*, é vedado o posterior crédito por parte do adquirente das mercadorias, à luz da jurisprudência[178], em consonância com postura do STJ:

> Constitucional. Tributário. ICMS. Diferimento. Transferência de Crédito ao Adquirente. Princípio da Não cumulatividade. Impossibilidade.
>
> 1. O regime de diferimento, ao substituir o sujeito passivo da obrigação tributária, com o adiamento do recolhimento do imposto, em nada ofende o princípio da não cumulatividade (RE 112.098, *DJ* 14-2-1992, e RE 102.354, *DJ* 23-11-1984).
>
> 2. O princípio da não cumulatividade do ICMS consiste em impedir que, nas diversas fases da circulação econômica de uma mercadoria, o valor do imposto seja maior que o percentual correspondente à sua alíquota prevista na legislação. O contribuinte deve compensar o tributo pago na entrada da mercadoria com o valor devido por ocasião da saída, incidindo a tributação somente sobre o valor adicional ao preço.
>
> 3. Na hipótese dos autos, a saída da produção dos agravantes não é tributada pelo ICMS, pois sua incidência é diferida para a próxima etapa do ciclo econômico. Se nada é recolhido na venda da mercadoria, não há que se falar em efeito cumulativo.
>
> 4. O atacadista ou industrial, ao comprar a produção dos agravantes, não recolhe o ICMS, portanto não escritura qualquer crédito desse imposto. Se a entrada da mercadoria não é tributada, não há créditos a compensar na saída.
>
> 5. Impertinente a invocação do princípio da cumulatividade para permitir a transferência dos créditos de ICMS, referente à compra de insumos e maquinário, para os compradores da produção agrícola, sob o regime de diferimento[179].

---

177 STJ, Emb. Div. em REsp 1.119.205/MG, 1ª Seção, rel. Min. BENEDITO GONÇALVES, j. 27-1-2010, *DJe* 8-11-2010.

178 AgReg no RE 572.925, 1ª T., rel. Min. CÁRMEN LÚCIA, j. 15-2-2011, *DJe* 24-3-2011, p. 27.

179 AgReg no RE 325.623-8, 2ª T., rel. Min. ELLEN GRACIE, j. 14-3-2006, *DJU* 1 7-12-2006, p. 65.

A legislação pode estabelecer prazos diferenciados para o recolhimento do ICMS diferido, seja por a) guia especial, na data da entrada da mercadoria no estabelecimento destinatário, a tantos dias dessa entrada, no momento da saída do estabelecimento etc.; ou b) por apuração normal (mensal, quinzenal etc.), em conjunto com as operações realizadas no período de apuração do imposto.

O STF, em operações relativas à aquisição de combustíveis renováveis, suscitou repercussão geral de matéria constitucional, nos termos seguintes:

> Recurso Extraordinário com Agravo. Tributário. Imposto Sobre Circulação de Mercadorias e Serviços – ICMS. Aquisição de mercadoria com diferimento. Direito a creditamento do tributo. Vedação. Hipótese de substituição tributária para trás. Alegada violação ao princípio da não cumulatividade. ADI 4.171[180].

2.7.7. Correção Monetária

É legítimo o direito à atualização dos créditos, tendo em vista a natureza da correção monetária, o ordenamento jurídico e as posturas da doutrina e da jurisprudência.

A recuperação de valores tributários (ou financeiros) em favor dos particulares, com (ou sem) correção monetária, tem dependido dos procedimentos pautados pelo contribuinte e pelo Fisco.

Se o contribuinte recolheu valores indevidos, cabe-lhe pedir a respectiva restituição, devidamente atualizada, fundada no princípio de que tal quantia não compõe a materialidade financeiro do Poder Público.

A morosidade na restituição do indébito, em período de inflação, acarreta o enfraquecimento da moeda e a própria instabilidade do direito. Por conseguinte, não pode haver locupletamento do Poder Público, ante sua própria inércia, uma vez que jamais deveria ter recebido valores indevidos, competindo-lhe promover, espontaneamente, sua restituição ao contribuinte. Tal situação pode configurar autêntico enriquecimento ilícito desprovido de causa jurídica.

A *correção monetária dos créditos escriturais* não é permitida[181]. O STF admite a *atualização monetária* de valores em razão do impedimento causado pelo Estado para o lançamento na época própria, para evitar-se o enriquecimento sem causa da Fazenda Pública[182].

---

180 Repercussão Geral no RE 781.926/GO, Plenário, rel. Min. LUIZ FUX, j. 21-11-2013.

181 Decisões de ambas as turmas do STF: RE 238.116-0/RS, 1ª T., rel. Min. MOREIRA ALVES, j. 13-4-1999, *DJU* 6-8-1998.

182 RE 282.120-9/PR, 2ª T., rel. Min. MAURÍCIO CORRÊA, j. 15-10-2002, *DJU* 1 22-11-2002, p. 55.

2.7.8. Transferência de Crédito

O "crédito acumulado" decorrente da aplicação de *alíquotas diversificadas* em operações de entrada e de saída de mercadoria ou em serviço tomado ou prestado, como usualmente previsto na legislação ordinária, pode ser transferido para estabelecimento de empresa interdependente, mediante prévio reconhecimento desta situação societária; e, ainda, para estabelecimento fornecedor, a título de pagamento das aquisições feitas por estabelecimento industrial, até determinado limite do valor total das operações de compra de insumos ou bens industriais etc.

A LC n. 87/96 (art. 25, § 1º) conferiu tratamento específico para os créditos acumulados por estabelecimento, em razão de operações e prestações relativas à *exportação*. Assim, na proporção em que as saídas relativas a exportações representem no total das saídas realizadas, permite que referidos saldos (I) sejam imputados pelo sujeito passivo a qualquer seu estabelecimento no Estado; (II) havendo saldo remanescente, transferido pelo sujeito passivo a outros contribuintes do mesmo Estado, mediante a emissão de documento que reconheça o crédito por parte da autoridade competente.

O STJ decidira sobre a desnecessidade de edição de lei estadual regulamentadora da transferência a terceiros de créditos acumulados em decorrência de exportação, por se tratar de norma de eficácia plena, não podendo a lei local estabelecer impedimentos à transferência no caso de liquidez dos créditos[183].

Para os demais casos de "saldos credores acumulados" – *estoque, ativo permanente, material de uso e consumo* – a LC n. 87/96 (art. 25, § 1º) estabelece que a lei estadual poderá permitir que (I) sejam imputados pelo sujeito passivo a qualquer seu estabelecimento no Estado; (II) sejam transferidos, nas condições que definir, a outros contribuintes do mesmo Estado.

2.7.9. Guerra Fiscal

Trata-se de litígio existente entre Estados, DF e contribuintes – com implicações no âmbito da não cumulatividade – decorrente do fato de que, unilateralmente, são concedidos incentivos de natureza diversificada, sem fundamento em Convênios entre as unidades federativas, na forma prevista na Lei Complementar n. 24, de 7-1-1975 (recepcionada pelo art. 34, §§ 4º, e 5º, da CF/88), a saber:

a) *fiscais*: isenção de imposto para novas empresas, sem produção similar no Estado, válida por determinado período; isenção ou redução do imposto para as micro e pequenas empresas, redução da alíquota do imposto para situações e produções especiais; postergação dos

183 REsp 900.100/RS, 1ª T., rel. Min. TEORI ALBINO ZAVASCKI, j. 23-11-2010, *DJe* 29-11-2010.

prazos de pagamento; isenção ou redução do imposto sobre produtos específicos destinados ao exterior;

b) *financeiros*: aquisição de ativos fixos; formação ou recomposição de capital de trabalho; financiamento do pagamento do imposto; participação acionária; financiamento para o desenvolvimento tecnológico; financiamento para empresas de turismo;

c) *estímulo para infraestrutura*: venda de lotes e galpões por preços reduzidos; permuta de terrenos para a localização de empresas; doação de áreas e lotes industriais; implantação de áreas e distritos industriais;

d) *outros estímulos*: facilidade no processo de registro de empresas; simplificação do processo de licitação para pequenas empresas; assistência técnica na elaboração do projeto; apoio à formação de capacitação de pessoal.

Os Estados e o DF que se sentem prejudicados – em razão da fuga de empresas para outras regiões do país – têm promovido medidas judiciais no STF, que, de modo uniforme e reiterado, decretam a inconstitucionalidade dos incentivos (previstos em lei, decreto, regime especial etc.), consoante jurisprudência:

I – ICMS "guerra fiscal", concessão unilateral de benefícios fiscais (incluída a outorga de crédito presumido) por Estado federado. "Guerra Fiscal" repelida pelo STF: liminar deferida.

A orientação do Tribunal é particularmente severa na repressão à guerra fiscal entre as unidades federadas, mediante a prodigalização de isenções e benefícios fiscais atinentes ao ICMS, com afronta da norma constitucional do art. 155, § 2º, XII, *g* – que submete sua concessão à decisão consensual dos Estados na forma da lei complementar. Precedentes[184].

II – Ação direta de inconstitucionalidade. Decreto n. 153-PR, de 16 de junho de 2000, editado pelo Governador do Estado do Espírito Santo. ICMS: concessão de crédito presumido. Liminar deferida pelo pleno desta corte. Revogação tácita. Perda de objeto.

1. O Decreto n. 1.090-R/2002, que aprovou o novo regulamento do ICMS do Estado do Espírito Santo, deixou de incluir no rol das atividades sujeitas a crédito presumido do tributo "as operações internas e interestaduais com mercadoria ou bem destinados às atividades de pesquisa e de lavra de jazidas de petróleo e gás natural enquadradas no REPETRO", as quais eram objeto de impugnação na presente ação direta.

2. A jurisprudência desta Corte é pacífica quanto à prejudicialidade da ação direta de inconstitucionalidade, por perda superveniente de objeto, quando sobrevém a revogação da norma questionada. Precedentes.

3. Ação direta de inconstitucionalidade julgada prejudicada em razão da perda superveniente.

III – "Guerra Fiscal". Pronunciamentos do Supremo – Drible. Surge inconstitucional lei do Estado que, para mitigar pronunciamento do Supremo, implica, quanto a recolhimento de

184 Medida Cautelar em ADIn 2.377/MG, rel. Min. SEPÚLVEDA PERTENCE, j. 22-2-2001, *DJU* 1 7-11-2003, p. 81.

tributo, dispensa de acessórios – multa e juros da mora – e parcelamento. Inconstitucionalidade da Lei n. 3.394, de 4 de maio de 2000, regulamentada pelo Decreto n. 26.273, da mesma data, do Estado do Rio de Janeiro[185].

IV – Inconstitucionalidade. Ação direta. Lei n. 11.393/2000, do Estado de Santa Catarina. Tributo. Imposto sobre Circulação de Mercadorias e Serviços – ICMS. Benefícios fiscais. Cancelamento de notificações fiscais e devolução dos correspondentes valores recolhidos ao erário. Concessão.

Inexistência de suporte em convênio celebrado no âmbito do Confaz, nos termos da LC n. 24/75. Expressão da chamada "guerra fiscal". Inadmissibilidade. Ofensa aos arts. 150, § 6º, 152 e 155, § 2º, inc. XII, letra *g*, da CF.

Ação julgada procedente. Precedentes.

Não pode o Estado-membro conceder isenção, incentivo ou benefício fiscal relativos ao Imposto sobre Circulação de Mercadorias e Serviços – ICMS, de modo unilateral, mediante decreto ou outro ato normativo, sem prévia celebração de convênio intergovernamental no âmbito do Confaz[186].

Decidira que "o ICMS incidente na aquisição decorrente de operação interestadual e por meio não presencial (internet, telemarketing, showroom) por consumidor final não contribuinte do tributo não pode ter regime jurídico fixado por Estados-membros não favorecidos, sob pena de contrariar o arquétipo constitucional delineado pelos arts. 155, § 2º, VII, *b*, e 150, IV e V, da CRFB/88"[187].

Entretanto, a "guerra fiscal" não poderia atingir terceiros estranhos aos benefícios, como é o caso dos adquirentes das mercadorias, ou os tomadores dos serviços (transporte interestadual, intermunicipal e de comunicação), especialmente quando se encontrarem estabelecidos em distinta unidade da federação.

Os mencionados adquirentes de bens e serviços não podem sofrer a glosa de crédito fiscal, ou qualquer outra medida constritiva, por parte do fisco estadual (ou distrital) de área geográfica, sob a assertiva de que o Estado (ou o DF) da localidade do fornecedor do bem, ou do serviço, concedera incentivo fiscal.

Exemplificativamente, é o caso de incentivo concedido por Goiás, aos contribuintes estabelecidos em Goiás (ex.: 2% de crédito presumido relativo ao imposto sobre a venda de determinada mercadoria), fornecendo as mercadorias para contribuintes de São Paulo, calculado à alíquota interestadual de 12%. Nesta situação o Estado de São Paulo passa a glosar os créditos dos contribuintes paulistas (no montante equivalente a 2%, só permitindo o crédito correspondente a 10%), sob o argumento de que teriam sido beneficiados indiretamente pelos incentivos de Goiás.

185 ADIn 2.906/RJ, rel. Min. MARCO AURÉLIO, *DOU* 10-8-2011.

186 ADIn 2.345/SC, rel. Min. CEZAR PELUSO, j. 30-6-2011, *DJe* 19-8-2001, p. 20/1.

187 ADIn 4.628, Plenário, rel. Min. LUIZ FUX, *DJe* 24-11-2004, p. 43/4.

Os destinatários das mercadorias originadas de outras unidades federativas encontram-se num preocupante dilema: a) adquirem as mercadorias de outros Estados (e DF), correndo o risco de sofrerem ação fiscal (glosa de créditos, cominação de penalidades, representação criminal, cassação de regimes especiais etc.); ou b) evitam adquirir mercadorias, ocasionando problemas relativos aos fornecimentos, acarretando dificuldade de suprimento de seus produtos.

As situações ocorridas nos Estados (e DF) de origem envolvem o fisco local e os contribuintes daquelas regiões, tendo por objeto a fruição de incentivos específicos (ex.: crédito presumido de ICMS). Considerando que este benefício teria desrespeitado a sistemática legal (inexistência de Convênio), os Estados e as entidades prejudicadas podem promover ação direta de inconstitucionalidade para obter do Judiciário uma decisão obstando seus efeitos (decretação de nulidade e de ineficácia do referido crédito).

A situação verificada no Estado destinatário abrange, exclusivamente, o fisco da respectiva região e o contribuinte a que se encontra vinculado, no que concerne à apropriação do crédito de ICMS, decorrente de legítima operação, amparada em nota fiscal contendo todos os elementos do negócio mercantil (identificação de comprador e vendedor, descrição das mercadorias, preço, e valor do imposto).

O STJ passou a considerar a possibilidade de aproveitamento de crédito de ICMS pelo contribuinte localizado no Estado de destino, acolhendo a tese de que a inconstitucionalidade deve ser previamente declarada em ADIN específica relativa à lei do Estado de origem[188], conforme observa em demais arestos[189].

O STF reconheceu a existência de repercussão geral da questão constitucional suscitada, nos termos seguintes:

> TRIBUTÁRIO. ICMS. PRINCÍPIO DA NÃO CUMULATIVIDADE. CONCESSÃO DE CRÉDITO FICTÍCIO PELO ESTADO DE ORIGEM SEM AUTORIZAÇÃO DO CONFAZ. ESTORNO PROPORCIONAL PELO ESTADO DE DESTINO. CONSTITUCIONALIDADE.
>
> O estorno proporcional de crédito de ICMS efetuado pelo Estado de destino, em razão de crédito fiscal presumido concedido pelo Estado de origem sem autorização do Conselho Nacional de Política Fazendária (CONFAZ), não viola o princípio constitucional da não cumulatividade (Tema 490 da repercussão geral)[190].

Entendera constitucional o art. 8º, I, da Lei Complementar n. 24/75, tendo conferido à decisão efeitos *ex nunc*, a partir da decisão do Plenário da Corte, para que fiquem

---

188 RMS 31.714/MT, 2ª T., rel. Min. CASTRO MEIRA, j. 3-5-2011.

189 RMS 32.453/MT, 2ª T., rel. Min. HERMAN BENJAMIN, j. 7-6-2011, *DJe* 10-6-2011.

190 RE 628.075-RS – red. p/acórdão Min. GILMAR MENDES – Plenário – Sessão virtual de 7 a 17-8-2020.

resguardados todos os efeitos jurídicos das relações tributárias já constituídas; e, caso não tenha havido ainda lançamentos tributários por parte do Estado de destino, este só poderá proceder ao lançamento em relação aos fatos geradores ocorridos a partir da presente decisão.

As decisões do STF declarando a inconstitucionalidade dos atos normativos, que concederam incentivos de modo unilateral (sem amparo em convênios), podem ocasionar as situações seguintes:

a) Estado de origem das mercadorias (concedente dos benefícios).

Cobrança dos valores tributários (incentivos usufruídos) dos contribuintes localizados no mesmo Estado. No caso de decisão judicial proferida com efeito *ex tunc*, a exigência será formulada com efeito retroativo aos últimos cinco anos, acrescida de juros, multa etc.

b) Contribuinte do Estado de origem.

Impugnação da exigência sob o argumento de que aproveitara incentivos em observância à legislação estadual (até então vigente, válida e eficaz), aplicando o princípio da moralidade (art. 37 da CF); não podem ser impostas penalidades, juros e atualização monetária (art. 100, parágrafo único do Código Tributário Nacional – CTN), havendo impossibilidade de repassar os valores aos destinatários das mercadorias.

c) Estado de destino das mercadorias.

No caso de o contribuinte apropriar crédito de ICMS no valor integral, após a decisão do STF, poderá cobrar os respectivos valores tributários com os acréscimos legais.

d) Contribuinte do Estado de destino.

Na hipótese de continuar aproveitando integralmente os créditos de ICMS, poderá sofrer cobrança administrativa, acrescida de todos os ônus legais.

e) Ministério Público.

Ingresso com ações judiciais contra empresas atacadistas e o governo (no caso do Distrito Federal), pleiteando a devolução de quantias correspondentes a créditos de ICMS concedidos no período de 2000 a 2008, em razão de ter sido julgada procedente a Ação Cível Originária[191] ajuizada pelos Estados da Bahia e de São Paulo, face ao Distrito Federal e empresas beneficiadas que postularam a anulação da Tare (Termo de Acordo de Regime Especial) n. 1/98.

f) Municípios.

A CF determina que pertence aos municípios 25% do produto da arrecadação do ICMS (art. 158, IV), que deverá ser creditado conforme os seguintes critérios: I) ¾, no mínimo, na proporção do valor adicionado nas operações relativas à circulação de mer-

191 ACO 541, rel. Min. GILMAR MENDES, j. 19-4-2006, *DJU* 20-6-2006.

cadorias, e nas prestações de serviços, realizadas em seus territórios; II) até ¼, de acordo com o que dispuser lei estadual (parágrafo único).

A Lei Complementar n. 160, de 7-8-2017, dispôs sobre convênio que permite aos Estados e ao Distrito Federal (i) deliberar sobre a remissão dos créditos tributários, constituídos ou não, decorrentes das isenções, dos incentivos e dos benefícios fiscais ou financeiro-fiscais instituídos em desacordo com o previsto na alínea *g* do Inciso XII do § 2º, do art. 155, da CF; e (ii) a reinstituição das respectivas isenções, incentivos e benefícios fiscais ou financeiro-fiscais.

O mencionado convênio atenderá, no mínimo, às seguintes condicionantes a serem observadas pelas unidades federadas:

I – publicar, em seus respectivos diários oficiais, relação com a identificação de todos os atos normativos relativos às isenções, aos incentivos e aos benefícios fiscais ou financeiro-fiscais abrangidos pela mencionada lei complementar;

II – efetuar o registro e o depósito, no Confaz, da documentação comprobatória correspondente aos atos mencionados no inciso anterior, que serão publicados no Portal Nacional da Transparência Tributária, que será instituído pelo Confaz e disponibilizado no sítio eletrônico.

A unidade federada que editou os atos concessivos das isenções etc., que atenderam os dispostos no inciso II mencionado, é autorizada a concedê-los e a prorrogá-los, nos termos do ato vigente na data de publicação do respectivo convênio, não podendo seu prazo de fruição ultrapassar específicos períodos de tempo (previstos nos incisos I a V).

Nesse sentido poderão estender a concessão das isenções etc. a outros contribuintes estabelecidos em seu território, sob as mesmas condições e nos prazos-limites de fruição.

A remissão e a não constituição de créditos concedidos por lei da unidade federada de origem da mercadoria, do bem ou do serviço afastam as sanções previstas no art. 8º, da LC n. 24/75, retroativamente à data original de concessão da isenção etc., vedadas a restituição e a compensação de tributo, e a apropriação de crédito extemporâneo por sujeito passivo.

O Convênio ICMS n. 169/2017, de 23-11-2017 (publicado em 28-11, com alteração), estabelece condições gerais para concessão de moratória, parcelamento, ampliação de prazo de pagamento, remissão, anistia e transação.

O Convênio ICMS n. 190, de 15-12-2017 (com alterações), dispôs sobre a *remissão* dos créditos tributários, constituídos ou não, decorrentes das isenções, dos incentivos e dos benefícios fiscais ou financeiro-fiscais, relativos ao ICMS, instituídos por legislação estadual ou distrital, publicada até 8-8-2017, em desacordo com o disposto na Constituição Federal (alínea *g* do inciso XII do § 2º do art. 155), bem como sobre a reinstituição dessas isenções etc., observado o contido na LC n. 160/2017, e nesse convênio.

A LC n. 186, de 27-12-2021, alterara a LC n. 160/2017 para permitir a prorrogação, por até 15 (quinze) anos, das isenções, dos incentivos e dos benefícios fiscais ou financeiro-fiscais vinculados ao ICMS, destinados à manutenção ou ao incremento das atividades comerciais, desde que o beneficiário seja o real remetente da mercadoria, às prestações interestaduais com produtos agropecuários e extrativos vegetais *in natura* e à manutenção ou ao incremento das atividades portuária e aeroportuária vinculadas ao comércio internacional, incluída a operação subsequente à da importação, praticada pelo contribuinte importador.

Modificara o art. 3º da LC n. 160/2017, relativamente à fixação de prazos pertinentes aos mencionados segmentos econômicos, e a adequação do convênio – de que trata o art. 1º da LC n. 160/2017 –, considerando as alterações introduzidas pela LC n. 186/2021 e pela LC n. 170/2019, sob pena de essas alterações serem automaticamente incorporadas ao referido convênio.

2.7.10. Simples Nacional

A Lei Complementar n. 123, de 14-12-2006 (e alterações), dispuseram sobre a sistemática tributária especial consistente no recolhimento unificado de tributos federais, ISS e ICMS, para a *Microempresa* (ME) que aufira, em cada ano-calendário, receita bruta igual ou inferior a R$ 360.000,00; para a *Empresa de Pequeno Porte* (EPP) que aufira, em cada ano-calendário, receita bruta superior a R$ 360.000,00 e igual ou inferior a R$ 4.800.000,00, bem como para a *Sociedade Empresária*, a *Sociedade Simples*, a *Empresa Individual de Responsabilidade Limitada* ou o *Empresário*.

Para fins de enquadramento como microempresa ou empresa de pequeno porte, poderão ser auferidas receitas no mercado interno até o limite apontado, conforme o caso, e, adicionalmente, receitas decorrentes da exportação de mercadorias ou serviços, inclusive quando realizada por meio de comercial exportadora ou da sociedade de propósito específico, desde que as receitas de exportação também não excedam os referidos limites de receita bruta anual.

Para fins de determinação da alíquota, da base de cálculo, e das majorações de alíquotas, serão consideradas separadamente as receitas brutas auferidas no mercado interno e aquelas decorrentes da exportação.

A ME e a EPP optantes pelo Simples Nacional deverão recolher, na qualidade de contribuinte ou responsável, nos termos da legislação aplicável às demais pessoas jurídicas, o ICMS devido nas seguintes situações:

a) nas operações ou prestações sujeitas ao regime de substituição tributária concentrada em uma única etapa (monofásica) e sujeitas ao regime de antecipação do recolhimento do imposto com encerramento de tributação, envolvendo operações específicas;

b) por terceiro, a que o contribuinte se ache obrigado, por força da legislação estadual ou distrital vigente;

c) na entrada, no território do Estado ou do Distrito Federal, de petróleo, inclusive lubrificantes e combustíveis líquidos e gasosos dele derivados, bem como energia elétrica, quando não destinados à comercialização ou à industrialização;

d) por ocasião do desembaraço aduaneiro;

e) na aquisição ou manutenção em estoque de mercadoria desacobertada de documento fiscal;

f) na operação ou prestação desacobertada de documento fiscal;

g) nas operações com bens ou mercadorias sujeitas ao regime de antecipação do recolhimento do imposto, nas aquisições em outros Estados e Distrito Federal;

1. com encerramento da tributação;

2. sem encerramento da tributação, hipótese em que será cobrada a diferença entre a alíquota interna e a interestadual, sendo vedada a agregação de qualquer valor.

h) nas aquisições em outros Estados e Distrito Federal de bens ou mercadorias, não sujeitas ao regime de antecipação do recolhimento do imposto, relativo à diferença entre a alíquota interna e a interestadual.

A diferença entre a alíquota interna, e a interestadual do ICMS de que tratam as alíneas *g* e *h* referidas, será calculada tomando-se por base as alíquotas aplicáveis às pessoas jurídicas não optantes pelo Simples Nacional.

A ME e a EPP optantes pelo Simples Nacional não farão jus à apropriação nem transferirá créditos relativos a impostos abrangidos por esta sistemática, onde se inclui o ICMS.

As pessoas jurídicas, e aquelas a elas equiparadas pela legislação tributária, não optantes pelo Simples Nacional, terão direito ao crédito correspondente ao ICMS incidente sobre as suas aquisições de mercadorias de ME ou EPP optantes pelo Simples Nacional, desde que destinadas à comercialização ou à industrialização e observado, como limite, o ICMS efetivamente devido pelos optantes pelo Simples Nacional em relação a essas aquisições.

Mediante deliberação exclusiva e unilateral dos Estados e do Distrito Federal, poderá ser concedido às pessoas jurídicas e àquelas a elas equiparadas pela legislação tributária não optante pelo Simples Nacional crédito correspondente ao ICMS incidente sobre os insumos utilizados nas mercadorias adquiridas de indústria optante pelo Simples Nacional, sendo vedado o estabelecimento de diferenciação no valor do crédito em razão da procedência dessas mercadorias.

Questionável a vedação ao crédito do ICMS por parte das ME e EPP, optantes pelo Simples Nacional, no seu valor integral, na medida em que o tratamento diferenciado (CF, art. 146, III, *d*; parágrafo único, IX; art. 179) é mais desvantajoso do que a sistemática normal prevista para a fruição do crédito do ICMS (art. 155, § 2º), não sendo o caso de aplicar-se a única restrição constitucional (casos de isenção e não incidência, previstos nas alíneas *a* e *b*, do inciso II, do art. 155).

Realmente, a proibição (total ou parcial) ao crédito do imposto pode acarretar majoração de ônus (custos) nas aquisições das ME ou EPP, comparativamente aos fornecimentos realizados por pessoas não optantes pelo Simples Nacional, porque somente nesta situação há possibilidade do crédito do valor integral do imposto incidente as operações e prestações.

A LC n. 169, de 2.12.2019, autoriza a constituição *de sociedade de garantia solidária* (SGS), sob a forma de sociedade por ações, para a concessão de garantia a seus sócios participantes, com as características básicas seguintes:

a) os atos da sociedade serão arquivados no Registro Público de Empresas Mercantis e Atividades Afins;

b) é livre a negociação, entre sócios participantes, de suas ações na respectiva sociedade, respeitada a participação máxima que cada sócio pode atingir;

c) podem ser admitidos como sócios participantes os pequenos empresários, microempresários e microempreendedores e as pessoas jurídicas constituídas por esses associados;

d) sem prejuízo do disposto na presente lei complementar, aplicam-se à sociedade as disposições da lei que rege as sociedades por ações;

e) o contrato de garantia tem por finalidade regular a concessão de garantia pela sociedade ao sócio participante, mediante o recebimento de taxa de remuneração pelo serviço prestado, devendo fixar as cláusulas necessárias ao cumprimento das obrigações do sócio beneficiário perante a sociedade;

f) a sociedade pode conceder garantia sobre o montante de recebíveis de seus sócios participantes que sejam objeto de securitização.

A LC também autoriza a constituição de *sociedade de contragarantia*, que tem como finalidade o oferecimento de contragarantias à sociedade de garantia solidária, nos termos a serem definidos em regulamento.

As duas espécies de sociedades integrarão o Sistema Financeiro Nacional e terão sua constituição, organização e funcionamento disciplinados pelo Conselho Monetário Nacional.

2.7.11. Créditos em Situações Específicas

A legislação ordinária tem conferido direito ao contribuinte para creditar-se independente de autorização:

I – do valor do imposto debitado por ocasião da saída da mercadoria, no período que tiver ocorrido a sua entrada no estabelecimento, nas seguintes hipóteses:

a) devolução de mercadoria, em virtude de garantia ou troca, efetuada por produtor ou por qualquer pessoa natural ou jurídica não considerada contribuinte, ou não obrigada à emissão de documentos fiscais;

b) retorno de mercadoria por qualquer motivo não entregue ao destinatário;

c) devolução de mercadoria, efetuada por estabelecimento de contribuinte sujeito às normas do Regime Especial Unificado de Arrecadação de Tributos e Contribuições devidos pelas Microempresas e Empresas de Pequeno Porte – "Simples Nacional", ou por estabelecimento sujeito a regime especial de tributação sempre que for vedado o destaque do valor do imposto no documento fiscal emitido por esses estabelecimentos.

II – do valor do imposto pago indevidamente, em virtude de erro de fato ocorrido na escrituração dos livros fiscais ou no preparo de guia de recolhimento, mediante lançamento, no período de sua constatação, no livro Registro de Apuração do ICMS, no quadro "Crédito do Imposto – Outros Créditos", anotando a origem do erro;

III – do valor do imposto correspondente a diferença, a seu favor, verificada entre a importância recolhida e a apurada em decorrência de desenquadramento do regime de estimativa, no período de apuração;

IV – do valor do crédito recebido em devolução ou transferência, efetuada em hipótese expressamente autorizada e com observância da disciplina estabelecida pela legislação, no período do seu recebimento;

V – do valor do imposto indevidamente pago, inclusive em caso de reforma, anulação, revogação ou rescisão da decisão condenatória, quando a restituição tiver sido requerida administrativamente e, por motivos a que o interessado não tiver dado causa, a decisão não tiver sido proferida em determinado prazo, contado da data do respectivo pedido;

VI – do valor recolhido antecipadamente, a título de imposto, no caso de não ocorrer o fato gerador;

VII – do valor do imposto destacado na nota fiscal relativa à aquisição do bem pela empresa arrendadora, por ocasião da entrada no estabelecimento de bem objeto de arrendamento mercantil, observadas as regras pertinentes ao crédito, inclusive sobre a vedação e estorno;

VIII – do valor do imposto relativo às mercadorias existentes no estoque, no caso de enquadramento no Regime Periódico de apuração após exclusão do Regime do "Simples Nacional".

A LC n. 190, de 4-1-2022, trata da utilização de crédito, relativamente às situações previstas no art. 12 – referentes ao momento da ocorrência do fato gerador do imposto, dispondo o seguinte:

> Art. 12. (...)
>
> XIV – do início da prestação de serviço de transporte interestadual, nas prestações não vinculadas à operação ou prestação subsequente, cujo tomador não seja contribuinte do imposto domiciliado ou estabelecido no Estado de destino;
>
> (...)
>
> XVI – da saída, de estabelecimento do contribuinte, de bem ou mercadoria destinados a consumidor final não contribuinte do imposto domiciliado ou estabelecido em outro Estado.

Nesse sentido, o art. 20-A preceitua que, "nas hipóteses dos incisos XIV e XVI do *caput* do art. 12 desta Lei Complementar, o crédito relativo às operações e prestações anteriores deve ser deduzido apenas do débito correspondente ao imposto devido à unidade federada de origem".

2.8. SELETIVIDADE

O imposto poderá ser seletivo em função da essencialidade das mercadorias e dos serviços, configurando princípio decorrente de valores colhidos pelo constituinte, como é o caso do salário mínimo que toma em consideração as necessidades vitais básicas, como moradia, alimentação, educação, saúde, lazer, vestuário, higiene, transporte e previdência.

A essencialidade consiste na distinção entre cargas tributárias, em razão de diferentes mercadorias e serviços, traduzidos basicamente em reduções de base de cálculo, distinções de alíquotas, créditos outorgados e demais incentivos fiscais.

A seletividade operacionaliza-se na instituição de diversificadas alíquotas para distintos negócios jurídicos (17% para serviços prestados no exterior; 4% para serviços de transporte aéreo; e 25% para serviços de comunicação).

Embora a facultatividade constitua o elemento impulsionador da edição do ICMS seletivo, não poderá haver mero critério de conveniência e oportunidade, porque impõe-se obediência a inúmeros postulados constitucionais. Não podem ser cometidas arbitrariedades, como é o caso de serem estabelecidas alíquotas mais elevadas com o propósito precípuo de incrementar a arrecadação do ICMS, concernente a mercadorias que sejam de primeira necessidade.

A seletividade deveria excluir a incidência do ICMS relativamente aos gêneros de primeira necessidade (mercadorias componentes da cesta básica compreendendo alimentos, produtos de higiene, material escolar), o que nem sempre é observado como no caso de fornecimento de energia elétrica e prestação de serviços de comunicação onerados com a alíquota de 25%.

O STF suscitou repercussão geral no tocante à controvérsia relativa à constitucionalidade de norma estadual mediante a qual foi prevista a alíquota de 25% alusiva ao

ICMS incidente no fornecimento de energia elétrica e nos serviços de telecomunicação, em patamar superior ao estabelecido para as operações em geral de 17%[192].

Proferira a decisão seguinte:

EMENTA

Recurso extraordinário. Repercussão geral. Tema n. 475. Direito tributário. ICMS. Seletividade. Ausência de obrigatoriedade. Quando adotada a seletividade, há necessidade de se observar o critério da essencialidade e de se ponderarem as características intrínsecas do bem ou do serviço com outros elementos. Energia elétrica e serviços de telecomunicação. Itens essenciais. Impossibilidade de adoção de alíquota superior àquela que onera as operações em geral. Eficácia negativa da seletividade.

1. O dimensionamento do ICMS, quando presente sua seletividade em função da essencialidade da mercadoria ou do serviço, pode levar em conta outros elementos além da qualidade intrínseca da mercadoria ou do serviço.

2. A Constituição Federal não obriga os entes competentes a adotar a seletividade no ICMS. Não obstante, é evidente a preocupação do constituinte de que, uma vez adotada a seletividade, haja ponderação criteriosa das características intrínsecas do bem ou serviço do consumidor final, a destinação do bem ou serviço e, ao cabo, a justiça fiscal, tendente à regressividade desse tributo indireto. O Estado que adotar a seletividade no ICMS terá de conferir efetividade a esse preceito em sua eficácia positiva, sem deixar de observar, contudo, sua eficácia negativa.

3. A energia elétrica é item essencial, seja qual for seu consumidor ou mesmo a quantidade consumida, não podendo ela, em razão da eficácia negativa da seletividade, quando adotada, ser submetida à alíquota de ICMS superior àquela incidente sobre as operações em geral. A observância da eficácia positiva da seletividade – como, por exemplo, por meio da instituição de benefícios em prol de classe de consumidores com pequena capacidade econômica ou em relação a pequenas faixas de consumo –, por si só, não afasta a eventual constatação de violação da eficácia negativa da seletividade.

4. Os serviços de telecomunicação, que no passado eram contratados por pessoas com grande capacidade econômica, foram se popularizando de tal forma que as pessoas com menor capacidade contributiva também passaram a contratá-los. A lei editada no passado, a qual não se ateve a essa evolução econômico-social para efeito de dimensionamento do ICMS, se tornou, com o passar do tempo, inconstitucional.

5. Foi fixada a seguinte tese para o Tema n. 745: Adotada pelo legislador estadual a técnica da seletividade em relação ao Imposto sobre Circulação de Mercadorias e Serviços (ICMS), discrepam do figurino constitucional alíquotas sobre operações de energia elétrica e serviços de telecomunicação em patamar superior ao das operações em geral, considerada a essencialidade dos bens e serviços.

192 Repercussão Geral no Recurso Extraordinário 714.139, Plenário, rel. Min. MARCO AURÉLIO, *DJe* 26-9-2014, p. 31.

6. Recurso extraordinário parcialmente provido.

7. Modulação dos efeitos da decisão, estipulando-se que ela produza efeitos a partir do exercício financeiro de 2024, ressalvando-se as ações ajuizadas até a data do início do julgamento do mérito (5/2/21)[193].

A LC n. 194, de 23-6-2022, inseriu o art. 18-A no CTN para dispor sobre alíquotas aplicáveis aos combustíveis, gás natural, energia elétrica, comunicações e transporte coletivo.

2.9. OBRIGAÇÕES ACESSÓRIAS

O diploma instituidor dessas obrigações (Convênio ICM de 15.12.1970, aprovado pelo Sinief – Sistema Nacional Integrado de Informações Econômico-Fiscais) sofreu diversas alterações (ajustes), especialmente com a promulgação da Constituição Federal (1988), sendo previsto nas legislações ordinárias.

No âmbito de São Paulo (Decreto n. 45.490/2000 – Regulamento do ICMS, arts. 124 a 212), as pessoas inscritas no Cadastro de Contribuintes do ICMS emitirão, conforme as operações e prestações que realizarem, os seguintes *documentos fiscais*:

I – nota fiscal;

II – nota fiscal de venda a consumidor;

III – cupom fiscal emitido por equipamento emissor de cupom fiscal;

IV – nota fiscal de produtor;

V – nota fiscal/conta de energia elétrica;

VI – nota fiscal de serviço de transportes:

VII – conhecimento de transporte rodoviário de cargas;

VIII – conhecimento de transporte aquaviário de cargas;

IX – conhecimento aéreo;

X – conhecimento de transporte ferroviário de cargas;

XI – bilhete de passagem rodoviário;

XII – bilhete de passagem aquaviário;

XIII – bilhete de passagem e nota de bagagem;

XIV – bilhete de passagem ferroviário;

XV – despacho de transportes;

XVI – resumo de movimento diário;

---

193 RE 714.139-SC, Plenário, rel. p/ ac. Min. DIAS TOFFOLI, sessão de 18-12-2021.

XVII – ordem de coleta de carga;

XVIII – nota fiscal de serviço de comunicação;

XIX – nota fiscal de serviço de telecomunicações;

XX – manifesto de carga;

XXI – conhecimento de transporte multimodal de carga;

XXII – documento fiscal eletrônico;

XXIII – documento auxiliar da nota fiscal eletrônica (DANFE);

XXIV – nota fiscal de serviço de transporte ferroviário;

XXV – documento auxiliar do conhecimento de transporte eletrônico (DACTE);

XXVI – documento auxiliar do manifesto eletrônico de documentos fiscais (DAMDEF);

XXVII – documento auxiliar da nota fiscal de consumidor eletrônica – DANFE--NFC-e;

XXVIII – extrato de emissão do cupom fiscal eletrônico – CF-e SAT.

São documentos fiscais eletrônicos:

I – a nota fiscal eletrônica – NFe;

II – o cupom fiscal eletrônico – CF-e SAT;

III – a nota fiscal de consumidor eletrônica – NFC-e;

IV – o conhecimento de transporte eletrônico – CT-e;

V – o manifesto eletrônico de documentos fiscais – MDF-e;

VI – a nota fiscal/conta de energia elétrica;

VII – a nota fiscal de serviço de comunicação;

VIII – a nota fiscal de serviço de telecomunicações;

IX – os demais documentos fiscais relativos à prestação de serviços de comunicação ou ao fornecimento de energia elétrica ou de gás canalizado;

X – os documentos fiscais para os quais tenha sido gerado o respectivo registro eletrônico de documento fiscal – REDF, desde que já decorrido o prazo para a retificação ou cancelamento deste;

XI – a nota fiscal de venda a consumidor *on-line* – NFVC;

XII – o bilhete de passagem eletrônico – BP-e.

O contribuinte deverá manter em cada estabelecimento, conforme as operações ou prestações que realizar, os seguintes livros fiscais (arts. 213 a 252):

I – Registro de entradas (dois modelos);

II – Registro de saídas (dois modelos);

III – Registro de controle da produção e do estoque;

IV – Registro de selo especial de controle;

V – Registro de impressão de documentos fiscais e termos de ocorrências;

VI – Registro de inventário;

VII – Registro de apuração do IPI;

VIII – Registro de apuração do ICMS;

IX – Movimentação de combustíveis – LMC;

X – Movimentação de produtos – LMP.

A pessoa inscrita deverá declarar em Guia de Informação – GIA (arts. 253 a 258) – os valores das operações e das prestações do período; o valor do imposto a recolher ou do saldo credor; informações relativas ao seu movimento econômico, informações relacionadas com a apuração dos índices de participação dos municípios paulistas na arrecadação dos impostos; suas operações interestaduais de entrada ou saída de mercadoria, bem como os serviços tomados ou prestados, com detalhamento dos valores por Estado remetente ou destinatário; outras informações econômico-fiscais relacionadas com sua atividade.

A sistemática do *Sintegra* (Sistema Integrado de Informações sobre Operações Interestaduais com Mercadorias e Serviços) fora adotada por alguns Estados para a totalidade das operações, objetivando o seguinte:

a) reduzir e simplificar as obrigações tributárias acessórias dos contribuintes na prestação de informações sobre operações com mercadorias e serviços;

b) consolidar o uso de sistemas informatizados para aperfeiçoamento dos controles do Fisco sobre as operações com mercadorias e serviços realizadas pelos contribuintes.

A *Escrituração Fiscal Digital* – EFD (prevista no Ajuste Sinief 2, de 3.4.2009) pelos contribuintes do ICMS e/ou do IPI é parte integrante do projeto *Sped* (*Sistema Público de Escrituração Digital*), constituindo um conjunto de registros de apuração de impostos referentes às operações e prestações praticadas pelo contribuinte, bem como de documentos fiscais e outras informações de interesse dos Fiscos das unidades federadas da RFB (Receita Federal do Brasil).

O arquivo digital deve ser submetido a um programa validador, fornecido pelo *Sped*, por meio de *download*, o qual verifica a consistência das informações prestadas no arquivo. Os arquivos da *EFD* têm periodicidade mensal e devem apresentar informações relativas a um mês civil ou fração, ainda que as apurações dos impostos (ICMS e IPI) sejam efetuadas em períodos inferiores a um mês, segundo a legislação de cada imposto.

O contribuinte deverá utilizar a *EFD* para efetuar a escrituração dos livros Registro de Entradas; de Saídas; de Inventário; Apuração do IPI; Apuração do ICMS; Controle de Crédito de ICMS do Ativo Permanente – CIAP.

O arquivo digital da *EFD* será gerado pelo contribuinte de acordo com as especificações do leiaute definido em Ato COTEPE e conterá a totalidade das informações econômico-fiscais e contábeis correspondentes ao período compreendido entre o primeiro e o último dia útil do mês.

O Convênio ICMS n. 235, de 27-12-2021, instituiu o *Portal Nacional* da diferença entre as alíquotas interna da unidade federada de destino e interestadual nas operações e prestações destinadas a não contribuinte do ICMS localizado em outra unidade da Federação, produzindo efeitos a partir de 1º-1-2022.

A LC n. 190, de 4-1-2022, alterando a LC n. 87/96, estabelecera o seguinte:

> Art. 24-A Os Estados e o Distrito Federal divulgarão, em *portal próprio*, as informações necessárias ao cumprimento das obrigações tributárias, principais e acessórias, nas operações e prestações interestaduais conforme o tipo.
>
> § 1º O portal de que trata o *caput* deste artigo deverá conter, inclusive:
>
> I – a legislação aplicável à operação ou prestação específica, incluídas soluções de consulta e decisões em processo administrativo fiscal de caráter vinculante;
>
> II – as alíquotas interestadual e interna aplicáveis à operação ou prestação;
>
> III – as informações sobre benefícios fiscais ou financeiros e regimes especiais que possam alterar o valor a ser recolhido do imposto;
>
> IV – as obrigações acessórias a serem cumpridas em razão da operação ou prestação realizada.
>
> § 2º O portal referido no *caput* deste artigo conterá ferramenta que permita a apuração centralizada do imposto pelo contribuinte definido no inciso II do § 2º do art. 4º desta Lei Complementar, e a emissão das guias de recolhimento, para cada ente da Federação, da diferença entre a alíquota interna do Estado de destino e a alíquota interestadual da operação.
>
> § 3º Para o cumprimento a obrigação principal e da acessória disposta no § 2º deste artigo, os Estados e o Distrito Federal definirão em conjunto os critérios técnicos necessários para a integração e a unificação dos portais das respectivas secretarias de fazenda dos Estados e do Distrito Federal.
>
> § 4º Para a adaptação tecnológica do contribuinte, o inciso II do § 2º do art. 4º, a alínea *b* do inciso V do *caput* do art. 11 e o inciso XVI do *caput* do art. 12 desta Lei Complementar somente produzirão efeito no primeiro dia útil do terceiro mês subsequente ao da disponibilização do portal de que trata o *caput* deste artigo.
>
> § 5º A apuração e o recolhimento do imposto devido nas operações e prestações interestaduais de que trata a alínea *b* do inciso V do *caput* do art. 11 desta Lei Complementar observarão o definido em convênio celebrado nos termos da Lei Complementar n. 24, de 7 de janeiro de 1975, e, naquilo que não lhe for contrário, nas respectivas legislações tributárias estaduais.

2.10. SUBSTITUIÇÃO PELO IBS

O ICMS será substituído pelo IBS (Imposto sobre Bens e Serviços) consoante o disposto na Emenda Constitucional n. 132, de 20 de dezembro de 2023, observadas as regras básicas seguintes:

> Art. 128. De 2029 a 2032, as alíquotas dos impostos previstos nos arts. 155, II, da CF (ICMS), e 156 da CF (ISS) serão fixadas nas seguintes proporções das alíquotas fixadas nas respectivas legislações:
>
> I – 9/10 (nove décimos) em 2029;
>
> II – 8/10 (oito décimos) em 2030;
>
> III – 7/10 (sete décimos) em 2031;
>
> IV – 6/10 (seis décimos) em 2032.
>
> § 1º Os benefícios ou incentivos fiscais ou financeiros relativos aos arts. 155, II, e 156, III, da Constituição Federal não alcançados pelo disposto no *caput* deste artigo serão reduzidos na mesma proporção.
>
> § 2º Os benefícios e incentivos fiscais ou financeiros referidos no art. 3º da Lei Complementar n. 160, de 7 de agosto de 2017, serão reduzidos na forma deste artigo, não se aplicando a redução prevista no § 2º-A do art. 3º da referida Lei Complementar.
>
> § 3º Ficam mantidas em sua integralidade, até 31 de dezembro de 2031, os percentuais utilizados para calcular os benefícios ou incentivos fiscais ou financeiros já reduzidos por força da redução das alíquotas, em decorrência do disposto no *caput*.
>
> Saldos credores
>
> Os saldos credores existentes ao final de 2032 serão aproveitados pelos contribuintes na forma deste artigo (art. 134) e nos termos da lei complementar.
>
> Extinção
>
> A partir de 2033 o ICMS ficará extinto (art. 130).

Capítulo 3

Imposto sobre a Propriedade de Veículos Automotores (IPVA)

3.1. LEGISLAÇÃO

Constituição Federal (art. 155, III, e § 6º); Emendas Constitucionais n. 42, de 19-12-2003, e 132, de 20-12-2023; Legislação dos Estados e do Distrito Federal.

A inexistência de normas gerais relativas ao imposto implicou a legitimidade dos Estados para ditar as normas indispensáveis à sua instituição, o que veio a ser cumprido no exercício da competência legislativa plena (§ 3º, art. 24, CF, c/c § 3º, art. 34 do Ato das Disposições Transitórias), consoante postura jurisprudencial[1].

3.2. MATERIALIDADE

O IPVA tem como *fato gerador* a propriedade de veículo automotor de qualquer espécie, que se considera como ocorrido: (a) na data de sua primeira aquisição (veículo novo – que não foi objeto de saída para o consumidor final); e (b) na data do seu desembaraço aduaneiro (veículo de procedência estrangeira).

A simples posse de veículo (a título precário ou mera detenção), por si só, não representa o fato imponível do imposto, não se vinculando à propriedade do bem, uma vez que deve ocorrer a capacidade econômica (elemento ínsito ao proprietário).

O imposto é devido anualmente no local onde o veículo deva ser registrado e licenciado, inscrito ou matriculado, perante as autoridades de trânsito (automóveis), da

1 STF, 1ª T., RE 236.931-8, rel. Min. ILMAR GALVÃO, j. 10-8-1999, *DJU* 1 29-10-1999, p. 22/3; e AgRg em RE 208.059-4/SP, 2ª T., rel. Min. NÉRI DA SILVEIRA, j. 22-6-1999, *DJU* 1 19-4-2002, p. 57.

marinha (embarcações), ou da aeronáutica (aeronaves). Estando desobrigado das referidas formalidades, o imposto será devido no local de domicílio de seu proprietário.

Entretanto, o Judiciário assentou que o imposto não deveria incidir sobre as embarcações e aeronaves[2], porque uma embarcação movida por fonte de energia natural afasta-se da noção de veículo automotor, enquanto as aeronaves significam aparelho manobrável em voo, apto a se sustentar e circular no espaço aéreo mediante reações aerodinâmicas. Devem ser registradas no Registro Aeronáutico Brasileiro e no Tribunal Marítimo, sendo certo que não se vinculam ao Município e sequer aos Estados, haja vista a existência de Capitanias de Portos que abrangem mais de uma unidade federada.

A Emenda Constitucional n. 132, de 20-12-2023, alterou a redação original do art. 155, III, da CF, na forma seguinte:

> Art. 155. (...)
>
> III – incidirá sobre a propriedade de veículos motores terrestres, aquáticos e aéreos, excetuados:
>
> a) aeronaves agrícolas e de operador certificado para prestar serviços aéreos a terceiros;
>
> b) embarcações de pessoa jurídica que detenha outorga para prestar serviços de transporte aquaviário ou de pessoa física ou jurídica que pratique pesca industrial, artesanal, científica ou de subsistência;
>
> c) plataformas suscetíveis de se locomoverem na água por meios próprios, inclusive aquelas cuja finalidade principal seja a exploração de atividades econômicas em águas territoriais e na zona econômica exclusive e embarcações que tenham essa mesma finalidade principal;
>
> d) tratores e máquinas agrícolas.

3.3. SUJEITO ATIVO, CONTRIBUINTE E RESPONSÁVEIS

O imposto compete aos Estados e ao DF, inclusive no tocante à fixação de sanção no caso de não pagamento do imposto, consistente na impossibilidade de renovação da licença de trânsito; não se tratando de matéria afeta à União[3].

O *local do recolhimento* do imposto constitui matéria controvertida no judiciário, conforme se colhe de manifestação do STF, nos termos seguintes:

> Repercussão Geral – IPVA – Local do recolhimento – Artigos 146, I e III, e 155, III, da Carta da República. Possui repercussão geral a controvérsia acerca do local a ser pago o Imposto sobre a Propriedade de Veículos Automotores – IPVA, se em favor do estado no

2 STF, Pleno, RE 255.111-2, rel. Min. MARCO AURÉLIO, j. 24-10-2002, *DJU* 1 13-12-2002, p. 60.

3 ADIn 1.654-7, Pleno, rel. Min. MAURÍCIO CORRÊA, j. 3-3-2004, *DJU* 1 19-3-2004, p. 16.

qual se encontra sediado ou domiciliado o contribuinte ou onde registrado e licenciado o veículo automotor cuja propriedade constitui fato gerador do tributo[4].

Postura adotada pelo STF:

RECURSO EXTRAORDINÁRIO. REPERCUSSÃO GERAL. TEMA 708. CONSTITUCIONAL. TRIBUTÁRIO. IMPOSTO SOBRE A PROPRIEDADE DE VEÍCULOS AUTOMOTORES (IPVA). RECOLHIMENTO EM ESTADO DIVERSO DAQUELE QUE O CONTRIBUINTE MANTÉM SUA SEDE OU DOMICÍLIO TRIBUTÁRIO. IMPOSSIBILIDADE.

1. Cuida-se, na origem, de ação por meio da qual a empresa proprietária de veículos automotores busca declaração judicial de que não está sujeita à cobrança do Imposto sobre a Propriedade de Veículos Automotores (IPVA) por parte do Estado em que licenciados os veículos.

2. O Estado de Minas Grais, no qual a empresa tem sua sede, defende a tributação com base na Lei Estadual 14.937/2003, cujo art. 1º, parágrafo único, dispõe que "o IPVA incide também sobre a propriedade de veículo automotor dispensado de registro, matrícula ou licenciamento no órgão próprio, desde que seu proprietário seja domiciliado no Estado".

3. Embora o IPVA esteja previsto em nosso ordenamento jurídico desde a Emenda 27/1985 à Constituição de 1967, ainda não foi editada a lei complementar estabelecendo suas normas gerais, conforme determina o art. 146, III, da CF/88. Assim, os Estados poderão editar as leis necessárias à aplicação do tributo, conforme estabelecido pelo art. 24, § 3º, da Carta, bem como pelo art. 34, § 3º, do Ato das Disposições Constitucionais Transitórias – ADCT.

4. A presente lide retrata uma das hipóteses de "guerra fiscal" entre entes federativos, configurando-se a conhecida situação em que um Estado busca aumentar sua receita por meio da oferta de uma vantagem econômica para o contribuinte domiciliado ou sediado em outro.

5. A imposição do IPVA supõe que o veículo automotor circule no Estado em que licenciado. Não por acaso, o inc. III do art. 158 da Constituição de 19088 atribui cinquenta por cento do produto da arrecadação do imposto do Estado sobre a propriedade de veículos automotores aos Municípios em que licenciados os automóveis.

6. Portanto, o art. 1º, parágrafo único da Lei Mineira 14.937/2003 encontra-se em sintonia com a Constituição, sendo válida a cobrança do IPVA pelo Estado de Minas Gerais relativamente aos veículos cujos proprietários se encontram nele sediados.

7. Tese para fins de repercussão geral: "*A Constituição autoriza a cobrança do Imposto sobre a Propriedade de Veículos Automotores (IPVA) somente pelo Estado em que o contribuinte mantém sua sede ou domicílio tributário*".

8. Recurso extraordinário a que se nega provimento[5].

4 Repercussão Geral no Recurso Extraordinário com Agravo 784 682, Plenário, rel. Min. MARCO AURÉLIO, *DJe* 25-4-2014, p. 16.

5 RE 1.016.605-MG, Plenário, red. p- ac. Min. ALEXANDRE DE MORAES, sessão de 16-6-2020 – Tema 708 da Repercussão Geral.

O *contribuinte* é o proprietário do veículo, podendo ser *responsáveis*: (I) o adquirente (em relação ao veículo adquirido sem o pagamento do imposto do exercício ou exercícios anteriores); (II) o titular do domínio e/ou possuidor a qualquer título; (III) o proprietário do veículo de qualquer espécie, que o alienar e não comunicar a ocorrência ao órgão público encarregado do registro e licenciamento, inscrição ou matrícula de veículo de qualquer espécie, sem a prova de pagamento ou do reconhecimento de isenção ou imunidade do imposto.

O proprietário do veículo, com certa segurança, poderá se eximir de responsabilidades (civis e penais), decorrentes da utilização do seu veículo que tenha sido subtraído, desde que faça prova da existência de furto ou roubo. Nesta situação, ficará excluído de quaisquer ônus e encargos perante terceiros – em casos de abalroamentos, lesões, indenizações –, bem como perante a justiça criminal, no caso de o veículo haver implicado o cometimento de infrações penais por parte daqueles que o tenham utilizado.

Todavia, é problemática a exclusão da responsabilidade, tendo em visto a apontada materialidade constitucional – *propriedade de veículos* – embora exista fundamento para o proprietário subtrair-se à imposição do imposto, pela razão de que se encontra privado do veículo, e nem tem condição de exercitar seu direito de propriedade, mediante a alienação do bem, diante do desconhecimento do seu paradeiro.

Ademais, se pudesse ser mantida a exigência do IPVA, o proprietário do veículo continuaria sujeito ao seu pagamento, indefinidamente, desfalcando seu patrimônio pessoal, a despeito de não mais encontrar-se em sua posse.

O STJ tem examinado a questão da responsabilidade nas operações de *leasing*, a saber:

> Processo Civil e Tributário. Imposto sobre a Propriedade de Veículo Automotor – IPVA. Contrato de Arrendamento Mercantil. Arrendante. Responsabilidade pelo Pagamento do Tributo. Art. 1º, §§ 7º e 8º, d Lei n. 7.431/85.
>
> (...)
>
> II – No tocante à solidariedade, *in casu*, entre arrendante e arrendatário, ao pagamento do IPVA, verifica-se que a figura do arrendante equivale a de possuidor indireto do veículo, posto ser-lhe possível reavê-lo em face de eventual inadimplemento, uma vez que somente com a tradição definitiva poderia ser afastado o seu direito real alusivo à propriedade, ou não haveria razão para a cláusula *com reserva de domínio*, que garante exatamente o seu direito real.
>
> III – Nesse contexto, não se deve confundir *contribuinte do tributo* com *responsável pelo pagamento*, uma vez que a segunda figura, notadamente quando se relaciona com o instituto da solidariedade, apenas reforça a proteção ao crédito tributário, viabilizando sua realização para o Erário Público.
>
> IV – Outrossim, perceba-se que o inciso III do § 8º da Lei n. 7.431/85 prevê solidariedade entre o alienante e o adquirente, nos casos em que aquele não providencia a comunicação

da alienação ao órgão público encarregado do registro do veículo. Em outras palavras, se até mesmo no contrato de compra e venda direta que importa na sua conclusão em transferência da propriedade, há a possibilidade do Estado buscar sua satisfação do crédito tributário diretamente do alienante desidioso, pode a solidariedade alcançar aqueles que ostentam a qualidade de possuidor indireto, equivalente, *in casu*, à expressão '*titular do domínio*', para fins de responsabilização pelo pagamento do tributo. A *ratio essendi* das disposições legais antes transcritas, portanto, não afastam, mas ao contrário, impõe a solidariedade quanto ao pagamento do IPVA[6].

Tributário – Processual Civil – IPVA – Arrendamento Mercantil – Arrendante – Responsável Solidária – Transferência de Veículos – Matéria Fática – Súmula n. 7/STJ – Divergência Jurisprudencial não Demonstrada.

Em arrendamento mercantil, a arrendante é responsável solidária para o adimplemento da obrigação tributária concernente ao IPVA, nos termos do art. 1º, § 7º da Lei Federal n. 7.431/85, por ser ela possuidora indireta dobem arrendado e conservar a propriedade até o final do pacto. Precedente: (REsp 868.246/DF; rel. Min. Francisco Falcão – Primeira Turma Data do Julgamento 28-11-2006 Data da Publicação/Fonte *DJ* 18-12-2006 p. 342) (...)[7].

A arrematação de bem em hasta pública é considerada como aquisição originária, inexistindo relação jurídica entre o arrematante e o anterior proprietário do bem, em razão do que os débitos anteriores à arrematação sub-rogam-se ao preço do leilão. Assim, a responsabilidade pelo pagamento do IPVA não deve recair sobre o arrematante[8].

É ilegítima a cobrança do imposto no caso em que já se alienara o veículo, independentemente da ausência de comunicação da transferência ao órgão de trânsito. Por se tratar de norma relativa a trânsito, o art. 134 do Código de Trânsito Brasileiro não pode ter âmbito de aplicação extrapolado para a hipótese de responsabilidade tributária[9].

O STJ fixou a diretriz seguinte:

Somente mediante lei estadual/distrital específica poderá ser atribuída ao alienante responsabilidade solidária pelo pagamento do Imposto sobre a Propriedade de Veículos Automo-

6 REsp 868.246/DF, 1ª T., rel. Min. FRANCISCO FALCÃO, j. 28-11-2006, *DJU* 18-12-2006, p. 342/3; e REsp 1.045.625/DF, 1ª T., rel. Min. FRANCISCO FALCÃO, j. 10-6-2008, *DJe* 18-8-2008.

7 REsp 897.205/DF, 2ª T., rel. Min. HUMBERTO MARTINS, j. 15-3-2007, *DJU* 1 12-4-2007, p. 239.

8 REsp 807.455/RS, 2ª T., rel. Min. ELIANA CALMON, j. 28-10-2008, *DJe* 21-11-2008.

9 AgRg no Agravo em Recurso Especial 296.318/SC, 2ª T., rel. Min. ELIANA CALMON, j. 1-10-2013, *DJe* 9-10-2013.

tores – IPVA do veículo alienado, na hipótese de ausência de comunicação da venda do bem ao órgão de trânsito competente[10].

3.4. BASE DE CÁLCULO

A base de cálculo é o *valor venal* do veículo: a) no caso de veículo novo, será considerado o valor constante da nota fiscal e/ou documento de transmissão de propriedade, sendo proporcional ao número de meses restantes ao exercício fiscal, calculado a partir do mês de sua aquisição; (b) no caso de veículo de procedência estrangeira, para primeiro lançamento, será considerado o valor constante do documento relativo ao desembaraço aduaneiro.

Criticam-se os parcos elementos considerados na legislação em relação às aeronaves (peso máximo de decolagem e ano de fabricação), porquanto deveriam ser considerados diversos elementos, como: (a) a marca (o fabricante) da aeronave; (b) se é movido a jato, por turboélice ou por motor de explosão, ou explosão turbocomprimido; (c) radar; (d) instrumentos de navegação (IRF); (e) equipamentos de pouso por instrumentos (ILS); (f) número de pás de hélices; (g) carga ou de passageiro; (h) sistema de rádio; i) horas de voo da parte mecânica e da carcaça; e (j) ano de fabricação[11].

Relativamente ao veículo usado, a legislação estadual expede tabela de valores venais, levando em conta: (a) em relação a veículos terrestres: marca, modelo, espécie, ano de fabricação, procedência; (b) em relação a embarcações: potência, combustível, comprimento e ano de fabricação; e (c) em relação a aeronaves: peso máximo de decolagem e ano de fabricação. Entretanto, é necessário considerar demais elementos (instrumentos especiais, destinação etc.) para se apurar o valor venal dos veículos.

A correção da tabela de valores no ano da cobrança do tributo não significa violência aos princípios insculpidos na Constituição Federal, uma vez que prevalecem o fato gerador, a base de cálculo e as alíquotas previstas na legislação que instituiu o IPVA. A simples correção da tabela não tem o condão de modificar o fato gerador e a base de cálculo[12].

3.5. ALÍQUOTAS

A alíquota é estabelecida em lei ordinária, que normalmente fixa percentuais distintos, tendo em vista a diversidade dos veículos (de esporte e corrida, uso mis-

10 Tema Repetitivo 1118, REsp 1.881.788/SP, 1ª Seção, rel. Min. Regina Helena Costa, j. 23-11-2022.

11 SALOMÃO, Marcelo Viana. Das Inconstitucionalidades do IPVA sobre a Propriedade de Aeronaves. *RDDT*, n. 13, p. 49/50.

12 STJ, 2ª T., ROMS 8.039/RJ, rel. Min. LAURITA VAZ, j. 28-8-2001, *DJU* 1 8-10-2001, p. 189.

to, motocicletas), sendo que o Judiciário decidira que "a Constituição Federal, artigos 150 e 152, proíbe os Estados estabelecer alíquotas diferenciadas do IPVA para carros importados"[13].

A partir da Emenda Constitucional n. 42/2003, e desde que seja integrada na legislação estadual, o imposto: (I) terá alíquotas mínimas fixadas pelo Senado Federal; e (II) poderá ter alíquotas diferenciadas em função do tipo e da utilização.

13 STJ, 1ª T., ROMS 10.906/RJ, rel. Min. GARCIA VIEIRA, j. 2-5-2000, *DJU* 1-E 5-6-2000, p. 120.

Parte 3

IMPOSTOS MUNICIPAIS

José Eduardo Soares de Melo

Capítulo 1

Imposto sobre a Propriedade Predial e Territorial Urbana (IPTU)

1.1. LEGISLAÇÃO

Constituição Federal (art. 156, I, § 1º, I e II e § 1º-A; art. 182, § 4º, II); Código Tributário Nacional (arts. 32 a 34); Lei Federal n. 10.257, de 10-7-2001 – Estatuto da Cidade (art. 7º, §§ 1º a 3º); Legislação Municipal; Emenda Constitucional n. 132, de 20-12-2023.

1.2. MATERIALIDADE

O IPTU tem como fatos geradores a propriedade, o domínio útil ou a posse de bem imóvel por natureza ou por acessão física, como definido na lei civil, localizado na zona urbana do Município, observadas as imunidades genéricas do art. 150, VI, da CF e desde que não sejam locatários templos de qualquer culto, nos termos do art. 156, § 1º-A, da CF.

O conceito de *propriedade* não está expresso na legislação, defluindo de preceito (art. 1.228) do Código Civil, que consagra o direito de propriedade, ao dispor que "o proprietário tem a faculdade de usar, gozar e dispor da coisa, e o direito de reavê-la do poder de quem quer que injustamente a possua ou detenha".

Entende-se que o conceito do IPTU está pressuposto na Constituição Federal, sendo a propriedade a revelação de riqueza capaz de ensejar a sujeição do seu titular a esse imposto. O conceito corresponde àquele emprestado pela teoria geral do direito, que não se qualifica como propriedade outros direitos reais e pessoais que não ostentam todas as suas faculdades de usar, gozar e dispor[1].

---

1 AgRg no REsp 930.018/RJ, 1ª T., rel. Min. LUIZ FUX, j. 4-11-2008, *DJe* 3-12-2008.

A aquisição da propriedade pode decorrer das situações previstas no Código Civil: (i) usucapião (arts. 1.238 a 1,244); (ii) registro do título (arts. 1.245 a 1.247); e (iii) por acessão (arts. 1.248 a 1.259). A "sucessão hereditária" também pode ser considerada como modo de aquisição, pela circunstância do Código Civil preceituar que "aberta a sucessão, o domínio e a posse da herança transmitem-se desde logo aos herdeiros legítimos e testamentários" (art. 1.784).

A perda da propriedade tem como causas específicas (i) a alienação; (ii) a renúncia; (iii) o abandono; (iv) o perecimento da coisa; (v) desapropriação (Código Civil, art. 1.275). As demais causas referem-se à usucapião, acessão, dissolução de casamento e morte natural.

Como a propriedade deve atender à sua função social (art. 5º, XXII e XXIII; art. 170, III, arts. 184 e 186, CF), o exercício do seu direito deve estar em consonância com as suas finalidades econômicas e sociais, preservando a flora, a fauna, as belezas naturais, o equilíbrio ecológico e o patrimônio histórico e artístico, evitando a poluição do ar e das águas (§ 1º, art. 1.228, Código Civil).

O poder público impõe restrições no âmbito do direito privado (afetas ao direito de vizinhança), e na esfera pública (área de preservação ambiental, edificação compulsória, imóvel rural adquirido por estrangeiro, limitação administrativa, ocupação temporária, parcelamento, requisição, servidão e tombamento). Embora o ordenamento jurídico compreenda o poder de polícia de que é dotada a atividade pública (art. 78, CTN) – limitando a liberdade e a propriedade, e trace programas de execução urbanística – é induvidoso que o "direito de propriedade" possui um mínimo de conteúdo jurídico e econômico.

Os objetivos da função social podem ser alcançados mediante obrigações positivas (proprietário construir em terreno ocioso) e como regras impeditivas de ações (proibição de edificações, visando às funções do urbanismo; ordenamento do crescimento de atividades, segregação de indústrias insalubres, conveniente uso e ocupação do solo, evitando especulação imobiliária).

Há que se considerar as específicas modalidades de estruturação da propriedade, como é o caso dos loteamentos e condomínios fechados; a multipropriedade (*time-sharing*), os *shopping centers*; os cemitérios privados; os clubes de campo; e estruturas contratuais de fruição (*build to suit*), significando a locação mediante construção ajustada[2].

O *domínio útil* compreende os direitos de utilização e disposição, inclusive o de alienação, conferidos ao foreiro, relativamente a prédio enfitêutico; contrapondo-se ao "domínio direto" (restrito à substância do bem).

2 PENTEADO, Luciano de Camargo. *Manual de Direito Civil – Coisas*. São Paulo: Revista dos Tribunais, 2013, p. 250-255.

O caso de contrato de concessão de uso (negócio jurídico bilateral de natureza pessoal), para fins tributários, não se equipara ao domínio útil de bem, não caracterizando expressão de *animus dominis*. Não exterioriza propriedade, nem abre espaço para se considerar o cessionário como possuidor, em razão do que não se considera como contribuinte do IPTU do imóvel que ocupa[3].

A enfiteuse (aforamento ou emprazamento) constituía um direito real sobre coisa alheia, significando a atribuição do proprietário (senhorio direto) a outrem do domínio útil do imóvel (terras não cultivadas, terrenos destinados à edificação, terrenos de marinha e acrescidos), mediante o recebimento de pensão, ou foro, anual, certo e invariável, por parte daquele que o adquire (enfiteuta), nos termos dos arts. 678 e 680 do antigo Código Civil.

Apesar de o vigente Código Civil (Lei Federal n. 10.406, de 10-1-2002) ter proibido a constituição de enfiteuses e subenfiteuses (art. 2.038), sendo substituídos pelo direito de superfície (art. 1.369 do Código Civil), permanece o direito adquirido às enfiteuses em vigor, aplicando-se os decorrentes efeitos fiscais.

A *posse* deflui do conceito de possuidor, como sendo todo aquele que tem de fato o exercício, pleno ou não, de algum dos poderes inerentes à propriedade (art. 1.196 do Código Civil); o que não ocorre com o mero detentor, que, achando-se em relação de dependência para com outro, conserva a posse em nome deste e em cumprimento de ordens ou instruções suas (art. 1.198, Código Civil).

É controvertida a consideração da posse como fato gerador do IPTU, pois, se de um lado se compreende tratar de situação nitidamente distinta da propriedade (materialidade prevista na CF), em razão de inocorrer o domínio do imóvel, implicando a ampliação da competência municipal por norma infraconstitucional (art. 32, CTN); de outro, é justificável a sua tipificação como fato gerador no caso da posse *ad usucapionem* (atendimento a requisitos que possibilitem postular o domínio).

O *bem imóvel* compreende o solo e tudo quanto se lhe incorporar natural ou artificialmente (art. 79, Código Civil), não perdendo esta característica as edificações que, separadas do solo, mas conservando sua unidade, forem removidas para outro local; e os materiais provisoriamente separados de um prédio, para nele se reempregarem (art. 81, Código Civil). São móveis os bens suscetíveis de movimento próprio, ou de remoção por força alheia, sem alteração da substância ou da destinação econômico-social (art. 82, Código Civil).

Os prédios e os terrenos, basicamente, são considerados bens imóveis por natureza; enquanto "circos, quiosques, barracas de campismo, bancas de jornais, barracas de

3 STJ, 1ª T., REsp 681.406/RJ, rel. Min. JOSÉ DELGADO, j. 7-12-2004, *DJU* 1 28-2-2005, p. 252; e REsp 685.316/RJ, 2ª T., rel. Min. CASTRO MEIRA, j. 8-3-2005, *DJU* 1 18-4-2005, p. 277.

feira etc., nestes termos, não integram a noção jurídica de prédio, uma vez que não estão incorporados permanentemente ao solo, já que podem ser retirados a qualquer momento sem destruição, modificação, fratura ou dano"[4].

A acessão física do imóvel pode dar-se por formação de ilhas, aluvião (acréscimos formados por depósitos e aterros naturais ao longo das margens das correntes ou pelo desvio das águas destas), avulsão (porção de terra que se destaca de um prédio e se junta a outro, por força natural violenta), abandono de álveo, e plantações ou construções (art. 1.248, Código Civil).

A *zona urbana* é conceituada no CTN (art. 32, §§ 1º e 2º):

> § 1º Para os efeitos deste imposto, entende-se como zona urbana a definida em lei municipal, observado o requisito mínimo da existência de melhoramentos indicados em pelo menos dois dos incisos seguintes, construídos ou mantidos pelo Poder Público:
>
> I – meio-fio ou calçamento, com canalização de águas pluviais;
>
> II – abastecimento de água;
>
> III – sistema de esgotos sanitários;
>
> IV – rede de iluminação pública, com ou sem posteamento para distribuição domiciliar;
>
> V – escola primária ou posto de saúde a uma distância máxima de 3 (três) quilômetros do imóvel construído.
>
> § 2º A lei municipal pode considerar urbanas as áreas urbanizáveis, ou de expansão urbana, constantes de loteamentos aprovados pelos órgãos competentes, destinados à habitação, à indústria ou ao comércio, mesmo que localizados fora das zonas definidas nos termos do parágrafo anterior.

Nessa situação, podem enquadrar-se (a) as áreas pertencentes a parcelamentos de solo regularizados pela Administração Municipal, mesmo que executados irregularmente; (b) as áreas pertencentes a loteamentos aprovados de conformidade com a legislação; (c) as áreas de conjuntos habitacionais, aprovados e executados nos termos da legislação pertinente; e (d) as áreas com uso ou edificação aprovada de acordo com a legislação urbanística de parcelamento, uso e ocupação do solo e de edificações.

Os parâmetros estabelecidos pelo CTN para efeito de abrangência de zona urbana têm sido analisados sob as óticas seguintes: (a) a juridicidade é fundamentada na circunstância de que compete à lei nacional dispor sobre conflitos de competência em matéria tributária (art. 146, I, CF), estabelecendo os âmbitos de incidência sobre os bens imóveis para efeitos do IPTU (zona urbana) e do ITR (zona rural); (b) a legitimidade é contestada pelo fato de que o CTN estaria ferindo o princípio da autonomia municipal, além de a própria CF trazer de forma implícita a de imóveis rurais

4 CARRAZZA, Roque. Impostos municipais. *RDT*, n. 52/154.

(próprio do campo) em oposição a urbanos (próprio da cidade), utilizando-se o critério da localização.

Entretanto, os critérios norteadores da fixação de zona urbana permanecem ao longo de quatro décadas de vigência do CTN, sem oposição jurisprudencial.

É legítima a cobrança do imposto sobre "sítio de recreio", considerado por lei municipal como situada em área de expansão urbana, ainda que não dotada dos melhoramentos previstos no art. 32, § 1º, CTN. Interpretação do art. 32, § 2º, do CTN, c/c arts. 14 do Decreto-Lei n. 57/66 e 29 da Lei n. 5.172/66[5].

Incide o IPTU sobre as áreas consideradas como de expansão urbana por lei municipal, mesmo quando não providas dos melhoramentos previstos no art. 32, § 1º, do CTN[6].

O CTN (art. 32) valeu-se do critério topográfico para delimitar o fato gerador do IPTU e o ITR. A jurisprudência reconheceu a validade do antigo Decreto-Lei n. 57/66 (art. 15) que estabelecera a incidência do ITR para os imóveis situados na zona rural quando utilizados em exploração vegetal, agrícola, pecuária ou agroindustrial. Assim, *não incide* o IPTU quando o imóvel situado na zona urbana receber quaisquer das destinações previstas no Decreto-Lei n. 56/66[7].

O fato de parte do imóvel ser considerada como área *non edificandi* não afasta a incidência do imposto, pois não há perda da propriedade, apenas restrições de uso, a fim de viabilizar que a propriedade atenda à sua verdadeira função social. Logo, se o fato gerador do IPTU é a propriedade de imóvel urbano, a simples limitação administrativa de proibição para construir não impede a sua configuração[8].

O STJ decidiu que não há base legal para cobrança do IPTU de quem apenas se utiliza de servidão de passagem de imóvel alheio[9].

Na utilização de *bens públicos (ruas e áreas verdes) por condomínio fechado*, o STJ decidira pela não incidência do imposto, nos termos seguintes:

> Tributo. Bem Público, Imóvel (Ruas e Áreas Verdes). Contrato de Concessão de Direito Real de Uso. Condomínio Fechado. IPTU. Não incidência. Posse sem *Animus Domini*. Ausência do Fato Gerador do Tributo (arts. 32 e 34, CTN).

---

5 STJ, 2ª T., REsp 215.460/SP, rel. Min. FRANCISCO PEÇANHA MARTINS, j. 20-9-2001, *DJU* 1 12-11-2001, p. 136.

6 STJ, 1ª T., AgRg no REsp 191.311/SP, rel. Min. FRANCISCO FALCÃO, j. 27-4-2004, *DJU* 1 24-5-2004, p. 153.

7 REsp 492.869/PR, 1ª Seção, rel. Min. TEORI ALBINO ZAVASCKI, j. 15-2-2005, *DJU* 1 7-3-2005, p. 141.

8 REsp 1.482.184/RS, 2ª T., rel. Min. HUMBERTO MARTINS, j. 17-3-2015, *DJe* 24-3-2015.

9 REsp 601.129/SP, 2ª T., rel. Min. ELIANA CALMON, j. 9-3-2004, *DJU* 1 24-5-2004, p. 253.

1. A controvérsia refere-se à possibilidade ou não da incidência de IPTU sobre bens públicos (ruas e áreas verdes) cedidos com base em contrato de concessão de direito real de uso a condomínio residencial.

2. O artigo 34 do CTN define como contribuinte do IPTU o proprietário do imóvel, o titular do domínio útil ou o seu possuidor a qualquer título. Contudo, a interpretação desse dispositivo legal não pode se distanciar do disposto no art. 156, I, da Constituição Federal. Nesse contexto, a posse apta a gerar a obrigação tributária é aquela qualificada pelo *animus domini*, ou seja, a que efetivamente esteja em vias de ser transformada em propriedade, seja por meio da promessa de compra e venda, seja pela posse *ad usucapionem*. Precedentes.

3. A incidência do IPTU deve ser afastada nos casos em que a posse é exercida precariamente, bem como nas demais situações em que, embora envolvam direitos reais, não estejam diretamente correlacionadas com a aquisição da propriedade.

4. Na hipótese, a concessão de direito real de uso não viabiliza ao concessionário tornar-se proprietário do bem público, ao menos durante a vigência do contrato, o que descaracteriza o *animus domini*.

5. A inclusão de cláusula prevendo a responsabilidade do concessionário por todos os encargos civis, administrativos e tributários que possam incidir sobre o imóvel não repercute sobre a esfera tributária, pois a instituição do tributo está submetida ao princípio da legalidade, não podendo o contrato alterar a hipótese de incidência prevista em Lei. Logo, deve-se reconhecer a inexistência da relação jurídica tributária nesse caso[10].

Relativamente ao *lançamento do imposto*, o judiciário entendera o seguinte:

Tributário. Recurso Especial. IPTU. Tributação sobre Novas Unidades Autônomas Construídas em Edifício Residencial. Desnecessidade da Inscrição Prévia Individualizada no Registro de Imóveis. Legalidade da Exação. Inteligência dos arts. 32, 34 e 116, I, do CTN.

(...)

3. É absolutamente dispensável qualquer exigência de prévio registro imobiliário das novas unidades para que se proceda ao lançamento de IPTU individualizado, uma vez que basta a configuração da posse de bem imóvel para dar ensejo à exação. Vários são os precedentes do STJ nesse sentido, dentre eles: REsp 735.300/SP, rel. Min. Denise Arruda, Primeira Turma, *DJe* 3-12-2008.

4. É suficiente para ensejar a cobrança do IPTU a verificação das unidades autônomas acrescidas ao imóvel, uma vez ser "cediço que os impostos reais (IPTU e ITBI, em especial), referem-se aos bens autonomamente considerados" (REsp 722.752/RJ, rel. Min. Herman Benjamin, Segunda Turma, *DJe* 11-11-2009.)[11].

1.3. SUJEITO ATIVO, CONTRIBUINTES E RESPONSÁVEIS

O imposto é de competência dos municípios, considerando-se contribuintes o proprietário do imóvel, o titular do seu domínio útil, ou o seu possuidor a qualquer título (art. 34, CTN).

10 REsp 1.091.198/PR, 2ª T., rel. Min. CASTRO MEIRA, j. 24-5-2011, *DJe* 13-6-2011.

11 REsp 1.347.693/RS, 1ª T., rel. Min. BENEDITO GONÇALVES, j. 11-4-2013, *DJe* 17-4-2013.

O *proprietário* é aquele que tem a faculdade de usar, gozar e dispor da coisa, e o direito de reavê-la do poder de quem injustamente a possua ou detenha (art. 1.228 do Código Civil). Adquire a propriedade imóvel mediante registro do título translativo no Registro de Imóveis. Enquanto não se registrar o título, o alienante continua sendo o dono do imóvel. O registro é eficaz desde o momento em que se apresentar o título ao oficial do registro, e este o prenotar no protocolo (arts. 1.245 e 1.246, Código Civil, combinado com a Lei Federal n. 6.015, de 31-12-1973, que dispõe sobre os registros públicos).

A aquisição originária ocorre quando o bem não é efetivamente transmitido por alguém (acessão e usucapião); enquanto a aquisição derivada decorre de transmissão por ato singular ou universal do domínio (direito hereditário ou transcrição).

O *titular do domínio útil* (no regime da enfiteuse) ficará obrigado a satisfazer os impostos e os ônus reais que gravam o imóvel (art. 682 do antigo Código Civil). O *superficiário* também poderá figurar como contribuinte, uma vez que responde pelos encargos e tributos que incidirem sobre o imóvel (art. 1.371, Código Civil).

O *possuidor* é todo aquele que tem de fato o exercício, pleno ou não, de algum dos poderes inerentes à propriedade; o que não ocorre com o detentor, que, achando-se em relação de dependência para com outro, conserva a posse em nome deste e em cumprimento de ordens ou instruções suas (art. 1.198 do Código Civil). Poderá ter adquirido a posse de modo originário (arts. 1.196, 1.204 e 1.263, Código Civil), ou derivado, mediante tradição real ou simbólica, consensual, pelo constituto possessório, e acessão.

O STJ[12] entendera que possuidor, na qualidade de promitente comprador, pode ser considerado contribuinte do IPTU, conjuntamente com o proprietário do imóvel, responsável pelo seu pagamento, segundo precedentes[13].

Aquele que recebeu o imóvel a título de doação que se caracteriza como adiantamento da legítima e ingressou em sua posse, sem efetuar, contudo, o respectivo registro no cartório de imóveis, possui legitimidade ativa para discutir a legalidade da cobrança do imposto[14].

Estas figuras jurídicas (proprietário, titular do domínio útil e possuidor) são consideradas contribuintes na medida em que revelem efetiva capacidade econômica, merecendo destaque as situações peculiares seguintes:

---

12 REsp 752.815/SP, 1ª T., rel. Min. LUIZ FUX, j. 27-2-2007, *DJU* 1 15-3-2007, p. 265.

13 REsp 784.101/SP, rel. Min. LUIZ FUX, *DJ* 30-10-2006; REsp 774.720/RJ, rel. Min. TEORI ALBINO ZAVASCKI, *DJ* 12-6-2006; REsp 793.073/RS, rel. Min. CASTRO MEIRA, *DJ* 20-2-2006; AgRg no REsp 754.278/RJ, rel. Min. FRANCISCO FALCÃO, *DJ* 28-11-2005; REsp 475.078/SP, rel. Min. TEORI ALBINO ZAVASCKI, *DJ* 27-9-2004; AgRg no REsp 930.018/RJ, rel. Min. LUIZ FUX, *DJe* 3-12-2000.

14 STJ, 1ª T., REsp 753.300/SP, rel. Min. DENISE ARRUDA, j. 4-11-2008, *DJe* 3-12-2008.

a) o *usufrutuário* (art. 718, Código Civil) é contribuinte porque tem direito a posse, uso, administração e percepção dos frutos do imóvel.

b) o *usuário* e o *titular do direito de habitação* (arts. 1.412 a 1.416, Código Civil) não são contribuintes porque apenas usam coisas e percebem seus frutos quando o exigirem as necessidades suas e de sua família; e habitam gratuitamente casa alheia e não possuem a titularidade do imóvel e sequer a posse com *animus domini*.

c) *o locatário*, o *arrendante* e o *comodatário* de bens imóveis não são contribuintes, porque somente possuem a posse direta do imóvel, não podendo transferir, locar ou ceder a terceiros. A circunstância de terem se obrigado a suportar os ônus do imposto não os qualificam como contribuintes, especialmente porque as convenções particulares não podem ser opostas à Fazenda Pública (art. 123, CTN).

A posse é que exterioriza o domínio, não aquela exercida pelo locatário ou pelo comodatário, meros titulares de direitos pessoais limitados em relação à coisa[15].

O locatário do imóvel não pode ser considerado como contribuinte, uma vez que a titularidade do imóvel é atribuída ao proprietário (usualmente, o locador), em razão do que o fato deste imputar ao locatário a obrigação de arcar com o valor do IPTU não pode significar modificação do contribuinte (legal), porque a relação locatícia de direito privado não pode alterar a definição legal do sujeito passivo (art. 123 do CTN).

Enquanto não decidida a ação de desapropriação indireta em favor do proprietário do imóvel e transcrita no registro imobiliário do imóvel urbano a respectiva carta de sentença, continua sendo responsável pelo pagamento do tributo[16].

d) *o promitente comprador do imóvel* somente será contribuinte se se tratar de promessa irretratável de venda, houver pago as parcelas contratuais e se encontrar habilitado a lavrar escritura, ou promover a adjudicação compulsória.

A existência de possuidor apto a ser considerado contribuinte do IPTU não implica a exclusão automática, do polo passivo da obrigação tributária, do titular do domínio (assim entendido aquele que tem a propriedade registrada no Registro de Imóveis). O possuidor, na qualidade de promitente comprador, pode ser considerado contribuinte do IPTU, conjuntamente com o proprietário do imóvel, responsável pelo seu pagamento. Precedentes[17].

e) *o cessionário do direito de uso* é possuidor por relação de direito pessoal e, como tal, não é contribuinte relativamente ao imóvel que ocupa.

O caso de contrato de concessão de uso (negócio jurídico bilateral de natureza pessoal), para fins tributários, não se equipara ao domínio útil de bem, não caracterizan-

15 STJ, 1ª T., REsp 93.40240, rel. Min. GARCIA VIEIRA, j. 15-12-1993, *DJU* 21-2-1994, p. 2.141.

16 STJ, 2ª T., REsp 247.164/SP, rel. Min. FRANCISCO PEÇANHA MARTINS, j. 2-10-2001, *DJU* 1 18-2-2002, p. 297.

17 STJ, 1ª T., REsp 784.101/SP, rel. Min. LUIZ FUX, j. 3-10-2006, *DJU* 1 30-10-2006, p. 252.

do expressão de *animus dominis*. Não exterioriza propriedade, nem abre espaço para se considerar o cessionário como possuidor, em razão do que não se considera como contribuinte do IPTU do imóvel que ocupa[18].

O IPTU deve ser cobrado do proprietário ou de quem detém o domínio útil ou a posse do imóvel, vinculando-se tal imposto a institutos de direito real. Assim sendo, tendo o contrato de concessão de uso de bem público natureza pessoal, e não real, inexiste previsão legal para que o cessionário seja contribuinte do IPTU[19].

O STJ fixou o entendimento de que "cabe à legislação municipal estabelecer o sujeito passivo do IPTU"[20].

f) o *adjudicante*, na qualidade de adquirente (credor) é obrigado ao pagamento dos tributos incidentes sobre o bem adjudicado, uma vez que a adjudicação não tem o efeito de expurgar os ônus obrigacionais que recaem sobre o bem. A mutação do sujeito passivo não afasta referida responsabilidade, uma vez que a obrigação tributária *propter rem* (no caso o IPTU) acompanha o bem, mesmo que os fatos imponíveis sejam anteriores à alteração da titularidade do imóvel, nos termos dos arts. 130 e 131 do CTN[21].

g) o *arrematante* não é responsável pelos débitos anteriores que se somam ao preço da hasta pública, uma vez que a arrematação extingue o ônus do imóvel arrematado, que passa ao arrematante livre e desembaraçado de tributo ou responsabilidade, sendo considerada aquisição originária. O adquirente só deixa de ter responsabilidade pelo pagamento dos débitos anteriores que recaiam sobre o bem se ocorreu, efetivamente, depósito do preço, que se tornará a garantia dos demais credores. O crédito fiscal perquirido pelo fisco é abatido do pagamento, quando da praça, por isso que, encerrada a arrematação, não se pode imputar ao adquirente qualquer encargo ou responsabilidade[22].

h) o *fiduciante* transfere o bem fiduciado ao credor ou fiduciário para que este o guarde ou administre, restituindo-o por ocasião do adimplemento da obrigação contratual. Trata-se da pessoa que, na alienação fiduciária em garanti, conserva o bem em seu poder com as obrigações de depositário e o dever de restituí-la em caso de inadimplência da sua obrigação.

A Lei Federal n. 9.515, de novembro de 1997 (e regras incluídas pela Lei n. 11.148, de 2007), dispõe que o fiduciante responde pelo pagamento dos impostos que recaiam

18 STJ, 1ª T., REsp 681.406/RJ, rel. Min. JOSÉ DELGADO, j. 7-12-2004, *DJU* 1 28-2-2005, p. 252; e REsp 685.316/RJ, 2ª T., rel. Min. CASTRO MEIRA, j. 8-3-2005, *DJU* 1 18-4-2005, p. 277.

19 STJ, 1ª T., AgRg em REsp 947.267/RJ, rel. Min. FRANCISCO FALCÃO, j. 18-9-2007, *DJU* 1 18-10-2007, p. 319.

20 Súmula 399, STJ.

21 REsp 1.179.056/MG, 2ª T., rel. Min. HUMBERTO MARTINS, j. 7-10-2010, *DJe* 21-10-2010.

22 Idem.

ou venham a recair sobre o imóvel, cuja posse tenha sido transferida para o fiduciário, até a data em que o fiduciário vier a ser imitido na posse.

i) o *promitente comprador* poderá ser contribuinte se se tratar de promessa irretratável de venda, e no caso de haver pago as parcelas contratuais, encontrar-se habilitado a lavrar escritura, ou promover a adjudicação compulsória, na forma prevista na legislação municipal.

Há situações que podem prejudicar a exigência do imposto, em razão de restrições ao uso da propriedade: limitações administrativas (destinação residencial ou comercial); ocupação temporária (art. 5º, XXV, CF, por motivo de inundação); tombamento (art. 216, § 1º, CF, pela proteção ao patrimônio histórico e cultural); requisição (art. 22, III, CF, em razão de iminente perigo em tempo de guerra); desapropriação (art. 5º, XXIV, CF, pela perda do bem por necessidade ou utilidade pública, ou interesse social); parcelamento e edificação compulsórios (art. 182, § 4º, I, CF, em razão de não promover adequado aproveitamento do solo urbano, não edificado, subutilizado ou não utilizado, em áreas incluídas no Plano Diretor); e servidão administrativa (arts. 1.378 a 1.389, Código Civil).

Elucidando a questão do domínio, o STJ decidiu:

> RECURSO ESPECIAL. TRIBUTÁRIO. IPTU. CONTRIBUINTE. ART. 34 DO CTN.
>
> 1. Os impostos caracterizam-se pela compulsoriedade que encerram, sem a necessidade da comprovação de contraprestação específica. Em consequência, tratando-se de IPTU, o seu fato gerador, a luz do art. 32 do CTN, e a propriedade, o domínio útil ou a posse.
>
> 2. A exegese legal prioriza o proprietário conhecido e o designa como responsável pelo tributo, haja vista que este e uma espécie de "imposto real", gerador da obrigação *propter rem*.
>
> 3. O Eg. STF, secundando a tese acima, decidiu que o IPTU é "*inequivocamente um imposto real, porquanto ele tem como fato gerador a propriedade, o domínio útil ou a posse de imóvel localizado na zona urbana do município, sem levar em consideração a pessoa do proprietário, do titular do domínio útil ou do possuidor*"[23].
>
> 4. Consequentemente, enquanto não desconstituído o domínio, o proprietário tem a obrigação *ex lege*, muito embora a luz do princípio do enriquecimento sem causa, possa reaver o que pagou.
>
> 5. É que a capacidade contributiva é *ex lege* e não econômica, no sentido de que haja correlação entre quem paga e quem aufere benefícios (art. 126, II, do CTN)[24].

Entende-se que no caso das limitações administrativas, da ocupação temporária, do tombamento, da requisição e da servidão administrativa, as restrições ao direito de

23 RE 204.827-5, de 12-12-1996.

24 REsp 678.765/MG, 1ª T., rel. Min. LUIZ FUX, j. 6-12-2005, *DJU* 1 14-9-2006, p. 262.

propriedade não retiram o conteúdo econômico da propriedade, salvo se houver desvalorização do imóvel, que possibilitará redução da base de cálculo[25].

O imóvel situado em área de *preservação ambiental* (art. 225, § 1º, III, CF), contida em Unidades de Uso Sustentável em propriedades de particulares, também pode implicar a perda do seu valor econômico no caso de submeter-se a regras impostas pelo poder público, acarretando a desigualdade em relação a proprietário de imóvel sem restrição. Assim, há necessidade de redução da carga do imposto, harmonizando o direito de propriedade sem as exigências da proteção ao meio ambiente[26].

No caso de *servidão administrativa* (direito real de gozo instituído sobre imóvel de propriedade alheia), pertinente à utilização de solo público e subterrâneo pela instalação de poste, redes de iluminação e telefonia pública, é mantida a titularidade dos bens com os poderes públicos (concedente do serviço público), que afasta a hipótese de incidência do imposto[27].

No caso de imóvel invadido, se ficar decidido que o Município é o responsável pela invasão, o proprietário poderá eximir-se do imposto, em razão do esvaziamento da propriedade. Entretanto, se o Município não tem culpa pela invasão, não pode sofrer consequência de fato a que não deu causa, persistindo o direito de propriedade[28].

O Judiciário já apreciou caso de imóvel invadido por *"sem-terras"*, em que o proprietário impugnou a exigência do ITR (Imposto Territorial Rural) – situação aplicável ao IPTU – sob o argumento de que não conseguira fazer valer suas prerrogativas de proprietário, porque o Estado não lhe reintegrou na posse, aos fins de poder fruir a propriedade em referência, tornando o seu direito mera propriedade documental, frágil como o papel, sendo julgada indevida a sua cobrança[29].

Nessa situação, também podem enquadrar-se as habitações coletivas, favelas e os cortiços, em que se constata a posse precária dos particulares, que não revelam capacidade econômica, sendo difícil precisá-la como extensão de propriedade.

Todavia, os litígios entre particulares não afetam a obrigação de pagar o imposto, resolvendo-se entre eles a indenização acaso devida a esse título; já quem, sendo o

---

25 CEZAROTI, Guilherme. A incidência do IPTU sobre propriedades com limitações de uso. In: PEIXOTO, Marcelo Magalhães (coord.). *IPTU – Aspectos Jurídicos Relevantes*. São Paulo: Quartier Latin, 2002, p. 229.

26 KUNTZ, Maria Elenir Lacerda; NOGUEIRA, Simone Paschoal. A cobrança do IPTU sobre áreas de proteção ambiental. In: PEIXOTO, Marcelo Magalhães (coord.). *IPTU – Aspectos Jurídicos Relevantes*. São Paulo: Quartier Latin, 2002, p. 481.

27 FERNANDES, Edison Carlos. Cobrança do IPTU sobre infraestrutura dos Serviços Públicos. In: PEIXOTO, Marcelo Magalhães (coord.). *IPTU – Aspectos Jurídicos Relevantes*. São Paulo: Quartier Latin, 2002, p. 123.

28 ATALIBA, Geraldo. Questões. *RDT*, n. 64, p. 164.

29 TRF da 4ª Região, AMS 1998.04.01.046999-3/PR, 2ª T., rel. Juiz Márcio Antonio Rocha, nov./2000.

contribuinte não só na condição de possuidor, é esbulhado na posse pelo próprio Município, não está obrigado a recolher o tributo até nela ser reintegrado por sentença judicial, à míngua do fato gerador (art. 33 do CTN), confundindo-se, nesse caso, o sujeito ativo e o sujeito passivo[30].

O imposto é devido, a critério da repartição competente: (I) por quem exerça a posse direta do imóvel, sem prejuízo da *responsabilidade solidária* dos possuidores indiretos; (II) por qualquer dos possuidores indiretos, sem prejuízo da *responsabilidade solidária* dos demais e do possuidor direto (art. 30, CTN).

Caso haja transmissão sucessiva de propriedade e conste do lançamento o novo proprietário, este dado – segundo Becker – em nada altera a realidade jurídica, pois os "novos proprietários, durante o ano civil, são os *responsáveis* legais tributários: a) ou *solidários* com aquele que fora proprietário, no dia 1º de janeiro, o qual continua com o seu original dever jurídico tributário; b) ou *isoladamente*, por lhes ter sido transmitido, sucessivamente, o dever jurídico tributário preexistente, com a consequente liberação do primitivo devedor. A escolha dentre estas soluções fica ao arbítrio do legislador"[31].

1.4. BASE DE CÁLCULO

O imposto é calculado de conformidade com o valor venal do imóvel, não se considerando o valor dos bens móveis mantidos em caráter permanente ou temporário no imóvel, para efeito de sua utilização, exploração, aformoseamento ou comodidade (art. 33 e parágrafo único, CTN).

A apuração do valor venal pode ser realizada pela Prefeitura segundo normas e métodos específicos, tomando em conta as características de toda a área urbana, em função de diversos elementos (preços correntes das transações e das ofertas à venda no mercado imobiliário, custos de reprodução, locações correntes; características da região em que se situa o imóvel; face de quadras a quadras ou quarteirões; características da região em que se situa o imóvel; a logradouros; profundidade, terrenos encravados; de fundo interno; idade do imóvel; reconstrução, ampliação etc.).

Este procedimento deve culminar com a edição de uma Planta Genérica de Valores, que constitui um parâmetro para efeito de consideração do adequado valor venal, por representar os reais elementos do mercado imobiliário. Na realidade, trata-se de uma base calculada concernente à regulação para possibilitar a aferição e apuração dos valores específicos dos imóveis, que serão objeto dos lançamentos do imposto.

A simples atualização do valor venal dos imóveis, pelos índices oficiais de correção monetária, não constitui autêntica majoração da base de cálculo do IPTU, podendo ser

30 STJ, 2ª T., AgRg em Ag 117.895/MG, rel. Min. ARI PARGENDLER, j. 10-10-1996, *DJU* 1 29-10-1996, p. 41.639.

31 BECKER, Alfredo Augusto. *Teoria Geral do Direito Tributário*. São Paulo: Saraiva, 1963, p. 394, *apud* Valéria Furlan, IPTU (...), p. 83.

promovida pelo próprio Executivo, sem que ocorra violação ao princípio da legalidade, conforme previsto no § 2º, art. 97 do CTN[32]. Entretanto, é vedado ao Poder Executivo Municipal, por simples decreto, alterar o valor venal dos imóveis para fins de base de cálculo do IPTU[33].

O STF fixou a tese de que "a majoração do valor venal dos imóveis para efeito de cobrança do IPTU não prescinde da edição de lei em sentido formal, exigência que somente se pode afastar quando a atualização não excede os índices inflacionários anuais de correção monetária"[34].

O STF modificara o seu entendimento nos termos seguintes:

> (...) 2. O Plenário desta Corte já admitiu a possibilidade de a Fazenda Municipal aferir diretamente a base calculada do IPTU, desde que o faça de forma casuística, considerando as características individuais de cada imóvel. Precedente.
>
> (...) 4. Fixação da seguinte tese: "É constitucional a lei municipal que delega ao Poder Executivo a avaliação individualizada para fins de cobrança do IPTU, de imóvel novo não previsto na Planta Genérica de Valores, desde que fixados em lei os critérios para a avaliação técnica e assegurado ao contribuinte o direito ao contraditório"[35].

A Emenda Constitucional n. 132, promulgada em 20.12.23, inseriu preceito ao art. 156, § 1º, da CF, do teor seguinte:

> III – ter sua base de cálculo atualizada pelo Poder Executivo, conforme critérios estabelecidos em lei municipal.

É proibido ao Município adotar como base de cálculo a superfície do imóvel ou o *status* econômico do seu proprietário[36], pois é cediço que valor venal é que se atém à materialidade do tributo (proprietário do imóvel), revelando sua capacidade econômica, que nada tem a ver com a mera capacidade financeira.

1.5. ALÍQUOTAS E PROGRESSIVIDADE

As alíquotas são estabelecidas em lei municipal, que não deverá fixá-las em percentuais exorbitantes, violando o princípio da capacidade econômica e implicar o confisco do imóvel. Realmente, enquanto a alíquota de 2% (dois por cento) sobre o valor venal revela-se razoável, a alíquota de 20% (vinte por cento) terá o efeito de acarretar a perda do imóvel no prazo de 5 (cinco) anos.

---

32 STF, RE 93.661-1/SP, Pleno, *DJU* 27-11-1981, p. 12.015.

33 STF, AgRg no AI 420.015-1, 2ª T., rel. Min. CARLOS VELLOSO, j. 22-11-2005, *DJU* 16-12-2005.

34 Tema 211 de Repercussão Geral no RE 648.245 j. 11-8-2013.

35 STF, RE com Ag 1.245.095-PR, Plenário, rel. Min. ROBERTO BARROSO, sessão de 5-6-2023 – Tema 1.084 da Repercussão Geral.

36 STJ, REsp 4.379, rel. Min. HUMBERTO GOMES DE BARROS, j. 26-4-1993, *DJU* 17-5-1993, p. 9.249.

A CF preceitua que, sem prejuízo da progressividade no tempo a que se refere o art. 182, § 4º, III, o IPTU poderá: (I) ser progressivo em razão do valor do imóvel; e (II) ter alíquotas diferentes de acordo com a localização e o uso do imóvel (redação da Emenda Constitucional n. 29, de 13-9-2000).

Anteriormente, tinha vigência preceito constitucional dispondo que (a) o imposto poderá ser progressivo, nos termos de lei municipal, de forma a assegurar o cumprimento da função social da propriedade (§ 1º, art. 156), permanecendo válida a regra dispondo que o imposto será progressivo no caso de o proprietário do solo urbano não edificado, subutilizado ou não utilizado, não promover o seu adequado aproveitamento, segundo lei específica relativamente à área incluída em plano diretor, nos termos de Lei Federal (§ 4º, art. 182).

O princípio da progressividade entrelaça-se com os princípios da "capacidade contributiva", da "isonomia", e da "vedação de confisco", de modo que a carga tributária seja mais significativa para os contribuintes que revelam superior riqueza, o que até mesmo seria um ideal para todos os impostos, uma vez que "os impostos que não sejam progressivos, resultando em injustiça e inconstitucionalidade". Também se entendera que "a progressividade é constitucionalmente postulada, tanto a de caráter fiscal (inerente ao próprio tributo) como a extrafiscal (promoção de uma igualação social – eliminação de desigualdade), o favorecimento dos desvalidos, a criação de empregos, o desenvolvimento econômico, a melhoria das condições de vida, a proteção do meio ambiente etc., são valores que mereceram do contribuinte especial encômio"[37].

É polêmica a situação do IPTU pela circunstância de que, enquanto um preceito constitucional (art. 156, § 1º) utiliza a expressão "poderá ser progressivo", presumindo um caráter facultativo; outro dispositivo (art. 182, § 4º) determina a "progressividade no tempo", no caso de o proprietário do solo urbano, incluído em Plano Diretor não ter atendido a específicas formas de aproveitamento.

A progressividade imobiliária (elevação das alíquotas à medida que ocorre a majoração da base de cálculo) deve levar em consideração diversas circunstâncias, a saber: tempo, espaço, valor venal do imóvel, superfície, equipamentos urbanos, gabaritos das construções ou número de pavimentos, destinação dos imóveis, número de lotes do proprietário[38].

Ensejou acirrada celeuma a progressividade no tempo em razão da legislação municipal (como no caso de São Paulo, em 1991) haver criado alíquotas mais elevadas para

37 ATALIBA, Geraldo. Progressividade e Capacidade Contributiva. Separata da *RDT*, 1991, p. 49.

38 BARRETO, Aires. A Progressividade nos Impostos sobre a Propriedade Imobiliária. *Suplemento Tributário*, n. 58. São Paulo: LTr, 1978, p. 225/238.

terrenos ociosos ou imóveis não residenciais, sem que houvesse prévia definição em Plano Diretor (obrigatório para cidades com mais de vinte mil habitantes – art. 182, § 1º, CF). Embora o Tribunal de Justiça de São Paulo tivesse julgado legítima a tributação graduada conforme o valor dos imóveis, sob a assertiva de que a distinção entre residenciais e não residenciais não violava o princípio da isonomia tributária[39], o Primeiro Tribunal de Alçada Civil de São Paulo posicionara-se pela inconstitucionalidade da legislação municipal[40].

O STF acolheu a ADIn para decretar a inconstitucionalidade da tributação progressiva[41], sedimentando jurisprudência de que "é inconstitucional a lei municipal que tenha estabelecido, antes da Emenda Constitucional 29/2000, alíquotas progressivas para o IPTU, salvo se destinada a assegurar o cumprimento da função social da propriedade urbana"[42].

O Tribunal fixou a tese de que "declarada inconstitucional a progressividade de alíquota tributária, é devido o tributo calculado pela alíquota mínima correspondente, de acordo com a destinação do imóvel"[43].

Peculiarmente, o STF também tratara do efeito extrafiscal ou calibração do valor do tributo pela capacidade contributiva, *verbis*:

> Tributário. IPTU. Progressividade. Caracterização do escalonamento da Carta Tributária de Acordo com a Destinação dada ao Imóvel. Acórdão Recorrido que afirma haver Progressividade. Razões de Agravo Regimental Insuficientes para afastar a Conclusão. Processual Civil. Agravo Regimental.
>
> 1. Esta Corte interpretou os arts. 145, § 1º, 156, § 1º e 182, §§ 2º e 4º da Constituição, na redação anterior à Emenda Constitucional n. 29/2000, para fixar que a utilização da técnica de tributação progressiva para o Imposto sobre a Propriedade Territorial e urbana – IPTU somente era cabível para assegurar a eficácia da função social da propriedade, atendidos os requisitos estabelecidos em Plano Diretor compatível com a lei federal[44]. Súmula n. 668/STF.
>
> 2. O efeito extrafiscal ou a calibração do valor do tributo de acordo com a capacidade contributiva não são obtidos apenas pela modulação da alíquota. O escalonamento da base de cálculo pode ter o mesmo efeito (...)[45].

39 ADIn 14.927-018, Pleno, j. 7-6-1995.

40 Súmula 43, 1º TACSP.

41 RE 199.281-6, Pleno, rel. Min. MOREIRA ALVES, j. 11-11-1998, *DJU* 24-11-1998, p. 2.

42 Súmula 668, STF, e Tema 155 de Repercussão Geral ao RE 601.234, j. 25-9-2014.

43 Tema 226 de Repercussão Geral ao RE 602.347.

44 Cf. o RE 394.010, AgR, rel. Min. CARLOS VELLOSO, 2ª T., *DJ* 28-10-2004, e o RE 153.771, red. p/ acórdão Min. MOREIRA ALVES, Pleno, *DJ* 5-9-1997.

45 AgReg no RE 466.312, 2ª T., rel. Min. JOAQUIM BARBOSA, j. 1-3-2011, *DJe* 31-3-2011, p. 90.

A circunstância de a CF haver considerado a progressividade do IPTU em dois capítulos distintos (sistema tributário – art. 156, § 1º; e ordem econômica – art. 182, § 4º, II) não significa autonomia e tratamentos jurídicos diferenciados, uma vez que a progressividade se justifica no âmbito do desenvolvimento urbano, condicionando a prévia edição de lei específica para área incluída em Plano Diretor, no contexto da função social da propriedade. Injustificável a progressividade do IPTU como singelo procedimento fiscal, de cunho meramente arrecadatório, divorciado da política de desenvolvimento urbano.

Nova diretriz constitucional (Emenda n. 29/2000) possibilita, além da *progressividade no tempo*, a *progressividade em razão do valor do imóvel*.

Todavia, em razão de o STF haver decidido que o IPTU tem natureza real, entende-se que a EC n. 29/2000 "aniquila o direito individual de os contribuintes não serem tributados progressivamente. Deveras, como o *discrímen* se dá pelo valor de cada imóvel, ficam em condição altamente privilegiada (infringindo a Constituição pela desigualdade) os inúmeros proprietários (de casas, lojas, unidades autônomas destinadas à locação ou de loteamentos inteiros), cujos imóveis, de *per si* considerados, têm um valor venal baixo, em confronto com os titulares de um só imóvel de valor expressivo"[46].

Afigura-se "um exemplo: se o titular de um único imóvel de R$ 150.000,00 ficar sujeito ao IPTU, em razão de uma alíquota de 1%, e outro, titular de centenas de imóveis de pequeno valor, for submetido ao imposto, com base em alíquotas de 0,5%, ter-se-á, nesse caso, flagrante ofensa ao princípio da igualdade"[47].

Em época mais recente, o STF deixou claro admitir a progressividade extrafiscal concernente à função social da propriedade, a saber:

> IPTU – Progressividade de Alíquota – Função Social da Propriedade – Finalidade Extrafiscal – Necessidade de Lei Nacional – Recurso de Agravo Improvido.
>
> A Constituição Federal de 1988, ao delinear o esquema normativo pertinente ao IPTU, contemplou a possibilidade de essa espécie tributária ser *progressiva*, em ordem a assegurar o cumprimento da *função social da propriedade* (CF, art. 156, § 1º, e art. 182, §§ 2º e 4º, II). O discurso normativo consubstanciado nesses preceitos constitucionais evidencia que a *progressividade* do IPTU, no sistema instaurado pela Constituição da República, *assume uma nítida qualificação extrafiscal* vocacionada a garantir o cumprimento da *função social da propriedade urbana*, desde que estritamente observados os requisitos fixados pelo art. 156, § 1º, e também, pelo art. 182, § 4º, II, ambos da Constituição da República. Precedente (Pleno)[48].

46 BARRETO, Aires; MARTINS, Ives Gandra da Silva. A inconstitucionalidade da progressividade prevista na EC n. 29/2000. In: PEIXOTO, Marcelo Magalhães (coord.). *IPTU – Aspectos jurídicos relevantes*. São Paulo: Quartier Latin, 2002, p. 80-81.

47 BARRETO, Aires. IPTU: Progressividade e Diferenciação. *RDDT*, n. 76, 2002, p. 9.

48 RE 590.360, AgR/ES, rel. Min. CELSO DE MELLO, j. 31-5-2011.

O STF fixou a tese de que "é constitucional a Emenda Constitucional n. 29, de 2000, no que estabeleceu a possibilidade de previsão legal de alíquotas progressivas para o IPTU de acordo com o valor do imóvel"[49].

A Lei Federal n. 10.257, de 10-7-2001, que regulamenta os arts. 182 e 193 da CF (Estatuto da Cidade), estabelece que, no caso de descumprimento das condições e dos prazos relativos ao parcelamento, edificação ou utilização compulsórios, o Município procederá à aplicação do imposto progressivo, mediante a majoração da alíquota pelo prazo de 5 (cinco) anos consecutivos.

Nessa situação, o valor da alíquota a ser aplicado a cada ano será fixado na lei municipal específica para área incluída no plano diretor, e não excederá a duas vezes o valor referente ao ano anterior, respeitada a alíquota máxima de 15% (quinze por cento).

Caso a obrigação de parcelar, edificar ou utilizar, não esteja atendida em 5 (cinco) anos, o Município manterá a cobrança pela alíquota máxima, até que se cumpra a referida obrigação, garantida a prerrogativa de desapropriação do imóvel, com pagamento em títulos da dívida pública.

Essas imposições podem ser consideradas inconstitucionais por infringência aos princípios federativo, republicano, indelegabilidade de competência, sendo que a utilização das mencionadas alíquotas configura confisco[50].

O plenário do STF, em julgamento de recurso com repercussão geral[51] decidira que "declarada inconstitucional a progressividade de alíquota tributária, é devido o tributo (IPTU) calculado pela alíquota mínima estabelecida de acordo com a destinação do imóvel"[52].

A Corte dera provimento a recurso do município de Belo Horizonte para reformar decisão do TJ/MG, que havia extinto execução fiscal ao fundamento de que era inconstitucional a cobrança do IPTU feita com base na Lei Municipal n. 5.641/89, porque a progressividade com base na capacidade econômica do contribuinte ofenderia a CF (antes da EC n. 29/2000).

Entendera que somente deveria ser proferida inconstitucionalidade das normas viciadas na parte em que há vício, e não na sua integralidade. A solução mais adequada da controvérsia é manter a exigibilidade do tributo com redução da gravosidade ao patrimônio do contribuinte ao nível mínimo, adotando-se a alíquota mínima como mandamento da norma tributária. O presidente do STF destacou que uma declaração de inconstitucionalidade integral da lei levaria ao caos diversos municípios brasileiros.

---

49 Tema 94 de Repercussão Geral ao RE 586.693, j. 25-5-2011.

50 LACOMBE, Rodrigo Santos Masset. Lei 10.257/01 e Função Extrafiscal do IPTU. In: PEIXOTO, Marcelo Magalhães (coord.). *IPTU – Aspectos Jurídicos Relevantes*. São Paulo: Quartier Latin, 2002, p. 580.

51 RE 602.347, rel. Min. EDSON FACHIN, sessão de 4-11-2015.

52 Migalhas, de 5-11-2015.

Capítulo 2

Imposto sobre Transmissão *inter vivos*, a qualquer título, por ato oneroso, de Bens Imóveis, por natureza ou acessão física, e de direitos reais sobre Imóveis, exceto os de garantia, bem como cessão de direitos a sua aquisição (ITBI)

2.1. LEGISLAÇÃO

Constituição Federal (arts. 156, II, § 2º); Código Tributário Nacional (arts. 38 e 42); Legislação Municipal.

2.2. MATERIALIDADE

O ITBI tem como fatos geradores: (I) a transmissão *inter vivos*, a qualquer título, por ato oneroso, a) de bens imóveis, por natureza ou acessão física; e b) de direitos reais sobre bens imóveis, exceto os de garantia e as servidões; (II) a cessão, por ato oneroso, de direitos relativos à aquisição de bens imóveis.

A aquisição da propriedade imóvel pode ser realizada pelo registro do título translativo no Registro de Imóveis. Enquanto não se registrar o título, o alienante continua a ser considerado como o dono do imóvel. O registro é eficaz desde o momento em que se apresentar o título ao oficial do registro, e este o prenotar no protocolo (arts. 1.245 e 1.246, Código Civil, combinado com a Lei Federal n. 6.015, de 31-12-1973, que dispõe sobre os registros públicos).

A aquisição por acessão pode dar-se por formação de ilhas, aluvião, avulsão, abandono de álveo e plantações ou construções (art. 1.248, Código Civil).

Considerando os institutos de direito civil, podem ser compreendidas na *incidência* do imposto a compra e venda, a dação em pagamento, a permuta (troca), o mandato em causa própria ou com poderes equivalentes para a transmissão de bem imóvel e respectivo substabelecimento; a arrematação, a adjudicação e a remição; o valor dos imóveis que, na divisão de patrimônio comum ou na partilha, forem atribuídos a um dos cônjuges separados ou divorciados, ao cônjuge supérstite ou a qualquer herdeiro acima da respectiva meação ou quinhão considerando em conjunto apenas os bens imóveis constantes do patrimônio comum ou monte mor; o uso e o usufruto; a cessão de direitos do arrematante ou adjudicatário, depois de assinado o auto de arrematação ou adjudicação; a instituição e a extinção do direito de superfície; a cessão de direitos à sucessão; a cessão de benfeitorias e construções em terreno compromissado à venda ou alheio; e todos os demais atos onerosos translativos de imóveis, por natureza ou acessão física, e de direitos reais sobre imóveis.

O imposto *não incide* em usucapião, desapropriação, servidões, bens de mão-morta; no mandato em causa própria ou com poderes equivalentes e seu substabelecimento, quando outorgado para o mandatário receber a escritura definitiva do imóvel; sobre a transmissão de bem imóvel, quando este voltar ao domínio do antigo proprietário por força de retrovenda, de retrocessão ou pacto de melhor comprador; sobre a transmissão de bens ou direitos aos mesmos alienantes, em decorrência de sua desincorporação do patrimônio da pessoa jurídica a que foram conferidos, sobre a transmissão de bens ou direitos decorrentes de fusão, incorporação ou extinção da pessoa jurídica; e sobre a constituição e a resolução da propriedade fiduciária de coisa imóvel prevista na Lei Federal n. 9.514, de 20-11-1997.

A transmissão tem que ser *onerosa*, ocorrendo o empobrecimento e enriquecimento patrimonial das partes contratantes, na mesma proporção e segundo um nexo de causalidade. Não é onerosa e não se sujeita à incidência tributária a transmissão bilateral em que apenas uma das partes se sujeita ao cumprimento de uma prestação patrimonial, e a outra, à satisfação de um encargo[1].

A usucapião transforma o possuidor em proprietário e implica a transmissão de direito real, mas não se torna exigível o imposto ante a ausência do requisito da onerosidade, inexistindo reciprocidade de prestações econômicas, uma vez que o adquirente obtém um acréscimo patrimonial sem oferecer nada em troca[2].

Na realidade, o imposto (conhecido por *sisa*) é exigido por ocasião da lavratura de escritura de alienação imobiliária, ou de direitos a ela relativos, sendo que os tabeliães

1 FURLAN, Valéria Cristina Pereira. *ITBI – Imposto sobre a Transmissão Onerosa de Bens Imóveis*. Tese de Doutoramento apresentada perante a Pontifícia Universidade Católica de São Paulo, em 2003, p. 189-190.

2 Idem, p. 235-236.

podem ficar proibidos de praticar este ato atinente ao seu ofício, se não for feita prova de seu pagamento.

A escritura é essencial à validade dos negócios jurídicos que visem a constituição, transferência, modificação ou renúncia de direitos reais sobre imóveis de valor superior a trinta vezes o maior salário mínimo vigente no país (art. 108, Código Civil).

Argumenta-se que a materialidade da transmissão do ITBI encontra-se consubstanciada na situação jurídica que engloba a escritura pública lavrada no Tabelião de notas, e o seu posterior registro, no Registro de Imóveis[3].

A doutrina apresenta a justificativa seguinte: "A antecipação do critério temporal do ITBI, do registro para a escritura, reforça a segurança jurídica na medida em que a Administração não fica sujeita aos comportamentos protelatórios de realização do ato de registro, o que, em que pese dar a certeza do direito de propriedade ao adquirente do imóvel, não impede, no mais das vezes, esse adquirente de usufruí-lo"[4].

Contudo, a jurisprudência opõe-se a esse procedimento, ao entender que "o fato gerador do imposto de transmissão de bens imóveis ocorre com a transferência efetiva da propriedade ou do domínio útil, na conformidade da lei civil, com o registro no cartório imobiliário; e que a cobrança do ITBI, sem obediência dessa formalidade, ofende o ordenamento jurídico em vigor"[5].

Não colhe a assertiva de legitimar-se a cobrança antecipada por se tratar de fato gerador presumido (art. 150, § 7º, CF, acrescentado por força da EC n. 3/93).

Com mais forte razão, o STJ também repeliu a exigibilidade do imposto em "promessa de compra e venda, contrato preliminar que poderá ou não se concretizar em contrato definitivo, este sim ensejador da cobrança do aludido tributo"[6].

Pretende-se fundamentar a incidência do imposto na *cessão de direitos à aquisição de bem imóvel*, sob a as assertivas seguintes:

> (...) celebrado um compromisso de compra e venda de bem imóvel, pode acontecer, por razões diversas, de o promissário comprador – depois de certo tempo, inclusive residindo no imóvel, e de ter pago certo número de parcelas – não estar mais interessado em permanecer no imóvel.
>
> Ele, então, cede seus direitos sobre o compromisso celebrado originalmente para um terceiro. É realizado, pois, um contrato de cessão de direitos, sobre compromisso de compra e venda, a partir do qual o atual cessionário, muitas vezes, também já passa a residir no imóvel.

3 MACEDO, José Alberto Oliveira. *ITBI – Aspectos Constitucionais e Infraconstitucionais*. São Paulo: Quartier Latin, 2010, p. 176.

4 *Ob. cit.*, p. 296.

5 STJ, ROMS 10.650, 2ª T., rel. Min. PEÇANHA MARTINS, j. 16-6-2000, *DJU* 1-E 4-9-2000, p. 13.

6 REsp 57.641/PE, 2ª T., rel. Min. ELIANA CALMON, j. 4-4-2000, *DJU* 1-E 22-5-2000, p. 91.

A esta cessão, podem suceder-se outras cessões, enquanto o compromisso original não for plenamente quitado.

Acontece que essa cadeia de sucessão de direitos (de natureza pessoal, apesar de ter gerado manifestações de riqueza pelas partes em cada contrato, pode passar ao largo da tributação se tais negócios não forem registrados. Basta que o último cessionário, ao quitar a dívida, convoque para participar da lavratura da escritura pública apenas aquele que figurou como promitente vendedor no compromisso de compra e venda original. Uma sucessão de posses de imóvel e de cessões de direito à aquisição constará registrado na matrícula do imóvel[7].

Também decidiu que "a promessa de cessão de direitos à aquisição de imóvel não é fato gerador de ITBI"[8], "na concepção jurídica da Egrégia Primeira Seção, deste STJ, cujo fato gerador é o registro do respectivo título"[9].

O STF consolidou o entendimento seguinte:

ITBI. FATO GERADOR. REGISTRO DA TRANSFERÊNCIA EFETIVA DA PROPRIEDADE. ACÓRDÃO RECORRIDO ALINHADO COM A JURISPRUDÊNCIA DO SUPREMO TRIBUNAL FEDERAL. PRECEDENTES.

Nos termos da jurisprudência da Corte, o fato gerador do ITBI somente ocorre com a transferência efetiva da propriedade no cartório de registro de imóveis. Precedentes[10].

Como repercussão geral, fixou a seguinte tese:

O fato gerador do imposto sobre transmissão *inter vivos* de bens imóveis (ITBI) somente ocorre com a efetiva transferência da propriedade imobiliária, que se dá mediante o registro[11].

A renúncia de todos os herdeiros da mesma classe, em favor do monte, não impede seus filhos de suceder por direito próprio ou por cabeça. Homologada a renúncia, a herança não passa à viúva, e sim aos herdeiros remanescentes. Esta renúncia não configura doação ou alienação à viúva, não caracterizando o fato gerador do ITBI, que é a transmissão da propriedade ou do domínio útil de bens imóveis[12].

De modo específico, já se decidiu aparente conflito entre o imposto sobre a doação (art. 155, I, CF) e o ITBI (art. 156, II, CF), entendendo-se que a viúva que abre mão da

7 MACEDO, José Alberto Oliveira. *ITBI – Aspectos Constitucionais e Infraconstitucionais*. São Paulo: Quartier Latin, 2010, p. 182-183.

8 AgRg no REsp 327.188/DF, 1ª T., rel. Min. HUMBERTO GOMES DE BARROS, j. 7-5-2002, *DJU* 1 24-6-2002, p. 203.

9 Referência no RHC 5.178/SP, 6ª T., rel. Min. WILLIAM PATERSON, j. 28-2-1996, *DJU* 13-5-1996, p. 15.574.

10 ARE 934.091, AgR/SP, 1ª T., rel. Min. ROBERTO BARROSO, j. 18-11-2016, *DJe* 5-12-2016.

11 Tema 1124 de 1140 no ARE 1294969.

12 STJ, REsp 36.076/MG, 1ª T., rel. Min. GARCIA VIEIRA, j. 3-12-1998, *DJU* 29-3-1999, p. 76-77, *RSTJ*, v. 116, p. 64, e *RT*, v. 767, p. 186.

nua-propriedade da meação em favor da herdeira, recebendo reposição em dinheiro dessa respectiva parte e ficando com o usufruto do imóvel, implica a transmissão onerosa *inter vivos*, e não doação[13].

Ilegal é a exigência do imposto tendo como fato gerador a outorga de procuração para alienação de imóvel, no caso de o instrumento procuratório apenas indicar a quem deve ser transmitido o imóvel.

Peculiarmente, fora decidido que o ITBI deve incidir por ocasião da aquisição do terreno pela Cooperativa e na transferência da propriedade do imóvel construído e respectiva fração ideal do terreno para cada um dos cooperados[14].

Também fora assentada jurisprudência no sentido de que incide, no caso de divisão igual de bens por ocasião da partilha em dissolução de sociedade conjugal, o imposto de competência dos Estados (ITCMD), em razão de a transmissão se dar a título gratuito, ocorrendo a incidência do ITBI (de competência do município) se a transmissão se der a título oneroso, com a compensação de outros bens do título oneroso, com a compensação de outros bens do titular para a equivalência da partilha[15].

2.3. SUJEITO ATIVO, CONTRIBUINTES E RESPONSÁVEIS

O Município onde se encontra o bem é a pessoa política competente para instituir o tributo (art. 156, II, e § 2º, II, CF), em razão do que a escritura de alienação (transmissão) do imóvel pode ser passada em Município diferente daquele onde o imóvel está localizado.

Os *contribuintes* serão quaisquer das partes na operação tributada, como dispuser a lei (art. 42, CTN), que, assim, pode atribuir a respectiva obrigação aos transmitentes ou adquirentes dos bens, ou dos direitos; e aos cedentes ou cessionários, nas cessões de direito; e os transmitentes, nas transmissões exclusivamente de direitos à aquisição de bens imóveis, quando o adquirente tiver como atividade preponderante a compra e venda desses bens ou direitos, a sua locação ou arrendamento mercantil.

Os *responsáveis* poderão ser os tabeliães e os oficiais dos registros de imóveis, no caso de não exigirem a prova do recolhimento do imposto por ocasião da prática dos atos que lhes competirem (lavratura de escritura, transcrição dos títulos).

---

13 TJSP, Agravo de Instrumento 163.028-4, 10ª Câm. de Direito Privado, rel. Des. SOUZA JOSÉ, j. 10-10-2000, *JTJ* 236, p. 246-248, Lex – SP.

14 TJ-DF, Proc. 2002.01.1.019270-7, 5ª Câm. Cível, rel. Des. ROBERVAL CASEMIRO BELINATI, j. 10-10-2005, *DJU* 3 16-3-2006, p. 133.

15 TJ-RS, Uniformização de Jurisprudência 70011508918, Pleno, rel. Des. WELLINGTON PACHECO BARROS, j. 21-11-2005, *RDDT*, n. 129, p. 235-238.

2.4. BASE DE CÁLCULO

A *base de cálculo* é o valor venal dos bens ou direitos transmitidos (art. 38, CTN). Não devem ser abatidas do valor venal quaisquer dívidas que onerem o imóvel transmitido; sendo que, nas cessões de direitos à aquisição, o valor ainda não pago pelo cedente será deduzido da base de cálculo.

A legislação municipal costuma estabelecer um piso mínimo, ao dispor que o imposto não será calculado sobre valor inferior ao bem, utilizado no exercício para a base de cálculo do IPTU, atualizado monetariamente de acordo com os índices oficiais, no período compreendido entre 1º de janeiro e a data da ocorrência do fato.

A circunstância de a Municipalidade estipular um valor para o imóvel (embasado nos preços correntes das transações e das ofertas no mercado imobiliário, face às características do bem e da região em que se situa) não pode significar que referido valor deve ser obrigatoriamente utilizado para cálculo do ITBI.

Não se pode ignorar que, apesar de se encontrarem adstritas ao bem imóvel, trata-se de situações distintas (propriedade e alienação), razão pela qual a base imponível deve refletir o valor da transação imobiliária, sob pena de violarem os superiores princípios da capacidade contributiva e da vedação de confisco.

Verifica-se nova tendência no sentido de a legislação municipal estipular *distinto valor venal do ITBI face o IPTU*, apontando-se as controvérsias seguintes:

> Os dois impostos municipais incidentes sobre bens imóveis (IPTU e ITBI) têm por base de cálculo unicamente o valor venal (do imóvel, no caso do IPTU e dos bens e direitos transmitidos, no caso do ITBI);
>
> (...)
>
> Não há, todavia, em nosso sistema legislativo, nenhum parâmetro que determina a utilização de plantas genéricas de valores para o lançamento do IPTU (vale dizer, a avaliação em massa) e de acompanhamento individualizado na apuração do valor venal dos imóveis, uma vez fixado esse valor venal, deve ele ser considerado para fins dos dois impostos[16].

> Não há qualquer impedimento em estipulação de valores distintos entre a base de cálculo do IPTU e a do ITBI, desde que: (i) nenhuma das duas ultrapasse o valor de mercador do imóvel, parâmetro estabelecido constitucionalmente, mesmo que de forma implícita; (ii) as normas jurídicas construídas a partir das leis do Município prevejam tal distinção. Apenas o procedimento utilizado para apuração do valor deve ser transparente para o contribuinte[17].

16 BARRETO, Aires. F. *Curso de Direito Tributário Municipal*. São Paulo: Saraiva, 2009, p. 302 e 303.

17 MACEDO, José Alberto Oliveira. *ITBI – Aspectos Constitucionais e Infraconstitucionais*. São Paulo: Quartier Latin, 2010, p. 298.

A jurisprudência do STJ era pacífica no sentido de que "o valor venal do imóvel apurado para fins de ITBI não coincide, necessariamente, com aquele adotado para lançamento do IPTU"[18].

Verifica-se nova tendência de a legislação municipal estipular *distinto valor venal do ITBI em face do IPTU*.

O STJ decidira o seguinte:

> PROCESSUAL CIVIL E TRIBUTÁRIO. RECURSO ESPECIAL REPRESENTATIVO DE CONTROVÉRSIA. INCIDENTE DE RESOLUÇÃO DE DEMANDAS REPETITIVAS. ITBI. BASE DE CÁLCULO. AFETAÇÃO.
>
> (...)
>
> 2. Tese controvertida – definir: a) se a base de cálculo do ITBI está vinculada à do IPTU; b) se é legítima a adoção de valor venal de referência previamente fixado pelo fisco municipal como parâmetro para a fixação da base de cálculo do ITBI.
>
> 3. Afetação do recurso especial como representativo da controvérsia para ser julgado pela Primeira Seção[19].

Em momento recente (2022), o STJ firmara a diretriz seguinte:

> TRIBUTÁRIO. RECURSO ESPECIAL REPRESENTATIVO DE CONTROVÉRSIA. IMPOSTO SOBRE TRANSMISSÃO DE BENS IMÓVEIS (ITBI). BASE DE CÁLCULO. VINCULAÇÃO COM IMPOSTO PREDIAL E TERRITORIAL URBANO (IPTU). INEXISTÊNCIA. VALOR VENAL DECLARADO PELO CONTRIBUINTE. PRESUNÇÃO DE VERACIDADE. REVISÃO PELO FISCO. INSTAURAÇÃO DE PROCESSO ADMINISTRATIVO. POSSIBILIDADE. PRÉVIO VALOR DE REFERÊNCIA. ADOÇÃO. INVIABILIDADE.
>
> 1. A jurisprudência desta Corte Superior é no sentido de que, embora o Código Tributário Nacional estabeleça como base de cálculo do Imposto Predial e Territorial urbano (IPTU) e do Imposto sobre Transmissão de Bens Imóveis (ITBI) o "valor venal", a apuração desse elemento quantitativo faz-se de formas diversas, notadamente em razão da distinção existente entre os fatos geradores e a modalidade de lançamento desses impostos.
>
> 2. Os arts. 35 e 38 do CTN dispõem, respectivamente, que o fato gerador do ITBI é a transmissão da propriedade ou de direitos reais imobiliários, ou a cessão de direitos relativos a tais transmissões, e que a base de cálculo do tributo é o "valor venal dos bens ou direitos transmitidos", que corresponde ao valor considerado para as negociações de imóveis em condições normais de mercado.
>
> 3. A possibilidade de dimensionar o valor dos imóveis no mercado, segundo critérios, por exemplo, de localização e tamanho (metragem), não impede que a avaliação de mercado

18 EDcl no Agravo em Recurso Especial 424.555/SP, 2ª T., rel. Min. OG FERNANDES, j. 6-2-2014, *DJe* 20-2-2014.

19 REsp 1.937.821-SP, 1ª Seção, rel. Min. GURGEL DE FARIA, sessão de 5-10-2021.

específica de cada imóvel transacionado oscile dentro de um parâmetro médio, a depender, por exemplo, da existência de outras circunstâncias igualmente relevantes e legítimas para a determinação do real valor da coisa, como a existência de benfeitorias, o estado de conservação e os interesses pessoais do vendedor e do comprador no ajuste do preço.

4. O ITBI comporta apenas duas modalidades de lançamento originário: por declaração, se a norma local exigir prévio exame das informações do contribuinte pela Administração para a constituição do crédito tributário, ou por homologação, se a legislação municipal disciplinar que caberá ao contribuinte apurar o valor do imposto e efetuar o seu pagamento antecipado sem prévio exame do ente tributante.

5. Os lançamentos por declaração ou por homologação se justificam pelas várias circunstâncias cujo conhecimento integral somente os negociantes têm ou deveriam ter para melhor avaliar o real valor do bem quando da realização do negócio, sendo essa a principal razão da impossibilidade prática da realização do lançamento originário de ofício, ainda que autorizado pelo legislador local, pois o fisco não tem como possuir, previamente, o conhecimento de todas as variáveis determinantes para a composição do valor do imóvel transmitido.

6. Em face do princípio da boa-fé objetiva, o valor da transação declarado pelo contribuinte presume-se condizente com o valor médio de mercado do bem imóvel transacionado, presunção que somente pode ser afastada pelo fisco se esse valor se mostrar, de pronto, incompatível com a realidade, estando, nessa hipótese, justificada a instauração do procedimento próprio para o arbitramento da base de cálculo, em que deve ser assegurado ao contribuinte o contraditório necessário para apresentação das peculiaridades que amparariam o *quantum* informado (art. 148 do CTN).

7. A prévia adoção de um valor de referência pela Administração configura indevido lançamento de ofício do ITBI por mera estimativa e subverte o procedimento instituído no art. 148 do CTN, pois representa arbitramento da base de cálculo sem prévio juízo quanto à fidedignidade da declaração do sujeito passivo.

8. Para o fim preconizado pelo art. 1.039 do CPC/2015, firmam-se as seguintes teses: a) a base de cálculo do ITBI é o valor do imóvel transmitido em condições normais de mercado, não estando vinculada à base de cálculo do IPTU, que nem sequer pode ser utilizada como piso de tributação; b) o valor da transação declarado pelo contribuinte goza da presunção de que é condizente com o valor de mercado, que somente pode ser afastada pelo fisco mediante a regular instauração de processo administrativo próprio (art. 148 do CTN); c) o Município não pode arbitrar previamente a base de cálculo do ITBI com respaldo em valor de referência por ele estabelecido unilateralmente (...).[20]

O STJ fixara tese de repercussão geral (Tema 1113):

a) a base de cálculo do ITBI é o valor do imóvel transmitido em condições normais de mercado, não estando vinculada à base de cálculo do IPTU, que nem sequer pode ser utilizada como piso de tributação; b) o valor da transação declarado pelo contribuinte goza da

20 REsp 1.937.821-SP, 1ª Seção, rel. Min. GURGEL DE FARIA, sessão de 24-2-2022.

presunção de que é condizente com o valor de mercado, que somente pode ser afastada pelo fisco mediante a regular instauração de processo administrativo próprio (art. 148 do CTN); c) o Município não pode arbitrar previamente a base de cálculo do ITBI com respaldo em valor de referência por ele estabelecido unilateralmente.

Entende-se que o valor da base de cálculo é o valor real da venda do imóvel ou de mercado, sendo que nos casos de divergência quanto ao valor declarado pelo contribuinte pode-se arbitrar o valor do imposto, por meio de procedimento administrativo fiscal, com posterior lançamento de ofício, desde que atendidos os termos do art. 148 do CTN[21].

Aponto ensinamento no sentido de que "compreende-se na incidência do imposto *inter vivos* o valor dos imóveis que, na partilha, forem atribuídos ao cônjuge supérstite, a qualquer herdeiro, legatório ou cessionário, acima da respectiva meação ou quinhão. Havendo torna, ou reposição em dinheiro, caracteriza-se a transmissão onerosa, cabendo o imposto à alíquota de 2%. Caso contrário, a hipótese será de doação, com sujeição ao imposto próprio (de competência do Estado), subindo a taxa a 4%. Os cálculos serão feitos nos próprios autos do inventário, para o subsequente recolhimento"[22].

É firme o entendimento do STJ no sentido de que a arrematação corresponde à aquisição do bem alienado judicialmente, razão pela qual a base de cálculo do imposto é o valor alcançado na hasta pública. Precedentes[23].

2.5. ALÍQUOTA E PROGRESSIVIDADE

A *alíquota* do imposto é estabelecida em lei municipal, sendo vedado estabelecer sua progressividade por não haver expressa previsão constitucional.

O STF fulminou a pretensão dos Municípios, a saber:

> Constitucional. Tributário. Imposto de Transmissão de Imóveis, *Inter Vivos* – ITBI – Alíquotas Progressivas: a Constituição Federal não autoriza a progressividade das alíquotas, realizando-se o princípio da capacidade contributiva proporcionalmente ao preço da venda[24].

Diante da decretação da inconstitucionalidade das alíquotas progressivas, poderia ser cogitada a aplicação da alíquota mínima prevista no mesmo diploma legal, o que não fora aceito pelo STF, conforme aresto seguinte:

21 AgRg no Agravo em Recurso Especial 263.685/RS, 2ª T., rel. Min. HUMBERTO MARTINS, j. 16-4-2013, *DJe* 25-4-2013.

22 AMORIM, Sebastião; OLIVEIRA, Euclides. *Inventários e Partilhas*. 5. ed. São Paulo: Leud, 1995, p. 183.

23 AgRg no REsp 1.386.560/MG, 2ª T., rel. Min. HUMBERTO MARTINS, j. 6-5-2014, *DJe* 13-5-2014.

24 RE 234.105-3/SP, Pleno, rel. Min. CARLOS VELLOSO, j. 8-4-1999, *DJU* 1-E 31-3-2000, p. 61.

> ITBI: progressividade: L. 11.154/91, do Município de São Paulo: inconstitucionalidade.
>
> A inconstitucionalidade, reconhecida pelo STF (RE 234.105), do sistema de alíquotas progressivas do ITBI do Município de São Paulo (L. 11.154/91, art. 10, II) atinge esse sistema como um todo, devendo o imposto ser calculado, não pela menor das alíquotas progressivas, mas na forma da legislação anterior, cuja eficácia, em relação às partes, se restabelece com o trânsito em julgado da decisão proferida neste feito[25].

Em decorrência, firmou a diretriz no sentido de que "é inconstitucional a lei que estabelece alíquotas progressivas para o imposto de transmissão *inter vivos de bens imóveis – ITBI – com base no valor venal do imóvel*"[26].

25 RE 259.339-7, 1ª T., rel. Min. MOREIRA ALVES, j. 9-5-2000, *DJU* 1-E 16-6-2000, p. 40.

26 Súmula 656, STF.

Capítulo 3

Imposto sobre Serviços de Qualquer Natureza (ISS)

3.1. LEGISLAÇÃO

Constituição Federal (art. 156, III, e § 3º); Emendas Constitucionais n. 3, de 17-3.-1993, e n. 37, de 12-6-2002; Lei Complementar n. 116, de 31-7-2003, n. 157, de 29-12-2006, n. 175, de 23-9-2020, n. 183, de 22-9-2021. Legislação Municipal.

3.2. MATERIALIDADE

3.2.1. Conceito jurídico

O cerne da materialidade do ISS não se restringe a "serviço", mas a uma *prestação de serviço*, compreendendo um negócio (jurídico) pertinente a uma obrigação de "fazer", de conformidade com as diretrizes de direito privado.

A obrigação de "fazer" concerne à prestação de uma utilidade ou comodidade a terceiro, de modo personalizado e incindível, configurando-se de modo negativo à obrigação "de dar" (entrega de coisas móveis ou imóveis a terceiros).

A exclusividade do ISS sobre a prestação de serviços deve apartar-se das incidências de outros tributos (como é o caso do ICMS ou do IOF), concernentes a específicas atividades, ainda que simultâneas ou complementares. É o caso de empresa que tem por objeto básico atividades comerciais, e que, normalmente, se sujeita ao ICMS na venda de máquinas (mercadorias). Entretanto, ao realizar serviços de conserto das mercadorias, estará sujeita ao ISS. O mesmo ocorre com a concessionária de veículos que se sujeita ao ICMS nas operações mercantis; todavia, fica obrigada ao ISS em eventual serviço de borracharia.

Entretanto, esta regra não deve ser aplicada no caso de o serviço ser considerado como atividade-meio (etapa de operação mercantil ou financeira), sem autonomia da obrigação principal. É a hipótese das entidades bancárias que têm por finalidade a concessão de crédito (operação afeta ao IOF); situação em que a abertura de conta-corrente pertinente ao financiamento representa elemento integrante do mencionado negócio, não constituindo serviço distinto que possa sujeitar-se ao ISS.

O fato de a Constituição Federal não ter conceituado "serviço" – para fins de incidência do ISS – não causa problema para o operador do direito, uma vez que o texto constitucional contém materialidades também adstritas às obrigações de "dar" e de "fazer", que permitem separar os respectivos campos de incidência tributária.

Nesse sentido, os lineamentos do IPI (art. 153, IV) e do ICMS (art. 155, II) se harmonizam com o ISS (art. 156, III), devendo o conceito de produto industrializado, e de mercadoria, arranjar-se com o conceito de serviço.

Embora o IPI e o ISS impliquem um "fazer", a atividade de industrialização compreende a produção ou beneficiamento de bens em massa, repetidos, sendo distinta de serviço, por possuir individualidade. Embora os impostos apresentem um natural substrato econômico (inerente à própria capacidade contributiva), há que se considerar as distintas categorias jurídicas tributárias, inexistindo sentido em conferir-se preeminência a etapas econômicas (produção, circulação, consumo), para a conceituação do serviço.

Os tributos distinguem-se pela circunstância de que o IPI não consiste unicamente em um "fazer", mas também em um "dar" (produto industrializado), decorrente de operações de transformação, beneficiamento, montagem, acondicionamento ou recondicionamento, e renovação ou recondicionamento. O ISS implica apenas um "fazer", mediante esforço pessoal, ou na utilização de materiais.

Os aspectos relativos à padronização, massificação, escala, personificação e maquinários utilizados, por si só, não permitem firmar a convicção segura sobre a distinção tributária porque, em verdade, encontram-se forradas de preconceitos hauridos em concepções estranhas ao direito e à realidade natural das coisas.

Não se pode compreender que as duas materialidades envolvam fundamentalmente um "fazer", de maior ou menor intensidade; que – no caso do IPI – seria mais significativa e se traduziria num bem corporificado; e – no caso do ISS – representaria atos decorrentes de menor desempenho material e nem sempre materializados.

O IPI não se distingue do ISS por qualificação, dificuldade, grandeza ou espécie de esforço humano, mas fundamentalmente pela prática de "operações" jurídicas (não apenas tecnológicas), implicando obrigação de "dar" um produto industrializado pelo próprio realizador da operação jurídica.

O conceito constitucional de serviço ("prestação de esforço humano a terceiros, com conteúdo econômico, em caráter negocial, sob regime de direito privado, tendendo à obtenção de um bem material ou imaterial") abrange:

a) obrigação de fazer (e nenhuma outra);

b) serviços submetidos ao regime de direito privado, não incluindo, portanto, o serviço público (porque este, além de sujeito ao regime de direito público, é imune ao imposto, conforme o art. 150, VI, *a* da Constituição);

b.1) que revelem conteúdo econômico, realizados em caráter negocial – o que afasta, desde logo, aqueles prestados "a si mesmo", ou em regime familiar ou desinteressadamente (afetivo, caritativo);

b.2) prestados sem relação de emprego – como definida pela legislação própria – excluído, pois, o trabalho efetuado em regime de subordinação (funcional ou empregatício), por não estar *in commercium*[1].

Os serviços (obrigações de "fazer") distinguem-se das mercadorias (obrigações de "dar"), sendo irrelevante a significação econômica, os bens utilizados e o fato de se traduzirem em elementos corpóreos. É impertinente aplicar uma teoria da preponderância com o objetivo de mensurar o custo pertinente ao esforço intelectual e material (*serviço*), e aos bens aplicados (*mercadorias*).

Não se pode cogitar a existência de operações mistas, mediante a interpenetração de serviços e mercadorias, e a alocação de valores a cada uma das atividades e consequentes implicações tributárias diferenciadas.

Importa considerar o negócio jurídico objetivado pelas partes: na empreitada de construção civil só se pode compreender a existência de negócio regido pelo direito civil, não se dissociando os materiais fornecidos dos serviços prestados.

A incorporação imobiliária direta, com a construção realizada pelo incorporador em terreno próprio, por sua conta e risco, não implica incidência do ISS, conforme entendimento do STJ:

> (...)
>
> 1. A incorporação imobiliária é um negócio jurídico que, nos termos previstos no parágrafo único do art. 28 da Lei n. 4.591/64, tem por finalidade promover e realizar a construção, para alienação total ou parcial de edificações compostas de unidades autônomas.
>
> 2. Consoante disciplina o art. 48 da Lei n. 4.591/64, a incorporação poderá adotar um dos seguintes regimes de construção: (*a*) por empreitada, a preço fixo, ou reajustável por índices previamente determinados (Lei n. 4.591/64, art. 55); (*b*) por administração ou "a preço de custo" (Lei n. 4.591/64, art. 58); ou (*c*) diretamente, por construção direta entre os adquirentes e o construtor (Lei n. 4.591/64, art. 41).
>
> 3. Nos dois primeiros regimes, a construção é contratada pelo incorporador ou pelo condomínio de adquirentes, mediante a celebração de um contrato de prestação de serviços,

1 BARRETO, Aires. ISS – Não Incidência sobre Cessão de Espaço em Bem Imóvel. *Repertório IOB de Jurisprudência*, n. 19/99, 1ª Quinzena de outubro de 1999, caderno 1, p. 580.

em que aqueles figuram como tomadores, sendo o construtor um típico prestador de serviços. Nessas hipóteses, em razão de o serviço prestado estar perfeitamente caracterizado no contrato, o exercício da atividade enquadra-se no item 32 da Lista de Serviços, configurando situação passível de incidência do ISSQN.

4. Na incorporação direta, por sua vez, o incorporador constrói em terreno próprio, por sua conta e risco, realizando a venda das unidades autônomas por "preço global", compreensivo da cota de terreno e construção. Ele assume o risco da construção, obrigando-se a entregá-la pronta e averbada no Registro de Imóveis. Já o adquirente tem em vista a aquisição da propriedade de unidade imobiliária, devidamente individualizada, e, para isso, paga o preço acordado em parcelas.

5. Como a sua finalidade é a venda de unidades imobiliárias futuras, concluídas, conforme previamente acertado no contrato de promessa de compra e venda, a construção é simples meio para atingir-se o objetivo final da incorporação direta; o incorporador não presta serviço de "construção civil", ao adquirente, mas para si próprio.

6. Logo, não cabe a incidência de ISSQN na incorporação direta já que o alvo desse imposto é atividade humana prestada em favor de terceiros como fim ou objeto; tributa-se o serviço-fim, nunca o serviço-meio, realizado para alcançar determinada finalidade. As etapas intermediárias são realizadas em benefício do próprio prestador, para atingir o objetivo final, não podendo, assim, serem tidas como fatos geradores da exação (...)[2].

A realidade mostra inúmeras situações onde poderia ocorrer conflito tributário se apenas fossem utilizados conceitos econômicos (ao invés dos imprescindíveis critérios jurídicos), a saber: (a) o fornecimento de concreto para uma obra de construção civil constitui material auxiliar na prestação de serviços, enquanto o concreto vendido em loja caracteriza mercadoria; (b) o remédio ministrado ao paciente hospitalar não se qualifica como mercadoria, mas um bem utilizado na prestação de serviço médico; (c) garçom que serve fregueses do restaurante não realiza prestação de serviços, mas participa do fornecimento de alimentação.

Nas prestações de serviços – obrigação de fazer (ISS) – os bens empregados, ou utilizados, constituem meros elementos intermediários, em razão do que não deveriam se sujeitar à incidência do ICMS.

A entrega em domicílio de GLP não configura serviço autônomo de "transporte, coleta, remessa ou entrega de bens ou valores, dentro do território do município", mas apenas meio idôneo à realização das operações mercantis com combustíveis líquidos, não se sujeitando, portanto, à incidência do ISS[3].

O STF, entretanto, ao tratar das atividades das *operadoras de planos privados de assistência à saúde (Plano de Saúde e Seguro-Saúde)* conferiu um tratamento mais amplo para a incidência

2 REsp 1.166.039/RN, 2ª T., rel. CASTRO MEIRA, j. 1-6-2010, *DJe* 11-6-2010.

3 STJ, REsp 612.490/MA, 2ª T., rel. Min. CASTRO MEIRA, j. 19-6-2008, *DJe* 4-8-2008.

do ISS, por entender que o Direito Constitucional adota conceitos próprios, não existindo um primado do Direito Privado, e que esta espécie de tributo (sobre o consumo) assimila considerações econômicas ou conceitos tecnológicos.

Neste sentido, entendera que a classificação das obrigações em "obrigação de dar", de "fazer" e "não fazer", tem cunho eminentemente civilista, não sendo a mais apropriada para o enquadramento dos serviços resultantes da atividade econômica.

Destaco as conclusões do STF[4], constantes da ementa do aresto, a saber:

> "(...)
>
> 18. O artigo 156, III, da CRFB/88, ao referir-se a serviços de qualquer natureza não os adstringiu às típicas obrigações de fazer (...);
>
> 20. A classificação (obrigação de dar e obrigação de fazer) escapa à *ratio* que o legislador constitucional pretendeu alcançar (...);
>
> 22. A LC n. 116/2003 imbricada ao *thema decidendum* traz consigo lista anexa que estabelece os serviços tributáveis pelo ISSQN (...);
>
> 24. A LC n. 116/2003 teve por objetivo ampliar o campo de incidência do ISSQN, principalmente no sentido de adaptar a sua anexa lista de serviços à realidade atual, relacionando numerosas atividades que não constavam dos atos legais antecedentes".

3.2.2. Conceito Legal

A CF trata da incidência do ISS sobre prestação de serviços de qualquer natureza, não compreendidos no art. 155, II (serviços de transporte interestadual e intermunicipal, e de comunicação), definidos em lei complementar.

A definição de serviços em listas contidas em leis infraconstitucionais gerara acirrada controvérsia, revelando o antagonismo seguinte: autonomia municipal para instituir o imposto (ISS) *versus* outorga de competência ao legislador nacional para estipular os serviços que podem ser tributáveis (ISS).

Na medida em que os Municípios estejam subordinados ao Congresso Nacional – relativamente à edição de lei complementar definindo (estipulando) os serviços que poderão prever em suas legislações, e promover a respectiva exigibilidade – é evidente que a autonomia fica prejudicada.

Os interesses do Congresso Nacional não poderiam sobrepor-se à autonomia municipal, uma vez que os Municípios ficariam impossibilitados de auferir os valores (ISS) necessários ao atendimento de suas necessidades. Não há sentido jurídico no fato de a arrecadação tributária ficar submetida às diretrizes do parlamento, na medida em que as listas sejam mais ou menos abrangentes da gama significativa de serviços.

---

4 RE 651.703/PR, rel. Min. LUIZ FUX, j. 29-9-2016.

Todavia, como não se pode ignorar que a norma prevendo lei complementar para "definir os serviços de qualquer natureza", tributáveis pelo ISS, deve possuir um mínimo de eficácia; pode ser entendido que – sem prejudicar a competência municipal – a "definição" teria por escopo explicitar os serviços a fim de evitar eventuais conflitos de competência em razão de materialidades assemelhadas afetas a União, Estados e DF.

Entretanto, o STF firmou a diretriz de que é *taxativa a lista de serviços*[5], embora admita interpretação ampla e analógica[6].

O STJ procedeu à devida adequação jurídica:

Tributário. Recurso especial. ISS. Lista de Serviços. Interpretação extensiva. Possibilidade.

1. Embora taxativa, em sua enumeração, a lista de serviços admite interpretação extensiva, dentro de cada item, para permitir a incidência do ISS sobre serviços correlatos àqueles previstos expressamente. Precedentes do STF e desta Corte.

2. Esse entendimento não ofende a regra do art. 108, § 1º, do CTN, que veda o emprego da analogia para a cobrança de tributo não previsto em lei. Na hipótese, não se cuida de analogia, mas de recurso à interpretação extensiva, de resto autorizada pela própria norma de tributação, já que muitos dos itens da lista de serviços apresentam expressões do tipo "congêneres", "semelhantes", "qualquer natureza", "qualquer espécie", dentre outras tantas.

3. Não se pode confundir analogia com interpretação analógica ou extensiva. A analogia é técnica de integração, vale dizer, recurso de que se vale o operador do direito diante de uma lacuna do ordenamento jurídico. Já a interpretação, seja ela extensiva ou analógica, objetiva desvendar o sentido e o alcance da norma, para então definir-lhe, com certeza, a sua extensão. A norma existe, sendo o método interpretativo necessário, apenas, para precisar-lhe os contornos[7].

O STF (junho 2020) revisitou o tema para fixar o entendimento seguinte:

RECURSO EXTRAORDINÁRIO COM REPERCUSSÃO GERAL. TRIBUTÁRIO. IMPOSTO SOBRE SERVIÇOS DE QUALQUER NATUREZA – ISS. ART. 156, III, DA CARTA POLÍTICA. OPÇÃO CONSTITUCIONAL PELA LIMITAÇÃO DA CAPACIDADE TRIBUTÁRIA DOS MUNICÍPIOS POR MEIO DA ATRIBUIÇÃO À LEI COMPLEMENTAR DA FUNÇÃO DE DEFINIR SERVIÇOS TRIBUTÁVEIS PELO ISS. LISTAS DE SERVIÇOS ANEXAS AO DECRETO-LEI 406/1968 E LEI COMPLEMENTAR 116/2003. CARÁTER TAXATIVO COMPATÍVEL COM A CONSTITUIÇÃO DA REPÚBLICA.

(...)

5. Ao determinar que compete à lei complementar definir os serviços tributáveis pelo ISS, a Constituição fez escolha pragmática para evitar que, a todo momento, houvesse dúvida se

5 RE 77.183/SP, rel. Min. ALIOMAR BALEEIRO, Pleno, j. 19-4-1974, *RTJ* 73/490.

6 RE 75.952/SP, rel. Min. THOMPSON FLORES, 2ª T., j. 29-10-1973, *RTJ* 68/198.

7 REsp 834.060-PR, rel. Min. CASTRO MEIRA, 2ª T., j. 15.8.2006, *DJU* 1, de 25.8.2006, p. 333.

determinada operação econômica seria tributada como prestação de serviços ou de circulação de mercadorias, especialmente tendo em conta o caráter economicamente misto de muitas operações.

6. Os precedentes firmados por este Supremo Tribunal Federal definiram interpretação jurídica no sentido do caráter taxativo das listas de serviços. Nesse sentido: RE 361.829, Rel. Ministro Carlos Velloso, Segunda Turma, *DJ* de 24.02.2006; RE 464.844, AgR, Rel. Ministro Eros Grau, Segunda Turma, *DJe* de 09.05.2008; RE 450.342, AgR, Rel. Ministro Celso de Mello, Segunda Turma, *DJ* 03.08.2007.

7. As listas de serviços preveem ser irrelevante a nomenclatura dada ao serviço e trazem expressões de alguns de seus itens, notadamente se socorrendo da fórmula "e congêneres". Não existe obstáculo constitucional contra esta sistemática legislativa. Excessos interpretativos que venham a ocorrer serão dirimíveis pelo Poder Judiciário.

8. Embora a lei complementar não tenha plena liberdade de qualificar como serviço tudo aquilo que queira, a jurisprudência do Supremo Tribunal Federal não exige que ela inclua apenas aquelas atividades que o Direito Privado qualificaria como tais. Precedentes nesse sentido julgados em regime de repercussão geral, a saber: RE 592.905, Rel. Min. Eros Grau, e RE 651.703, Rel. Ministro Luiz Fux, em que examinadas as incidências do ISS, respectivamente, sobre operações de arrendamento mercantil e sobre aquelas empresas de planos privados de assistência à saúde.

(...)

11. Tese de repercussão geral: *"É taxativa a lista de serviços sujeitos ao ISS a que se refere o art. 156, III, da Constituição Federal, admitindo-se, contudo, a incidência do tributo sobre as atividades inerentes aos serviços elencados em lei em razão da interpretação extensiva"* (Tema 296)[8].

Vigora a lista prevista na Lei Complementar n. 116, de 31-7-2003 (com alterações das LCs n. 157, de 29-12-2016, e n. 183, de 22-9-2021) contendo as características seguintes:

a) relacionam negócios jurídicos que não constituem autênticos serviços (itens 1.09 – cessão de direitos; 3.04, e 15.03 – locação; item 3.05 – cessão de bens; item 17.23 – *factoring*; item 25.05 – cessão de uso de espaços em cemitérios;

b) mencionam as expressões "congêneres", "auxiliares" e "semelhantes", que não se justificam na tipicidade cerrada;

c) a utilização de vocábulos "quaisquer", "qualquer natureza", e "qualquer espécie", confere amplitude a específicos serviços e demanda a utilização de método analógico.

Em diversos itens (1.09, 7.02, 7.05, 4.01, 14.03 e 17.11), existem ressalvas da incidência do ICMS sobre mercadorias, partes, peças, alimentos e bebidas, o que demonstra a inobservância de adequado critério jurídico, uma vez que os aludidos bens deveriam constituir meros elementos (atividade-meio) integrantes da prestação de serviços.

8 RE 784.439-DF – Plenário – rel. Min. ROSA WEBER, j. 30.6.2020.

Nos demais serviços que compreendam aplicação, emprego ou utilização de bens materiais etc., não se cogita da exigência de ICMS. É o caso dos hospitais que ministram medicamentos, dependem de material cirúrgico; e dos hotéis que fornecem alimentação incluída na diária.

Examinando as atividades relativas a *serviços gráficos* (item 13.05), o STF "reconheceu que o ISS não incide sobre operações de industrialização por encomenda de embalagens, destinadas a integração ou utilização direta em processo subsequente de industrialização ou de circulação de mercadoria; e que, presentes os requisitos constitucionais e legais, incidirá o ICMS"[9].

Diversas atividades (itens 14.06 e 14.09) só são consideradas como serviços se forem prestadas a "usuário final", numa evidência de que não poderá incidir o ISS pelo fato de constituírem meras etapas intermediárias da produção ao consumo.

No caso de o material ter sido fornecido exclusivamente pelo destinatário (itens 14.06 – instalação e montagem de bens industriais ao usuário final, e 14.09 – alfaiataria e costura ao usuário final) é que incide o ISS; *a contrario sensu*, não poderá ser cobrado o tributo se o próprio prestador fornecer o material.

A prestação de serviços de beneficiamento e polimento de peças de metal, por encomenda ("industrialização por encomenda"), subsume-se à previsão contida no item 14.05 da Lista Anexa à LC n. 116/2003, razão pela qual é legítima a incidência do ISS sobre a atividade. Precedentes[10].

Observo que o item 14.05 sofrera ampliação (LC n. 157/2016), para incluir "costura e acabamento".

Assim, a *galvanoplastia*, como serviço relativo a bens de terceiros, ainda que componha etapa intermediária no processo de industrialização do bem, sujeita-se ao ISSQN, de conformidade com precedentes do STJ[11].

Segundo decorre do sistema normativo específico (arts. 155, II, § 2º, IX, *b*, e 156, III da CF, art. 2º, IV da LC 87-96 e art. 1º, § 2º, da LC n. 116/2003) a delimitação dos campos de competência tributária entre Estados e Municípios, relativamente à incidência de ICMS e de ISSQN, está submetida aos seguintes critérios: (a) sobre operações de circulação de mercadorias e sobre serviços de transporte interestadual e internacional (*sic*) e de comunicações incide ICMS; (b) sobre operações (*sic*) de prestações de serviços compreendidos na lista de que trata a LC n. 116/2003, incide ISSQN; e (c)

9 Medida Cautelar em ADIn 4.389/DF, Pleno, rel. Min. JOAQUIM BARBOSA, j. 13-4-2011, *DJe* 24-5-2011, p. 36.

10 AgRg nos Embargos de Divergência em Agravo 1.360.188/RS, 1ª Seção, rel. Min. MAURO CAMPBELL MARQUES, j. 11-6-2014, *DJe* 17-6-2014.

11 AgRg no Agravo em Recurso Especial 330.870-SC, 2ª T., rel. Min. HERMAN BENJAMIM, j. 17-12-2013, *DJe* 12-3-2014.

sobre operações mistas, assim entendidas as que agregam mercadorias e serviços, incide ISSQN sempre que o serviço agregado estiver compreendido na lista de que trata a LC n. 116/2003e incide ICMS sempre que o serviço agregado não estiver previsto na referida lista. Precedentes de ambas as Turmas do STF[12].

A incidência do imposto (a) independe da denominação dada ao serviço; (b) da existência de estabelecimento fixo; (c) do cumprimento de quaisquer exigências legais, regulamentares ou administrativas relativas à atividade; (d) do resultado financeiro obtido; e (e) do pagamento pelos serviços prestados.

O exame detalhado da mencionada lista revela que, no âmbito da incidência tributária (IPI – ICMS – ISS), existem diversos serviços controvertidos, a saber:

1) **Informática**

O *serviço de informática* compreende a realização de um *fazer* mediante a utilização de computadores no trato de informações, concernentes a trabalhos relacionados ao *software*, definido como "expressão de um conjunto organizado de instruções em linguagem natural ou codificada, contida em suporte físico de qualquer natureza, de emprego necessário em máquinas automáticas de tratamento de informação, dispositivos, instrumentos ou equipamentos periféricos, baseados em técnica digital, para fazê-los funcionar de modo e fim determinados" (Lei n. 7.646/87). Os programas de computador são protegidos pela Lei Federal n. 9.610, de 19-2-1998 (art. 7º, XII), que regula os direitos autorais.

Software é bem material, intangível, pertinente a trabalho intelectual, com a natureza jurídica de direito autoral, compreendendo a cessão do direito de uso.

A edição de *software* pode ser composta de (a) pagamento de direitos autorais ao criador do *software*; (b) composição gráfica do manual para uso do *software*; (c) encadernação manual; (d) serviços de processamento eletrônico de cópia do *software* em suporte magnético e proteção da cópia; (e) acondicionamento de materiais utilizados; e (f) garantia ao usuário final da legitimidade e perfeito funcionamento do *software* editado.

As atividades negociais podem dar-se de formas distintas:

(a) fornecimento de *software* específico ou generalizado, comercial, industrial, educacional ou de uso pessoal, seja esse usuário pessoa física ou jurídica, tendo contratado ou não a implantação do referido *software* para uso em computador profissional ou pessoal;

(b) colocação de *software* em estabelecimentos cuja finalidade é comercializar produtos de informática (computadores, formulários, acessórios), tendo esse estabelecimento contratado, ou não, os serviços de edição para que seja divulgado o trabalho final a que se destina tal *software* (comercial, industrial, educacional ou de uso pessoal). A venda deve ser realizada para tal estabelecimento comercial ou usuário final, seja essa

12 REsp 881.035/RS, 1ª T., rel. Min. TEORI ALBINO ZAVASCKI, j. 6-3-2008, *DJe* 25-3-2008.

pessoa física ou jurídica, tendo tal estabelecimento incluído seus custos de divulgação no preço final ao usuário.

Modalidades de negócios na computação na nuvem:

i) *IaaS* (*Infrastructure as a Service*): os contratos formalizados são para uso de espaço em servidor externo ao ambiente do usuário, com a finalidade de armazenamento de dados sem que o usuário tenha a necessidade de se aparelhar com servidores à medida que opte por aumentar sua capacidade de armazenamento digital (exemplos seriam a *Amazon Web Services* e o *Rackpace*, que são os *softwares pay-per-use*), onde se contrata a utilização de servidores por um período determinado e depois, quando não mais for necessário, cancela-se a utilização;

ii) *PaaS* (*Plataforma as a Service*): os contratos pactuados são para acesso remoto, pela internet, de *software* com propósito específico disponibilizado ao usuário sem a instalação em máquina própria, pagando, ou não, pelos recursos utilizados (exemplos seriam o *Google Drive* ou o *Dropbox*, que são *softwares* de armazenamento em nuvem, que permitem o arquivo de documentos ou o encaminhamento destes a terceiros, ou, então, o *Netflix*, o *Paypal*, o primeiro para armazenamento de filmes e séries, o segundo uma plataforma para realização de pagamentos);

iii) *SaaS* (*Software as a Service*): os contratos celebrados são para uso de plataforma de computação sob medida ao usuário, com a possibilidade de desenvolvimento ou implementação de aplicativos e isenção do usuário sob administração e controle da infraestrutura para criação de novos aplicativos e serviços auxiliares, por limitação ou inexistência de algum fornecedor em modelo *SaaS* (exemplos seriam o *Microsoft Azure* e o *Google App Engine*) – que são softwares que permitem desenvolver aplicações fundamentais ao modelo de negócio específico do usuário e que são encontradas em *SaaS* já existentes[13].

Diretrizes firmadas pelo STF:

> "Ação direta de inconstitucionalidade. Direito Tributário. Lei n. 6.763/75 e Lei Complementar Federal n. 87/96. Operações com programa de computador (*software*). Critério objetivo. Subitem 1.05 da lista anexa à LC n. 116/03. Incidência de ISS. Aquisição por meio físico ou por meio eletrônico (*download, streaming* etc.). Distinção entre *software* sob encomenda ou padronizado. Irrelevância. Contrato de licenciamento de uso de programas de computador. Relevância do trabalho humano desenvolvido. Contrato complexo ou híbrido. Dicotomia entre obrigação de dar e obrigação de fazer. Insuficiência. Modulação dos efeitos da decisão"[14].

13 ERBOLATO, Henrique Munia; VEIGA, Lucas Di Francesco. Aspectos da tributação decorrente da importação do *cloud computing* no Brasil. *Tributação da Economia Digital*. Renato Vilela Faria, Ricardo Maitto da Silveira, Alexandre Luiz Moraes do Rêgo Monteiro (coord.). São Paulo: SaraivaJur, 2018, p. 236.

14 ADI 5.659 – MG – Plenário – rel. Min. DIAS TOFFOLI – sessão de 24.02.2021.

"Ação direta de inconstitucionalidade. Direito Tributário. Lei n. 7.098, de 30 de dezembro de 1998, do Estado do Mato Grosso. ICMS-comunicação. Atividades-meio. Não incidência. Critério para definição de margem de valor agregado. Necessidade de lei. Operações com programa de computador (*software*). Critério objetivo. Subitem 1.05 da lista anexa à LC n. 116/03. Incidência do ISS. Aquisição por meio físico ou por meio eletrônico (*download*, *streaming* etc.). Distinção entre *software* sob encomenda e padronizado. Irrelevância. Contrato de licenciamento de uso de programas de computador. Relevância do trabalho humano desenvolvido. Contrato complexo ou híbrido. Dicotomia entre obrigação de dar e obrigação de fazer. Insuficiência. Modulação dos efeitos da decisão"[15].

Também se enquadram no item 1.05 a disponibilização de *software*; e o licenciamento de jogo eletrônico *on-line*.

O item 1.09 foi introduzido pela LC n. 157/2016, que concerne ao *streaming* (fluxo de mídia), consistente na distribuição de dados em uma rede, através de pacotes, em que as atividades não são armazenadas pelo usuário em seu próprio computador, não ocupando espaço no disco rígido (HD).

Streaming é a tecnologia que permite a transmissão de dados e informações, utilizando a rede de computadores, de modo contínuo. Esse mecanismo caracteriza-se pelo envio de dados por meio de pacotes, sem que o usuário realize *download* dos arquivos a serem executados. No *streaming* de música, por exemplo, não se usa a memória física do computador (HD), mas a conexão à internet, para transmissão dos dados necessários à execução do fonograma.

Nesta sistemática operacional compreendem-se as atividades seguintes:

a) *YouTube* – *site* de compartilhamento de vídeos musicais, programas de televisão e filmes enviados pelos usuários. A ideia seria idêntica à televisão, em que existem vários canais disponíveis, com a diferença que os canais são criados pelos próprios usuários;

b) *Netflix* – provedora global de filmes e séries de televisão, cuja empresa surgiu como um serviço de entrega de DVDs pelo correio;

c) *Spotify* – serviço de música e vídeo em comercial, inclusive *podcast*, que fornece conteúdo provido de restrição de direitos digitais, de gravadoras e empresas de mídia. Possui biblioteca digital sob demanda em que os usuários podem criar *playlists*;

d) *Deezer* – aplicativo que permite aos seus usuários desfrutar, ilimitadamente, suas diversas rádios temáticas, bem como ouvir diversas outras, formadas por músicas de seus artistas favoritos.

Na realidade as atividades de *streaming* foram caracterizadas como "cessão de direitos autorais"[16].

---

15 ADI 1.945 – Mato Grosso – Plenário – red. p/ ac. Min. DIAS TOFFOLI – sessão de 24.02.2012.

16 REsp 1.559.264/RJ, 2ª Seção, rel. Min. RICARDO VILLAS BÔAS CUEVA, j. 8-2-2017, *DJe* 15-2-2017.

2) **Locação, cessão de direito de uso e congêneres**

O STF já havia declarado a inconstitucionalidade da expressão "locação de bens móveis", constante do item 79 da lista de serviços referido no Dec.-Lei n. 406/68, na redação dada pela LC n. 56/87, na forma seguinte:

> Tributo – Figurino Constitucional – A supremacia da Carta Federal é conducente a glosar-se a cobrança de tributo discrepante daqueles nela previstos.
>
> Imposto sobre Serviços – Contrato de Locação. A terminologia constitucional do Imposto sobre Serviços revela o objeto da tributação. Conflita com a Lei Maior dispositivo que imponha o tributo considerado contrato de locação de bem móvel. Em Direito, os institutos, as expressões e os vocábulos têm sentido próprio, descabendo confundir a locação de serviços com a de móveis, práticas diversas regidas pelo Código Civil, cujas definições são de observância inafastável – artigo 110 do Código Tributário Nacional[17].

O STF dispôs que "é inconstitucional a incidência do Imposto sobre Serviços de Qualquer Natureza – ISS sobre operações de locação de bens móveis"[18].

Entretanto, o STF considerou o seguinte:

> "A Súmula Vinculante n. 31 somente pode ser aplicada em relações contratuais complexas se a locação de bens móveis estiver claramente segmentada da prestação de serviços, seja no que diz com o seu objeto, seja no que concerne ao valor específico da contrapartida financeira.
>
> Hipótese em que contratada a locação de maquinário e equipamentos conjuntamente com a disponibilização de mão de obra especializada para operá-los, sem haver, contudo, previsão de remuneração específica da mão de obra disponibilizada à contratante. Baralhadas as atividades de locação de bens e de prestação de serviços, não há como acolher a presente reclamação constitucional"[19].

Nesse sentido fixou a tese de que "é inconstitucional a incidência do Imposto sobre Serviços de Qualquer Natureza – ISS sobre operações de locação de bens móveis, dissociada da prestação de serviços"[20].

Embora tenha vetado o item 3.01 (concernente à "locação de bens móveis"), o fato é que o item 3.04 se refere expressamente à "locação e sublocação" de ferrovia, rodovia, postes, cabos, dutos e condutos de qualquer natureza, que também revelam patente injuridicidade.

17 RE 116.121-3, Pleno, rel. p/ acórdão Min. MARCO AURÉLIO, j. 11-10-2000, *DJU* 1 25-5-2001.

18 Súmula Vinculante n. 31.

19 AgReg na Reclamação 14.290/DF, Plenário, rel. Min. ROSA WEBER, j. 22-5-2014, *DJe* 26-6-2014, p. 25.

20 Tema 212 de Repercussão Geral no RE 626706, j. 8-9-2010.

As "cessões de direito", onerosas ou gratuitas, temporárias ou definitivas, também não deveriam ser tributadas porque não constituem serviços. Na realidade, significam mera autorização para que terceiros utilizem os direitos do titular originário.

O STJ decidira pela não incidência do ISS na *cessão de direito autoral*, nos termos seguintes:

> *"Tributário. Recurso especial. Imposto sobre Serviços de Qualquer Natureza – ISSQN. Cessão de direito autoral. Não incidência. Ausência de previsão legal. Recurso Especial conhecido e não provido (...).*
>
> 2. O Imposto sobre Serviços de Qualquer Natureza – ISSQN não incide sobre a cessão de direito autoral, porquanto não se trata de hipótese contemplada na lista anexa à Lei Complementar 116/2003.
>
> (...)
>
> 4. O direito de uso, em sua acepção ampla, tem sua disciplina no Código Civil, regime jurídico absolutamente distinto. Não se confunde com o direito autoral, regulado por lei específica, qual seja, a Lei 9.610/98. Inexiste correlação entre ambos. Nesse contexto, não há falar que a cessão de direito autoral é congênere à de direito de uso, hábil a constituir fato gerador do Imposto sobre Serviços de Qualquer Natureza – ISSQN.
>
> 5. A tentativa de aproximar a cessão de direitos autorais da locação de bem móvel, a fim de viabilizar a tributação, além de incabível pelas mesmas razões expostas em relação ao direito de uso, é absolutamente despropositada, tendo em vista a não incidência do ISSQN na hipótese, nos termos do enunciado da Súmula Vinculante 31/STF (...)"[21].

3) **Saúde, assistência médica e congêneres**

A manipulação de medicamentos por farmácias, em razão de constituir operação mista que agrega necessária e substancialmente a prestação de um típico serviço farmacêutico (item 4.07), está sujeita ao ISS[22].

O STF assentou o seguinte:

> Recurso Extraordinário. Repercussão geral. Direito Tributário. Incidência do ICMS ou do ISS. Operações Mistas. Critério objetivo. Definição de serviço em lei complementar. Medicamentos produzidos por manipulação de fórmulas, sob encomenda, para entrega posterior ao adquirente, em caráter pessoal. Subitem 4.07 da lista anexa à LC n. 116/03. Sujeição ao ISS. Distinção em relação aos medicamentos de prateleira, ofertados ao público consumidor, os quais estão sujeitos, tradicionalmente resolve as ambiguidades entre o ISS e o ICMS com base em critério objetivo: incide apenas o primeiro se o serviço está definido por lei complementar como tributável por tal imposto, ainda que sua prestação envolva a utilização ou o fornecimento de bens, ressalvadas as exceções previstas na lei; ou incide apenas o segundo se a operação de circulação de mercadorias envolver serviço não definido por aquela lei complementar.

---

21 REsp 1.183.21-RJ, 1ª T., rel. Min. ARNALDO ESTEVES DE LIMA, j. 7.2.2013, *DJe* 20.2.2013.

22 STJ, REsp 881.035/RS, 1ª T., rel. Min. TEORI ALBINO ZAVASCKI, j. 6-3-2008, *DJe* 25-3-2008.

2. O critério objetivo pode ser afastado se o legislador complementar definir como serviços tributáveis pelo ISS serviços que, ontologicamente, não são serviços ou sempre que o fornecimento de mercadorias seja de vulto significativo e com efeito cumulativo.

3. À luz dessas diretrizes, incide o ISS (subitem 4.07 da Lista anexa à LC n. 116/03) sobre as operações realizadas por farmácias de manipulação envolvendo o preparo e o fornecimento de medicamentos encomendados para posterior entrega aos fregueses, em caráter pessoal, para consumo; incide o ICMS sobre os medicamentos de prateleira ofertados ao público consumidor e produzidos por farmácias de manipulação.

5. Fixação da seguinte tese para o Tema n. 379 da gestão por temas de repercussão geral: "Incide ISS sobre as operações de venda de medicamentos preparados por farmácias de manipulação sob encomenda. Incide ICMS sobre as operações de venda de medicamentos por elas ofertados aos consumidores em prateleiras"[23].

Os "planos de saúde" (itens 4.22 e 4.23) nem sempre prestam efetivos serviços (médicos, hospitalares) aos seus contratados, além de a circunstância dessas atividades (consulta, cirurgia) virem a ser executada por terceiros. Usualmente, compreendem obrigação de *dar* (reembolso dos custos médico-hospitalares), suscetível de incidência de imposto da União, e não uma obrigação de *fazer* (prestação de serviços médicos), estas sim sujeitas à competência municipal.

Todavia, o STF firmou o entendimento seguinte:

EMENTA: RECURSO EXTRAORDINÁRIO. CONSTITUCIONAL. TRIBUTÁRIO. ISSQN. ART. 156, III, CRFB/88. CONCEITO CONSTITUCIONAL DE SERVIÇOS DE QUALQUER NATUREZA. ARTIGOS 109 E 110 DO CTN. AS OPERADORAS DE PLANOS PRIVADOS DE ASSISTÊNCIA À SAÚDE (PLANO DE SAÚDE E SEGURO-SAÚDE) REALIZAM PRESTAÇÃO DE SERVIÇO SUJEITA AO IMPOSTO SOBRE SERVIÇOS DE QUALQUER NATUREZA, PREVISTO NO ART. 156, III, DA CRFB/88.

1. O ISSQN incide nas atividades realizadas pelas Operadoras de Planos Privados de Assistência à Saúde (Plano de Saúde e Seguro-Saúde) (...);

15. A classificação das obrigações em "obrigação de dar", e de "fazer", e "não fazer", tem cunho eminentemente civilista, como se observa das disposições no Título "Das Modalidades das Obrigações", no Código Civil de 2002 (que seguiu a classificação do Código Civil de 1916), em: (i) obrigações de dar (coisa certa ou incerta) (arts. 233 a 246 do CC); (ii) obrigação de fazer (arts. 247 a 249 do CC); e (iii) obrigação de não fazer (arts. 250 e 251) não é a mais apropriada para o enquadramento dos produtos e serviços resultantes da atividade econômica, pelo que deve ser apreciada *cum grano salis*. (...)

18. O artigo 156, III, da CRFB/88, ao referir-se a serviços de qualquer natureza não os adstringiu às típicas obrigações de fazer, já que raciocínio adverso conduziria à afirmação de que haveria serviço apenas nas prestações de fazer, nos termos do que define o Direito

23 RE 605.552-RS – Plenário – rel. Min. DIAS TOFFOLI – sessão de 5.8.2020.

Privado, o que contrasta com a maior amplitude semântica do termo adotado pela constituição, a qual inevitavelmente leva à ampliação da competência tributária na incidência do ISSQN (...)

27. *Ex positis*, em sede de Repercussão Geral a tese jurídica assentada é: *As operadoras de planos de saúde e de seguro-saúde realizam prestação de serviço sujeita ao Imposto sobre Serviços de Qualquer Natureza – ISSQN, previsto no art. 156, III, da CRFB/88 – Tema 581*[24].

4) Hospedagem

A hospedagem (item 9.01), por si só, não permitiria a inclusão no âmbito do ISS, por compreender a cessão de espaço para alojamento de qualquer pessoa (obrigação de *dar*), sendo certo que o fornecimento de alimentação caracteriza um *dar*, embora também ocorram atividades relativas a serviços intermediários (arrumação, telefone, sauna etc.).

Relativamente ao *apart-hotel*, o STJ decidiu o seguinte:

Tributário. ISS. Locação de Unidade Situada em Apart-Hotel. Ausência de prestação de serviços de Hotelaria. Não Configuração de Fato Tributável.

I – A hipótese dos autos é de imóvel situado em apart-hotel que foi confiado a imobiliária, para que, em nome do proprietário, o cedesse em locação, entendendo o recorrente que sobre essa relação locatícia incide o ISS, porquanto aos locatários ocupantes são oferecidos serviços típicos de hospedagem em hotéis.

II – O proprietário do imóvel e a imobiliária que o representa não são responsáveis pelo ISS referente aos serviços prestados pela administradora das unidades de apart-hotel, porquanto aqueles encerram simples relação de locação com os ocupantes do imóvel, sendo imperiosa a anulação do auto de infração lavrado pelo recorrente[25].

5) Bens de terceiros

Relativamente ao item 14.01 (operações mistas atinentes a serviços de manutenção em elevadores e fornecimento de materiais), o STJ decidiu o seguinte:

Tributário. Recurso Especial. ISSQN. Prestação de serviços de manutenção em elevadores e fornecimento de materiais. Operação mista. Item 14.01 da Lista Anexa à LC 116/2003. Recurso provido.

1. O critério adotado por esta Corte para definir os limites entre os campos de competência tributária de Estados e Municípios relativamente ao ICMS e ISSQN, seguindo orientação traçada no Supremo Tribunal Federal, é o de que nas operações mistas há que se verificar a atividade da empresa, se esta estiver sujeita à lista do ISSQN o imposto a ser pago é o ISSQN, inclusive sobre as mercadorias envolvidas, com a exclusão do ICMS sobre elas, a não ser que conste expressamente da lista a exceção[26].

---

24 RE 651.703/PR, Plenário, rel. Min. LUIZ FUX, j. 29-9-2016, objeto do Tema 581 de Repercussão Geral j. 6-4-2017.

25 REsp 457.499/DF, 1ª T., rel. Min. FRANCISCO FALCÃO, j. 6-12-2005, *DJU* 1 13-2-2006, p. 662.

26 ED no AgR no REsp 1.168.488-SP, 2ª T., rel. Min. HUMBERTO MARTINS, *DJe* 21.6.2010.

2. No caso dos autos, a execução de serviços de manutenção de elevadores, prevista no item 14.01 da Lista Anexa à LC 116/2003, encontra previsão expressa de incidência de ICMS sobre os materiais empregados no desempenho da atividade.

3. Recurso especial provido para restabelecer a sentença de Primeira Instância, reconhecendo a não incidência de ISS sobre os valores relativos aos materiais fornecidos[27].

Os serviços previstos nos itens 14.04 (recauchutagem ou regeneração de pneus), e 14.05 (recondicionamento, beneficiamento etc. de objetos quaisquer) implicam a incidência do ISS independente de sua destinação (usuário final, comercialização, industrialização), ocorrendo a invasão da esfera de competência da União (IPI) e dos Estados/DF (ICMS).

A tributação municipal somente poderia ocorrer após o término do ciclo operacional (produção, circulação e consumo), impondo-se a acomodação das regras tributárias. Na fase inicial (elaboração do bem, decorrente de atividades industriais), tem cabimento o IPI, e, também o ICMS, tratando-se de etapa de distribuição. Somente se cogita do ISS na fase posterior da feitura dos bens; ou seja, no exercício de atividades pertinentes aos esforços humanos, em que podem (ou não) ser aplicados ou utilizados bens materiais.

A jurisprudência examinara as atividades de desdobramento e beneficiamento (corte, recorte e/ou polimento), sob encomenda, de bloco e/ou chapa de granito e mármore (de propriedade de terceiro), em que, após o processo de industrialização, o produto retorna ao estabelecimento do proprietário (encomendante), que poderá exportá-lo, comercializá-lo no mercado interno ou submetê-lo à nova etapa de industrialização.

Entendera que a "industrialização por encomenda" constitui atividade-fim do prestador do aludido serviço, tendo em vista que, uma vez concluída, extingue o dever jurídico obrigacional que integra a relação jurídica instaurada entre o "prestador" (responsável pelo serviço encomendado) e o "tomador" (encomendante); a empresa que procede ao corte, recorte e polimento de granito ou mármore encerra sua atividade com a devolução, ao encomendante, do produto beneficiado.

Concluíra que a "industrialização por encomenda", elencada na lista de serviços da LC n. 116/2003 caracteriza prestação de serviço (obrigação de fazer), fato jurídico tributável pelo ISSQN, não se enquadrando nas hipóteses de incidência do ICMS (circulação de mercadoria – obrigação de dar), e prestação de serviço de transporte e de transporte transmunicipal[28].

Em razão de controvérsias jurídicas, o STF suscitara repercussão geral da questão jurídica nos termos seguintes:

---

27 REsp 1.068.491-SP, 1ª T., rel. Min. ARNALDO ESTEVES DE LIMA, j. 12.4.2011, *DJe* 25.4.2011.

28 REsp 888.852/ES, 1ª T., rel. Min. LUIZ FUX, j. 4-11-2008, *DJe* 1-12-2008.

"Ementa: Recurso Extraordinário. Tributário. ISSQN. Incidência. Industrialização por Encomenda. Subitem 14.5 da Lista Anexa à Lei Complementar n 116/2003. Multa Fiscal Moratória. Limites, Vedação ao Efeito Confiscatório. Matéria Constitucional. Questões Relevantes dos Pontos de Vista Econômico e Jurídico. Transcendência de Interesses Repercussão Geral Reconhecida"[29].

No que concerne ao item 14.06, há que se proceder à devida acomodação jurídica das regras atinentes ao ISS (serviços), com as normas pertinentes ao IPI (*industrialização*) em face dos conceitos usualmente observados.

A *montagem* caracteriza um processo de industrialização consistente na reunião de peças e partes, objetivando um produto novo autônomo, com funcionamento e finalidade diversos de cada um dos insumos que o integraram.

É o caso típico das indústrias automobilísticas que adquirem determinados bens (motor, pneu, vidro, farol etc.), utilizados como componentes (mediante o processo de montagem) na fabricação de um veículo.

A *instalação* compreende atividade posterior à elaboração de um produto, consistente na colocação ou fixação dos bens necessários para uma certa obra, demandando projeto técnico e específico.

Nessa situação, encontra-se um motor marítimo que é fabricado (montado) dentro de um estabelecimento, em situação completa e acabada; mas que, por ser impossível transportá-lo em uma única carreta, tem que ser desmontado para a remessa ao estaleiro. Chegando ao destino, os componentes do motor voltam a ser reunidos e integrados ao navio, mediante instalação.

A legislação complementar confunde os conceitos, mas deixa bem claro que a condição determinante para a incidência do ISS é a prestação do serviço (seja designado montagem ou instalação), ao usuário final (encomendante do produto), exclusivamente com material (se for o caso) por ele mesmo fornecido.

A contrário senso, se a própria empresa industrializa o bem, e realiza os referidos atos (sejam designados montagem ou instalação), com a aplicação de seus materiais, se cogitará de uma etapa final de industrialização (incidência do IPI, excluindo-se o ISS).

6) **Atividades bancárias e financeiras**

A Lei Federal n. 4.595, de 31-12-1964, regulara as referidas atividades na forma seguinte:

Art. 17. Consideram-se instituições financeiras, para os efeitos da legislação em vigor, as pessoas jurídicas públicas ou privadas, que tenham como atividade principal ou acessória a

29 Repercussão Geral no Recurso Extraordinário 882.461/MG, Plenário, rel. Min. LUIZ FUX, j. 21-5-2015.

> coleta, intermediação ou aplicação de recursos financeiros próprios ou de terceiros, em moeda nacional ou estrangeira, e a custódia de valor de propriedade de terceiros.
>
> (...)
>
> Art. 18
>
> (...)
>
> § 1º Além dos estabelecimentos bancários oficiais ou privados, das sociedades de crédito, financiamento e investimento, das caixas econômicas e das cooperativas de crédito ou a seção de crédito das cooperativas que a tenham, também se subordinam às disposições e disciplina desta Lei no que for aplicável as bolsas de valores, companhias de seguro e de capitalização, as sociedades que efetuam a distribuição de prêmios em imóveis, mercadorias ou dinheiro, mediante sorteio de títulos de sua emissão ou por qualquer forma, e as pessoas físicas ou jurídicas que exerçam, por conta própria ou de terceiros, atividade relacionada com a compra e venda de ações e outros quaisquer títulos, realizando nos mercados financeiros e de capitais operações ou serviços de natureza dos executados pelas instituições financeiras.

As instituições bancárias e financeiras desenvolvem complexas e diversificadas atividades, tendo por escopo básico a concessão de créditos (empréstimos, financiamentos, descontos etc.), a realização de depósitos, aplicações em investimentos etc., que seriam suscetíveis de incidência do IOF (art. 153, V, da Constituição Federal), bem como específicas operações de câmbio, e relativas a títulos e valores mobiliários, sujeitas aos demais impostos federais (IOC, IOTVM), de competência exclusiva da União.

Diversas atividades que são realizadas para o atingimento dos empréstimos etc., representam meros elementos intermediários ou complementares, que não se dissociam dos negócios bancários e financeiros, como é o caso do fornecimento de talão de cheque; a locação e a manutenção de cofres particulares, terminais eletrônicos, terminais de atendimento; a devolução de títulos, protesto, sustação de protesto, manutenção e representação de títulos.

O fisco paulistano apreciara lançamento tributário relativo aos serviços prestados por financeiras, firmando o entendimento de que não incidiria o ISS sobre *avais* e *fianças*. na medida em que tais institutos são garantias necessárias à segurança de determinadas operações de crédito, constituindo operações tipicamente financeiras e creditícias[30].

Relativamente aos serviços acessórios prestados pelas referidas instituições, o STJ decidiu o seguinte:

> Os serviços de datilografia, estenografia, secretaria, expediente etc., prestados pelos Bancos, não possuem caráter autônomo, pois inserem-se no elenco das operações bancárias originá-

30 Conselho Municipal de Tributos, Processo 2006.0.081.652-0, Câmaras Reunidas, Cons. CELSO CARLOS FERNANDES, sessão de 4-9-2007.

rias, executadas, de forma acessória, no propósito de viabilizar o desempenho das atividades-fim inerentes às instituições financeiras.

A lista de serviços anexa ao Decreto-lei n. 406/68 é taxativa, não se admitindo, em relação a ela, o recurso à analogia, visando a alcançar hipóteses de incidência diversas das ali consignadas.

Precedentes[31].

A análise dos itens 95 e 96 (lista anexa à LC n. 56/87) levou o STJ à conclusão de que o ISS se aplica aos serviços de cobrança de títulos descontados, não tendo incidência sobre as atividades de abertura de crédito, de adiantamento a depositantes, de compensação de cheques e de títulos, e de saque no caixa eletrônico[32].

Também entendera o seguinte:

Tributário. ISS. Embargos de Declaração. Violação do art. 535, I e II, do CPC. Comissões e corretagens de câmbio. Atividades de intermediação. Ausência de previsão na listagem da Lei Complementar n. 56/87. Serviço de expediente.

(...)

2. O ISS não incide sobre os serviços bancários de comissões e corretagens de câmbio, assim como em operações financeiras de intermediação nominadas FIRCE 26, porquanto tais atividades não se encontram relacionadas nos itens 95 e 96 da Lei Complementar n. 56/87.

3. Os serviços de expediente inserem-se no procedimento ordinário das operações bancárias, sendo serviços auxiliares e acessórios, não revestidos, portanto, de autonomia necessária para configurar serviço individualizável e, por consequência, constituir-se fato gerador do ISS[33].

Examino *Contratos e Negócios Financeiros* com (ou sem) previsão na Lista de Serviços anexa à LC 116/2003:

a) *Abertura de Crédito*

Negócio jurídico em que o Banco (creditador) obriga-se a colocar à disposição do cliente (creditado), ou de terceiro, por prazo certo e determinado, sob cláusulas convencionadas, uma importância até um limite estipulado, facultando-se a sua utilização no todo ou parceladamente, devendo a quantia ser restituída nos termos ajustados, acrescida de juros e comissões, ao se extinguir o contrato.

Obs.: Não consta da lista de serviços anexa à LC 116/2003.

b) *Administração de Cartão de Crédito*

Cartão de crédito é o instrumento utilizado para liquidação de negócios jurídicos relativos à aquisição de bens e serviços, pertinente à realização de complexos contratos

31 REsp 69.986, 1ª T., rel. Min. DEMÓCRITO REINALDO, j. 2-10-1995, *DJU* 1 30-10-1995.

32 REsp 325.344/PR, 2ª T., rel. Min. ELIANA CALMON, j. 7-11-2002, *DJU* 1 8-9-2003, p. 271.

33 REsp 347.046/RJ, rel. Min. JOÃO OTÁVIO NORONHA, j. 23-4-2004, *DJU* 1 3-5-2004.

firmados entre o titular do cartão, a emissora e a administradora do cartão, os fornecedores dos bens e serviços, e as instituições financeiras.

Os negócios jurídicos abrangem quatro sujeitos:

(a) a administradora de cartão de crédito, emissora e administradora do cartão; (b) o associado, assim designado o consumidor titular do cartão; (c) o fornecedor de bens e serviços; e, eventualmente, (d) uma instituição financeira que financia (d.1) o valor das aquisições efetuadas pelo titular do cartão ou (d.2) os saques eletrônicos de dinheiro ou (d.3) a antecipação da receita do estabelecimento filiado do sistema[34].

Especificamente, "a atividade da administradora de cartão de crédito importa uma série de relações, reciprocamente conexas, travadas (a) entre ela e os titulares dos cartões; (b) entre ela e os fornecedores de bens ou serviços filiados ao seu sistema de cartões; (c) entre ela e as instituições financeiras; (d) entre os fornecedores acima referidos e os titulares dos cartões e (e) entre os titulares dos cartões, ou os fornecedores e as instituições financeiras"[35].

Relativamente aos valores cobrados dos titulares de cartões de crédito e dos estabelecimentos filiados, em nome próprio ou de terceiros, estudo específico sobre a matéria firmou as conclusões seguintes: (a) os valores recebidos pela entidade emissora, referente às despesas incorridas pelos titulares, e que serão repassados aos estabelecimentos filiados, não se inserem na base de cálculo do ISS; (b) o impropriamente denominado "desconto", que a entidade emissora aplica sobre os valores a serem pagos aos filiados, implica o ISS (prestação de serviço do estabelecimento); (c) as multas aplicadas por atraso no pagamento das despesas incorridas pelos titulares representam sanção pelo atraso e não se sujeitam ao ISS; (d) os juros arrecadados pela emissora, no caso de ser necessária a obtenção de um financiamento ao titular do cartão ou estabelecimento filiado, não se incluem no cálculo do ISS; (e) a remuneração que a emissora aufere por figurar como garantidora perante as financeiras que concedem empréstimo aos titulares e aos estabelecimentos filiados, não está sujeita ao ISS; e (f) a locação de equipamentos dos filiados não enseja a incidência do ISS[36].

7) **Arrendamento mercantil (*leasing*) de quaisquer bens**

Este negócio jurídico (item 15.09) mantém conotações com a locação, compra e venda e financiamento, denotando características especiais devido à triangularidade, intermediação de um agente que financia a operação, como também em razão da tríplice opção conferida ao arrendatário.

---

34 BARRETO, Aires. ISS... cit., p. 301.

35 Idem, ibidem.

36 RONCAGLIA, Marcelo Marques. *Tributação no Sistema de Cartões de Crédito*. São Paulo: Quartier Latin, 2004, pp. 238-241.

Este negócio somente pode ser realizado por pessoas jurídicas que tenham por objeto societário principal a prática do arrendamento mercantil, pelos bancos múltiplos com carteira específica, e pelas instituições financeiras autorizadas a contratar as operações com o próprio vendedor do bem, ou com pessoas jurídicas a ele coligadas ou interdependentes.

Os contratos devem conter determinadas especificações, inclusive a concessão da opção de compra pela arrendatária, a obrigação de ser pago valor residual garantido, prazos mínimos, responsabilidade pelas despesas e encargos adicionais (seguros, danos, ônus por vícios do bem etc.), e as condições para eventual substituição do bem. Ao término do contrato, a arrendatária poderá adquirir o bem, renovar o contrato ou efetuar sua devolução.

O STJ firmara diretriz de que "o ISS incide na operação de arrendamento mercantil"[37], tendo a LC n. 87/96 gravado parcialmente o *leasing* com o ICMS (LC n. 87/96, art. 3º, VIII) relativamente à venda do bem arrendado ao arrendatário.

A pretendida segregação de atividade no *leasing* constitui deformação jurídica, por se tratar de negócio em que não se pode cogitar de desmembramento das figuras que o integram (locação, mercantil e financeira), o que repeliria a exigência do ISS e do ICMS. O tributo estadual poderia ser exigido no caso de ocorrer a aquisição do bem arrendado em desacordo com a legislação regradora do negócio em exame, passando a ser considerada como operação de compra e venda à prestação.

Entretanto, o STF fixou a tese de que "é constitucional a incidência do Imposto sobre Serviços de Qualquer Natureza – ISS sobre as operações de arrendamento mercantil (*leasing* financeiro)"[38].

A incidência do IOCrédito sobre específicos negócios passa a ser implicitamente considerada na medida em que a Lei Federal n. 6.099/74 (art. 1º, na redação da Medida Provisória n. 449, de 3-12-2008) considera como crédito as operações de arrendamento cujo somatório das contraprestações perfaz mais de 75% do custo do bem (incluindo o valor residual garantido que tenha sido antecipado), tomando como base de cálculo o valor total das contraprestações registrado pela pessoa jurídica arrendadora, na data da contratação, acrescido do valor residual garantido.

Na importação de bens sob o regime de *leasing*, o STF fixou a diretriz seguinte:

> Recurso Extraordinário. ICMS. Não incidência. Entrada de Mercadoria Importada do Exterior. Art. 155, II, da CB. Leasing de Aeronaves e/ou Peças ou Equipamentos de Aeronaves. Operação de Arrendamento Mercantil.
>
> 1. A importação de aeronaves e/ou peças ou equipamentos que as componham em regime de *leasing* não admite posterior transferência ao domínio do arrendatário.

37 Súmula 138, STJ.

38 Tema 125 de Repercussão Geral ao RE 592.905, j. 2-12-2009.

2. A circulação de mercadoria é pressuposto de incidência do ICMS. O imposto – diz o artigo 155, II, da Constituição do Brasil – é sobre "operações relativas à circulação de mercadorias e sobre prestações de serviços de transporte interestadual e intermunicipal e de comunicação, ainda que as operações e as prestações de iniciem no exterior".

3. Não há operação relativa à circulação de mercadoria sujeita à incidência do ICMS em operação de arrendamento mercantil contratado pela indústria aeronáutica de grande porte para viabilizar o uso, pelas companhias de navegação aérea, de aeronaves por ela construídas.

4. Recurso Extraordinário do Estado de São Paulo a que se nega provimento e Recurso Extraordinário da TAM – Linhas Aéreas S/A que se julga prejudicada[39].

O STJ assentara o entendimento de que "incide ISSQN sobre operações de arrendamento mercantil financeiro"[40].

O STF firmou a diretriz seguinte:

"EMENTA: RECURSO EXTRAORDINÁRIO. DIREITO TRIBUTÁRIO. ISS. ARRENDAMENTO MERCANTIL. OPERAÇÃO DE *LEASING* FINANCEIRO. ARTIGO 156, III, DA CONSTITUIÇÃO DO BRASIL.

O arrendamento mercantil compreende três modalidades, (i) o *leasing operacional*, (ii) o *leasing financeiro* e (iii) o chamado *leaseback*. No primeiro caso há locação, nos outros dois, serviço.

A lei complementar não define o que é serviço, apenas o declara, para os fins do inciso III do artigo 156 da Constituição. Não o inventa, simplesmente descobre o que é serviço para os efeitos do inciso III do artigo 156 da Constituição. No arrendamento mercantil (*leasing financeiro*), contrato autônomo que não é misto, o núcleo é o financiamento, não uma prestação de dar. E financiamento não é serviço, sobre o qual o ISS pode incidir, resultando irrelevante a existência de uma compra nas hipóteses de *leasing financeiro* e do *leaseback*"[41].

8) **Franquia (*franchising*)**

O contrato de franquia (item 17.08) encontra-se disciplinado pela Lei Federal n. 13.966, de 26.12.2019, em que o franqueador cede ao franqueado o direito de uso de marca ou patente, associado ao direito de distribuição exclusiva ou semiexclusiva de produtos ou serviços e, eventualmente, também ao direito de uso de tecnologia de implantação e administração de negócio ou sistema operacional desenvolvidos ou detidos pelo franqueador, mediante remuneração direta ou indireta, sem que, no entanto, fique caracterizado vínculo empregatício.

Para a implantação da franquia, o franqueador deverá fornecer ao interessado Circular de Oferta de Franquia, contendo diversos requisitos, inclusive (i) descrição

39 RE 461.968-7/SP, Plenário, rel. Min. EROS GRAU, j. 30-5-2007, *DJU* 24-8-2007, p. 56.

40 Tema 354 de Recurso Repetitivo. REsp 1060210/SC, rel. Min. NAPOLEÃO NUNES MAIA FILHO, e REsp 841577/SC, rel. Min. MAURO CAMPBELL MARQUES.

41 RE 592.905-SC – Plenário – rel. Min. EROS GRAU – j. 2.12.2009 – Tema 125 de Repercussão Geral.

detalhada da franquia e descrição geral do negócio e das atividades que serão desempenhadas pelo franqueado; (ii) o oferecimento pelo franqueador no que se refere a suporte; supervisão de rede; serviços, incorporação de inovação tecnológica às franquias; treinamento do franqueado e de seus funcionários, especificando duração, conteúdo e custos; manuais de franquia; auxílio na análise e na escolha do ponto onde será instalada a franquia, e leiaute e padrões arquitetônicos das instalações do franqueado, incluindo arranjo físico de equipamentos e instrumentos, memorial descritivo, composição e croqui.

Não se trataria de mera prestação de serviços (*fazer*), uma vez que a participação na distribuição de bens (mercadorias e serviços) entre franqueador e franqueado envolve ampla atividade de transferência de tecnologia, imposição de condutas, cessão de direitos, obrigação de aquisição de quantidades mínimas etc., evidenciando objetivo participativo entre as partes, cogitando-se de um autêntico contrato de sociedade.

O STJ repelia a incidência do ISS, *verbis*:

> TRIBUTÁRIO. ISS. "FRANCHISING."
>
> 1. Franquia empresarial está conceituada no art. 2º, da Lei n. 8.955/94.
>
> 2. O referido contrato é formado pelos seguintes elementos: distribuição, colaboração recíproca, preço, concessão de autorizações e licenças, independência, métodos e assistência técnica permanente, exclusividade e contrato mercantil[42].
>
> 3. Compreende-se dos elementos supra que o referido contrato é formado por três tipos de relações jurídicas: licença para uso da marca do franqueador pelo franqueado; assistência técnica a ser prestada pelo franqueador ao franqueado; as promessas e as condições de fornecimento dos bens que serão comercializados, assim como, se feitas pelo franqueador ou por terceiros indicados ou credenciados, por este[43].
>
> 4. É, portanto, contrato de natureza complexa, afastando-se da caracterização da prestação de serviço.
>
> 5. ISS não devido em contrato de franquia.
>
> Ausência de previsão legal[44].
>
> RECURSO ESPECIAL – CONTRATO DE *FRANCHISING* – NÃO INCIDÊNCIA DE ISS. PRECEDENTES.
>
> *O contrato de franquia não se confunde com nenhum outro contrato, porquanto possui delineamentos próprios que lhe concederam autonomia. Ainda que híbrido, não pode ser configurado como a fusão de vários contratos especí-*

42 SIMÃO FILHO, Adalberto. *Franchising*. 3. ed. São Paulo: Atlas, 1988, p. 33/55.

43 CRUZ, Glória Cardoso de Almeida. *Franchising*. 2. ed. Rio de Janeiro: Forense, 1993.

44 STJ, REsp 221.577/MG, 1ª T., rel. p/ acórdão Min. JOSÉ DELGADO, j. 23-9-1999, *DJU* 1 E 3-4-2000, p. 117. *Vide* ainda AgRg no Agravo de Instrumento 581.593/MG, 1ª T., rel. Min. JOSÉ DELGADO, j. 21-9-2004, *DJU* 1 3-11-2004, p. 143.

ficos (voto-vista proferido por este signatário no julgamento do REsp 189.225/RJ, *in DJ* de 3-6-2002).

Dessa forma, o contrato de franquia não pode ser qualificado como uma espécie de contrato de locação de bem móveis (*sic*), consoante entendeu a Corte de origem, pois que configura um contrato complexo, autônomo, e não subordinado a nenhuma outra figura contratual.

Assim, *"em obediência ao princípio tributário que proíbe a determinação de qualquer tipo de fato gerador sem apoio em lei, não incide o ISS sobre as atividades específicas do contrato de franquia"* (REsp 189.255/RJ, rel. Min. Peçanha Martins, *DJ* de 3-6-2002). Recurso especial provido[45].

Recentemente, o STJ passou a entender o seguinte:

Com a edição da LC n. 116/2003, em vigor a partir de 1º-1-2004, a atividade de franquia passou a ser expressamente prevista no item 17.08 da lista de serviços anexa, ficando, portanto, sujeita à tributação. Precedente[46].

É pacífico nesta Corte o entendimento de que, após a vigência da LC n. 116/2003, incide ISS sobre serviços realizados pelas agências franqueadas dos Correios[47].

O STF consolidou o entendimento seguinte:

"Recurso extraordinário com repercussão geral. Tema 300. 2. Tributário. Imposto Sobre Serviços de Qualquer Natureza. 3. Incidência sobre contrato de franquia. Possibilidade. Natureza híbrida do contrato de franquia. Reafirmação da jurisprudência. 4. Recurso extraordinário improvido"[48].

9) ***Factoring***

Este negócio jurídico (17.23) não se encontra devidamente normatizado, sendo utilizado como um meio de obtenção de capital de giro nas empresas, tendo por objeto a negociação de créditos (adiantamento e posterior cobrança junto aos devedores), de natureza assemelhada ao desconto bancário.

Trata-se de contrato atípico e complexo ao envolver diversas figuras jurídicas (cessão de créditos, financiamento, cobrança), que não tipifica um autêntico e exclusivo serviço.

O STJ decidiu que o *factoring* não caracteriza atividade abrangida pelo sistema financeiro nacional, justamente porque seus negócios não se abrigam no direito de regresso e nem na garantia representada pelo aval ou endosso[49].

Compreendera que a atividade de *factoring* figurara na lista de serviços anexa à LC n. 56/87, sendo tributada com o ISS e identificada como atividade comercial mista e atípi-

45 REsp 403.799/MG, 2ª T., rel. Min. FRANCIULLI NETTO, j. 19-2-2004, *DJU* 1 26-4-2004, p. 159.

46 EDCl no REsp 1.066.071/SP, 1ª T., rel. Min. TEORI ALBINO ZAVASCKI, j. 23-2-2010, *DJe* 5-3-2010.

47 REsp 978.719/SP, 2ª T., rel. Min. ELIANA CALMON, j. 5-5-2009, *DJe* 21-5-2009.

48 RE 603.136-RJ – Plenário – rel. Min. GILMAR MENDES, j. 29.5.2020.

49 REsp 119.705/RS, 3ª T., rel. Min. WALDEMAR ZVEITER, j. 7-4-1998, *RSTJ*, n. 11 (12): 41-157, ago./1999, p. 161-162.

ca. A intermediação financeira de recursos, dentre as quais a aquisição de direitos creditórios, é operação tipicamente bancária, nada tendo a ver com a atividade de *factoring*[50].

O STJ vem entendendo que não incide o ISS sobre a compra de direitos creditórios resultantes de vendas mercantis a prazo, ou de prestação de serviços[51].

Entretanto, fora pontificado que a intermediação financeira de recursos, dentre as quais a aquisição de direitos creditórios é operação tipicamente bancária, nada tendo a ver com a atividade de *factoring*[52].

10) **Portuários, aeroportuários, ferroportuários, terminais rodoviários, ferroviários e metroviários**

A Constituição Federal (art. 21, XII, *f*) outorgou competência à União para a exploração dos portos marítimos, fluviais e lacustres e das instalações portuárias, exercidas diretamente pela União ou pelas entidades concessionárias, tendo a competência para fixar os valores e arrecadar as denominadas tarifas portuárias.

Nesse sentido, são cobradas *taxas de armazenagem*, devidas em razão de depósito de mercadorias de qualquer natureza, importada do estrangeiro, em armazém, silo ou pátio alfandegado, quantificadas em razão dos períodos de tempo, valores, espécies de bens etc. Remuneram o serviço de fiel guarda de mercadorias importadas, a exportar ou em trânsito, depositadas sob a responsabilidade da Administração do Porto.

O Judiciário decidira o seguinte:

> TRIBUTÁRIO. TAP. DEC.-LEI N. 8.439 DE 24-12-1945. NATUREZA JURÍDICA. BASE DE CÁLCULO. NÃO RECEPÇÃO.
>
> 1 – A TAP tem natureza jurídica de taxa, por se tratar de prestação de natureza compulsória que vem expressa em moeda, não constitui sanção de ato ilícito e é ou, melhor, deveria ser instituída em lei e cobrada mediante atividade administrativa plenamente vinculada, pouco importando se essa cobrança é delegada a concessionário ou permissionário do serviço.
>
> 2 – Mesmo que se entendesse ser a TAP um preço público, haverá de reconhecer que esse preço, com o contubérnio das alíquotas do Imposto de Importação, já se transmudou disfarçadamente em um imposto, em função da total descaracterização da contraprestacionalidade e da razoabilidade que ela, como preço público, não poderia deixar de ostentar[53].

Ademais, são também cobradas *taxas de aluguel* de bens, *taxas de utilização de infraestrutura portuária e terrestre*, e *taxas de serviços gerais*.

---

50 REsp 591.842/RS, 2ª T., rel. Min. ELIANA CALMON, j. 13-12-2005, *DJU* 1 6-3-2006, p. 300.

51 REsp 552.076/RS, 1ª T., rel. Min. DENISE ARRUDA, j. 19-6-2007, *DJU* 2-8-2007, p. 330.

52 STJ, REsp 591.842/RS, 2ª T., rel. Min. ELIANA CALMON, *DJ* 6-3-2006.

53 TRF-3ª Região, AMS 083.394, 6ª T., rel. Juiz ANDRADE MARTINS, j. 26-12-1996, *DJU* 2 17-4-1996, p. 25.000.

A utilização dos aeroportos e suas instalações, equipamentos, facilidades e serviços, implicam remunerações por preços que incidem sobre a parte utilizada, a serem pagos ao Ministério da Aeronáutica, ou às entidades de Administração Federal Indireta, responsáveis pela administração dos aeroportos, mediante a) tarifas aeroportuárias (aplicação geral em todo território nacional); e b) preços específicos (áreas civis de cada aeroporto).

O STJ examinou a natureza jurídica das referidas remunerações, da forma seguinte:

> 1. A utilização de áreas de espaço nos aeroportos é remunerada pelo pagamento de uma taxa, criada por Lei n. (6.009/73), e fixada por Portaria do Ministério da Aeronáutica ou por preço cobrado das instituições que exploram a utilização dos espaços chamados cíveis dos aeroportos, hoje sob a égide da Infraero.
>
> 2. No pagamento das tarifas aeroportuárias, deve-se obedecer ao critério do serviço que é utilizado pelo contribuinte ou posto à sua disposição.
>
> 3. Empresa que se utiliza de áreas da zona primária e, eventualmente, de áreas da zona secundária, sofre enquadramento mais oneroso que as empresas que só se utilizam de uma das áreas[54].

11) **Terminais rodoviários, ferroviários, metroviários, movimentação de passageiros, mercadorias, inclusive suas operações, logística e congêneres**

Trata-se de atividades desenvolvidas que podem ser desenvolvidas por particulares, consistentes na exploração comercial de terminais, compreendendo serviços próprios destinados ao embarque e desembarque de passageiros, controle da movimentação de ônibus, guarda-volumes, aluguéis de lojas, escritórios, espaços comerciais e para publicidade, aparelhagem de som e vídeo, sanitários públicos, serviços de informações aos passageiros, de utilidade pública, estacionamento de veículos particulares, e utilização de equipamentos materiais e instalações.

As atividades pertinentes à administração do imóvel, na área de apoio em que se localiza o terminal de embarque, têm implicado a incidência do ISS.

A operacionalização do terminal, envolvendo o embarque e desembarque de passageiros, e a movimentação de ônibus intermunicipais e interestaduais no terminal sujeita-se, por vezes, à Tarifa de Utilização de Terminais (TUT), instituída em São Paulo.

Haveria controvérsia relativa à tipificação da mencionada tarifa, conforme se considere como elemento integrante do preço do serviço de transporte, ou seja, a incidência (ou não incidência) do ICMS, isto porque, por vezes, as transportadoras participam como intermediárias na medida em que o produto de sua arrecadação seja entregue à administradora do terminal.

54 MS 8.060/DF, 1ª Seção, rel. Min. ELIANA CALMON, j. 28-8-2002, *DJU* 1 25-11-2002, p. 178.

12) **Registros públicos, cartorários e notariais**

A Constituição Federal (art. 236) dispõe que os serviços notariais e de registro são exercidos em caráter privado, por delegação do poder público, tendo as Leis federais n. 8.935, de 18-11-1994 (alterada pela Lei n. 10.506, de 9-7-2002), e n. 10.169, de 29-12-2000, regulado referidos serviços.

Os Estados e o DF possuem competência para a fixação do valor dos emolumentos relativos aos atos praticados pelos respectivos serviços notariais e de registro, devendo corresponder ao efetivo custo e à adequada e suficiente remuneração dos serviços prestados.

Tem-se entendido que a circunstância dos serviços serem prestados em caráter privado, em razão de conveniência administrativa, não modifica a natureza de "essencialmente pública", na medida em que a União abarcou para si a competência privativa de legislar sobre registros públicos (art. 22, XXV, da CF).

O STF havia consolidado a postura seguinte:

> DIREITO CONSTITUCIONAL E TRIBUTÁRIO. CUSTAS E EMOLUMENTOS. SERVENTIAS JUDICIAIS E EXTRAJUDICIAIS.
>
> Ação Direta de Inconstitucionalidade da Resolução n. 7, de 30 de junho de 1995, do Tribunal de Justiça do Estado do Paraná: Ato Normativo.
>
> 1. Já ao tempo da Emenda Constitucional n. 1/69, julgando a Representação n. 1.094-SP, o Plenário do Supremo Tribunal Federal firmou o entendimento no sentido de que "as custas e os emolumentos judiciais ou extrajudiciais", por não serem preços públicos, "mas, sim, taxas, não podem ter seus valores fixados por decretos, sujeitos que estão ao princípio constitucional da legalidade (parágrafo 29 do artigo 153 da Emenda Constitucional n. 1/69), garantia essa que não pode ser ladeada mediante delegação legislativa" (*RTJ* 141/430, julgamento ocorrido a 8-9-1994).
>
> 2. Orientação que reiterou a 20-4-1990, no julgamento do RE n. 116.208-MG.
>
> 3. Esse entendimento persiste, sob a vigência da Constituição atual de 1988), cujo art. 24 estabelece a competência concorrente da União, dos Estados e do Distrito Federal, para legislar sobre custas dos serviços forenses (IV) e cujo art. 150, I, veda à União, aos Estados, ao Distrito Federal e aos Municípios, a exigência ou o aumento de tributos, sem lei que o estabeleça.
>
> 4. O art. 145 admite a cobrança de *taxas, em razão do poder de polícia ou pela utilização, efetiva ou potencial, de serviços públicos específicos e divisíveis, prestados ao contribuinte ou postos a sua disposição.*
>
> Tal conceito abrange não só as custas judiciais, mas, também, as extrajudiciais (emolumentos), pois estas resultam, igualmente, de serviço público, ainda que prestado em caráter particular (art. 236).
>
> Mas sempre fixadas por lei[55].

55 ADIn 1.444-7/PR, Plenário, rel. Min. SYDNEY SANCHES, j. 12-2-2003, *DJU* 1 29-4-2003, p. 1.

O STJ proferiu a decisão seguinte:

Tributário. Mandado de Segurança. ISS. Serviços Cartorários, Notariais e de Registro Público. Natureza Pública. Art. 236 da CF/88. Imunidade Recíproca. Emolumentos. Caráter de Taxa. Não incidência. Art. 105, III, *c*, da Carta Magna. Falta de Menção ao Repositório Oficial e de Juntada de Cópias Autenticadas dos Acórdãos Paradigmas.

(...)

II – Os serviços cartorários, notariais e de registro público não sofrem a incidência do ISS, porquanto são essencialmente serviços públicos, prestados sob delegação de poder, a teor do art. 236 da CF/88, sendo que a referida tributação fere o princípio da imunidade recíproca, estampada no art. 150, VI, da Carta Magna.

III – Ademais, incabível a cobrança do aludido tributo, sob pena de ocorrência de bitributação, eis que os emolumentos exigidos pelos cartórios servem como contraprestação dos serviços públicos prestados, caracterizando-se como taxa. Precedentes do STF: ADC n. 5 MC/DF, rel. Min. Nelson Jobim, *DJ* de 19-9-2003 e ADI n. 1.444/PR, rel. Min. Sydney Sanches, *DJ* de 11-4-2003[56].

O STF julgou improcedente a Ação Direta de Inconstitucionalidade promovida pela Associação dos Notários e Registradores do Brasil (Anoreg/BR), nos termos seguintes:

Ação Direta de Inconstitucionalidade. Constitucional. Tributário. Itens 21 e 21.1 da Lista anexa à Lei Complementar n. 116/2003. Incidência do Imposto sobre Serviços de Qualquer Natureza – ISSQN sobre Serviços de Registros Públicos, Cartorários e Notariais. Tributário.

Ação Direta de Inconstitucionalidade ajuizada contra os itens 21 e 21.1 da Lista Anexa à Lei Complementar n. 116/2003, que permitem a tributação dos serviços públicos, cartorários e notariais pelo Imposto sobre Serviços de Qualquer Natureza – ISSQN.

Alegada violação dos arts. 145, II, 156, III, e 236, *caput*, da Constituição, porquanto a matriz constitucional do Imposto sobre Serviços de Qualquer Natureza permitiria a incidência do tributo tão-somente sobre a prestação de serviços de índole privada. Ademais, a tributação da prestação dos serviços notariais também ofenderia o art. 150, VI, *a*, e §§ 2º e 3º da Constituição, na medida em que tais serviços públicos são imunes à tributação recíproca pelos entes federados.

As pessoas que exercem atividade notarial não são imunes à tributação, porquanto a circunstância de desenvolverem os respectivos serviços com intuito lucrativo invoca a exceção prevista no art. 150, § 3º da Constituição. O recebimento de remuneração pela prestação dos serviços confirma, ainda, capacidade contributiva.

A imunidade recíproca é uma garantia ou prerrogativa imediata de entidades políticas federativas, e não de particulares que executem, com inequívoco intuito lucrativo, serviços públicos mediante concessão ou delegação, devidamente remunerados.

56 REsp 612.780/RO, 1ª T., rel. Min. FRANCISCO FALCÃO, j. 9-8-2005, *DJU* 1 17-10-2005, p. 180.

Não há diferenciação que justifique a tributação dos serviços públicos concedidos e a não tributação das atividades delegadas.

Ação Direta de Inconstitucionalidade conhecida, mas julgada improcedente[57].

O STF fixou a tese de que "é constitucional a incidência do ISS sobre a prestação de serviços de registros públicos, cartorários e notariais, devidamente previstos em legislação tributária municipal"[58].

13) **Programação e comunicação visual**

A "comunicação visual" é aquela realizada fora da residência (ou do estabelecimento), compreendendo a "identificativa" (praticada em determinado local) e a "publicitária" (existentes nos espaços locados por empresas a terceiros para veicular anúncios), em diversas modalidades (painéis urbanos, mobiliários urbanos e painéis publicitários aplicados em veículos e semoventes).

Os *painéis urbanos* são todas as manifestações que podem ser vistas dos logradouros públicos, e constantes em *backlights* (caixas iluminadas por dentro com anúncios nas faces externas), *frontlights* (telas de vinil com iluminação frontal), *painel trifásico* (telas de vinil fatiadas que giram no eixo de um suporte triangular ao mudar imagens), além de *busdoor*, e até decoração de pontos de táxi.

As empresas exibidoras tomam em locação espaços de terrenos ou cobertura de edifício, ou empenas cegas – com a utilização de tubulões – até pequenos espaços livres de imóveis edificados. Tendo o direito de uso desses espaços, as empresas constroem seus engenhos (desde tabuletas para colocação de *outdoors*, até imensas estruturas metálicas em topo de edifícios para instalação de luminosos), onde são exibidas as publicidades comerciais, promocionais ou institucionais.

O *imobiliário urbano* é cedido pelas autoridades municipais, em troca de benefícios para a comunidade, para que também possa ser explorado (conjunto de vias e logradouros públicos, abrigo de ônibus, relógios digitais, mostradores de temperaturas, informativos de poluição de ar, protetor de árvores, cestos de lixo, bancos de praça, cabines telefônicas etc.).

Além das empresas doarem os equipamentos às municipalidades, usualmente são obrigadas a fazer sua manutenção preventiva e de emergência, pagando taxas de veiculação das publicidades, e, em alguns casos, parcela do seu faturamento a título de uso do espaço público.

Mediante a celebração de contratos de concessão, ou permissão, as empresas iniciam a colocação e buscam anunciantes, diretamente o via agências de publicidade.

57 ADIn 3.089, Plenário, rel. Min. CARLOS BRITTO, j. 13-2-2008.

58 Tema 688 de Repercussão Geral ao RE 756.918, j. 18-10-2013.

É elaborado contrato de veiculação e, – em alguns casos – a locação de espaço para veiculação publicitária.

Na vigência da CF anterior, tais atividades se enquadravam na lista de serviços anexa à LC n. 56/87 (itens 85 e 86), sujeitas à incidência do ISS. Entretanto, o STJ pronunciara-se pela incidência do ICMS, a saber:

> Tributário – ICMS – Placas de painéis – Serviços de propaganda – Comunicação Visual.
>
> Na prestação de serviços de propaganda e publicidade incide o ICMS, não o ISS[59].

A controvérsia tributária não se encontra solucionada pelo fato de que, embora haja previsão específica dos "serviços de comunicação", os Estados e DF poderão objetar a exclusividade do ISS sob o argumento de que a CF (art. 155, II) lhes outorgara competência específica para incidir o ICMS sobre as atividades de comunicação.

14) **Serviços funerários**

O item 25 da lista anexa à LC n. 116/2003 (alterado pela LC n. 157/2016) relaciona as atividades seguintes:

> 25.01 – Funerais, inclusive fornecimento de caixão, urna ou esquifes; aluguel de capela; transporte do corpo cadavérico; fornecimento de flores, coroas e outros paramentos; desembaraço de certidão de óbito; fornecimento de véu, essa e outros adornos; embalsamento, embelezamento, conservação ou restauração de cadáveres.
>
> 25.02 – Traslado intramunicipal e cremação de corpos e partes de corpos cadavéricos (redação da LC n. 157/2016).
>
> 25.03 – Planos ou convênios funerários.
>
> 25.04 – Manutenção e conservação de jazigos e cemitérios.
>
> 25.05 – Cessão de uso de espaços em cemitérios para sepultamento (redação da LC n. 157/16).

O anterior item 80 da LC n. 56/87 simplesmente mencionava "funerais", nada dispondo com relação à especificidade do negócio jurídico, ou seja, atender integralmente às necessidades dos contratantes, sendo possível apurar que diversas atividades podem ser dissociadas (*fazer* e *dar*), para fins de distintas incidências tributárias.

Assim, qualificam-se como serviços "(...) o transporte de corpo cadavérico; desembaraço de certidão de óbito; embalsamento, embelezamento, conservação ou restauração de cadáveres; cremação de corpos e partes dos corpos cadavéricos; manutenção e conservação de jazigos e cemitérios; sujeitos ao ISS". O "aluguel de capela" compreende a locação, intributável pelo ISS (diretriz do STF).

59 REsp 41.630/SP, 2ª T., rel. Min. ARI PARGENDLER, j. 18-3-1997, *DJU* 1 14-4-1997, p. 12.705.

Enquadram-se como operações mercantis "o fornecimento de caixão, urna ou esquifes; fornecimento de flores, coroas e outros paramentos; fornecimento de véu, essa e outros adornos", sujeitos ao ICMS.

Planos ou convênios funerários não constituem nenhuma obrigação de fazer; em razão do que não deveriam sujeitar-se ao ISS, por revestirem a característica de seguros, sujeitos à tributação federal.

Estudo sobre referidas atividades apurou a existência de pelo menos oito caracterizações possíveis do direito de sepultura em cemitérios particulares: (1) direito de superfície; (2) direito real de uso; (3) enfiteuse; (4) propriedade; (5) propriedade *ad tempus*; (6) concessão de uso; (7) "quase posse de uso"; e (8) locação.

Destaca-se o seguinte:

a) não encontrando a comercialização empecilho ao *jus sepulchri*[60];

b) no exercício das suas atividades, os cemitérios podem prestar serviços funerários; e/ou ceder o espaço referente ao jazigo[61].

15) **Correios, agências franqueadas, Courrier e congêneres**

O *serviço postal* compreende recebimento, expedição, transporte, entrega de objetos de correspondência (carta, cartão-postal, impresso, cecograma e pequena encomenda), valores (remessa de dinheiro através de carta com valor declarado); remessa e entrega de objetos sem valor mercantil, por via postal), nos termos da Lei Federal n. 6.538/78, artigo 7º, §§ 1º, 2º e 3º.

As atividades básicas desempenhadas pela Empresa Brasileira de Correios e Telégrafos (ECT) tipificam prestação de serviços de "transporte de bens e correspondências" (natureza principal ou complementar), sendo certo que propiciam o transporte de mensagem fechada, e não a comunicação.

O serviço público de correio é imune à tributação segundo diversas posturas assumidas pelo STF examinadas neste livro (Parte 5 – Imunidades – item 3).

É pacífico no STJ o entendimento de que, após a vigência da LC n. 116/2003, incide ISS sobre serviços realizados pelas agências franqueadas dos Correios[62].

---

60 STJ, REsp 1.190.899-SP, 3ª T., Rel. Min. SIDNEI BENETI, j. 6.12.2011, *DJe* de 7.12.2011.

61 BARRETO, Paulo Ayres. O ISS e a Cessão de Jazigos em Cemitérios Particulares. *Estudos de Direito Tributário – Homenagem a José Eduardo Soares de Melo* – Vol. II – Eduardo Soares de Melo (org.). São Paulo: JusPodivm; Malheiros Editores, 2020, pp. 940/943.

62 REsp 1.131.872/SC, 1ª Seção, rel. Min. ARNALDO ESTEVES DE LIMA, j. 10-8-2010, *DJe* 30-8-2010.

3.3. SUJEITO ATIVO

3.3.1. Serviços Prestados no País

Os *Municípios* são dotados de competência para instituir o ISS, dentro do âmbito territorial de validade, circunscrito aos respectivos limites geográficos, como o local da específica realização do fato gerador.

Aplica-se a lei complementar estabelecendo que o serviço é considerado prestado, e o ISS, devido no local do estabelecimento prestador, ou na falta de estabelecimento, no local do domicílio do prestador, exceto nas hipóteses previstas no art. 3º, incisos I a XXV (anexos à lista da LC n. 116/2003), como é o caso de instalações, execuções de obra, limpezas, jardinagem, diversão etc., quando o imposto será devido basicamente no local da execução dos serviços (art. 3º da LC n. 116/2003, alterada pela LC n. 157/2016).

As regras básicas para efeito de fixação de competência do Município para auferir o ISS, e do devedor tributário – no tocante ao local do seu estabelecimento –, podem ser consideradas de conformidade com os elementos de domicílio e de conexão, na forma prevista na LC n. 116/2003:

a) o município do estabelecimento prestador;

b) o município do local onde se situar o domicílio do prestador, no caso de inexistência do estabelecimento prestador;

c) o município do local da prestação;

d) o município do estabelecimento do tomador ou intermediário do serviço; ou, na falta de estabelecimento, onde ele estiver domiciliado, no caso de serviço proveniente do exterior do país, ou cuja prestação se tenha iniciado no exterior do país.

Situações específicas (art. 3º):

> § 1º No caso dos serviços a que se refere o subitem 22.01 da lista anexa, considera-se ocorrido o fato gerador e devido o imposto em cada Município em cujo território haja extensão de ferrovia, rodovia, postes, cabos, dutos e condutos de qualquer natureza, objetos de locação, sublocação, arrendamento, direito de passagem ou permissão de uso, compartilhado ou não.
>
> § 2º No caso dos serviços a que se refere o subitem 22.01 da lista anexa, considera-se ocorrido o fato gerador e devido o imposto em cada Município em cujo território haja extensão de rodovia explorada.
>
> § 3º Considera-se ocorrido o fato gerador do imposto no local do estabelecimento prestador nos serviços executados em águas marítimas, excetuados os serviços descritos no subitem 20.01.
>
> § 4º Na hipótese de descumprimento do disposto no *caput* ou no § 1º, ambos do art. 8º desta Lei Complementar, o imposto será devido no local do estabelecimento do tomador ou intermediário do serviço ou, na falta de estabelecimento, onde estiver domiciliado (redação dada pela LC n. 157, de 29.12.2016).

§ 5º Ressalvadas as exceções e especificações estabelecidas nos §§ 6º a 12 deste artigo, considera-se tomador dos serviços referidos nos incisos XXIII, XXIV e XXV do *caput* deste artigo o contratante do serviço e, no caso de negócio jurídico que envolva estipulação em favor de unidade da pessoa jurídica contratante, a unidade em favor da qual o serviço foi estipulado, sendo irrelevantes para caracterizá-la as denominações de sede, filial, agência, posto de atendimento, sucursal, escritório de representação ou contato ou quaisquer outras que venham a ser utilizadas (redação dada pela LC n. 175, de 23.09.2020).

§ 6º No caso de serviços de planos de saúde ou de medicina e congêneres, referidos nos subitens 4.22 e 4.23 da lista de serviços anexa a esta Lei Complementar, o tomador do serviço é a pessoa física beneficiária vinculada à operadora por meio de convênio ou contrato de plano de saúde individual, familiar, coletivo empresarial ou coletivo por adesão (redação dada pela LC n. 175, de 23.9.2020).

§ 7º Nos casos em que houver dependentes vinculados ao titular do plano, será considerado apenas o domicílio do titular para fins do disposto no § 6º deste artigo (redação dada pela LC n. 175, de 23.09.2020).

§ 8º No caso dos serviços de administração de cartão de crédito ou débito e congêneres, referidos no subitem 15.01 da lista de serviços anexa a esta Lei Complementar, prestados diretamente aos portadores de cartões de crédito ou débito e congêneres, o tomador é o primeiro titular do cartão (redação dada pela LC n. 175, de 23.09.2020).

§ 9º O local do estabelecimento credenciado é considerado o domicílio do tomador dos demais serviços referidos no subitem 15.01 da lista de serviços anexa a esta Lei Complementar, relativos às transferências realizadas por meio de cartão de crédito ou débito, ou a eles conexos, que sejam prestados ao tomador, direta ou indiretamente, por:

I – bandeiras;

II – credenciadoras; ou

III – emissoras de cartões de crédito e débito (redação dada pela LC n. 175, de 23.09.2020).

§ 10. No caso dos serviços de administração de carteira de valores mobiliários e dos serviços de administração e gestão de fundos e clubes de investimento, referidos no subitem 15.01 da lista de serviços anexa a esta Lei Complementar, o tomador é o cotista (redação dada pela LC n. 175, de 23.09.2020).

§ 11. No caso dos serviços de administração de consórcios, o tomador do serviço é o consorciado (redação dada pela LC n. 175, de 23.09.2020).

§ 12. No caso dos serviços de arrendamento mercantil, o tomador do serviço é o arrendatário, pessoa física ou a unidade beneficiária da pessoa jurídica, domiciliado no País, e, no caso do arrendatário não domiciliado no País, o tomador é o beneficiário do serviço no País (redação dada pela LC n. 175, de 23.09.2020).

O STF apreciou medida judicial proposta sob o fundamento de que a LC n. 157/2016 viola preceitos constitucionais, porque (i) não há prestação de serviços no domicílio do tomador; (ii) potencialização de conflitos de competência tributária, havendo dúvida acerca do tomador de serviços; (iii) majoração desproporcional de custos operacionais dos prestadores de serviços; e (iv) risco de que os prestadores deixassem de atender clientes dos Municípios pequenos para evitar custos operacionais.

Medida cautelar fora concedida para suspender a eficácia do artigo 1º da LC n. 157/2016, na parte que modificou o art. 3º, XXIII, XXIV e XXV, e os §§ 3º e 4º do art. 6º da LC n. 116/2003; bem como, por arrastamento, para suspender a eficácia de toda a legislação local editada para sua direta complementação.

Argumentara que a nova sistemática legislativa prevê a incidência do tributo no domicílio do tomador do serviço. Essa alteração exigiria que a nova disciplina normativa apontasse com clareza o conceito de "tomador de serviço", sob pena de grave insegurança jurídica e eventual possibilidade de dupla tributação, ou mesmo inocorrência de correta incidência tributária.

Asseverara que a ausência dessa definição e a existência de diversas leis, decretos, e atos normativos municipais antagônicos, já vigentes ou prestes a entrar em vigência acabarão por gerar dificuldade na aplicação da lei complementar federal, gerando forte abalo no princípio constitucional da segurança jurídica, comprometendo, inclusive, a regularidade da atividade econômica, com consequente desrespeito à própria razão da existência do art. 146 da Constituição Federal[63].

Estabelecimento prestador de serviço é o local onde o contribuinte desenvolva atividade de prestar serviços, de modo permanente ou temporário, e que configure unidade econômica ou profissional, sendo irrelevantes para caracterizar as denominações de sede, filial, agência, posto de atendimento, sucursal, escritório de representação ou contato, ou quaisquer outras que venham a ser utilizadas (art. 4º da LC n. 116/2003).

A definição legal procuraria abranger todos os elementos (pessoas, bens, equipamentos) que caracterizam um estabelecimento, explicitando o art. 1.142 do Código Civil: "considera-se estabelecimento todo complexo de bens organizado, para exercício da empresa, por empresário, ou por sociedade empresária", que deveria ser acolhido nos lindes tributários (art. 110 do CTN).

Entretanto, a consideração a local "temporário" e à "unidade econômica ou profissional", para fins e qualificação como estabelecimento prestador, não pode significar uma porta aberta para exigências do ISS desprovida de critério razoável, por parte do Município onde se realiza o serviço.

Não é pelo fato de a empresa prestadora de serviço utilizar galpão (mantendo ferramentas e onde seus funcionários trocam roupa etc.), em um canteiro de obras, ou no imóvel do tomador dos serviços (que pode ser o estabelecimento deste), que poderá ser considerado estabelecimento para fins de exigibilidade do imposto.

63 ADI 5835 – rel. Min. ALEXANDRE DE MORAES – decisão monocrática de 18.12.2017.

Justificável a assertiva de que o estabelecimento prestador não será um singelo depósito de materiais, ou a existência de um imóvel, sendo necessária a organização unificada em uma unidade econômica indispensável à prestação do serviço. O local onde se situar tal organização (de fato, não por ficção formal ou declaração de fachada do contribuinte) atrairá o âmbito de validade territorial da lei municipal respectiva[64].

O estabelecimento deve abranger todos os bens (máquinas, equipamentos, mobiliário, veículos etc.) e pessoas suficientes para possibilitar a prestação de serviços. A existência efetiva do estabelecimento pode ser indicada pela conjugação, parcial ou total, de diversos elementos, tais como (I) manutenção de pessoal, material, máquinas, instrumentos e equipamentos próprios ou de terceiros necessários à execução dos serviços; (II) estrutura organizacional ou administrativa; (III) inscrição nos órgãos previdenciários; (IV) indicação como domicílio fiscal para efeito de outros tributos; e (V) permanência no local, para a execução dos serviços, exteriorizada por meio de *site* na Internet, propaganda, publicidade, contas de telefone, de fornecimento de energia elétrica, água ou gás, em nome do prestador, seu representante ou preposto.

Cada estabelecimento é considerado autônomo para o efeito exclusivo de manutenção de livros e documentos fiscais, e para recolhimento do imposto relativo aos serviços nele prestados.

Embora o contribuinte tenha liberdade para instalar sua sede e o estabelecimento prestador de serviços nos locais que sejam de seu exclusivo interesse (princípio da autonomia da vontade que regra os negócios particulares), a atividade somente poderá ficar sujeita à alíquota menos gravosa se efetivamente possuir de modo concreto (e não apenas "caixa postal"), um estabelecimento no Município. Um simples local que nada possui (bens, pessoas e instalações) representará mera simulação, cujos efeitos tributários podem ser desconsiderados.

Há muito tempo, o STF já pontificara o seguinte:

> A forma ou modalidade de atuação da empresa, por conveniência de sua organização, por si só, não poderá afastar a competência tributária do Município, desde que caracterizada a ocorrência do fato gerador. Interpretação razoável (Súmula n. 400). Recurso Extraordinário não conhecido[65].

A questão relativa à caracterização *da unidade econômica ou profissional* fora examinada em caso concreto pelo Conselho Municipal de Tributos (SP):

---

64 DERZI, Misabel Abreu Machado. O aspecto espacial do Imposto Municipal sobre Serviços de Qualquer Natureza, in *Impostos sobre Serviços – ISS na Lei Complementar n. 116/03 e na Constituição*. Série Barão de Ramalho, Coleção de Direito Tributário, Coord. Heleno Taveira Tôrres. Barueri: Manole, 2004, p. 81.

65 RE 92.883/RS, 1ª T., j. 9-9-1980, *RTJ* 96/912.

A conjugação dos elementos probatórios seguintes ensejou a caracterização da unidade econômica o profissional somente em São Paulo: (i) os contratos de sublocação do imóvel de Vargem Grande Paulista apresentam-se como irrisórios; em contraposição, os contratos de locação relativos ao estabelecimento de São Paulo apresentaram mensalidades de valores aproximadamente trinta vezes maiores; (ii) as fotos juntadas por ocasião da impugnação, por mais que formalmente constem como emitidas por Vargem Grande Paulista, não ganham densidade probatória relevante não conjugadas com elementos de prova tais como as solicitadas pela Fiscalização, e não apresentadas, contas de despesas (água, energia elétrica, telefone) do imóvel de Vargem Grande Paulista; (iv) as relações anuais de informações sociais (RAIS) dos estabelecimentos do Rio de Janeiro e de Vargem Grande Paulista apresentaram-se "zeradas" diferentemente das de São Paulo; no site de internet da empresa, só há indicação dos escritórios de São Paulo e Rio de Janeiro, não havendo qualquer menção ao escritório de Vargem Grande Paulista[66].

Todavia, o significativo impulso dado à prestação de serviços por informática passa a dificultar e precisar o efetivo local de sua realização, uma vez que vários Municípios podem ficar envolvidos nestas atividades, sendo coerente a colocação relativa à figura do "estabelecimento permanente" em transmissões que envolvam satélites:

> O satélite não se submete a fronteiras. Já existem equipamentos em que uma pessoa da Terra se conecta diretamente com o satélite através de equipamentos celulares pelos quais o usuário telefona sem passar por uma retransmissora fisicamente localizada na Terra. A pessoa pode estar no meio do mar, conectando-se com um satélite, e prestar determinado serviço via satélite e o cliente pagar num terceiro país, e, eventualmente, não resultar sujeito ao alcance nem da legislação brasileira, nem daquela onde se encontra o cliente, nem do País de nacionalidade do prestador[67].

Os modernos meios eletrônicos possibilitaram a celebração de negócios jurídicos mediante a utilização de novos instrumentos, que tornaram dificultoso precisar o local das efetivas realizações, trazendo incerteza quanto à configuração do estabelecimento.

Trata-se de uma nova realidade – *site* – cuja participação é bem variada, pois pode consistir num elemento de mera difusão de serviços e bens; como no recebimento de solicitações pelos possíveis clientes; e, ainda, na efetiva aceitação do pedido, emissão de ordens de pagamento e concretização dos negócios (como é o caso do *site inteligente*).

A diversificada utilização e a flexibilidade do seu desempenho, por si só, não permitem caracterizar o *site* como um estabelecimento, para todos os efeitos tributários, pois pode ser considerado como mero escritório administrativo, distinto do local da efetiva prestação de serviços.

---

66 Recurso Ordinário 2011.0.069.156-8, 1ª Câm. Efetiva, rel. José Alberto Oliveira Macedo, *Diário Oficial da Cidade de São Paulo*, 26-11-2011, p. 19.

67 GRECO, Marco Aurélio. Comércio Exterior e Novas Realidades – Problemas Emergentes. *RDDT*, n. 44, p. 124.

Em determinados serviços, a utilização dos instrumentos eletrônicos torna difícil a caracterização do local em que foram efetivamente prestados, como é o caso de as pessoas participantes estarem situadas em distintas áreas geográficas (estabelecimento do prestador, provedor que hospeda o *site* e usuário/cliente), como no exemplo apontado:

> (...) pessoa jurídica A, com sede no Estado de São Paulo, que contrata com a pessoa jurídica B, com sede no Rio de Janeiro, para que ela hospede seu *site* inteligente. Ocorre que os computadores de B estão localizados em Santa Catarina, onde, portanto, está o espaço de memória em que o *site* permanecerá gravado e operando[68].

Entendimento do STJ:

> Tributário e Processual Civil. ISSQN. LC n. 116/2003. Competência. Local Estabelecimento Prestador. Súmula 83/STJ. Fundamento Não Atacado. Súmula n. 283/STF.
>
> 1. De acordo com os arts. 3º e 4º da LC n. 116/2003, a municipalidade competente para realizar a cobrança do ISS é a do local do estabelecimento prestador dos serviços. Considera-se como tal a localidade em que há uma unidade econômica ou profissional, isto é, onde a atividade é desenvolvida, independentemente de ser formalmente considerada como sede ou filial da pessoa jurídico. Isso significa que nem sempre a tributação será devida no local em que o serviço é prestado. O âmbito de validade territorial da lei municipal compreenderá, portanto, a localidade em que estiver configurada uma organização (complexo de bens) necessária ao exercício da atividade empresarial ou profissional.
>
> 2. Afastar a aplicação das regras contidas na LC n. 116/2003 apenas seria possível com a declaração de sua inconstitucionalidade, o que demandaria a observância da cláusula de reserva de plenário.
>
> 3. No caso, o tribunal *a quo* concluiu que os serviços médicos são prestados em uma unidade de saúde situada no Município de Canaã, o que legitima esse ente estatal para a cobrança do ISS (...)[69].

Em 19 de maio de 2011, o STF proferiu dois significativos julgamentos relativos ao local da prestação de serviços, para fins de incidência e competência do ISS, a saber:

> Processual Civil e Tributário. ISS. Competência. Local da Prestação do Serviço. Questão Pacificada pela Primeira Seção. REsp 1.117.121/SP. Aplicação do Art. 543-C. Ausência de Qualquer um dos Vícios Elencados no art. 535 do CPC. Impossibilidade de Efeitos Infringentes.
>
> 1. A Primeira Seção desta Corte consolidou o entendimento no sentido de que o ISS deve ser recolhido no local da efetiva prestação de serviços, pois é nesse local que se verifica o fato gerador (nos termos do art. 12, letra *b*, do DL n. 406/68 e art. 3º, da LC n. 116/2003).
>
> 2. Conforme consignado no acórdão embargado, *in casu*, a empresa encontra-se sediada em Belo Horizonte, prestando serviços de manutenção e aluguel de maquinaria e equipamentos

68 GRECO, Marco Aurélio. *Internet e Direito*. São Paulo: Dialética, 2000, p. 155.

69 Resp 1.160.253/MG, 2ª T., rel. Min. CASTRO MEIRA, j. 10-8-2010, *DJe* 10-8-2010.

para indústrias em diversos outros Municípios, dentre à MBR, em sua unidade denominada Mina do Pico, em Itabirito. Logo, o fato gerador ocorreu no Município de Itabirito, e, assim, a ele cabe a cobrança do tributo (...)[70].

Processo Civil. Tributário. Violação do art. 535 do CPC. Alegação Genérica. Súmula 284/STF: ISS. Competência. Local do Estabelecimento Prestador. Presença de Unidade Econômica ou Profissional (Filial).

(...)

2. A jurisprudência do Superior Tribunal de Justiça, interpretando o art. 12, *a*, do Decreto-Lei n. 406/68, entendia que a competência tributária para cobrança do ISS era da municipalidade onde o serviço era prestado.

3. Com o advento da Lei Complementar n. 116/2003, a competência passou a ser o local do estabelecimento prestador do serviço, considerando-se como tal a localidade em que há uma unidade econômica ou profissional, isto é, onde a atividade é desenvolvida, independentemente de ser formalmente considerada como sede ou filial da pessoa jurídica (arts. 3º e 4º). Precedentes (...)[71].

A partir do julgamento do Recurso Especial 1.060.210/SC[72] o STJ alterou a orientação sobre a legitimidade ativa para recolhimento do ISS, definindo que: (b) o sujeito ativo da relação tributária, na vigência do DL n. 406/68, é o Município da sede do estabelecimento prestador (art. 12); (c) a partir da LC n. 116/2003, é aquele onde o serviço é efetivamente prestado, onde a relação é perfectibilizada, assim entendido o local onde se comprove haver unidade econômica ou profissional da instituição financeira com poderes decisórios suficientes à concessão e aprovação do financiamento – núcleo da operação de *leasing* financeiro e fato gerador do tributo[73].

Objetivando fixar o local de recolhimento do ISS nas atividades de arrendamento mercantil (*leasing*), alentado estudo considerou o principal objetivo dos contratantes (financiamento do bem por intermédio da concessão de crédito), e a necessidade de realização de diversas atividades, dentre as quais: a) preenchimento do formulário de descrição do bem objeto do contrato; b) consulta aos órgãos de proteção do crédito (Serasa, SPC etc.); c) aprovação do financiamento; d) discussão acerca das condições da operação (fixação de preço e prazos para pagamento das prestações); e) celebração do contrato; f) entrega do bem e respectivo termo de recebimento; g) emissão dos boletos; h) administração da cobrança dos valores estabelecidos etc.[74].

---

70 EDcl no AgRg no Agravo de Instrumento 1.318.0645/MG, 2ª T., rel. Min. HUMBERTO MARTINS, j. 19-5-2011, *DJe* 25-5-2011.

71 REsp 1.245.310/MG, 2ª T., rel. Min. HUMBERTO MARTINS, j. 19-5-2011, *DJ* 25-5-2011.

72 1ª Seção, rel. Min. NAPOLEÃO NUNES MAIA FILHO, *DJ* 5-3-2013.

73 AgRg no Agravo em Recurso Especial 168.620/RS, 1ª T., rel. Min. NAPOLEÃO NUNES MAIA FILHO, j. 18-9-2014, *DJe* 9-10-2014.

74 MELO, Fabio Soares de. Imposto sobre Serviços de Qualquer Natureza (ISS). Arrendamento Mercantil (*Leasing*). Critérios para Definição do Município Competente. Lei Complementar n. 116/2003. *RDDT*, n. 102, p. 68-86.

Para tanto examinara os critérios pertinentes ao negócio jurídico, como I) o local da assinatura; II) o local da tradição do bem; e III) o local do financiamento. Partindo da premissa fundamental de que a "atividade-fim" é a concessão do financiamento, entendera que o ISS deverá ser recolhido no Município em que o financiamento for concedido, considerando para fins de determinação desse local, especialmente, a) onde estão os diretores com poder de representação; b) onde ficam concentrados os exames técnicos e econômicos e o poder decisório; e c) registros contábeis do ativo e passivo da operação na instituição financeira.

A jurisprudência havia consolidado o entendimento seguinte:

> O sujeito ativo da relação tributária, na vigência do DL n. 406/68, é o Município da sede do estabelecimento prestador (art. 12); a partir da LC n. 116/2003 é aquele onde o serviço é efetivamente prestado, onde a relação é perfectibilizada, assim entendido o local onde se comprove haver unidade econômica ou profissional da instituição financeira com poderes decisórios suficientes à concessão e aprovação do financiamento – núcleo da operação de leasing financeiro e fato gerador do tributo[75].

Essa sistemática não resolve os naturais conflitos que decorrem da prestação de *serviços fragmentados* em diversos municípios (como é o caso dos serviços médicos, administração de consórcio, publicidade em lista telefônica, topografia). Ainda se sujeitam à controvérsia os serviços de consultoria (administrativa, financeira etc.) em que, por exemplo, o profissional tem escritório na Capital de São Paulo (onde mantém salas, computadores, biblioteca, funcionários), é contratado por empresa de Salvador (onde realiza reuniões) e apresenta conclusão de seu estudo às autoridades em Brasília.

A pluralidade de estabelecimentos onde são realizadas as prestações dos serviços, a diversidade de etapas pertinentes a essas atividades, ou até mesmo a sua execução sem a participação de estabelecimento, é que torna difícil precisar o sujeito ativo (Município credor do ISS), como se extrai do exemplo seguinte:

> Empresa com estabelecimento em São Bernardo do Campo que presta serviços médicos. Resgata em Campinas seu cliente, e mediante até a eventual atuação de médicos, enfermeiros, transporta-o para São Paulo, onde, em seu hospital, continua o atendimento médico.
>
> – Perito que, possuindo escritório no Município A realiza sua perícia no Município B, concluindo seu serviço (elaboração de laudo), no Município A.
>
> – Empresa organizadora de eventos (feiras) com sede no Município de Santos realiza serviços de montagem de *stands* ou pavilhões no Município de São Paulo, e, concomitantemente, arregimenta expositores no Município de São Paulo, onde também possui estabelecimento[76].

75 REsp 1.060.210/SC, 1ª Seção, rel. Min. NAPOLEÃO NUNES MAIA FILHO, *DJe* 5-13-2013.

76 ALVES, Anna Emília Cordelli. Imposto Municipal sobre Serviços – Lei Complementar – Aspecto Espacial. *RDDT*, n. 71, p. 113.

O STJ procurou solucionar conflito tributário entre Municípios, relativamente a *serviços de vigilância*, fixando a jurisprudência seguinte:

> Embargos de Divergência. ISS. Competência. Local da Prestação de Serviços. Precedentes.
>
> I – Para fins de incidência do ISS – Imposto sobre Serviços – importa o local onde foi concretizado o fato gerador, como critério de fixação de competência do Município arrecadador e exigibilidade do crédito tributário, ainda que releve o teor do art. 12, *a*, do Decreto-lei n. 406/68.
>
> II – Embargos rejeitados[77].

O STJ entendera que:

> Para fins de incidência do ISS importará o local onde foi concretizado o fato gerador, como critério de fixação de competência do Município arrecadador e exigibilidade do crédito tributário, ainda que se releve o teor do art. 12, *a* do Decreto-Lei n. 406/68[78].

Entretanto, com o advento da Lei Complementar n. 116/2003,

> A competência passou a ser o local do estabelecimento prestador de serviço, considerando-se como tal a localidade em que há uma unidade econômica ou profissional, isto é, onde a atividade é desenvolvida, independentemente de ser formalmente considerada como sede ou filial da pessoa jurídica, arts. 3º e 4º[79].

Considerando que referida decisão confrontou princípios constitucionais (territorialidade *x* legalidade), resta ao STF firmar a diretriz jurisprudencial definitiva.

A LC n. 157/2016, conforme fora assinalado, ampliou as situações previstas no art. 3º, da LC n. 116/2003, em que o imposto será devido no local da prestação (itens XII, XVI, XIX, XXIII, XXIV e XXV).

Relativamente aos serviços executados em *águas marítimas*, há que se considerar que o *mar territorial* brasileiro compreende uma faixa de 12 milhas marítimas de largura, medidas a partir da linha de baixa-mar do litoral continental e insular brasileiro, tal como indicadas nas cartas náuticas de grande escala, reconhecidas oficialmente no Brasil (art. 1º da Lei federal 8.617, de 4.1.1993).

A *zona econômica* exclusiva brasileira compreende uma faixa que se estende das 12 às 200 milhas marítimas, contadas a partir das linhas de base que servem para medir a largura do mar territorial (art. 6º da Lei 8.617/93).

---

77 Emb. Div. em Recurso Especial 130.792/CE, 1997/0090500-4, 1ª Seção, rel. p/ acórdão Min. NANCY ANDRIGHI, j. 7-4-2000, *DJU* 12-6-2000, p. 66.

78 Emb. Div. em REsp 130.792/CE, rel. p/ acórdão Min. NANCY ANDRIGHI, 1ª Seção, j. 7-4-2000, *DJU* 12-6-2000, p. 66.

79 REsp 1.245.310/MG, 2ª T., rel. Min. HUMBERTO MARTINS, j. 19-5-2011, *DJe* 25-5-2011. Precedentes.

A *plataforma continental* compreende o leito e o subsolo das áreas submarinas que se estendem além do seu mar territorial, em toda a extensão do prolongamento natural do seu território terrestre, até o bordo exterior da margem continental, ou até uma distância de 200 milhas marítimas das linhas de base a partir das quais se mede a largura do mar territorial, nos casos em que o bordo exterior da margem continental não atinja essa distância[80].

O espaço marítimo constitui domínio exclusivo da União (art. 20, V e VI, da CF) que detém competência para legislar sobre Direito do Mar, navegação marítima, defesa marítima (art. 22, I, X e XXVIII, da CF) e sobre os limites do território marítimo (art. 48, V, da CF), o que afastaria a intromissão de qualquer dos Municípios brasileiros. Os poderes da União são soberanos e nacionais, enquanto os poderes dos Municípios restringem-se aos assuntos de interesse local (art. 30, I, da CF).

Entende-se que "é território na União, não pertencendo, sob nenhum aspecto, aos municípios lindeiros, pois onde começa a plataforma, termina a área do município (...) não havendo como qualquer Município possa exigir tributo sobre serviço não prestado em seu território"[81].

Em sentido oposto, argumenta-se que a *plataforma continental* e o *mar territorial* constituem áreas de projeção do Município, integrando o seu território no que lhe for confrontante, tendo sido inferido o seguinte:

> "Existindo o elemento de conexão (residência fiscal etc.) estará o Estado ou Município interessado plenamente legitimado para alcançar tais situações tributáveis. É o caso, por exemplo, da prestação de serviços em instalações artificiais, como plataformas marítimas ou em navios, que nos termos do art. 12, *a*, do Dec.-lei 406/1968, poderá ser tributada pelo Imposto Sobre Serviços Municipal (ISS)"[82].

O STF apreciou controvérsia relativa à constitucionalidade de lei municipal, a determinar a "retenção do ISS", pelo tomador do serviço, em razão da ausência de cadastro fiscal do prestador de serviço não estabelecido no território do Município de São Paulo.

Nesse sentido, decidira o seguinte:

"ISS – PRESTAÇÃO DE SERVIÇOS – SUJEITO ATIVO – OBRIGAÇÕES ACESSÓRIAS – CADASTRAMENTO – RETENÇÃO – TOMADOR DO SERVIÇOS DE MUNICÍPIO DIVERSO – INCONSTITUCIONALIDADE.

---

80 Convenção de Genebra de 39.4.1958, e das Nações Unidas sobre Direito do Mar – CNDUM – de 10.12.1982, assinada em Montego Bay, art. 76, § 1º.

81 MARTINS, Ives Gandra da Silva. Serviços de construção civil prestados em território da União ou dos Estados não estão sujeitos ao ISS. *RDDT* 53/127-127.

82 TÔRRES, Heleno Taveira. *Pluritributação Internacional sobre as Rendas de Empresas*, 2ª ed., São Paulo, Ed. RT, 2001, p. 79.

É incompatível com a Constituição Federal disposição normativa a prever a obrigatoriedade de cadastro, em órgão da Administração municipal, de prestadores de serviços não estabelecidos no território do Município, impondo-se ao tomador o recolhimento do Imposto sobre Serviços – ISS quando descumprida a obrigação"[83].

3.3.2. Serviços Importados

A LC n. 116/2003 (art. 1º, § 1º) dispôs que *"o imposto incide também sobre o serviço proveniente do exterior do País ou cuja prestação se tenha iniciado no exterior"*.

Este preceito é questionável porque não tem validade no ordenamento constitucional, uma vez que objetiva alcançar fatos ocorridos fora do território nacional, além de criar uma estranha obrigação tributária (inexistência de contribuinte-prestador de serviço na legislação).

É tranquilo o entendimento de que as competências estabelecidas na CF tomam em conta o local onde se verifica o fato gerador tributário, e onde se revela a respectiva riqueza (princípio da territorialidade). A *extraterritorialidade* somente tem sido considerada em situações peculiares, com expressa determinação constitucional. Diante dessa circunstância excepcional é que a legislação pode incidir tanto sobre fatos ocorridos dentro do País, colhendo as pessoas aqui residentes e domiciliadas; quanto fatos verificados fora do território nacional.

A CF contempla os tributos que podem incidir sobre situações ocorridas fora do País, a saber:

a) imposto de importação sobre produtos estrangeiros (art. 153, I);

b) imposto sobre a renda e proventos de qualquer natureza (art. 153, III, e § 2º);

c) imposto sobre operações relativas à circulação de mercadorias, e sobre prestações de serviços de transporte interestadual e interestadual, e de comunicação (art. 155, II), e aos serviços prestados exclusivamente no exterior (art. 155, IX, *a*);

d) imposto sobre transmissão *causa mortis* e sobre doação (art. 155, I e III, *b*), no caso de bens situados no exterior;

e) CIDE, Pis-Importação (art. 149, § 2º, II), e COFINS-Importação (art. 195, IV).

Não prospera o argumento que pode ser gravado o consumo, a destinação, ou a aquisição de serviço, porque, na realidade, a CF somente teria disposto sobre a incidência do "imposto sobre serviços" (art. 156, III), e não sobre "imposto sobre prestação de serviços", como no caso do ICMS (art. 155, II).

Não se questiona que os impostos sobre a produção, circulação e serviços recaem sobre negócios bilaterais, envolvendo distintas pessoas na relação jurídica de direito

83 RE 1.167.509-SP – Plenário – rel. Min. MARCO AURÉLIO – sessão de 01.03.2021.

privado (pertinentes às obrigações de dar ou fazer), em consonância com os ancilares postulados do direito privado. Não há sentido em tributar um bem ou uma coisa (um mero objeto), mas situações contempladas pelo Direito, que tem por conteúdo tais elementos (materiais ou imateriais).

Não se aceita a invocação da exigência do IPI, sob a assertiva de que incide sobre industrializações realizadas no exterior. Realmente, a CF já outorgou competência à União relativamente a um específico imposto (federal), relativo à importação de produtos estrangeiros, não tendo sentido e nem fundamento jurídico (constitucional) a cobrança de um outro imposto federal que se funda em norma inferior à CF (art. 46 do CTN).

Também não se sustenta o argumento de que se objetiva estimular a economia nacional, desestimulando a importação de serviços, fundada em lei complementar, uma vez que competiria à CF tratar de referida discriminação, como agiu no caso do ICMS ao ampliar a tributação nas operações de importação (art. 155, IX, *a*, na redação da EC n. 33/2001).

A inconstitucionalidade do ISS sobre "serviços provenientes do exterior" encontra-se assentada nas seguintes sínteses conclusivas:

a) tal serviço é prestado exclusivamente nos limites territoriais de país estrangeiro, nos termos da legislação pertinente;

b) os Municípios brasileiros não têm competência para instituir ISS sobre serviço executado fora de seus limites territoriais, segundo o entendimento do STJ;

c) a fruição de serviço prestado do exterior por tomador situado no País não consiste em fato gerador do ISS, pois a CF/88 atribui aos Municípios competência para tributar o serviço, pois atribui à lei complementar competência para *excluir* da incidência do ISS a exportação de serviço para o exterior. Note-se que tal "exclusão" somente se justifica caso admita-se que, nos termos da CF/88, o ISS incide apenas no local da prestação do serviço (no caso, em Município brasileiro) e não onde esteja situado o tomador do serviço (no caso, em território estrangeiro), pois, se assim não o fosse, tal exclusão seria desnecessária, em razão da inexistência de fato gerador em Município brasileiro[84].

Pertinente a conclusão seguinte:

> (...) por meio da aplicação da "Teoria da Preponderância" sobre a importação de serviços "cuja prestação se tenha iniciado no exterior do País", investigando a natureza jurídica da "tarefa desenvolvida" no País pelo prestador estrangeiro, poder-se-ia concluir que, na hipó-

84 BORGES, Eduardo de Carvalho. O ISS, os serviços provenientes do exterior e a jurisprudência, in Rodrigo Brunelli Machado (Coord.), *ISS na Lei Complementar n. 116/2003*. São Paulo: Quartier Latin e IPT, 2004, p. 138.

tese de tratar-se de mera "atividade-meio", não haveria fundamento jurídico para a incidência do imposto e, no caso de se configurar "serviço-fim", a incidência do imposto se revelaria possível (no entanto, no segundo caso, robusta argumentação jurídica afastaria referida incidência, conforme abordado neste estudo[85].

3.3.3. Exportação de Serviços

A Emenda n. 3, de 17-3-1993, dispôs que cabe à lei complementar excluir da incidência do ISS as exportações de serviços para o exterior (acréscimo do § 3º, II, do art. 156 da CF).

A LC n. 116/2003 estatuiu que o ISS não incide sobre as exportações de serviços para o exterior (art. 2º, I), não se enquadrando os serviços desenvolvidos no Brasil, cujo resultado aqui se verifique, ainda que o pagamento seja feito por residente no exterior.

Assim, entende-se que "dois elementos são vitais para a caracterização do 'resultado' (e o respectivo local da ocorrência); (i) o beneficiário efetivo do serviço (quem está consumindo) – que deve estar fixado no exterior para que haja exportação – e, (ii) a delimitação dos efeitos imediatos diretos da prestação do serviço, descartando-se de plano quaisquer efeitos secundários"[86].

O termo *resultado* significa "o que resulta, o que é a consequência, o feito de uma ação"[87]. No âmbito legal a expressão "foi empregada no intuito de caracterizar a prestação de serviço a não residente", sendo este "o beneficiário real e final dos serviços", significando a "efetiva prestação de serviços a não residente". Assim, "não basta, pois, ser não residente, é necessário ser o efetivo tomador do serviço"[88].

Considerando que o serviço é desenvolvido no território nacional (significando a sua ampla elaboração, execução e conclusão), o seu *resultado* no exterior representa os efeitos que devem ocorrer no estrangeiro, em razão de sua utilização, consumo e fruição por parte do tomador do serviço.

A norma desonerativa do ISS acolheu o *princípio do país do destino* que regula (no que tange aos tributos que a economia rotula indiretos) as operações internacionais de bens e serviços. De acordo com este princípio, a transação internacional deve ser tributada apenas uma vez, no país importador, com a consequente exoneração das imposições

---

85 MELO, Fabio Soares de. *Imposto sobre Serviços de Qualquer Natureza (ISS). Estrutura e Jurisprudência*. Porto Alegre: Livraria do Advogado, 2021, p. 113.

86 TROIANELLI, Gabriel Lacerda; GUEIROS, Juliana. O ISS e Exportação e Importação de Serviços. In: PEIXOTO, Marcelo Magalhães; MARTINS, Ives Gandra da Silva (orgs.). *ISS – LC* n. 116/2003. Curitiba: Apet/Juruá Editora, 2004, p. 202.

87 *Dicionário Houaiss da Língua Portuguesa*. Rio de Janeiro: Objetiva, 2001, p. 2.443.

88 RAMALHO, Mariana Oiticica. ISS – Serviço de Importação e Exportação. *Imposto sobre Serviços de acordo com a Lei Complementar 116/03*. São Paulo: Quartier Latin, 2004, p. 121-123.

sofridas no país de origem (onde o serviço foi prestado ou o bem produzido), justamente para que não haja "exportação do imposto"[89].

A finalidade da não incidência do ISS consiste em promover o desenvolvimento nacional e fomentar as atividades internacionais, decorrendo o natural ingresso de divisas no país, embora o preceito enfocado não tenha conferido ênfase à realização do pagamento para fins do benefício fiscal. Vislumbra-se a *extrafiscalidade* "quando os impostos são empregados como instrumentos de intervenção ou regulação pública, a função propriamente dita, ou 'puramente fiscal', e sobrepujada pelas funções 'extrafiscais'. A sua técnica é, então, adaptada ao desenvolvimento de determinada política ou diretriz"[90].

Nesse sentido, apontam-se sugestivos exemplos:

> (...) uma companhia aérea com sede na Alemanha, que mantém rotas aéreas transitando pelo Brasil, pode sofrer danificação em suas aeronaves em território nacional. Nesse caso, ela provavelmente contratará os serviços de técnicos brasileiros para análise e possível conserto do equipamento. Nesse caso, os serviços têm como resultado imediato o conserto do equipamento, o restabelecimento da rota e o seguimento das atividades normais de empresa localizada no exterior do Brasil. Ou seja, os resultados imediatos do reparo da aeronave terão como beneficiário a empresa alemã, produzindo, portanto, os serviços, seus efeitos na Alemanha[91].
>
> Um investidor residente nos Estados Unidos contrata uma empresa que desempenha trabalhos de análise econômico-financeira do País, realizando projeções e traçando panoramas da economia brasileira. Com base no relatório recebido e com as perspectivas de crescimento do País, o investidor-contratante resolve investir no Brasil no setor de óleo e gás, pelos próximos cinco anos. Onde se verifica o resultado do serviço?
>
> E se, de outra forma, as informações traçadas no relatório são desanimadoras, e o mesmo investidor se decide por investir na China, no desenvolvimento de fábricas de bicicletas, onde se verifica o resultado do serviço, de consultoria financeira?
>
> A resposta é a mesma para ambas as situações: nos Estados Unidos, onde se encontra o verdadeiro beneficiário da prestação, e não no Brasil[92].
>
> A Prefeitura do Município de São Paulo examinou a prestação de serviços a empresas estrangeiras, consistentes na organização e montagem de filmes e fotos, que serão usados na elaboração de propaganda no território da União Europeia. O produto dos serviços é enviado aos contratantes, que o remontam, decupam ou o adaptam às necessidades locais, mediante a utilização de recursos técnicos próprios ou de terceiros.

89 CARRAZZA, Roque. ISS, ob. cit., p. 36.

90 BALEEIRO, Aliomar. *Uma Introdução a Ciência das Finanças*. 15. ed. Atualizador Dejalma Campos. Rio de Janeiro: Forense, 1988, p. 189.

91 Ob. cit., p. 201.

92 Ob. cit., p. 201-202.

Considerando que a exportação dos serviços foi desonerada do ISS (art. 2º, I, da LC n. 116/2003), e que os resultados se verificam integralmente no exterior, entendera que não incide o ISS sobre os serviços exportados[93].

Jurisprudência do STJ apreciou questão singular:

Tributário. Recurso Especial. ISSQN. Mandado de Segurança Preventivo. Serviço de Retifica. Reparo e Revisão de Motores e de Turbinas de Aeronaves contratado por Empresa do Exterior. Exportação de serviços. Não caracterização. Serviço Executado Dentro do Território Nacional. Aplicação do art. 2º, parágrafo único, da LC n. 116/2003 (...).

(...)

4. Nos termos do art. 2º, inc. I, parágrafo único, da LC n. 116/2003, o ISSQN não incide sobre as exportações de serviços, sendo tributáveis aqueles desenvolvidos dentro do território nacional cujo resultado aqui se verifique, ainda que o pagamento seja feito por residente no exterior. *In casu*, a recorrente é contratada por empresas do exterior e recebe motores e turbinas para reparos, retifica e revisão.

Inicia, desenvolve e conclui a prestação do serviço dentro do território nacional, exatamente em Petrópolis, Estado do Rio de Janeiro, e somente depois de testados, envia-os de volta aos clientes, que procedem à sua instalação em aeronaves.

5. A Lei Complementar n. 116/2003 estabelece como condição para que haja exportação de serviços desenvolvidos no Brasil que o resultado da atividade contratada não se verifique dentro do nosso País, sendo de suma importância, por conseguinte, a compreensão do termo "resultado", como disposto no parágrafo único do art. 2º.

6. Na acepção semântica, "resultado" é consequência, efeito, seguimento. Assim, para que haja efetiva exportação do serviço desenvolvido no Brasil, ele não poderá aqui ter consequência ou produzir efeitos. A contrário senso, os efeitos decorrentes dos serviços exportados devem-se produzir em qualquer outro País. É necessário, pois, ter-se em mente que (*sic*) os verdadeiros resultados do serviço prestado, os objetivos da contratação e da prestação.

7. O trabalho desenvolvido pela recorrente não configura exportação de serviço, pois o objetivo da contratação, o resultado, que é o efetivo conserto do equipamento, é totalmente concluído no nosso território. É inquestionável a incidência do ISS no presente caso, tendo incidência o disposto no parágrafo único, do art. 2º, da LC n. 116/2003: *Não se enquadram no disposto no inciso I os serviços desenvolvidos no Brasil, cujo resultado aqui se verifique, ainda que o pagamento seja feito por residente no exterior*[94].

Entretanto, o aresto em causa não pode ser concebido como verdadeira diretriz jurisprudencial. Na medida em que o art. 2º, parágrafo único, da LC n. 116/2003 estabelece condição para considerar a não incidência do ISS, é fundamental compreender

93 Resposta à consulta 2.314, processo 2004.0.255.077-0, *Diário Oficial* 24-5-2005.

94 REsp 831.124/RJ, 1ª T., rel. Min. JOSÉ DELGADO, j. 15-6-2006, *DJU* 1 25-9-2006, p. 239-240.

o significado da expressão "resultado no exterior", decorrente do entendimento dado aos "serviços desenvolvidos no Brasil", como colhido nas distintas situações:

> Considerando que o serviço fora *desenvolvido* no território nacional significando a sua ampla elaboração, execução e conclusão, o seu *resultado* no exterior representa os efeitos que devem ocorrer no estrangeiro, em razão de sua utilização, consumo e fruição por parte do tomador do serviço. Daí a razão pela qual fora ponderada a situação em que se dá a exportação: a nosso ver, sempre que o tomador do serviço, a um não residente, satisfizer, no exterior, a necessidade que o levou a contratar o prestador:
>
> Pouco importa, para fins de isenção de ISS, se o serviço foi totalmente prestado no Brasil, se sua prestação aqui apenas se iniciou, ou se foi integralmente executado no exterior. Em qualquer destas hipóteses, não haverá incidência porque o resultado da prestação se fez sentir no exterior.
>
> Apenas haverá incidência quando uma prestação de serviços entre um nacional e um estrangeiro (pessoa domiciliada ou sediada no exterior), irradie seus efeitos no Brasil[95].

Examina-se, por exemplo, a *prestação de serviços de elaboração e desenvolvimento de novos sistemas/programas de computador*, em que se procede ao desenvolvimento completo (concepção do projeto, programa e criação do código-fonte, até a geração final do próprio *software*/sistema) de novos sistemas, *softwares* e programas de computador realizados por empresa no Brasil, a pedido de clientes ou afiliadas de mesma empresa no exterior. Após os testes de validação e consistência realizados por técnicos no Brasil e/ou no exterior, serão finalmente postos em operação/processamento em equipamentos de informática no exterior, por clientes ou filiais da empresa.

As diversificadas atividades desenvolvidas pela empresa no Brasil evidenciam que a realização dos serviços contratados com as empresas situadas fora do território nacional compreende uma complexa execução, iniciando no País, prosseguindo com a participação e interação com os tomadores de serviços, ocorrendo sua conclusão no estrangeiro.

A conexão contínua e permanente dos computadores da empresa no Brasil com a rede de transmissão de dados da *internet*, relativamente aos serviços exportados para clientes localizados no estrangeiro, demonstra que essas atividades não se esgotam e nem se circunscrevem exclusivamente ao âmbito do território brasileiro. Os serviços desenvolvidos pela empresa no Brasil somente alcançam resultados no exterior, onde são consumidos e utilizados por empresas estrangeiras situadas fora do território brasileiro.

As distintas modalidades de monitoração (de servidores e de *mainframes*; de rede corporativa de dados – *network*), bem como os serviços de manutenção e desenvolvimento de sistemas/programas de computador, preexistentes, somente são completados

---

95 CARRAZZA, Roque. ISS – Serviços de Reparação de Turbinas de Aeronaves para Destinatários no Exterior – Não incidência – Exegese do art. 2º, I, e seu parágrafo único, da Lei Complementar n. 116/2003. *RDT*, n. 93, nota de rodapé n. 35, p. 36.

no estrangeiro. As informações, recomendações e providências procedidas pela empresa no Brasil, por si só, não implicam a conclusão dos serviços, que somente geram efeitos no território estrangeiro, significando que a fruição do resultado ocorre fora do território nacional.

Os serviços de elaboração e desenvolvimento de novos sistemas (programas de computador) não têm nenhuma condição de se exaurirem no território brasileiro, não havendo qualquer sentido ou interesse de natureza técnica em sua utilização restrita ao nosso País. Torna-se imprescindível a sua plena e integral utilização pelos clientes no exterior junto aos seus equipamentos de informática para a devida execução de suas atividades operacionais.

O STJ (em 2016) decidiu questão relativa à *confecção de projetos e anteprojetos de engenharia contratados por empresa situada na França* consistente na (i) elaboração de plantas de execução do muro cilíndrico de proteção do reservatório de gás liquefeito de petróleo naval TK1, a ser construído na cidade de Gonfreville-l'Orcher; (ii) dimensionamento dos blocos de estacas do edifício principal do centro cultural (Centre Pompidou), a ser construído na cidade de Metz; e (iii) modelagem em elementos finitos da fachada principal do referido centro.

O STJ argumentara:

> O serviço de elaboração de projetos de engenharia poderá ser enquadrado na hipótese de não incidência do inc. I do art. 2º da LC n. 116/2003 quando a realização do trabalho, obrigatoriamente, observar técnicas e regras e normas estabelecidas no País estrangeiro, independentemente da forma da execução do projeto.

E arrematara que "o resultado do projeto de engenharia, assim, não é a obra correlata, mas a sua exequibilidade, conforme a finalidade para que foi elaborado", consolidando o entendimento firmado na seguinte ementa:

> Tributário. Agravo em Recurso Especial. Repetição de indébito. Imposto sobre Serviços de Qualquer Natureza – ISSQN. Exportação de projetos de engenharia. Não incidência.
>
> (...)
>
> 2. A só confecção do projeto de engenharia, à luz dos arts. 109, 113, 114, 116, I, do CTN, é fato gerador do ISSQN, e sua posterior remessa ao contratante estrangeiro não induz, por si só, à conclusão de que se está exportando serviço.
>
> 3. À luz do parágrafo único do art. 2º da LC n. 116/2003, a remessa de projetos de engenharia ao exterior poderá configurar exportação quando se puder extrair do seu teor, bem como dos seus termos do ato negocial, puder se extrair a intenção de sua execução no território estrangeiro.
>
> 4. Hipótese em que se deve manter o acórdão *a quo*, porquanto o Tribunal consignou que as provas dos autos revelaram a finalidade de execução do projeto em obras que só poderiam ser executadas na França (elaboração das plantas de execução do muro cilíndrico de prote-

ção do reservatório de gás liquefeito de petróleo naval TK1), a ser construído na cidade de Gonfreville-l'Orcher, França e ao dimensionamento dos blocos de estacas do edifício principal do centro cultural, Centre Pompidou a ser construído na cidade de Metz, França e a modelagem em elementos finitos da fachada principal de dito centro (...)[96].

Precioso e fundamental estudo sobre o tema pontificara ser imperioso observar a sistematização intitulada por "Teste de Aderência", a qual compreenderia basicamente o seguinte:

a) instrumentos societários de constituição e respectivas alterações contratuais;

b) registros e inscrições exigidos da pessoa jurídica nos competentes órgãos públicos administrativos;

c) instrumentos particulares relativos à contratação da prestação de serviço celebrado entre as partes contratantes (tomador do serviço, prestador do serviço, subcontratados, anuentes, testemunhas etc.);

d) correspondência e/ou declarações (físicas ou eletrônicas) enviadas e/ou recebidas pelas partes contratantes;

e) escrituração fiscal e tratamento contábil relativo ao reconhecimento da receita decorrente da exportação de serviço;

f) instrumentos pertinentes à realização de operações de câmbio na modalidade de "ingresso" de recursos financeiros;

g) sistemática de comprovação de adiantamentos, despesas incorridas e respectivo procedimento para fins de ressarcimento;

h) identificação da cláusula contratual de exclusividade;

j) laudo técnico elaborado por terceiro, idôneo e especializado, ou documento produzido por um dos contratantes, que ateste e descreva o escopo, a essência, as etapas e os procedimentos operacionais relativos ao serviço exportado[97].

3.4. CONTRIBUINTE E RESPONSÁVEIS

Contribuinte é o prestador de serviço. A circunstância de a LC (n. 116/2003, art. 5º) não haver feito referência expressa à empresa e ao profissional autônomo, mencionados na legislação anterior (Dec.-Lei n. 406/68, art. 8º), não prejudica a aplicação da sujeição passiva à entidade e à pessoa física, porque podem qualificar-se como naturais prestadores de serviços.

Não são contribuintes as pessoas que prestam serviços em relação de emprego, os trabalhadores avulsos, os diretores e membros de conselho consultivo ou de conselho

96 Ag no REsp 587.403/RS, 1ª T., rel. Min. GURGEL DE FARIA, j. 18-10-2016, *DJe* 24-11-2016.

97 MELO, Fábio Soares de. *Imposto sobre Serviços de Qualquer Natureza (ISS). Estrutura e Jurisprudência*. Porto Alegre: Livraria do Advogado, 2021, pp. 145/146.

fiscal de sociedades e fundações, bem como os sócios-gerentes e gerentes-delegados, cujas características são colhidas em outros diplomas jurídicos, a saber:

Consolidação das Leis do Trabalho

Art. 3º Considera-se *empregado* toda a pessoa física que prestar serviços de natureza não eventual a empregador, sob a dependência deste e mediante salário.

Regulamento Geral da Previdência Social

Art. 9º, VI.

Trabalhador Avulso – aquele que, sindicalizado ou não, presta serviços de natureza urbana ou rural, a diversas empresas ou equiparadas, sem vínculo empregatício, com a intermediação obrigatória do órgão gestor de mão-de-obra, nos termos da Lei n.12.815, de 5.6.2013, ou do sindicato da categoria, assim considerados:

a) o trabalhador que exerce atividade portuária de capatazia, estiva, conferência e conserto de carga, vigilância de embarcação e bloco;

b) o trabalhador de estiva de mercadorias de qualquer natureza, inclusive carvão e minério;

c) o trabalhador em alvarenga (embarcação para carga e descarga de navios);

d) o amarrador de embarcação;

e) o ensacador de café, cacau, sal e similares;

f) o trabalhador na indústria de extração de sal;

g) o carregador de bagagem em porto;

h) o prático de barra em porto;

i) o guindasteiro;

j) o classificador, o movimentador e o empacotador de mercadorias em portos.

Os *diretores* têm por atividade representação da companhia e a prática dos atos necessários ao seu funcionamento regular; os *membros do conselho consultivo* opinam sobre matérias específicas, enquanto os *membros do conselho fiscal* têm por competência fiscalizar os atos dos administradores, analisar o balancete e demais demonstrações financeiras (art. 163 da Lei Federal n. 6.404, de 15-12-1976).

As *cooperativas de serviços* não poderiam ser caracterizadas como contribuintes, porque inexiste prestação de serviço "consigo mesmo" (há plena integração entre cooperativa e cooperados), além de não revelarem efetiva capacidade contributiva. Nesse sentido, a Lei Federal n. 5.764/71 dispõe que o respectivo contrato de sociedade é realizado sem objetivo de lucro, sendo que suas sobras são destinadas aos Fundos de Reserva e de Assistência.

O objetivo central das cooperativas é atingir o interesse comum dos associados (médicos etc.), sem almejarem finalidade lucrativa, em razão de que agem em nome e no interesse exclusivo de tais associados, não possuindo receitas, uma vez que os valores apenas transitam por seu caixa, porque, em realidade, pertencem exclusivamente aos referidos associados.

A natureza civil das cooperativas denota singularidade em sua forma associativa (integrada por pessoas, e não por capitais), despida de interesses mercantis, porque seu objetivo fundamental é possibilitar o melhor exercício das atividades profissionais dos seus associados.

O ingresso de valores nos cofres das cooperativas não se qualifica como preço de serviços, sendo rateado entre os cooperados na proporção dos serviços prestados. O atendimento das pessoas beneficiadas por contratos de assistência médica é realizado pelas cooperativas, com firmas ou companhias, de modo exclusivo pelos médicos (associados), em seus consultórios e hospitais (esses serviços realizados sob a forma de trabalho pessoal é que são suscetíveis de incidência do ISS).

A capacidade contributiva somente é revelada nas atividades dos serviços, em razão de seus serviços serem remunerados por preços, mas jamais nas atividades específicas das cooperativas, que não auferem remuneração.

O STJ decidiu o seguinte:

Tributário. Recurso Especial. ISS. Cooperativa de Serviços Médicos. Ilegalidade de Auto de Infração. Direito Local. Súmula 280 do STF. Ofensa aos Princípios da Legalidade e da Irretroatividade. Matéria Constitucional. Atos não Cooperados. Incidência do ISS sobre a Taxa de Administração.

1. O ISS não incide sobre os atos praticados pelas cooperativas médicas consistentes no exercício de atividades em prol dos associados que prestam serviços médicos a terceiros (*atos cooperados*).

2. Deveras, os atos não cooperados, vale dizer, aqueles decorrentes de relação jurídica negocial advinda da venda de planos de saúde a *terceiros, sujeitam-se à incidência do ISS, tendo como base de cálculo tão-somente a receita advinda da cobrança da taxa de administração.*

Isto porque a receita tributável não abrange os valores pagos ou reembolsados aos cooperados, haja vista não constituírem parte do patrimônio da Cooperativa. Exegese do artigo 79, da Lei n. 5.764/71 c/c os artigos 86 e 87, do mesmo diploma legal (Precedentes desta Corte: REsp. 72.7091/RJ, Segunda Turma, publicado no *DJ* de 17-10-2005; REsp. 487.854/SP, Segunda Turma, publicado no *DJ* de 23-8-2004; e REsp 254.549/CE, Primeira Turma, publicado no *DJ* de 18-9-2000).

(...)

4. Ressalva do posicionamento no sentido de que essas entidades não exercem qualquer espécie de serviço ou fornecimento de mão de obra, mercê de não visarem ao fim lucrativo ensejador da incidência. A forma de associação corporativa implica em impor a obrigação tributária aos médicos cooperativados pelos serviços que prestam.

5. Acaso as cooperativas empreendam a venda de planos de saúde com o intuito de lucro devem pagar IOF, e, excluído, portanto, o ISS, pela ausência de tipicidade do fato gerador e pela interdição de que o mesmo fato possa sustentar duas exações. Ressalva do entendimento do relator.

> (...)
>
> 7. Recurso especialmente parcialmente conhecido e, nesta parte, parcialmente provido, para afastar a incidência do ISS sobre os atos cooperados praticados pela recorrente, bem como determinar a incidência da exação no que tange aos atos não cooperados, tão-somente sobre a taxa de administração, excluindo-se os valores pagos ou reembolsados aos associados[98].
>
> Não é possível a tributação pelo ISS sobre a atividade prestada pela *cooperativa* – recebimento dos valores pagos pela prestação dos serviços, posteriormente repassados aos cooperados, com as deduções das despesas operacionais – quer pela absoluta ausência de tipicidade (aspecto material), já que não há, nem nunca houve, previsão de incidência do imposto sobre essa atividade em quaisquer das listas anexas até hoje elaboradas (DL n. 406/68, LC n. 56/87 ou LC n. 116/2003); quer pela gratuidade do serviço (aspecto dimensível), que obsta a quantificação do imposto por ausência do elemento "preço"[99].
>
> Entretanto, "acaso as cooperativas empreendam a venda de planos de saúde com o intuito de lucro devem pagar IOF, excluído, portanto ISS, pela ausência de tipicidade do fato gerador e pela interdição de que o mesmo fato possa sustentar duas exações"[100].
>
> O *incorporador imobiliário*, tal como definido no art. 29 da Lei n. 4.591/65, não pode, logicamente, figurar como contribuinte do ISQN relativamente aos serviços de construção da obra incorporada. Com efeito, se a construção é realizada por terceiro, o incorporador não presta serviço algum, já que figura como tomador. Contribuinte, nesse caso, é o construtor. E se a construção é realizada pelo próprio incorporador, não há prestação de serviços a terceiro, mas a si próprio, o que descaracteriza o fato gerador. É que os adquirentes das unidades imobiliárias incorporadas não celebram, com o incorporador, um contrato de prestação de serviço de construção, mas, sim, um contrato de compra e venda do imóvel, a ser entregue construído[101].

Os Municípios, mediante lei, poderão atribuir de modo expresso a *responsabilidade* pelo crédito tributário a terceira pessoa, vinculada ao fato gerador da respectiva obrigação, excluindo a responsabilidade do contribuinte ou atribuindo-a a este em caráter supletivo do cumprimento total ou parcial da referida obrigação, inclusive no que se refere à multa e aos acréscimos legais.

Os responsáveis estão obrigados ao recolhimento integral do imposto devido, multa e acréscimos legais, independentemente de ter sido efetuada sua retenção na fonte.

São também *responsáveis*: (I) o tomador ou intermediário de serviço proveniente do exterior do País, ou cuja prestação se tenha iniciado no exterior do País; (II) a pessoa jurídica, ainda que imune ou isenta, tomadora ou intermediária dos serviços descritos

---

98 REsp 875.388/SP, 1ª T., rel. Min. LUIZ FUX, j. 2-10-2007, *DJU* 1 25-10-2007, p. 130.

99 REsp 1.212.479/AL, 2ª T. rel. Min. CASTRO MEIRA, j. 9-11-2010, *DJe* 23-11-2010.

100 STJ, REsp 615.555/MG, 1ª T., rel. Min. LUIZ FUX, j. 21-3-2006, *DJU* 1 10-4-2006, p. 130.

101 STJ, REsp 922.956/RN, 1ª T., rel. Min. TEORI ALBINO ZAVASCKI, j. 22-6-2010, *DJe* 1-7-2010.

nos subitens 3.05, 7.02, 7.04, 7.05, 7.09, 7.10, 7.12, 7.16, 7.17, 7.19, 11.02, 17.05 e 17.10 da lista anexa à LC n. 116/2003, exceto na hipótese dos serviços do subitem 11.05 relacionados ao monitoramento e rastreamento a distância, em qualquer via ou local, de veículos, cargas, pessoas e semoventes em circulação ou movimento, realizados por meio de telefonia móvel, transmissão de satélites, rádio ou qualquer outro meio, inclusive pelas empresas de Tecnologia da Informação Veicular, independentemente de o prestador de serviços ser proprietário ou não da infraestrutura de telecomunicações que utiliza (na redação da LC n. 183/2021).

A responsabilidade é visualizada no regime de fonte, em que o legislador atribui ao contratante dos serviços (tomador), a obrigação de reter o ISS, no caso de o contribuinte (prestador dos serviços) não emitir a nota fiscal de serviços, documento equivalente, ou o competente recibo; ou não apresentar prova de inscrição na repartição fiscal do Município.

A *solidariedade* ocorre no caso de os serviços serem prestados por consórcios de empresas, podendo o Município exigir o tributo indistintamente de cada um dos consorciados, apesar de eles terem acordado, entre si, questões afetas à responsabilidade pelo pagamento do tributo.

Questionável a atribuição de solidariedade do proprietário da obra, em relação aos serviços de construção civil que forem prestados, no caso de inexistência de documentação, ou sem a prova de pagamento do imposto pelo devedor (prestador de serviços). A razão da discordância reside no fato de que o tomador não tira nenhum proveito da omissão do prestador de serviço (seria o mesmo que atribuir responsabilidade solidária ao particular que assiste exibição cinematográfica), pela circunstância de o prestador de serviço de lazer (ou diversão pública) pagar o imposto.

O fato de duas pessoas pertencerem ao mesmo grupo econômico não caracteriza, necessariamente, a solidariedade entre essas empresas[102].

A *sucessão* ocorre nos casos de falecimento em que o *de cujus* era devedor do imposto, passando a ser responsável o herdeiro; nos casos de fusão, cisão e incorporação, relativamente ao imposto devido pelas empresas fusionadas, cindidas ou incorporadas.

3.5. BASE DE CÁLCULO

O cálculo do imposto deve considerar o *preço do serviço*, e ser integrado pelos eventuais reajustes contratuais.

Nas atividades previstas no item 3.04 anexo à LC n. 116/2003 (locação, sublocação, arrendamento, direito de passagem ou permissão de uso, compartilhado ou não, de

102 AgRg em REsp 311.413/SP, 1ª. T., rel. Min. ARNALDO ESTEVES DE LIMA, j. 5-9-2013, *DJe* 17-9-2013.

ferrovia, rodovia, postes, cabos, dutos e condutos de qualquer natureza), que forem prestadas no território de mais de um Município, a base de cálculo será proporcional, conforme o caso, à extensão de ferrovia, rodovia, dutos, condutos e cabos de qualquer natureza, ou ao número de postes existentes em cada Município.

A inexistência de remuneração em serviços filantrópicos, cortesia, gratuito, familiar, implica ausência de base de cálculo; e, por consequência, a impossibilidade de ser exigido o imposto.

O STJ já se manifestou pela impossibilidade de cobrança do ISS nos serviços efetivamente gratuitos, ou seja, quando não há "formação de um contrato bilateral"[103].

Situação peculiar levou o STJ a adotar a postura seguinte:

> TRIBUTÁRIO. ISS. INCIDÊNCIA. ARBITRAMENTO. SERVIÇO GRATUITO.
>
> O ISS só não incide nos serviços prestados gratuitamente pelas empresas sem qualquer vinculação com a formação de um contrato bilateral.
>
> Serviços de intermediação de propaganda, objetivo principal da empresa, devem ser tributados pelo ISS.
>
> Alegação de gratuidade não reconhecida.
>
> Arbitramento adotado pelo fisco. Regularidade.
>
> Recurso improvido[104].

Este aresto examinou questão singular, em que a empresa prestara serviços à sua controladora (atuante no comércio varejista diversificado de lojas de departamentos), consistentes nas atividades seguintes:

> a) angaria fornecedores da controladora que queiram reembolsar parte do custo de folhetos promocionais em que esta aparece ofertando vários produtos por eles fabricados ou produzidos, com o objetivo comum de promover a venda desses produtos. Esses folhetos (produzidos externamente pela controladora) são destinados a encartes em jornais diversos, através dos quais as mensagens atingem o público-alvo, sendo tal operação faturada contra aqueles fornecedores;
>
> b) distribui esse material publicitário aos citados veículos, operação essa faturada contra a controladora;
>
> c) intermedeia a veiculação de anúncios de matéria legal das empresas do grupo, faturando contra cada uma delas, respectivamente.

Tratara-se de empresa constituída com fins lucrativos, que não operava gratuitamente, e que, embora pertencendo a um grupo empresarial, possuía a sua própria identidade e relacionamento jurídico, considerando-se a cobertura de custeio pelos

---

103 REsp 256.200/MG, rel. Min. HUMBERTO GOMES DE BARROS, j. 13-2-2011, *DJ* 26-3-2011.

104 REsp 234.498/RJ, 1ª T., rel. Min. JOSÉ DELGADO, j. 16-5-2000, *DJU* 1-E 19-6-2000, p. 116.

fornecedores interessados em difundirem as suas marcas como reposição pura dos valores despendidos na confecção do material de publicidade e propaganda destinado à remuneração de terceiros subcontratados. Tais valores compreendem-se como preço, não podendo a liberalidade nascida da empresa controlada para com a empresa controladora atingir a parcela do tributo que não lhe pertence.

Entende-se que os serviços que realizam valores assistenciais para o Estado brasileiro, e que correspondem a direitos fundamentais, também não devem sujeitar-se à incidência do ISS, como o serviço *militar obrigatório* (art. 143, *caput*, da CF); o *serviço eleitoral obrigatório* (art. 365 da Lei federal 4.737, de 15.5.1965), *os serviços dos jurados* (art. 434 do Código de Processo Penal), bem como os *serviços para reparação de danos*, como é o caso do prestado pelo pichador de muros, nos termos do art. 942 do Código Civil[105].

Relativamente ao fornecimento de *talão de cheque*, o STJ decidira o seguinte:

> 4. Por outro lado, é cediço que essas instituições financeiras não prestam serviços gratuitos a seus clientes (como nos lembram os economistas, não há almoço grátis – *there's no free lunch*).
>
> 5. O STJ já se manifestou pela impossibilidade de cobrança de ISS nos serviços efetivamente gratuitos, ou seja, na ausência de formação de contrato bilateral. Não se trata, evidentemente, dos serviços prestados pelos bancos, em que a bilateralidade é essencial (o consumidor tem direito de exigir a prestação, apesar da alegada "gratuidade").
>
> 6. O preço relativo ao fornecimento dos talões de cheque está embutido nas tarifas bancárias cobradas. Para que o imposto municipal seja impingido, é necessário sua aferição e distinção, até para evitar dupla tributação (o ISS não pode incidir sobre o total da tarifa bancária genérica e, novamente, sobre o preço do talão de cheques).
>
> 7. Assim, embora o TJ/MG erre quanto à premissa de que a gratuidade seria irrelevante para a cobrança do ISS, não há como o STJ apreciar imediatamente a demanda. Os autos devem retornar para que a Corte Estadual verifique, efetivamente, o preço do serviço, que será a base de cálculo para o imposto municipal.
>
> 8. Caso descaiba essa identificação, é inexigível o ISS sobre esse serviço específico, considerando que a base de cálculo é, repito, exatamente o preço cobrado[106].

Nos serviços de *hotelaria* todas as parcelas que integram o respectivo preço compõem a base de cálculo do ISS. Logo, não há falar em exclusão do valor relativo à hospedagem, uma vez que expressamente constante da lista de serviços anexa à LC n. 116/2003[107].

Embora a expressão "preço" – significando a remuneração pela prestação de serviços – não ofereça dificuldade para ser apurada mediante previsão contratual e indicação

105 BAPTISTA, Marcelo Caron. *ISS do Texto à Norma*. São Paulo: Quartier Latin, 2005, pp. 261-268.

106 REsp 1.212.026/MG, 2ª T., rel. Min. HERMAN BENJAMIN, j. 8-2-2011, *DJe* 2-3-2011.

107 STJ, Precedente: EDcl no REsp 885.014/RS, 2ª T., rel. Min. ELIANA CALMON, *DJe* 17-11-2009; e REsp 1.135.221/SC, rel. Min. MAURO CAMPBELL MARQUES, j. 23-11-2010, *DJe* 2-12-2010.

em nota fiscal, o fato é que nem todos os valores auferidos pelo prestador do serviço devem ser considerados para a quantificação do tributo.

Diversas quantias não mantêm conexão com a importância acordada como forma de remuneração de serviços, podendo tratar-se de simples recebimentos temporários ou ingressos de distinta natureza, uma vez que só pode ser considerado como receita aquele valor que integra o patrimônio do prestador.

É o caso das *agências de turismo* em que não podem ser considerados para cálculo do imposto os valores necessários à aquisição de passagens aéreas, estadias, hotéis, locação de veículos. As agências só devem recolher o ISS incidente sobre a respectiva comissão.

Nos serviços de *distribuição de filmes cinematográficos e videoteipes*, a base de cálculo deve ser o montante da comissão da empresa distribuidora (diferença entre o valor cobrado do exibidor e o que é entregue ao dono da película).

Na *exibição dos filmes* (salas de cinema) a base de cálculo é o valor do ingresso pago à exibidora. Para o consumidor pouco importam os custos do contribuinte, sejam com aluguel, pessoal ou com os produtores das películas. Os preços pagos pelo consumidor (ingressos), cujo somatório equivale ao faturamento bruto do contribuinte, correspondem à base de cálculo. A legislação (LC n. 116/2003) não prevê abatimento[108].

Nas *administrações de imóveis*, os valores pertinentes a alugueres, tributos e despesas de condomínio não podem ser calculados no cômputo do imposto.

Nas *atividades hospitalares*, a jurisprudência assentou que o "ISS incide sobre o valor dos serviços de assistência médica, incluindo-se neles as refeições, os medicamentos e as diárias hospitalares" (Súmula 274 do STJ).

Nas operações decorrentes do contrato de *seguro-saúde*, o STJ entende que o ISS não deve incidir sobre o valor bruto entregue à empresa que intermedeia a transação, mas sim pela comissão, ou seja, pela receita auferida sobre a diferença entre o valor recebido pelo contratante e o que é repassado para os terceiros, efetivamente prestadores dos serviços[109], que concerne aos valores percebidos pelas prestadoras de serviços de *agenciamento de mão de obra temporária*, o STJ decidiu o seguinte:

> 1. A empresa que agencia mão-de-obra temporária age como intermediária entre o contratante da mão de obra e o terceiro que é colocado no mercado de trabalho.
>
> 2. A intermediação implica o preço do serviço que é a comissão, base de cálculo do fato gerador consistente nessas "intermediações".
>
> 3. O implemento do tributo em face da remuneração efetivamente percebida conspira em prol dos princípios da legalidade, justiça tributária e capacidade contributiva.

108 STJ, REsp 1.139.610/SC, 2ª T., rel. Min. HERMAN BENJAMIN, j. 23-2-2010, *DJe* 4-3-2010.

109 EDcl no REsp 227.293/RJ, 1ª T., rel. p/ acórdão Min. FRANCISCO FALCÃO, j. 9-8-2005, *DJU* 1 19-9-2005, p. 184.

4. O ISS incide, apenas, sobre a taxa de agenciamento, que é o preço do serviço pago ao agenciador, sua comissão e sua receita, excluídas as importâncias voltadas para o pagamento dos salários e encargos sociais dos trabalhadores. Distinção de valores pertencentes a terceiros (os empregados) e despesas, que pressupõe o reembolso. Distinção necessária entre receita e a entrada para fins financeiro-tributários.

Precedentes do E. STJ acerca da distinção.

5. A equalização, para fins de tributação, entre o preço do serviço e a comissão induz a uma exação excessiva, lindeira à vedação ao confisco[110].

A *empresa de mão de obra temporária* pode encartar-se em duas situações, em razão da natureza dos serviços prestados[111]: (i) como intermediário entre o contratante da mão de obra e o terceiro que é o colocado no mercado de trabalho; (ii) como prestadora do próprio serviço, utilizando de empregados a ela vinculados mediante contrato de trabalho.

Na primeira hipótese, o ISS incide apenas sobre a taxa de agenciamento, que é o preço do serviço pago ao agenciador, sua comissão e sua receita, excluídas as importâncias voltadas para o pagamento dos salários e encargos sociais dos trabalhadores.

Na segunda situação, se a atividade de prestação de serviço de mão de obra temporária é prestada através de pessoal contratado pelas empresas de recrutamento, resta afastada a figura da intermediação, considerando-se a mão de obra empregada na prestação do serviço contratado como custo do serviço, despesa não dedutível da base de cálculo do ISS, como ocorre com os serviços prestados na forma da Lei n. 6.019/74.

No lucro obtido pela empresa de *factoring*, decorrente da diferença entre o preço pelo qual comprou o crédito e o preço recebido do devedor, não constitui base de cálculo do ISS, que deve incidir, unicamente, sobre o valor do serviço cobrado pela atividade de compra e venda de título financeiro[112].

Relativamente à *exploração de atividade de apostas turfísticas* (item 19 da lista anexa à LC n. 116/2003), o STF decidira que a base de cálculo concerne ao valor a ser remunerado pela prestação do serviço, sendo inconstitucional a tributação do valor total da aposta[113].

No cálculo do tributo, não devem ser incluídos os valores relativos a seguro, juros e quaisquer outras importâncias recebidas ou debitadas – como multas e indenizações –, pois tais verbas têm natureza jurídica diversa (financeira, ressarcitória) do respectivo preço contratual.

110 REsp 411.580/SP, 1ª T., rel. Min. LUIZ FUX, j. 8-10-2002, *DJU* 1 16-12-2002, p. 253.

111 STJ, REsp 1.138.205/PR, 1ª Seção, rel. Min. LUIZ FUX, *DJe* 1-2-2010.

112 STJ, REsp 998.566/RS, 1ª T., rel. Min. JOSÉ DELGADO, j. 22-4-2008, *DJe* 21-5-2008.

113 RE 634.764-RJ – Plenário – rel. Min. GILMAR MENDES – sessão de 8.6.2020 – Tema 700 de Repercussão Geral.

Nessa mesma situação, devem ser considerados os valores relativos a *descontos/abatimentos* (condicionais ou incondicionais), porque caracterizam diminuição do preço dos serviços e consequente redução da base de cálculo, tendo o STJ, entretanto, decidido que "o preço do serviço deve, pois, ser considerado o preço bruto, sem levar em consideração o desconto feito, pela liberalidade do prestador"[114].

Na prestação de serviços com pagamento do preço mediante a utilização de cartão de crédito, os acréscimos financeiros devem ser excluídos do cálculo do ISS, uma vez que o pagamento do preço dilatado no tempo constitui operação financeira, distinta da prestação de serviço, na esteira da diretriz jurisprudencial firmada no âmbito do ICMS[115].

A LC n. 116/2003 (art. 7º, § 2º, I) estabeleceu que não se inclui na base de cálculo o valor dos materiais fornecidos pelo prestador dos serviços previstos nos itens 7.02 e 7.05 da lista de serviços anexa (atividades de engenharia, construção civil), a saber:

> 7.02. Execução, por administração, empreitada ou subempreitada, de obras de construção, hidráulica ou elétrica e de outras obras semelhantes, inclusive sondagem, perfuração de poços, escavação, drenagem e irrigação, terraplenagem, pavimentação, concretagem e a instalação e montagem de produtos, peças e equipamentos (exceto o fornecimento de mercadorias produzidas pelo prestador de serviços fora do local da prestação dos serviços, que fica sujeito ao ICMS.

Entretanto, o STJ firmou a distinta postura:

> Tributário. ISS. Construção Civil. Materiais Utilizados. Subempreitadas. Base de Cálculo. Abatimento. Impossibilidade.
>
> 1. "A jurisprudência uniforme desta Corte é no sentido de que a base de cálculo do ISS é o custo integral do serviço, não sendo admitida a subtração dos valores correspondentes aos materiais, utilizados e às subempreitadas" (REsp 926.339/SP, rel. Min. Eliana Calmon, Segunda Turma, *DJU* de 11-5-2007).
>
> 2. Tanto o DL n. 406/68 como as Leis Complementares nºs. 56/87 e 102/2003 fixaram que o ISS incide sobre a totalidade dos serviços de construção civil, exceto sobre o fornecimento de mercadorias produzidas pelo próprio prestador dos serviços fora do local da prestação, que fica sujeito ao ICMS.
>
> 3. A tese de que não apenas os materiais produzidos pelo próprio prestador, mas também os adquiridos de terceiros, devem ser excluídos da base de cálculo do ISS não encontra respaldo no ordenamento jurídico, pois a regra legal que trata da incidência do ISS sobre serviços de construção civil é clara ao excluir apenas os materiais produzidos pelo próprio prestador fora do local onde são prestados os serviços.

---

114 REsp 12.468-0/SP, *DJU* 8-8-1994.

115 STF, RE 101.103-0-2, 2ª T., rel. Min. ALDIR PASSARINHO, j. 18-11-1988, *JSTF*, n. 127, p. 130-145; e Súmula 237, STJ.

> 4. A situação do prestador que fabrica seus produtos fora do canteiro de obras não pode ser equiparada à daquele que adquire materiais de terceiros para uso nas obras de construção civil. Os produtos fabricados pelo prestador estão sujeitos aos ICMS, razão por que não devem se sujeitar a uma nova incidência de ISS.
>
> Já os produtos adquiridos de terceiros, se não incluídos na base de cálculo do ISS pelo serviço de construção civil, ficariam imunes à tributação, somente sendo tributados na operação anterior, que não tem o construtor como contribuinte ou responsável tributário.
>
> 5. Assim, quando os materiais são produzidos pelo próprio prestador fora do local onde prestados os serviços, incide ICMS; quando os materiais são produzidos pelo prestador no canteiro de obras o quando são adquiridos de terceiros, como não há possibilidade de incidência do ICMS, devem ter seus valores mantidos na base de cálculo do ISS.
>
> 6. (...) subempreitada é denominação se oferece à empreitada menor, isto é, à empreitada secundária. Por meio de subempreitadas são executados trabalhos parcelados, contratados pelo empreiteiro construtor (...). Em referência ao ISS, é irrelevante saber se o empreiteiro maior executa pessoalmente a obra pactuada ou se incumbe a terceiros para realizá-la.
>
> Ambas as formas de serviços (empreitada maior ou empreitada menor) são alcançadas pelo ISS (Bernardo Ribeiro de Moraes *in* "Doutrina e Prática do Imposto sobre Serviços", Revista dos Tribunais, São Paulo, 1975).
>
> Agravo regimental não provido[116].

As sociedades que tenham como objeto a prestação de *serviços de marketing* não possuem direito à exclusão da base de cálculo do ISS dos valores recebidos a título de reembolso pelo pagamento de profissionais contratados inteiramente, a exemplo de serviços contratados de vigilância e de limpeza[117].

Ilegítima a incidência do ISS sobre o total das mensalidades pagas pelo titular do *plano de saúde* à empresa gestora, pois, em relação aos serviços prestados pelos profissionais credenciados, há a incidência do tributo, de modo que a nova incidência sobre o valor destinado a remunerar tais serviços caracteriza-se como dupla incidência de um mesmo tributo sobre uma mesma base imponível. Por tal razão, o valor repassado aos profissionais credenciados deve ser excluído da base de cálculo do tributo devido pela empresa gestora[118].

A legislação municipal, por vezes, dispõe que o imposto será calculado por *estimativa*, com base em dados declarados pelo contribuinte ou em outros elementos informativos, parcelando-se mensalmente o respectivo montante, para recolhimento no prazo e na forma previstos em regulamento.

---

116 AgRg no REsp 1.002.693/RS, 2ª T., rel. Min. CASTRO MEIRA, j. 25-3-2008, *DJe* 7-4-2008.

117 EDcl nos EDcl no AgRg no REsp 1.366.045/SP, 2ª T., rel. Min. HUMBERTO MARTINS, j. 13-8-2013, *DJe* 26-8-2013.

118 REsp 783.022/MG, 1ª T., rel. Min. DENISE ARRUDA, *DJe* 16-3-2009.

Findo o exercício civil ou o período da estimativa, serão apurados os preços efetivos dos serviços e o montante do tributo efetivamente devido pelo contribuinte (diferença entre a receita efetiva dos serviços e a receita estimada), que deverá ser recolhida.

O *compartilhamento de despesas* representa situação peculiar relativa ao rateio de custos e despesas de diversificada natureza (atividades jurídicas, telefonia, telecomunicações, limpeza, pessoal, transportes, material de escritório), que são suportadas por uma empresa, entidade, pessoa etc. (condômino, associado) centralizadora e que correspondem a efetivos reembolsos por parte dos demais envolvidos na situação.

Nesse particular, as sociedades de um grupo empresarial (ou ainda de grupos distintos), compartilhando de uma mesma área (*shopping center*) ou prédio – pela sistemática de rateio – concordam em usufruir em conjunto bens, estruturas, pessoal, utilidades etc., comprometendo-se a reparar a diminuição patrimonial incorrida pela empresa (condômino ou associado) líder, a fim de evitar o enriquecimento ilícito.

Tipifica-se o contrato de rateio em que todos os contratantes ajustam, entre si, a utilização comum de determinados departamentos ou utilidades, não se contrapondo deveres e obrigações, mediante comunhão de interesses, ajustamento mútuo de compartilhamento, distinto do contrato de prestação de serviços (neste, os interesses são opostos, embora complementares, como é o caso em que uma das partes pretende vender, e a outra, comprar)[119].

Oportuno trazer à colação o entendimento sufragado no âmbito trabalhista, no sentido de que "a prestação de serviços a mais de uma empresa do mesmo grupo econômico, durante a mesma jornada de trabalho, não caracteriza a coexistência de mais de um contrato de trabalho, salvo ajuste em contrário"[120].

O preço dos serviços poderá ser *arbitrado* quando ocorrerem as situações seguintes:

a) o sujeito passivo não exibir à fiscalização os elementos necessários à comprovação do respectivo montante;

b) quando houver fundada de suspeita de que os documentos fiscais não refletem o preço real dos serviços, ou quando o declarado for notoriamente inferior ao corrente na praça;

c) quando o sujeito passivo não estiver inscrito na repartição fiscal competente;

d) quando o sujeito passivo utilizar equipamento autenticador e transmissor dos documentos eletrônicos que não atendam aos requisitos legais.

No caso de *descontos* confira-se a postura jurisprudencial:

---

119 MARTINS, Natanael. O Contrato de Rateio de Despesas e suas Implicações Tributárias. In: SCHOUERI, Luiz Eduardo (coord.). *Direito Tributário*. Homenagem a Alcides Jorge Costa. São Paulo: Quartier Latin, 2003. v. II. p. 737-748.

120 Súmula 129, TST.

Tributário. Embargos de Declaração. Imposto sobre Serviços. Base de Cálculo. Desconto no Valor do Serviço Prestado Incondicionado.

1. Segundo o artigo 9. do DL n. 406/69, a base de cálculo do ISS é o valor do serviço prestado, entendendo-se como tal o correspondente ao que foi recebido pelo prestador.

2. Se o abatimento no preço do serviço fica condicionado a uma condição a cargo do tomador do serviço, tal desconto deve-se agregar à base de cálculo.

3. Diferentemente, se o desconto não é condicionado, não há base econômica imponível para fazer incidir o ISS sobre o valor não recebido pelo prestador.

4. O desconto incondicionado, concedido por liberalidade do prestador sem qualquer imposição, reduzirá o valor do serviço, com reflexo para o Fisco que, em decorrência da liberalidade, receberá menos tributo. Conforme reconhece a doutrina, se a base imponível é o valor recebido pelo prestador, nada pode ser feito, senão considerar como base de cálculo o valor do serviço com o abatimento (...)[121].

3.6. ALÍQUOTA

A Constituição estabelecera caber à lei complementar fixar as alíquotas máximas. Esta determinação implica antinomia constitucional, porque, se de um lado é atribuída competência ao legislador nacional (Congresso), de outro, ocorre interferência na autonomia municipal para instituir os tributos de sua competência, no que estaria compreendida a fixação de alíquotas de seus interesses.

Assim, a autonomia seria violada na medida em que a lei complementar viesse a estipular alíquotas sem nenhuma significação, impedindo que os Municípios obtivessem a adequada arrecadação e desenvolvessem suas peculiares atividades, como assegurado pela CF.

Excepcionalmente, a LC n. 100, de 22-12-1999 (art. 4º), estabelecera a alíquota máxima de 5% (cinco por cento) calculada sobre a parcela do preço relativo à atividade de exploração de rodovia envolvendo a execução de serviços de conservação, manutenção, melhoramentos para adequação de capacidade e segurança, de trânsito, operação, monitoração e assistência aos usuários.

A EC n. 37, de 12-6-2002, passou a dispor que competia à lei complementar fixar as alíquotas máximas e mínimas (modificação ao § 3º do art. 156, CF) e regular a forma e as condições como isenções, incentivos e benefícios fiscais serão concedidos e revogados (art. 88 das Disposições Transitórias). Dispusera que, enquanto não ocorrer a expedição da lei complementar, o imposto terá alíquota mínima de 2% (dois por cento), salvo para os serviços afetos à construção civil (itens 32, 33 e 34 da lista de serviços anexa à anterior LC n. 56/87).

121 EDcl no REsp 1.412.951/SP, 2ª T., rel. Min. ELIANA CALMON, j. 17-12-2013, *DJe* 7-12-2014.

A LC n. 116/2003 (art. 8º, II) estabeleceu a alíquota máxima de 5% (cinco por cento), sem excepcionar nenhuma espécie de serviço, e nada dispondo com relação à alíquota mínima.

A partir de 2004 (acrescido o período nonagesimal estabelecido pela EC n. 42/2003), os Municípios devem observar a alíquota máxima de 5%, e a mínima de 2% (esta não se aplicando aos serviços relativos à construção civil, previstos basicamente nos itens 7.02, 7.04 e 7.05 da lista anexa à LC n. 116/2003).

A LC n. 157/2016, dispôs que a alíquota mínima é de 2% (art. 8º-A), adstrita às normas seguintes:

> "§ 1º – O imposto não será objeto de concessão de isenções, incentivos ou benefícios tributários ou financeiros, inclusive de redução de base de cálculo ou de crédito presumido ou outorgado, ou sob qualquer outra forma que resulte, direta ou indiretamente, em carga tributária menor que a decorrente da aplicação da alíquota mínima estabelecida no *caput*, exceto para os serviços a que se referem os subitens 7.02, 7.05 e 16.01 da lista anexa a esta Lei Complementar.
>
> § 2º – É nula a lei ou o ato do Município ou do Distrito Federal que não respeite as disposições relativas à alíquota mínima prevista neste artigo no caso de serviço prestado a tomador ou intermediário localizado em Município diverso daquele onde está localizado o prestador do serviço.
>
> § 3º – A nulidade a que se refere o § 2º deste artigo gera, para o prestador do serviço, perante o Município ou o Distrito Federal que não respeitar as disposições deste artigo, o direito à restituição do valor efetivamente pago do Imposto sobre Serviços de Qualquer Natureza calculado sob a égide da lei nula".

Relativamente ao *trabalho pessoal* e às *sociedades uniprofissionais*, deveriam ser adotadas alíquotas fixas ou variáveis, em função da natureza do serviço ou de outros fatores pertinentes, nestes não compreendida a importância paga a título de remuneração do próprio trabalho (Dec.-Lei n. 406/68, art. 9º, § 1º).

Determinados serviços (médicos, contabilistas, advogados etc.), prestados por sociedades, ficavam sujeitos ao imposto calculada à alíquota em relação a cada profissional habilitado, sócios, empregado ou não, que prestassem serviços em nome da sociedade, embora assumindo responsabilidade pessoal, nos termos da lei aplicável (Dec.-Lei n. 406/68, art. 9º, § 3º).

A exigência do ISS, segundo um valor previamente estipulado, era criticada por não guardar consonância com a estrutura das normas de incidência, porque a base de cálculo deve fundamentar-se no princípio da capacidade contributiva, atrelado ao princípio da isonomia.

A questão foi solucionada pelo STF:

> CONSTITUCIONAL. TRIBUTÁRIO. ISS. SOCIEDADES PRESTADORAS DE SERVIÇOS PROFISSIONAIS. ADVOCACIA. DL n. 406/68, ART. 9º, §§ 1º E 3º, CF, ART. 151, III, ART. 150, II, ART. 145, § 1º.

I – O art. 9º, §§ 1º e 3º, do DL n. 406/68, que cuidam da base de cálculo do ISS, foram recebidos pela CF/88: CF/88, art. 146, III, *a*.

Inocorrência de ofensa ao art. 151, III, art. 34, ADCT/88, art. 150, II e 145, § 1º, CF/88.

II – RE conhecido[122].

O STF firmou a diretriz seguinte:

"Os §§ 1º e 2º do art. 9º do DL n. 406/68 foram recebidos pela Constituição"[123].

A postura judicial decorrera do entendimento de que as mencionadas regras (art. 9º, §§ 1º e 3º do DL n. 406/68) não configuram isenção, dispondo sobre base de cálculo do ISS, e que, na forma do art. 146, III, *a*, cabe à lei complementar estabelecer normas gerais em matéria de legislação tributária, especialmente sobre bases de cálculo dos impostos. No caso, o DL n. 406/68 fora recebido como lei complementar[124], incidindo a regra do § 5º, do art. 34, do ADCT, guardando compatibilidade com a vigente Constituição.

A LC n. 116/2003 (art. 10) revogou preceito legal (V do art. 3º do Dec.-Lei 834/69), que dispunha sobre a diferenciada tributação das sociedades uniprofissionais. Assim, a partir de 2004 (acrescido o período nonagesimal) – mediante expedição de lei ordinária –, os Municípios passariam a cobrar o ISS das *sociedades uniprofissionais*, mediante a estipulação de alíquotas com limites específicos.

Esta situação não seria tranquila sob a assertiva de que o art. 10 da LC n. 116/2003 não revogou expressamente o art. 9º do Decreto-Lei n. 406/68, mas distintos preceitos (arts. 8º, 10, 11 e 12).

Por outro lado, existiria fundamento para se entender que as regras pertinentes à prestação de serviços sob a forma de trabalho pessoal do próprio contribuinte deveriam permanecer sob a sistemática legal anterior, porque não fora expressamente revogado o preceito atinente à quantificação do imposto (art. 9º, § 1º, do Dec.-Lei n. 406/68).

Não se vislumbraria incompatibilidade (da LC n. 116/2003) com o regramento da referida situação (contida no DL n. 406/68), e nem regulação integral do imposto, considerando-se a diretriz da Lei de Introdução ao Código Civil anterior, denominação alterada pela Lei n. 12.376, de 30-12-2010, passando a denominar-se Lei de Introdução às Normas do Direito Brasileiro (§ 1º, art. 2º, DL n. 4.657/42), porque, simplesmente, a LC n. 116/2003 fora omissa, não havendo que se cogitar de revogação tácita.

Não se trataria de manifesto conflito das leis no tempo, porque a norma anterior (natureza especial) harmoniza-se com a norma posterior (natureza geral).

---

122 RE 236.604-7/PR, Pleno, rel. Min. CARLOS VELLOSO, j. 26-5-1999, *DJU* 1 6-8-1999, p. 52.

123 Súmula 663, STF.

124 Pleno, j. 23.2.94, *RTJ*, n. 152/996.

O STJ decidiu que "o art. 9º, §§ 1º e 3º, do Decreto-Lei n. 406/68, que dispõe acerca da incidência do ISS sobre as sociedades civis uniprofissionais, não foi revogado pelo art. 10 da Lei n. 116/2003"[125].

Considerando que o STF afastara a imunidade pretendida pelos tabeliães e cartórios (ADIn 3.089/DF), o STF passou a entender que a prestação de *serviços de registros públicos* (cartórios e notarial) não se enquadram no regime especial previsto no art. 9º, § 1º, do Decreto-Lei n. 406/68. Considerara a manifesta finalidade lucrativa, e o fato de que não há a prestação do serviço sob a forma de trabalho pessoal do próprio contribuinte, especialmente pelo fato de que o art. 236 da CF/88 e a legislação que o regulamenta permitem a formação de uma estrutura economicamente organizada, assemelhando-se ao próprio conceito de empresa[126].

Para fazer jus ao regime tributário mais favorável da tributação, em percentual fixo, a *sociedade simples* não deve ter feição empresarial e os sócios devem responder pessoalmente pela regularidade da prestação de serviço[127].

O STJ proferira decisões relativas a específicas *sociedades profissionais*, a saber:

> "Ementa.
>
> Tributário. ISS. Sociedades Profissionais.
>
> 1. As sociedades profissionais de prestação de *serviços contábeis* não têm direito ao privilégio previsto no art. 9º, § 3º, do DL n. 406/68, quando não desenvolvem suas atividades por meio de profissionais autônomos e de forma individualizada.
>
> 2. Se a sociedade presta serviços em seu nome de modo generalizado, descaracterizada a maneira pessoal do trabalho do profissional, está obrigada ao pagamento do ISS.
>
> 3. Panorama processual revelador de que não há prestação de serviços individualizados e com responsabilidade pessoal de cada profissional"[128].

Objeta-se referida postura pelas circunstâncias seguintes: (i) a responsabilidade dos sócios é pessoal; (ii) a natureza de sociedade simples e não de sociedade empresária; (iii) a irrelevância da estrutura administrativa da sociedade para a caracterização da sociedade simples (em contraposição à sociedade com caráter empresarial); (iv) a participação da sociedade em outras empresas não descaracteriza a sociedade simples.

> "Ementa.
>
> Tributário. Recurso Especial. ISS. Base de Cálculo. *Sociedade de Advogados*.

125 REsp 713.752/PB, 2ª T., rel. Min. JOÃO OTÁVIO NORONHA, j. 23-5-2006, *DJU* 1 18-8-2006, p. 371.

126 REsp 1.328.384/RS, 1ª Seção, rel. Min. MAURO CAMPBELL MARQUES, j. 4-2-2013, *DJe* 29-5-2013.

127 REsp 1.189.561/PR, 1ª T., rel. Min. ELIANA CALMON, j. 9-11-2010, *DJe* 30-8-2010.

128 RMS 6.136/CE, 95/0042978-0, 1ª T., rel. Min. JOSÉ DELGADO, j. 22-9-1998, *DJU* 1 23-11-1998, p. 117-118.

(...)

2. O art. 16 da Lei n. 8.906/94 (Estatuto da Advocacia) permite concluir que as sociedades de advogados, qualquer que seja o respectivo contrato social, caracterizam-se como sociedades uniprofissionais. O dispositivo proíbe que essas entidades realizem 'atividades estranhas à advocacia', ou incluam em seus quadros 'sócio não inscrito como advogado ou totalmente proibido de advogar'.

3. Os profissionais que compõem os quarós de uma sociedade de advogado prestam serviços em nome da sociedade, embora sob responsabilidade pessoal. Essa conclusão é possível diante a leitura do art. 15, § 3º, da Lei n. 8.906/94, segundo o qual 'as procurações devem ser outorgadas individualmente aos advogados e indicar a sociedade que façam parte', do art. 17 que fixa a responsabilidade pessoal e ilimitada do sócio pelos danos causados aos clientes por ação ou omissão no exercício da advocacia; bem como do art. 18, do mesmo diploma legal, que estabelece que a 'relação de emprego, na qualidade de advogado, não retira a isenção técnica nem reduz a independência profissional inerentes à advocacia'.

4. O art. 16 da Lei n. 8.906/94 espanca qualquer dúvida acerca da natureza não empresarial das sociedades de advogados. Segundo a previsão normativa, não serão admitidas a registro, nem poderão funcionar 'as sociedades de advogados que apresentem formas ou características de mercantis'.

5. Tranquila a conclusão de que a sociedade civil de advocacia, qualquer que seja o conteúdo de seu contrato social, goza do tratamento tributário diferenciado previsto no art. 9º, §§ 1º e 3º, do Decreto-lei n. 406/68, já que são necessariamente uniprofissionais, não possuem natureza mercantil, sendo pessoal a responsabilidade dos profissionais nela associados ou habilitados (...)"[129].

O STF firmou os entendimentos seguintes:

"EMENTA: CONSTITUCIONAL. TRIBUTÁRIO. ISS. SOCIEDADES PRESTADORAS DE SERVIÇOS PROFISSIONAIS. ADVOCACIA. DL N. 406/68, artigo 9º, §§ 1º e 3º. C.F, artigo 151, III, artigo 150, II, artigo 145, § 1º.

I. O artigo 9º, §§ 1º e 3º, do DL n. 406/68, que cuidam da base de cálculo do ISS, foram recebidos pela CF/88, artigo 146, III, *a*. Inocorrência de ofensa ao artigo 151, III, artigo 34, DCT/88, artigo 150, II e 145, § 1º, CF/88.

II. R.E. não conhecido"[130].

"EMENTA: CONSTITUCIONAL. TRIBUTÁRIO. ISS. SOCIEDADE PRESTADORA DE SERVIÇOS PROFISSIONAIS: BASE DE CÁLCULO. D.L. 406, de 1968, artigo 9º, §§ 1º e 3º. C.F, artigo 150, § 6º, redação da EC n. 3, de 1993.

I. – As normas inscritas nos §§ 1º e 3º, do artigo 9º, do DL n. 406, de 1968, não implicam redução da base de cálculo do ISS de serviços distintos, no rumo estabelecido no *caput* do

129 REsp 124.908/GO, 97/0020299-2, rel. Min. FRANCISCO PEÇANHA MARTINS, *DJU* 18-11-2002.

130 RE 236.604-7/PR, Plenário, rel. Min. CARLOS VELLOSO, j. 26-5-1999.

artigo 9º. Inocorrência de revogação pelo artigo 150, § 6º, da CF, com a redação da EC n. 3, de 1993.

II. – Recepção, pela CF/88, sem alteração pela EC n. 3, de 1993 (CF, artigo 150, § 6º), do artigo 9º, §§ 1º e 3º, do DL n. 406/68.

III. – R.E. não conhecido"[131].

Em época mais recente (2013), o STJ ratificara a diretriz seguinte:

TRIBUTÁRIO E PROCESSUAL CIVIL. ISS. ART. 9º, § 3º DO DECRETO LEI N. 406/68. *SOCIEDADE DE ADVOGADOS*, CARÁTER EMPRESARIAL. INEXISTÊNCIA.

POSSIBILIDADE DE RECOLHIMENTO DO ISS SOBRE ALÍQUOTA FIXA. CONCLUSÃO DO TRIBUNAL BASEADA EM FATOS E PROVAS DOS AUTOS. IMPOSSIBILIDADE DE ANÁLISE. ÓBICE DAS SÚMULAS N. 5 E 7/71.

1. "Admitida a manutenção do regime de tributação privilegiada após a entrada em vigor da Lei Complementar n. 116/2003, nos termos da jurisprudência desta Corte Superior, que sedimentou compreensão de que o art. 9º, §§ 1º e 3º, do Decreto-Lei n. 496/68, o qual trata da incidência do ISSQN sobre sociedades uniprofissionais por alíquota fixa, não foi revogado pela Lei Complementar n. 116/2003, quer de forma expressa, quer tácita, não existindo nenhuma incompatibilidade. Precedentes. (AgRg no AgRg no REsp 1013002/RS, rel. Min. Benedito Gonçalves, Primeira Turma, *DJe* 18-3-2009).

2. Para que exista o direito à base de cálculo diferenciada do ISS, nos termos do art. 9º, § 3º do Decreto-lei n. 406/68, necessário que a prestação dos serviços seja em caráter personalíssimo e que não haja estrutura empresarial. Precedente: EREsp 866.286/ES, rel. Min. Hamilton Carvalhido, Primeira Seção, *DJe* 20-10-2010 (...)"[132].

Examinando os possíveis reflexos originários de novas regras estabelecidas pela LC n. 157/2016, em face da sistemática de recolhimento do ISS, o eminente Ives Gandra da Silva Martins elaborou erudito parecer jurídico a pedido da OAB/SP, IASP e do CESA[133], firmando conclusões a seguir sintetizadas:

a) os profissionais da advocacia sejam integrantes de Sociedade de Advogados ou não, sempre tiveram tributação especial, em relação ao ISSQN, mediante tributação fixa para cada profissional e para a sociedade, em valores estabelecidos pela lei municipal, exatamente pela relevância da natureza jurídica do trabalho exercido, necessário à justiça e à sociedade, não podendo ter tratamento jurídico como se fosse sociedade empresarial, de natureza mercantil;

b) a tributação que considera o preço do serviço é feita para sociedades empresárias com objetivos mercantis, e profissionais autônomos que prestam serviços descritos no

131 RE 220.323-3/MG, Plenário, rel. Min. CARLOS VELLOSO, j. 26-5-1999.

132 AgRg no REsp 12.490/PB, 1ª T., rel. Min. SÉRGIO KUKINA, j. 10-9-2013, *DJe* 17-9-2013.

133 Em: <informativo@migalhas.com.br>.

rol de serviços da Lista Anexa à LC n. 116/2003, com objetivos de mercancia, pela venda dos serviços prestados, com objetivos econômicos;

c) a diferença entre as sociedades simples e as sociedades empresárias não está no fato de uma possuir finalidade lucrativa e a outra não, mas em seu objeto social;

d) a sociedade de advogados não se assemelha a qualquer sociedade de prestação de serviços de natureza não comercial, pois, sem advogados, não há possibilidade nem de o *parquet* nem de o Poder Judiciário atuar, sendo seu serviço essencial;

e) o § 1º da LC n. 157/2016 é dirigido às Prefeituras, estabelecendo normas gerais de Direito Tributário, fixando limites para tributação do ISSQN, com o objetivo de acabar com a "guerra fiscal", evitando que determinado Município ofereça vantagens cobrando imposto com alíquotas menores;

f) o preceito mencionado não se aplica às Sociedades de Advogados, que estão subordinados ao Estatuto da Advocacia estabelecido pela Lei n. 8.906/64, em razão de sua natureza jurídica de "múnus público"; e, por exercer função social, a Advocacia foi reconhecida pela Constituição de 1988, como indispensável à administração da justiça (artigo 133);

g) desde o Decreto-Lei n. 406/68 (artigo 9º, §§ 1º e 3º), sempre tiveram tratamento especial quanto ao recolhimento do ISSQN, por seu caráter não empresarial reconhecido por nossos Tribunais Superiores, sem que represente isenção ou ofensa ao princípio da isonomia, conforme RE 236.604-7/PR e RE 220.323-3/MG.

O STF (em 2019) pontificou o seguinte:

> RECURSO EXTRAORDINÁRIO. REPERCUSSÃO GERAL. DIREITO TRIBUTÁRIO. IMPOSTO SOBRE SERVIÇOS DE QUALQUER NATUREZA – ISSQN. BASE DE CÁLCULO. LEI COMPLEMENTAR NACIONAL. SOCIEDADE DE PROFISSIONAIS. ADVOGADOS. COMPETÊNCIA TRIBUTÁRIA DE MUNICÍPIO. REGIME DE TRIBUTAÇÃO FIXA. NATUREZA DO SERVIÇO. REMUNERAÇÃO DO LABOR. DECRETO-LEI 405/1968 (*sic*). RECEPÇÃO. LEI COMPLEMENTAR 7/1973 DO MUNICÍPIO DE PORTO ALEGRE. CONFLITO NEGATIVO. ISONOMIA TRIBUTÁRIA.
>
> 1. A jurisprudência do STF se firmou no sentido da recepção do Decreto-Lei 406/68 pela ordem constitucional vigente com *status* de lei complementar nacional, assim como pela compatibilidade material da prevalência do cálculo do imposto por meio de alíquotas fixas, com base na natureza do serviço, não compreendendo a importância paga a título de remuneração do próprio labor. Precedente: RE 220.323, de relatoria do Ministro Carlos Velloso, Tribunal Pleno, *DJ* 18.05.2001.
>
> 2. É inconstitucional lei municipal que disponha de modo divergente ao DL 406/1968 sobre base de cálculo do ISSQN por ofensa direta do art. 146, III, *a*, da Constituição da República.
>
> 3. Reduziu-se o âmbito de incidência e contrariou-se o comando da norma prevista no art. 9º, §§ 1º e 3º, do Decreto-Lei 406/1968, por meio do código tributário porto-alegrense.

Logo, há inconstitucionalidade formal em razão da inadequação de instrumento legislativo editado por ente federativo incompetente, nos termos do art. 146, III, *a* do Texto Constitucional.

4. Fixação de Tese Jurídica ao Tema 918 do sistema de repercussão geral: "É inconstitucional lei municipal que estabelece impeditivos à submissão de sociedades profissionais de advogados ao regime de tributação fixa em bases anuais na forma estabelecida por lei nacional".

5. Recurso extraordinário a que se dá provimento, com a declaração incidental de inconstitucionalidade dos arts. 20, § 4º, II, da Lei Complementar 7/73, e 49, IV, §§ 3º e 4º, do Decreto 15.416/2006, ambos editados pelo Município de Porto Alegre[134].

Perspicaz a observação de que "a Constituição Federal nem a lei complementar nacional preveem ou recomendam *expressamente* a alíquota seletiva para o ISS, ficando a cargo da Política Tributária Municipal a adoção, ou não, da seletividade para atender políticas de índole ambiental, assistencial, urbanística, educacional, econômica, social, etc."[135].

Nesse sentido, os autores sugerem *exemplos* de previsão de alíquotas seletivas do ISS; "a) serviços de construção de casas populares no âmbito do Programa Minha Casa, Minha Vida; b) serviços tomados pela própria Prefeitura; c) serviços prestados por cooperativas, associações ou clubes; d) serviços tomados por igrejas; e) empresas instaladas em distrito industrial ou alguma região da cidade; f) serviços de saúde prestados no âmbito do SUS, etc."[136].

3.7 ASPECTO TEMPORAL

Os fatos imponíveis ocorrem em um determinado momento, que deve ser claramente fixado pelo legislador porque, nesse preciso instante, nasce o direito subjetivo para a pessoa de direito público, e, correlatamente, uma obrigação para o sujeito passivo.

A classificação dos fatos como *instantâneos* (ocorrência mediante a prática de um simples ato); *continuados* (permanência ao longo de um determinado lapso de tempo); *periódicos* (repetidos); e *compostos* (abrangência de diversos elementos para sua formação), não traz proveito em termos de estrutura de norma tributária. A incidência ataca unicamente o resultado de uma situação, estado, operação, serviço, que – enquanto não verificado – não faz eclodir o tributo, desencadeando os efeitos que lhe são pertinentes.

Tratando-se de ISS, impõe-se a irrestrita obediência ao seu elemento material ("prestação de serviços"), nada interessando os aspectos meramente negociais ou do-

134 RE 940.769-RS – Plenário – rel. Min. EDSON FACHIN – sessão de 24.4.2019.

135 PAULSEN, Leandro; MELO, Omar Augusto Leite. *ISS, CF, LC 116 Comentadas*. São Paulo: SaraivaJur, 2021, p. 370.

136 PAULSEN, Leandro; MELO, Omar Augusto Leite, *ISS...*, p. 370.

cumentais. Somente com a efetiva realização (conclusão ou medição por etapas) dos serviços, é que ocorre o respectivo fato gerador tributário com a verificação do seu aspecto temporal.

O simples *instrumento contratual* representa o mero dever de ser prestado um determinado serviço que, embora venha a ter implicações no âmbito privado (exclusiva relação entre prestador e tomador do serviço), não pode representar nenhum reflexo tributário.

É o que contém do julgado seguinte:

> *Tributário. Imposto sobre Serviços. Contrato de construção celebrado com autarquia que se transformou em empresa pública.* Não é o momento da celebração do contrato que conta para a incidência, mas o da prestação dos serviços ao dono da obra[137].

A *celebração do contrato* tem seus efeitos limitados às partes envolvidas. Para que ocorra a incidência do tributo não se considera a sua celebração do contrato, o *pagamento* ou o *negócio jurídico*, mas a efetiva prestação do serviço, pouco importando que a legislação se refira simplesmente à "prestação de serviços", e não à "efetiva prestação de serviços"[138].

Os *recebimentos antecipados* de valores contratuais também não constituem obrigação tributária, porque o signo presuntivo de riqueza (capacidade econômica) não guarda correspondência com a efetiva prestação de serviços. Mesmo que já se verifique a capacitação técnica e profissional para a execução dos serviços, inocorre o aspecto temporal porque não se tributa a mera potencialidade.

Ressalte-se que "em algumas atividades é comum o prestador de serviço receber sua retribuição antes mesmo da execução, como é o caso, por exemplo, das reservas hoteleiras (subitem 9.01), das matrículas escolares (8.01), e dos valores adiantados pelos formandos às empresas de organização de formaturas (17.11). Tal antecipação do pagamento, em regra, não tem o condão de abreviar o momento de ocorrência ao ISS, que requer a prestação do serviço e a consequente aquisição definitiva do direito ao preço do serviço. Com efeito, o ISS não incide sobre o pagamento do preço do serviço (obrigação de dar; contraprestação do tomador do serviço), mas sim sobre a prestação do serviço (obrigação de fazer do prestador)"[139].

Pertinentes os arestos seguintes:

> *"ISS. Representação comercial. Incidência sobre subvenções provenientes do exterior. Inadmissibilidade. Fato gerador inexistente. Crédito por conta de serviços futuros. Irrelevância do momento do pagamento. Débito fiscal anulado. Inteligência dos arts. 8º e 9º, do Decreto-lei n. 406/1968"*[140].

137 AgR ED 84.008-DF, 2ª T., rel. Min. DÉCIO MIRANDA, j. 11.12.1981, *DJU* 12.2.1982.

138 REsp 51284-SP, 2ª T., rel. Min. CASTRO MEIRA, j. 27.4.2004, *DJU* 1 de 23.8.2004, p. 156.

139 PAULSEN, Leandro; MELO, Augusto. *ISS* ..., p. 139.

140 1º TACSP, AC 416.644-77, 7ª Câm., j. 6.3.1990, *RT* 653/123.

> "*ISS. Exigibilidade.*
>
> A exigibilidade do ISS, uma vez ocorrido o fato gerador – que é a prestação do serviço – não está condicionada ao adimplemento da obrigação de pagar-lhe o preço, assumida pelo tomador dele: a conformidade da legislação tributária com os princípios constitucionais da isonomia e da capacidade contributiva não pode depender do prazo de pagamento concedido pelo contribuinte a sua clientela"[141].

Elementos documentais, por si só, não têm nenhuma consonância com a efetivação dos serviços, como é o caso da emissão de recibos (em razão de valores auferidos antecipadamente), e de notas fiscais, a respeito das quais já se ponderou o seguinte:

> "A exigibilidade do ISS, pelo fisco municipal de Curitiba, a partir da extração da nota fiscal, além de ferir o princípio da capacidade contributiva fere o princípio constitucional da cobrança do tributo com efeito de confisco (art. 150, IV, da Constituição Federal) no caso em que a remuneração devida pela prestação do sujeito passivo não seja paga pelo tomador do serviço[142].

Os serviços realizados em único momento (*execução imediata ou instantânea*) não oferecem maior dificuldade no tocante à fixação do instante em que ocorre o fato gerador do ISS. É o caso do serviço de pronto-socorro, do tradutor, do leiloeiro, da revelação de fotografias, dentre outros.

No entanto, o problema para precisar o exato momento da incidência ocorre naqueles serviços que implicam *execução continuada* (*prestação por etapas*), que têm (ou não têm) condição de serem apurados periodicamente.

Na prestação de serviços de construção civil o contrato pode compreender "etapas físicas determinadas: apresentação do projeto; movimento de terra; conclusão dos alicerces; levantamento da alvenaria; ou quaisquer outras, dependendo do tipo de obra que vai ser executado"[143].

Quando uma empresa contrata os serviços de empreitada de pavimentação de estrada, que se desenvolve ao longo de um período de tempo, o aspecto temporal do ISS não será considerado apenas ao final da obra se a atividade for objeto de *medição por etapas* (a cada pavimentação de tantos quilômetros será devida uma parcela do preço do serviço), com alocação dos respetivos valores dos contratos.

Os denominados *serviços de trato sucessivo* decorrem de uma contratação básica (principal), com estipulação de períodos significativos de tempo, e execução de serviços específicos, verificando-se o seguinte:

---

141 Ag (AgR) 228.337-3 – rel. Min. SEPÚLVEDA PERTENCE, Informativo de 23.2.2000, p. 7.

142 GRUPENMACHER, Betina Treiger. ISS – Momento em que se torna devido, *RDT* 61/161.

143 GONÇALVES, Gilberto Rodrigues. *ISS na Construção Civil*. São Paulo: RBB, 1998, p. 97.

não há uma prestação de serviço tributariamente relevante, diretamente subsumível do contrato mãe. Assim, pode-se imaginar exemplo de contrato principal de "assistência técnica" com prazo de duração de um não, prevendo as condições gerais que nortearão a conduta das partes para, quando o desejarem, realizarem contratos específicos. Cada atividade de prestação de serviço, isoladamente considerada, corresponderá a um fato imponível do ISS[144].

Nos serviços de conservação de máquinas e aparelhos industriais, contratados por um período de 24 meses, e com pagamentos mensais, o lançamento do ISS deverá ocorrer ao final de cada mês em razão da execução de *serviços periódicos*, não se podendo cogitar de uma manutenção que somente estaria concluída após o decurso de dois anos.

Não há que se confundir o serviço de manutenção de elevadores (contratação anual, com pagamentos a cada 30 dias), sujeito à incidência do ISS ao final de cada mês, com o serviço de conserto de elevadores (estipulado contratualmente para um período anual, com pagamentos mensais), sujeito ao ISS somente após a conclusão dos serviços.

Inaceitável a determinação legal de ser recolhido o ISS antecipadamente à prestação de serviço, mesmo na hipótese de ser inequívoca a proximidade de sua ocorrência, e ainda que se pondere estar indissociável do fato imponível.

A jurisprudência assentou o entendimento seguinte:

> "1) o fato gerador do ISS reside na efetiva prestação de serviço, definido em lei complementar constante da Lista de Serviços anexa ao Decreto-lei n. 406/1968.
>
> 2) em se tratando de ISS incidente sobre *diversões públicas*, o fato imponível se configura no momento da venda do ingresso ao consumidor, pelo que ilegítima a antecipação do recolhimento, quando da chancela prévia dos bilhetes pelo município"[145].

Embora seja forte o argumento de que a venda de ingressos pressuponha a ocorrência dos aludidos serviços, é possível que as diversões públicas nem venham a ser realizadas pelos mais variados motivos (cancelamento, interdição do estabelecimento etc.), situação em que o tributo recolhido não estaria embasado em concreta prestação dos mencionados serviços.

O regime de *estimativa*, previsto em legislação ordinária, implica a exigência do imposto quando o volume ou a modalidade de prestação de serviço aconselha, a critério da Administração, tratamento fiscal mais simples e adequado, com base em dados declarados pelo contribuinte ou em outros elementos informativos apurados pelo Fisco.

---

144 JUSTEN FILHO, Marçal. ISS no tempo e no espaço. *RDDT* 2/60.

145 REsp 4.962-0-SP – 1ª T., rel. Min. GOMES DE BARROS, j. 17.8.1994, *DJU* 1 de 19.9.1994.

3.8 OBRIGAÇÕES ACESSÓRIAS

Consiste em atribuição de deveres aos administrados (contribuintes, responsáveis etc.), relativos à emissão de notas fiscais, escrituração de livros, prestação de informações, e não causar embaraço à fiscalização, com o objetivo fundamental de serem registrados e documentados fatos que tenham, ou possam ter, implicação tributária.

A legislação dispõe sobre a obrigatoriedade de inscrição no Cadastro de Pessoa Física (CPF), disciplinado pela Instrução Normativa RFB n. 2.172, de 9-1-2024 (com atualizações); e no Cadastro Nacional de Pessoa Jurídica (CNPJ), regulado pela Instrução Normativa RFB n. 2196, de 6-12-2022 (com atualizações).

A LC n. 175, de 23-9-2020, dispôs sobre o padrão nacional de obrigação acessória do ISS, incidente sobre os serviços previstos nos subitens 4.22, 4.23, 5.09, 15.01 e 15.09, da lista de serviços anexa à LC n. 116/2003.

Estabelece que o ISS devido em razão dos serviços acima referidos será apurado pelo contribuinte, e declarado por meio de sistema eletrônico de padrão unificado em todo o território nacional, sendo desenvolvido pelo contribuinte, individualmente, ou em conjunto com outros contribuintes sujeitos às disposições desta Lei Complementar, e seguirá leiautes e padrões definidos pelo Comitê Gestor das Obrigações Acessórias do ISSQN (CGOA), nos termos dos arts. 9º e 11 da mencionada LC.

O contribuinte deverá franquear aos Municípios e ao Distrito Federal acesso mensal, e gratuito, ao sistema eletrônico de padrão unificado utilizado para cumprimento da obrigação acessória padronizada.

No caso de sistema eletrônico de padrão unificado ser desenvolvido em conjunto por mais de um contribuinte, cada contribuinte acessará o sistema exclusivamente em relação às suas próprias informações.

O contribuinte do ISS declarará as informações objeto da obrigação acessória de forma padronizada, exclusivamente por meio do sistema eletrônico, até o 25º (vigésimo quinto) dia do mês seguinte ao de ocorrência dos fatos geradores. A falta de declaração sujeitará o contribuinte às disposições da respectiva legislação.

Cabe aos Municípios e ao Distrito Federal fornecer as seguintes informações diretamente no sistema eletrônico do contribuinte, conforme definições do CGOA:

I – alíquotas conforme o período de vigência, aplicadas aos serviços referidos;

II – arquivos da legislação vigente no Município ou Distrito Federal que versem sobre os serviços referidos;

III – dados do domicílio bancário para recebimento do ISS.

É vedado aos Municípios e ao Distrito Federal, ressalvadas as hipóteses previstas na LC n. 175/2020, a imposição a contribuintes não estabelecidos em seu território de qualquer outra obrigação acessória com relação aos serviços referidos, inclusive a exigência de inscrição nos cadastros municipais e distritais, ou de licenças e alvarás de abertura de estabelecimentos nos respectivos Municípios e no Distrito Federal.

A emissão, pelo contribuinte, de notas fiscais dos referidos serviços pode ser exigida, nos termos da legislação de cada Município e do Distrito Federal, exceto para os serviços descritos nos subitens 15.01 e 15.09, que são dispensados da emissão de notas fiscais.

O ISS, de que trata a LC n. 175/2020, será pago até o 15º (décimo quinto) dia do mês subsequente ao de ocorrência aos fatos geradores, exclusivamente por meio de transferência bancária, no âmbito do Sistema de Pagamentos Brasileiros (SPB), ao domicílio bancário informado pelos Municípios e pelo Distrito Federal.

É vedada a atribuição, a terceira pessoa, de responsabilidade pelo crédito tributário relativa aos serviços referidos, permanecendo a responsabilidade exclusiva do contribuinte.

Compete ao CGOA regular a aplicação do padrão nacional da obrigação acessória dos serviços referidos.

O ISS será atualizado pela taxa referencial do Sistema Especial de Liquidação e de Custódia (Selic) para títulos federais, a partir do 1º (primeiro) dia do mês subsequente ao mês de seu vencimento normal, até o mês anterior ao do pagamento, e pela taxa de 1% (um por cento) no mês de pagamento.

3.9. SUBSTITUIÇÃO PELO IBS

O ISS será substituído pelo Imposto sobre Bens e Serviços (IBS), observadas as regras básicas previstas na Emenda Constitucional n. 132, promulgada em 20-12-2023.

> Art. 128. De 2029 a 2032 as alíquotas dos impostos previstos nos arts. 155, II, e 156, III (ISS), da Constituição Federal, serão fixadas nas seguintes proporções das alíquotas fixadas nas respectivas legislações:
>
> I – 9/10 (nove décimos), em 2029;
>
> II – 8/10 (oito décimos), em 2030;
>
> III – 7/10 (sete décimos), em 2031;
>
> IV – 6/10 (seis décimos), em 2032.
>
> § 1º Os benefícios ou incentivos fiscais ou financeiros relativos aos impostos previstos nos arts. 155, II, e 156, III, da Constituição Federal não alcançados pelo disposto no *caput* deste artigo serão reduzidos na mesma proporção.
>
> (...)
>
> § 3º Ficam mantidos em sua integralidade, até 31 de dezembro de 2032, os percentuais utilizados para calcular os benefícios ou incentivos fiscais ou financeiros já reduzidos por força da redução das alíquotas, em decorrência do disposto no *caput*.

A partir de 2033 ficará extinto o ISS (art. 129), com sua plena revogação (art. 22, II, *a*, do Ato das Disposições Transitórias).

Parte 4

IMPOSTO ESTADUAL MUNICIPAL

José Eduardo Soares de Melo

Capítulo 1

Imposto sobre Bens e Serviços (IBS)

A Emenda Constitucional n. 132, promulgada em 20 de dezembro de 2023, introduziu preceito na CF (art. 156-A) dispondo que lei complementar instituirá o imposto sobre bens e serviços, que conterá legislação única em todo o território nacional (art. 156, *caput*, e IV), exceto no que concerne à fixação de alíquota, que competirá a cada ente federativo.

O Presidente da República, em 16-1-2025, sancionou a Lei Complementar n. 214, que institui o Imposto sobre Bens e Serviços (IBS), a Contribuição Social sobre Bens e Serviços (CBS) e o Imposto Seletivo (IS), cria o Comitê Gestor do IBS e altera a legislação tributária.

1.1. PRINCÍPIO DA NEUTRALIDADE

> *Art. 2º O IBS e a CBS são informados pelo princípio da neutralidade, segundo o qual esses tributos devem evitar distorcer as decisões de consumo e de organização da atividade econômica, observadas as exceções previstas na Constituição Federal e nesta Lei Complementar.*

Até então inexistia previsão expressa sobre a obrigação e a aplicação da "neutralidade", mas apenas considerações de natureza econômica em razão de a EC n. 42/2003 haver introduzido na CF o preceito seguinte:

> Art. 146. A Lei Complementar poderá estabelecer critérios especiais de tributação, com o objetivo de prevenir desequilíbrios da concorrência, sem prejuízo da competência de a União, por lei, estabelecer normas gerais de igual objetivo.

Posições distintas foram firmadas com relação à implicação do princípio no âmbito tributário:

> Neutralidade Tributária não significa a interferência do tributo sobre a economia, mas, em acepção mais restrita, neutralidade da tributação em relação à Livre Concorrência, visando

a garantir um ambiente de igualdade de condições competitivas, reflexo de neutralidade concorrencial do Estado.

Em termos práticos, a Neutralidade Tributária significa que produtos em condições similares devem estar submetidos à mesma carga fiscal[1].

A neutralidade melhor representa uma manifestação estipulada da própria igualdade na sua conexão com o princípio da liberdade de concorrência, notadamente no aspecto negativo da atuação estatal[2].

Assevera-se que somente se justificaria a existência de diferentes regimes tributários na medida em que permaneça a igualdade de condições entre os concorrentes.

O exame desta temática demonstrou sua conotação com a justiça fiscal; a inviabilidade de prejudicar os objetivos da extrafiscalidade; a concessão de benefícios e incentivos, fiscais e financeiros; e até mesmo a modulação dos efeitos da decisão de inconstitucionalidade na seara da guerra fiscal[3].

Entendo que, embora a EC n. 132/2023 e a LC n. 214/2025 passem a contemplar o princípio da neutralidade na instituição do IBS, o próprio texto constitucional contém diversas situações distintas de tributação, como é o caso dos regimes jurídicos diferenciados, específicos e favorecidos.

1.2. SUJEITO ATIVO

Os Estados, o Distrito Federal e os Municípios exercerão de forma integrada, exclusivamente, por meio do *Comitê Gestor do IBS*, nos termos e limites estabelecidos na Constituição, e em lei complementar, as seguintes competências administrativas (art. 156-B):

I – editar regulamento único, e uniformizar a interpretação e a aplicação da legislação do imposto;

II – arrecadar o imposto, efetuar as compensações e distribuir o produto da arrecadação entre Estados, Distrito Federal e Municípios;

III – decidir o contencioso administrativo.

§ 1º O Comitê Gestor, entidade pública sob regime especial, terá independência técnica, administrativa, orçamentária e financeira;

§ 2º Na forma da lei complementar:

I – os Estados, o Distrito Federal e os Municípios serão representados, de forma paritária, na instância máxima de deliberação do Comitê Gestor;

1 SCHOUERI, Luis Eduardo. *Direito Tributário*. 9. ed. São Paulo: SaraivaJur, 2018, p. 381-283.

2 ÁVILA, Humberto. *Teoria da Igualdade Tributária*. São Paulo: Malheiros, 2008, p. 88.

3 GODOY, Leonardo Rodrigues. A Guerra Fiscal e o Princípio da Neutralidade Tributária. *Revista Foco – Interdisciplinary Studies*, Curitiba, v. 16, n. 11, p. 1-27, 2023.

II – será assegurada a alternância na presidência do Comitê Gestor entre o conjunto dos Estados e o Distrito Federal e o conjunto dos Municípios e o Distrito Federal;

III – o Comitê Gestor será financiado por percentual do produto da arrecadação do imposto destinado a cada ente federativo;

IV – o Controle Externo do Comitê Gestor será exercido pelos Estados, pelo Distrito Federal e pelos Municípios;

V – a fiscalização, o lançamento, a cobrança, a representação administrativa e a representação judicial relativos ao imposto serão realizados, no âmbito de suas respectivas competências, pelas administrações tributárias e procuradorias dos Estados, do Distrito Federal e dos Municípios, que poderão definir hipóteses de delegação ou de compartilhamento de competências, cabendo ao Comitê Gestor a coordenação dessas atividades administrativas com vistas à integração entre os entes federativos;

VI – as competências exclusivas das carreiras da administração tributária e das Procuradorias dos Estados, do Distrito Federal e dos Municípios serão exercidas, no Comitê Gestor, e na representação deste, por servidores das referidas carreiras;

VII – serão estabelecidas a estrutura e a gestão do Comitê Gestor, cabendo ao regimento interno dispor sobre sua organização e funcionamento.

§ 3º A participação dos entes federativos na instância máxima de deliberação do Comitê Gestor observará a específicas e determinadas composições (incisos I e II).

§ 4º As deliberações no âmbito do Comitê Gestor serão consideradas aprovadas se obtiverem, cumulativamente, específica votação (incisos I e II).

§ 5º O Presidente do Comitê Gestor deverá ter notórios conhecimentos de administração tributária.

§ 6º O Comitê Gestor, a administração tributária da União e a Procuradoria-Geral da Fazenda Nacional compartilharão informações fiscais relacionadas ao IBS, e atuarão com vistas a harmonizar normas, interpretações, obrigações acessórias e procedimentos a eles relativos.

§ 7º O Comitê Gestor e a administração tributária da União poderão implementar soluções integradas para a administração e cobrança do IBS.

§ 8º Lei Complementar poderá prever a integração do contencioso administrativo relativo ao art. 156-A.

Compete ao Superior Tribunal de Justiça processar e julgar, originariamente, os conflitos entre entes federativos, ou entre estes e o Comitê Gestor do IBS, relacionados ao imposto (inserção do § 3º no art. 145 da CF).

Questionável a constitucionalidade da alteração da titularidade tributária dos Estados, Distrito Federal e Municípios no que concerne às competências contidas na CF/88 (ICMS – Estados e Distrito Federal; e ISS – Municípios e Distrito Federal).

Nesse sentido, a CF (art. 60, § 4º) categoricamente estabelece que "não será objeto de deliberação a proposta de emenda tendente a abolir (I) a forma federativa de Estado". Trata-se de cláusula pétrea, insuscetível de sofrer qualquer espécie de modificação por parte do Congresso Nacional.

Entende-se que a modificação de competência tributária constante da EC n. 132/2023 restringe, ou mesmo suprime (ainda que parcialmente), o direito à ação de *tributar*, inclusive porque ofende, explicitamente, as duas cláusulas pétreas: (I) a forma federativa do Estado, e (II) os direitos e garantias individuais[4].

Argutamente fora ponderado o seguinte:

> 4. Inconstitucionalidade material
>
> Um ponto ainda mais preocupante, diz respeito à desfiguração do sistema federativo ao retirar a competência plena dos Estados sobre o ICMS (90% em média de sua arrecadação) e dos Municípios sobre o ISS (principal tributo dos médios e grandes Municípios), transferindo toda a competência impositiva para União que, como visto, legislará sobre a CBS e o IBS e a sua capacidade de arrecadação e distribuição dos 2 tributos para um Comitê Gestor representativo dos 5.565 Municípios, 26 Estados e Distrito Federal;
>
> (...)
>
> Este dispositivo nos faz refletir sobre a inconstitucionalidade material, por ferir uma das cláusulas pétreas da Lei Suprema, prevista no artigo 60, § 4º;
>
> (...)
>
> Ora, a perda da autonomia para definir as regras da tributação leva à questão de saber se o pacto federativo não estaria ferido e se não seria materialmente inconstitucional essa fragilização da Federação pela retirada parcial da autonomia federativa. Pessoalmente, entendemos que sim, mas temos que aguardar a opinião dos Tribunais, pois é a que valerá"[5].

Patente a limitação dos entes federativos (Estados, Distrito Federal e Municípios) para tributar as atividades ou situações jurídicas pertinentes a bens e serviços. Suprime-se a autonomia municipal (art. 156-A).

Preocupante a ampla competência do Comitê Gestor, responsável por arrecadar o imposto, efetuar as compensações e distribuir o produto da arrecadação entre Estados e Municípios.

1.3. SUJEITO PASSIVO

Lei complementar poderá definir como sujeito passivo do imposto a pessoa que concorrer para a realização, a execução ou o pagamento da operação, ainda que residente ou domiciliada no exterior (art. 156-A, § 3º).

---

4 BRITO, Edvaldo. Unificação de tributos e carga tributária. In: *Direito Tributário. Fundamentos Jurídicos da Incidência*. XX Congresso Nacional de Estudos Tributários. IBET. São Paulo: Noeses, 2023, p. 471.

5 MARTINS, Ives Gandra da Silva; SICA, Ana Regina Campos de. Reforma Tributária do Consumo no Brasil. In: CARVALHO, Paulo de Barros (coord.); VERGUEIRO, Camila Campos; BRITTO, Lucas Galvão de (org.). *A Reforma do Sistema Tributário Nacional sob a Perspectiva do Constructivismo Lógico-Semântico*: o tema da Emenda Constitucional 132/2023. São Paulo: Noeses; IBET, 2024, p. 6, 8 e 9.

Disporá sobre o adquirente que possa efetuar o recolhimento do imposto nas aquisições de bens e serviços; ou que o recolhimento ocorra na liquidação financeira da operação (art. 156-A, § 5º, II, *a* e *b*).

Qualifica-se como *contribuinte* o importador de bens materiais, inclusive direitos, ou de serviços (pessoa física ou jurídica), ainda que não seja sujeito passivo habitual do imposto, qualquer que seja a sua finalidade (art. 156-A, III)

O produtor rural pessoa física ou jurídica que obtiver receita anual inferior a R$ 3.600.000,00 (três milhões e seiscentos mil reais), atualizada anualmente pelo Índice Nacional de Preços ao Consumidor Amplo (IPCA), e o produtor integrado de que trata o art. 2º, II, da Lei n. 13.288, de 16 de maio de 2016, com a redação vigente em 31 de maio de 2023, poderão optar por serem contribuintes do tributo (§ 4º, IV, do art. 9º do ADCT).

A LC n. 214/2025 dispôs o seguinte:

> *Art. 21. É contribuinte do IBS:*
>
> *I – o fornecedor que realizar operações;*
>
> *a) no desenvolvimento de atividade econômica;*
>
> *b) de modo habitual ou em volume que caracterize atividade econômica; ou*
>
> *c) de forma profissional, ainda que a profissão não seja regulamentada;*
>
> *II – o adquirente, ainda que não enquadrado no inciso I deste* caput, *na aquisição de bem:*
>
> *a) apreendido ou abandonado, em licitação promovida pelo poder público; ou*
>
> *b) em leilão judicial;*
>
> *III – o importador;*
>
> *IV – aquele previsto expressamente em outras hipóteses nesta Lei Complementar.*
>
> *§ 1º O contribuinte de que trata o* caput *deste artigo é obrigado a se inscrever nos cadastros relativos ao IBS e à CBS.*
>
> *§ 2º O fornecedor residente ou domiciliado no exterior fica obrigado a se cadastrar como contribuinte caso realize operações no País ou como responsável tributário no caso de importações, observada a definição do local da operação prevista no art. 11 e o disposto no art. 23 desta Lei Complementar.*

> *Art. 22. As* plataformas digitais, *ainda que domiciliadas no exterior, são responsáveis pelo pagamento do IBS e da CBS relativos às operações e importações realizadas por seu intermédio, nas seguintes hipóteses: (...)*
>
> *§ 1º Considera-se plataforma digital aquela que:*
>
> *I – atua como intermediária entre fornecedores e adquirentes nas operações e importações realizadas de forma não presencial ou por meio eletrônico; e*
>
> *II – controla um ou mais dos seguintes elementos essenciais à operação:*
>
> *a) cobrança;*
>
> *b) pagamento;*
>
> *c) definição dos termos e condições; ou*
>
> *d) entrega.*

§ 2º Não é considerada plataforma digital aquela que executa somente uma das seguintes atividades:
I – fornecimento de acesso à internet;
II – serviços de pagamentos prestados por instituições autorizadas a funcionar pelo Banco Central do Brasil;
III – publicidade; ou
IV – busca ou comparação de fornecedores, desde que não cobre pelo serviço com base nas vendas realizadas.

Art. 26. Não são contribuintes do IBS, ressalvado o disposto no inciso II do § 1º do art. 156-A da Constituição Federal:
I – condomínio edilício;
II – consórcio de que trata o art. 278 da Lei n. 6.404, de 15 de dezembro de 1976;
III – sociedade em conta de participação;
IV – nanoempreendedor, assim entendido a pessoa física que tenha auferido receita bruta inferior a 50% (cinquenta por cento) do limite estabelecido para adesão ao regime do MEI previsto no § 1º do art. 18-A observado ainda o disposto nos §§ 4º e 4º-B do referido artigo da Lei Complementar n. 123, de 14 de dezembro de 2006, e não tenha aderido a esse regime; e
V – (Vetado)
VI – produtor rural de que trata o art. 164 desta Lei Complementar;
VII – transportador autônomo de carga de que trata o art. 169 desta Lei Complementar;
VIII – entidade ou unidade de natureza econômico-contábil, sem fins lucrativos que presta serviços de planos de assistência à saúde sob a modalidade de autogestão;
IX – entidades de previdência complementar fechada, constituídas de acordo com a Lei Complementar n. 109, de 29 de maio de 2001; e
X – (Vetado).

Na EC n. 132/2023 (§ 3º do art. 156-A) fora previsto que "lei complementar poderá definir como sujeito passivo do imposto a pessoa que concorrer para a realização, execução ou o pagamento da operação".

Questionável essa regra porque a participação de terceiros se revela genérica, podendo se tratar de meros auxiliares, instituições financeiras, intermediários ou corretores. Além disso, não integram a imprescindível relação jurídica entre fornecedor e tomador de bens e serviços.

A tipificação do contribuinte evidencia o pleno exercício de atividade econômica ou profissional, com habitualidade e volume significativo. Em consequência, pode-se entender que a venda de veículo por pessoa física, por si só, não caracteriza a prática de operações, estando afastada da obrigação tributária.

A pessoa residente ou domiciliada no exterior enquadra-se como obrigada ao imposto (art. 156-A, § 3º), na medida em que realiza operações no território nacional, não sendo afrontado o princípio da territorialidade.

Entretanto, não fora qualificada a pessoa que promove especificamente o exercício de direitos (materialidade do IBS), e o fornecimento de bens, cingindo-se ao fornecimento de operações.

A tributação das *plataformas digitais* ganha especial relevo tendo em vista o objetivo de serem tributadas as operações digitais.

O *condomínio edilício* caracteriza como propriedade comum o solo, a estrutura do prédio, o telhado, a rede geral de distribuição de água, esgoto, gás, eletricidade, a calefação e a refrigeração centrais, inclusive o acesso a logradouro público, que não podem ser alienados separadamente ou divididos, além do terraço de cobertura, salvo disposição em contrário da escritura de constituição do condomínio (Código Civil, art. 1.331, §§ 2º e 5º).

Consórcio é a reunião de pessoas naturais ou jurídicas, em grupo, com prazo de duração e número de cotas previamente determinados, promovida por administradora de consórcio, com a finalidade de propiciar a seus integrantes a compra de bens e serviços, por autofinanciamento.

Grupo de consórcio é uma sociedade não personificada constituída por consorciados com o escopo de aquisição de bens e serviços. Representa-se por sua administradora, em caráter irrevogável e irretratável, ativa ou passivamente, em juízo ou fora dele, na defesa dos direitos e interesses coletivamente considerados e para a execução do contrato de participação em grupo de consórcio, por adesão.

Sociedade em conta de participação é aquela em que a atividade constitutiva do objeto social é exercida unicamente pelo sócio ostensivo, em seu nome individual e sob sua própria e exclusiva responsabilidade, participando os demais dos resultados correspondentes. Obriga-se perante terceiros tão somente o sócio ostensivo e, exclusivamente perante este, o sócio participante, nos termos do contrato social (Código Civil, art. 991 e parágrafo único).

A imputação de responsabilidade solidária – pela lei complementar – não se cingiu exclusivamente às regras contidas no CTN, procurando abranger diversificadas situações. Todavia, estatuíra que não enseja responsabilidade solidária a mera existência de grupo econômico, quando inexistente qualquer ação ou omissão que se enquadra no inciso V do *caput*.

Nesse sentido, sensíveis as ponderações contidas no aresto do STJ:

> "(...) ainda que se admita que as empresas integram o grupo econômico, não se tem isso como bastante para fundamentar a solidariedade no pagamento de tributo devido por uma delas, ao ponto de se exigir sem adimplemento por qualquer delas" (AgInt no REsp 1860479/PR, relator Ministro Napoleão Nunes Maia Filho, Primeira Turma, julgado em 28/09/2020, DJe 01/10/2020). É que a responsabilidade solidária do art. 124 do CTN, c/c o art. 39 da Lei n. 8.212/1990, não decorre exclusivamente da demonstração da formação do grupo econômico, mas demanda a comprovação de práticas conjuntas do fato gerador ou, ainda, quando há confusão patrimonial)[6].

6 AgRg no AREsp 89.618/PE, rel. Min. GURGEL DE FARIA, 1ª T., j. 23-6-2016, *DJe* 18-8-2016.

1.4. MATERIALIDADE

O *imposto incidirá sobre operações* com bens materiais ou imateriais, inclusive *direitos*, ou com *serviços* (art. 156-A, I), bem como sobre a *importação* de bens materiais ou imateriais, inclusive *direitos* ou *serviços* (art. 156-A, III), nos termos da EC n. 132/2023.

Constata-se a ampliação do âmbito de tributação porque não se restringe a "mercadoria" (bem de atividade empresarial do produtor, industrial e comerciante, tendo por objeto sua distribuição para o consumo), como fora estabelecido para o ICMS, nem aos "serviços definidos em lei complementar", como fora estipulado para o ISS.

Bens: no âmbito do direito privado – aplicável para fins tributários (art. 110 do CTN) –, entende-se que "os bens são coisas materiais ou imateriais que têm valor econômico e que podem servir de objeto a uma relação jurídica"[7].

Direitos: com fundamento em Miguel Reale, pode-se dizer que direito é uma ordenação heterônoma das relações sociais baseada em uma integração normativa de fatos e valores[8].

Direito adquirido: é o que já se incorporou definitivamente ao patrimônio e à personalidade de seu titular, de modo que nem a lei nem um fato posterior pode alterar tal situação jurídica, pois há direito concreto, ou seja, subjetivo, e não direito potencial ou abstrato[9].

Serviços: a incidência tributária não pode se ater à figura do "serviço" como uma atividade realizada, mas deve considerar "a prestação de serviço" qualificada como negócio jurídico que deve compreender todos os elementos que lhes são pertinentes (especialmente o prestador e tomador), no âmbito de relação jurídica privada.

Tendo em vista que inexiste um conceito constitucional de serviços, seria cogitável que viesse a ser instituída uma tipificação aberta, por intermédio de lei complementar, ou estatuída uma ampla lista de serviços tributáveis, nos moldes da Lei Complementar n. 116/2003.

Considerando que a tributação deve compreender os serviços prestados em regime de direito privado, não haverá embasamento jurídico para os serviços públicos serem submetidos a essa sistemática.

A transmissão de energia elétrica de uma usina onde é gerada para sua distribuidora não deve ser considerada como prestação de serviços de transporte.

Com o objetivo de conferir segurança e certeza à exigência tributária, seria aconselhável que a lei complementar se referisse às diversas modalidades de transporte

---

7 ALVIM, Agostinho. *Curso de Direito Civil*, apostila PUC, v. 1, p. 13, *apud* DINIZ, Maria Helena. *Curso de Direito Civil Brasileiro*. 28. ed. São Paulo: Saraiva, 2011, v. 1, p. 357.

8 *Apud* DINIZ, Maria Helena. *Dicionário Jurídico*. 3. ed. São Paulo: Saraiva, 2007. v. D-I, p. 148.

9 DINIZ, Maria Helena. *Dicionário Jurídico*. 3. ed. São Paulo: Saraiva, 2007. v. D-I, p. 149.

(rodoviário, de cargas, de passageiros, aquaviário, ferroviário, multimodal de cargas, dutoviário etc.).

A LC n. 214/2025 dispôs (art. 4º) o seguinte:

> *§ 2º (...) considera-se operação onerosa com bens ou com serviços qualquer fornecimento com contraprestação, incluindo o decorrente de:*
>
> *I – compra e venda, troca ou permuta, dação em pagamento e demais espécies de alienação;*
>
> *II – locação;*
>
> *III – licenciamento, concessão, cessão;*
>
> *IV – mútuo oneroso;*
>
> *V – doação com contraprestação em benefício do doador;*
>
> *VI – instituição onerosa de direitos reais;*
>
> *VII – arrendamento, inclusive mercantil; e*
>
> *VIII – prestação de serviços.*

Os negócios jurídicos relativos aos bens e serviços objeto de tributação compreendem as atividades seguintes:

a) compra e venda: um contratante se obriga a transferir o domínio de certa coisa (atual ou futura) a outro mediante o pagamento de certo preço em dinheiro, que pode ser fixado à taxa de mercado ou de bolsa, ou em função de índices ou parâmetros, desde que suscetíveis de objetiva determinação (Código Civil, arts. 481, 483, 486 e 487);

b) troca ou permuta: tem por objeto dois bens suscetíveis de serem vendidos, passíveis de determinação, não sendo necessário que sejam da mesma espécie ou que tenham igual valor. Trata-se de contrato bilateral, oneroso, comutativo e traslativo de propriedade (Código Civil, art. 553);

c) dação em pagamento: acordo liberatório feito entre credor e devedor em que aquele consente na entrega de uma coisa diversa da avençada[10];

d) locação de coisa: contrato em que uma das partes se obriga a ceder a outra, por tempo determinado ou não, o uso e gozo de coisa não fungível, mediante certa remuneração (Código Civil, art. 565);

e) locação de imóvel urbano: negócio jurídico em que uma pessoa natural ou jurídica (locador) cede o uso de imóvel para utilização de outra pessoa, natural ou jurídica (locatário), mediante remuneração (aluguel), por prazo determinado ou indeterminado;

f) licenciamento: negócio jurídico em que uma pessoa, natural ou jurídica, autoriza a outro contraente a utilização dos conhecimentos, técnicas ou experiências desenvolvidos durante certo tempo, mediante o pagamento de determinada quantia, denominada *royalty*, estipulada livremente;

---

10 DINIZ, Maria Helena. *Dicionário Jurídico*. 3. ed. São Paulo: Saraiva, 2007. v. D-I, p. 3.

g) concessão: negócio jurídico mercantil concernente à distribuição de veículos automotores e similares, de via terrestre, realizado entre produtores e distribuidores, disciplinada em lei federal;

h) cessão de direitos: patente obrigação de transferir a outrem créditos, pretensões, ações, faculdades e direitos potestativos. Suas facetas são as mais variadas, como sucessões universais (*causa mortis*), sucessões contratuais, doações, cessões de crédito, sub-rogações, fusões, incorporações[11];

i) mútuo oneroso: significa negócio de coisas fungíveis (substituição por outros bens da mesma espécie, qualidade e quantidade), mediante transferência do domínio da coisa emprestada ao mutuário, por cuja conta correm todos os riscos dela desde a tradição (Código Civil, arts. 586 e 587);

j) doação onerosa: modal ou com encargo (é aquela em que o doador impõe ao donatário uma incumbência em seu benefício, em benefício de terceiro ou do interesse geral (Código Civil, arts. 553, parágrafo único, 562 e 1938); remuneratória (é aquela em que, sob a aparência de mera liberalidade, há firme propósito do doador de pagar serviços prestados pelo donatário ou alguma outra vantagem que haja recebido dele (Código Civil, art. 540);

k) instituição onerosa de direitos reais: compreende basicamente a propriedade, a superfície, as servidões, o usufruto, o uso, a habitação, o direito do promitente comprador do imóvel, o penhor, a hipótese, a anticrese, a concessão de uso especial para fins de moradia, a concessão de direito real de uso e a laje (Código Civil, art. 1.225);

l) arrendamento, inclusive mercantil: negócio que mantém conotações com a compra e venda, locação e financiamento, com características especiais devido à triangularidade, intermediação de um agente que financia a operação, e em razão de tríplice opção conferida ao arrendatário (Lei Federal n. 6.009/74, com alterações, e resoluções do Banco Central do Brasil);

m) prestação de serviços: negócio pertinente a obrigação "de fazer", de conformidade com os postulados do direito privado, não sujeito às leis trabalhistas, que tem por objeto o desempenho de atividade, material ou imaterial, realizada mediante remuneração por pessoa natural ou jurídica (Código Civil, arts. 593 a 609).

§ 3º São irrelevantes para a caracterização das operações de que trata este artigo:

I – o título jurídico pelo qual o bem encontra-se na posse do fornecedor;

II – a espécie, tipo ou forma jurídica, a validade jurídica e os efeitos dos atos ou negócios jurídicos;

III – a obtenção de lucro com a operação; e

IV – o cumprimento de exigências legais, regulamentares ou administrativas.

11 SCHARLACK, José Rubens. ISS e Cessão de Direitos. In: PEIXOTO, Marcelo de Magalhães; MARTINS, Ives Gandra da Silva (org.). *ISS – LC 116/2003*. Curitiba; Juruá; São Paulo: APET, 2004, p. 314.

O tipo tributário é reconhecido por intermédio de sua essência jurídica, haurida exclusivamente do texto constitucional, razão pela qual, "por mais cediço que possa parecer, o nome que um instituto recebe não é suficiente para desvendar sua estrutura, até porque, infelizmente, a impropriedade técnica é um dos traços mais marcantes das nossas leis. O que define a natureza de uma exação é apenas a consistência material de sua hipótese de incidência"[12].

Entretanto, não se pode simplesmente desprezar os elementos essenciais do negócio jurídico (título, forma, validade), porque, por exemplo, compra e venda, doação, empréstimo, arrendamento mercantil têm implicações nitidamente distintas.

Preceito mandamental do CTN (art. 110) reza que "a lei tributária não pode alterar a definição, o conteúdo e o alcance de institutos, conceitos e formas, de direito privado, utilizados expressa ou implicitamente, pela Constituição Federal, pelas Constituições dos Estados, ou pelas Leis Orgânicas do Distrito Federal ou dos Municípios, para definir ou limitar competências tributárias".

Art. 5º O IBS e a CBS também incidem sobre as seguintes operações:

I – fornecimento não oneroso ou a valor inferior ao de mercado de bens e serviços, nas hipóteses previstas nesta Lei Complementar;

II – fornecimento de brindes e bonificações;

III – transmissão, pelo contribuinte, para sócio ou acionista que não seja contribuinte no regime regular, por devolução de capital, dividendos in natura *ou de outra forma, de bens cuja aquisição tenham permitido a apropriação de créditos pelo contribuinte, inclusive na produção; e*

IV – demais fornecimentos não onerosos ou a valor inferior ao de mercado de bens e serviços por contribuinte a parte relacionada.

Excetua certas espécies de bonificações (§ 1º), e considera partes relacionadas (§§ 2º a 7º).

Importante apurar e constatar se, cada uma das apontadas operações, revela-se efetivamente a presença de capacidade contributiva, caracterizada como superior princípio constitucional (art. 145, § 1º, da CF), pois a eventual apuração de vantagem por parte vinculada em operação jurídica, por si só, pode ter distinta e específica implicação tributária unicamente no âmbito do Imposto de Renda.

Art. 6º O IBS e a CBS não incidem sobre:

I – o fornecimento de serviços por pessoas físicas em decorrência de:

a) relação de emprego com o contribuinte; ou

b) sua atuação como administradores ou membros de conselhos de administração e fiscal e comitês de assessoramento do conselho de administração do contribuinte previsto em lei;

12 CARRAZZA, Roque Antonio. *O Sujeito Ativo da Obrigação Tributária*. São Paulo: Resenha Tributária, 1977, p. 52.

II – transferência de bens entre estabelecimentos pertencentes ao mesmo contribuinte, observada a obrigatoriedade de emissão de documento fiscal eletrônico, nos termos do inciso II do § 2º do art. 60 desta Lei Complementar;

III – baixa, liquidação e transmissão, incluindo alienação de participação societária, ressalvado o disposto no inciso III do caput *do art. 5º desta Lei Complementar;*

IV – transmissão de bens em decorrência de fusão, cisão e incorporação e de integralização e devolução de capital, ressalvado o disposto no inciso III do caput *do art. 5º desta Lei Complementar;*

V – rendimentos financeiros, exceto quando incluídos na base de cálculo no regime específico de serviços financeiros de que trata o Capítulo II do Título V deste Livro e da regra de apuração da base de cálculo prevista no inciso II do § 1º do art. 12 desta Lei Complementar;

VI – recebimento de dividendos e de juros sobre capital próprio, de juros ou remuneração ao capital pagos pelas cooperativas e os resultados de avaliação de participações societárias, ressalvado o disposto no inciso III do caput *do art. 5º desta Lei Complementar;*

VII – demais operações com títulos ou valores mobiliários, com exceção do disposto para essas operações no regime específico de serviços financeiros de que trata a Seção III do Capítulo II do Título V deste Livro, nos termos previstos nesse regime das demais situações previstas expressamente nesta Lei Complementar;

VIII – doações sem contraprestação em benefício do doador;

IX – transferências de recursos públicos e demais bens públicos para organização da sociedade civil constituídas como pessoas jurídicas sem fins lucrativos no País, por meio de termo de fomento, termos de colaboração, acordos de cooperação, termos de parceria, termos de execução descentralizada, contratos de gestão, contratos de repasse, subvenções, convênios e demais instrumentos celebrados pela administração pública direta, por autarquias e por fundações públicas;

X – destinação de recursos por sociedade cooperativa para os fundos previstos no art. 28 da Lei n. 5.764, de 16 de dezembro de 1971, e reversão dos recursos dessas reservas; e

XI – o repasse da cooperativa para os seus associados dos valores decorrentes das operações previstas no caput *do art. 271 desta Lei Complementar e a distribuição em dinheiro das sobras por sociedade cooperativa aos associados apuradas em demonstração do resultado do exercício anterior, ressalvado o disposto no inciso III do* caput *do art. 5º desta Lei Complementar.*

A exclusão das pessoas físicas como contribuintes (item I) procura manter a não incidência tributária prevista no ISS (LC n. 116/2003), com pequenas alterações, evidenciando a não incidência nos casos em que se caracteriza plena autonomia profissional.

A não incidência nas transferências de bens (item II) observa diretriz firmada pelo STF no âmbito do ICMS no sentido de que não incide o imposto no deslocamento de bens de um estabelecimento para outro do mesmo contribuinte localizados em Estados distintos, visto não haver a transferência de titularidade ou a realização de ato de mercancia[13]

No tocante à realização de negócios societários (itens III e IV), objetivou-se manter a desoneração prevista para o ICMS (LC n. 87/96, art. 3º, VI), e objeto de postura do STJ[14], compreendendo as atividades a seguir examinadas:

---

13 ARE 1.255.885, j. 14-8-2020, Tema 1.099 de Repercussão Geral; e ADC 49 – sessão virtual de 19-4-2021.

14 REsp 242.721-SC, 1ª T., rel. p/ ac. Min. HUMBERTO GOMES DE BARROS, j. 19-6-2000.

- *Cisão* é a operação pela qual a companhia transfere parcelas de seu patrimônio para uma ou mais sociedades, constituídas para esse fim ou já existentes, extinguindo-se a companhia cindida, se houver versão de todo o seu patrimônio, ou dividindo-se seu capital, se parcial a versão (art. 229 da Lei n. 6.404/76, que regra as sociedades por ações).
- *Fusão* é a operação pela qual se unem duas ou mais sociedades para formar sociedade nova, que lhes sucederá em todos os direitos e obrigações (art. 228 da Lei Federal n. 6.404/76).
- *Incorporação* é a operação pela qual uma ou mais sociedades são absorvidas por outra, que lhes sucede em todos os direitos e obrigações (art. 227 da Lei Federal n. 6.404/76, e art. 116 do Código Civil).

1.5. IMUNIDADES

A LC n. 214/2025 (arts. 8º e 9º) contempla as imunidades aplicáveis às exportações de bens e serviços para o exterior, nos termos do Capítulo V, bem como as demais imunidades que já se encontravam previstas na CF/88 antes da promulgação da EC n. 132/2023. Assim, torna-se desnecessária sua reprodução pelo fato de que constam da Parte 5 deste Livro.

Destacam-se as inovações seguintes:

Imunidade recíproca: extensiva às autarquias e às fundações instituídas e mantidas pelo poder público e à empresa pública prestadora de serviço postal (§ 1º do art. 9º), sendo inseridas as condições e restrições seguintes:

I – compreende somente as operações relacionadas com as suas finalidades essenciais, ou as delas decorrentes;

II – não se aplica às operações relacionadas com a exploração de atividades econômicas regidas pelas normas aplicáveis a empreendimentos privados ou em que haja contraprestação ou pagamento de preços ou tarifas pelo usuário; e

III – não exonera o promitente comprador da obrigação de pagar tributos relativamente a bem imóvel.

A imunidade dos "templos" considera o seguinte:

I – entidade religiosa e templo de qualquer culto: a pessoa jurídica de direito privado, sem fins lucrativos, que tenha como objetivos professar a fé religiosa e praticar a religião; e

II – organização assistencial e beneficente: a pessoa jurídica de direito privado, sem fins lucrativos, vinculada e mantida por entidade religiosa e templo de qualquer culto, que fornece bens e serviços na área de assistência social, sem discriminação ou exigência de qualquer natureza aos assistidos.

1.6. MOMENTO DA OCORRÊNCIA DO FATO GERADOR

A LC n. 214/2025 estipula o seguinte:

Art. 10. Considera-se ocorrido o fato gerador do IBS e da CBS no momento do fornecimento nas operações com bens ou com serviços, ainda que de execução continuada ou fracionada:

§ 1º Para fins do disposto no caput *deste artigo, considera-se ocorrido o fornecimento no momento:*

I – do início do transporte, na prestação de serviço de transporte iniciado no País;

II – do término do transporte, na prestação de serviço de transporte de carga quando iniciado no exterior;

III – do término do fornecimento, no caso dos demais serviços;

IV – em que o bem for encontrado desacobertado de documentação fiscal idônea e;

V – da aquisição do bem nas hipóteses de:

a) licitação promovida pelo poder público de bem apreendido ou abandonado; ou

b) leilão judicial.

Trata, ainda, de aquisições de bens e serviços pela administração direta, autarquias e fundações públicas; operações de execução continuada ou fracionada; e casos de pagamento integral ou parcial, antes do fornecimento.

1.7. LOCAL DA OPERAÇÃO

A LC n. 214/2025 estabelece o seguinte:

Art. 11. Considera-se local da operação com:

I – bem móvel material, o local da entrega ou disponibilização do bem ao destinatário;

II – bem imóvel, bem móvel imaterial, inclusive direito, relacionado a bem imóvel, serviço prestado fisicamente sobre bem imóvel e serviço de administração e intermediação de bem imóvel, o local onde o imóvel estiver situado;

III – serviço prestado fisicamente sobre a pessoa física ou fruído presencialmente por pessoa física, o local da prestação do serviço;

IV – serviço de planejamento, organização e administração de feiras, exposições, congressos, espetáculos, exibições e congêneres, o local do evento a que se refere o serviço;

V – serviço prestado fisicamente sobre bem móvel material e serviços portuários, o local da prestação do serviço;

VI – serviço de transporte de passageiros, o local de início do transporte;

VII – serviço de transporte de carga, o local da entrega ou disponibilização do bem ao destinatário constante no documento fiscal;

VIII – serviço de exploração de via, mediante cobrança de valor a qualquer título, incluindo tarifas, pedágios e quaisquer outras formas de cobrança, o território de cada Município e Estado, ou do Distrito Federal, proporcionalmente à correspondente extensão da via explorada;

IX – serviço de telefonia fixa e demais serviços de comunicação prestados por meio de cabos, fios, fibras e meios similares, o local de instalação do terminal; e

X – demais serviços e demais bens móveis imateriais, inclusive direitos, o local do domicílio principal do:

a) adquirente, nas operações onerosas;

b) destinatário, nas operações não onerosas.

1.8. BASE DE CÁLCULO

A LC n. 214/2025 dispôs o seguinte:

Art. 12. A base de cálculo do IBS e da CBS é o valor da operação, salvo disposição em contrário prevista nesta Lei Complementar.

§ 1º O valor da operação compreende o valor integral cobrado pelo fornecedor a qualquer título, inclusive os valores correspondentes a:

I – acréscimos decorrentes de ajuste do valor da operação;

II – juros, multas, acréscimos e encargos;

III – descontos concedidos sob condição;

IV – valor do transporte cobrado como parte do valor da operação, no transporte efetuado pelo próprio fornecedor ou no transporte por sua conta e ordem;

V – tributos e preços públicos, inclusive tarifas, incidentes sobre a operação ou suportados pelo fornecedor, exceto aqueles previstos no § 2º deste artigo; e

VI – demais importâncias cobradas ou recebidas como parte do valor da operação, inclusive seguro e taxas.

§ 2º Não integram a base de cálculo do IBS e da CBS:

I – o montante do IBS e da CBS incidentes sobre a operação;

II – o montante do Imposto sobre Produtos Industrializados (IPI);

III – os descontos incondicionais;

IV – os reembolsos ou ressarcimentos recebidos por valores pagos relativos a operações por conta e ordem ou em nome de terceiros, desde que a documentação fiscal relativa a essas operações seja emitida em nome de terceiro; e

V – o montante incidente na operação dos tributos a que se referem o inciso II do caput *do art. 155, o inciso III do* caput *do art. 156 e a alínea* b *do inciso I e o inciso IV do* caput *do art. 195 da Constituição Federal, e da Contribuição para os Programas de Integração Social e de Formação do Patrimônio do Servidor Público (Contribuição para o PIS/Pasep) a que se refere o art. 239 da Constituição Federal, de 1º de janeiro de 2026 a 31 de dezembro de 2032;*

VI – a contribuição de que trata o art. 149-A da Constituição Federal.

O tributo tem que ser legitimamente calculado de conformidade com o valor atribuído aos direitos, ao preço dos bens e serviços, compreendendo o efetivo valor das operações (negócios jurídicos).

O valor determinado dos bens e direitos negociados, ou transacionados, é que deve ser considerado para efeito de quantificação tributária.

Relativamente aos serviços, há que ser levado em conta unicamente o respectivo preço, como elemento básico da remuneração, devendo ser excluídos os valores que não mantêm conexão com a quantia contratada e que não integram o patrimônio do prestador.

Nem todos os valores auferidos pelo contribuinte podem ser objeto de tributação, devendo haver a expressa exclusão dos descontos (condicionais ou incondicionais), fretes, correção monetária, seguros, multas (contratuais, moratórias, fiscais, penais), juros de mora e acréscimos financeiros decorrentes da utilização de cartão de crédito.

Mencionados valores não integram a efetiva remuneração das atividades realizadas pelo fornecedor, e prestador do serviço, consistindo em meros reembolsos, atualização de valores ou elementos sujeitos a distintas tributações.

A utilização de "valor de mercado dos bens ou serviços" revela plena insegurança no tocante à quantificação tributária, em razão de naturais oscilações.

O "arbitramento" deveria constituir excepcional procedimento fazendário, não podendo ser arbitrário e adotado para quaisquer situações, sem que exista cabal fundamento (documentos ou empresas inidôneas).

Deve possibilitar o contraditório, conferindo-se ao sujeito passivo o direito de oferecer todos os elementos contestatórios, ressalvando-se que, em regra, o contribuinte pode adotar valores e preços que entender conveniente, no desenvolvimento de suas atividades, tendo em vista o princípio da autonomia da vontade aplicável aos negócios privados.

1.9. ALÍQUOTAS

A Emenda Constitucional n. 132/2023 dispõe que cada ente federativo (Estados, Distrito Federal e Municípios) fixará sua alíquota própria por lei específica, que deverá ser a mesma para todas as operações com bens materiais e imateriais, inclusive direitos, ou com serviços, ressalvadas as hipóteses previstas na Constituição, sendo o imposto cobrado pelo somatório das alíquotas do Estado, Distrito Federal e Município de destino da operação (art. 156-A, § 1º, V, VI e VII).

Resolução do Senado Federal fixará a alíquota de referência do imposto para cada esfera federativa, nos termos de lei complementar, que será aplicada se outra não houver sido estabelecida pelo próprio ente federativo (art. 156-A, XII).

Qualquer alteração na legislação federal que reduza ou eleve a arrecadação do imposto (art. 156-A, § 9º):

> I – deverá ser compensada pela elevação ou redução, pelo Senado Federal, das alíquotas de referência de que trata o § 1º, XII, de modo a preservar a arrecadação das esferas federativas, nos termos da lei complementar;
>
> II – somente entrará em vigor com o início da produção de efeitos do ajuste das alíquotas de referência de que trata o § 1º, XI.

Os Estados, o Distrito Federal e os Municípios poderão optar por vincular suas alíquotas à alíquota de referência de que trata o § 1º, XI (art. 156-A, § 10).

- Em 2026, o imposto será cobrado à alíquota estadual de 0,1% (um décimo por cento).

- Em 2027 e 2028, o imposto será cobrado à alíquota estadual de 0,05% (cinco centésimos por cento), e à alíquota municipal de 0, 05% (cinco centésimos por cento).

Resolução do Senado Federal fixará, para todas as esferas federativas, as alíquotas de referência do imposto, observados a forma de cálculo e os limites previstos em lei complementar, de forma a assegurar a receita dos Estados e do Distrito Federal de modo específico. (art. 130).

Cesta Nacional Básica de Alimentos fica criada considerando a diversidade regional e cultural da alimentação do País, e garantirá a alimentação saudável e nutricionalmente adequada, em observância ao direito social à alimentação previsto no art. 6º da CF (art. 8º da EC n. 132/2023).

Lei complementar definirá os produtos destinados à alimentação humana que comporão a referida Cesta, sobre os quais as alíquotas previstas nos arts. 156-A (IBS) e 195, IV (CBS), da CF serão reduzidas a zero.

A LC n. 214/2025 (arts. 14 a 20) contém as normas disciplinadoras das alíquotas padrão e de referência.

Imprescindível a fixação de alíquotas para a quantificação dos tributos, sendo certo que, durante o período de transição, as alíquotas de referência serão estabelecidas e revisadas anualmente pelo Senado Federal para manter os mesmos níveis de arrecadação dos atuais tributos.

Importante não serem estabelecidas alíquotas excessivas sobre as materialidades tributárias, porque os respectivos valores podem representar condenável intromissão no patrimônio dos fornecedores, cessionários e prestadores de serviços, caracterizando confisco tributário (art. 150, IV, *a*, da CF), com violação do princípio da capacidade contributiva (art. 145, § 1º, da CF).

Há expectativa de alíquota média de 27% do denominado IVA-dual (IBS e CBS), que deverá substituir IPI, PIS, COFINS, ICMS e ISS. Esse percentual poderá ser alterado à medida que a lista da cesta básica de alimentos seja ampliada, contando com alíquotas mais baixas.

1.10. MODALIDADES DE EXTINÇÃO DOS DÉBITOS

A LC n. 214/2025 dispôs o seguinte:

Art. 27. Os débitos do IBS e da CBS decorrentes da incidência sobre operações com bens ou com serviços serão extintos mediante as seguintes modalidades:

I – compensação com créditos, respectivamente, de IBS e de CBS apropriados pelo contribuinte, nos termos dos arts. 47 a 56 e das demais disposições desta Lei Complementar;

II – pagamento pelo contribuinte;

*III – recolhimento na liquidação financeira da operação (*split payment*), nos termos dos arts. 31 a 35 desta Lei Complementar;*

IV – recolhimento pelo adquirente, nos termos do art. 36 desta Lei Complementar; ou

V – pagamento por aquele a quem esta Lei Complementar atribuir responsabilidade.

As espécies de extinção indicadas nos incisos I a III foram disciplinadas nos arts. 29 a 36, tendo também sido previstos o pagamento indevido a maior (art. 38), o ressarcimento (arts. 39 e 40) e o regime de apuração (arts. 41 a 46).

1.11. NÃO CUMULATIVIDADE

1.11.1. EC n. 132/2023

O imposto será não cumulativo, compensando-se o imposto devido pelo contribuinte com o montante cobrado sobre todas as operações nas quais seja adquirente de bem material ou imaterial, inclusive direito, ou de serviço, excetuadas exclusivamente as consideradas de uso ou consumo pessoal especificadas em lei complementar, e as hipóteses previstas na Constituição (art. 156-A, VII).

Lei complementar disporá sobre o regime de compensação, podendo estabelecer as hipóteses em que o aproveitamento do crédito ficará condicionado à verificação do efetivo recolhimento do imposto incidente sobre a operação com bens materiais ou imateriais, inclusive direitos, ou com serviços, desde que:

> a) o adquirente possa efetuar o recolhimento incidente nas suas aquisições de bens e serviços; ou
>
> b) o recolhimento do imposto ocorra na liquidação financeira da operação (art. 156-A, § 5º, II).

Estipulará a forma e o prazo para o ressarcimento de créditos acumulados pelo contribuinte (art. 156-A, § 5º, III).

A *isenção e a imunidade* (I) não implicarão crédito para compensação com o montante devido nas operações seguintes; e (II) acarretarão a anulação do crédito relativo às operações anteriores, salvo nas hipóteses de imunidade, inclusive com relação ao inciso XI do § 4º, quando determinado em contrário em lei complementar (art. 156-A, § 7º).

Lei complementar poderá prever a concessão de crédito ao contribuinte que adquira bens móveis usados de pessoa física não contribuinte para revenda, dede que esta seja tributada e o crédito seja vinculado ao respectivo bem, vedado o ressarcimento (art. 9º, § 7º, do ADCT).

Os saldos credores relativos ao ICMS existentes no final de 2032 poderão ser aproveitados pelos contribuintes nos termos de lei complementar (art. 134):

> § 1º O disposto neste artigo alcança os saldos credores cujos aproveitamentos ou ressarcimentos sejam admitidos pela legislação em vigor em 31 de dezembro de 2032 e que tenham sido homologados pelos respectivos entes federativos, observadas as seguintes diretrizes:
>
> I – apresentado o pedido de homologação, o ente federativo deverá se pronunciar no prazo estabelecido em lei complementar a que se refere o *caput*:
>
> (...);
>
> § 3º O saldo dos créditos homologados será informado pelos Estados e pelo Distrito Federal ao Comitê Gestor do IBS para que seja compensado com o IBS:
>
> I – pelo prazo remanescente, apurado nos termos do art. 20, § 5º, da LC n. 87/96, para os créditos relativos à entrada de mercadorias destinadas ao ativo permanente;
>
> II – em 240 (duzentos e quarenta) parcelas mensais, iguais e sucessivas, nos demais casos.

§ 4º O Comitê Gestor deduzirá do produto da arrecadação do IBS ao respectivo ente federativo o valor compensado na forma do § 3º, o qual não comporá a base de cálculo para fins do disposto nos arts. 158, IV, 198, § 2º, 204, parágrafo único, 212, 212-A, II e 216, § 6º, todos da Constituição Federal.

§ 5º A partir de 2033, os saldos credores serão atualizados pelo IPCA ou por outro índice que venha a substituí-lo.

§ 6º Lei Complementar disporá sobre:

I – as regras gerais de implementação do parcelamento previsto no § 3º.

II – a forma pela qual os titulares dos créditos de que trata este artigo poderão transferi-los a terceiros;

III – a forma pela qual o crédito de que trata este artigo poderá ser ressarcido ao contribuinte pelo Comitê Gestor, caso não seja possível compensar o valor da parcela nos termos do § 3º.

A LC n. 214/2025 dispôs o seguinte:

Art. 47. O contribuinte sujeito ao regime regular poderá apropriar créditos do IBS e da CBS quando ocorrer a extinção por qualquer das modalidades previstas no art. 27 dos débitos relativos às operações em que seja adquirente, excetuadas exclusivamente aquelas consideradas de uso ou consumo pessoal nos termos do art. 57 desta Lei Complementar, e as demais hipóteses previstas nesta Lei Complementar.

(...)

§ 2º Os valores dos créditos do IBS e da CBS apropriados corresponderão:

I – aos valores dos débitos respectivamente, do IBS e da CBS que tenham sido destacados no documento fiscal de aquisição e extintos por qualquer das modalidades previstas no art. 27; ou

II – aos valores de crédito presumido, nas hipóteses previstas nesta Lei Complementar.

1.11.2. Apropriação do crédito

Questionável o direito aos créditos correspondentes aos valores extintos, em razão de (I) pagamento com créditos do IBS apropriados pelo sujeito passivo; (II) pagamento pelo contribuinte; (III) recolhimento pela liquidação financeira da operação (*split payment*), nos termos dos arts. 31 a 35; (IV) recolhimento pelo adquirente, nos termos do art. 36; e (V) pagamento por aquele a quem a lei complementar atribuir responsabilidade.

A EC n. 132/2023 dispusera (art. 156-A, VII) sobre o direito à compensação do imposto com o montante do imposto "cobrado" sobre todas as operações, mas estabelecera (art. 156, § 3º, II) que a lei complementar poderá condicionar o aproveitamento do crédito ao efetivo recolhimento.

Na análise do direito de abater há que ter em conta o sentido da expressão "montante cobrado", que não pode ser interpretada literalmente, porque a efetiva cobrança (arrecadação) escapa ao pleno conhecimento do adquirente dos bens e direitos, ou do tomador dos serviços.

Tendo em vista os diversos motivos pelos quais um contribuinte deixa de recolher o imposto (esquecimento, falta de suporte financeiro, questionamento etc.), ou o Fisco deixa de lançá-lo no prazo decadencial, entende-se que a prévia cobrança (ou a liquidação do tributo) não deveria constituir pressuposto essencial do direito ao crédito.

1.11.3. Bem de uso e consumo pessoal

Vedação ao crédito (art. 57) especificamente no caso de obras de arte, bebidas alcoólicas, derivados do tabaco, armas e munições e bens e serviços recreativos, esportivos e estéticos, exceto quando forem necessários à realização de operações pelo contribuinte.

Também trata dos bens e serviços adquiridos ou produzidos pelo contribuinte e fornecidos de forma não onerosa ou a valor inferior ao de mercado para (a) o próprio contribuinte (pessoa física); (b) pessoas que sejam sócios, acionistas, administradores etc.; (c) empregados dos contribuintes; (d) cônjuges, companheiros ou parentes etc. Inclui nessa sistemática (d) bem imóvel residencial e demais bens e serviços relacionados à sua aquisição e manutenção; e (e) veículos e os demais bens e serviços relacionados à sua aquisição e manutenção, inclusive seguro e combustível.

Embora a restrição decorra de previsão constitucional (art. 156-A, VIII), a LC n. 214/2025 permite o crédito aos bens considerados necessários para a realização de operações pelo contribuinte (casos de fabricação, comercialização, utilização por empresas de segurança), e de modo preponderante pelos adquirentes de bens e serviços em estabelecimento físico.

Penso que, para a plena aplicação do regime da não cumulatividade – diferença entre o valor adicionado (ou acrescido) e o valor da aquisição –, deveria ser integralmente considerado o confronto do montante de créditos de IBS, alcançando o universo de suas atividades (operacionais e não operacionais).

Na regulamentação da matéria há que haver a preocupação de os entes federativos poderem ampliar exaustivamente o conceito de bens de uso e consumo, procurando abranger produtos intermediários e secundários, e os materiais auxiliares, mesmo que participem das atividades operacionais.

1.11.4. Documento fiscal

A LC n. 214/2025 estabelece que a apropriação dos créditos "está condicionada à comprovação da operação por meio de documento fiscal eletrônico idôneo" (art. 47, § 1º, II).

Discordo da condição referente à exclusiva nota fiscal para permitir o direito ao crédito, visto que o documento representa mero dever acessório, que não pode jamais sobrepor-se ao princípio constitucional da mais alta envergadura. Conquanto os documentos tenham o objetivo de retratar (e materializar) os atos jurídicos realizados, não se lhes pode emprestar valor preeminente de modo a direcionar todo o direito (constitucional) do abatimento.

Inaceitável norma restritiva do direito ao crédito por questões atinentes a aspectos meramente formais, relativos a documentos, nos casos em que haja simples omissões e incorreções, por exemplo, os dados cadastrais, placas de veículos etc.

Existem situações em que o vendedor das mercadorias se nega a entregá-las (inadimplência, falência etc.), obrigando o contribuinte a promover busca e apreensão judicial e compelindo a proceder à sua entrega, o que vem a ser realizado sem a emissão de nota fiscal. Essa situação, por óbvio, não pode vedar o aproveitamento do respectivo crédito do imposto calculado sobre o valor da venda.

1.11.5. *Split payment*

O recolhimento na liquidação financeira da transação – exaustivamente previsto nos arts. 31 a 35 – atribui ao fornecedor a obrigação de incluir no documento fiscal eletrônico informações que permitam (a) a vinculação das operações com a transação de pagamento; e (b) a identificação dos valores dos débitos do IBS e a CBS incidentes sobre as operações.

Nas transações de pagamento relativas a operações com bens ou serviços, os prestadores de serviços de pagamento eletrônico e as instituições operadoras de sistemas de pagamento deverão segregar e recolher ao Comitê Gestor do IBS e à RFB, no momento da liquidação financeira (*split payment*), os valores do IBS e da CBS, compreendendo a vinculação entre (i) os documentos fiscais eletrônicos relativos a operações com bens e serviços; e (ii) a transação de pagamento das respectivas operações.

1.11.6. Estorno do crédito

Situação em que o bem adquirido vem a perecer, deteriorar-se ou ser objeto de roubo, furto ou extravio (art. 47, § 7º, da LC n. 214/2025).

O fato de os bens desaparecerem não pode simplesmente implicar o estorno de créditos, porque tais situações não foram enquadradas nas restrições constitucionais. Além disso, na medida em que se tratara de legítimas aquisições conferidoras do crédito, não há como prejudicar o direito consagrado na CF.

Assinala-se que as situações pertinentes a roubo, furto ou extravio podem ocorrer após a saída dos bens do estabelecimento onde se verificara o lançamento dos débitos do imposto, não se podendo nessa situação cogitar a posterior anulação de créditos.

1.11.7. Devolução de materiais

Na devolução e no cancelamento de operações por adquirente não contribuinte no regime regular, o fornecedor sujeito ao regime regular poderá apropriar créditos com base nos valores dos débitos incidentes na operação devolvida ou cancelada (art. 47, § 8º, da LC n. 214/2025).

Trata-se de excepcional direito ao crédito porque no retorno/ingresso de bens ao estabelecimento originário não se positiva nenhuma incidência tributária.

1.11.8. Falência

O contribuinte do IBS e da CBS no regime regular poderá creditar-se dos valores dos débitos extintos relativos a fornecimentos de bens e serviços não pagos por adquirente que tenha a falência decretada, nos termos da Lei n. 11.101, de 9 de fevereiro de 2005 (§ 11 do art. 47 da LC n. 214/2025) desde que:

I – a aquisição do bem ou serviço não tenha permitido a apropriação de créditos pelo adquirente;

II – a operação tenha sido registrada na contabilidade do contribuinte desde o período de apuração em que ocorreu o fato gerador do IBS e da CBS; e

III – o pagamento dos credores do adquirente tenha sido encerrado de forma definitiva.

1.11.9. Imunidade e isenção

As operações imunes, e isentas, não permitirão a apropriação de créditos pelos adquirentes dos bens e serviços, acarretando a anulação dos créditos relativos às operações anteriores. Entretanto, tal vedação não se aplica às exportações e operações de que tratam os incisos IV e VI do *caput* do art. 9º da LC n. 214/2025 (art. 51).

A vedação ao crédito (art. 156-A, § 7º, da EC n. 132/2023) já se continha na CF/88 (art. 155, § 2º), no âmbito do ICMS: "a isenção ou não incidência, salvo determinação em contrário da legislação, (a) não implicará crédito para compensação com o montante devido nas operações ou prestações seguintes; e (b) acarretará a anulação dos créditos relativos às operações anteriores".

A "imunidade" não deveria se adequar a essa situação, uma vez que não teria o mínimo sentido jurídico a Constituição proibir a incidência tributária e, ao mesmo tempo, vedar a manutenção dos créditos. Sem dúvida, esse estranho entendimento acarreta a tributação parcial das operações imunes.

Entretanto, apenas a EC nº 42/2003 assegurou a manutenção e o aproveitamento do montante do imposto cobrado nas operações e prestações anteriores relativamente às operações que destinem mercadorias para o exterior, e sobre serviços prestados a destinatários no exterior.

Assim, todas as mercadorias, insumos, materiais intermediários, materiais de embalagem etc. – adquiridos pelo industrial, comerciante, produtor e prestador de serviço, com destino ao exterior, ou que sejam utilizados na confecção de produtos destinados à exportação – deveriam autorizar o creditamento do imposto incidente sobre os negócios jurídicos anteriores.

1.11.10. Alíquota zero

Operações sujeitas à alíquota zero não permitirão a apropriação de créditos pelos adquirentes dos bens e serviços, mas serão mantidos os créditos relativos às operações anteriores (arts. 49 e 52 da LC n. 214/2025).

Embora se possa entender que a menção a "0 (zero)" somente poderia significar total desoneração tributária e não flexibilidade para aumentar o gravame fiscal, o STF expedira a Súmula 576 ("é lícita a cobrança do ICMS sobre produtos importados sob o regime de alíquota zero").

Pondere-se que a referida diretriz não constitui dogma jurídico, nem verdade sagrada, inquestionável ou perpétua, porque a edição pretoriana enfocada ocorrera há muitas décadas, tendo sido integralmente alterada a composição do STF no apontado lapso de tempo.

1.11.11. Diferimento ou suspensão

A LC n. 214/2025 dispõe que as operações sujeitas a diferimento ou a suspensão não permitirão apropriação de créditos pelos adquirentes dos bens e serviços (arts. 49 e 50). No caso da "suspensão", caso haja a exigência do crédito suspenso, a apropriação dos créditos será admitida somente no momento da extinção dos débitos por qualquer das modalidades previstas no art. 27 da LC, vedada a apropriação de créditos em relação aos acréscimos legais.

"Diferimento" significa técnica impositiva de deslocamento da exigência do tributo para momento posterior à ocorrência do originário fato gerador, com imputação de responsabilidade de seu recolhimento a terceiros.

Pode enquadrar-se como substituição regressiva em que a legislação atribui a responsabilidade do tributo ao adquirente da mercadoria, por razões de comodidade, praticidade, ou pela circunstância de o efetivo contribuinte não manter organização adequada dos seus negócios.

Exemplo: nas operações com sucata (restos, resíduos e fragmentos de tecidos, vidros etc.), o imposto pode ser exigido do adquirente da mercadoria (ex: indústria siderúrgica) em lugar do vendedor (sucateiro).

Não se confunde a hipótese de diferimento do lançamento tributário com a concessão de incentivos ou benefícios fiscais de ICMS, podendo ser estabelecida sem a prévia celebração de convênio. Precedentes (ADI 3.676, Plenário, rel. Min. ALEXANDRE DE MORAES – sessão de 30-8-2019).

O STF decidira o seguinte:

Constitucional. Tributário. ICMS. Diferimento. Transferência de Crédito ao Adquirente. Princípio da Não Cumulatividade. Impossibilidade.

1. O regime de diferimento, ao substituir o sujeito passivo da obrigação tributária, com o adiamento do recolhimento do imposto, em nada ofende o princípio da não cumulatividade (RE 112.098, *DJ* 14.9.92 e RE 102.354, *DJ* 23.11.84).

(...)

3. Na hipótese dos autos, na saída da produção dos agravantes, não recolhe o ICMS, portanto, não escritura qualquer crédito desse imposto. Se a entrada da mercadoria não é tributada, não há créditos a compensar na saída (...)[15].

"Suspensão" do tributo significa a não exigência do imposto em determinadas saídas de bens do estabelecimento do contribuinte, tais como para exposição ou demonstração, atendidas determinadas condicionantes (destinação, prazos etc.).

1.11.12. Modalidades de utilização (compensação)

Os créditos do IBS e da CBS apropriados em cada período de apuração poderão ser utilizados na seguinte ordem do art. 53 da LC n. 214/2025, mediante:

I – compensação com o saldo a recolher do IBS e da CBS vencido, não extinto e não inscrito em dívida ativa relativo a períodos de apuração anteriores, inclusive os acréscimos legais; e

II – compensação com os débitos do IBS e da CBS decorrentes de fatos geradores do mesmo período de apuração, observada a ordem cronológica de que trata o inciso I do parágrafo único do art. 27 desta Lei Complementar; e

III – compensação, respectivamente, com os débitos do IBS e da CBS decorrentes de fatos geradores de períodos de apuração subsequentes, observada a ordem cronológica de que trata o inciso I do parágrafo único do art. 27 desta Lei Complementar.

Compreensível seria conceber legítimo o direito à atualização dos créditos tendo em vista a natureza da correção monetária, o ordenamento jurídico e as posturas doutrinárias, e até mesmo jurisprudenciais.

O preceito legal restritivo da correção ou atualização monetária (art. 53, § 2º) não poderia ser erigido como princípio fundamental, especialmente por haver considerado a questão jurídica de modo unilateral, ferindo superiores princípios de equidade e isonomia, que determinam tratamento equalitário entre Fisco-Contribuinte (a correção de débitos possibilitaria tratamento equânime, assim como a correção de créditos).

Ambas as Turmas do STJ já se manifestaram no sentido de que não têm os contribuintes do ICMS o direito de corrigir monetariamente os créditos escriturais excedentes[16].

No entanto, o STJ *admite a correção de valores* que não puderam ser escriturados na época própria pelo contribuinte, em decorrência de obstáculo criado pelo Fisco, sob os fundamentos seguintes:

15 AgReg no RE 325.623-8, 2ª T., rel. Min. ELLEN GRACIE, j. 14-3-2006, *DJU* 1 de 7-12-2006, p. 65.

16 RE 213.583-0-RS, 1ª T., rel. Min. MOREIRA ALVES, j. 13-4-1999, *DJU* 6-8-1989.

(...) 1. Créditos escriturais não realizados no momento adequado por óbice do Fisco, em observância à suspensão cautelar da norma autorizadora. Retorno da situação ao *status quo ante*. Garantia de eficácia da lei desde sua edição. Correção monetária devida, sob pena de enriquecimento sem causa da Fazenda Pública.

2. Atualização monetária que não advém da permissão legal de compensação, mas do impedimento causado pelo Estado para o lançamento na época própria. Hipótese diversa da mera pretensão de corrigir-se sem previsão legal, créditos escriturais do ICMS. Acórdão mantido por fundamentos diversos[17].

1.11.13. Transferência de crédito

É vedada a transferência, a qualquer título, para outra pessoa ou entidade sem personalidade jurídica, de créditos do IBS e da CBS (art. 55 da LC n. 214/2025). Todavia, dispõe o art. 55, parágrafo único, da LC n. 214/2025 que, na hipótese de fusão, cisão ou incorporação, os créditos apropriados e ainda não utilizados poderão ser transferidos para a pessoa jurídica sucessora, ficando preservada a data original da apropriação dos créditos para efeito da contagem do prazo de que trata o art. 54 dessa lei complementar.

A vedação à plena utilização dos créditos ofende o princípio constitucional da não cumulatividade.

A simples existência de saldos credores do imposto, em decorrência das atividades operacionais, nem sempre permite concretizar o desígnio constitucional da não cumulatividade, porque de nada adianta ser conferido o direito ao abatimento dos débitos se o contribuinte permanece com créditos do imposto sem que lhe seja concedido o direito de utilizar integralmente os respectivos valores.

1.12. OPERACIONALIZAÇÃO

A LC n. 214/2025 dispõe o seguinte:

Art. 58. O Comitê Gestor do IBS e a RFB atuarão de forma conjunta para implementar soluções integradas para a administração do IBS e da CBS sem prejuízo das respectivas competências legais.

§ 1º O contribuinte acessará as informações da apuração e do pagamento do IBS e da CBS em plataforma eletrônica unificada, com gestão compartilhada entre o Comitê Gestor do IBS e da RFB.

Contém normas relativas a (i) cadastro com identificação única; (ii) documento fiscal eletrônico e (iii) programa de incentivo à cidadania fiscal.

17 RE 282.120, 2ª T., rel. Min. MAURÍCIO CORRÊA, j. 15-10-2002, *DJU* 1 de 22-11-2002, p. 55.

1.13. IMPORTAÇÕES

A LC n. 214/2025 preceitua o seguinte:

Art. 63. O IBS e a CBS incidem sobre a importação de bens ou de serviços do exterior realizada por pessoa física ou jurídica ou entidade sem personalidade jurídica, ainda que não inscrita ou obrigada a se inscrever no regime regular do IBS e da CBS, qualquer que seja a sua finalidade.

Parágrafo único. Salvo disposição específica prevista neste Capítulo, aplicam-se à importação de que trata o caput *deste artigo as regras relativas às operações onerosas de que trata o Capítulo II deste Título.*

Importação de bens imateriais e serviços:

Art. 64. Para fins do disposto no art. 63 desta Lei Complementar, considera-se importação de serviço ou de bem imaterial, inclusive direitos, o fornecimento realizado por residente ou domiciliado no exterior cujo consumo ocorra no País, ainda que o fornecimento seja realizado no exterior.

§ 1º Consideram-se consumo de bens imateriais ou serviços a utilização, a exploração, o aproveitamento, a fruição ou o acesso.

(...)

§ 3º Considera-se ainda importação de serviço a prestação por residente ou domiciliado no exterior:

I – executada no País;

II – relacionada a bem imóvel ou bem móvel localizado no País; ou

III – relacionada a bem móvel que seja remetido para o exterior para execução do serviço e retorne ao País após a sua conclusão (...).

Trata, ainda, da ocorrência do fato gerador, base de cálculo, alíquotas, adquirente, fornecedor e plataformas digitais, bem como dispõe que "não será considerado como importação de serviço ou bem imaterial, inclusive direitos, o consumo eventual por pessoa física não residente que permaneça temporariamente no País, nos termos do regulamento".

Regras específicas sobre importação de bens materiais: (i) o fato gerador do imposto é a entrada de bens de procedência estrangeira no território nacional (art. 65); (ii) situações que não constituem fatos geradores do imposto (art. 66); (iii) momento de apuração (art. 67); local de importação de bens materiais (art. 68).

Art. 69. A base de cálculo do IBS e da CBS na importação de bens materiais é o valor aduaneiro acrescido de:

I – Imposto sobre a Importação;

II – Imposto Seletivo (IS);

II – taxa de utilização do Sistema Integrado do Comércio Exterior (Siscomex);

IV – Adicional ao Frete para Renovação da Marinha Mercante (AFRMM);

V – Contribuição de Intervenção no Domínio Econômico incidente sobre a importação e a comercialização de petróleo e seus derivados, gás natural e seus derivados, o álcool etílico combustível (Cide-Combustíveis);

VI – direitos antidumping*;*

VII – direitos compensatórios;

VII – medidas de salvaguarda;

IX – quaisquer outros impostos, taxas, contribuições ou direitos incidentes sobre os bens importados até a sua liberação.

São estabelecidas regras específicas para a alíquota (art. 71), sujeição passiva (art. 72), pagamento (art. 76) e não cumulatividade (art. 78).

1.14. EXPORTAÇÕES

A LC n. 214/2025 disciplina a aplicação do imposto nas exportações (arts. 79 a 83), destacando os pontos seguintes:

I – imunidade do imposto nas exportações de bens e serviços para o exterior, nos termos do art. 8º da LC n. 214/2025, asseguradas ao exportador a apropriação e a utilização dos créditos relativos às operações nas quais seja adquirente de bem ou de serviço, observadas as vedações ao creditamento;

I – nas exportações de bens imateriais e de serviços considera-se o fornecimento para residente ou domiciliado no exterior e consumo no exterior; e demais regras específicas;

Nas exportações de bens materiais aplica-se para as exportações sem saída do território nacional, na forma disciplinada no regulamento, em específicas situações de bens exportados.

Poderá ser suspenso o pagamento do imposto no fornecimento de bens materiais com o fim específico de exportação a empresa comercial exportadora que atenda cumulativamente a específicos requisitos.

O regulamento estabelecerá os requisitos específicos para o procedimento de habilitação, e periodicidade para a apresentação da escrituração contábil, e ainda (i) hipóteses em que os bens possam ser remetidos para locais diferentes daqueles previstos (embarque de exportação, recintos alfandegados), sem que reste descaracterizado o fim específico de exportação (§ 9º do art. 82).

1.15. BEM DE CAPITAL

A EC n. 132/2023 atribui competência à lei complementar para dispor sobre a forma de desoneração de aquisição de bens de capital pelos contribuintes (art. 156-A, § 5º, V), que poderá ser implementada por meio de (a) crédito integral e imediato do imposto; (b) diferimento; ou (c) redução em 100% das alíquotas do imposto.

A LC n. 214/2025 prevê os regimentes tributários seguintes:

I – Incentivo à modernização e à ampliação da estrutura portuária (Reporto, art. 105), mediante a suspensão do pagamento do imposto às importações e às aquisições no mercado interno de máquinas, equipamentos, peças de reposição e outros bens realizadas diretamente pelos beneficiários do Reporto, e destinadas ao seu ativo imobilizado para utilização exclusiva de específicos serviços (carga, armazenagem, proteção ambiental; segurança, dragagens, treinamento e formação de trabalhadores).

A suspensão do pagamento converte-se em alíquota zero após decorridos 5 anos, contados da data de ocorrência dos respectivos fatos geradores.

II – Incentivos para o desenvolvimento da infraestrutura – Reidi (art. 106), mediante a suspensão do pagamento do imposto e as aquisições no mercado interno de máquinas, aparelhos, instrumentos e equipamentos novos, e de materiais de construção realizados diretamente pelos beneficiários do Reidi, para utilização ou incorporação em obras de infraestrutura destinadas ao ativo imobilizado.

III – Incentivos à atividade naval – Renaval (art. 107), consistentes na suspensão do pagamento do IBS e a CBS nos fornecimentos de embarcações registradas no Registro Especial Brasileiro – REB, para incorporação ao ativo imobilizado de adquirente; importações e aquisições no mercado interno de máquinas, equipamentos e veículos; e de matérias-primas, produtos intermediários, partes, peças e componentes para utilização na construção, conservação, modernização e reparo de embarcações pré-registradas ou registradas no REB.

Desoneração da aquisição de bens de capital, sendo assegurado o crédito integral e imediato do imposto (arts. 108); importações e aquisições no mercado interno com suspensão do pagamento do imposto (art. 109); redução a zero da alíquota do imposto no fornecimento de tratores, máquinas e implementos agrícolas, destinadas a produtor rural não contribuinte, e veículos de transporte de carga destinados a transportador autônomo de carga pessoa física não contribuinte.

1.16. DEVOLUÇÃO PERSONALIZADA (*CASHBACK*)

A EC n. 132/2023 (art. 156-A, § 5º, VIII) preceitua que lei complementar disporá sobre a devolução do imposto a pessoas físicas, inclusive os limites e os beneficiários, com o objetivo de reduzir as desigualdades da renda.

A LC n. 214/2025 (arts. 112 a 124) estabelece a sistemática da devolução do imposto – pelos Estados, Distrito Federal e Municípios – para as pessoas físicas que forem integrantes de famílias de baixa renda, e que será aquele responsável por unidade familiar regularmente cadastrada.

A devolução será gerida pela Receita Federal do Brasil, a quem caberá (I) normatizar, coordenar, controlar e supervisionar sua execução; (Ii) definir os procedimentos para determinação do montante e a sistemática de pagamento dos valores devolvidos; (III) elaborar relatórios gerenciais e de prestação e contas relativos aos valores devolvidos; e (IV) adotar outras ações e iniciativas necessárias à operacionalização da devolução.

As devoluções dos tributos serão concedidas no momento definido em regulamento; (i) no momento da cobrança, caso se trate de fornecimento domiciliar de energia elétrica, abastecimento de água, esgotamento sanitário e gás canalizado e de fornecimento de serviços de telecomunicações; (ii) no momento da cobrança, caso se trate de fornecimento de bens ou de serviços sujeitos à cobrança com periodicidade fixas.

As devoluções serão calculadas mediante aplicação de percentual sobre o valor do tributo relativo ao consumo, formalizado por meio da emissão de documentos fiscais.

1.17. REGIMES DIFERENCIADOS

EC n. 132/2023: lei complementar poderá prever os *regimes diferenciados* de tributação, desde que sejam uniformes em todo o território nacional, e sejam realizados os respectivos ajustes nas alíquotas de referência com vistas a reequilibrar a arrecadação da esfera federativa (art. 9º do ADCT).

A LC n. 214/2025 dispõe:

Art. 126. Ficam instituídos regimes diferenciados do IBS e da CBS, de maneira uniforme em todo o território nacional, conforme estabelecido neste Título, com a aplicação de alíquotas reduzidas ou com a concessão de créditos presumidos, assegurados os respectivos ajustes nas alíquotas de referência do IBS e da CBS, com vistas a reequilibrar a arrecadação.

(...)

§ 4º As reduções de alíquotas de que trata este Título serão aplicadas sobre as alíquotas-padrão do IBS e da CBS de cada ente federativo, fixadas na forma do art. 14 desta Lei Complementar.

§ 5º A apropriação dos créditos presumidos previstos neste Título fica condicionada:

I – à emissão de documento fiscal eletrônico relativo à operação pelo adquirente, com identificação do respectivo fornecedor; e

II – ao efetivo pagamento ao fornecedor.

Art. 127. Ficam reduzidas em 30% (trinta por cento) as alíquotas do IBS e da CBS incidentes sobre a prestação de serviços pelos seguintes profissionais, que exercerem atividades intelectuais de natureza científica, literária ou artística, submetidas à fiscalização por conselho profissional:

I – administradores;

II – advogados;

III – arquitetos e urbanistas;

IV – assistentes sociais;

V – bibliotecários;

VI – biólogos;

VII – contabilistas;

VIII – economistas;

IX – economistas domésticos;

X – profissionais de educação física;

XI – engenheiros e agrônomos;

XII – estatísticos;

XIII – médicos veterinários e zootecnistas;

XIV – museólogos;

XV – químicos;

XVI – profissionais de relações públicas;

XVII – técnicos industriais; e

XVIII – técnicos agrícolas.

Os §§ 1º, 2º e 3º estabelecem requisitos específicos para utilização das alíquotas reduzidas.

Art. 128. Desde que observadas as definições e demais disposições deste Capítulo, ficam reduzidas em 60% (sessenta por cento) as alíquotas do IBS e da CBS incidentes sobre operações com:

I – serviços de educação;

II – serviços de saúde;

III – dispositivos médicos;

IV – dispositivos de acessibilidade próprios para pessoas com deficiência;

V – medicamentos;

VI – alimentos destinados ao consumo humano;

VII – produtos de higiene pessoal e limpeza majoritariamente consumidos por famílias de baixa renda;

VIII – produtos agropecuários, aquícolas, pesqueiros, florestais e extrativistas vegetais in natura*;*

IX – insumos agropecuários e aquícolas;

X – produções nacionais artísticas, culturais, de eventos, jornalísticas e audiovisuais;

XI – comunicação institucional;

XII – atividades desportivas; e

XIII – bens e serviços relacionados à soberania nacional e à segurança nacional, à segurança da informação e à segurança cibernética.

Os arts. 129 a 142 contêm requisitos específicos para fruição do benefício.

Art. 143. Desde que observadas as definições e demais disposições deste Capítulo, ficam reduzidas a zero as alíquotas do IBS e da CBS incidentes sobre operações com os seguintes bens e serviços:

I – dispositivos médicos;

II – dispositivos de acessibilidade para pessoas com deficiência;

III – medicamentos;

IV – produtos de cuidados básicos à saúde menstrual;

V – produtos hortícolas, frutas e ovos;

VI – automóveis de passageiros adquiridos por pessoas com deficiência ou com transtorno do espectro autista;

VII – automóveis de passageiros adquiridos por motoristas profissionais que destinem o automóvel à utilização na categoria de aluguel (taxi); e

VIII – serviços prestados por Instituição Científica, Tecnológica e de Inovação (ICT) sem fins lucrativos.

Os arts. 144 a 156 contêm requisitos específicos para a fruição do benefício.

1.18. REGIMES ESPECÍFICOS

EC n. 132/2023: o art. 156-A, § 6º, estabelece que os regimes serão dispostos em lei complementar para:

> I – combustíveis e lubrificantes sobre os quais o imposto incidirá uma única vez, qualquer que seja a sua finalidade (...);
>
> II – serviços financeiros, operações com bens imóveis, planos de assistência à saúde e concurso de prognósticos (...);
>
> III – sociedades cooperativas, que será optativo com vistas a assegurar sua competitividade, observados os princípios da livre concorrência e da isonomia tributária (...);
>
> IV – serviços de hotelaria, parques de diversões e parques temáticos, agências de viagens e de turismo, bares e restaurantes, atividade desportiva desenvolvida por Sociedade Anônima de Futebol e a aviação regional (...);
>
> V – operações alcançadas por tratado ou convenção internacional, inclusive referentes a missões diplomáticas, repartições consulares, representações de organismos internacionais e respectivos funcionários acreditados;
>
> VI – serviços de transporte coletivo de passageiros, rodoviário intermunicipal e interestadual, ferroviário e hidroviário (...).

A LC n. 214/2025 (arts. 172 a 306) disciplina a sistemática tributária.

1.19. ZONA FRANCA DE MANAUS

A EC n. 132/2023 (art. 92-B) dispôs que "as leis instituidoras dos tributos previstos nos arts. 156-A e 196, V, da Constituição Federal, estabelecerão os mecanismos necessários, com ou sem contrapartidas, para manter, em caráter geral, o diferencial competitivo assegurado à Zona Franca de Manaus pelos arts. 40 e 92-A e às áreas de livre comércio existentes em 31 de maio de 2023, nos níveis estabelecidos pela legislação relativa aos tributos extintos a que se referem os arts. 126 e 129, todos deste Ato das Disposições Constitucionais Transitórias".

No § 1º consta que, para assegurar o disposto no *caput*, serão utilizados, isolada ou cumulativamente, instrumentos fiscais, econômicos ou financeiros.

A LC n. 214/2025 disciplina a sistemática tributária (arts. 439 a 457).

1.20. DESTINAÇÃO.

A EC n. 132/2023 dispôs o seguinte:

> Art. 149-C. O produto da arrecadação do imposto previsto nos art. 156-A e da contribuição prevista no art. 195, V, incidentes sobre operações contratadas pela administração pública direta, por autarquias e por fundações públicas, inclusive suas importações, será integralmente destinado ao ente federativo contratante, mediante redução a zero das alíquotas do

imposto e da contribuição devidos aos demais entes e equivalente elevação da alíquota do tributo devido ao ente contratante.

Art. 156-A, § 4º Para fins de distribuição do produto da arrecadação do imposto, o Comitê Gestor do Imposto sobre Bens e Serviços:

I – reterá o montante equivalente ao saldo acumulado de créditos do imposto não compensados pelos contribuintes e não ressarcidos ao final de cada período de apuração e aos valores decorrentes do cumprimento do § 5º, VIII;

II – distribuirá o produto da arrecadação do imposto, deduzida a retenção de que trata o inciso deste parágrafo, ao ente federativo de destino das operações que não tenham gerado creditamento.

§ 5º Lei Complementar disporá sobre:

I – as regras para distribuição do produto da arrecadação imposto, disciplinando, entre outros aspectos:

a) a sua forma de cálculo;

b) o tratamento em relação às operações em que o imposto não seja recolhido tempestivamente;

c) as regras de distribuição aplicáveis aos regimes favorecidos, específicos e diferenciados de tributos previstos nesta Constituição.

(...)

IV – os critérios para a definição do destino da operação que, poderá ser inclusive o local da entrega, da disponibilização ou da localização do bem, o da prestação ou da disponibilização do serviço ou do domicílio ou da localização do adquirente ou destinatário do bem ou serviço, admitidas diferenciações em razão das características da operação.

1.21. TRANSIÇÃO PARA O IBS

A EC n. 132/2023 estabelece que a transição dos impostos (art. 124) atenderá aos critérios estabelecidos nos arts. 125 a 122 do Ato das Disposições Constitucionais Transitórias, sendo que, em 2026, o IBS será cobrado à alíquota estadual de 0,1% (um décimo por cento), nos termos do art. 125 do mencionado Ato.

Durante o mencionado período, os sujeitos passivos que cumprirem as obrigações acessórias relativas ao IBS poderão ser dispensados do seu recolhimento, nos termos da lei complementar (§ 4º do art. 125).

Em 2027 e 2028 o IBS será cobrado à alíquota estadual de 0,05% (cinco centésimos por cento), e à alíquota municipal de 0,05% (cinco centésimos por cento), nos termos do art. 127 do mencionado Ato.

De 2029 a 2032 as alíquotas do ICMS serão fixadas nas proporções das alíquotas fixadas nas respectivas legislações (*vide* item específico sobre ICMS).

Ficam *extintos*, a partir de 2033, o ICMS (art. 155, II, da CF) e o ISS (art. 156, III, da CF).

A LC n. 214/2025 (arts. 342 a 406) dispõe sobre os devidos procedimentos jurídicos/operacionais, mediante a disposição dos temas seguintes:

a) fixação das alíquotas do IBS durante a transição;

b) fixação da alíquota da CBS durante a transição;

c) disposições comuns ao IBS e à CBS em 2026;

d) fixação das alíquotas de referência de 2027 a 2035;

e) limite para redução das alíquotas do IBS de 2029 a 2077;

f) transição aplicável ao regime de compras governamentais;

g) transição aplicável aos bens de capital.

Parte 5

IMUNIDADES

José Eduardo Soares de Melo

Capítulo 1

Natureza

A imunidade consiste na exclusão de competência da União, Estados, Distrito Federal e Municípios para instituir tributos relativamente a determinados atos, fatos e pessoas, expressamente previstos na Constituição Federal. Do mesmo modo que outorga competências para instituir tributos sobre determinadas materialidades, a própria Constituição também estabelece outras específicas situações que são afastadas dos gravames tributários.

O objetivo da imunidade é a preservação de valores considerados como de superior interesse nacional, tais como a manutenção das entidades federadas, o exercício das atividades religiosas, da democracia, das instituições educacionais, assistenciais e de filantropia e o acesso às informações.

A temática da imunidade constitucional não tem encontrado consenso doutrinário, no que concerne a sua real natureza, porque se de um lado se cogita tratar-se de limitação constitucional ao poder de tributar[1]; de outro, se positiva tratar-se de normas constitucionais estabelecendo a incompetência das pessoas políticas para expedir regras tributárias, relativamente a específicas situações[2].

A imunidade tributária pode ser definida como "a exoneração, fixada constitucionalmente, traduzida em norma expressa impeditiva da atribuição de competência tributária, ou extraível, necessariamente, de um ou mais princípios constitucionais, que confere direito público subjetivo a certas pessoas, nos termos por ela delimitados, de não se sujeitarem à tributação"[3].

---

1 BALEEIRO, Aliomar. *Limitações Constitucionais ao Poder de Tributar*. 7. ed. Rio de Janeiro: Forense, 1997, p. 226; CANTO, Gilberto de Ulhoa. *Temas de Direito Tributário*. Rio de Janeiro: Alba. v. III, 1964, p. 190.

2 CARVALHO, Paulo de Barros. *Curso de Direito Tributário*. 30. ed. São Paulo: SaraivaJur 2019, p. 214.

3 COSTA, Regina Helena. *Imunidades Tributárias – Teoria e Análise da Jurisprudência do STF*. 2. ed., São Paulo: Malheiros, 2006, p. 299.

O regime formal da imunidade implica considerar os seguintes pressupostos básicos: 1) é matéria sob reserva da Constituição; 2) tem voz dirigida às entidades tributantes, vedando a instituição de imposto e alcançando indiretamente a competência tributária; 3) não pode ser recusada nem renunciada; 4) não pode ser tida como um privilégio, um favor ou um benefício fiscal; e 5) opera *ope legis* sem necessidade de concessões, autorizações, ou despachos[4].

Assim, é proibida a atuação do legislador ordinário na instituição de determinados tributos, tendo em vista as precisas materialidades e pessoas participantes das relações jurídicas.

A *repercussão econômica* não era levada em consideração para fins imunitórios, porque o seu âmbito era restrito ao denominado "contribuinte de direito", ou seja, quem suportava o dever tributário relativo ao recolhimento do imposto. Na condição de adquirente ("contribuinte de fato") sujeitava-se ao respectivo encargo financeiro, uma vez que o STF firmara diretriz de que "a imunidade ou isenção tributária do comprador não se estende ao produtor, contribuinte do Imposto sobre Produtos Industrializados"[5].

Todavia, argumenta-se no sentido de que "parece fora de dúvida razoável que a imunidade alcança também os chamados impostos indiretos, incidentes sobre mercadorias e serviços adquiridos pelas pessoas jurídicas de direito constitucional interno e seus órgãos nos casos em que os adquirentes suportaram o encargo econômico do imposto"[6].

Para tanto, assevera-se que "a regra que garante a imunidade se aplica a esses impostos quando eles não puderem ser recuperados pelo sistema de crédito (não cumulatividade), ou não puderem ser repassados a terceiros. Ora, se houver a tributação o adquirente suportará o peso econômico do tributo que reverterá em favor do ente tributante, e isso equivaleria a esvaziar o sentido da norma concessiva da imunidade. Esse entendimento começa a ser adotado pelo STF[7], em alguns julgamentos em que se discute o alcance da imunidade tributária das entidades de educação e assistência social"[8]. Se, de um lado, existem razões – quando menos econômicas – a fundamentar o não cabimento da imunidade se o titular do benefício (como contribuinte de direito) transfere o encargo financeiro para o contribuinte de fato; e outro, nos casos em que é esta pessoa a pessoa isenta

4 MORAES, Bernardo Ribeiro de. A Imunidade Tributária e Seus Novos Aspectos. In: *Imunidades Tributárias*, Pesquisas Tributárias, Nova Série n. 4, Coedição da Revista dos Tribunais e do Centro de Extensão Universitária, 1998, p. 115-118.

5 Súmula 591, STF.

6 ANDRADE FILHO, Edmar Oliveira. Imunidades Tributarias na Constituição Federal. In: PEIXOTO, Marcelo Magalhães (coord.). *Imunidade Tributária*. São Paulo: Editora MP e APET, 2005, p. 116.

7 *RTJ* 133/857 e 172/619.

8 Ob. cit., p. 116.

ou imune, o panorama modifica-se, não prevalecendo o argumento de que o adquirente, sendo terceiro, não integra a relação jurídico-tributária. O relevo da condição que o contribuinte de fato adquire, em relação aos impostos indiretos, afasta essa ideia.

Em suma, pode-se afirmar que a Súmula 591 não vem sendo aplicada em casos de imunidade, como os previstos nas alíneas *a* e *c* do inciso IV do art. 150 da CF. Nesses casos, o STF inclina-se a prestigiar o entendimento de que a exoneração fiscal favorece os seus titulares, mesmo quando se encontram na situação de adquirente (contribuinte de fato) de impostos que incidem sobre seu patrimônio, serviços ou rendas[9].

E inexorável a existência do "contribuinte de fato", sendo "indefectível sua existência pela disposição que trata o CTN em seu art. 166, bem como a Súmula 546 do STF, em que todos dão conta da total existência e reconhecimento do contribuinte de fato, ou seja, aquele que embora não esteja diretamente obrigado a implementar o tributo acaba por fazê-lo"[10].

A imunidade compreende as aquisições de produto no mercado interno, desde que os bens adquiridos integrem o patrimônio dessas entidades beneficentes[11].

O STF retomou a lógica da Súmula 591, valorizando a condição de contribuinte de direito, e não de fato:

> (...) o Tribunal, também por maioria, rejeitou os embargos de divergência por reconhecer que a imunidade tributária prevista pelo art. 150, VI, *c*, da CF abrange o ICMS sobre comercialização de bens produzidos por entidade beneficente. Considerou-se que o objetivo da referida norma constitucional é assegurar que as rendas oriundas das atividades que mantém as entidades filantrópicas sejam desoneradas exatamente para se viabilizar a aplicação e desenvolvimento dessas atividades, e que a cobrança do referido imposto desfalcaria o patrimônio, diminuiria a eficiência dos serviços e a integral aplicação das rendas de tais entidades. Vencidos os Ministros Ellen Gracie, relatora, Celso de Mello e Moreira Alves, por entenderem que ICMS não onera a renda auferida pela entidade para a manutenção de seus objetivos institucionais, uma vez que repercute economicamente no consumidor (...)[12].

As imunidades podem observar a *classificação* seguinte: (a) genéricas (patrimônio, rendas e serviços das pessoas políticas – art. 150, IV, *a*) e específicas (IPI nas operações de exportação – art. 153, § 3º, III); (b) subjetivas (pessoas políticas, autarquias e funda-

9 BOTTALLO, Eduardo Domingos; MELO, Jose Eduardo Soares de. *Comentários às Súmulas Tributárias do STF e do STJ*. 2. ed. São Paulo: Quartier Latin, 2011, p. 129.

10 MAZETO, Cristiano de Souza; RIBEIRO, Maria de Fátima. A imunidade dos Partidos Políticos e suas Repercussões no Contexto Econômico e Social. In: PEIXOTO, Marcelo Magalhães; CARVALHO, Cristiano (coords.). *Imunidade Tributária*. São Paulo: Editora MP e APET, 2005, p. 104.

11 STF, AgReg no AI 535.922-3, 2ª T., rel. Min. ELLEN GRACIE, j. 30-9-2008, *DJe* 13-11-2008. p. 108.

12 *Informativo* n. 299 do STF, EDivRE 210.251/SP, fev./2003.

ções – art. 150, IV; objetivas (operações que destinem petróleo a outro Estado – art. 155, X, *b*); e mistas (ITR sobre pequenas glebas rurais definidas em lei, quando exploradas pelo proprietário, só ou com sua família, e que não possuem outro imóvel – art. 153, § 4º); (c) incondicionadas (templos de qualquer culto – art. 150, VI, *d*), e condicionadas (instituições de educação, sem fins lucrativos, atendidos os requisitos da lei – art. 150, VI, *c*).

Em 2017 firmou a tese de que "a imunidade tributária subjetiva aplica-se a seus beneficiários na posição de contribuinte de direito, mas não na de simples contribuinte de fato, sendo irrelevante para a verificação da existência do beneplácito a repercussão econômica do tributo envolvido"[13].

---

13 Tema 342 de Repercussão Geral no RE 608.872, j. 23-2-2017.

Capítulo 2

Interpretação

A interpretação das normas constitucionais de natureza imunitória consiste em atividade que impõe postura científica e obediência aos postulados da hermenêutica, cujo objetivo é a sistematização dos processos aplicáveis. A interpretação constitui um processo mental de compreensão, integração e aplicação do discurso normativo, objetivando desentranhar o conteúdo do preceito, razão pela qual não há sentido jurídico algum em traçar limites para o hermeneuta, cerceando seu livre labor científico.

O hermeneuta deve considerar o sentido da norma num contexto dinâmico, a sua permanente renovação e interação, porque os comandos que nela se contêm impõem uma atualização que esteja adaptada à realidade social. A mutabilidade dos acontecimentos e as transformações sociais obrigam a apreensão dos fenômenos sociais segundo uma atualidade, pois é claro que tantos os fatos quanto os conceitos são plenamente alteráveis.

O pluralismo metodológico deve ser a pauta de comportamento do intérprete, pois "o que se observa é a pluralidade ou equivalência, sendo os métodos aplicados de acordo com o caso e com os valores ínsitos na norma; ora se recorre ao método sistemático, ora ao teleológico, ora ao histórico, até porque não são contraditórios, mas se completam e se intercomunicam"[1].

A análise da temática *interpretação da norma imunizante* permitiu firmar o entendimento de que "a interpretação há que ser teleológica e sistemática – vale dizer, consentânea com os princípios constitucionais envolvidos e o contexto a que se refere"[2].

---

1 TORRES, Ricardo Lobo. *Normas de Interpretação e Integração do Direito Tributário*. São Paulo: Forense, 1991, p. 83.

2 COSTA, Regina Helena. *Imunidades Tributárias – Teoria e Análise da Jurisprudência do STF*. 2. ed. São Paulo: Malheiros, 2006, p. 115.

A interpretação não pode circunscrever-se a restritos âmbitos jurídicos, tendo o STF consagrado a "interpretação teleológica das normas de imunidade tributária, de modo a maximizar-lhes o potencial de efetividade, como garantia ou estímulo à concretização dos valores constitucionais que inspiram limitações ao poder de tributar"[3]. Neste aresto, tratara-se de estender a imunidade do IPTU das instituições de assistência social para imóvel ainda quando alugado a terceiro.

No referido acórdão[4], o STF também invocara decisões *conferindo alcance extensivo* à imunidade tributária, a saber:

> São exemplos marcantes dessa tendência a aplicação liberal que a Casa tem dado à imunidade de livros, jornais e periódicos (v.g. RE 141444, Pleno, 4.11.87, Sanches, RTJ 126/216; ERE 104563, Pleno 9-6.1993, Néri, RTJ 151/235), assim como a do papel destinado à sua impressão (RE 174476, Pleno 26-9-1996, M. Aurélio; RE 203859, Pleno, 17-12-1996, Correa). Também expressivo dessa mesma orientação é a decisão que alçou, não apenas a imunidade recíproca dos entes estatais, mas também as imunidades tributárias do art. 150, VI, *b* e *c*, a dignidade de limitações ao poder de reforma da Constituição, em razão da relevância dos direitos e liberdades fundamentais a cuja proteção estão voltadas.

Percebe-se que o STF acolhe a interpretação extensiva para a imunidade, mantendo a interpretação restritiva nos termos do art. 111 do CTN para as demais formas desonerativas, sendo explicitado o seguinte:

> É evidente que as normas constitucionais devem ser interpretadas através de uma *exegese ampla*, com a utilização de diversos métodos interpretativos, com o mais rigoroso exame do Texto Constitucional. Dar a norma constitucional um sentido restrito seria correr o perigo de caminhar na linha da inconstitucionalidade[5].

No acórdão pertinente ao RE 174476/SP[6], o Min. Marco Aurélio asseverara que "o preceito constitucional há de merecer interpretação teleológica, buscando-se atingir, de forma plena, o objeto visado, que outro não é senão afastar procedimentos que, de algum modo, possam inibir a produção material e intelectual de livros, jornais e periódicos. Sob o meu ponto de vista, a parte final do preceito concernente à imunidade e à referência a livros, jornais e periódicos, não é exaustiva, e, tampouco, merecedora de interpretação literal, a ponto de dizer-se que somente tem direito à imunidade quanto à venda e aos atos que digam respeito diretamente ao papel utilizado".

---

3 RE 237.718/SP, Pleno, rel. Min. SEPÚLVEDA PERTENCE, j. 29-3-2001, *DJU* 1 6-9-2001.

4 RE 237.718/SP.

5 MORAES, Bernardo Ribeiro de. *Imunidades Tributarias*. In: MARTINS, Ives Gandra da Silva (coord.). Revista dos Tribunais/Centro de Extensão Universitária, Pesquisas Tributárias, 1998. Nova Série n. 4. p. 133.

6 Pleno, j. 12-12-1997.

Destaco as digressões jurídicas seguintes:

"Recurso extraordinário. Repercussão geral. Tributário. *Imunidade objetiva* constante do art. 150, VI, *d*, da CF/88. *Teleologia multifacetada*. Aplicabilidade. Livro eletrônico ou digital. Suportes. *Interpretação evolutiva*. *Avanços tecnológicos, sociais e culturais*. Projeção. Aparelhos leitores de livros eletrônicos (ou *e-readers*).

1. A *teleologia da imunidade* contida no art. 150, VI, *d*, da Constituição aponta para a proteção de valores, princípios e ideias de elevada importância, tais como a liberdade de expressão, voltada à democratização e à difusão da cultura; a formação cultural do povo indene de manipulações; a neutralidade, de modo a não fazer distinção entre grupos políticos, etc.; a liberdade de informar e de ser informado; o barateamento do custo de produção dos livros, jornais e periódicos; de modo a facilitar e estimular a divulgação de ideias, conhecimentos e informações, etc. Ao se invocar a **interpretação finalística**, se o livro não constituir veículo de ideias, de transmissão de pensamentos, ainda que formalmente possa ser considerado como tal, será descabida a aplicação da imunidade.

(...)

3. *A interpretação das imunidades tributárias* deve se projetar no futuro e levar em conta os novos fenômenos sociais, culturais e tecnológicos. Com isso, evita-se o esvaziamento das normas imunizantes por mero lapso temporal, além de se propiciar a constante atualização do alcance de seus preceitos (...)"[7].

7 RE 330.817-RJ – Plenário – rel. Min. DIAS TOFFOLI, sessão de 8.3.2017.

Capítulo 3

Recíproca

A CF dispõe sobre a proibição à União, aos Estados, ao Distrito Federal e aos Municípios de instituírem impostos sobre o patrimônio, renda ou serviços, uns dos outros, abrangendo as atividades das próprias pessoas políticas de direito público (art. 150, VI, *a*).

Trata-se de obediência ao federalismo, cuja manutenção é promovida, evitando-se cargas tributárias que possam comprometer a capacidade econômica das pessoas políticas. Mediante a eliminação desse gravame, entre outros, não ficarão prejudicadas e comprometidas no livre exercício de suas atividades públicas. O preceito objetiva a igualdade, a harmonia e a independência das pessoas políticas.

Assim: a) a União não poderá cobrar dos Estados, do Distrito Federal, e dos Municípios, imposto sobre a renda relativamente a valores que estas pessoas políticas auferirem em razão de suas atividades públicas; b) aos Estados e ao Distrito Federal é vedado cobrar da União e dos Municípios o Imposto sobre a Propriedade de Veículos Automotores; e c) os Municípios não poderão exigir da União, Estados e Distrito Federal o Imposto sobre a Propriedade Predial Urbana, no que concerne aos prédios que estes sejam proprietários.

Esta imunidade é extensiva às autarquias e fundações instituídas e mantidas pelo poder público, no que se refere ao patrimônio vinculado às suas finalidades essenciais ou às delas decorrentes (§ 2º, art. 150, CF), significando que a fruição do benefício é também aplicável a tais entidades, em razão de serem consideradas como verdadeira extensão da administração pública, praticando atos e procedimentos que lhes são peculiares.

Todavia, as vedações aos impostos "não se aplicam ao patrimônio relacionado com a exploração de atividades econômicas regidas pelas normas aplicáveis a empreendimentos privados ou em que haja contraprestação ou pagamento de preços ou tarifas pelo usuário, nem exonera o promitente comprador da obrigação de pagar impostos relativamente ao bem imóvel" (§ 3º do art. 150).

Nesse caso, na medida em que os poderes públicos (inclusive autarquias e fundações) atuam como particulares despidos das prerrogativas de poder público (especialmente a supremacia do interesse público sobre o privado), não há que se cogitar da desoneração tributária. É o que ocorre no caso de tais entidades exercerem atividades particulares, de conformidade com o princípio da autonomia da vontade, em plena concorrência com aqueles, como acontece no caso de o Estado promover locação de veículos, em regime de liberdade contratual, situação em que tais receitas estarão sujeitas a tributo federal (imposto sobre a renda).

Relativamente aos *tributos aduaneiros* tem cabimento a aplicação da imunidade para excluir a exigência nas importações, a saber:

a) a União não poderá cobrar Imposto de Importação, IPI e Imposto sobre Operações de Câmbio, dos Estados, DF e Municípios;

b) os Estados e o DF não poderão cobrar o ICMS da União e dos Municípios;

c) os Municípios não poderão cobrar o ISS da União, dos Estados e do DF;

d) a União não poderá cobrar Imposto de Importação, IPI, e Imposto sobre Operações de Câmbio, das entidades religiosas, partidos políticos, suas fundações, entidades sindicais dos trabalhadores, e instituições de educação e assistência social;

e) os Estados e o DF não poderão cobrar ICMS das entidades religiosas, partidos políticos, suas fundações, entidades sindicais dos trabalhadores, e instituições de educação e assistência social;

f) os Municípios não poderão cobrar ISS das entidades religiosas, partidos políticos, suas fundações, entidades sindicais dos trabalhadores, e instituições de educação e assistência social:

g) a União, os Estados, o DF, e os Municípios não poderão cobrar Imposto de Importação, IPI, Imposto sobre Operações de Câmbio; ICMS; e ISS, sobre livros (e produtos assemelhados), jornais, e periódicos (inclusive filmes e papeis fotográficos), compreendendo os programas tecnológicos e de informática, os *kits* (pecinhas) e demais materiais de natureza pedagógica ou didática.

A jurisprudência considerou peculiares situações:

> I) Tributário. *IPTU*. Imóveis que compõem o Acervo Patrimonial do Porto de Santos. Integrantes do Domínio da União.
>
> Impossibilidade de tributação pela Municipalidade, independente de encontrarem-se tais bens ocupados pela empresa delegatária dos serviços portuários, em face da imunidade prevista no art. 150, VI, *a*, da Constituição Federal[1].

1 STF, RE 253.394-7, 1ª T., rel. Min. ILMAR GALVÃO, j. 26-11-2002, *DJU* 1 11-4-2003, p. 37.

Realmente, "na concessão, o Estado continua a ser o titular do poder de prestação do serviço. Atribui-se a um particular uma parcela da competência pública, mas o núcleo dessa competência permanece na titularidade do Estado; (...) o concessionário atua perante terceiros como se fosse o próprio Estado"[2].

E conclui: "(...) a delegação para o particular não transforma o serviço em privado. Nem retira da entidade delegante a titularidade do serviço. A delegação pressupõe a possibilidade de o serviço ser desempenhado por particular em condições, no mínimo, de eficiência idêntica ao que se passaria se o serviço fosse prestado diretamente pelo próprio Estado"[3].

> II) A Codesp, que é sociedade de economia mista, executa, como atividade-fim, em regime de monopólio, serviços de administração de porto marítimo, constitucionalmente outorgados à União Federal, qualificando-se, em razão de sua específica destinação institucional, como entidade delegatária dos serviços públicos a que se refere o art. 21, XII, *f*, da Lei Fundamental, o que exclui essa empresa governamental, em matéria de impostos, por efeito da imunidade tributária recíproca (CF, art. 150, VI, *a*) do poder de tributar dos entes públicos em geral, inclusive o dos Municípios.
>
> Consequente inexigibilidade, por parte do Município tributante, *do IPTU* referente às atividades executadas pela Codesp na prestação dos serviços públicos de administração de porto marítimo e daquelas necessárias à realização dessa atividade-fim[4].

> III) Tributário – *ISS* – Fundação – Imunidade recíproca – Isenção – Contrato executado por empresa privada – Artigo 9º, IV, *a*, e § 2º, CTN – Decreto-lei n. 406/68 – Decreto-lei n. 834/69 – Lei Complementar n. 22/74.
>
> 1. A imunidade garantida às entidades públicas, no caso, fundação instituída pelo poder público, não é obstáculo à tributação (ISS) dos serviços avençados contratualmente e prestados pela sociedade privada contratante.
>
> 2. Isenção inexistente.
>
> 3. Recurso improvido[5].

> IV) Tributário. *ICMS*. Energia Elétrica e Serviços de Telefonia.
>
> 1. A imposição do princípio da imunidade tributária entre pessoas jurídicas de direito público não alcança o ICMS exigido do município por empresas concessionárias de serviço de telefonia ou de fornecimento de energia elétrica.

---

2 JUSTEN FILHO, Marçal. *Concessões de Serviços Públicos – Comentários às Leis 8.987 e 9.074 de 1995*. São Paulo: Dialética, 1997, p. 66.

3 Ob. cit., p. 113.

4 AgReg no REsp 1.207.808/MG, 1ª T., rel. Min. ARNALDO ESTEVES LIMA, 21-6-2011, *DJe* 22-8-2011, p. 32.

5 STJ, REsp 5.058-0/PE, 1ª T., rel. Min. MILTON PEREIRA, j. 7-6-1993, *DJU* 16-8-1993.

2. O Estado do Paraná cobra o ICMS das empresas concessionárias de telefonia ou de fornecimento de energia elétrica. Não o faz dos Municípios.

3. Essas entidades, empresas de direito privado, não estão favorecidas pela imunidade tributária. Esta só ocorre entre pessoas jurídicas de direito público.

4. Recurso improvido[6].

V) Recurso ordinário. Mandado de Segurança. *ICMS*. Ilegitimidade das partes. Imunidade Tributária. Inexistência. Precedentes.

1. Não sendo contribuinte do ICMS, o Município não tem legitimidade passiva para, buscando eximir-se desse tributo, acionar o Secretário da Fazenda Estadual que, a seu turno, é parte ilegítima para figurar no polo passivo da ação.

2. O princípio da imunidade tributária entre pessoas jurídicas de direito público não alcança o ICMS exigido do Município por concessionárias dos serviços de telefonia e fornecimento de energia elétrica.

3. Recurso ordinário improvido[7].

Públicos: serviço postal, no caso[8].

VI) Constitucional. Tributário. Imunidade Recíproca. Autarquia. Serviço Público de Água e Esgoto. Atividade Remunerada por Contraprestação. Aplicabilidade. Art. 150, § 3º da Constituição. Processual Civil. Agravo Regimental.

1. Define o alcance da imunidade tributária recíproca sua vocação para servir como salvaguarda do pacto federativo, para evitar pressões políticas entre entes federados ou para desonerar atividades desprovidas de presunção de riqueza.

2. É aplicável a imunidade tributária recíproca às autarquias e empresas públicas que prestem inequívoco serviço público, desde que, entre outros requisitos constitucionais e legais, não distribuem lucros ou resultados direta ou indiretamente a particulares, ou tenham por objetivo principal conceder acréscimo patrimonial ao poder público (ausência de capacidade contributiva) e não desempenhem atividade econômica, de modo a conferir vantagem não extensível às empresas privadas (livre iniciativa e concorrência).

3. O Serviço Autônomo de Água e Esgoto é imune à tributação por impostos (art. 150, VI, *a*, e § 2º e 3º da Constituição). A cobrança de tarifas, isoladamente considerada, não altera a conclusão[9].

Recente decisão no mesmo sentido[10].

---

6 RMS 6.827/PR, 96/12961-4, 1ª T., rel. Min. JOSÉ DELGADO, j. 5-6-1996, *DJU* 1 14-10-1996.

7 RMS 7.040/PR, 96/24223-2, 2ª T., rel. Min. PEÇANHA MARTINS, j. 11-12-1997, *DJU* 1 9-3-1998, p. 60.

8 Questão de ordem em tutela antecipada, Referendo na Ação Cível Originária 803, rel. Min. CELSO DE MELLO, j. 14-4-2008, *DJe* 27-9-2011, p. 16-17.

9 AgReg no RE 412.217, 2ª T., rel. Min. JOAQUIM BARBOSA, j. 31-8-2010, *DJe* 30-9-2010.

10 RE 342.314-AgR-quinto, 1ª T., rel. Min. ROSA WEBER, sessão de 13.09.2019.

VII) Constitucional. Tributário. *IPVA*. Imunidade Tributária. Instituição de Educação sem Fins Lucrativos. CF, art. 150, VI, *c*. Súmula n. 279-STF.

(...)

1 – Não há invocar, para o fim de ser restringida a aplicação da imunidade, critérios de classificação dos impostos adotados por normas infraconstitucionais, mesmo porque não é adequado distinguir entre bens e patrimônio, dado que este se constitui do conjunto daqueles. O que cumpre perquirir, portanto, é se o bem adquirido, no mercado interno ou externo, integra o patrimônio da entidade abrangida pela imunidade. Precedentes[11].

VIII) Processual Civil. Agravo Regimental. Constitucional. Tributário. Imunidade Recíproca. *Ordem dos Advogados do Brasil*. Seccional. Aplicações Financeiras. Investimento. Imposto sobre Operações Financeiras – IOF. Abrangência. Dever de Fiscalização. Ausência de Prejuízo. Plena Vinculação da Constituição do Crédito Tributário.

1 – A imunidade tributária gozada pela Ordem dos Advogados do Brasil é da espécie recíproca (art. 150, VI, *a*, da Constituição), na medida em que a OAB desempenha atividade própria de Estado (defesa da Constituição, da ordem jurídica do Estado democrático de direito, dos direitos humanos, da justiça social, bem como a seleção e controle disciplinar dos advogados).

(...)[12];

IX) Relativamente a imóvel utilizado para sediar os *condutos de transporte de petróleo, combustíveis ou derivados*, em operações pela Petróleo Brasileiro S.A. – Petrobras (monopólio da União), o STF negou a aplicação da imunidade, sob os fundamentos seguintes:

(...)

2. É irrelevante para a definição da aplicabilidade da imunidade tributária recíproca a circunstância de a atividade desempenhada estar ou não sujeita a monopólio estatal. O alcance da salvaguarda constitucional pressupõe o exame (i) da caracterização econômica da atividade (lucrativa ou não), (ii) risco à concorrência e à livre iniciativa e (iii) riscos ao pacto federativo pela pressão política ou econômica.

3. A imunidade tributária recíproca não se aplica à Petrobras, pois.

3.1. Trata-se de sociedade de economia mista destinada à exploração econômica em benefício de seus acionistas, pessoas de direito público e privado, e a salvaguarda não se presta a proteger aumento patrimonial dissociado de interesse público primário;

3.2. A Petrobrás visa à distribuição de lucros, e, portanto, tem capacidade contributiva para participar do apoio econômico aos entes federados;

3.3. A tributação de atividade econômica lucrativa não implica risco ao pacto federativo[13].

---

11 AgReg no Agravo de Instrumento 481.586-6, 2ª T., rel. Min. CARLOS VELLOSO, j. 13-12-2005, *DJU* 1 24-1-2006, p. 34.

12 AgReg no RE 259.976, 2ª T., rel. Min. JOAQUIM BARBOSA, j. 23-3-2010, *DJe* 29-4-2010, p. 107.

13 AgReg no RE 285.7126, 2ª T., rel. Min. JOAQUIM BARBOSA, j. 6-4-2010, *DJe* 25-3-2010, p. 63.

X) A Empresa Brasileira de Infraestrutura Aeroportuária – INFRAERO, empresa pública prestadora de serviço público, faz jus à imunidade recíproca prevista no art. 150, VI, *a*, da Constituição Federal[14].

XI) Município na Condição de Contribuinte de Fato – Impossibilidade. É pacífico o entendimento do Supremo Tribunal Federal no sentido de que *o município não pode ser beneficiário da imunidade recíproca nas operações em que figurar como contribuinte de fato*. O repasse do ônus financeiro, típico dos tributos indiretos, não faz com que a condição jurídica ostentada pelo ente federativo na condição de sujeito passivo da relação jurídica tributária seja deslocada para a figura do consumidor da mercadoria ou serviço[15].

XII) *Casa da Moeda do Brasil (CMB)* – Empresa governamental delegatária de serviços públicos – Emissão de papel moeda. Cunhagem de moeda metálica. Fabricação de fichas telefônicas e impressão de selos postais – Regime constitucional de monopólio (CF, art. 21, VII) – Outorga de delegação à CMB, mediante lei, que não descaracteriza a estatalidade do serviço público, notadamente quando constitucionalmente monopolizado pela pessoa política (a União Federal, no caso), que dele é titular – a delegação da execução de serviço público, mediante outorga legal, não implica alteração do regime jurídico de direito público, inclusive o de direito tributário, que índice sobre referida atividade – Consequente extensão, a essa empresa pública, em matéria de impostos, da proteção constitucional fundada na garantia da imunidade tributária recíproca (CF, art. 150, VI, *a*) – o alto significado político-jurídico dessa prerrogativa constitucional, que traduz uma das projeções concretizadoras do princípio da federação – *Imunidade tributária* da Casa da Moeda do Brasil em face do *ISS*, quanto às atividades executadas no desempenho do encargo que, a ela outorgado mediante delegação, foi deferido constitucionalmente, à União Federal – Doutrina (Regina Helena Costa, *inter alios* – Precedentes)[16].

XIII) A imunidade recíproca, prevista no art. 150, VI, *a*, da Constituição não se estende a empresa privada arrendatária de imóvel público, quando seja ela exploradora de atividade econômica com fins lucrativos. Nessa hipótese é constitucional a cobrança do *IPTU* pelo Município[17].

XIV) Incide o *IPTU* considerado imóvel de pessoa jurídica de direito público cedido à pessoa jurídica de direito privado, devedora do tributo[18].

XV) Imunidade tributária recíproca não exonera o sucessor das obrigações tributárias relativas aos fatos jurídicos tributáveis ocorridos antes da sucessão[19].

14 Tema 412 de Repercussão Geral no ARE 638.315, j. 10-6-2011.

15 STF, AgReg no RE com Agravo 832.583, 1ª T., rel. Min. ROBERTO BARROSO, j. 18-11-2014, *DJe* 16-12-2014.

16 AgReg no RE 610.517, 2ª T., rel. Min. CELSO DE MELLO, j. 3-6-2014, *DJe* 23-6-2014, p. 45.

17 Tema 385 de Repercussão Geral ao RE 385 ao RE 594.015, j. 6-4-2017.

18 Tema 437 de Repercussão Geral no RE 601.720 j. 6-4-2017.

19 Tema 224 de Repercussão Geral no RE 599.176, j. 5-6-2014.

Relativamente às atividades prestadas pela Empresa Brasileira de Correios e Telégrafos (ECT) firmara as diretrizes seguintes:

I – Constitucional. Competência. Supremo Tribunal Federal. Ação Cível originária. Art. 102, I, *f*, da Constituição do Brasil. Empresa Brasileira de Correics e Telégrafos – EBCT. Empresa Pública. Prestação de Serviço Postal e Correio Aéreo Nacional. Serviço Público. Art. 21, X, da Constituição do Brasil.

1. A prestação do serviço postal consubstancia serviço público (art. 175 da CB/88). A Empresa Brasileira de Correios e Telégrafos é uma empresa pública, entidade da Administração Indireta da União, como tal sendo criada pelo Decreto-Lei n. 509, de 10 de março de 1969.

2. O Pleno do Supremo Tribunal Federal declarou, quando do julgamento do RE 220.906, Relator o Ministro Maurício Correa, *DJ* 14-11-2002, à vista do disposto no artigo 6º do Decreto-Lei n. 509/69, que a Empresa de Correios e Telégrafos é "pessoa jurídica equiparada à Fazenda Pública, que explora serviço de competência da União (CF, artigo 21, X).

3. Impossibilidade de tributação de bens públicos federais por Estado-Membro, em razão da garantia constitucional de imunidade recíproca.

4. O fato jurídico que deu ensejo à causa é a tributação de bem público federal. A imunidade recíproca, por sua vez, assenta-se basicamente no princípio do federalismo. Configurado conflito confederativo entre empresa pública que presta serviço público de competência da União e Estado-Membro, é competente o Supremo Tribunal Federal para o julgamento da ação cível originária, nos termos do disposto no artigo 102, I, *f*, da Constituição (...)[20].

II – Os serviços prestados pela Empresa Brasileira de Correios e Telégrafos (ECT), inclusive aqueles em que a empresa não age em regime de monopólio, estão abrangidos pela imunidade tributária recíproca[21].

III – A imunidade tributária recíproca reconhecida à Empresa Brasileira de Correio e Telégrafos (ECT) alcança o *IPTU* incidente sobre imóveis de sua propriedade e por ela utilizados, não se podendo estabelecer, a priori, nenhuma destinação entre os imóveis afetados ao serviço postal e aqueles afetados à atividade econômica[22].

IV – Ementa – Ação Cível Originária – Empresa Brasileira de Correio e Telégrafos (ECT) – Tributo Instituído por Lei Estadual (*IPVA*).

(...);

– A Empresa Brasileira de Correios e Telégrafos (ECT), que é empresa pública, executa como atividade-fim, em regime de monopólio, serviço postal constitucionalmente outorgado à União Federal, qualificando-se, em razão de sua específica destinação constitucionalmente outorgado à União Federal, qualificando-se, em razão de sua específica destinação

20 Questão de Ordem em Ação Cível Originária 765-1, Plenário, rel. p/ acórdão Min. EROS GRAU, j. 16-5-2008, *DJe* 6-11-2008, p. 23.

21 Tema 235 de Repercussão Geral no RE 601.392, j. 1º-3-2013.

22 Tema 644 de Repercussão Geral no RE 773.992, j. 15-10-2014.

constitucional, como entidade delegatária dos serviços públicos a que se refere o art. 21, X, da Lei Fundamental, o que exclui essa empresa governamental, em matéria de impostos, por efeito do princípio da imunidade tributária recíproca (CF, art. 150, VI, *a*) do poder de tributar deferido aos entes públicos em geral. Precedentes.

– Consequente inexigibilidade, por parte do Estado-membro tributante, do *IPVA* referente aos veículos necessários às atividades executadas pela ECT na prestação dos serviços públicos: serviço postal, no caso[23].

XVI) Recurso Extraordinário – CTPM – Sociedade de Economia Mista incumbida de executar, como atividade-fim, em função de sua específica destinação institucional, serviços de transporte ferroviário – CTPM como instrumentalidade administrativa do ente federado, incumbida, nessa condição institucional, de executar típico serviço público – Consequente extensão, a essa empresa governamental, em matéria de impostos, da proteção constitucional fundada na garantia da imunidade tributária recíproca (CF, art. 150, IV, *a*) (...)[24].

XVII) (...) 3. Sociedade de Economia Mista, Prestadora de Serviço de Transporte Público. Atuando como delegatária de serviço público em regime de exclusividade. 4. Imunidade. Precedentes (...)[25].

XVIII) Agravo Regimental em Recurso Extraordinário. Direito Tributário. IPTU. Imunidade Tributária. Requisitos. Sociedade de Economia Mista. Companhia Brasileira de Trens urbanos. Serviços Públicos. Tarifa como contraprestação do usuário.

(...)

2. A cobrança de tarifa, isoladamente considerada, não possui aptidão para descaracterizar a regra imunizante prevista no art. 150, VI, *a*, da Constituição da República. Precedentes (...)[26].

XIX) Recurso Extraordinário. Representativo da Controvérsia. Tributário. Execução Fiscal. Companhia de Metropolitano de São Paulo – METRÔ. Sociedade de Economia Mista prestadora de serviço público essencial. Imunidade recíproca. Artigo 150, VI, *a*, da Constituição Federal. Extensão. Precedentes. Acórdão recorrido em consonância com a jurisprudência do Supremo Tribunal Federal. Multiplicidade de recursos extraordinários. Controvérsia constitucional dotada de repercussão geral. Reafirmação da jurisprudência do Supremo Tribunal Federal. Recurso extraordinário desprovido[27].

O STF estabeleceu a seguinte tese de repercussão geral:

> "As empresas públicas e as sociedades de economia mista delegatárias de serviços públicos essenciais, que não distribuam lucros a acionistas privados nem ofereçam

23 Questão de ordem em tutela antecipada, Referendo na Ação Cível Originária 803, rel. Min. CELSO DE MELLO, j. 14-4-2008, *DJe* 27-9-2011, p. 16-17.

24 ARE 1.080.256-AgR, 2ª T., Rel. Min. CELSO DE MELLO, *DJe* de 15.5.2020.

25 ARE 1.112.414-AgR, 2ª T., rel. Min. GILMAR MENDES, *DJe* 1.8.2019.

26 ARE 816.120-AgR, 2ª T., rel. Min. RICARDO LEWANDOWSKI, *DJe* 22.08.2014.

27 Repercussão Geral no Recurso Extraordinário 1.320.054 – São Paulo – Plenário – rel. Ministro Presidente, sessão de 06.05.2021.

risco ao equilíbrio concorrencial, são beneficiárias da imunidade tributária recíproca prevista no artigo 150, VI, *a*, da Constituição Federal, independentemente de cobrança de tarifa como contraprestação do serviço"[28].

XX) COMPANHIA DE SANEAMENTO BÁSICO DO ESTADO DE SÃO PAULO – SABESP.

> EMENTA: TRIBUTÁRIO. IPTU. IMUNIDADE RECÍPROCA. SOCIEDADE DE ECONOMIA MISTA. NATUREZA JURÍDICA DE DIREITO PRIVADO. PARTICIPAÇÃO ACIONÁRIA DISPERSA E NEGOCIADA EM BOLSA DE VALORES. EXAME DA RELAÇÃO ENTRE OS SERVIÇOS PÚBLICOS PRESTADOS E O OBJETIVO DE DISTRIBUIÇÃO DE LUCROS A INVESTIDORES PÚBLICOS E PRIVADOS COMO ELEMENTO DETERMINANTE PARA APLICAÇÃO DA SALVAGUARDA CONSTITUCIONAL. SERVIÇO PÚBLICO DE SANEAMENTO BÁSICO SEM FINS LUCRATIVOS. CF/88, ARTS. 5º, II, XXXV, LIV; 37, INCISOS XIX E XXI E § 6º; 93, IX; 150, VI; E 175, PARÁGRAFO ÚNICO. PRECEDENTES QUE NÃO SE ADEQUAM PERFEITAMENTE AO CASO CONCRETO. IMUNIDADE QUE NÃO DEVE SER RECONHECIDA. REDATOR PARA ACÓRDÃO (ART. 38, IV, *B*, DO RISTF). FIXAÇÃO DA TESE DE REPERCUSSÃO GERAL.
>
> 1. A matéria foi decidida por maioria pelo Plenário do Supremo Tribunal Federal, que acompanhou o voto do I. Relator, Min. Joaquim Barbosa. Redação da proposta de tese de repercussão geral (art. 38, IV, *b*, do RISTF).
>
> 2. A imunidade tributária recíproca (art. 150, IV, *c*, da Constituição) não é aplicável às sociedades de economia mista cuja participação acionária é negociada em Bolsas de Valores, e que, inequivocamente, estão voltadas à remuneração do capital de seus controladores ou acionistas, unicamente em razão das atividades desempenhadas.
>
> 3. O Supremo Tribunal Federal nos autos do RE 253.472, Redator para o acórdão Min. Joaquim Barbosa, *DJe* 1/2/2011, já decidiu, *verbis: atividades de exploração econômica, destinadas primordialmente a aumentar o patrimônio do Estado ou de particulares, devem ser submetidas a tributação, por apresentarem-se como manifestações de riqueza e deixarem a salvo a autonomia política*.
>
> 4. *In casu*, trata-se de sociedade de economia mista de capital aberto, autêntica S/A, cuja participação acionária é negociada em Bolsas de Valores (Bovespa e New York Stock Exchange, *e.g.*) e que, em agosto de 2011, estava dispersa entre o Estado de São Paulo (50,3%), investidores privados em mercado nacional (22,6% – NYSE), ou seja, quase a metade do capital social pertence a investidores. A finalidade de abrir o capital da empresa foi justamente conseguir fontes sólidas de financiamento, advindas do mercado, o qual espera receber lucros como retorno deste investimento.
>
> 5. A peculiaridade afasta o caso concreto da jurisprudência da Suprema Corte que legitima o gozo da imunidade tributária.

28 Tese n.1140, de 05.05.2021.

6. Recurso Extraordinário improvido pela maioria do Supremo Tribunal Federal.

(...)

7. O Tribunal, por unanimidade, fixou a seguinte tese de repercussão geral (tema 508): *"Sociedade de economia mista, cuja participação acionária é negociada em Bolsa de Valores, e que, inequivocamente, está voltada à remuneração do capital de seus controladores ou acionistas, não está abrangida pela regra de imunidade tributária prevista no art. 150, VI, 'a', da Constituição, unicamente em razão das atividades desempenhadas"*[29].

29 RE 600.867 – SP – Plenário – red. p/ ac. Min. LUIZ FUX, j. 29.6.2020.

Capítulo 4

Templos

A imunidade dos templos de qualquer culto (art. 150. VI, *b*, CF) significa que as atividades religiosas em igrejas, casas paroquiais etc. podem ser exercidas sem a exigência de impostos, propiciando a prática da crença religiosa diversificada (católica, protestante, israelita, budista, maometana, evangélica, xintoísta etc.).

Os imóveis onde são celebrados os ofícios religiosos não se sujeitarão ao IPTU, incluindo os cinemas onde são exibidos espetáculos intimamente vinculados aos interesses das entidades religiosas; o mesmo se verificando com os veículos (carros, barcos, caminhões) utilizados nessas atividades, que devem ficar fora do alcance do IPVA.

É evidente que a vedação impositiva ao patrimônio relacionado às finalidades essenciais dos templos (art. 150, § 4º) não será considerada no caso de manterem atividades mercantis (supermercados nos imóveis pertencentes às entidades), decorrendo obrigação tributária.

A imunidade deve abranger também os imóveis locados (RE 257.700) ou utilizados como escritório e residência de membros da entidade (RE 221.395), consoante entendimento do STF[1]. Ademais, a EC n. 116/2022, ao incluir o § 1º-A no art. 156 da CF, estendeu a imunidade das instituições religiosas aos imóveis de que sejam locatárias, de modo a desonerá-las mesmo na condição de contribuintes de fato.

Os valores auferidos em decorrência da realização de casamentos, batismos, missas, vendas de velas, artigos sacros e atividade correlatas não tipificam serviços tributáveis pelas pessoas políticas que não podem cobrar ICMS e ISS, porque se trata de atividade intimamente vinculada ao objetivo religioso.

No caso de manterem uma emissora de televisão por assinatura (com cobrança de valores dos contratantes-usuários), que tenha por escopo a transmissão de programas de cunho religioso, poderão ficar imunes ao ICMS.

1 RE 325.822-2/SP, Pleno, rel. Min. ILMAR GALVÃO, j. 18-12-2002, *DJU* 1 14-5-2004, p. 33. ARE 895.972 AgR, 1ª T., rel. Min. ROBERTO BARROSO, j. 2.2.2016.

As festas e recepções realizadas nos salões das igrejas, sem cunho eminentemente religioso e mediante a cobrança de valores, bem como o serviço de *buffet*, sujeitam-se ao ISS e ao ICMS.

A imunidade vincula-se aos pressupostos religiosos dos serviços, sendo imprescindível que as receitas tenham origem na prática de liturgias, sendo traçada importante distinção:

> A venda de imagens de santos pela igreja está ao abrigo da imunidade, na medida em que os santos são integrantes do ritual de oração, constituindo-se num importante objeto para a prática religiosa. A mesma imagem de santo, vendida por uma pessoa que não seja a mantenedora do templo, a exemplo de um antiquário, não está agasalhada pela imunidade. Isso porque, embora essa pessoa comercialize um objeto sacro, a mesma pessoa não possui vínculo com o templo. O objeto da relação de imunidade é necessariamente vinculado ao templo e suas atividades[2].

O autor aponta:

> A venda de velas de sete dias, por exemplo, está ao abrigo da imunidade, pois essas integram o ritual de orações, ao passo que a simples venda de velas perfumadas não está, pois são meramente decorativas. Em razão disso, podemos notar que a imunidade não se relaciona com a natureza intrínseca do objeto, mas sim a destinação religiosa que se atribua ao mesmo fator extrínseco[3].
>
> Os *cemitérios* que consubstanciam extensão de entidades de cunho religioso estão abrangidos pela garantia contemplada no artigo 150 da Constituição do Brasil, havendo a impossibilidade de incidência do IPTU em relação a eles[4].

A aplicação da imunidade aos cemitérios fora objeto de exaustivo e percuciente estudo jurídico[5], destacando-se o seguinte:

a) os cemitérios enquanto templos de qualquer culto;

b) a natureza mista da imunidade aos templos de qualquer culto (aspectos objetivo e subjetivo), diferença das imunidades das alíneas *b* e *c* do artigo 150, VI, da Constituição Federal;

c) cemitérios administrados por entidades com fins lucrativos e a imunidade tributária dos templos de qualquer culto (função social para sepultamento e o templo; cemitérios laicos como medida sanitária e concretização da liberdade religiosa; garantia da livre concorrência).

---

2 VERGUEIRO, Guilherme Von Muller. Teoria Constitucional da Imunidade dos Templos Religiosos. In: PEIXOTO, Marcelo Magalhães; CARVALHO, Cristiano (coords.). *Imunidade Tributária*. São Paulo: MP e APET, 2005, p. 162.

3 Ob. cit., p. 162.

4 RE 578.562-9, Plenário, rel. Min. EROS GRAU, j. 21-5-2008, *DJe* 11-9-2008, p. 54.

5 SCHOUERI, Luís Eduardo. O Supremo Tribunal Federal e a imunidade tributária dos cemitérios: templos de qualquer culto. In: GOMES, Marcus Lívio; VELOSO, Andrei Pitten (coords.). *Sistema Constitucional Tributário – Dos fundamentos teóricos aos* hard cases *tributários – Estudos em Homenagem ao Ministro Luiz Fux*. São Paulo: Livraria do Advogado, 2014, p. 223-243.

O STF decidiu pela imunidade de *cemitério* que pertence à entidade religiosa sem fins lucrativos, na forma seguinte:

Recurso Extraordinário. Constitucional. Imunidade Tributária. IPTU. Artigo 150, VI, *b*, CB/88. Cemitério. Extensão da Entidade de Cunho Religioso.

1. Os cemitérios que consubstanciam extensão de entidades de cunho religioso estão abrangidos pela garantia contemplada no artigo 150 da Constituição do Brasil. Impossibilidade de incidência do IPTU em relação a eles.

2. A imunidade aos tributos de que gozam os templos de qualquer culto é projetada a partir da interpretação da totalidade que o texto da Constituição e, sobretudo do disposto nos artigos 5º, VI, 19, I, e 150, VI, *b*.

3. As áreas de incidência e da imunidade tributária são antípodas[6].

Relativamente à comprovação *da utilização do bem nos objetivos institucionais*, o STF consolidou o entendimento de que "não cabe à entidade religiosa demonstrar que utiliza o bem de acordo com suas finalidades institucionais. Ao contrário, compete à Administração tributária demonstrar a eventual tredestinação do bem gravado pela imunidade. Nos termos da jurisprudência da Corte, a imunidade tributária em questão alcança não somente imóveis alugados, mas também imóveis vagos"[7].

A Secretaria da Fazenda de São Paulo entende albergada pela imunidade do templo a operação de repasse (ou venda), aos fiéis e às igrejas da mesma doutrina, de produtos religiosos (bíblias, hinários, véus e livros), quando (i) seja efetuada diretamente pelo templo (igreja); (ii) seja realizada gratuitamente ou, na hipótese de venda, que o valor cobrado seja igual (ou inferior) ao "preço de custo", ou ao "custo de reposição" (preço de aquisição atualizado) dos produtos; e que estes sejam essenciais à prática do próprio culto, sendo utilizados dentro das edificações do templo[8].

As atividades de *assistência social* também se enquadram no âmbito da imunidade:

DIREITO TRIBUTÁRIO. RECURSO EXTRAORDINÁRIO COM REPERCUSSÃO GERAL. IMPOSTOS SOBRE IMPORTAÇÃO. IMUNIDADE TRIBUTÁRIA. ENTIDADES RELIGIOSAS QUE PRESTAM ASSISTÊNCIA SOCIAL.

1. Recurso extraordinário com repercussão geral reconhecida a fim de definir (i) se a filantropia exercida à luz de preceitos religiosos desnatura a natureza assistencial da entidade, para fins de fruição da imunidade prevista no art. 150, VI, *c*, da Constituição; e (ii) se a imunidade abrange o II e o IPI incidentes sobre as importações de bens destinados às finalidades essenciais das entidades de assistência social.

6 RE 578.562-9, Plenário, rel. Min. EROS GRAU, j. 21-5-2008, *DJe* 11-9-2008, p. 54.

7 AgReg no RE com Agravo 800.395-625, 1ª T., rel. Min. ROBERTO BARROSO, j. 28-10-2014, *DJe* 14-11-2004, p. 58.

8 Consulta n. 1.640/2013, de 18-7-2013.

(...)

3. *Entidades religiosas e assistência social*. Diversas organizações religiosas oferecem assistência a um público verdadeiramente carente, que, muitas vezes, instala-se em localidades remotas, esquecidas pelo Poder Público e não alcançadas por outras entidades privadas. Assim sendo, desde que não haja discriminação entre os assistidos ou coação para que passem a aderir aso preceitos religiosos em troca de terem suas necessidades atendidas, essas instituições se enquadram no art. 203 da Constituição.

4. *O alcance da imunidade das entidades assistenciais sem fins lucrativos*. A imunidade das entidades listadas no art. 150, VI, *c*, da CF/1988, abrange não só os impostos diretamente incidentes sobre patrimônio, renda e serviços, mas também aqueles incidentes sobre a importação de bens a serem utilizados para a consecução dos seus objetivos estatutários. Além disso, protege a renda e o patrimônio, não necessariamente afetos às ações assistenciais, desde que os valores oriundos de sua exploração sejam revertidos para as suas atividades essenciais. Precedentes desta Corte.

(...)

ACÓRDÃO

(...) Foi fixada a seguinte tese: "As entidades religiosas podem se caracterizar como instituições de assistência social a fim de se beneficiarem da imunidade tributária, prevista no art. 150, VI, *c*, da Constituição, que abrangerá não só os impostos sobre o seu patrimônio, renda e serviços, mas também os impostos sobre a importação de bens a serem utilizados na consecução de seus objetivos estatutários"[9].

A Emenda Constitucional n. 116, de 17-2-2022, dispôs que o IPTU não incide sobre templos de qualquer culto, ainda que as entidades abrangidas pela imunidade (alínea *b* do inciso VI do *caput* do art. 150 da CF) sejam locatárias do imóvel".

A Emenda Constitucional n. 132, de 20-12-2023, altera o preceito imunitório, passando a compreender (alínea *b* do inciso VI do art. 150), "as entidades religiosas e templos de qualquer culto, inclusive suas organizações assistenciais e beneficentes".

9 RE 630.790-SP, Plenário, rel. Min. ROBERTO BARROSO, sessão de 11 a 18-3-2022.

Capítulo 5

Partidos políticos, inclusive suas fundações, entidades sindicais dos trabalhadores, instituições de educação e de assistência social, sem fins lucrativos, atendidos os requisitos da lei

O constituinte objetivou preservar valores de relevante interesse nacional, como a democracia, a força trabalhadora, a educação, a saúde, a previdência e a proteção dos carentes, impedindo ônus de impostos que pudessem afetar sua capacidade econômica, necessária ao desenvolvimento de suas atividades sociais.

Essas associações e entidades não sofrerão a exigência de impostos sobre o patrimônio, a renda ou serviços, na forma da lei (no caso, o CTN, com *status* de lei complementar). Categoricamente, a CF deferiu à lei complementar a competência para regular as limitações constitucionais ao poder de tributar (art. 146, III), que constitui matéria pertinente às imunidades, tendo o CTN (art. 14) estabelecido os requisitos seguintes:

> I – não distribuírem qualquer parcela de seu patrimônio ou de suas rendas, a qualquer título (redação dada pela LC n. 104/2001);
>
> II – aplicarem integralmente, no País, os seus recursos na manutenção dos seus objetivos institucionais;
>
> III – manterem escrituração de suas receitas e despesas em livros revestidos de formalidades capazes de assegurar sua exatidão.

Justifica-se a exclusividade da lei complementar no regramento da imunidade, uma vez que, constituindo a competência matéria estritamente constitucional, é lógico que a exclusão da competência – como se configura a imunidade – pode ser veiculada por norma (lei complementar) que tenha de ser considerada pelas pessoas políticas.

Realmente, se ao legislador ordinário fosse possibilitado instituir regras próprias de imunidade, as normas complementares poderiam ser alteradas, desprezadas ou suprimidas, eliminando-se obliquamente as limitações para tributar, que, a seu turno, consubstanciam irremovíveis direitos e garantias individuais.

Perspicaz a afirmativa de que "pode-se cogitar de uma situação intermediária, onde a lei complementar (CF, art. 146, III) e lei 'ordinária' (CF, art. 150, VI, *c*) conviveriam, harmonicamente, em campos próprios e compatíveis de sorte a preservar, de um lado, o real e efetivo significado do instituto da imunidade e, de outro, os também respeitáveis interesses do Erário, que merecem ser tutelados, desde que isto se dê sem atropelo aos direitos e garantias fundamentais"[1].

Entretanto, a Lei Federal n. 9.532, de 11-12-1997, pretendeu introduzir preceitos próprios no âmbito da imunidade, modificando as diretrizes do CTN, considerando imune a instituição de educação ou de assistência social que presta serviços para os quais houver sido instituída e os coloque à disposição da população em geral em caráter suplementar às atividades do Estado, sem fins lucrativos.

Inexiste previsão constitucional de as entidades estarem abertas à população em geral, pois podem atender exclusivamente aos seus associados, complementando atividades fundamentais do Estado (ensino, serviços médicos, hospitalares, previdenciários etc.). Embora num primeiro relance possam aparentar caráter restrito e exclusivo (como é o caso dos serviços direcionados aos empregados de um grupo empresarial, de entidade que seja parte integrante), em realidade abrange um número significativo de pessoas, representando expressiva coletividade.

A proibição de finalidade lucrativa deve ser compreendida no sentido de que os objetivos institucionais não perseguem o lucro – implicador do caráter mercantil – que, naturalmente, pudesse acarretar o posterior repasse ou distribuição aos sócios. É normal e compreensível que as instituições de beneficência – como quaisquer outras entidades de natureza assemelhada – colimam sempre um resultado positivo de suas atividades para poderem aprimorar o patrimônio e os serviços.

Também não colhe a exigência de não remunerar, por qualquer forma, seus dirigentes pelos serviços prestados (art. 12, § 2º), porque, além de não encontrar correspondência em nenhum requisito do CTN, é natural que o pagamento a diretor ou qualquer administrador das instituições não representa violação aos preceitos básicos da imunidade, desde que sejam compatíveis com as condições usuais do mercado de trabalho, não caracterizando distribuição disfarçada de lucros.

1 BOTTALLO, Eduardo Domingos. Imunidades de Instituições de Educação e de Assistência Social e Lei Ordinária – um Intrincado Confronto. In: ROCHA, Valdir de Oliveira. *Imposto de Renda – Alterações Fundamentais*. São Paulo: Dialética, 1998. v. 2. p. 53-63.

E injurídica a obrigatória destinação de superávit a incremento do seu ativo imobilizado (art. 12, § 3º), porque cria obrigação não prevista no CTN, acrescido da circunstância de que o administrador pode realizar diferentes espécies de aplicações, desde que estejam vinculadas à manutenção dos seus objetivos. Parece razoável a utilização do superávit para fazer face às despesas com professores, médicos, enfermagens, cursos de especialização etc.

A aplicação de recursos nem sempre pode, ou mesmo deve, ser realizada de modo preferencial ou exclusivo em atividades básicas da instituição, como é o caso de aquisição de equipamentos cirúrgicos, ambulâncias, salários de médicos, ou compra de cadeiras, merenda escolar e pagamento de professores.

É conveniente, por vezes, utilizar os valores financeiros de forma indireta, momentaneamente mais adequada para a preservação do patrimônio das instituições imunes, como é o caso de aplicações no sistema financeiro, ou investimentos imobiliários, com o objetivo precípuo de evitar a perda do capital e a desvalorização da moeda, de modo a permitir a futura reaplicação direta em seus objetivos institucionais.

A finalidade de tais investimentos consiste na manutenção dos bens da entidade, razão pela qual atendem os benefícios da imunidade os resultados percebidos com aplicações financeiras, os aluguéis de imóveis de sua propriedade etc., uma vez que essas entidades não estão concorrendo com terceiros, sequer praticando atividades especulativas.

A questão suscitada não representa mera indagação acadêmica, de cunho teórico, revela importância e aplicação prática, especialmente à luz da Lei Federal n. 9.532, de 11-12-1997, que pretendeu introduzir preceitos próprios no âmbito da imunidade, modificando as diretrizes encartadas no CTN, e até mesmo os superiores princípios constitucionais.

Nesse contexto normativo, o STF decidiu:

> (...)
>
> II. Imunidade tributária (CF, art. 150, VI, *c*, e 146, II): *instituições de educação e de assistência social, sem fins lucrativos, atendidos os requisitos da lei*: delimitação dos âmbitos da matéria reservada, no ponto, à intermediação da lei complementar e da lei ordinária: análise, a partir daí, dos preceitos impugnados (L. n. 9.532/97, arts. 12 a 14): cautelar parcialmente deferida.
>
> Conforme precedente no STF (RE 93.770, Muñoz, *RTJ* 102/304) e na linha da melhor doutrina, o que a Constituição remete à lei ordinária, no tocante à imunidade tributária considerada, é a fixação de normas sobre a constituição e funcionamento da entidade educacional ou assistencial imune: não o que diga respeito aos lindes da imunidade, que, quando suscetíveis de disciplina infraconstitucional, ficou reservado à lei complementar[2].

2 ADIn 1.802-3/DF, Pleno, rel. Min. SEPÚLVEDA PERTENCE, j. 27-8-1988, *DJU* 1 13-2-2004, p. 10.

Os vocábulos "instituições" ou "entidades" não apresentam peculiaridades e distinções para as finalidades imunitórias, compreendendo o terceiro setor, que "corresponde às instituições com preocupações e práticas sociais, sem fins lucrativos, que geram bens e serviços de caráter público, tais como: ONGs, instituições religiosas, clubes de serviços, entidades beneficentes, centros sociais, organizações de voluntariado etc."[3].

Deve ser levado em conta o significado do vocábulo "educação", amplamente referido na CF (arts. 205, 208 e 214). Pugna-se pela interpretação ampla do conceito de *instituição de educação*, que não é "apenas a de caráter estritamente didático, mas toda aquela que aproveita à cultura em geral, como laboratório, instituto, centro de pesquisas, o museu, o *atelier* de pintura ou escultura, o ginásio de desportos, as academias de letras, artes e ciências"[4].

A CF preceitua o seguinte:

> Art. 203. A *assistência social* será prestada a quem dela necessitar, independentemente de contribuição à seguridade social, e tem por objetivos:
>
> I – a proteção à família, à maternidade, à infância, à adolescência e à velhice;
>
> II – o amparo às crianças e adolescentes carentes;
>
> III – a promoção da integração ao mercado de trabalho;
>
> IV – a habilitação e reabilitação das pessoas portadoras de deficiência e a promoção de sua integração ao mercado de trabalho;
>
> V – a garantia de um salário mínimo de benefício mensal à pessoa portadora de deficiência e ao idoso que comprovem não possuir meios de prover à própria manutenção ou tê-la provida por sua família, conforme dispuser a lei.

A *assistência social* pode significar o atendimento aos direitos sociais enumerados no art. 6º da CF (a educação, a saúde, o trabalho, o lazer, a segurança, a previdência social, a proteção, a maternidade e a infância, a assistência aos desamparados), sendo de responsabilidade do Estado e da sociedade[5].

Nesta temática devem ser consideradas diversas instituições que se enquadram no *terceiro setor*, distinto dos âmbitos do primeiro setor (Estado) e do segundo setor (mercado), de natureza não lucrativa e não governamental, interagindo entre as esferas públicas e privadas, destacando-se (a) as *Organizações Sociais* (OS), previstas na Lei Federal n. 9.637, de 15-5-1998; (b) as *Organizações da Sociedade Civil de Interesse Público (OSCIP)*, dispostas na Lei Federal n. 9.790, de 23-9-1999; (c) as *Organizações não Governamentais*

3 CARDOSO, Lais Vieira. Imunidade e o Terceiro Setor. In: PEIXOTO, Marcelo Magalhães; CARVALHO, Cristiano (coords.). *Imunidade Tributária*. São Paulo: MP e APET, 2005, p. 216.

4 BALEEIRO, Aliomar. *Limitações Constitucionais do Poder de Tributar*. 7. ed. São Paulo: Forense, 1999, p. 314-315.

5 SOUZA, Leandro Marins de. *Tributação do Terceiro Setor no Brasil*. São Paulo: Dialética, 2004, p. 165.

(ONGS); (d) as *Escolas Comunitárias*, previstas na Lei Federal n. 9.394, de 20-12-1996; (e) as *Escolas Confessionais*; e (f) as *Escolas Filantrópicas*[6].

Ao suspender a vigência do § 1º e a alínea *f* do § 2º, ambos do art. 12, art. 13, *caput*, e do art. 14, todos da Lei n. 9.532, de 10-12-1997, o STF aplica precedente[7], no sentido de que o que a Constituição remete à lei ordinária é a fixação de normas sobre a constituição e o funcionamento da entidade educacional ou assistencial imune, não o que diga respeito aos lindes da imunidade, que, quando susceptíveis de disciplina infraconstitucional, ficou reservado à lei complementar[8].

O STF firmou diretriz de que "ainda quando *alugado a terceiros*, permanece imune ao IPTU o imóvel pertencente a qualquer das entidades referidas pelo art. 150, V, *c*, da Constituição, desde que seja aplicado nas atividades para as quais tais entidades foram constituídas"[9].

Relativamente *ao imóvel vago*, o STF manifestara o entendimento seguinte:

> Imunidade. Entidade Educacional. Artigo 150, VI, *c*, da Constituição Federal. IPTU. Imóvel Vago. Finalidades Essenciais. Presunção. Ônus da Prova. Precedentes.
>
> 1. A condição de um imóvel estar vago ou sem edificação não é suficiente, por si só, para destituir a garantia constitucional da imunidade.
>
> 2. A regra da imunidade se traduz numa negativa de competência, limitando, a priori, o poder impositivo do Estado.
>
> 3. Na regra imunizante, como a garantia decorre diretamente da Carta Política, mediante decote de competência legislativa, as presunções sobre o enquadramento originalmente conferido devem limitar a favor das pessoas ou entidades que se socorrem da norma constitucional.
>
> 4. Quanto à imunidade prevista no art. 150, VI, *c*, da Constituição Federal, o ônus de elidir a presunção de vinculação às atividades essenciais é do Fisco.
>
> 5. A não utilização temporária do imóvel deflagra uma neutralidade, não atentando contra os requisitos autorizadores da imunidade.
>
> Precedentes da Corte (...)[10].

Considerando o âmbito da destinação do imóvel e a presunção favorável a fundação, fora proferida a decisão seguinte:

---

6 ADIN 2028, Plenário, rel. Min. ROSA WEBER, j. 2.3.2017.

7 RE 93.770, 1ª T., rel. Min. SOARES MUÑOZ, j. 17.3.1981, *RTJ*, n. 103/304.

8 ADIn 1.803-3/DF, Pleno, rel. Min. SEPÚLVEDA PERTENCE, j. 27-8-1998, *DJU* 1 13-2-2004, p. 10.

9 Súmula Vinculante 52, STF.

10 AgReg no Agravo de Instrumento 674.339, 1ª T., rel. Min. DIAS TOFFOLI, j. 10-9-2013, *DJe* 13-2-2014, p. 41.

"Ementa

(...) Imunidade. Artigo 150, IV, c. ITBI. Corte de competência. Destinação do imóvel adquirido. Presunção que milita em favor da entidade imune. Ônus da prova. Inversão.

1. No caso do ITBI, a destinação do imóvel às finalidades essenciais da entidade deve ser pressuposta, sob pena de não haver imunidade para esse tributo.

2. Caso já tenha sido deferido o *status* de imune ao contribuinte, as presunções sobre o enquadramento originalmente conferido ao imóvel devem militar a seu favor. O afastamento dessa imunidade só pode ocorrer mediante a constituição de prova em contrário produzida pela administração tributária"[11].

O STF fixou tese de repercussão geral:

"A imunidade tributária prevista no art. 150, VI, *c*, da CF/88 aplica-se aos bens imóveis, *temporariamente ociosos*, de propriedade das instituições de educação e de assistência social sem fins lucrativos que atendam os requisitos legais"[12].

A imunidade "não é restrita apenas à renda decorrente do objeto social da entidade, mas sim toda aquela auferida de forma regular visando resguardar o seu patrimônio dos efeitos corrosivos da inflação, como ocorre com as aplicações financeiras[13].

Relativamente ao ICMS na venda de mercadorias por ente imune, o STF chegou a firmar posição no sentido de que não há imunidade, eis que o ICMS seria suportado pelo adquirente[14].

Também sacramentou que "a imunidade tributária conferida a instituições de assistência social sem fins lucrativos pelo art. 150, VI, *c*, da Constituição somente alcança as entidades fechadas de previdência social privada se não houver contribuição dos beneficiários"[15].

No que concerne às *entidades fechadas de previdência social*, o STF decidiu o seguinte:

Imposto – Transmissão de bem imóvel – Município de São Paulo – Entidade fechada de previdência social – Pretensão ao reconhecimento da imunidade tributária – Inviabilidade – Inocorrência do caráter de universalidade dos serviços prestados, nos termos daqueles providos pela assistência social oficial – Desatendimento do artigo 150, VI, *c*, da CF – Tributo devido – Segurança denegada – Recurso extraordinário conhecido e provido[16].

---

11 AgReg no RE com Agravo 759.601/SP, 2ª T., rel. Min. DIAS TOFFOLI, j. 26-5-2015, *DJe* 19-6.-2015, p. 35-36.

12 Tema 693 – RE 767.332, Plenário, rel. Min. GILMAR MENDES, j. 31.02.2013.

13 STF, AgReg no Agravo de Instrumento 749.009, 1ª T., rel. Min. LUIZ FUX, j. 13-3-2012, *DJe* 29-3-2012, p. 31-32.

14 RE 191.067-4, 1ª T., rel. Min. MOREIRA ALVES, 26-10-1999, *DJU* 1 3-12-1999, p. 23.

15 Súmula 730, STF.

16 RE 237.401-9/SP, 1ª T., rel. Min. MOREIRA ALVES, j. 18-12-2001, *DJ* 8-3-2001.

A ementa do aresto expressa o seguinte:

Há pouco, em 8-11-2001, o Pleno desta Corte, ao concluir o julgamento do RE n. 202.700, Relator o eminente Ministro Maurício Corrêa, decidiu que, em face da atual Constituição, não se pode confundir instituição assistencial com entidade fechada de previdência privada, de gênese contratual e que só confere benefícios aos seus filiados desde que eles recolham as contribuições pactuadas, pois entidade assim constituída não possui o caráter de universalidade que tem a assistência oficial, daí se extraindo que os serviços por ela realizados não podem ser entendidos como sendo de assistência social em sentido estrito, em cooperação com o Poder Público; e, em assim sendo, a entidade fechada de previdência privada com tais características não goza da imunidade tributária prevista no artigo 150, VI, *c*, da Carta Magna.

De modo explícito, observa-se o pronunciamento do STJ:

Tributário – ICM – Imposto sobre Circulação de Mercadorias – Imunidade de instituição de assistência social. Embora o Código Tributário nacional (CTN) vede a incidência de imposto sobre o patrimônio, a renda ou serviços das instituições civis não econômicas, o Decreto-lei n. 406, de 1968 (art. 6º, § 1º, III), não as deixou incólumes da exigência tributária pertinente às operações relativas à circulação de mercadorias.

O ICM recai sobre operações de circulação de mercadoria, quando há transferência da posse ou propriedade dela a terceiros, atividade praticada pela recorrida, com venda de medicamentos.

Na hipótese, se reconhecida a imunidade, resultaria ela em benefício a terceiro, perdendo assim o seu caráter objetivo.

Recurso conhecido e provido, para restabelecer em seu todo a sentença de primeiro grau[17].

Sucede que nas operações de importação de bens e serviços, o ônus do ICMS é suportado diretamente pela importadora (entidade imune), razão pela qual há que se considerar a não incidência tributária, sendo despiciendo o fato de a CF (art. 150, IV, *a*) referir-se a "patrimônio, renda e serviço", porque o STF assentou o seguinte:

Constitucional. Tributário. ICMS. Imunidade Tributária. Instituição de Educação sem Fins Lucrativos. CF. ART. 150, VI, *c*; I – Não há invocar, para o fim de ser restringida a aplicação da imunidade, critérios de classificação dos impostos adotados por normas infraconstitucionais, mesmo porque não é adequado distinguir entre bens e patrimônio, dado que este se constitui do conjunto daqueles. O que cumpre perquirir, portanto, é se o bem adquirido, no mercado interno ou externo, integra o patrimônio da entidade abrangida pela imunidade; II – Precedentes do STF; III – Agravo não provido[18].

17 REsp 485, 1ª T., rel. Min. DEMÓCRITO REINALDO, j. 21-8-1991, *RSTJ*, 24-8-1991, p. 264-268.

18 Agravo Reg. em Recurso Extraordinário 225.671-0, 2ª T., rel. Min. CARLOS VELLOSO, j. 21-9-1988, *DJU* 1 23-10-1998, p. 6.

No âmbito dos serviços, o STJ decidira que "a gráfica que, mantida por instituição de assistência social, presta serviços a terceiros, está sujeita ao pagamento do Imposto sobre Serviços, ainda mais quando a própria instituição de assistência social paga pelos serviços que a gráfica lhe presta"[19].

Cabe salientar que, embora o requisito apontado no item III, do art. 14 do CTN, diga respeito à mera obrigação acessória, revela-se indispensável para que fique registrado o ingresso de verbas e respectivo manuseio, a fim do Poder Público ter ciência do cumprimento das regras imunitórias. Todavia, a legitimidade do controle que pode ser realizado pelo Poder Público não lhe confere nenhum direito à legislação ordinária, sequer a regulação ou criação de deveres instrumentais. Qualquer norma ou singela regra que objetive disciplinar a observância dos requisitos da imunidade padecera de vício de inconstitucionalidade.

Merece crítica o próprio CTN ao cometer à autoridade competente a faculdade de "suspender" a imunidade (§ 1º do art. 14), no caso de descumprimento dos apontados requisitos, ou ainda se a entidade deixar de reter tributos na fonte, na condição de responsável ou observar deveres acessórios (§ 1º do art. 9º). Ao administrador público não é concedido o poder de paralisar temporariamente os efeitos imunitórios, por mera discricionariedade, porque se trata de exclusão de competência constitucional. Se a entidade descumpre a Constituição e a lei (CTN), pode ocorrer a perda dos direitos à desoneração tributária, impondo-se a exigência dos impostos, que não é formulada simplesmente por critérios de conveniência e oportunidade.

Em 2017, o STF firmou o entendimento de que "os requisitos para o gozo da imunidade hão de estar previstos em lei complementar"[20].

Examinaram-se os processos instaurados por entidades de saúde, hospitalares, questionando modificações introduzidas no art. 55 da Lei N. 8.212/91, pela Lei N. 9.732/98, que restringiram o conceito de instituição beneficente de assistência social, na medida em que (i) impuseram a necessidade de os hospitais ofertarem um mínimo de 60% dos serviços ao SUS; (ii) não praticarem, de forma exclusiva e gratuita o atendimento às pessoas carentes na mencionada proporção; e (iii) aplicarem anualmente, em gratuidade, pelo menos 20% da receita bruta proveniente da venda de serviços, e demais negócios jurídicos.

O Tribunal também apreciou pleito formulado por entidade da área do ensino, questionando a legislação ordinária que condicionara a isenção da cota patronal "à gratuidade exclusiva na prestação de serviços assistenciais (pessoas carentes)".

---

19 AgRg em AG 163.383/GO, 2ª T., rel. Min. ARI PARGENDLER, j. 13-11-1997, *DJU* 1 1º-12-1997, p. 62.734.

20 ADIs 2.028, 2.036, 2.228 e 2.621, e RE 566.622, Plenário de 23-2-2017, rel. Min. MARCO AURÉLIO, Tema 32 de Repercussão Geral.

Capítulo 6

Livros, jornais, periódicos e o papel destinado à sua impressão

A imunidade objetiva preservar a divulgação de ideias, conhecimentos, a livre expressão do pensamento, veiculados por estes instrumentos, traduzindo procedimento peculiar a um autêntico regime democrático.

Mediante a desoneração de impostos, torna-se mais facilitada a confecção e a sua distribuição, pouco interessando o seu formato, e, principalmente, o conteúdo que neles se contém, uma vez que o princípio da isonomia não consente qualquer efeito discriminatório. Embora muitas vezes seja fácil identificar a figura de um livro, nem sempre é possível caracterizá-lo, de forma precisa, o mesmo ocorrendo com os periódicos, tendo em vista as diferenciadas situações que se apresentam.

É o caso das listas telefônicas, que vieram a ser alcançadas pela imunidade, sob o fundamento de que não estão excluídos da imunidade os "periódicos" que cuidam apenas e tão somente de informações genéricas ou específicas, sem caráter noticioso, discursivo, literário, poético ou filosófico[1].

Não se concebe qualquer distinção – para fins de imunidade – entre um livro que tenha estampadas figuras de esportistas, artistas etc. e um álbum em que tais imagens (cromos) sejam adquiridas em separados para serem coladas, como apontado que "a venda de um opúsculo ilustre a ser completado por 'figurinhas' periodicamente distribuídas pelas bancas, que podem ser adquiridas diretamente da editora, se assim o desejar a criança, em técnica de indiscutível atração não distinta daquela outra de venda de fascículos semanais, que terminam por formar um livro, embora objetivando a disputa de mercado é algo incensurável do ponto de vista ético-social, e não vedado pela imu-

1 STF, RE 101.441-5, Pleno, rel. Min. SYDNEY SANCHES, *DJ* 12-8-1988, p. 19.517.

nidade constitucional que, como já se disse, por ser objetiva, protege o veículo de expressão escrita, independente das intenções, difusão de ideias ou de imoralidades"[2].

A edição de *listas telefônicas* (catálogos, guias) é imune ao ISS (art. 19, III, *d*, da anterior Constituição), mesmo que nelas haja publicidade paga[3]. A imunidade é ampla, abrangendo os serviços prestados pela empresa jornalística na transmissão de anúncios de propaganda, segundo precedentes do Pleno do STF: RE 87.049-1[4].

Entretanto, a imunidade prevista no art. 150, VI, *d*, da Constituição Federal não abrange os serviços prestados por empresas que fazem a distribuição, o transporte ou a entrega de livros, jornais, periódicos e do papel destinado à sua impressão. Nesse ponto, o STF possui entendimento no sentido de que a imunidade deve ser interpretada restritivamente[5].

Não apenas as listas telefônicas devem enquadrar-se na sistemática da imunidade, mas também todos aqueles periódicos que tragam a divulgação da cultura, pensamento, conhecimento, utilidade, traduzindo *a liberdade de expressão*, como é o caso de opúsculo ilustrado e completado por figurinhas distribuídas por bancas ou editoras.

A Constituição não distingue, nem pode o intérprete distinguir, os processos tecnológicos de elaboração de livros, jornais e periódicos, embora os vincule ao papel como elemento material de seu fabrico[6]. O STF consolidou o entendimento de que "a imunidade prevista no art. 150, VI, *d*, da CF abrange os filmes e papéis fotográficos necessários à publicação de jornais e periódicos"[7].

O desenvolvimento tecnológico implicou a utilização de diversificados elementos, como os programas de computador (CD-ROMs), disquetes, fitas cassetes demais elementos da informática (*software*), e plataforma digital ou eletrônica, que também se encaixam no âmbito imunitório, uma vez que atendem às mesmas finalidades dos livros.

Observa-se o seguinte:

> Hoje em dia, existem diversas espécies de aparelhos que propiciam a leitura de livros digitais. Há os *e-book readers*, aparelhos que servem apenas para a leitura de livros, jornais e periódicos digitais; e existem os *tablets*, que agregam funções diversas, como a possibilidade de navegação na *web*, visualização de fotos, entretenimento com jogos etc.

---

2 MARTINS, Ives Gandra da Silva. Imunidade Constitucional de Publicações – Interpretação Teleológica da Norma Maior – Análise Jurisprudencial. *RDT*, n. 41, p. 221 e s.

3 RE 111.960-8/SP, Pleno, rel. Min. SYDNEY SANCHES, *DJU* 1 12-8-1988, p. 19.517.

4 RE 111.228/SP, 2ª T., j. 9-6-1987, *RTJ*, n. 122/1127.

5 AgReg no RE 530.121/PR, 1ª T., rel. Min. RICARDO LEWANDOWSKI, j. 9-11-2010, *DJe* 28-3-2011, p. 28.

6 BALEEIRO, Aliomar. *Limitações Constitucionais ao Poder de Tributar*. 4. ed. Rio de Janeiro: Forense, 1984, p. 205.

7 Súmula 657, STF.

Aparelhos que estão em destaque no mercado elucidam essa diferença. O *Kindle*, produzido pela *Amazon*, foi concebido para ser um autêntico leitor de *e-book*: serve-se apenas para leitura de livros digitais e utiliza, para tanto, uma tecnologia específica de iluminação da tela (*e-ink*), que se mostra vantajosa para a leitura em ambientes externos Já o *iPad*, produzido pela *Apple*, está muito mais próximo de um computador, haja vista possuir diversas outras funções (navegação na *web*, uso de *softwares*, visualização de fotos etc.) e utilizar a iluminação por LED (o que prejudica a leitura à luz solar, mas a favorece em ambientes com pouca luz)[8].

Trata-se de novos instrumentos que transmitem ideias, conhecimentos etc., e que, numa interpretação teleológica, se inserem na mesma moldura cultural veiculada pelos livros.

Impertinente a alegação de que o constituinte não pretendera estender a imunidade para os meios eletrônicos e computadorizados porque se destinariam a pessoas com melhor poder aquisitivo, visto que tal assertiva demandaria exaustivo exame casuístico, que impediria conferir segurança à matéria constitucional.

Entendo que a comunicação jornalística e de natureza editorial via *Internet*, independente dos processos de sua elaboração (eletrônica, gráfica etc.), goza da imunidade tributária, porque o objetivo constitucional é preservar a liberdade de expressão do pensamento que constitui valor fundamental de uma sociedade livre e democrática.

Não se poderia conceber a existência de livros imunes (se elaborados com papel), e livros tributados (se elaborados por meios eletrônicos), sendo argutamente ponderado que "a importação de fitas de videocassetes, de fitas cassete, de agendas eletrônicas etc., virá beneficiar, especialmente os cegos, os analfabetos, os idosos que não podem ler, as crianças em tenra idade e as pessoas que, embora não de todo excepcionais, têm desenvolvimento mental incompleto (...) especialmente porque a própria Constituição brasileira manda dispensar especial proteção às pessoas portadoras de deficiência"[9].

A Lei Federal n. 10.753, de 30-10-2003 – instituidora da política nacional do livro –, consagra o objetivo imunitório ao dispor que "o livro é o meio principal e insubstituível da difusão da cultura e transmissão do conhecimento, do fomento à pesquisa social e científica, da conservação do patrimônio nacional, da transformação e aperfeiçoamento social e melhoria da qualidade de vida" (art. 1º, II).

Para tanto, considera como *livro* a publicação de textos escritos em fichas ou folhas, não periódica, grampeada, colada ou costurada, em volume cartonado, encadernado ou em brochura, em capas avulsas, em qualquer formato e acabamento.

8 VELLOSO, Andrei Pitten. Imunidade tributária do livro digital: fundamentos e alcance. In: GOMES, Marcus Lívio; VELLOSO, Andrei Pitten (coords.). *Sistema Constitucional Tributário – Dos fundamentos teóricos aos hard cases tributários – Estudos em Homenagem ao Ministro Luiz Fux*. São Paulo: Livraria do Advogado, 2014, p. 271.

9 CARRAZZA, Roque. Importação de Bíblias em Fitas – sua Imunidade – Exegese do art. 150, VI, *d*, da Constituição Federal. *RDDT*, n. 26, p. 126 e 127.

O referido diploma estabelece que são equiparados a livro:

I – fascículos, publicações de qualquer natureza que representem parte do livro;

II – materiais avulsos relacionados com o livro, impressos em papel ou em material similar;

III – roteiros de leitura para controle e estudo de literatura ou de obras didáticas;

IV – álbuns para colorir, pintar, recortar ou armar;

V – atlas geográficos, históricos, anatômicos, mapas e cartogramas;

VI – textos derivados de livro ou originais, produzidos por editores, mediante contrato de edição celebrado com o autor, com a utilização de qualquer suporte;

VII – livros em meio digital, magnético e ótico, para uso exclusivo de pessoas com deficiência visual;

VIII – livros impressos no Sistema Braille.

É permitida a entrada no País de livros em língua portuguesa ou estrangeira, imunes de impostos, nos termos do art. 150, inciso VI, alínea *d*, da Constituição e, nos termos do regulamento de tarifas alfandegárias prévias, sem prejuízo dos controles aduaneiros e de suas taxas (Lei n. 10.833, de 29.12.2003, art. 4º).

O STF firmou a tese de que "a imunidade tributária constante do art. 150, VI, *d* da CF/88 aplica-se ao livro eletrônico (*e-book*), inclusive os suportes exclusivamente utilizados para fixá-los"[10].

O julgado assinala que "a imunidade alcança o denominado *audiobook*, ou audiolivro (livros gravados em áudio, seja no suporte CD-ROM, seja em qualquer outro).

Anteriormente já havia entendido que a imunidade tributária se aplicava à importação e comercialização, no mercado interno do livro eletrônico, e dos suportes exclusivamente utilizados para fixá-los, como leitores de livros eletrônicos (*e-readers*), ainda que possuam funcionalidades acessórias[11].

As *apostilas* têm sido alcançadas pela imunidade, por serem consideradas como veículos de transmissão de cultura simplificados[12].

Também fora compreendido que o fato de os livros fazerem parte de coleção e vierem embalados em conjunto a *CDs e fitas de videocassetes* não impede a incidência da imunidade objetiva[13]. O termo "livros" (gênero) abrange o *livro eletrônico*, em razão de terem o mesmo objetivo, conteúdo e finalidade, ou seja, levar a informação e conhecimento ao seu usuário[14].

10 Tema 593 de Repercussão Geral ao RE 330.817, rel. Min. DIAS TOFFOLI, j. 8-3-2017.

11 Súmula Vinculante 57, STF.

12 STF, RE 183.403-20, 2ª T., rel. Min. MARCO AURÉLIO, j. 7-11-2000, *DJU* 1 4-5-2001, p. 35.

13 TRF-2ª Região, AMS 25.212, 1ª T., rel. Des. NEY FONSECA, j. 31-8-1999.

14 TJSP, AC 70.233-5/9/SP, 6ª Câm. de Direito Público, rel. Des. FERREIRA CONTI, j. 9-8-1999, *DJPS* 6-9-1999, p. 42.

Os *componentes eletrônicos* do material didático mereceram apreciação específica do STF, a saber:

> A imunidade da alínea *d* do inciso IV do artigo 150 da Constituição Federal alcança componentes eletrônicos destinados, exclusivamente, a integrar unidade didática com fascículos[15].

O *álbum de figurinhas* enquadra-se na moldura da imunidade, porquanto o constituinte, ao instituir esta benesse, não fez ressalvas quanto ao valor artístico, ou didático, à relevância das informações divulgadas ou à qualidade cultural de uma publicação[16].

Os *kits (pecinhas) que acompanham os fascículos* devem ser abrangidos pela imunidade, pois têm nítido caráter educativo e servem para fixação e sedimentação da teoria obtida. No caso, o material demonstrativo para ministrar curso de robótica deve ser abrangido pela imunidade, pois são peças indissociáveis para o reforço do aprendizado da matéria, assimilação e fixação do conteúdo e não podem ser comercializadas separadamente[17].

Os *livros e revistas infantis* enquadram-se no âmbito da imunidade, a saber:

> ICM – Livros infantis – Imunidade tributária – Benefício previsto no art. 19, III, *d*, da CF de 1969 e no art. 150, VI, *d*, da CF vigente – Extensão a *envelopes, displays* e *mobile* que constituem respectivamente embalagem, mostruários e material promocional e de divulgação de livros.
>
> A imunidade prevista constitucionalmente (art. 19, III, *d*, da CF anterior) tem natureza objetiva, não cabendo aí, tanto quanto não cabe à luz da previsão contida no art. 150, VI, *d*, da CF de 1988, qualquer restrição. Nasce, evidentemente, como proteção à livre expressão da atividade intelectual a partir do dever do Estado de apoiar e incentivar as manifestações culturais. O valor artístico ou didático não cabe ser apropriado, nessa linha, em função do maior ou menor conteúdo do enredo[18].

A importação de ilustrações infantis confeccionadas em *material plástico*, caracterizadas como brinquedos em formato de livro, assemelhando tais mercadorias à espécie *de livro infantil*, também se enquadra no âmbito da imunidade[19].

Filmes e papéis fotográficos:

---

15 Tema 259 de Repercussão Geral no RE 595.676/RJ, rel. Min. MARCO AURÉLIO, j. 8-3-2017.

16 RE 221.239-6/SP, 2ª T., rel. Min. ELLEN GRACIE, j. 25-5-2004, *DJU* 8-8-2004.

17 TRF-2ª Região, AMS 2002.51.01.008864-2, 5ª T., rel. Juiz Federal Convocado FRANCA NETO, j. 16-11-2004.

18 Tribunal de Justiça do Estado de São Paulo, Apelação 196.626-2/0 (reexame), 3ª Câm. de Férias, rel. LUIZ TÂMBARA, j. 22-12-1992, *Revista dos Tribunais*, n. 693, p. 142.

19 AgReg no RE 640.474/SP, 2ª T., rel. Min. RICARDO LEWANDOWSKI, j. 26-8-2014, *DJe* 4-9-2014, p. 78-79.

A imunidade prevista no art. 150, VI, *d*, da CF, abrange os filmes e papéis fotográficos necessários à publicação de jornais e periódicos[20]; os mapas impressos e atlas geográficos[21]; não sendo reconhecidos como imunes os calendários, por não serem veículos de transmissão de ideias[22].

Podem ser mantidos os créditos de ICMS relativos aos insumos destinados à impressão de livros, jornais e periódicos, para que não ocorra transgressão à norma constitucional da imunidade tributária[23].

O aresto invocado funda-se no entendimento de que a efetiva – e plena – realização do instituto da imunidade tributária, em contextos como o ora em exame, somente se completa com a manutenção dos créditos, pois a impossibilidade de utilização dos créditos resultantes das operações de compra de insumos vinculados à produção de papel – com a consequente exigência fiscal de estorno dos créditos referentes a matérias-primas e a outros insumos utilizados na fabricação de papel destinado à impressão de livros, jornais e periódicos – frustraria, indevidamente, por completo, a concretização da tutela constitucional, propiciada por essa importantíssima limitação ao poder de tributar do Estado.

Relativamente *aos insumos e maquinários* colhe-se o julgado seguinte:

CONSTITUIÇÃO FEDERAL. Extraia-se da Constituição Federal, em interpretação teleológica e integrativa, a maior concretude possível. IMUNIDADE – LIVROS, JORNAIS, PERIÓDICOS E O PAPEL DESTINADO À SUA IMPRESSÃO – ARTIGO 150, VI, *D*, DA CARTA DA REPÚBLICA – INTELIGÊNCIA. A imunidade tributária relativa a livros, jornais e periódicos é ampla, total, apanhando produto, maquinário e insumos. A referência, no preceito, a papel é exemplificativa e não exaustiva[24].

20 Súmula 657, STF.

21 RE 471.022/RS.

22 RE 87.633/SP – 2ª T. – rel. Min. CORDEIRO GUERRA, j. 15.12.1978.

23 Referendo em Med. Caut. em Ação Cautelar 2.559/RJ, 2ª T., rel. Min. CELSO DE MELLO, j. 14-6-2010, *DJe* 20-9-2011, p. 44.

24 RE 202.149/RS, 1ª T., rel. p/ acórdão Min. MARCO AURÉLIO, j. 26-4-2011.

Capítulo 7

Exportação

7.1. IMPOSTO SOBRE PRODUTOS INDUSTRIALIZADOS

O IPI não incide sobre os produtos industrializados destinados ao exterior (CF, art. 153, § 3º, III).

Tratando-se de imunidade objetiva, é importante perquirir se a desoneração abrange unicamente o produto industrializado completo, ou também o produto parcialmente fabricado no País. Conceber-se um produto completo ou inacabado é questão desnecessária por constituir etapa posterior à sua elaboração, pois o que interessa é que tenha sido praticado ato de industrialização.

O benefício aplica-se à saída dos produtos com o fim específico de exportação para o exterior, destinada a Empresa Comercial Exportadora (inscrita no Cadastro de Exportadores e Importadores da Secretaria de Comércio Exterior – SECEX –, do Ministério da Indústria e Comércio), inclusive *Trading Companies* (Dec.-lei n. 1.248, de 29-11-1972), ou outro estabelecimento da mesma empresa, bem como a armazém alfandegado ou entreposto aduaneiro.

A legislação ordinária considera o incentivo na saída do produto industrializado para uso e consumo de embarcação, ou aeronave, de bandeira estrangeira aportada no País.

A exportação de produtos nacionais sem que tenha ocorrido sua saída do território nacional somente será admitida, produzindo todos os efeitos fiscais e cambiais; quando o pagamento for efetivado em moeda estrangeira de livre conversibilidade e a venda for realizada para:

I – empresa sediada no exterior, para ser utilizado exclusivamente nas atividades de pesquisa ou lavra de jazidas de petróleo e de gás natural, conforme definidas na Lei n. 9.478, de 2007, ainda que a utilização se faça por terceiro sediado no País;

II – empresa sediada no exterior, para ser totalmente incorporado a produto final exportado para o Brasil; e

III – órgão ou entidade de governo estrangeiro ou organismo internacional de que o Brasil seja membro, para ser entregue, no País, à ordem do comprador.

A operação de exportação também é aplicável aos produtos exportados sem saída do território nacional, na forma disciplinada pela Secretaria da Receita Federal do Brasil:

I – totalmente incorporado o bem que se encontre no País, de propriedade do comprador estrangeiro, inclusive em regime de admissão temporária sob a responsabilidade de terceiro;

II – entregue a órgão da administração direta, autárquica ou fundacional da União, dos Estados, do Distrito Federal ou dos Municípios, em cumprimento de contrato decorrente de licitação internacional;

III – entregue, em consignação, a empresa nacional autorizada a operar o regime de Loja Franca;

IV – entregue, no País, a subsidiária ou coligada, para distribuição sob a forma de brinde aos fornecedores e clientes;

V – entregue a terceiro, no País, em substituição de produto anteriormente exportado e que tenha se mostrado, após o despacho aduaneiro de importação, defeituoso, ou imprestável para o fim a que se destinava;

VI – entregue, no País, para ser incorporado à plataforma destinada a pesquisa e lavra de jazidas de petróleo e gás natural em construção ou conversão contratada por empresa sediada no exterior, ou a seus módulos.

7.2. IMPOSTO SOBRE OPERAÇÕES RELATIVAS À CIRCULAÇÃO DE MERCADORIAS

A CF/88 estabelece que o ICMS não incide sobre operações que destinem ao exterior produtos industrializados, excluídos os semielaborados, definidos em lei complementar (redação originária do art. 155, IX, *a*).

A regra imunitória objetiva facilitar a exportação diante da competição internacional, constituindo instrumento para a realização do comércio exterior e o ingresso de divisas, colimando situação positiva na balança de pagamentos.

A CF não contém um conceito explícito de produto industrializado, em razão do que deveria ser compreendido como o bem resultante do processo de industrialização e traduzir-se como um produto (resultado) decorrente de uma atividade (física) exercida sobre matéria-prima, com emprego (ou não) de materiais auxiliares, produtos intermediários, materiais secundários e de embalagem, implicadores da modificação de sua natureza ou finalidade.

No âmbito do ICMS (ao contrário do disposto para o IPI – art. 153, § 3º, III), em princípio e em termos tecnológicos, tornara-se difícil perquirir se a elaboração do bem se deu de modo "completo" ou "parcial", posto que, embora possa ter até ocorrido "industrialização completa", a característica do produto – para fins imunitórios – teria que ser buscada na sistemática estatuída pela LC n. 65, de 15-4-1991 (estipulando o conceito de produto semielaborado).

Estabeleceu-se celeuma a respeito da competência do Conselho Nacional de Política Fazendária (Confaz) para estabelecer regras para apuração do custo industrial, elaborar lista dos produtos industrializados semielaborados e promover sua atualização, tendo o STJ decidido que o art. 2º da LC n. 65/91, bem como o Convênio n. 15/91, são inconstitucionais por violarem os arts. 68, § 1º, e 155, § 2º, X, *a*, da CF[1].

O STF entendera que "a lei complementar, no caso, não delegou ao Confaz competência normativa, mas, tão somente a de relacionar os produtos compreendidos na definição, à medida que forem surgindo no mercado, obviamente, para facilitar a sua aplicação. Tanto assim, que previu a atualização do rol, 'sempre que necessário', providência que, obviamente, não exige lei ou mesmo decreto"[2].

A LC n. 87/96 (art. 3º, II) passou a estabelecer que o ICMS não incide sobre "operações e prestações que destinem ao exterior mercadorias, inclusive produtos primários e produtos industrializados semielaborados, ou serviços".

A partir de 16-9-1996, fora fixada a desoneração tributária para qualquer espécie de bem, relativamente às operações de exportação, abrangendo os semielaborados e os produtos primários, que tradicionalmente sofriam imposição fiscal.

As legislações ordinárias, por vezes, também consideram o benefício: (a) na transferência de mercadoria de um para outro entreposto aduaneiro, mesmo quando situado em outro Estado, mantida a exigência do fim específico de exportação; e (b) na saída do produto industrializado para uso e consumo de embarcação ou aeronave de bandeira estrangeira aportada no país.

Na denominada "Exportação via Balcão", em que o fornecedor apenas entrega a mercadoria a pessoas localizadas na fronteira, para posterior efetivação de vendas, será devido o imposto. O mesmo ocorre na alienação de mercadoria a empresa situada no exterior e entregue a estabelecimento situado em território nacional.

No caso de não ser realizada a exportação por qualquer motivo, ou vir a ser concretizada a operação no mercado interno, o ICMS restará devido, uma vez que deixará de ser atendida a condicionante de não incidência.

---

1 Arguição de Inconstitucionalidade no RMS 5.063/PE, rel. Min ANTONIO DE PÁDUA RIBEIRO, j. 18-6-1997, *DJU* 24-11-1997, p. 61.085.

2 RE 240.186.1, Pleno, rel. Min. ILMAR GALVÃO, j. 28-6-2000, *DJU* 1 28-2-2003, p. 10.

A Emenda Constitucional n. 42/2003 passou a dispor que o ICMS não incidirá "sobre operações que destinem mercadorias para o exterior, nem sobre serviços prestados a destinatários no exterior, assegurada a manutenção e o aproveitamento do imposto cobrado nas operações e prestações anteriores" (nova redação ao art. 155, X, *a*).

Capítulo 8

Petróleo, lubrificantes, combustíveis e energia elétrica em operações interestaduais

A CF estabelece que o ICMS não incide sobre operações que destinarem a outros Estados petróleo, inclusive lubrificantes, combustíveis líquidos e gasosos dele derivados e energia elétrica (art. 155, X, *b*).

O permissivo é categórico e não deveria ensejar nenhum tipo de questionamento, ou seja, sempre deveria defluir o entendimento de que, em todos os negócios jurídicos (vendas etc.), compreendendo referidos bens, haveria a integral desoneração do ICMS.

Assim, tanto as remessas das mencionadas mercadorias, promovidas pelas pessoas localizadas no Estado remetente, como as entradas procedidas pelas pessoas situadas no Estado destinatário, não seriam passíveis de incidência do ICMS, em razão do imperativo constitucional.

Ante a inexistência de diferenciação de regime jurídico imunitório, não poderia ser editada medida normativa tendente a vislumbrar a tributação, segundo a qualificação de seu destinatário, em outro Estado.

Para tanto, argumentou-se que inexiste desigualdade entre consumidores, não havendo ofensa à livre concorrência, uma vez que qualquer empresa pode fazer este tipo de venda ao consumidor de outro Estado; os inconvenientes econômicos (situações mais vantajosas para contribuintes de outros Estados em operações interestaduais, do que as realizadas em seu próprio Estado) devem ser solucionados por emenda ou revisão constitucional; ninguém pode ser obrigado a realizar operações tributadas se as pode realizar sem a incidência do tributo.

Não tem cabimento jurídico invocar-se a aplicação da substituição tributária pela circunstância de que só se poderia cogitar dessa situação no caso de haver operação tributada. O substituto (adquirente do produto no Estado de destino) só poderia ser responsável por tributo se e quando estivesse substituindo algum contribuinte. Como inexistem contribuinte e o substituído, fica prejudicada a imposição do ICMS para quaisquer das partes integrantes (alienante e adquirente de Estados diferentes).

O STJ proferiu decisões descoincidentes:

> É devido o ICMS na aquisição de combustível e lubrificantes, quando se tratar de consumidor final que adquire para seu consumo produtos em outros Estados da federação. Imunidade tributária não conhecida[3].

> Constitucional e Processual Civil. Mandado de Segurança. ICMS. Petróleo e seus derivados. Operações destinadas a outros Estados. Imunidade.
>
> I – Consoante jurisprudência pacificada nesta Corte, não incide ICMS nas operações interestaduais relativas à venda de petróleo e seus derivados.
>
> II – A previsão legal sobre contribuintes do tributo está inscrita no art. 6º e seus parágrafos do Decreto-lei n. 406, de 31-12-1968, e somente pode ser modificada por norma de igual hierarquia, Lei Complementar, por isso a este nível foi elevado o Decreto-lei pela Constituição Federal de 1988 (CF, art. 146, III, *a*). Não cabe, assim, por impróprio, e por ser manifestamente inconstitucional, ao Convênio estabelecer outras hipóteses de substituição tributária. Precedentes.
>
> III – Recurso a que se dá provimento, sem discrepância[4].

A L C n. 87/96, procura afastar do âmbito da imunidade "a entrada, no território do Estado destinatário, de petróleo, inclusive lubrificantes e combustíveis líquidos e gasosos dele derivados, e de energia elétrica quando destinados à comercialização ou à industrialização, decorrentes de operações interestaduais (...)" (art. 2º, § 1º, III).

O legislador nacional objetivou bipartir a operação interestadual, tendendo (implicitamente) que a imunidade estaria circunscrita unicamente à remessa do Estado de origem até a fronteira do Estado destinatário, passando a ocorrer ao fato gerador do ICMS na entrada no território deste último Estado (art. 12, XII).

Estranhamente, cindiu uma única operação mercantil, vilipendiando o regime jurídico estabelecido na CF, que prestigiou as operações com os aludidos produtos, a fim de eliminar a carga tributária. Sutilmente, desprezou a imunidade ao consubstanciar o entendimento de que se trataria de dois negócios jurídicos distintos.

Em verdade, conferiu o ICMS aos Estados destinatários dos referidos bens, sem qualquer arrimo constitucional, uma vez que a única hipótese em que tal situação é autorizada é aquela pertinente às alíquotas incidentes em específicas operações/presta-

3 RMS 6.174/MG, 1ª T., rel. Min. JOSÉ DE JESUS FILHO, j. 16-10-1995, *DJU* 1 27-11-1995, p. 40.848/9.

4 RMS 5.537-0/MT, 1ª T., rel. Min. DEMÓCRITO REINALDO, j. 26-3-1999, *DJU* 1 6-5-1996, p. 14.732.

ções interestaduais, quando o destinatário for contribuinte do imposto ("caberá ao Estado da localização do destinatário, o imposto correspondente à diferença entre a alíquota interna, e a interestadual" – VIII do art. 155).

Este preceito – que elimina parcialmente a desoneração tributária em operações interestaduais com aludidas mercadorias – padece de vício de inconstitucionalidade, razão pela qual continua subsumindo-se à moldura normativa constitucional.

Todavia, o STF firmou a diretriz seguinte:

> Tributário. ICMS. Lubrificantes e Combustíveis Líquidos e Gasosos. Derivados do Petróleo. Operações Interestaduais. Imunidade do Art. 155, § 2º, X, *b*, da Constituição Federal, mas do Estado do destino dos produtos em causa, ao qual caberá em sua totalidade, o ICMS sobre eles incidente, desde a remessa até o consumo.
>
> Consequente descabimento das teses da imunidade e da inconstitucionalidade dos textos legais, com que a empresa consumidora dos produtos em causa pretendeu obviar, no caso, a exigência tributária do Estado de São Paulo[5].

A partir da Emenda n. 33/2001 (art. 155, § 2º, XII), a lei complementar passa a ser o diploma jurídico competente para "definir os combustíveis e lubrificantes sobre os quais o imposto incidirá uma única vez, qualquer que seja a sua finalidade, hipótese em que não se aplicará a regra do inciso X, *b*".

Portanto, devem ser consideradas duas situações jurídicas acarretando distintos efeitos tributários: a) antes da edição da lei complementar, permanece a incidência tributária plurifásica, com a possibilidade de aplicação do regime de substituição; e b) após a edição da lei complementar ocorre a incidência monofásica, sendo irrelevante a finalidade a que se destinam as mercadorias (uso próprio, comercialização, industrialização etc.).

Mediante a edição de nova lei complementar, a não incidência do ICMS (art. 155, § 2º, X, *b*) somente continuará alcançando as operações interestaduais com petróleo (de modo genérico) e energia elétrica.

5 RE 198.088-5, 1ª T., rel. Min. ILMAR GALVÃO, j. 17-5-2000, *DJU* 1 5-9-2003, p. 32.

Capítulo 9

Ouro

A CF dispôs que "o ouro, quando definido em lei como ativo financeiro ou instrumento cambial, sujeita-se exclusivamente à incidência do imposto de que trata o inciso V, do *caput* deste artigo, devido na operação de origem (...)". Esta diretriz foi reproduzida na LC n. 87/96 (art. 2º, IV).

Conjugando-se o art. 153, § 5º, com o art. 155, I, *b* – ambos da CF – é legítimo o entendimento de que o "ouro" sofrerá a incidência do IOF, quando definido (em lei) como ativo financeiro ou instrumento cambial; e do ICMS, quando passar a ter tratamento exclusivamente mercantil, sendo devido ao Estado onde tenha sido extraído (LC n. 87/96, art. 11, I, *b*).

A Lei Federal n. 7.766, de 11-5-1989, deu tratamento tributário ao "ouro", na forma seguinte:

> Art. 1º O ouro, em qualquer estado de pureza, em bruto ou refinado, quando destinado ao mercado financeiro ou à execução da política cambial no País, em operações realizadas com a interveniência de instituições integrantes do Sistema Financeiro Nacional, na forma e condições autorizadas pelo Banco Central, será, desde a extração inclusive, considerado ativo financeiro, ou instrumento cambial.
>
> § 1º Enquadram-se na definição deste artigo:
>
> I – o ouro envolvido em operações de tratamento, refino, transporte, depósito ou custódia, desde que formalizado compromisso de destiná-lo ao Banco Central do Brasil ou instituição por ele autorizada.
>
> II – as operações praticadas nas regiões de garimpo onde o ouro é extraído, desde que o ouro na saída do município tenha o mesmo destino a que se refere o inciso I deste parágrafo.
>
> (...)
>
> Art. 8º O fato gerador do imposto é a primeira aquisição do ouro, ativo financeiro, efetuada após instituição autorizada, integrante do Sistema Financeiro Nacional.

Parágrafo único – Tratando-se de ouro físico oriundo do exterior, ingressado no País, o fato gerador é o seu desembaraço aduaneiro.

O ouro como "'ativo financeiro ou instrumento cambial', que, pela 'ficção constitucional' não é mercadoria, nem produto industrializado, passa a valer como se título fosse, e, ao longo de seu caminho, dentro do mercado financeiro, poderá encontrar-se nas várias situações descritas na lei, como fatos geradores de IOF, nas operações relativas a títulos e valores mobiliários"[1].

A Lei Federal tem sofrido objeção constitucional por não ter sido veiculada como lei complementar (art. 146, II, CF), em razão do que não possibilitaria a exigência do IOF, mantendo-se a legitimidade do ICMS, em quaisquer etapas do processo circulatório (desde a promulgação da CF/88).

Abalizada doutrina sublinha: "Cabe ICMS (e, não IOF) quando o 'ouro' e posto *in commercium*, para, por exemplo, ser utilizado na fabricação de uma joia. Aí ele assume a natureza jurídica de mercadorias e a operação com ele realizada assume a natureza mercantil"[2].

O ouro transformado em lingotes ou barras, mediante processo metalúrgico de fundição que não altera sua identidade química, passa a integrar o elenco de produtos industrializados, subordinando-se a competência tributária do Estado, e, por conseguinte, ao ICMS[3].

1 Parecer da Procuradoria-Geral da Fazenda Nacional, *DOU* 30-11-1990, p. 23.007/10.

2 CARRAZZA, Roque. *ICMS*. 17. ed. São Paulo: Malheiros, 2015, p. 608.

3 STJ, REsp 841-0/PR, 2ª T., rel. Min. PEÇANHA MARTINS, j. 21.3.96, *DJU* 1 29-4-1996, p. 13.401.

Capítulo 10

Transporte internacional

As prestações de serviços de transporte internacional não podem ser abrangidas pelo ICMS, uma vez que somente se aplica àquelas de natureza intermunicipal ou interestadual.

Nem sempre é fácil delimitar a linha divisória existente entre transportes internos e fora do país, como é o caso de serviços contratados por empresa nacional com destinatários no exterior, em que somente os veículos permissionados (com autorização específica) têm condição de cruzar as fronteiras.

Trata-se de acordo firmado entre os países que integram o Cone Sul que só autorizam alguns tipos de veículos e empresas, por razões de segurança, atendimento de pesos e cargas.

Por essa circunstância, a empresa de transporte, contratante do frete com o destinatário estrangeiro, vê-se compelida a fragmentar o referido transporte, uma vez que se encontra impedida de ultrapassar os limites do território nacional.

Essa situação peculiar tem implicado entendimento fazendário de que, contratado o redespacho para efetuar o serviço de transporte com início e fim em território brasileiro (interestadual ou intermunicipal), esta prestação será tributada normalmente pelo ICMS, pela ocorrência do fato gerador do imposto.

Também se entende que no caso de o transporte ser realizado desde o local do estabelecimento do exportador até o destinatário no exterior (porta a porta), pelo mesmo transportador e com o mesmo veículo, tal execução foge à incidência do tributo, posto que este apenas recai sobre as prestações de natureza intermunicipal e interestadual.

O transbordo não constitui uma nova prestação de serviços, mas mera continuidade de prestação iniciada no país. Não se cogita de dois contratos de transporte, mas de um único contrato apenas, quadrando-se à modalidade "sucessiva", isto é, quando a mercadoria, para alcançar o destino final, necessitar ser transportada em veículos da mesma modalidade de transporte (art. 8º, III, Lei n. 6.288/75).

Saliente-se que a regra do art. 155, § 2º, I, *b*, CF/88 continha uma situação imunitória, de modo implícito e oblíquo, vedando a incidência do ICMS nas prestações de serviços de transporte destinado ao exterior. Esta a natural finalidade da falta de previsão legal da incidência do ICMS nos referidos serviços.

Considerando que a competência para legislar sobre o comércio exterior e interestadual é privativa da União (art. 22, VIII, CF), é irrelevante a prestação de serviços de transporte por uma, ou mais, empresas, com efetivação (ou não) de transbordo, para fins de não incidência do imposto.

A LC n. 87/96 (art. 3º, II) explicita a imunidade ao dispor sobre a não incidência do imposto na prestação de serviços destinados ao exterior, conferindo, ainda, os benefícios de manutenção dos créditos dos insumos (anteriores prestações de serviços), e utilização de saldos credores acumulados, mediante transferências a estabelecimento do mesmo contribuinte, no Estado, condicionado à prévia anuência fazendária.

O STF proferiu decisões sobre a aplicação restritiva da desoneração tributária, a saber:

> Tributário. Serviço utilizado no Transporte Interestadual ou Intermunicipal de Produtos Industrializados Destinados ao Exterior. Pretendida Não Incidência do ICMS. Art. 155, § 2º, X, *a*, da Constituição Federal.
>
> Benefício restrito às operações de exportação de produtos industrializados, não abrangendo o serviço utilizado no transporte interestadual ou intermunicipal dos referidos bens.
>
> Precedentes do Supremo Tribunal Federal.
>
> Recurso não conhecido[1].

> Constitucional. Tributário. ICMS: Produtos Industrializados destinados ao Exterior. Imunidade. Operações e Prestações de Serviço. Distinção. CF, art. 155, II, § 2º, IV, X, *a*, XII, *e*.
>
> I – ICMS. Hipóteses de incidência distintas: a) operações relativas à circulação de mercadorias; b) prestações de serviço interestadual e intermunicipal e de comunicações: CF, art. 155, II.
>
> II – A Constituição Federal, ao conceder imunidade tributária relativamente ao ICMS, aos produtos industrializados destinados ao exterior, situou-se, apenas, numa das hipóteses de incidência do citado imposto; operações que destinem ao exterior tais produtos, excluídos os semielaborados definidos em lei complementar: art. 155, § 2º, X, *a*.
>
> III – Deixou expresso a CF, art. 155, § 2º, XII, *e*, que as prestações de serviços poderão ser excluídas, nas exportações para o exterior, mediante lei complementar.

1 RE 218.975-7, 1ª T., rel. Min. ILMAR GALVÃO, j. 14-9-1999, *DJU* 12-11-1999, p. 13.

IV – Incidência do ICMS sobre a prestação de serviço de transporte interestadual, no território nacional, incidindo a alíquota estabelecida por resolução do Senado Federal: CF, art. 155, § 2º, IV.

V – RE conhecido e provido[2].

Considerando que a CF (redação original) preceituava que o ICMS "não incidirá sobre *operações* que destinem ao exterior produtos industrializados, excluídos os semielaborados, definidos em lei complementar" (art. 155, X, *a*), podendo ser excluída sua incidência "nas exportações para o exterior, de *serviços e outros produtos*" (art. 155, XII, *e*), as atividades de exportação tinham os efeitos seguintes:

a) produtos industrializados – não incidência;

b) produtos semielaborados – incidência (regra geral); não incidência (definição em lei complementar);

c) produtos primários – incidência (regra geral); não incidência (convênios estaduais);

d) serviços de transporte interestadual – não incidência (regra geral), pelo fato da competência tributária circunscrever-se às prestações no território nacional;

e) serviços de transporte interestadual e de comunicação – incidência (regra geral); não incidência (lei complementar).

Mesmo que se procurasse considerar que as regras de imunidade implicam uma interpretação extensiva, e que a finalidade da desoneração tributária era possibilitar um barateamento dos bens destinados ao exterior (alcançando os produtos e o seu transporte), tornara-se problemático excluir a incidência do ICMS nos referidos serviços (transportes), uma vez que o próprio texto constitucional estabelecera as distinções de tratamento tributário, qual seja, a automática não incidência para os produtos industrializados; e a não incidência condicionada relativamente aos produtos semielaborados e serviços (sujeitos à lei complementar).

A simples leitura dos preceitos da LC n. 87/967 revela que a inexigibilidade tributária não se cinge, exclusivamente, aos serviços prestados no exterior – por parte do nacional – mas também abrange as prestações de serviços realizados no país e que tenham por escopo impulsionar bens (produtos industrializados, semielaborados e primários) ao exterior.

A locução "prestação de serviços *para o exterior*" representa a realização de serviços numa manifesta e evidente amplitude geográfica (território nacional/exterior), devendo ser prestigiada a interpretação teleológica, uma vez que a finalidade do preceito é eliminar o ônus tributário sobre todos os negócios jurídicos (operações mercantis e prestações de serviços), no contexto do comércio exterior.

2 RE 212.637-3/MG, 2ª T., rel. Min. CARLOS VELLOSO, j. 25-5-1999, *DJU* 1 17-9-1999, p. 95.

Não haveria sentido entender-se que o incremento das exportações poderia ser obtido com desoneração parcial do tributo, limitada aos produtos em si, mas permanecendo a incidência do ICMS sobre os serviços de transporte desses mesmos produtos.

O STJ examinou questão relativa ao transporte interestadual de mercadorias para outro país, apontando o caminho que faz a soja exportada do interior do Mato Grosso até o exterior, elucidando o seguinte:

1) Mato Grosso não possui limites com o oceano. Mister se faz, por conseguinte, que a soja seja transportada em caminhões no porto;

2) nesse caminho, faz-se necessária a travessia de um rio. Os caminhões, obviamente, não poderão fazê-lo. É dispensável a contratação de um barco. *O transporte, porém, é o mesmo e continua a destinar produtos primários ao exterior;*

3) do outro lado desse rio, em Itacoatiara, a soja é armazenada e colocada em grandes navios, que a levarão até o país importador. Essa última fase do transporte, do mesmo modo, não pode ser feita nem pelos caminhões que o iniciaram, nem pelos barcos que fizeram a travessia do rio.

Entendera que o transporte é um só, desde o início destina bens ao exterior, sendo irrelevante a eventual mudança na empresa transportadora, pois muitas vezes o transporte é dividido em etapas por questões técnicas, físicas ou econômicas.

Em razão de tais circunstâncias, decidira o seguinte:

> Tributário – ICMS – Transporte Interestadual de Mercadorias Destinada ao Exterior – Isenção – art. 3º, II da LC n. 87/96.
>
> (...)
>
> 2. O art. 3º, II, da LC n. 87/96 dispôs que não incide ICM sobre operações e prestações que destinem ao exterior mercadorias, de modo que esteja acobertado pela isenção tributária o transporte interestadual dessas mercadorias.
>
> 3. Sob o aspecto teleológico, a finalidade da exoneração tributária é tornar o produto brasileiro mais competitivo no mercado internacional.
>
> 4. Se o transporte pago pelo exportador integra o preço do bem exportado, tributar o transporte no território nacional equivale a tributar a própria operação de exportação, o que contraria o espírito da LC n. 87/96 e da própria Constituição Federal.
>
> 5. Interpretação em sentido diverso implicaria ofensa aos princípios da isonomia e do pacto federativo, na medida em que se privilegiaria empresas que se situam em cidades portuárias e trataria de forma desigual os diversos Estados que integram a Federação[3].

Em razão da Emenda n. 42/2003, haver estabelecido que o ICMS não incidirá sobre "serviços prestados a destinatários no exterior" (nova redação ao art. 155, § 2º, X, *a*,

3 REsp 613.785/RO, 2ª T., rel. Min. ELIANA CALMON, *DJU* 1 12-8-2005, p. 278.

CF), pode-se entender que fica prejudicado o questionamento da incidência do ICMS sobre a prestação dos serviços de transporte internacional, porque o tomador dos serviços se localiza no exterior.

O STF decidira o seguinte:

> "EMBARGOS DE DECLARAÇÃO RECEBIDOS COMO AGRAVO REGIMENTAL EM RECURSO EXTRAORDINÁRIO COM AGRAVO. TRIBUTÁRIO. SERVIÇO UTILIZADO NO TRANSPORTE INTERESTADUAL OU INTERMUNICIPAL DE PRODUTOS INDUSTRIALIZADOS DESTINADOS AO EXTERIOR. PRETENDIDA NÃO INCIDÊNCIA DO ICMS. ARTIGO 155, § 2º, X, *A*, DA CONSTITUIÇÃO FEDERAL. A imunidade tributária prevista no artigo 155, § 2º, X, *a*, da Constituição Federal, é benefício restrito às operações de exportação de produtos industrializados, não abrangendo o serviço utilizado no transporte interestadual ou intermunicipal dos referidos bens (...)"[4].

As operações com *produtos*, o *fornecimento de mercadorias* etc., no mercado interno, com posterior exportação, também foram objeto de análise pelo STF, sob os fundamentos seguintes:

> Recurso extraordinário. Repercussão geral. Direito Tributário. Imunidade. Operações de exportação. Artigo 155, § 2º, X, *a*, CF. ICMS. Operações e prestações no mercado interno. Não abrangência. Possibilidade de cobrança do ICMS. Manutenção e aproveitamento dos créditos.
>
> 1. A Corte, sempre que se manifestou sobre as imunidades constitucionais, se ateve às finalidades constitucionais às quais estão vinculadas as mencionadas regras. Nas operações de exportação, é clara a orientação quanto à impossibilidade de, a pretexto de se extrair da regra imunitória o máximo de efetividade, se adotar uma interpretação ampliativa, de modo a se abarcarem fatos, situações ou objetos *a priori* não abrangidos pela expressão literal do enunciado normativo.
>
> 2. Ao estabelecer a imunidade das operações de exportação ao ICMS, o art. 155, § 2º, X, da Constituição se ocupa, a contrário senso, das operações internas, pressupondo a incidência e estabelecendo o modo pelo qual o ônus tributário é compensado: mediante a manutenção e o aproveitamento dos créditos respectivos.
>
> 3. Caso não houvesse imunidade para as operações internas, de modo que não fosse cobrado o ICMS em nenhuma das etapas anteriores à exportação, seria inútil e despropositada a regra de manutenção e aproveitamento dos créditos.
>
> 4. Diante do exposto, nega-se provimento ao recurso extraordinário.
>
> 5. Tese do Tema n. 475 da Gestão por Temas da Repercussão Geral:
>
> "A imunidade a que se refere o art. 155, § 2º, X, *a*, da CF não alcança operações ou prestações anteriores à operação de exportação"[5].

---

4 RE 602.399 ED – 1ª T., rel. Min. ROBERTO BARROSO – *DJe* 01.04.2016.

5 RE 754.917-RS – Plenário, rel. Min. DIAS TOFFOLI – sessão de 05.08.2020.

Capítulo 11

Serviço Internacional de Comunicação

O fluxo de *ligações telefônicas internacionais* compreende os tráfegos seguintes:

a) *entrante* – ligações iniciadas no exterior e terminadas no Brasil, em que a operadora de telefonia estrangeira contrata uma operadora nacional para completar a transmissão ou recepção de sinal, com a característica de exportação de serviços de comunicação;

b) *sainte* – contratação de empresa estrangeira para concluir ligação telefônica iniciada no Brasil, com a natureza de importação de serviços.

Ponderou-se o seguinte:

> No caso do tráfego sainte os *serviços não se iniciam no exterior*, mas sim são lá finalizados.
>
> Para fins de tributação de ICMS, há de se identificar dois momentos distintos: (i) a prestação de serviços por Operadora brasileira a usuário brasileiro que efetua uma chamada no exterior; e (ii) a prestação de serviços por Operadora estrangeira à Operadora brasileira, para a *finalização da chamada telefônica* iniciada no Brasil e destinada ao exterior. Note-se, também, que o valor cobrado do usuário final contempla tanto (i) quanto (ii).
>
> Sobre o valor dos serviços cobrados do usuário final, há incidência de ICMS, tal como no caso dos serviços de telecomunicações prestados no Brasil[1].

E complementa a autora:

> No entanto, em se tratando de serviços prestados pela Operadora estrangeira, não deveria haver qualquer incidência de ICMS. Isto porque, trata-se de serviços de telecomunicações *prestados* no exterior, e não "iniciados" no exterior, eis que a operadora estrangeira não pode

1 UTUMI, Ana Cláudia Akie. A tributação dos Serviços Internacionais. In: BORGES, Eduardo Carvalho (coord.). *Tributação nas Telecomunicações*. Tributação Setorial, IPT/São Paulo: Quartier Latin, 2005, p. 35.

operar diretamente em território brasileiro. Desta maneira, não há "serviço iniciado no exterior", mas sim *serviço prestado* integralmente no exterior.

Registro postura firmada pela Fazenda do Estado de São Paulo relativamente à atividade seguinte:

a) empresa exporta serviços de comunicações para clientes estabelecidos nos Estados Unidos da América, por meio de subcontratação de serviços de telecomunicações, consistentes na prestação de serviços para interligação de CPCT tipo PABX digital à rede telefônica pública comutada (RTCP) via enlace;

b) os serviços de comunicações são viabilizados por intermédio de ligações entre os clientes da empresa (exportadora) e seus equipamentos instalados no país (SP), por meio dos quais trafegam sinais de "fax" e "voz" que, por sua vez, via interligações às redes telefônicas das prestadoras de serviços subcontratados são "transmitidos a destinatários sediados em diversas cidades brasileiras";

c) a empresa exportadora efetua o pagamento das contas apresentadas pelas subcontratadas e cobra o valor pactuado de seus clientes (sediados no exterior), tendo por base o minuto trafegado, sempre superior àquele assumido na condição de tomadora dos serviços junto às empresas subcontratadas.

A Fazenda paulista entendeu que a empresa consulente efetivamente realizara uma exportação de serviço de comunicação, havendo a devida cobertura cambial, em razão do que suas prestações não sofrem a incidência do ICMS, na forma prevista nos arts. 3º, II, e 31, I, da LC n. 87/96.

Esta temática interessa à prestação dos serviços de transmissão e recepção de mensagens relativas ao exterior, objetivando a diminuição de ônus tributários nas atividades internacionais.

Esta questão foi examinada pela Procuradoria-Geral da Fazenda Nacional, por solicitação da Cotepe-ICMS, relativamente às *ligações telefônicas internacionais*, iniciadas no País, com destino ao exterior, por intermédio de canais instalados no Brasil.

Para tanto, a PGFN obteve manifestação da Anatel (Agência Nacional de Telecomunicações), que prestou os esclarecimentos seguintes:

> A prestação do serviço de longa distância internacional foi caracterizada no Plano Geral de Outorgas, promulgado pelo Decreto n. 2.534, de 2 de abril de 1998, em seu artigo 1º como:
>
> Art. 1º O serviço telefônico fixo comutado destinado ao uso público em geral será prestado nos regimes público e privado, nos termos dos arts. 18, I, 64 e 65, III, da Lei 9.472, de 16 de julho de 1997, e o disposto neste Plano Geral de Outorgas.
>
> § 1º Serviço telefônico fixo comutado é o serviço de telecomunicações que, por meio da transmissão de voz e de outros sinais, destina-se à comunicação entre pontos fixos determinados, utilizando processo de telefonia.
>
> § 2º São modalidades do serviço telefônico fixo comutado destinado ao uso público em geral o serviço local, o serviço de longa distância nacional e o *serviço de longa distância internacional*, nos seguintes termos:

> I – O serviço local destina-se à comunicação ente pontos determinados em uma mesma Área Local;
>
> II – O serviço de longa distância nacional destina-se à comunicação entre pontos fixos determinados situados em Áreas Locais distintas do território nacional; e
>
> III – *O serviço de longa distância internacional destina-se à comunicação entre um ponto fixo situado no território nacional e um outro ponto no exterior.*
>
> Assim, na modalidade de serviço telefônico fixo comutado de longa distância internacional, caracteriza-se como um serviço iniciado em ponto do território nacional e terminado em outro ponto situado fora do território nacional. O serviço somente pode ser caracterizado como de longa distância internacional se a comunicação efetiva entre os dois pontos situados, um no Brasil e outro no exterior, se realizar.
>
> A Prestadora de Longa Distância Internacional se vale de canais internacionais, em geral cabos transoceânicos, de propriedade compartilhada entre diversas operadoras internacionais e das redes de telecomunicações de outros países para terminar chamadas.
>
> Quanto ao fluxo de pagamentos pela prestação do serviço internacional, esclarecemos que o usuário chamador paga pela chamada originada no território nacional e a Prestadora do Serviço de Longa Distância Internacional, no Brasil, remunera as Prestadoras de Serviço nos outros países[2].

A PGFN ressalta que "estão reunidos todos os elementos caracterizadores da incidência e cobrança do tributo. Há, indubitavelmente, a prestação do serviço de comunicação ligando um ponto situado no território nacional com outro ponto no exterior, o local da prestação define-se pela cobrança do serviço e a expressão quantitativa dá-se pelo valor desta operação" (item 9).

Destaca que "o fluxo de pagamentos pela prestação dos serviços de ligação internacional às outras empresas participantes do sistema, aperfeiçoa-se via encontro de contas, após dado período de tempo, dependendo dos termos do acordo bilateral firmado para esse fim. Dessa forma, apura-se o quantitativo de ligações originadas do exterior com destino ao Brasil e vice-versa, compensando-se os custos. Caso haja crédito de algum dos lados, efetiva-se o repasse correspondente" (item 10); embora entenda que a particularidade do repasse não pode influir na caracterização da prestação de serviço (item 11).

Funda-se a PGFN na expressão "operações e *prestações que destinem ao exterior* mercadorias e serviços" (item 14) para argumentar que:

> (...) inexiste uma prestação de serviço destinado ao exterior. A ligação telefônica é que tem como destinatário alguém fora do território nacional, mas essa prestação de serviço dá-se internamente. O tomador do serviço (quem está utilizando a linha telefônica) paga, no Brasil. (...) O destinatário da ligação não participa desta relação jurídica, então formada

2 Parecer 2/98 Anatel.

entre tomador e prestador do serviço de comunicação, nem lhe é prestado qualquer serviço. A referência feita quanto ao ponto situado no exterior vale apenas para caracterizar o serviço como de longa distância internacional, pois somente quando houver interligação entre os dois pontos situados, um no Brasil e outro no exterior, a comunicação se realiza (item 15).

A PGFN firma a conclusão seguinte:

(...) a prestação de serviço consubstanciado em ligação telefônica internacional constitui-se em prestação interna, vez que tanto o tomador do serviço quanto a empresa que o efetiva estão localizados no território nacional, não sendo tal serviço albergado pela norma isentiva prevista no art. 3º, II, da Lei Complementar n. 87, de 1996[3].

Penso que a postura fazendária não tem condição de ser plenamente acolhida, uma vez que pretende ignorar a efetiva comunicação internacional. O Serviço de Longa Distância Internacional (nos termos da legislação disciplinadora do assunto, informada pela própria Anatel), destina-se "à comunicação entre um ponto fixo situado no território nacional e um outro ponto no exterior".

Outrossim, a "relação comunicativa", que caracteriza e tipifica a prestação de serviços de telecomunicação, não pode cingir-se ao âmbito parcial (prestadora de serviço/operadora telefônica e tomadora de serviço/usuário no país). Só se pode cogitar de ligação internacional no caso de ocorrer a efetiva participação do destinatário situado no exterior, uma vez que a relação jurídica (pessoas situadas no país), por si só, não ocasiona o efetivo serviço de comunicação internacional.

Na medida em que as ligações internacionais não sofram o ônus do ICMS, é evidente que se tornará possível um incremento de negócios com o exterior.

Preciosa doutrina entende que a viabilização dos serviços de telecomunicação internacional, tanto quanto a própria prestação destes serviços, não se sujeita, nem mesmo em tese, à tributação por meio do ICMS, pelos motivos seguintes:

I – as concessionárias limitam-se à prática, no território nacional, de atos preparatórios (atividade-meio) à implementação dos serviços em tela, que só ocorrem quando realizados "entre um ponto fixo situado no território nacional e um outro ponto no exterior" (Decreto n. 2.534/98, art. 1º, § 2º, III);

II – mesmo quando os serviços em tela se implementam, eles estão cobertos por uma situação de *não incidência*, fruto das limitações decorrentes do *princípio da territorialidade* das leis tributárias brasileiras, que, no caso do *ICMS* não podem irradiar efeitos no exterior;

III – ainda que superada a questão anterior, os serviços de comunicação internacional foram isentados de *ICMS*, pelo art. 3º, II e 32, I, ambos da Lei Complementar n. 87/96, que buscaram *fundamento de validade* no art. 155, § 2º, XII, *e*, da Constituição Federal[4].

3 Parecer PGFN/CAT 381/99, aprovado em 8-4-1999.

4 CARRAZZA, Roque. ICMS e Serviços de Comunicação Internacional. *RDDT*, n. 61, p. 25.

Capítulo 12

Serviços de radiodifusão "nas prestações de serviço de comunicação nas modalidades de radiodifusão sonora de sons e imagens de recepção livre e gratuita" (art. 155, X, *d*)

A Emenda n. 42/2003 estabeleceu que o ICMS não incide "nas prestações de serviço de comunicação nas modalidades de radiodifusão sonora de sons e imagens de recepção livre e gratuita" (art. 155, X, d).

A característica da *radiodifusão* (mantida pela Lei n. 9.472, de 16-7-1997, art. 215, I), reside na comunicação (transmissão de sons e imagens à coletividade, de forma generalizada, com o timbre da gratuidade).

Os serviços de comunicação prestados pelas emissoras de rádio e televisão, abertas ao público em geral, não se encontravam sujeitos ao ICMS, por serem livres e gratuitos, incorrendo base de cálculo para apuração do *quantum* tributário.

Este posicionamento é compartilhado na forma seguinte:

> (...) quando uma mensagem é transmitida para pessoas indeterminadas (via televisão, por exemplo, em que há uma simples expectativa da emissora de que se encontre algum destinatário), á uma simples difusão de mensagens, intributável por via de ICMS. Como se isso não bastasse, não há nenhuma obrigação de fazer entre a emissora e seus destinatários (o que já descaracteriza o *fato imponível* do ICMS), e, ainda que houvesse, o imposto seria inexigível, por falta de base de cálculo, porquanto o serviço de televisão (como o de radiodifusão sonora) é gratuito (art. 6º, Lei n. 4.117/62)[1].

1 ESCOBAR, J. C. Mariani. O *Novo Direito das Telecomunicações*. Porto Alegre: Livraria do Advogado, 1999, p. 41.

> Também a atividade de radiodifusão não se pode incluir no conceito de comunicação. Enquanto esta estabelece uma ligação entre quem comunica e o destinatário da comunicação, aquela consiste na expedição de mensagem a destinatários incertos, não identificados. Consiste na difusão da mensagem, e não no envio desta a destinatário certo e determinado[2].

Oportuna a observação de que "a exploração dos serviços de radiodifusão pelas televisões de sinais abertos, no que concerne à transmissão da programação cotidiana (novelas, noticiários, filmes, shows), não se coaduna com o conceito de 'prestação de serviço', de comunicação, mas sim, como *mera atividade de comunicação*, afastando-se a incidência de tributação, do ICMS"[3].

---

2 CARRAZZA, Roque. *ICMS*. 6. ed., p. 132.

3 CAMANO, Fernanda Donabella. Incidência (ou não) das Normas Jurídicas Tributárias do "ICMS" sobre as Atividades de Telecomunicação Exploradas pelas Televisões de Sinais Abertos e TVs por Assinatura. *XII Congresso Brasileiro de Direito Tributário*. São Paulo: Idepe, novembro de 1998, p. 9.

Capítulo 13

Transmissões societárias e desapropriação rural

O ITBI não incide: (1) em relação aos direitos de garantias pertinentes à transmissão de bens imóveis (art. 156, II); (2) na transmissão de bens ou direitos incorporados ao patrimônio da pessoa jurídica em realização de capital, e sobre a transmissão de bens ou direitos decorrentes de fusão, incorporação, cisão ou extinção de pessoa jurídica, salvo se, nesses casos, a atividade preponderante do adquirente for a compra e venda desses bens ou direitos, locação de bens imóveis ou arrendamento mercantil (art. 156, § 2º, I).

O CTN também preceitua (art. 36) que o imposto *não incide* sobre a transmissão dos bens ou direitos, nas situações seguintes:

> I – quando efetuada para sua incorporação ao patrimônio de pessoa jurídica em pagamento de capital nela subscrito;
>
> II – quando decorrente da incorporação ou da fusão de uma pessoa jurídica por outra ou com outra.
>
> Parágrafo único. O imposto *não incide* sobre a transmissão aos mesmos alienantes, dos bens e direitos adquiridos na forma do inciso I deste artigo, em decorrência de sua desincorporação do patrimônio da pessoa jurídica a que foram conferidos.

Contudo, o art. 37 ressalva que a não incidência não se aplica quando a pessoa jurídica tenha como atividade preponderante a venda ou locação de propriedade imobiliária ou a cessão de direitos relativos à sua aquisição.

Não pode ser exigido o imposto relativamente a direitos reais, como é o caso da hipoteca (art. 1.473, I, Código Civil), que constitui direito de garantia que onera bem imóvel pertencente ao devedor ou a terceiro, sem transmissão de posse ao credor.

Os negócios societários caracterizam-se como negócios distintos dos imobiliários, razão pela qual não ocorre a efetiva negociação sujeita à incidência do imposto nas apontadas situações:

a) fusão – operação pela qual se unem duas ou mais sociedades para formar sociedade nova, que lhes sucederá em todos os direitos e obrigações;

b) incorporação – operação pela qual uma ou mais sociedades são absorvidas por outra, que lhes sucede em todos os direitos e obrigações;

c) cisão – segregação de uma unidade patrimonial que passa a constituir uma nova sociedade, que sucederá integralmente aquela unidade (estabelecimento);

d) realização de capital – subscrição ou integralização de bens ao capital de uma empresa nova, ou já existente;

e) extinção – liquidação societária com retorno, se for o caso, do patrimônio aos seus titulares.

O STJ já decidiu que "transformação, incorporação, fusão e cisão, constituem várias facetas de um só instituto: a transformação das sociedades. Todos eles são fenômenos de natureza civil, envolvendo apenas as sociedades objeto da metamorfose e os respectivos donos de cotas ou ações. Em todo o encadeamento da transformação não ocorre qualquer operação comercial. A sociedade comercial – pessoa jurídica corporativa pode ser considerada um condomínio de patrimônios ao qual a ordem jurídica confere direitos e obrigações diferentes daqueles relativos aos condôminos"[1].

Controvérsia acerca da não incidência do ITBI fora solucionada nos termos seguintes:

> "EMENTA. CONSTITUCIONAL E TRIBUTÁRIO. IMPOSTO DE TRANSMISSÃO DE BENS IMÓVEIS – ITBI. IMUNIDADE PREVISTA NO ART. 156, § 2º, I, DA CONSTITUIÇÃO. APLICABILIDADE ATÉ O LIMITE DO CAPITAL SOCIAL A SER INTEGRALIZADO. RECURSO EXTRAORDINÁRIO IMPROVIDO.
>
> 1. A Constituição de 1988 imunizou a integralização do capital por meio de bens imóveis, não incidindo o ITBI sobre o valor do bem dado em pagamento do capital subscrito pelo sócio ou acionista da pessoa jurídica (art. 156, § 2º).
>
> 2. A norma não imuniza qualquer incorporação de bens ou direitos ao patrimônio da pessoa jurídica, mas exclusivamente o pagamento, em bens ou direitos, que o sócio faz para integralização do capital social subscrito. Portanto, sobre a diferença do valor dos bens imóveis que superar o capital subscrito a ser integralizado, incidirá a tributação pelo ITBI.

1 REsp 242.721/SC, 1ª T., rel. p/ acórdão Min. HUMBERTO GOMES DE BARROS, j. 19-6-2000, *DJU* 1 17-9-2001, p. 112.

3. Recurso Extraordinário a que se nega provimento: Tema 796, fixada a seguinte tese de repercussão geral: "*A imunidade em relação ao ITBI, prevista no inciso I do § 2º do art. 156 da Constituição Federal, não alcança o valor dos bens que exceder o limite do capital social a ser integralizado*"[2].

Entretanto, o aresto enfatiza que "não se admite, a pretexto de criar-se uma 'reserva de capital', pretenda se imunizar o valor dos imóveis excedentes às quotas subscritas, ao arrepio da norma constitucional em prejuízo do Fisco Municipal".

Assim restam solucionadas as questões relativas a:

a) transmissões de quaisquer imóveis incorporados ao patrimônio da pessoa jurídica em realização de capital;

b) excedente dos valores dos imóveis integralizados face ao capital realizado, e seu enquadramento na imunidade;

c) transmissão de imóveis em valor superior ao montante do capital integralizado, e a caracterização de doação (ITCMD), excluindo o ITBI.

O STF fixara a diretriz seguinte:

Imunidade do ITBI, prevista no inciso I, do pg. 2º, do art 156, da Constituição Federal, para a transferência de bens e direitos em integralização de capital social é assegurada para empresas cuja atividade preponderante é a compra e venda ou locação de bens imóveis[3].

As operações de transferência de imóveis desapropriados para fins de reforma agrária também são desoneradas de impostos municipais (§ 5º, art.184, CF).

A *desapropriação* é realizada pela União por interesse social, em razão de o imóvel não estar cumprindo sua função social, sendo o expropriado indenizado em títulos da dívida agrária, com cláusula de preservação do valor real, resgatáveis no prazo de até cinco anos, a partir do segundo ano de sua emissão, sendo que as benfeitorias úteis e necessárias serão indenizadas em dinheiro.

2 RE 796.376 – Santa Catarina – Plenário – red. do ac. Min. ALEXANDRE DE MORAES, sessão de 05.08.2020.

3 Repercussão Geral n. 1348 no RE 1.495.108, Plenário, rel. Min. Presidente em 5-11-2024.

Capítulo 14

Glebas rurais

A Constituição Federal de 1988, no artigo 153, § 4º, II (na redação da Emenda n. 42, de 19-12-2003), dispôs que o Imposto Territorial Rural não incide apenas sobre pequenas glebas rurais, definidas em lei, quando as explore o proprietário que não possua outro imóvel.

O novo Código Florestal (Lei Federal n. 12.652/2012, art. 3º, V) estabeleceu o seguinte:

> Pequena propriedade ou posse rural familiar: aquela explorada mediante o trabalho pessoal do agricultor familiar e empreendedor familiar rural, incluído os assentamentos e projetos de reforma agrária e que atenda ao disposto no art. 3º da Lei n. 11.326, de 24 de julho de 2006.
>
> I – cem hectares, se localizado em município compreendido na Amazônia Ocidental ou no Pantanal mato-grossense e sul-mato-grossense;
>
> II – cinquenta hectares, se localizado em município compreendido no Polígono das Secas ou na Amazônia Ocidental;
>
> III – trinta hectares, se localizado em qualquer outro município.

A mencionada Lei Federal n. 11.326/2006 dispôs (art. 3º) que se considera agricultor familiar e empreendedor familiar rural, aquele que pratica atividades no meio rural, atendendo, simultaneamente, aos seguintes requisitos:

I – não detenha, a qualquer título, área maior do que 4 (quatro) módulos fiscais;

II – utilize predominantemente, mão de obra da própria família nas atividades econômicas do seu estabelecimento ou empreendimento;

III – tenha percentual mínimo de renda familiar originada de atividades econômicas do seu estabelecimento ou empreendimento; na forma definida pelo Poder Executivo (redação dada pela Lei n. 12.512, de 2011);

IV – dirija seu estabelecimento ou empreendimento com sua família.

§ 1º O disposto no inciso I do *caput* deste artigo não se aplica quando se tratar de condomínio rural ou outras formas coletivas de propriedade, desde que a fração ideal por proprietário não ultrapasse 4 (quatro) módulos fiscais.

São também beneficiários desta Lei (art. 2º):

I – silvicultores que atendam simultaneamente a todos os requisitos de que trata o *caput* deste artigo, cultivem florestas nativas ou exóticas e que promovam o manejo sustentável daqueles ambientes;

II – aquicultores que atendam simultaneamente a todos os requisitos de que trata o *caput* deste artigo e explorem reservatórios hídricos com superfície total de até 2 ha (dois hectares) ou ocupem até 500 m³ (quinhentos metros cúbicos) de água, quando a exploração se efetivar em tanques-rede;

III – extrativistas que atendam simultaneamente aos requisitos previstos nos incisos II, III e IV do *caput* deste artigo e exerçam essa atividade artesanalmente no meio rural, excluídos os garimpeiros e faiscadores;

IV – pescadores que atendam simultaneamente aos requisitos previstos nos incisos I, II, III e IV do *caput* deste artigo e exerçam a atividade pesqueira artesanalmente;

V – povos indígenas que atendam simultaneamente aos requisitos previstos nos incisos II, III e IV do *caput* do art. 3º (incluído pela Lei n 12.512, de 2011);

VI – integrantes de comunidades remanescentes de quilombos rurais e demais povos e comunidades tradicionais que atendam simultaneamente aos incisos II, III e IV do *caput* do art. 3º (incluído pela Lei n 12.512, de 2011).

Capítulo 15

Fonogramas e videogramas musicais

A EC n. 75/2013 dispôs sobre as imunidades relativas aos "fonogramas e videofonogramas musicais produzidos no Brasil contendo obras musicais ou literomusicais de autores brasileiros, e, ou obras interpretadas por artistas brasileiros bem como os suportes materiais ou arquivos digitais que os contenham, salvo na etapa de replicação industrial de mídias ópticas de leitura a laser".

Objetiva favorecer a produção musical brasileira, para que seja menos impactada pelos efeitos da concorrência de produtos falsificados comercializados, sem o pagamento de tributos, bem como pelo acesso facilitado e gratuito que as pessoas têm à música através da internet.

Fonograma é o "registro exclusivamente sonoro em suporte material, como disco, fita magnética etc." ou "gravação de uma faixa de disco".

Videofonograma é o "Produto da fixação de imagem e som em suporte material" ou o "registro de imagens e sons em determinado suporte"[1-2].

Musical é o relativo à música; literomusical "Diz-se de espetáculo, ou reunião social em que se leem trechos literários, se declamam poemas, e em que há, tb., apresentações musicais", conforme o *Novo Dicionário Aurélio da Língua Portuguesa*, 2009, p. 1220. Desse modo, a imunidade da alínea *e* diz respeito aos CDs, DVDs e *blue-rays* de música e de shows musicais. Até mesmo os discos de vinil restam abrangidos.

Note-se, porém, que só alcança os fonogramas e videofonogramas musicais produzidos no Brasil, revelando-se, por isso, mais como uma proteção à indústria nacional do

1 *Novo Dicionário Aurélio da Língua Portuguesa*, 2009, pp. 920 e 2060.

2 *Dicionário Houaiss da Língua Portuguesa*, 2009, pp. 914 e 1943.

que à produção cultural como um todo. As mesmas mercadorias, produzidas fora do país, não estão abrangidas pela imunidade. Essa imunidade, assim, viola o GATT no ponto em que veda a discriminação dos produtos estrangeiros, assegurando-lhes, quanto aos tributos internos, tratamento equivalente ao dos produtos nacionais.

Quanto aos insumos, o constituinte derivado referiu-se de modo genérico aos "suportes materiais ou arquivos digitais", de modo que seu alcance é amplo, alcançando os suportes em qualquer material ou formato.

A ressalva final – "salvo na etapa de replicação industrial de mídias ópticas de leitura a laser" – é apontada como uma preservação à Zona Franca de Manaus.

Referências bibliográficas

ALVES, Anna Emília Cordelli. Imposto Municipal sobre Serviços – Lei Complementar – Aspecto Espacial. *RDDT*, n. 71. São Paulo: Malheiros, 1998.

ANCELES, Pedro Einstein dos Santos. *Manual de Tributos da Atividade Rural*. São Paulo: Atlas, 2001.

ANDRADE, Thális. *Curso de Direito Aduaneiro*: jurisdição e tributos em espécie. São Paulo: Dialética, 2021.

ANDRADE FILHO, Edmar Oliveira. *Imposto de Renda das Empresas*. 18. ed. GEN/Atlas, 2018.

ANDRADE FILHO, Edmar Oliveira; PEIXOTO, Marcelo Magalhães. *Imposto de Renda das Empresas: Tributação Lucro Presumido (IRPJ e CSL)*. 2. ed. São Paulo: MP Editora, 2023.

ARANHA, Luiz Ricardo Gomes; FERNANDES, Bruno Rocha Cesar. *O Imposto Brasileiro sobre Fortunas*. Belo Horizonte: Arraes, 2013.

ATALIBA, Geraldo. Núcleo de definição constitucional do ICM. *RDT*, n. 25/111.

ATALIBA, Geraldo. Questões. *RDT*, n. 64. São Paulo: Revista dos Tribunais.

ATALIBA, Geraldo. Progressividade e Capacidade Contributiva. Separata da *RDT*. São Paulo: Revista dos Tribunais, 1991.

ATALIBA, Geraldo; GIARDINO, Cléber. ICM e IPI, Direito de crédito, produção e mercadorias isentas ou sujeitas à alíquota zero. *RDT*, n. 46/74.

ÁVILA, Humberto. *Teoria da Igualdade Tributária*. São Paulo: Malheiros, 2008.

BACH, Marcel Eduardo Cunico. A (In)constitucionalidade das Restrições à Dedutibilidade das Despesas com Educação à Luz dos Objetivos fundamentais da República Federativa do Brasil. *In*: GRUPENMACHER, Betina Treiger (coord.). *Tributação*: Democracia e Liberdade. São Paulo: Noeses, 2014.

BALEEIRO, Aliomar. *Limitações Constitucionais ao Poder de Tributar*. 7. ed. Rio de Janeiro: Forense, 1997.

BALEEIRO, Aliomar. *Uma Introdução à Ciência das Finanças*. 15. ed. Atual. Dejalma Campos. Rio de Janeiro: Forense, 1988.

BAPTISTA, Marcelo Caron. *ISS: do Texto à Norma*. São Paulo: Quartier Latin, 2005.

BARBOSA, Hermano Notaroberto. Extrafiscalidade às avessas: inconstitucionalidade da resolução CMN n. 3.912/2000 e seus efeitos sobre o IOF/câmbio. *RDDT*, n. 223/89, abr./2014.

BARRETO, Aires Fernandino. Natureza jurídica do imposto criado pela medida provisória 160/90. *Repertório IOB de Jurisprudência*, 2ª quinzena de maio de 1990, n. 10.

BARRETO, Aires Fernandino. A Progressividade nos Impostos sobre a Propriedade Imobiliária. *Suplemento Tributário*, n. 58. São Paulo: LTr, 1978.

BARRETO, Aires Fernandino. IPTU: Progressividade e Diferenciação. *RDDT*, n. 76, 2002.

BARRETO, Aires Fernandino. *Curso de Direito Tributário Municipal*. São Paulo: Saraiva, 2009.

BARRETO, Aires Fernandino. ISS – Não Incidência sobre Cessão de Espaço em Bem Imóvel. *Repertório IOB de Jurisprudência*, n. 19/99, 1ª quinzena de outubro de 1999, caderno 1.

BARRETO, Aires Fernandino; MARTINS, Ives Gandra da Silva. A inconstitucionalidade da progressividade prevista na EC n. 29/2000. In: PEIXOTO, Marcelo Magalhães (coord.). *IPTU – Aspectos Jurídicos Relevantes*. São Paulo: Quartier Latin, 2002.

BARRETO, Paulo Ayres. O ISS e a Cessão de Jazigos em Cemitérios Particulares. In: MELO, José Eduardo Soares de (org.). *Estudos de Direito Tributário – Homenagem a José Eduardo Soares de Melo*. São Paulo: JusPodivm; Malheiros Editores, 2020. v. II.

BARROS, Zanon de Paula; VERÇOSA, Haroldo Duclerc. A recepção do *drop down* no direito brasileiro. *RDM*, São Paulo: Malheiros, n. 125.

BECKER, Alfredo Augusto. *Teoria geral do direito tributário*. São Paulo: Saraiva, 1963.

BERGAMINI, Adolpho. *ICMS*. *Coleção de Tributos Indiretos*. São Paulo: Fiscosoft, 2012. v. 1.

BERNARDON, Celso Luiz; GERENT, Dílson. Incidência do Imposto de Renda na Transferência de Bens por Herança ou doação em Adiantamento de Legítima. *RET*, n. 2.

BOTTALLO, Eduardo Domingos. *IPI – Princípios e Estrutura*. São Paulo: Dialética, 2009.

BOTTALLO, Eduardo Domingos. Imunidades de Instituições de Educação e de Assistência Social e Lei Ordinária – um Intrincado Confronto. In: ROCHA, Valdir de Oliveira. *Imposto de Renda – Alterações Fundamentais*. São Paulo: Dialética, 1998. v. 2.

BOTTALLO, Eduardo Domingos; MELO, José Eduardo Soares de. *Comentários às Súmulas Tributárias do STF e do STJ*. 2. ed. São Paulo: Quartier Latin, 2011.

BREDA, Felippe Alexandre Ramos. Considerações sobre os procedimentos especiais de fiscalização aduaneiros. *RDDT*, n. 220/7, jan./2014.

BREDA, Felippe Alexandre Ramos. Ônus Probatório nas Lides Tributário-aduaneiras. *RDDT*, n. 205/27-40, out./2012.

BRITO, Edvaldo. Unificação de Tributos e Carga Tributária. In: *Direito Tributário. Fundamentos Jurídicos da Incidência*. XX Congresso Nacional de Estudos Tributários, IBET. São Paulo: Noeses, 2023.

BROTEL, Sergio. *Fusões e Aquisições*. São Paulo: Saraiva, 2012.

CAMANO, Fernanda Donabella. Incidência (ou não) das Normas Jurídicas Tributárias do "ICMS" sobre as Atividades de Telecomunicação Exploradas pelas Televisões de Sinais Abertos e TVs por Assinatura. *XII Congresso Brasileiro de Direito Tributário*. São Paulo: Idepe, novembro de 1998.

CANAZARO, Fábio. *Essencialidade tributária*: igualdade, capacidade contributiva e extrafiscalidade na tributação sobre o consumo. Porto Alegre: Livraria do Advogado, 2015.

CANTO, Gilberto de Ulhoa. *Temas de Direito Tributário*. Rio de Janeiro: Alba, 1964. v. III. p. 190.

CARDOSO, Laís Vieira. Imunidade e o Terceiro Setor. In: PEIXOTO, Marcelo Magalhães; CARVALHO, Cristiano (coords.). *Imunidade Tributária*. São Paulo: MP e APET, 2005.

CARDOSO, Oscar Valente. A controversa incidência do imposto de renda sobre juros de mora decorrentes de condenação judicial. *RDDT*, n. 153, jun./2008.

CARRAZZA, Roque Antonio. A natureza meramente interpretativa do art. 129 da Lei n. 11.196/2005, o imposto de renda, a contribuição previdenciária e as sociedades de serviços profissionais. *RDDT*, n. 154, jul./2008.

CARRAZZA, Roque Antonio. ICMS – Inconstitucionalidade da Inclusão de seu Valor, em sua Própria Base de Cálculo. *RDDT*, n. 23.

CARRAZZA, Roque Antonio. *Imposto sobre a Renda*. 3. ed. São Paulo: Malheiros, 2009.

CARRAZZA, Roque Antonio. Impostos Municipais. *RDT*, n. 52, Revista dos Tribunais.

CARRAZZA, Roque Antonio. Importação de Bíblias em Fitas – sua Imunidade – Exegese do art. 150, VI, *d*, da Constituição Federal. *RDDT*, n. 26.

CARRAZZA, Roque Antonio. *ICMS*. 6. ed. São Paulo: Malheiros, 2000.

CARRAZZA, Roque Antonio. *ICMS*. 17. ed. São Paulo: Malheiros, 2015.

CARRAZZA, Roque Antonio. ICMS e Serviços de Comunicação Internacional. *RDDT*, n. 61.

CARRAZZA, Roque Antonio. ISS – Serviços de Reparação de Turbinas de Aeronaves para Destinatários no Exterior – Não incidência – Exegese do art. 2º, I, e seu parágrafo único, da Lei Complementar 116/2003. *RDT*, n. 93, nota de rodapé n. 35, p. 36.

CARRAZZA, Roque Antonio. *O Sujeito Ativo da Obrigação Tributária*. São Paulo: Resenha Tributária, 1977.

CARVALHO, Cristiano. In: PEIXOTO, Marcelo Magalhães (coord.). *IPI, Aspectos Jurídicos Relevantes*. São Paulo: Quartier Latin, 2003.

CARVALHO, Paulo de Barros. Isenções Tributárias do IPI em face do Princípio da Não Cumulatividade. *RDDT*, n. 33, jun./98.

CARVALHO, Paulo de Barros. *Regra matriz do ICM*. Tese apresentada para a obtenção de Título de Livre Docente da Faculdade de Direito da PUC-SP, 1981.

CARVALHO, Paulo de Barros. *Curso de Direito Tributário*. 30. ed. São Paulo: SaraivaJur, 2019.

CASSONE, Vittorio. IOF Incidente sobre Operações de *Factoring* (O art. 58 da Lei n. 9.532/97), *Repertório IOB de Jurisprudência*/1998, Verbete 1/12166.

CASTRO, Danilo Monteiro de. Alcance e efeitos da regra imunizante inerente ao Imposto sobre Produtos Industrializados (IPI) na exportação. *RDDT*, n. 211/16, abr./2013.

CASTRO, Leonardo Freitas de Moraes. Efeitos tributários da alteração, da repactuação e da novação de contrato de mútuo passivo internacional (empréstimo externo) registrado no Banco Central do Brasil a partir de 2013. *RDDT*, n. 230/76, nov./2014.

CEZAROTI, Guilherme. O Furto e o Roubo diante da Legislação do IPI. *RDDT*, n. 79, abr./2002.

CEZAROTI, Guilherme. A Incidência do IPTU sobre propriedades com limitações de uso. In: PEIXOTO, Marcelo Magalhães (coord.). *IPTU – Aspectos Jurídicos Relevantes*. São Paulo: Quartier Latin, 2002.

COELHO, Fábio de Ulhoa. *Manual de Direito Comercial*. 14. ed. São Paulo: Saraiva, 2003.

COÊLHO, Sacha Calmon Navarro; MOREIRA, André Mendes; GAIA, Patrícia Dantas. *Drawback*-suspensão: a dispensável vinculação física entre os insumos importados com o benefício e os produtos finais posteriormente exportados. *RDDT*, n. 221/139, fev./2014.

CONTI, José Maurício. *Sistema Constitucional Tributário Interpretado pelos Tribunais*. São Paulo/Belo Horizonte: Oliveira Mendes/Del Rey, 1997.

CORDEIRO NETO, Guilherme. IOF e operações de mútuo. *RDDT*, n. 88, jan./1993.

CORSATO, Olavo Nery. Imposto sobre grandes fortunas. *Revista de Informação Legislativa*, ano 37, n. 146, abr./jun. 2000.

COSTA, Regina Helena. *Imunidades Tributárias – Teoria e Análise da Jurisprudência do STF*. 2. ed. São Paulo: Malheiros, 2006.

CRUZ, Glória Cardoso de Almeida. *Franchising*. 2. ed. Rio de Janeiro: Forense, 1993.

DERZI, Misabel Abreu Machado. *Os Conceitos de Renda e de Patrimônio*. Belo Horizonte: Del Rey, 1992.

DERZI, Misabel Abreu Machado. In: BALEEIRO, Aliomar. *Direito Tributário Brasileiro*. 11. ed. Rio de Janeiro: Forense, 1999.

DERZI, Misabel Abreu Machado. In: BALEEIRO, Aliomar. *Limitações Constitucionais ao Poder de Tributar.* 7. ed. Rio de Janeiro: Forense, 1997.

DERZI, Misabel Abreu Machado; COELHO, Sacha Calmon Navarro. A Fiança: o Imposto sobre Prestação de Serviços de Qualquer Natureza, o Imposto sobre Operações de Crédito e as Contribuições Sociais. *RDDT*, n. 41, 1999.

DERZI, Misabel Abreu Machado. O aspecto espacial do Imposto Municipal sobre Serviços de Qualquer Natureza. In: TÔRRES, Heleno Taveira (coord.). *Imposto sobre Serviços – ISS na Lei Complementar n. 116/03 e na Constituição*. Barueri: Manole, 2004. (Série Barão de Ramalho, Coleção de Direito Tributário.)

DIFINI, Luiz Felipe Silveira. *Manual de Direito Tributário*. São Paulo: Saraiva, 2003.

DINIZ, Maria Helena. *Curso de Direito Civil Brasileiro*. 26. ed. São Paulo: Saraiva, 2011. v. 5.

DINIZ, Maria Helena. *Curso de Direito Civil Brasileiro*. 28. ed. São Paulo: Saraiva, 2011. v. 1.

DINIZ, Maria Helena. *Dicionário Jurídico*. 3. ed. São Paulo: Saraiva, 2007. v. D-I.

ERBOLATO, Henrique Munia; VEIGA, Lucas Di Francesco. Aspectos da tributação decorrente da importação do *cloud computing* no Brasil. In: FARIA, Renato Vilela; SILVEIRA, Ricardo Maitto da; RÊGO, Alexandre Luiz Moraes do (coord.). *Tributação da Economia Digital*. São Paulo: SaraivaJur, 2018.

ESCOBAR, J. C. Mariensi. *O Novo Direito das Telecomunicações*. Porto Alegre: Livraria do Advogado, 1999.

FARINA FILHO, Sérgio; SIMONE, Diego Caldas R. de; TARANDACH, Fabio. Os limites para a inclusão dos *royalties* no valor aduaneiro de mercadorias importadas. *RDDT*, n. 220/125, jan./2014.

FERNANDES, Edison Carlos. A Cobrança do IPTU sobre infraestrutura dos Serviços Públicos. In: PEIXOTO, Marcelo Magalhães (coord.). *IPTU – Aspectos Jurídicos Relevantes*. São Paulo: Quartier Latin, 2002.

FERNANDES, Regina Celia Pedrotti Vespero. *Imposto sobre Transmissão Causa Mortis e Doação – ITCMD*. São Paulo: Revista dos Tribunais, 2002.

FERREIRA, Aurélio Buarque de Holanda. *Novo Dicionário Aurélio da Língua Portuguesa*. 4. ed. Curitiba: Positivo, 2009.

FISCHER, Octavio Campos. Tributação, Ações Afirmativas e Democracia. In: GRUPENMACHER, Betina Treiger (coord.). *Tributação*: Democracia e Liberdade. São Paulo: Noeses, 2014.

FRANCA FILHO, Marcílio Tocano. Princípio da Tributação Internacional sobre a Renda. *RDDT*, n. 30, 1998.

FURLAN, Valéria. *IPTU*. 2. ed. São Paulo: Malheiros, 2004.

FURLAN, Valéria. *ITBI – Imposto sobre a Transmissão Onerosa de Bens Imóveis.* Tese de Doutoramento apresentada perante a Pontifícia Universidade Católica de São Paulo, em 2003.

GALVÃO, Ilmar. Regime de Tributação de Cigarros pelo IPI. *RDDT*, n. 155, ago./2008.

GIANNINI, Achille Donato. *Istituzioni di Diritto Tributario*. Madrid: Editorial de Derecho Financiero, 1957.

GODOY, Leonardo. A Guerra Fiscal e o Princípio da Neutralidade Tributária. *Revista Foco – Interdisciplinary Studies*, Curitiba, v. 16, n. 11, p. 1-27, 2023

GODOY, Walter. *Os Direitos dos Contribuintes*. 2. ed. Porto Alegre: Síntese, 2003.

GONÇALVES, Gilberto Rodrigues. *ISS na Construção Civil*. São Paulo: RBP, 1998.

GONÇALVES, José Artur Lima. *Imposto sobre a Renda, Pressupostos Constitucionais*. 1. ed., 2ª tir. São Paulo: Malheiros, 2002.

GRECO, Marco Aurélio. Comércio Exterior e Novas Realidades – Problemas Emergentes. *RDDT*, n. 44.

GRECO, Marco Aurélio. *Internet e Direito*. São Paulo: Dialética, 2000.

GRECO, Marco Aurélio. ISS – Momento em que se torna devido. *RDT*, n. 61.

GRUPENMACHER, Betina Treiger. Imposto sobre Serviços – Critério Espacial – A Questão do domicílio do Prestador e o Papel do Poder Judiciário Enquanto Guardião das Instituições Democrática. In: GRUPENMACHER, Betina Treiger (coord.). *Tributação*: Democracia e Liberdade. São Paulo: Noeses, 2014.

GUEIROS, Juliana; TROIANELLI, Gabriel Lacerda. O ISS e Exportação e Importação de Serviços. In: PEIXOTO, Marcelo Magalhães; MARTINS, Ives Gandra da Silva (orgs.). *ISS – LC* 116/2003. Curitiba: APET/Juruá Editora, 2004, p. 202.

GUTIERREZ, Miguel Delgado. Do conceito de alienação para fins de apuração do ganho de capital. *RDDT*, n. 230/94, nov./2014.

HICKMANN, Clair M. Tributação em Bases Universais. Disponível em: http://www2.unafisco.org.br/estudos_tecnicos/2002/estudo_universais.htm. Acesso em: 8 mar. 2012.

HILÚ NETO, Miguel. *Imposto sobre Importações e Imposto sobre Exportações*. São Paulo: Quartier Latin, 2003.

HOLMES, Kevin. *The Concept of Income*: a multi-disciplinary analysis. IBFD Publications BV.: Amsterdam, 2000.

HOUAISS, Antônio; VILLAR, Mauro de Salles. *Dicionário Houaiss da Língua Portuguesa*. Rio de Janeiro: Objetiva, 2001.

HOUAISS, Antônio; VILLAR, Mauro de Salles. *Dicionário Houaiss da Língua Portuguesa*. Rio de Janeiro: Objetiva, 2009.

JUSTEN FILHO, Marçal. Periodicidade do Imposto de Renda I, Mesa de Debates. *Revista de Direito Tributário*, n. 63. São Paulo: Malheiros.

JUSTEN FILHO, Marçal. *Concessões de Serviços Públicos – Comentários às Leis 8.987 e 9.074, de 1995*. São Paulo: Dialética, 1997.

JUSTEN FILHO, Marçal. ISS no Tempo e no Espaço. *RDDT*, v. 2.

KINCHESCKI, Cristiano. Fundamentos jurídicos do imposto sobre operações de crédito. *RDDT*, n. 209/7, fev./2013.

KUNTZ, Maria Elenir Lacerda; NOGUEIRA, Simone Paschoal. A cobrança do IPTU sobre áreas de proteção ambiental. In: PEIXOTO, Marcelo Magalhães (coord.). *IPTU – Aspectos Jurídicos Relevantes*. São Paulo: Quartier Latin, 2002.

LACOMBE, Américo Masset. *Imposto de Importação*. São Paulo: Revista dos Tribunais, 1979.

LACOMBE, Rodrigo Santos Masset. Lei 10.257/01 e Função Extrafiscal do IPTU. In: PEIXOTO, Marcelo Magalhães (coord.). *IPTU – Aspectos Jurídicos Relevantes*. São Paulo: Quartier Latin, 2002.

LEMKE, Gisele. O Imposto de Renda Incidente sobre Heranças, Legados e Doações em Adiantamento da Legítima. *RDDT*, n. 36, set./98.

LIMA, Rogério. A inconstitucionalidade do IPI na importação. *RDDT*, n. 77.

MACEDO, José Alberto Oliveira. *ITBI – Aspectos Constitucionais e Infraconstitucionais*. São Paulo: Quartier Latin, 2010.

MACHADO, Hugo de Brito. *Comentários ao Código Tributário Nacional*. São Paulo: Atlas, 2003. v. I.

MACHADO, Hugo de Brito. Progressividade e Socialismo. Artigo publicado no jornal *Zero Hora* do dia 18 de agosto de 1998.

MACHADO, Hugo de Brito. *Direito Tributário II*. São Paulo: Revista dos Tribunais, 1994.

MANEIRA, Eduardo; MANEIRA, Luís Eduardo. A impossibilidade de vedar o controle judicial da decisão administrativa que não homologa a compensação. In: *Compensação Tributária no Âmbito Federal*: questões práticas. São Paulo: Foco Fiscal, 2015.

MARTINS, Ives Gandra da Silva. Imposto sobre Grandes Fortunas. Disponível em: http://jus2.uol.com.br/doutrina/texto.asp?id=10977. Acesso em: 31 jan. 2009.

MARTINS, Ives Gandra da Silva; RODRIGUES, Marilene Talarico Martins. ADI n. 5.096. Correção da tabela de incidência do imposto sobre a renda para pessoas físicas. Aplicação da técnica de interpretação conforme a Constituição. *RDDT*, n. 229/165, out./2014.

MARTINS, Ives Gandra da Silva; SOUZA, Fátima Fernandes Rodrigues de. A Inconstitucionalidade da Incidência de IOF sobre as Operações de *Factoring*. *RDDT*, n. 31, 1998.

MARTINS, Ives Gandra da Silva. *Sistema Tributário na Constituição de 1988*. São Paulo: Saraiva, 1989.

MARTINS, Ives Gandra da Silva. Imunidade Constitucional de Publicações – Intepretação Teleológica da Norma Maior – Análise Jurisprudencial. *RDT*, n. 41.

MARTINS, Ives Gandra da Silva; BARRETO, Aires. A inconstitucionalidade da progressividade prevista na EC n. 29/2000. In: PEIXOTO, Marcelo Magalhães (coord.). *IPTU – Aspectos Jurídicos Relevantes*. São Paulo: Quartier Latin, 2002.

MARTINS, Ives Gandra da Silva; SICA, Ana Regina Campos de. Reforma Tributária do Consumo no Brasil. In: CARVALHO, Paulo de Barros (coord.); VERGUEIRO, Camila Campos; BRITTO, Lucas Galvão de (org.). *A Reforma do Sistema Tributário Nacional sob a Perspectiva do Construtivismo Lógico-Semântico*: o tema da Emenda Constitucional 132/2023. São Paulo: Noeses; IBET, 2024.

MARTINS, Natanael. O Contrato de Rateio de Despesas e suas Implicações Tributárias. In: SCHOEURI, Luís Eduardo (coord.). *Direito Tributário*. Homenagem a Alcides Jorge Costa. São Paulo: Quartier Latin, 2003. v. II.

MAZETO, Cristiano de Souza; RIBEIRO, Maria de Fátima. A Imunidade dos Partidos Políticos e suas Repercussões no Contexto Econômico e Social. In: PEIXOTO, Marcelo Magalhães; CARVALHO, Cristiano (coord.). *Imunidade Tributária*. São Paulo: Editora MP/APET, 2005.

MEDEIROS, Marcelo. *Os Ricos e os Pobres*: o Brasil e a Desigualdade. 1. ed. 2. reimpr. São Paulo: Companhia das Letras, 2023.

MEIRA, Liziane Angelotti. *Tributos sobre o Comércio Exterior*. São Paulo: Saraiva, 2012.

MELHEM, Marcel Gulin; MELHEM, Michel Gulin. Tributação de Indenizações – IRPJ, CSLL, PIS, Cofins, ISS, ICMS. *RET*, n. 85/118-127, maio-jun./2012.

MELO, Eduardo Soares de. Créditos do ICMS. Desdobramentos recentes relativos a negócios jurídicos celebrados com contribuinte inidôneo. In: MELO, Eduardo Soares de; CORAZZA, Edison Aurélio (coord.). *ICMS: Temas Fundamentais*. São Paulo: Quartier Latin, 2018.

MELO, Fabio Soares de. Pagamento de Tributo por Intermédio de Instituição Financeira Autorizada – Extinção do Crédito Tributário – Ausência de Repasse dos Recursos ao Ente Tributante – Configuração de Fraude – Impossibilidade de Exigência do Adimplemento pelo Contribuinte. *Tributação, Justiça e Liberdade*, Homenagem a Ives Gandra da Silva Martins, Marcelo Magalhães Peixoto e Edison Carlos Fernandes (coords.). Curitiba: APET e Juruá, 2005.

MELO, Fabio Soares de. Imposto sobre Serviços de Qualquer Natureza (ISS). Arrendamento Mercantil (*Leasing*). Critérios para Definição do Município Competente. Lei Complementar n. 116/03. *RDDT*, n. 102.

MELO, Fabio Soares de. *Imposto sobre Serviços de Qualquer Natureza (ISS) – Estrutura e Jurisprudência*. Porto Alegre: Livraria do Advogado, 2021.

MELO, José Eduardo Soares de. *Importação e Exportação no Direito Tributário*: Impostos, Taxas e Contribuições. 2. ed. São Paulo: Revista dos Tribunais, 2012; 4. ed. São Paulo: Aduaneiras, 2019.

MELO, José Eduardo Soares de. Emenda Constitucional n. 87/2015 – ICMS – Diferencial de Alíquota. Questões Operacionais (Não Cumulatividade, Incentivos Fiscais, Substituição Tributária). In: SCHOUERI, Luís Eduardo; BIANCO, João Francisco (coord.); CASTRO, Leonardo Freitas de Moraes e; DUARTE FILHO, Paulo Cézar Teixeira (org.). *Estudos de Direito Tributário em Homenagem ao Professor Gerd Willi Rothmann*. São Paulo: Quartier Latin, 2016.

MELO, José Eduardo Soares de; BOTTALLO, Eduardo Domingos. *Comentários às Súmulas Tributárias do STF e do STJ*. 2. ed. São Paulo: Quartier Latin, 2011.

MELO, Omar Augusto Leite; PAULSEN, Leandro. *ISS, CF, LC 116 Comentados*. São Paulo: SaraivaJur, 2012.

MORAES, Bernardo Ribeiro de. A Imunidade Tributária e Seus Novos Aspectos. In: *Imunidades Tributárias*. Pesquisas Tributárias, Nova Série n. 4, Coedição da Revista dos Tribunais e do Centro de Extensão Universitária, 1998.

MOREIRA, André Mendes. *A Não Cumulatividade dos Tributos*. São Paulo: Noeses, 2010.

MOREIRA, André Mendes; GAIA, Patrícia Dantas. A não incidência do IOF-crédito sobre os contratos de conta corrente entre empresas do mesmo grupo econômico. *RDDT*, n. 232/28, jan./2015.

MOSQUERA, Roberto Quiroga. *Tributação no Mercado Financeiro e de Capitais*. São Paulo: Dialética, 1999.

MOTTA, Maria Clara de Mello. Tributação sobre Grandes Fortunas: Fenômeno de Recepção no Campo Fiscal. Disponível em: https://revistades.jur.puc-rio.br/index.php/revistades/article/view/346/319. Acesso em: 6 jul. 2018.

NOGUEIRA, Simone Paschoal; KUNTZ, Maria Elenir Lacerda. A cobrança do IPTU sobre áreas de proteção ambiental. In: PEIXOTO, Marcelo Magalhães (coord.). *IPTU – Aspectos Jurídicos Relevantes*. São Paulo: Quartier Latin, 2002.

NOVAIS, Raquel Cristina Ribeiro. *Análise das normas de incidência dos Impostos sobre Operações de Crédito, Câmbio, Seguro ou Títulos e Valores Mobiliários*. Dissertação (Mestrado em Direito Tributário – PUC-SP). São Paulo, 1992.

NUNES, Renato; MEDAGLIA, Felipe. A não Incidência de IOF sobre as Operações de Câmbio Simbólico. *RDDT*, n. 179/145, ago./2010.

OLIVEIRA, Ricardo Mariz de. *Fundamentos do Imposto de Renda (2020)*. 2. ed. São Paulo: IBDT, 2020.

PARISI, Fernanda Drummond. Regime aduaneiro de *drawback* suspensão e o princípio da fungibilidade na importação de produtos *in natura*. *RDDT*, n. 235/74, abr./2015.

PAULSEN, Amalia da Silveira. *Tributação da Família no Imposto de Renda*. São Paulo: Noeses, 2022.

PAULSEN, Leandro. *Constituição e Código Tributário Comentados à Luz da Doutrina e da Jurisprudência*. 19. ed. São Paulo: Saraiva, 2018.

PAULSEN, Leandro. *Direito Tributário – Constituição e Código Tributário à Luz da Doutrina e da Jurisprudência*. 6. ed. Porto Alegre: Livraria do Advogado, 2004.

PAULSEN, Leandro; RIOS, Roger Raupp; CAMINHA, Vivian J. P. *Desapropriação e Reforma Agrária*. Porto Alegre: Livraria do Advogado, 1997.

PAULSEN, Leandro; MELO, Omar Augusto Leite. *ISS, CF, LC 116 Comentados*. São Paulo: SaraivaJur, 2021.

PEIXOTO, Marcelo Magalhães. *Direito Aduaneiro e Tributação do Comércio Exterior*. São Paulo: MP Editora, 2023.

PENTEADO, Luciano de Camargo. In: NERY JUNIOR, Nelson; NERY, Rosa Maria de Andrade (coords.). *Manual de Direito Civil – Coisas*. São Paulo: Revista dos Tribunais, 2013.

PHILIPPSEN, Eduardo Gomes. A Incidência do Imposto de Renda sobre Indenizações. In: *Revista da AJUFERGS*, n. 2. Porto Alegre: 2006.

PROCURADORIA-GERAL DA REPÚBLICA. IPI – princípio da seletividade em função da essencialidade do produto – destinação ou finalidade do produto industrializado. *RDDT*, n. 214/153, jul./2013.

RAMALHO, Mariana Oiticica. ISS – Serviço de Importação e Exportação. *Imposto sobre Serviços de acordo com a Lei Complementar 116/03*. São Paulo: Quartier Latin, 2004.

RECKTENVALD, Gervásio; ÁVILA, René Bergmann. *Manual de Auditoria Fiscal, Teoria e Prática*. Porto Alegre: Síntese, 2002.

RENCK, Renato Romeu. *Imposto de Renda da Pessoa Jurídica – Critérios constitucionais de apuração da base de cálculo*. Porto Alegre: Livraria do Advogado, 2001.

RIBEIRO, Maria de Fátima; MAZETO, Cristiano de Souza. A Imunidade dos Partidos Políticos e suas Repercussões no Contexto Econômico e Social. In: PEIXOTO, Marcelo Magalhães; CARVALHO, Cristiano (coords.). *Imunidade Tributária*. São Paulo: Editora MP/APET, 2005.

ROLIM, João Dácio. O conceito jurídico de renda e proventos de qualquer natureza/alguns casos concretos adições e exclusões ao lucro real. *Revista de Direito Tributário*, n. 67. São Paulo: Malheiros.

RONCAGLIA, Marcelo Marques. *Tributação no Sistema de Cartões de Crédito*. São Paulo: Quartier Latin, 2004.

RUBINSTEIN, Leonardo. Noruega aumenta impostos e Curva de Laffer ensina por que é uma má ideia taxar bilionários. *Blocktrends*, 10 out. 2024. Disponível em: https://blocktrends.com.br/noruega-aumenta-impostos-curva-laffer-taxar-bilionarios/#:~:text=O%20valor%20de%20US%24%2054,o%20governo%20deixou%20de%20recolher. Acesso em: 15 fev. 2025.

SALOMÃO, Marcelo Viana. Das Inconstitucionalidades do IPVA sobre a Propriedade de Aeronaves. *RDDT*, n. 13, p. 49-50.

SARAIVA FILHO, Oswaldo Othon de Pontes. *Factoring*/IOF: Art. 58 da Lei n. 9.532/97. *Repertório IOB de Jurisprudência*/1998, Verbete 1/12167.

SARAIVA FILHO, Oswaldo Othon de Pontes. Impostos aduaneiros: competência para alterar alíquotas. *Repertório IOB de Jurisprudência* 1/01, 1/16521.

SCHARLACK, José Rubens. ISS e Cessão de Direitos. In: PEIXOTO, Marcelo de Magalhães; MARTINS, Ives Gandra da Silva (org.). *ISS – LC 116/2003*. Curitiba; Juruá; São Paulo: APET, 2004.

SCHOUERI, Luís Eduardo. *Direito Tributário*. 9. ed. São Paulo: SaraivaJur, 2018.

SCHOUERI, Luís Eduardo. O Supremo Tribunal Federal e a imunidade tributária dos cemitérios: tempos de qualquer culto. In: GOMES, Marcus Lívio; VELLOSO, Andrei Pitten (coords.). *Sistema Constitucional Tributário – Dos fundamentos teóricos aos* hard cases *tributários – Estudos em Homenagem ao Ministro Luiz Fux*. São Paulo: Livraria do Advogado, 2014.

SEHN, Solon. *Curso de Direito Aduaneiro*. 2. ed. GEN/Forense, 2022.

SEHN, Solon. *Imposto de Importação*. São Paulo: Noeses, 2016.

SEOANE, Diego Sales. Não incidência do IOF sobre mútuos gratuitos. *RDDT*, n. 212/37, maio/2013.

SICA, Ana Regina Campos de; MARTINS, Ives Gandra da Silva. Reforma Tributária do Consumo no Brasil. In: CARVALHO, Paulo de Barros (coord.); VERGUEIRO, Camila Campos; BRITTO, Lucas Galvão de (org.). *A Reforma do Sistema Tributário Nacional sob a Perspectiva do Constructivismo Lógico-Semântico: o Texto da Emenda Constitucional 132/23*. São Paulo: Noeses; IBET, 2023.

SIMÃO FILHO, Adalberto. *Franchising*. 3. ed. São Paulo: Atlas, 1988.

SOUZA, Fátima Fernandes Rodrigues. In: MARTINS, Ives Gandra da Silva (coord.). *Comentários ao Código Tributário Nacional*. 6. ed. São Paulo: Saraiva, 2011. v. I.

SOUZA, Hamilton Dias de. *Estrutura do Imposto de Importação no Código Tributário Nacional*. Resenha Tributária, 1980.

SOUZA, Leandro Marins de. *Tributação do Terceiro Setor no Brasil*. São Paulo: Dialética, 2004.

SOUZA, Renato A. Gomes de; SANT'ANNA, Flávia M.; e FAVERET, Eunyce Porchat Secco. Do IOF em operações de abertura de crédito entre pessoas jurídicas não financeiras. *RDDT*, n. 77, fev./2002.

TERCIOTTI, Maurício; PIRES, Jeniffer Adelaide Marques; ALMEIDA, Juliana Velasco Gomes de. Valoração aduaneira em regimes aduaneiros especiais e recentes autos de infração da Receita Federal. *RDDT*, n. 221/78, fev./2014.

TORRES, Ricardo Lobo. *Curso de Direito Financeiro e Tributário*. 19. ed. São Paulo: Renovar, 2013.

TORRES, Ricardo Lobo. A Incidência do Imposto de Renda na Transferência de Direito de Propriedade. *RDDT*, n. 32, 1998.

TORRES, Ricardo Lobo. *Normas de Interpretação e Integração do Direito Tributário*. São Paulo: Forense, 1991.

TROIANELLI, Gabriel Lacerda. A não incidência de IPI na importação de bem mediante 'leasing' sem opção de compra. *RDDT*, n. 154, jul./2008.

TROIANELLI, Gabriel Lacerda; GUEIROS, Juliana. O ISS e Exportação e Importação de Serviços. In: PEIXOTO, Marcelo Magalhães; MARTINS, Ives Gandra da Silva (orgs.). *ISS – LC 116/2003*. Curitiba: Apet/Juruá Editora, 2004.

VEIGA, Lucas Di Francesco; ERBOLATO, Henrique Miurna. Aspectos da tributação decorrente da importação do *cloud computing* no Brasil. In: FARIA, Renato Vilela; SILVEIRA, Ricardo Maitto da; MONTEIRO, Alexandre Luiz Moraes do Rêgo (coord.). *Tributação da Economia Digital*. São Paulo: SaraivaJur, 2018.

VILLEN NETO, Horácio. A Incidência do ICMS na Atividade Praticada pelas Concessionárias de Transmissão e Distribuição de Energia Elétrica. *RET*, n. 32, jul./ago./2003.

UTUMI, Ana Cláudia Akie. A Tributação dos Serviços Internacionais de Telecomunicações. In: BORGES, Eduardo de Carvalho (coord.). *Tributação nas Telecomunicações*. IPT, São Paulo: Quartier Latin, 2005.

VELLOSO, Andrei Pitten. Imunidade tributária do livro digital: fundamentos e alcance. In: GOMES, Marcus Lívio; VELLOSO, Andrei Pitten (orgs.). *Sistema Constitucional Tributário. Dos fundamentos teóricos aos* hard cases *tributários – Estudos em Homenagem ao Ministro Luiz Fux*. São Paulo: Livraria do Advogado, 2014.

VERÇOSA, Haroldo Duclerc; BARROS, Zanon de Paulo. A recepção do *drop down* no direito brasileiro. *RDM*, São Paulo: Malheiros, n. 125.

VERGUEIRO, Guilherme Von Muller. Teoria Constitucional da Imunidade dos Templos Religiosos. In: PEIXOTO, Marcelo Magalhães; CARVALHO, Cristiano (coords.). *Imunidade Tributária*. São Paulo: MP/APET, 2005.

XAVIER, Alberto. A distinção entre o contato de conta-corrente e mútuo de recursos financeiros para efeitos de IOF. *RDDT*, n. 208/15, jan./2013.

XAVIER, Alberto. *Autorização para Importação de Regime de Entreposto Aduaneiro*, Aduaneiro (legislação). São Paulo: Resenha Tributária, 1978.

XAVIER, Alberto. *Do Lançamento, Teoria Geral do Ato, do Procedimento e do Processo Tributário*. Rio de Janeiro: Forense, 1998.

2025/1